中国国家图书馆藏

运河文献

国家图书馆 编
白鸿叶 任昳霏 著

国家传统文化典籍整理工程之长江、黄河、长城、大运河古籍文献整理与研究

學苑出版社

图书在版编目（CIP）数据

中国国家图书馆藏运河文献 / 国家图书馆编；白鸿叶，任昳霏著 . -- 北京 : 学苑出版社，2025. 5.

ISBN 978-7-5077-6841-1

Ⅰ . ①中… Ⅱ . ①国… ②白… ③任… Ⅲ . ①大运河－古籍－图录 Ⅳ . ① K928.42-64

中国国家版本馆 CIP 数据核字 (2023) 第 251619 号

出 版 人：洪文雄
责任编辑：战葆红
出版发行：学苑出版社
社　　址：北京市丰台区南方庄 2 号院 1 号楼
邮政编码：100079
网　　址：www.book001.com
电子信箱：xueyuanpress@163.com
联系电话：010-67601101（销售部）67603091（总编室）
印 刷 厂：河北赛文印刷有限公司
开本尺寸：787mm × 1092mm　1/8
印　　张：55.5
字　　数：440 千字
版　　次：2025 年 5 月第 1 版
印　　次：2025 年 5 月第 1 次印刷
定　　价：1800.00 元

序 言

一、概况

京杭大运河是世界上里程最长、工程最大的古代运河，展现出中国劳动人民的伟大智慧和勇气，传承了中华民族的悠久历史和文明，是一部书写在华夏大地上的宏伟诗篇。2017 年 6 月，习近平总书记指出，“大运河是祖先留给我们的宝贵遗产，是流动的文化，要统筹保护好、传承好、利用好”。2018 年，在第十三届全国人民代表大会第一次会议上，习近平总书记将大运河与万里长城等伟大工程并提，强调其体现了中国人民的伟大创造精神。大运河是中华民族的代表性符号和中华文明的重要象征，是中华民族精神的重要标志，也是重要的国家名片。2019 年，中共中央办公厅、国务院办公厅印发《大运河文化保护传承利用规划纲要》，指出要推进大运河的保护传承利用工作，大运河是宣传中国形象、展示中华文明、彰显文化自信的亮丽名片。

大运河作为中华大地上突出的地理人文标志，在地域范围上连接了南方和北方，蕴含了丰富的历史文化资源。在当前重视生态和自然环境的背景下，大运河的治理和保护对运河流经区域的经济发展和国家空间战略布局都有积极影响。古往今来，与大运河相关的地图绘制、专志编纂、资料汇编和学术研究成果浩如烟海。历代官方与民间学者在大运河文献的调查、整理、研究方面做了大量工作，也留下了丰富的图画与文字资料。保护好、传承好、利用好运河文献，是当代图书馆义不容辞的责任。有鉴于此，国家图书馆对馆藏的各类大运河文献资源进行系统的收集整理，特别注重对明清至民国时期舆图和方志等文献的梳理。此次整理的国家图书馆藏大运河历史文献，以图录与图说相结合的形式，汇集成册，公开出版，期冀对大运河历史文献的保护、传承、研究工作起到推动作用。

隋唐大运河北起涿郡，南到余杭，沟通海河、黄河、淮河、长江、钱塘江五大水系，在中华大地上跨了大约十个纬度，全长两千多千米。大运河的开凿历史，可上溯到春秋时期开凿的邗沟。后历经隋炀帝时大幅度扩建，形成南北贯通的大运河。元朝翻修运河，弃洛阳而取直至大都，形成南北更为便利的黄金水道。明清时期，漕运由盛转衰，晚清漕运废止，运河分段通航，大运河开始逐步淡出人们的视线。京杭大运河从开凿至今已有两千五百多年的历史。运河地图可以深刻地反映传统中国以运河沟通南北的历史。元明清三朝，中央王朝政治中心和经济中心南北分离，造成都城的正常运转过度依赖漕粮北运。漕运是否畅通直接关系到王朝是否稳定。运河是漕粮北运的必经之路，记载京杭大运河盛衰变化的历史文献非常丰富，但反映运河真实面貌的水利地图则比较少见。清代，随着康乾二帝南巡，以运河为主题的地图才逐渐增多。国家图书馆藏运河专题地图有二百余种，绘制时间大都集中在清代，以清代中晚期地图为主体。这些地图既有河道全图、帝王南巡游览图、河工

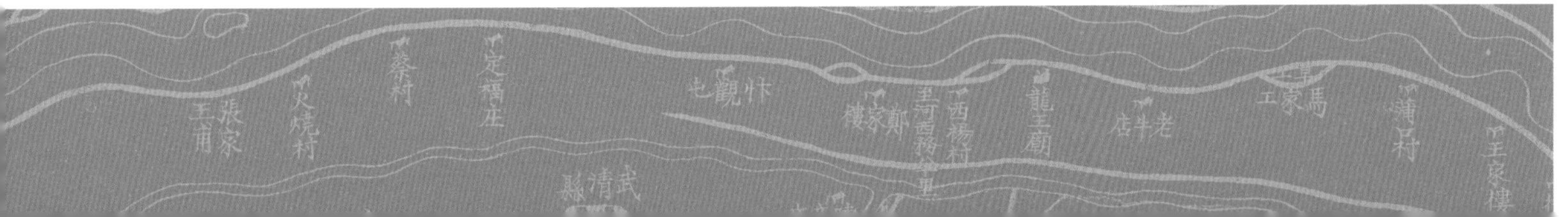

图、漕运线路图，等等，还包括运河分段图、黄运交汇图等局部专题地图。其中，《运河图》《岳阳至长江入海及自江阴沿大运河至北京故宫水道彩色图》《山东运河河工图》等多幅地图已经入选国家珍贵古籍名录。我们可以通过运河地图来了解京杭大运河曾经辉煌的历史，想象运河沿岸樯桅林立的盛景。

二、分类

本书全面收集整理大运河相关古籍特藏类文献，内容涉及地理区位、保护、治理、开发等，文献类型包括舆图、方志、拓片、古籍、档案文献等。与运河相关的著述古已有之，且数量颇多。运河地图与天然河流地图不同，是展示河运工程的图文载体，具有明显的水利工程特征，也反映出南北漕运关乎国家命脉、带动经济文化交流的特征。本书收录运河文献资料著述，包括单幅舆图和古籍中涉及舆图的文献。内容聚焦于运河全景、漕运治理、水利工程、治黄保运等方面。鉴于以往文献叙述方式较为主观，本书在收集描述文献时，力图尽量涵盖国家图书馆藏相关运河文献，编纂运河专题文献目录，并对相关史料进行客观摘录。每种文献以图片和说明文字相结合的形式呈现，基本不涉及主观论述。

由于古代地图形制多样，尺幅、载体、绘制等方面差异较大，所以流传至今十分不易。运河地图与其他古代地图相比，多为长轴绘本，存世数量极为有限。这些地图基本属于中国古代地图发展历史中古典地图和实测地图两个阶段。鉴于本书收录的运河地图年代相对集中，所以地图编排没有按照时代脉络来排序，而是按照地图的内容进行分类展示。明清时期是运河地图编绘最繁荣的时期，本书收集的运河历史文献多集中在明清时期。

根据舆图和古籍文献记录的内容和表达的侧重点不同，本书将所收集的运河文献分为运河总图、运河分段图、运河工程图、运河泉源闸坝图、运河漕运航运图、运河被灾图、治黄保运图七个部分。每部分又根据古籍类型差别，分列舆图与文献两类。舆图即单独描绘运河河道的地图，文献包括各种运河专志、水利古籍中涉及的附图。

1. 运河总图

元明清三朝，中央王朝政治中心和经济中心南北分离，漕运是否畅通直接关系到王朝是否稳定。因此，运河总图对于传统王朝国家具有极高的战略价值。

舆图部分。国家图书馆藏运河总图十余种。此类运河地图，以运河河道为主线，将与运河有关的各种地理要素、景观名胜全都标绘在同一幅地图之上。从内容上看，运河总图绘图年代上自清乾隆年间，下至民国。其中，多为清中后期绘制的描绘运河流经地区府县、水闸、堤坝、山川、河流、名胜古迹真实情况的全景地图。运河总图对运河沿途重要信息，比如水闸之间里程、各河厅和各县交界等方面都有明确标注。运河总图所含地理信息丰富，绘制精细，极具艺术性和观赏性。《八省运河泉源水利情形图》是运河总图的经典代表。《运河全图》《八省运河泉源水利情形图》《长江运河图》等运河总图，将长江中下游和京杭运河绘在同一卷轴上，画出南粮北运的全部水运航路，也反映了运河与长江密不可分的关系。运河总图包括《运河来水归江全图》《运河水道全图》等。

文献部分。国家图书馆藏运河总图文献以中国古代编绘的水利专书资料为主体，涵盖运河专题的水利资料。文献成书年代上至明嘉靖年间，下至民国。文献资料中兼有地图，包括《问水集》《行水金鉴》《河渠汇览》等。

2. 运河分段图

运河分段图是分段展示运河河道的综合地图。与专门展示河工、漕运内容的地图不同，运河分段图包含河工、地形、景观、城池、源流、区划等诸多信息。隋

唐时期，以洛阳为中心，北至涿郡、南达余杭的京杭大运河贯通。隋朝大运河沟通五大水系，利用旧有河道，分段开挖。此后上千年，无论是运河河工维护，还是元朝对大运河采取的“裁弯取直”工程，都延续了分段开挖、分段维护、分段运营管理的传统。因此，古代运河地图也根据不同分段绘制不同的运河分段地图。隋朝大运河，沟通海河与黄河的是永济渠，沟通黄河与淮河的是通济渠，沟通淮河与长江的是邗沟，沟通长江与钱塘江的是江南河。经过元朝改线，京杭大运河由北向南依次由通惠河、通州运粮河、御河、会通河、济州河、扬州运河、江南运河组成。明清时期，京杭大运河山东至苏北一段频繁改线，中运河河道最终稳定。至此，京杭大运河由北向南依次由通惠河、北运河、南运河、会通河、中运河、里运河、江南运河组成。本书收集的运河分段图，集中在明清时期，因此本书基本按照明清运河分段由北向南排序。另有部分地图绘制范围涉及多段，同样依据由北向南的顺序排列。

通惠河

京杭大运河北京城至通州一段河道，就是通惠河。元代由郭守敬主持开凿的通惠河，沟通了京杭大运河北运河与元大都内城之间的水道。千里迢迢运送到京的漕粮货物，不必经由通州陆上转运。货船可以一路畅通，直接到达积水潭码头。通惠河水源一支来源于玉泉山诸泉，一支来源于昌平白浮泉，受到水源影响，水量有限、水道不畅，且容易受到永定河影响，运力有限。明朝永乐年间，白浮瓮山河断流，通惠河水量锐减，通航能力下降。宣德年间，京师皇城东移，将通惠河河道圈入皇城之内，普通百姓不能随意进出。此后，位于外城的文明闸和惠和闸又被河水冲毁。京师城内的通惠河段丧失了通航功能。从宣德十年（1435）开始，货船不再入城。正统三年（1438），东便门外大通桥闸建成，成为明清时期通惠河的起点。通惠河从大通桥闸向东，经过二闸、平津上下闸等闸口，进入通州。通惠河在通州分流，并最终注入北运河。在运河地图的最北端，我们可以看到北京城、通惠河河道和通州古城。通惠河段地图包括《京兆上游通惠河通庆汛全图》《通县通惠河两岸图》等。例如，《京兆上游通惠河通庆汛全图》是由管辖通庆汛汛官蒲斌呈送的官绘地图，在地图背面贴红签并加盖官印。根据图上通州城标注通县，可粗略判断此图绘制时间应为 1912 年民国政府改通州为通县之后。图中从大通桥向东分别标注了庆丰闸、平上闸、平下闸、普济闸。这几座水闸之间，除主河道外，图上还画出用于缓解水流速度的月牙河。

北运河

从通州城至天津三叉河口一段河道，就是北运河。北运河汇集潮河、白河、榆河、沙河诸水，在通州城以东，连接通惠河东端，向东南方向流淌，在天津城北侧分流。河水一路注入海河，由大沽口入渤海；另一路与南运河相接，接续南运河北上之水。北运河另有一条支流蓟运河，汇集黎河、沙河诸水，最终在塘沽以北注入渤海。蓟运河扩大了大运河的通航范围，河北东部因此受益。与北运河分流密切相关的大事，就是漕粮北运选择哪条路线的问题。选择走直沽口接北运河一路，就是漕粮海运；选择南运河接北运河一路就是漕粮河运。漕粮北运选择海运还是河运的争议，伴随着元明清三朝。北运河段地图包括《北运河图》《通州至天津北运河图》《天津五河淀地图》《勘估北运全河图说》等。

比如《北运河图》纸本彩绘，未注作者。图纵 67 厘米，横 67 厘米。图中标注方位尺，大致方位为上西北下东南，地域范围北起武清县的阜庄、郎庄，南至天津大直沽。图中除绘出北运河河道外，还绘有金钟河和筐儿港、霍家嘴等减河及新开、新挑河道。此图的绘制年代推测在光绪、宣统年间。

南运河

从天津三叉河口至临清古城一段，是南运河。南运河途经天津、静海、青县、沧州、东光、德州、故城、武城、临清，汇集大清河、子牙河、卫河诸水，水量较为充沛。临清城是大运河山东段的重要枢纽，是南运河、会通河与卫河交汇之地。

来自会通河的江南漕粮和来自卫河的河南漕粮都在此汇聚，形成商贸重镇。南运河德州至临清段，河道较浅，成为明清疏浚运河的河工工程重点。南运河段地图包括《南运河图》《南运湖河实测图》等。

会通河

元朝开凿山东运河，会通河指的是从临清城至黄河北岸一段河道。因河道较浅，运力有限。明初永乐年间重新整治会通河，扩展河道，引水济运，改进分水地点，沿运河设置水柜，并增建闸口控制水量。此次改建后，从临清城至山东台儿庄和江苏邳州市交界处黄河故道之间，均为会通河河道。会通河从临清，途经聊城、安山镇、南旺镇、济宁、蔺家坝、夏镇、韩庄、台儿庄、邳州等地，与中运河相接。会通河是京杭大运河海拔最高的一段，且位于黄运交汇地带。黄河河患严重，经常淤积、冲毁会通河河道，导致漕运不畅。明代，为解决黄河对运河的影响，新开南阳新河和泇河。会通河以南旺为分水岭，以北之水向北注入东平湖，以南之水向南注入南四湖。汶水、泗水、济水成为会通河的主要水源。明清时期，会通河是否畅通，关乎漕运命脉，因此大量与运河河工工程以及河道管理有关的地图，均与山东运河段相关。清咸丰五年（1855），黄河改道北上，安山镇以北至黄河河道水量骤减，漕运受阻。会通河段地图包括《[山东运河图]》《曹州水套并运河细图》《山东通省运河图》等。例如，《[山东运河图]》绘制范围自山东德州至江南邳州界，图中反映了咸丰五年黄河改道之后穿运入大清河，又经东阿至铁门关入海的情景，并详细地绘出了运河两岸府、州、县、庙宇、山川、河流、湖泊、闸坝的分布位置。图上注有大量图说，记载着某两地之间的距离、湖河之发源、各河厅之交界等内容。

中运河

从台儿庄与邳州市交界，至淮阴杨庄之间是中运河。元明时期，运河穿越苏北地区，利用泗水下游天然河道，连接南北漕运。此段河道处于黄泛区，黄河多次冲积淤塞河道，影响漕运。因此，从明嘉靖年间开始，明清两朝先后开凿南阳新河、泇河、中河。经过改造，拓浚改建的中运河河道稳定，与黄河并行，并在骆马湖修建闸口，控制水量。中运河经窑湾、宿迁、泗阳、淮阴，与里运河相接。清咸丰六年（1856），黄河改道北上，中运河完全替代旧黄河。中运河段地图包括《中河厅事宜图说》《查勘中河桃源汛郭家行河势遥纤各堤张家沟六塘河情形图》等。

例如，清道光六年（1856）王凤生绘制的《江淮河及南北运道全图》，反映了长江、黄河、淮河及运河水系情况，尤其突出表示了黄河、淮河、长江下游与运河之间的关系。图上地名标注详细，并有图说说明各条主要河流的支流汇入情况及河流入海情形。此图绘出黄河自发源地星宿海至入海口之全程，黄河两岸闸坝及汇入河流等情形也标绘详细。

里运河

淮阴至扬州一段河道是里运河，也称淮扬运河。里运河北起旧黄河、淮河与运河交汇处，经淮阴、宝应、高邮、邵伯、扬州，与长江汇合。里运河沟通淮河与长江水系，京杭大运河最早修建的一段——邗沟，就在里运河。春秋末年，吴国开凿了连接江淮的邗沟，就是隋朝大运河邗沟段的基础。在旧运河的基础上，里运河经过多次裁弯取直，疏浚引流，利用宝应、高邮、邵伯三湖和长江水增加运河水量，成为沟通苏北与长江之间的重要航道。里运河段地图包括《江苏运河图》《里河厅事宜图说》《里运河平面及纵断面图》等。

江南运河

长江至杭州一段河道是江南运河，也称浙西运河。江南运河北起长江南岸的镇江，经丹阳、常州、无锡、苏州、平望、嘉兴、崇德至杭州，汇入钱塘江。江南运河绕经太湖，这一区域河网密集，运输最为繁忙。江南运河段地图包括《南河图说》《扬镇瓜仪形势图》等。

例如，《南河图说》是清乾隆年间河督高晋进呈本。高晋系乾隆时期治河名臣，乾隆二十二年（1757）始参与治河，任至江南河道总督。他先后协办徐州黄河两岸

堤工，清浚兴化南北引河，加筑运河六闸、云梯关子堰，多次勘察永定河、海塘、黄、运诸河要工，主张束水攻沙方略。国家图书馆现存两种《南河图说》。第一种为经折装，仅存四幅，分别为《清口东西坝图》《木龙图》《金湾滚坝图》《瓜洲江工图》，各图均附详细图说。第二种系单幅装帧，仅存 4 幅，分别为《金湾滚坝》《瓜洲江工》《夏家马路放淤工》《毛城铺滚水坝》，各图均附详细图说。

3. 运河工程图

运河工程图以运河水利工程为绘图重点，包括工程总图和工程分段图。运河工程图随河工工程的进度而绘制。河工工程较多的河段，运河工程图数量较多。运河裁弯取直、改道重修、深挖拓宽、补水泄洪、水患治理等等，都有专门的工程地图用于河工设计、建设，以及河工方案传递。运河工程图是运河图中的重要分类，是各时期运河水利工程的第一手资料，可以补充文献记载之不足，也可反映明清河工治理的整体思路和具体方法。明清时期，河工工程遍布整条运河，但山东运河段因为地势高，容易淤塞，成为工程治理的重点。其中，南旺闸、南旺湖、微山湖等处，都是清代河工整治的重要地点。此外，中运河段是运河工程的另一个重点区域。黄泛区，运河与沿途河流、湖泊交汇等处，也是河工频繁整治地点。运河工程图仍采用先总图、后分图的顺序，由北向南排序。国家图书馆收藏的运河工程图约 50 幅，包括《通惠河南北两岸岁修各工图说》《潮白河由鲍丘转窝头河入蓟运并疏浚北运引河全图》《[南运河堤工图]》《运洳捕上下泉六厅光绪二十二年抢修工程报销图》等。

4. 运河泉源闸坝图

历史上的山东运河段主要是人工开凿的河道，由于河道所经地域以丘陵为主，地势复杂，河道崎岖，水位落差不足，所以容易引起水流不畅，河道淤堵。山东运河水源多来自周边泉水汇集，因此成为大运河中汇集泉水最多、河工设施最为密集、河工技术含量最高的河段。明清时期，山东运河完全依靠闸坝调蓄水量，设置闸坝最多，因此也被称为“闸河”。为了保证运河通航，清廷采取各种措施，试图将运河沿岸的湖泊、河流、山泉等水源最大限度地纳入补给体系，处处引水济运。反映山东运河引泉济运情形的泉源闸坝图，专题性强、特点突出，于是单独归类排序。此外，其他运河河段与闸坝有关的专题地图也纳入其中。国家图书馆收藏泉源闸坝地图 13 种，包括《山东十七州县运河泉源总图》《汶上县湖河泉源图》《山东运河十三闸暨引河湖坝全图》《桃源汛郭家行拟估建造滚水石坝情形图式》等。比如乾隆年间彩绘本《山东十七州县运河泉源总图》，图凡 18 幅。与馆藏清乾隆年间彩绘《山东水泉图》相较，增峄县（今枣庄市峄城区）泉源图 1 幅；总图仅绘出州、县位置，未注水泉名称；河流绘画更加精细；各州、县境水泉名称注记及城郭、山脉、林木等绘法基本一致。

5. 运河漕运航路图

漕运在中国有着上千年的历史，特别是元明清时期，国家政治中心与经济中心南北分离，国家对漕运的依赖越发明显。漕运是否畅通对于传统中国社会的政治、经济、文化都产生了巨大影响。运河漕运是指利用大运河转运各类漕粮物资的交通方式。大规模南北调动漕粮物资以及特定时期的调运将兵等活动，大都属于举国之力的官方行为，因此漕运是传统王朝维护国家安全、经济繁荣的生命线。历代王朝均十分重视运河漕运管理，无论是工程管理、漕政建设，还是漕运运行机制都有严格的制度和组织建设。在漕政建设过程中，一系列直接与漕运航道相关的地图，成为各种漕政上传下达的关键。本部分汇集与运河航运有关的地图、漕运专志、漕运奏议等，由此可以了解明清时期漕政运行的历史。

传统王朝开行漕运，都城的粮食、织品等主要通过长江连接运河运输。长江航运也十分发达。长江沿岸是盛产粮食的地方。两湖和江西的粮食集中在九江，从九

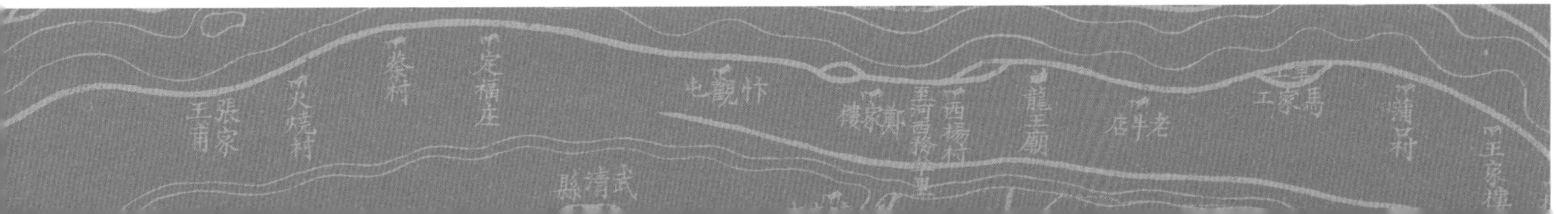

江开始水运至镇江，再由镇江沿京杭大运河送至京城。因此，漕运地图经常将漕粮来源地区与运河河道绘于同一幅地图之上。长江中下游沿线成为漕运地图的延伸，体现了长江与运河之间的密切关系。此外，与漕粮海运有关的地图和相关文献也一并收录。

比如《江西挽运图》，采用中国传统山水形象画法，绘出自江西经水路运粮入京的路线。与普通运河图的不同之处就是图中绘制要素，除了省、府、县、山峰、波浪、闸坝以外，主要加绘了漕船和纤夫。长江船只顺流而下，船头朝长江下游；进入瓜仪运河，船头朝向京城，表明漕运进京。图中最值得一提的是在邵伯湾头闸处出现正在奋力拉纤的纤夫。每条纤绳上有 4 名纤夫，个别为 3 名纤夫。所有纤夫弯腰向前，非常卖力。旁边有官兵正在扬鞭呵斥，形象生动地表现了当时纤夫的劳作场景。一条船一般有 1 条纤绳，也有个别船只有 2 条纤绳。运河全程有两段路出现纤夫，一段是从邵伯湖至南旺分水处，另一段是从天津到通州码头。

6. 运河被灾图

运河途经地区的环境变迁和水系变迁，影响到运河河道变化和水患变化。明清时期，与运河有关的水灾状况及水灾的治理，与保障漕运的治水思想密切相关。如《桃北厅属崔镇汛萧家庄黄水漫口情形图》等。

7. 治黄保运图

黄河图是中国传统河道地图中的重要分类。京杭大运河穿黄而过，保证运河漕运畅通，不受到黄河的侵扰，是京杭大运河建成后，特别是明清时期保证政治中心与经济中心联系的关键所在。因此，以治黄保运为目的的一系列地图和文献应运而生。无论是“借黄行运”“遏黄行运”还是“避黄行运”，都不同程度地改造了区域水系，造成局部水灾泛滥。治黄保运图一般以黄河和京杭大运河之间的关系为重点，绘制“保运”工程及河道走向，确保京师物资供给，降低局部水患影响。明清时期，将黄河与运河同绘于一幅地图上的情况十分多见。国家图书馆收藏此类舆图近 60 幅，比如《黄运湖河全图说》《江南省黄运图》《江南省黄运河湖堤埽闸坝工程情形总图》《黄河夺淮穿运入海及湖河堤坝形式图》等。

三、特点

京杭大运河在中国历史上承担着非常重要的功能，所以现在留存下来有关运河的地图资料相当可观。国家图书馆藏运河古旧地图数以百计，所藏地图年代集中在明清时期，反映了明清运河北起北京、南到杭州的旧貌。从绘制风格上看，运河地图多采用中国传统形象画法，明代和清代早期大多浓墨重彩。清中期以后绘图风格普遍转向清秀淡雅，画风变化较大。明清时期，疏导运河成为国之大事，黄运分离，漕湖分离，一系列工程陆续展开。与此同时，与运河工程相关的地图绘制也达到顶峰。现在，当我们从历史地理的角度理解运河，可以发现运河地图对于研究河道变迁、运河工程建设等方面，具有不可替代的作用。纵观古代运河地图的发展历程，运河地图体现出独特的风格，大致总结如下。

第一，自成一体的绘图体系。中国古代运河地图，因绘制内容和用途不同，体现出与河道水系关系密切的体系性特征。中国是传统的农耕民族，文化属内向型。古人认识的天地多与土地有关，而河道水系的认识也多与农业灌溉、漕粮运输有关。既然重视农耕，重视土地，那重视与农耕有关的河流水系就非常容易理解。运河地图或采用计里画方，或采用形象画法，反映了绘图者的治水思想观念。大部分运河地图，以长轴的形式展现河道，多点定位，仿佛模仿船在河道中航行的过程。明清运河地图从内容上看，分为有关水道、工程和沿途风景的综合地图，以及单纯呈现单一内容的运河地图两类。从载体形式上看，运河图可自成一卷，或为志书中的附

图。单幅运河地图多为经折装彩绘本，纵横尺幅较大，对运河绘制更加精细。运河总图南起洞庭湖，北到京师，将长江中下游水道与运河水道绘在一幅地图之上，所绘范围远超运河。从视角上看，单幅长卷将长江、黄河和运河绘在一起，地图视角经过多次明显的变化。从实用的角度考虑，将运河水道与周边水系一并绘出，水道形势、不同地理要素的相对位置是准确的，这是水运航行的重要参考。

第二，高度统一的政治管理。运河地图作为传统地图的一部分，体现出地图绘制、河工建设、漕运管理具有高度的政治性特征。举国之力，保证漕运。因此，我们现在所见的大部分运河地图都是官方绘制的，这正好说明运河地图之于传统王朝的重要意义。

第三，与时俱进的时效性。与其他类型的地图不同，运河图的绘制常与帝王巡幸、河道变动、水利灌溉、水患治理、河工进程等特定历史事件相关。因此，运河图的绘制具有高度的时效性。运河地图的画法，继承了传统河道水系地图的画法，标注特定航路的路线、里程、闸口，以及沿途重要城池村庄等。运河地图是反映运河变迁的重要参考，时效性的特点在传统地图中比较突出。

四、意义

京杭大运河作为重要的国家名片，地理上属于条状地带，且与黄河、长江等自然河道相连。大运河蕴含了丰富的历史文化资源，既有历史的厚度，又有丰富的文化遗存。对大运河历史文献的专项收集整理工作，对于当代在生态和自然环境方面的治理和保护可以提供借鉴。

与大运河相关的学术研究古已有之，本图录基于舆图、方志等文献，对与大运河有关的内容进行系统收集、整理和研究。这一工作对于大运河的研究具有重要的学术价值，对于推进大运河途经地区的生态保护和区域经济建设与发展也有重要的推动意义。

从春秋战国时期开始，就形成了修运河的传统。京杭大运河浩浩汤汤两千年，部分河段沿用至今，仍然充满活力与生机。而今，国家图书馆汇集整理古代运河地图文献，期待为更多的读者提供直观的运河地图，使读者感受到来自运河的力量。这种力量，是运河的传承，也是中华传统文化的传承。

凡 例

1. 本书所收文献均为国家图书馆藏品，涉及舆图、古籍（包括善本和普通古籍）和民国文献三种类型。每种文献的内容全部或局部与运河相关。

2. 全书排序方式：先舆图，后古籍；若有古籍和舆图内容相关，则将古籍列于相关舆图之后。

3. 舆图部分排序方式：先全图，后局部图；局部图按照从北向南的顺序排列，一般以通惠河、北运河、南运河、会通河、中运河、里运河、江南运河为排序依据；涉及运河多个分段区域时，舆图以展示区域由大到小排列，先多省图、后单省图；省内舆图按府、州、县、乡镇、村等排序；所涉区域相同的舆图按照出版或制作时间的先后排序。内容相同或相近的舆图不受出版或制作时间约束，尽量集中排列。

4. 古籍部分排序方式：成书于清代以前的古籍按照已知最早的出版或制作时间排序；成书于清代的古籍按照本书所收录版本的实际出版或制作时间排序。内容相同或相近的古籍不受出版或制作时间约束，尽量集中排列。

5. 本书收录的所有文献，实际出版或制作时间的下限是 1949 年。

6. 每条目录的基本信息以国家图书馆藏目录信息为基础。完整信息包括：题名、编著者、版本一、出版项、载体形态项、版本二、内容提要。出版项包括出版地、出版者、出版时间三项内容。舆图文献的载体形态项包括数量、尺寸（纵 × 横，单位为厘米）两项内容；古籍文献的载体形态项仅显示数量。若某项信息不详，则阙如。

7. 一种文献对应一条目录。每种印刷类文献的多种版本情况记录在“版本二”项，一般以著录五种为上限。有多种版本的手绘、手抄类文献，一般每种版本均独立成一条目，偶有例外。同一文献有多种版本，则残本不予著录。

8. 古旧文献中存在较多历史地名，与现今地名不同，或统属关系有变。内容提要除对相关地名进行解释性说明以外，一般仍用历史地名。

9. 每种文献的内容提要首先参考国家图书馆藏文献机读数据的内容附注项，其次参考《中国历代文献精粹大典 · 科技卷 · 水利》（学苑出版社，1990 年）、《中华古文献大辞典 · 地理卷》（吉林文史出版社，1991 年）、《四库大辞典》（吉林大学出版社，1996 年）、《中国大运河历史文献集成》（国家图书馆出版社，2014 年）等书籍，最后由编者撰写。

10. 内容相同的条目一般仅在后编辑的条目中进行说明，不再互相参见。

11. 部分舆图与古籍曾在《中国黄河历史文献集成》中收录，本书再次收录时，选取相关运河段图片展示。

12. 文献基本目录信息为编目员自行判断，而不是原文献记录的字段，用方括号“[ ]”括起。

13. 文献中出现无法识别的字，用双短横“=”表示。

目 录

运河泉源闸坝图 /273

运河漕运航路图 /291

运河总图

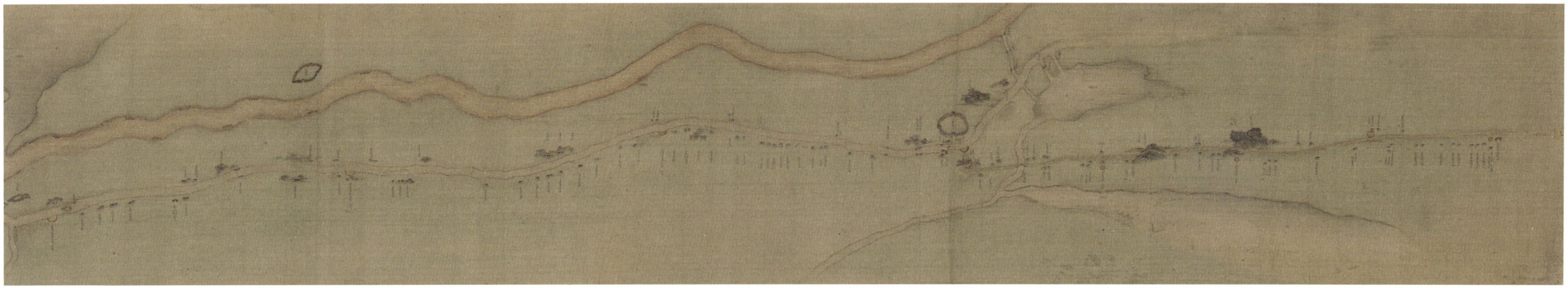

［运河图］

1册；33×661cm

绘本

［清中期］

经折装，本图绘出了自洞庭湖经长江、运河至北京的水路，其中对山东、江苏河段两岸的泉源、河道、湖泊以及重要闸坝等水利工程标注详细。

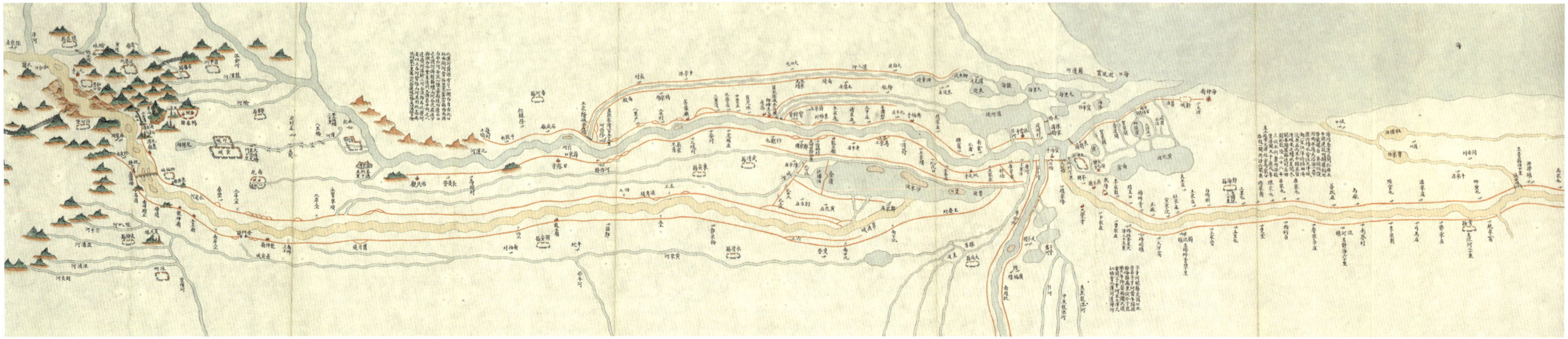

八省运河泉源水利情形图：湖北湖南江西安徽浙江江南山东直隶

1 幅；27.3 × 900cm

绘本

[清中期]

本图绘出了自洞庭湖经长江、运河至北京的水路，其中对山东、江苏河段两岸的泉源、河道、湖泊以及重要闸坝等水利工程标注详细。

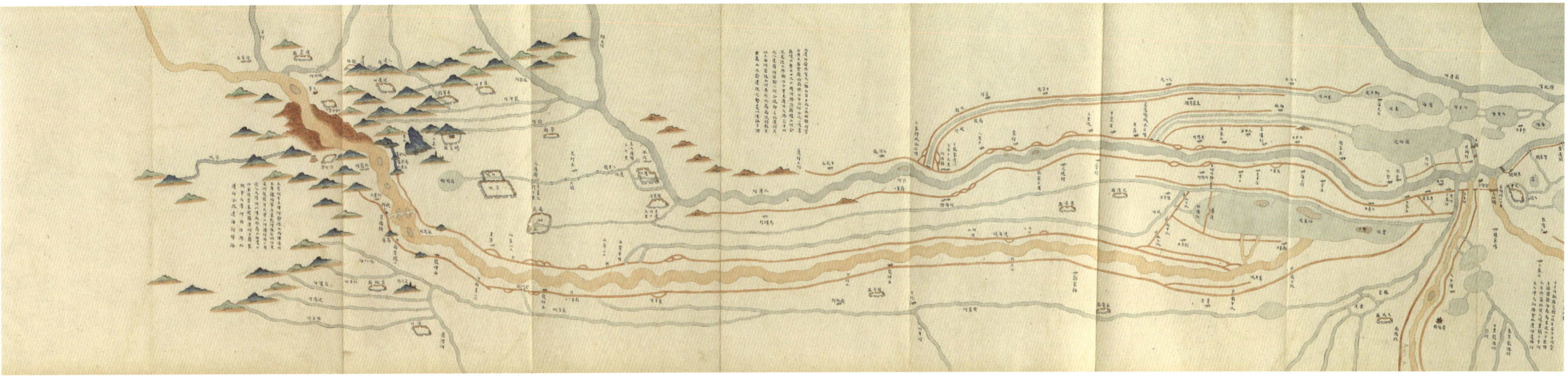

八省运河泉源水利情形全图

1 幅；27×925cm

绘本

［清咸丰五年（1855）之后］

本图采用山水画法，绘出了洞庭湖漕粮经长江、运河到北京的路线。所绘黄河已夺大清河入海，当绘于清咸丰五年（1855）黄河改道后。

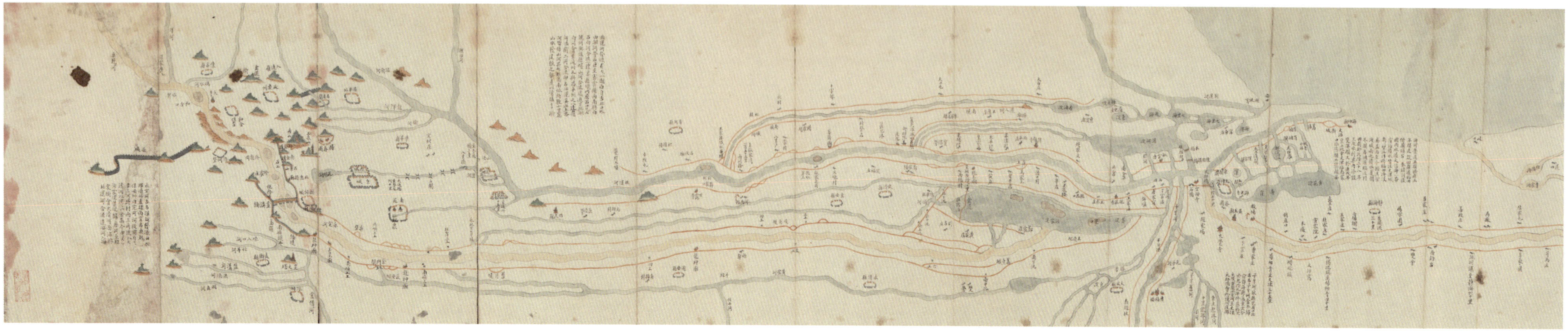

八省运河泉源水利情形图

1 幅；27×925cm

绘本

［清光绪七年至二十七年（1881—1901）］

本图绘出自洞庭湖经长江、运河至北京的水路，对山东、江苏河段两岸的泉源、河道、湖泊以及重要闸坝等水利工程标注详细。地图绘出骆马湖附近至洪泽湖附近的黄河，包括沿岸顺黄坝工、拦河坝、黄河大堤、引河等。

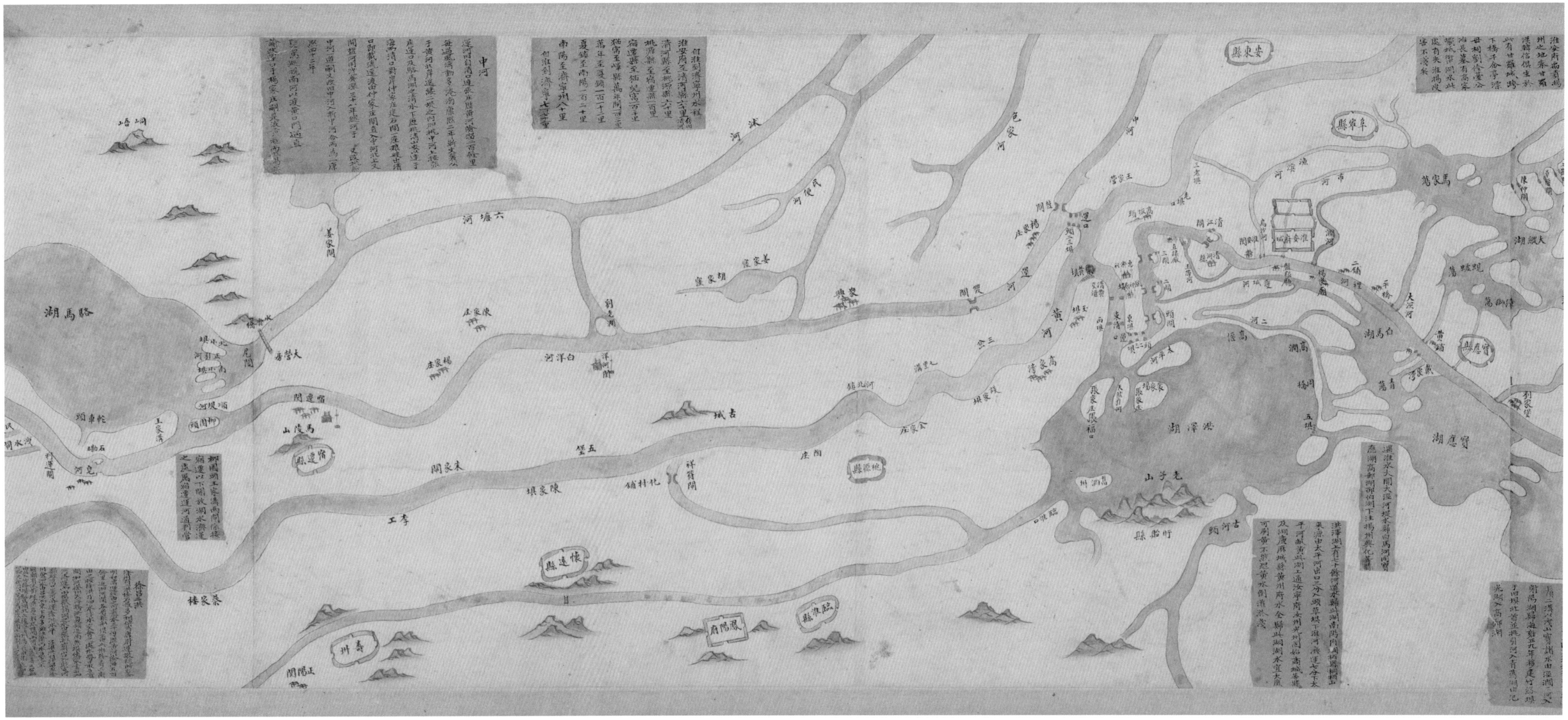

岳阳至长江入海及自江阴沿大运河至北京故宫水道彩色图

1 幅；31×945cm

绘本

［清中期］

本图采用传统画法，把长江自荆江以下至入海口段与大运河全程绘于一长卷上，并标注了沿江水势、地名、里程及沿运河的闸坝等。

运河全图

1 册；28×18cm

绘本

［清中期］

本图采用山水画法，绘出了运河自通州至杭州的河道、闸坝及两岸大堤、城池等。图后附运河全图说。

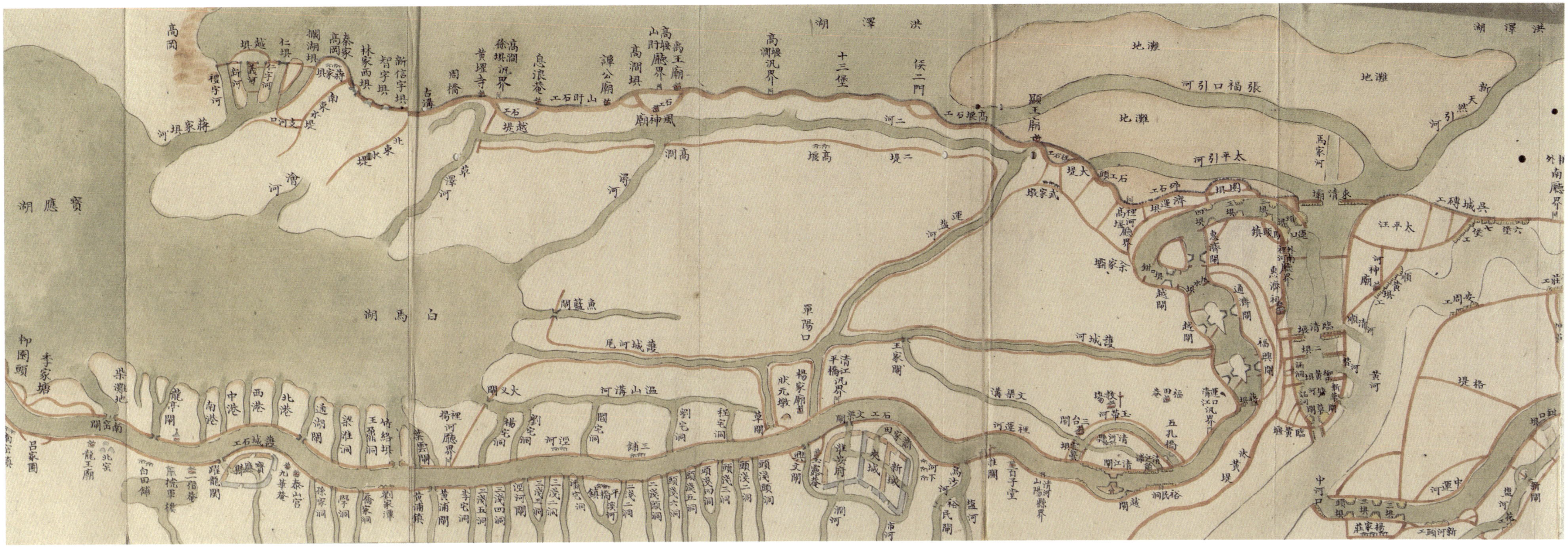

运河全图

1 幅；24 × 860cm

绘本

［清中期］

本图采用传统画法，详细绘出自杭州至北京的大运河沿线的闸坝及泉源、湖泊等。

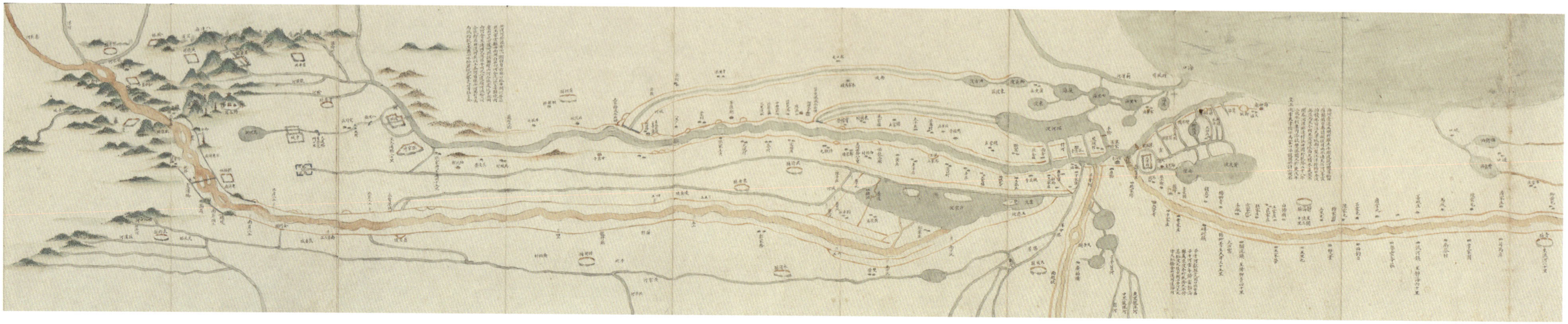

运河来水归江全图

1 幅；22 × 546cm

绘本

［清嘉庆年间（1796—1820）］

本图采用传统画法，绘出了自杭州至北京大运河沿线闸坝等水利工程，对清口一带之草闸、御黄坝、二坝、拦清堰等工程绘制尤为详细。图上可见自骆马湖附近至清河县止的黄河河道及两岸堤工、大坝等。

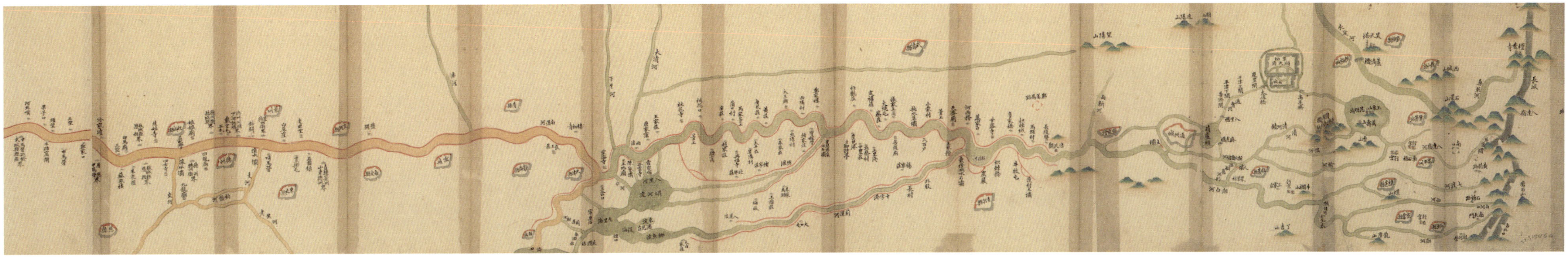

运河水道全图

1 幅；22 × 546cm

绘本

［清中期］

本图采用传统画法，绘出了自镇江至北京的运河水道。

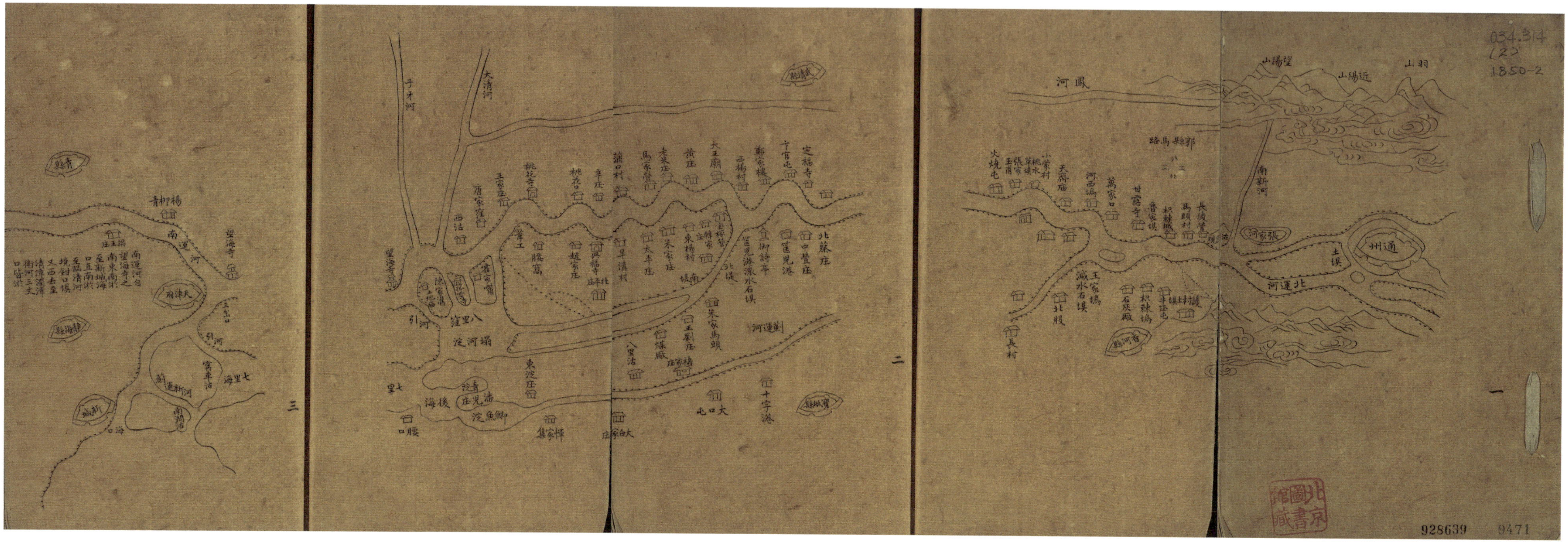

运河图

1 册；26×16cm

绘本

［清中期］

本图共 19 幅，装订成册，绘制了自通州至淮安段运河河道、堤埝、闸坝、涵洞、桥梁、水口、界线及沿途河流、湖泊、城镇、营房、寺庙等，并用文字说明河段运河长度、各级河道管辖范围、河道淤堵情况及解决方案等。

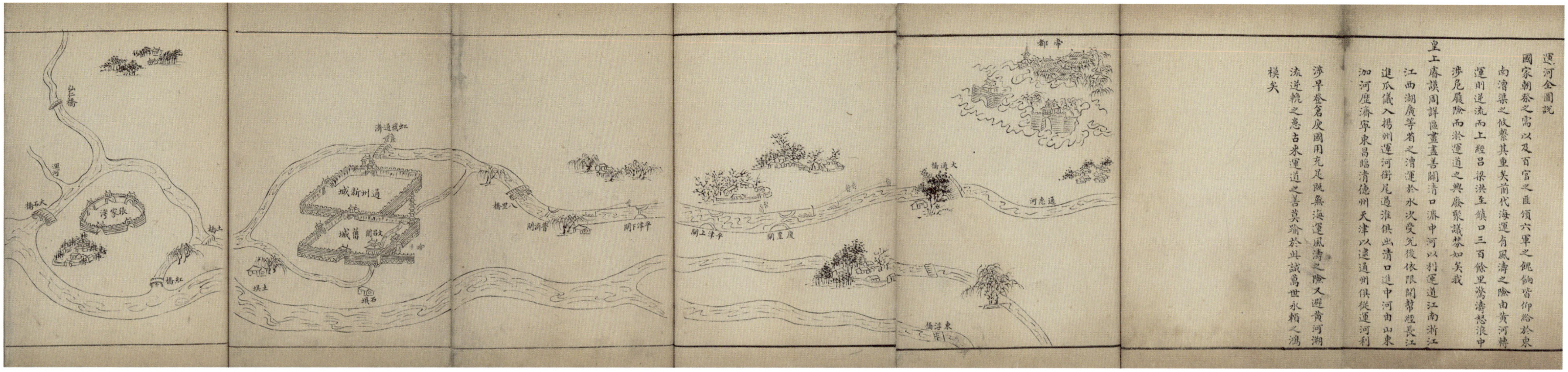

黄河运河全图

（清）张鹏翮辑

4 册；26×17cm

绘本

［清嘉庆年间（1796—1820）］

此书第一册记录黄河，首为《黄河图说》，后为黄河全图；第二册记录运河，首为《运河全图说》，后为运河图；第三、第四册记录淮河，第四册末附“高家堰事宜”。全书与国家图书馆藏清嘉庆五年（1800）《张公奏议》卷三、卷九、卷十二、卷十三（下条）内容基本相同。

长江运河图

1幅；21×617cm

绘本

［清光绪元年（1875）］

本图绘出了自洞庭湖经长江、运河至北京的水运路线。

江蘇境衆水歸合表

大江 黄河 淮水 游水 松江合黄浦江吳淞江 白蜆江 婁江	太湖 射陽湖 白塗河	海
中江今復入江 秦淮 獨水 邗溝水 沙河		大江
西流河		黄河
洪澤湖 舊漕河		淮水
泡水 按汳水雎水治水術水沙河舊並注泗水今汳水治水為河所奪雎水僅存小河汶	河注尹蒲二湖術水注碩濩湖	清河
沂水 按沂水自邳州東分為二支一入運河其正流又南入駱馬湖 高郵湖 伊婁河	西蠡河	運河 自山東流入又南入浙江界

中国各省水道归合图表

1 册；24.6×14.3cm

绘本

［清光绪末年］

本图表以省为单位，列出了境内各水之归合关系表，并附简图。

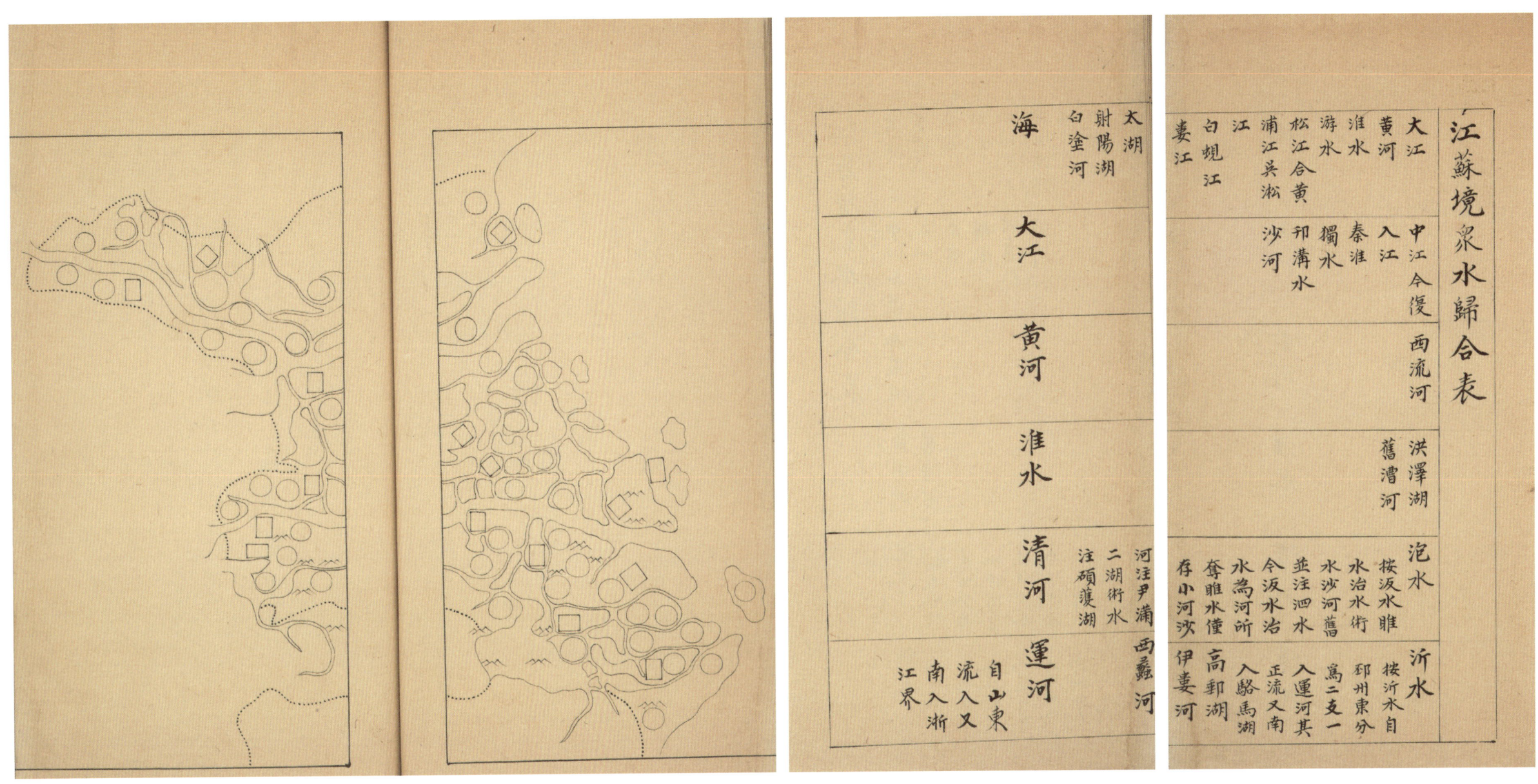

运河全图

1 幅；48 × 37.5cm

晒印本

［民国年间］

本图采用山水画法，绘出了运河自通州至杭州的河道、闸坝及两岸大堤、城池等。图后附运河全图说。

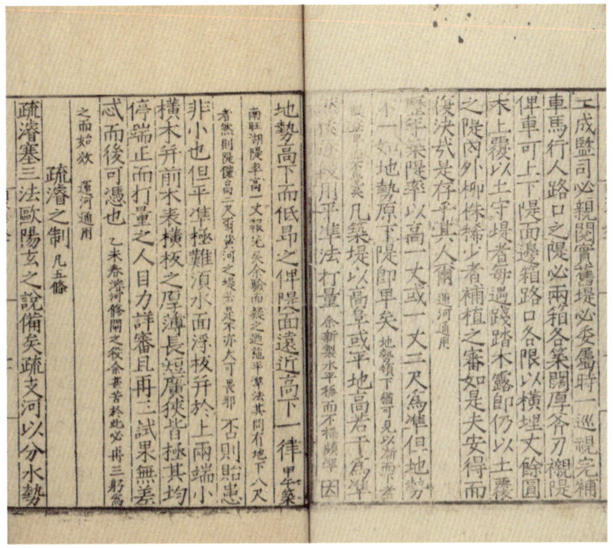
1

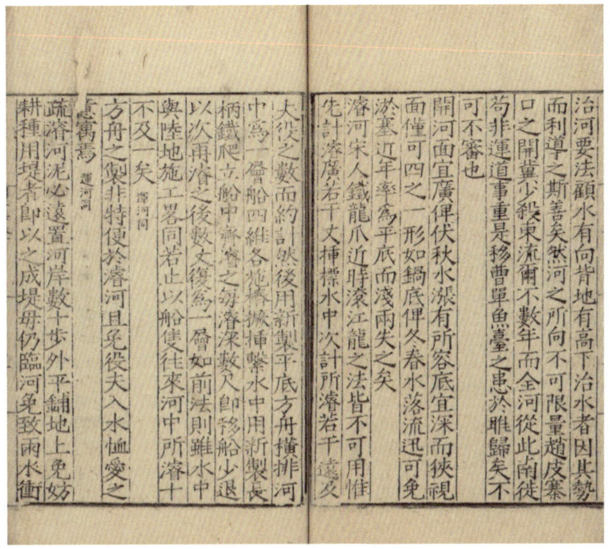
2

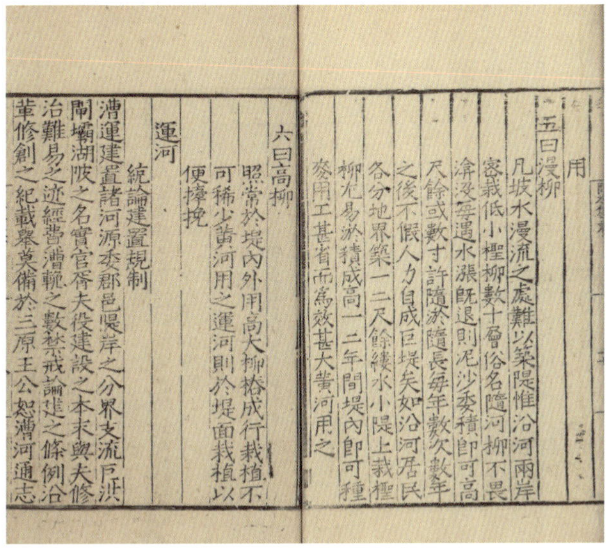
3

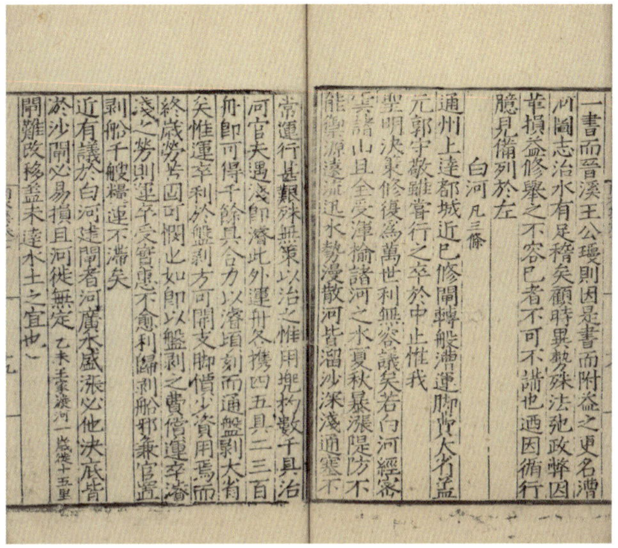
4

问水集

（明）刘天和撰

2 册

刻本

明（1368—1644）

本书六卷，二册，10 行 19 字，白口，左右双边。《问水集》是明代治水名臣刘天和的代表作，也是我国治河史上的重要水利专书。全书分为文章和奏议两大部分，卷一黄河，卷二运河，卷三至卷六为奏疏。内容涉及对黄河迁徙原因的分析，古今治河方法的异同研究，堤防、疏浚、工役、植柳等的方法、规制，白、卫、汉、淮、运诸水情况，以及大量的奏议上疏，包括河道迁改、荐举治河官员的意见等。《问水集》各篇文章独立成章，是黄运治水的文集汇编，书中不仅保留有大量的第一手资料，还绘制了《黄河图说》。此书记录了刘天和主持治河的过程，凝聚了刘天和的治水思想及理念，是明代一部重要的水利专著。刘天和（1479—1545），字养和，号松石，湖北麻城人。明正德三年进士，是明代治水名臣、军事家。刘天和曾总理河道，治理河南、山东境内的黄河、运河困境。

1

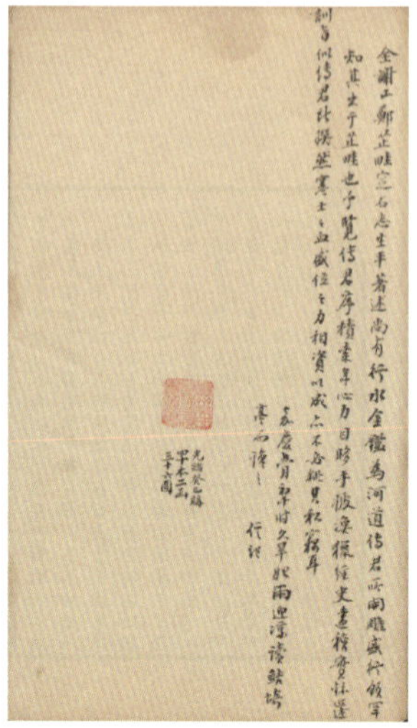

2

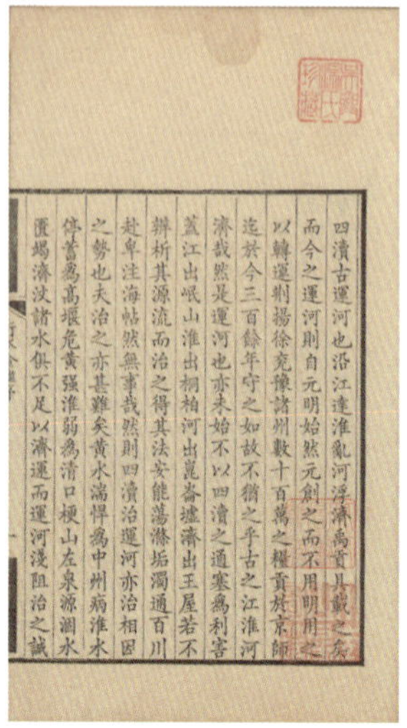

3

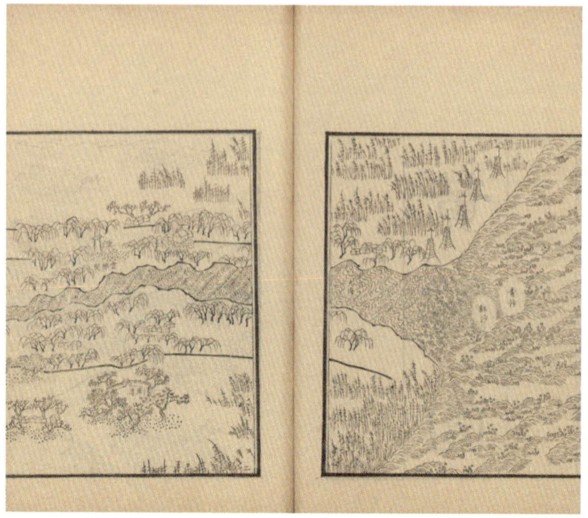

4

5

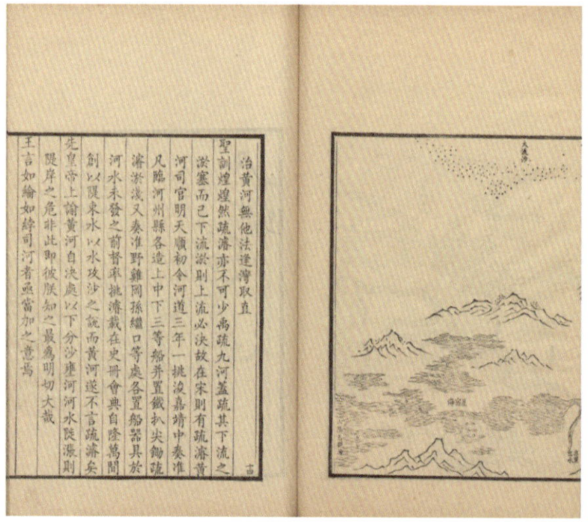

6

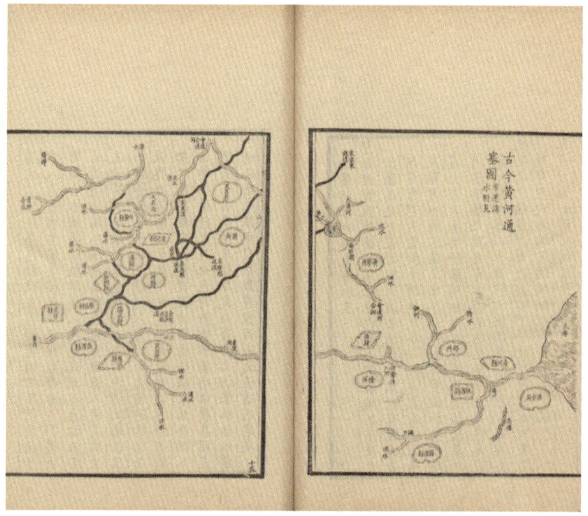

7

行水金鉴

（清）傅泽洪撰　郑元庆辑

36 册

刻本

［清雍正三年（1725）］

本书淮扬官舍刻本，一百七十五卷，卷首图一卷，共三十六册，11 行 21 字，小字双行，同白口，左右双边单鱼尾。《行水金鉴》是中国第一部系统整编的水利文献资料。本书收集了自先秦时期至清康熙末年的各种水利文献资料 370 余种。全书以古代江、淮、河、济以及京杭运河的文献资料为主，亦有少量篇幅兼及其他内容。卷首有序、略例、总目及黄、淮、汉、江、济、运等河流的写景图。正文一百七十五卷，其中，河水六十卷，淮水十卷，汉水、江水十卷，济水五卷，运河水七十卷，两河总说八卷，官司、夫役等十二卷。略例中还提到“编集水利约若干卷，容当续刻”，但未完成。该书侧重于河道兴废及河堤闸坝疏筑塞防的经验教训，兼论官司、夫役、河道钱粮、漕规漕运等事，目的是供治水者借鉴，故曰《行水金鉴》。撰者傅泽洪，字稺君，镶红旗汉军，官至江苏按察使。

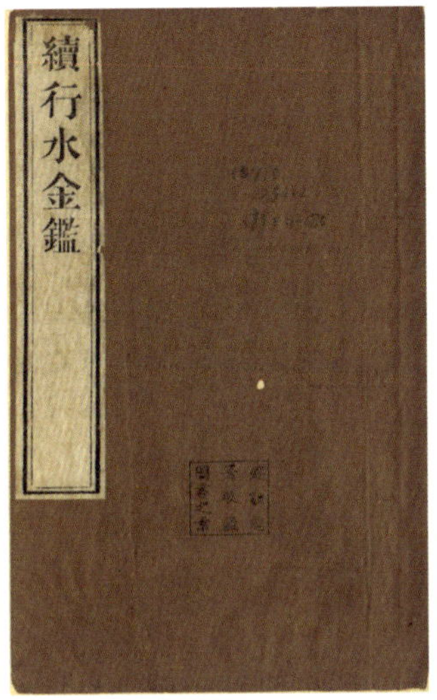

1

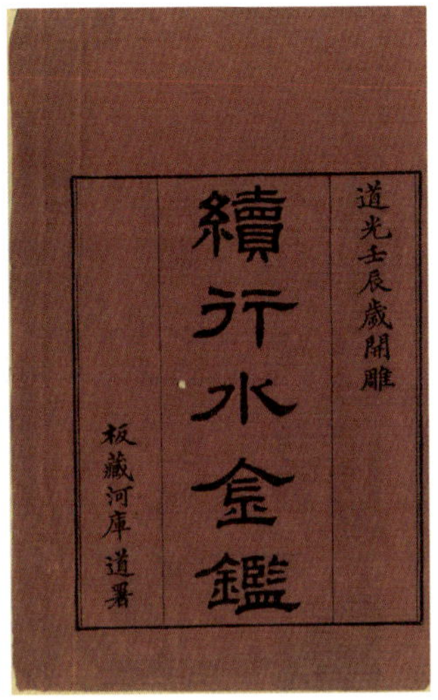

2

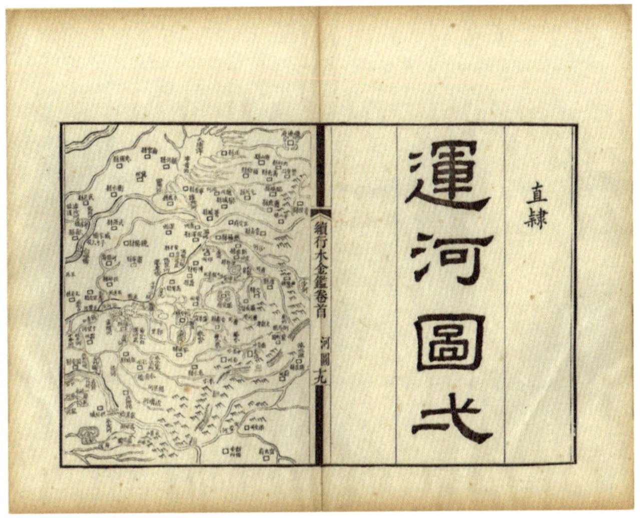

3

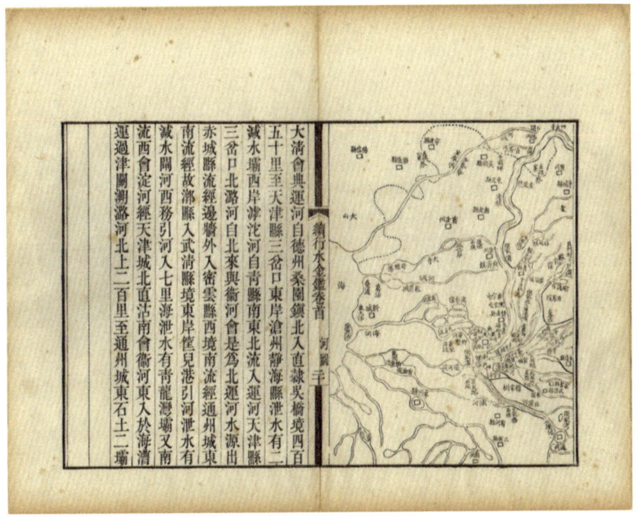

4

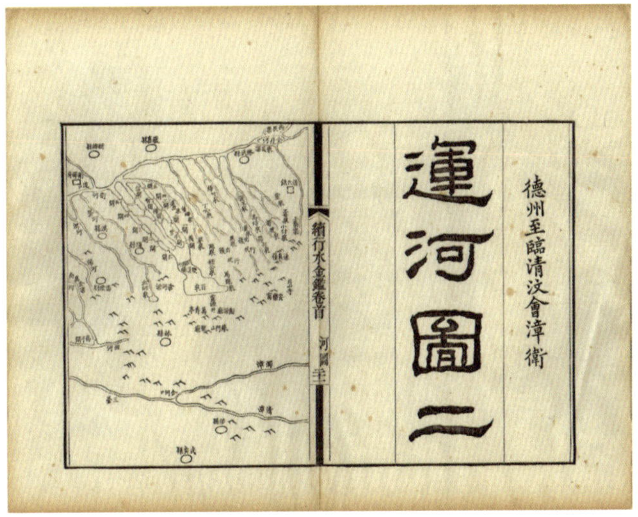

5

续行水金鉴

（清）黎世序（清）俞正燮等纂修

68 册

刻本

清道光十二年（1832）

本书一百五十六卷，卷首一卷，六十八册，11 行 21 字，小字双行，同黑口，左右双边单鱼尾。本书所收主要资料上接前书，下迄嘉庆二十五年（1820）。对于康熙六十年（1721）以前的资料，《行水金鉴》“未及备采者，依年月补叙于前，与前书相符”。全书有图卷一，内容有序、略例和河道图。正文一百五十六卷，其中，河水五十卷，淮水十四卷，运河水六十八卷，永定河水十三卷，江水十一卷。与《行水金鉴》相比，此书内容又有增加，收录有关永定河的资料，部分农田水利资料。各河分类又分置了原委、章牍、工程等子目，还收集了大量的原始工程技术档案。此书附图为线条图，绘制精细醒目。黎世序（1772—1824），初名承惠，字景和，号湛溪，河南罗山人。嘉庆元年（1796）中进士，善于治河，治河方略以蓄清敌黄、束水攻沙、种植柳树为主，官至江南河道总督。

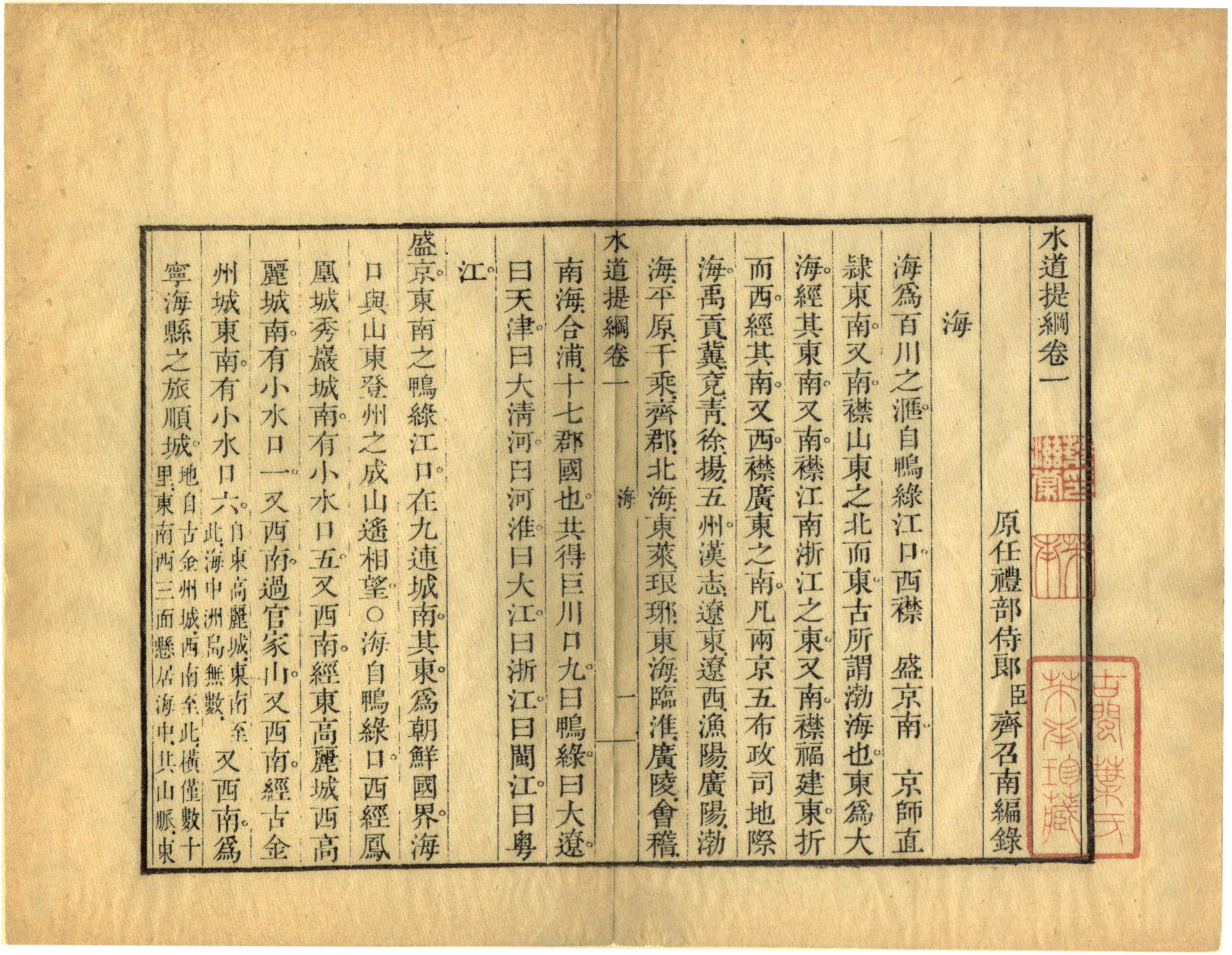
水道提綱卷一

原任禮部侍郎臣齊召南編錄

海

海爲百川之滙自鴨綠江口西襟　盛京南　京師直隸東南又南襟山東之北而東古所謂渤海也東爲大海經其東南又南襟江南浙江之東又南襟福建東折而西經其南又西襟廣東之南凡兩京五布政司地際海禹貢冀兗青徐揚五州漢志遼東遼西漁陽廣陽渤海平原千乘齊郡北海東萊琅琊東海臨淮廣陵會稽南海合浦十七郡國也共得巨川口九曰鴨綠曰大遼曰天津曰大清河曰河淮曰大江曰浙江曰閩江曰粵江

水道提綱卷一　海　一

盛京東南之鴨綠江口在九連城南其東爲朝鮮國界海口與山東登州之成山遙相望○海自鴨綠口西經鳳凰城秀巖城南有小水口五又西南經東高麗城西高麗城南有小水口一又西南過官家山又西南經古金州城東南有小水口六自東高麗城東南至此海中洲島無數又西南爲寧海縣之旅順城地自古金州城西南至此橫僅數十里東南西三面懸居海中其山脈東

水道提纲

（清）齐召南撰

4 册

刻本

清乾隆四十一年（1776）

本书是清代全国水文地理专著。叙述全国包括边陲各水系源流、分合、归宿以及与水道相关的前人论述。全书共二十八卷，海一卷，各省水六卷，黄河两卷，长江七卷，珠江三卷，黑龙江两卷，淮河、浙江、闽江及其他共七卷。齐召南，清代地理学家，撰写《水道提纲》，参修《大清一统志》《续文献通考》等。齐召南（1703—1768），字次风，号琼台，晚号息园。浙江天台人。清代地理学家。乾隆六年（1741），撰《外藩书》。乾隆十二年（1747），充《续文献通考》副总裁。乾隆二十六年（1761），完成最重要的作品《水道提纲》二十八卷。另著有《宝纶堂集古录》《宝纶堂文钞诗钞》《齐太史移居集》《琼台集》《历代帝王年表》《后汉公卿表》等。

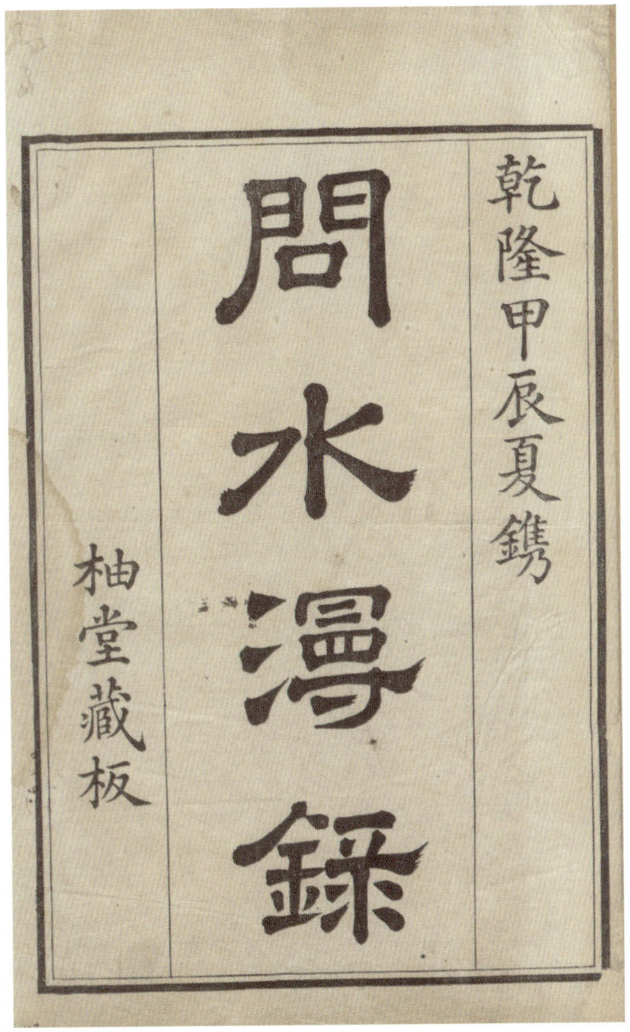

乾隆甲辰夏鐫

問水漫錄

柚堂藏板

1

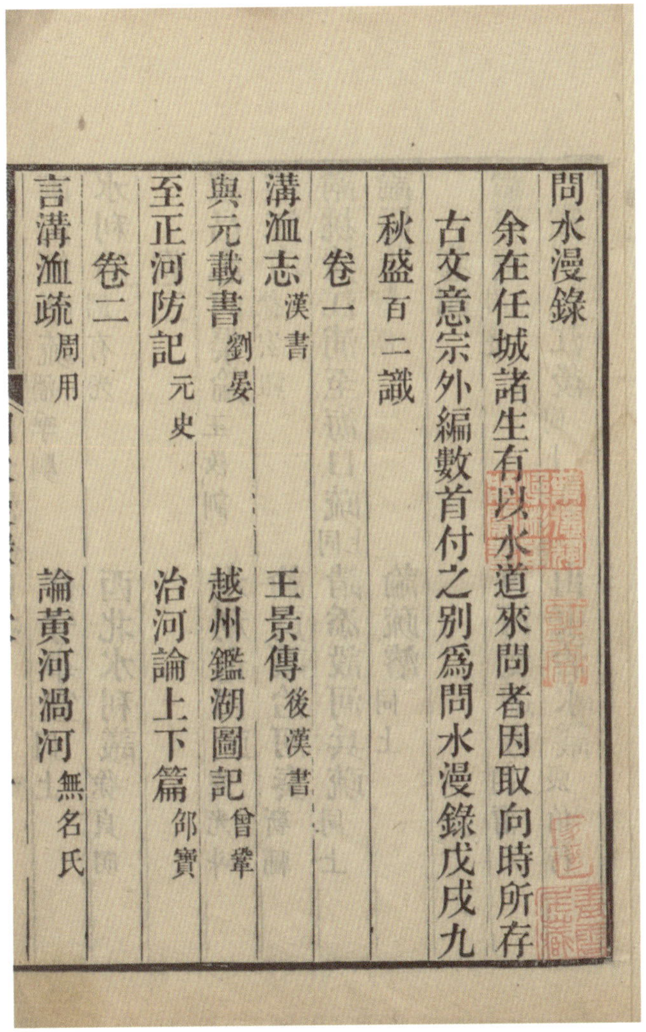

問水漫錄

余在任城諸生有以水道來問者因取向時所存古文意宗外編數首付之別爲問水漫錄戊戌九秋盛百二識

卷一

溝洫志 漢書　王景傳 後漢書

與元載書 劉晏　越州鑑湖圖記 曾鞏

至正河防記 元史　治河論上下篇 邰寶

卷二

言溝洫疏 周用　論黃河渦河 無名氏

2

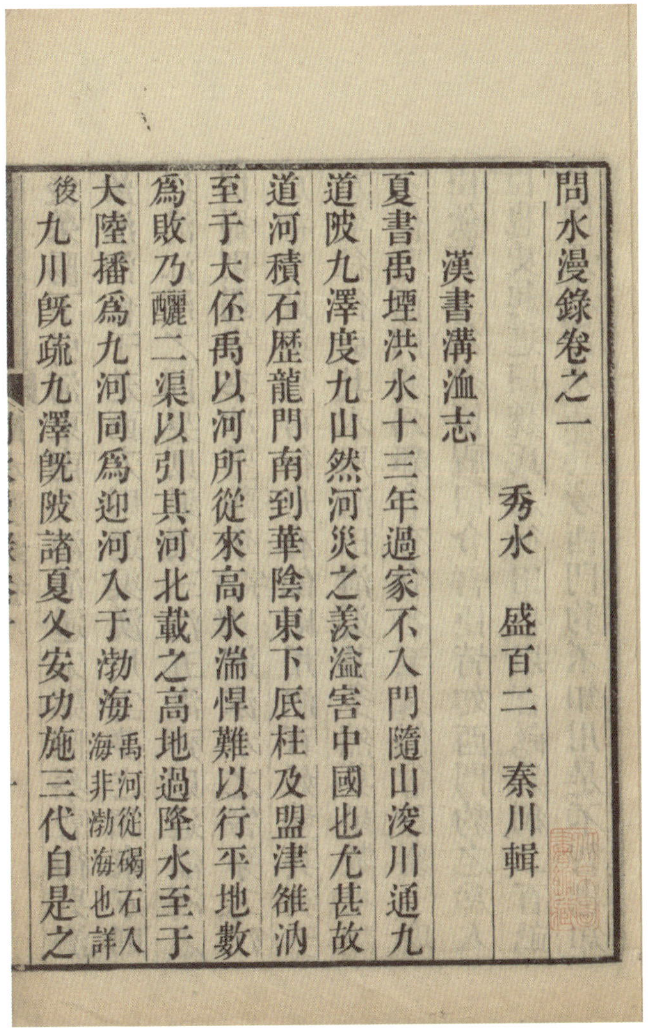

問水漫錄卷之一

秀水　盛百二　秦川輯

漢書溝洫志

夏書禹堙洪水十三年過家不入門隨山浚川通九道陂九澤度九山然河災之羨溢害中國也尤甚故道河積石歷龍門南到華陰東下厎柱及盟津雒汭至于大伾禹以河所從來高水湍悍難以行平地數爲敗乃釃二渠以引其河北載之高地過降水至于大陸播爲九河同爲迎河入于勃海 禹河從碣石入海非勃海也詳後 九川既疏九澤既陂諸夏乂安功施三代自是之

3

问水漫录

（清）盛百二辑

4册

刻本

清乾隆四十九年（1784）

本书共四卷，二十四篇，辑录汉以后有关河渠的奏议、文章，每篇篇末附以作者小传，并有按语。盛百二，字秦川，号柚堂，乾隆年间举人，擅长天文数学与河渠之学，也是藏书家，著有《皆山阁吟稿》等。

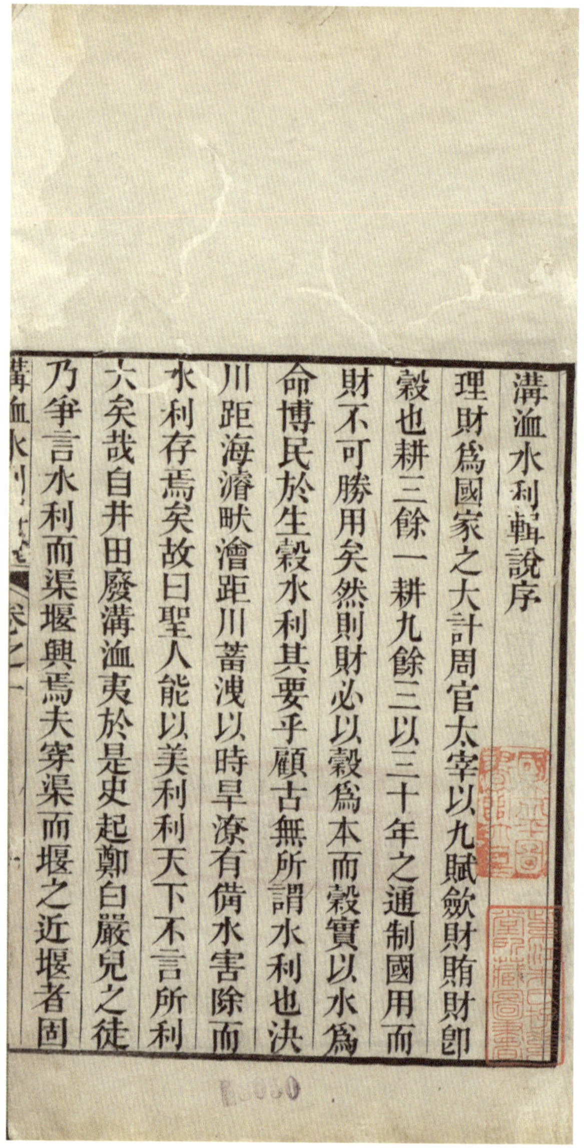
溝洫水利輯說序
理財爲國家之大計周官太宰以九賦斂財賄財即
穀也耕三餘一耕九餘三以三十年之通制國用而
財不可勝用矣然則財必以穀爲本而穀實以水爲
命博民於生穀水利其要乎顧古無所謂水利也決
川距海濬畎澮距川蓄洩以時旱潦有備水害除而
水利存焉矣故曰聖人能以美利利天下不言所利
大矣哉自井田廢溝洫夷於是史起鄭白嚴兒之徒
乃爭言水利而渠堰興焉夫穿渠而堰之近堰者固

1

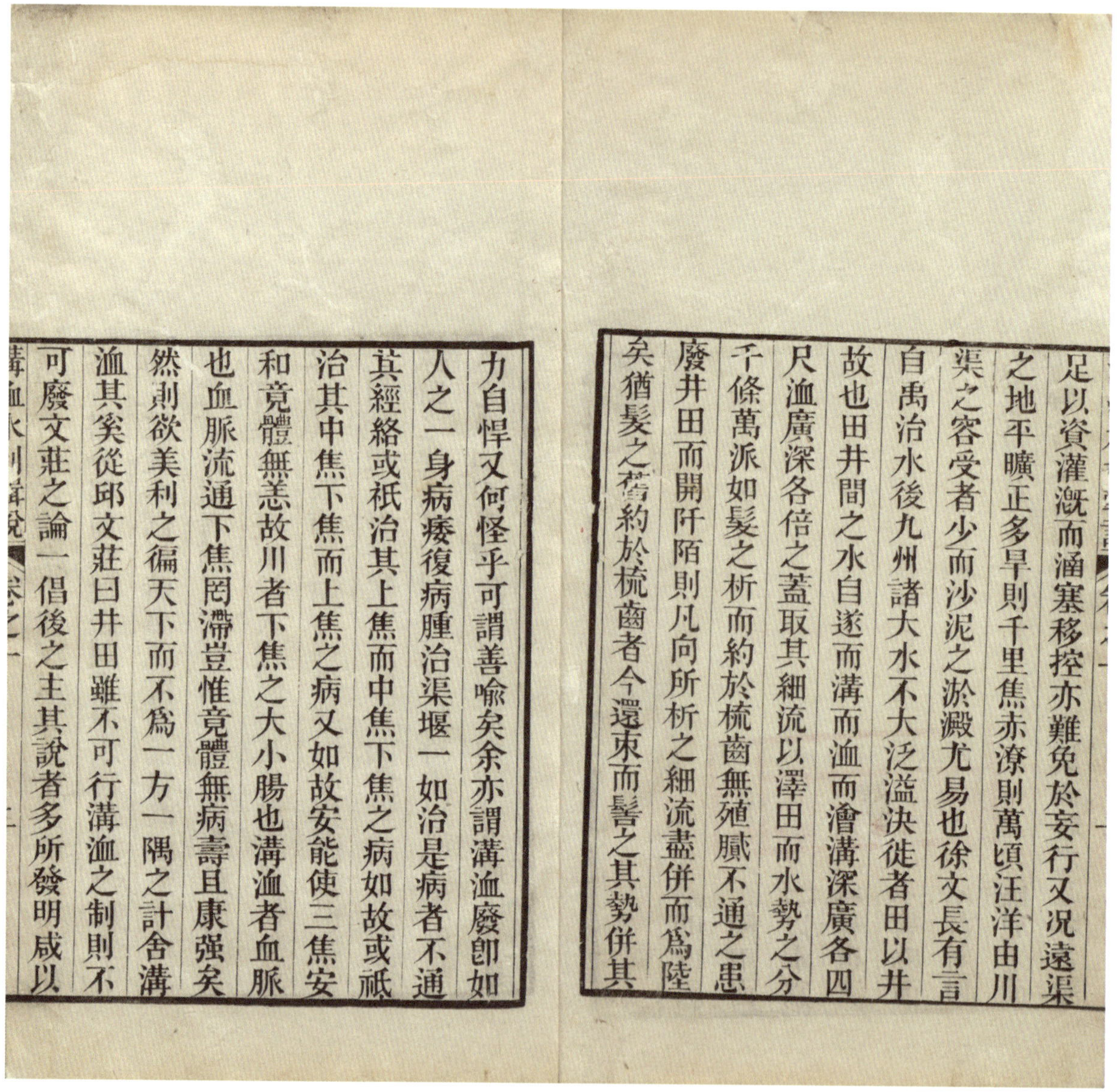
足以資灌溉而涵塞移控亦難免於妄行又況遠渠
之地平曠正多旱則千里焦赤潦則萬頃汪洋由川
渠之容受者少而沙泥之淤澱尤易也徐文長有言
自禹治水後九州諸大水不大泛溢決徙者田以井
故也田井間之水自遂而溝而洫而澮溝深廣各四
尺洫廣深各倍之蓋取其細流以澤田而水勢之分
千條萬派如髮之析而約於梳齒無殖贖不通之患
廢井田而開阡陌則凡向所析之細流盡併而爲陸
矣猶髮之舊約於梳齒者今還束而髻之其勢併其
力自悍又何怪乎可謂善喻矣余亦謂溝洫廢即如
人之一身病痿復病腫治渠堰一如治是病者不通
其經絡或秖治其上焦而中焦下焦之病如故或秖
治其中焦下焦而上焦之病又如故安能使三焦安
和竟體無恙故川者下焦之大小腸也溝洫者血脈
也血脈流通下焦罔滯豈惟竟體無病壽且康强矣
然則欲美利之徧天下而不爲一方一隅之計舍溝
洫其奚從邱文莊曰井田雖不可行溝洫之制則不
可廢文莊之論一倡後之主其說者多所發明咸以

2

沟洫水利辑说

（清）陈仲良辑

8 册

刻本

清咸丰元年（1851）

本书八卷，据书前清光绪三十四年（1908）自序云，仲良辑有《经济考索》一书，内有水利营田一类，全主沟洫之说，因时事理财孔亟，故特取此类重新编辑。内容为名言、按语及作者管见二项。名言取经史子集四部，上自炎皇，下至清末有关沟洫治理之记载，而尤重近代论者要议。陈仲良，字罗山，广东番禺人。约为清末民初人。

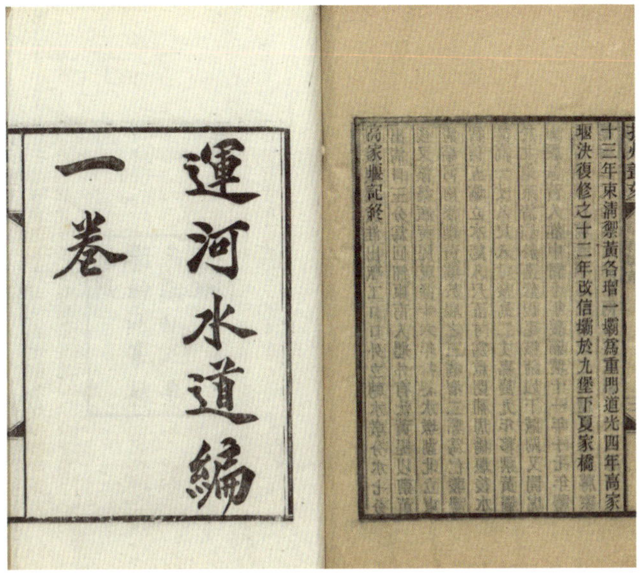

1

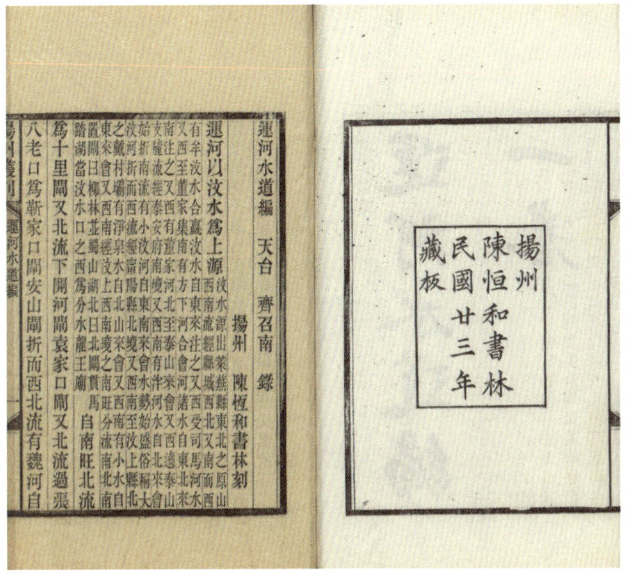

2

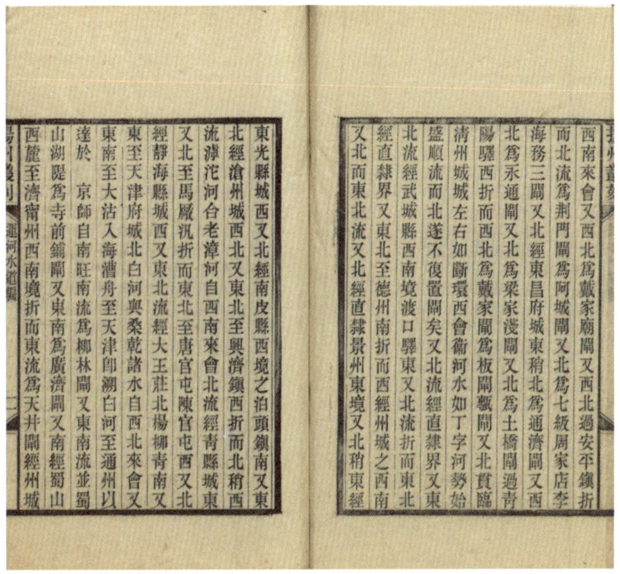

3

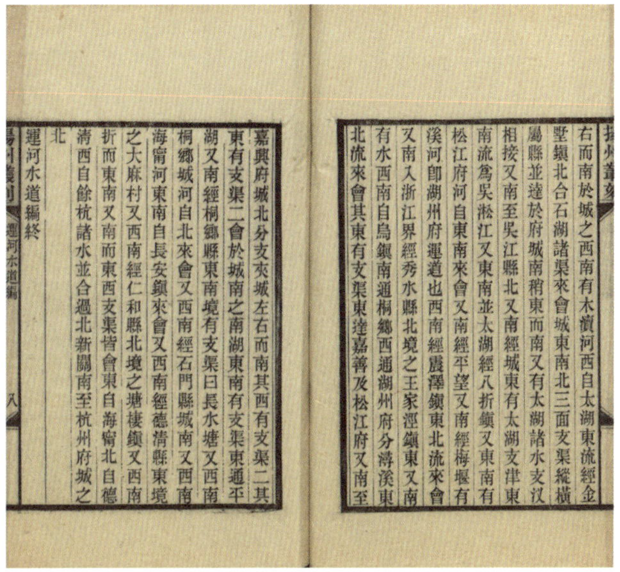

4

运河水道编

（清）齐召南撰

1 册

刻本

扬州陈恒和书林民国廿三年藏板

［民国年间（1912—1949）］

本书系统介绍运河航运水路走向，是研究清代运河水路的重要文献。

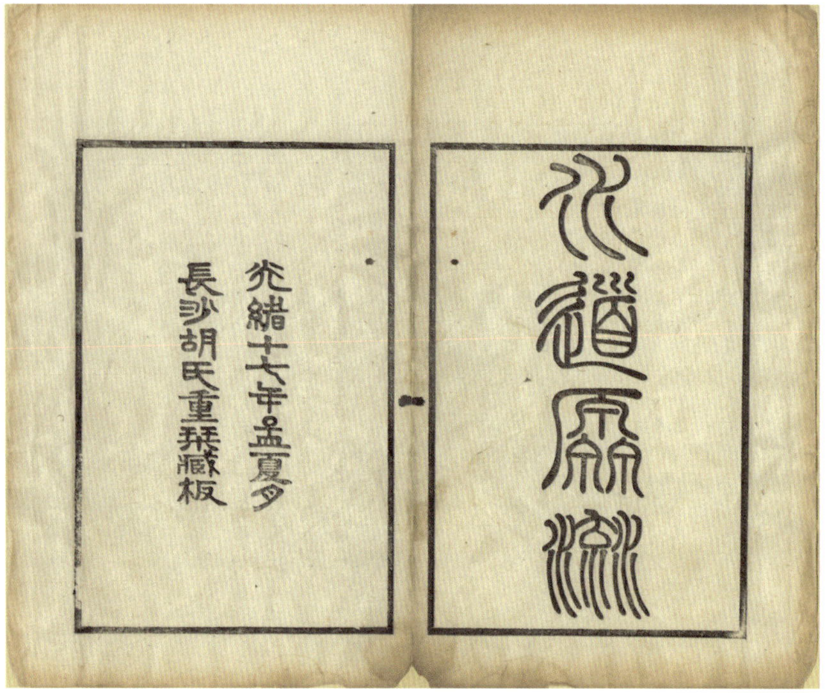

1

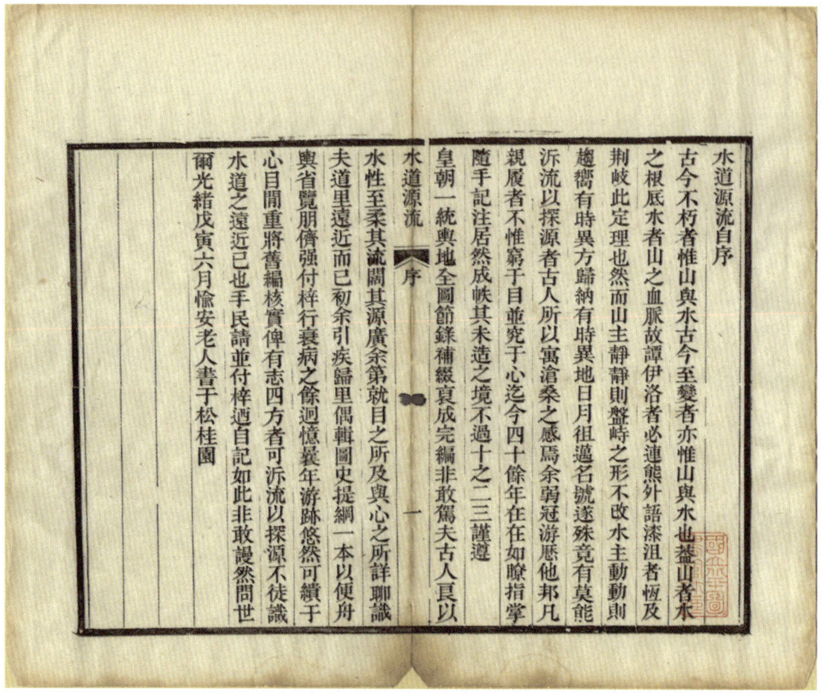

水道源流自序
古今不朽者惟山與水古今至變者亦惟山與水也蓋山者水
之根柢水者山之血脈故譚伊洛者必連熊外語漆沮者恆及
荆岐此定理也然而山主靜靜則盤峙之形不改水主動動則
趨嚮有時異方歸納有時異地日月徂邁名號遂殊竟有莫能
泝流以探源者古人所以寓滄桑之感焉余弱冠游歷他邦凡
親履者不惟窮于目並究于心迄今四十餘年在在如瞭指掌
隨手記注居然成帙其未造之境不過十之二三謹遵
皇朝一統輿地全圖節錄補綴裒成完編非敢篤夫古人艮以
水道源流　序　一
水性至柔其流闊其源廣余第就目之所及與心之所詳聊識
夫道里遠近而已初余引疾歸里偶輯圖史提綱一本以便舟
輿省覽朋儕强付梓行衰病之餘迴憶曩年游跡悠然可續于
心目間重將舊編核實俾有志四方者可泝流以探源不徒識
水道之遠近已也手民請並付梓適自記如此非敢謾然問世
爾光緒戊寅六月愉安老人書于松桂園

2

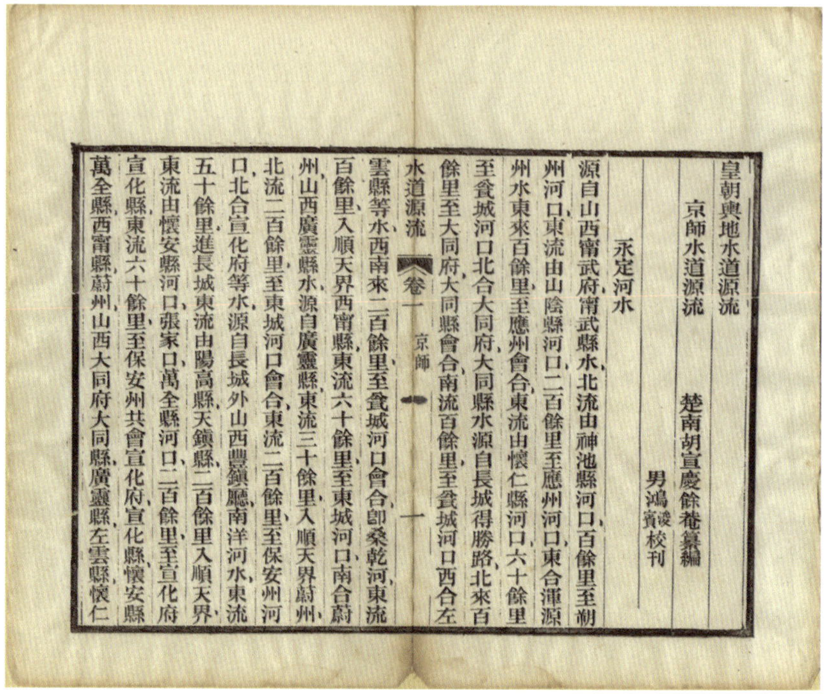

皇朝輿地水道源流
京師水道源流　楚南胡宣慶餘菴纂編
男鴻賓謏校刊
永定河水
源自山西甯武府甯武縣水北流由神池縣河口百餘里至朔
州河口東流由山陰縣河口二百餘里至應州河口東合渾源
州水東來百餘里至應州會合東流由懷仁縣河口六十餘里
至貧城河口北合大同府大同縣水源自長城得勝路北來百
餘里至大同府大同縣會合南流百餘里至貧城河口西合左
水道源流　卷一　京師　一
雲縣等水西南來二百餘里至貧城河口會合卽桑乾河東流
百餘里入順天界西甯縣東流六十餘里至東城河口南合蔚
州山西廣靈縣水源自廣靈縣東流三十餘里入順天界蔚州
北流二百餘里至東城河口會合東流二百餘里至保安州河
口北合宣化府等水源自長城外山西豐鎮廳南洋河水東流
五十餘里進長城東流由陽高縣天鎮縣二百餘里入順天界
東流由懷安縣河口張家口萬全縣河口二百餘里至宣化府
宣化縣東流六十餘里至保安州共會宣化府宣化縣懷安縣
萬全縣西甯縣蔚州山西大同府大同縣廣靈縣左雲縣懷仁

3

水道源流

（清）胡宣庆撰

1 册

刻本

清光绪十七年（1891）

本书每页 9 行 24 字，白口，左右双边单鱼尾。一册，封面写《皇朝舆地水道源流》，光绪十七年（1891）孟夏月长沙胡氏重刊藏板。共五卷，分省记述水道情形。卷一为京师、盛京、直隶、江苏、安徽。卷二为江西、浙江、福建、湖北、湖南。卷三为河南、山东、山西、陕西、甘肃。卷四为四川、广东、广西、云南、贵州。卷五为总体形势，分为大江源流、黄河源流、中原形势、关外各城、长城关隘、西藏道里、州县同名。本书特点是注重考证各条水道尤其是规模较大水道的支流。胡宣庆，字余庵，咸丰举人，著有《图史提纲》等书。

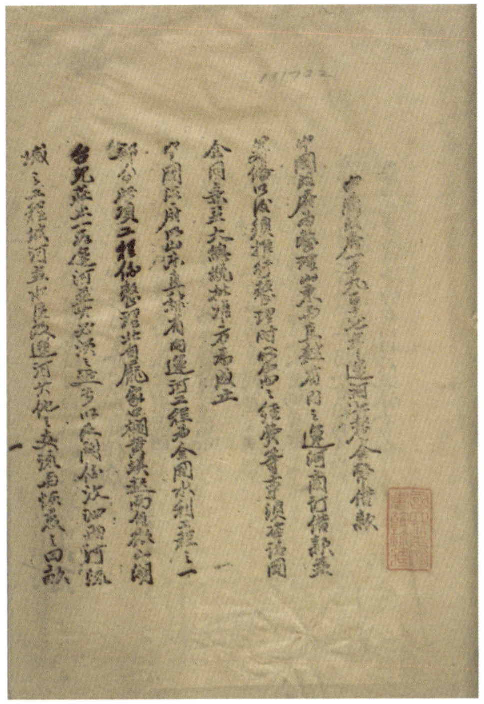

1

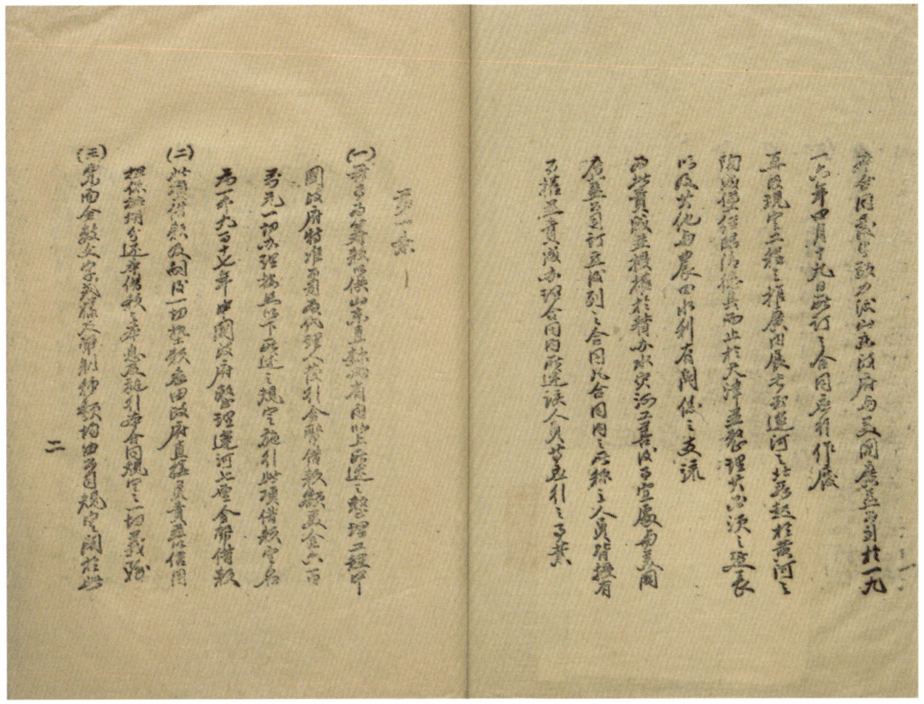

2

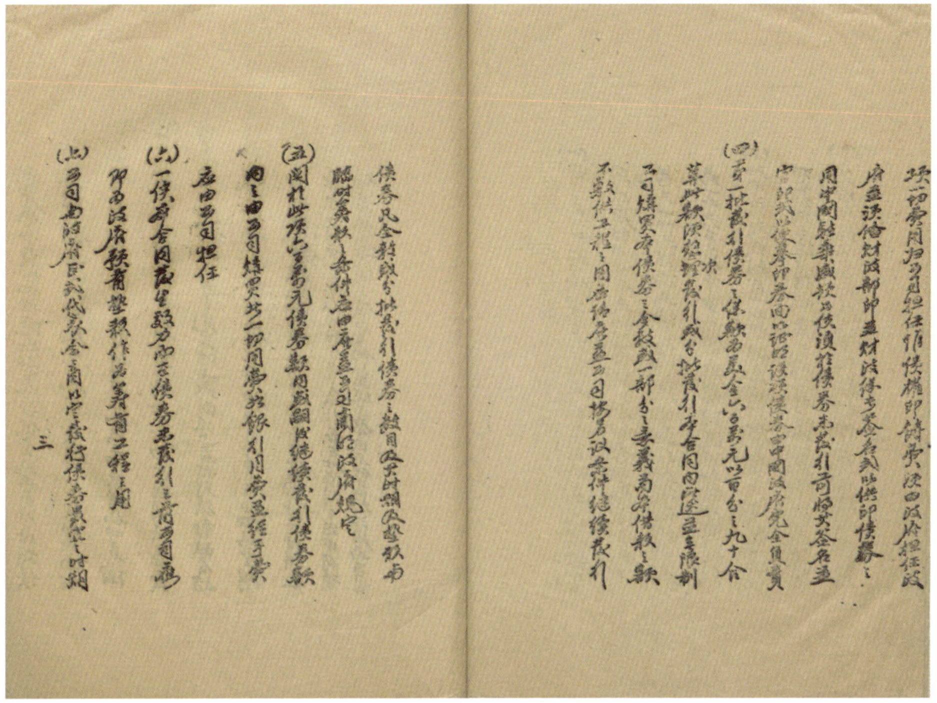

3

中国政府一九一七年运河七厘金币借款

（民国）熊希龄撰

1 册

油印本

民国年间（1912—1949）

1916—1917 年，国民政府为治理京杭运河，特别是黄河以南的运河河道，与美国相关公司签订商业借款合同，推进借款治理运河，借款年息七厘，此文献系借款合同油印本。熊希龄（1870 年 7 月 23 日—1937 年 12 月 25 日），字秉三，别号明志阁主人、双清居士。湖南湘西凤凰人，祖籍江西丰城石滩。民国时期政治家、教育家、实业家和慈善家。曾任北洋政府第四任国务总理。

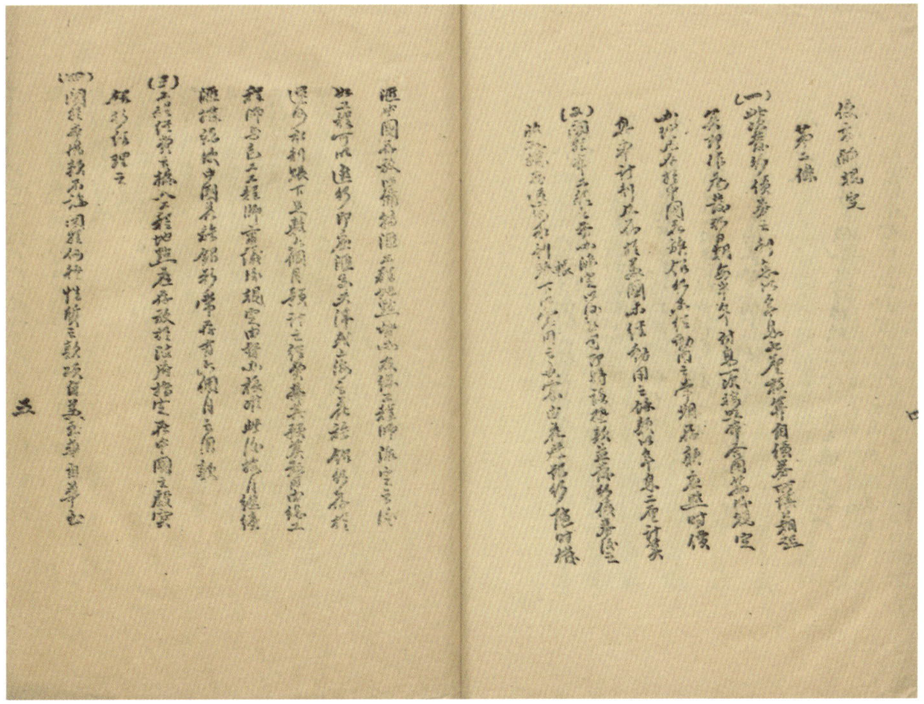

4

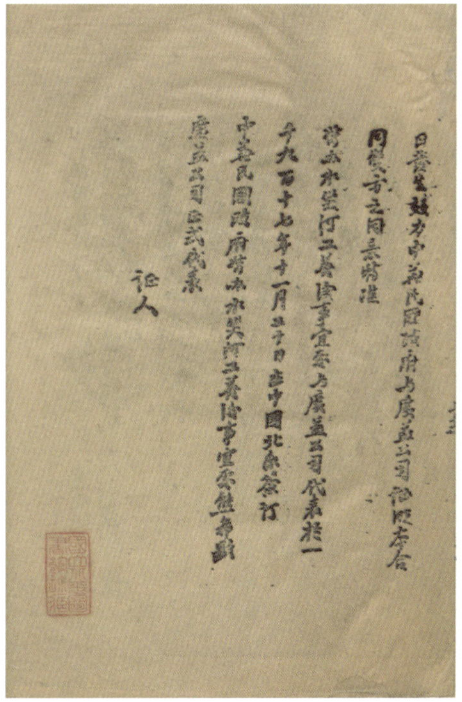

5

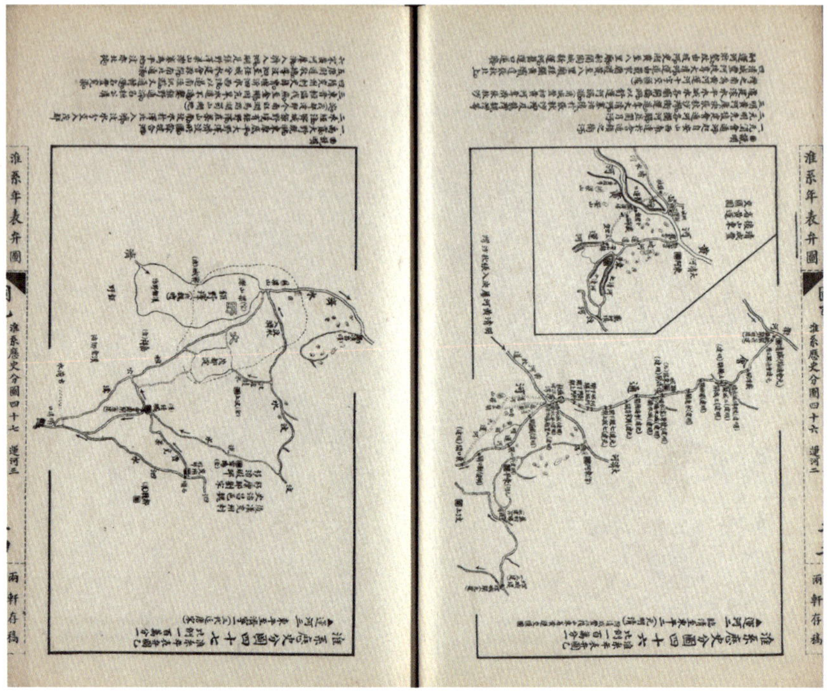

1

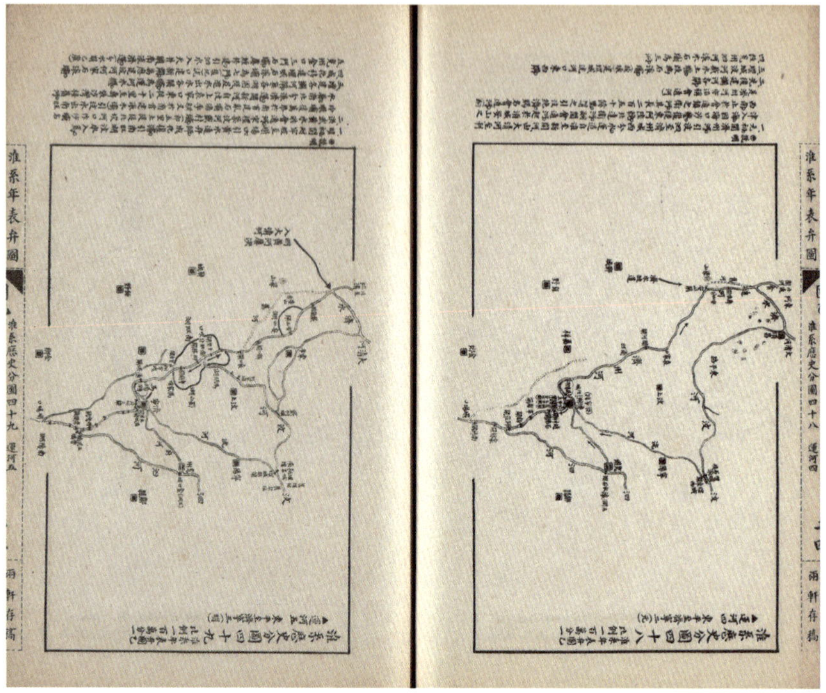

2

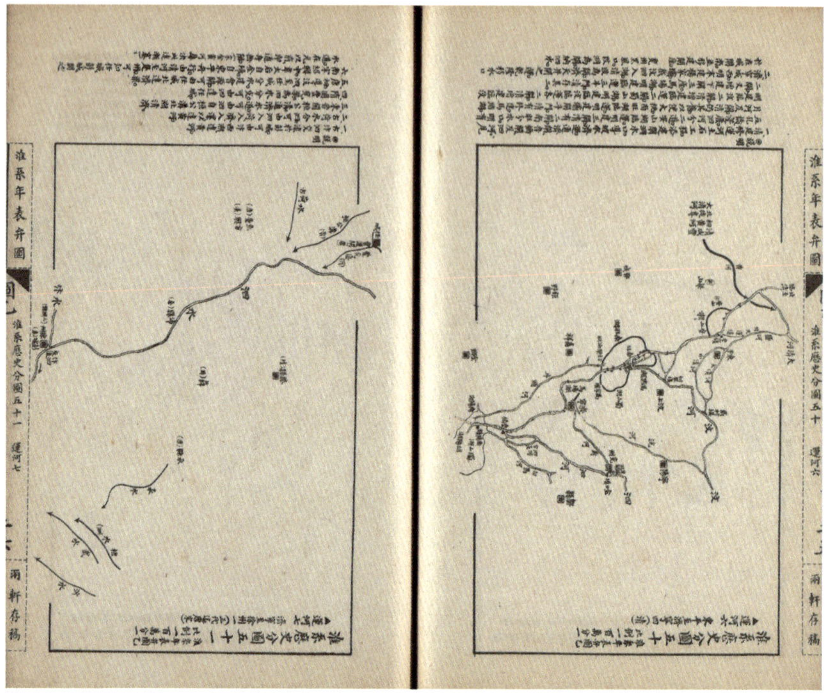

3

淮系年表并图

（民国）武同举编

1 册

晒印本

民国十六年（1927）

书内载有淮系全图一幅，淮系历史总图十四幅，淮水现势测图十六幅，黄河现势测图十二幅，运河现势测图八幅。各图附说。武同举，民国时期水利专家，著有《江苏水利全书》《全淮水道编》等。

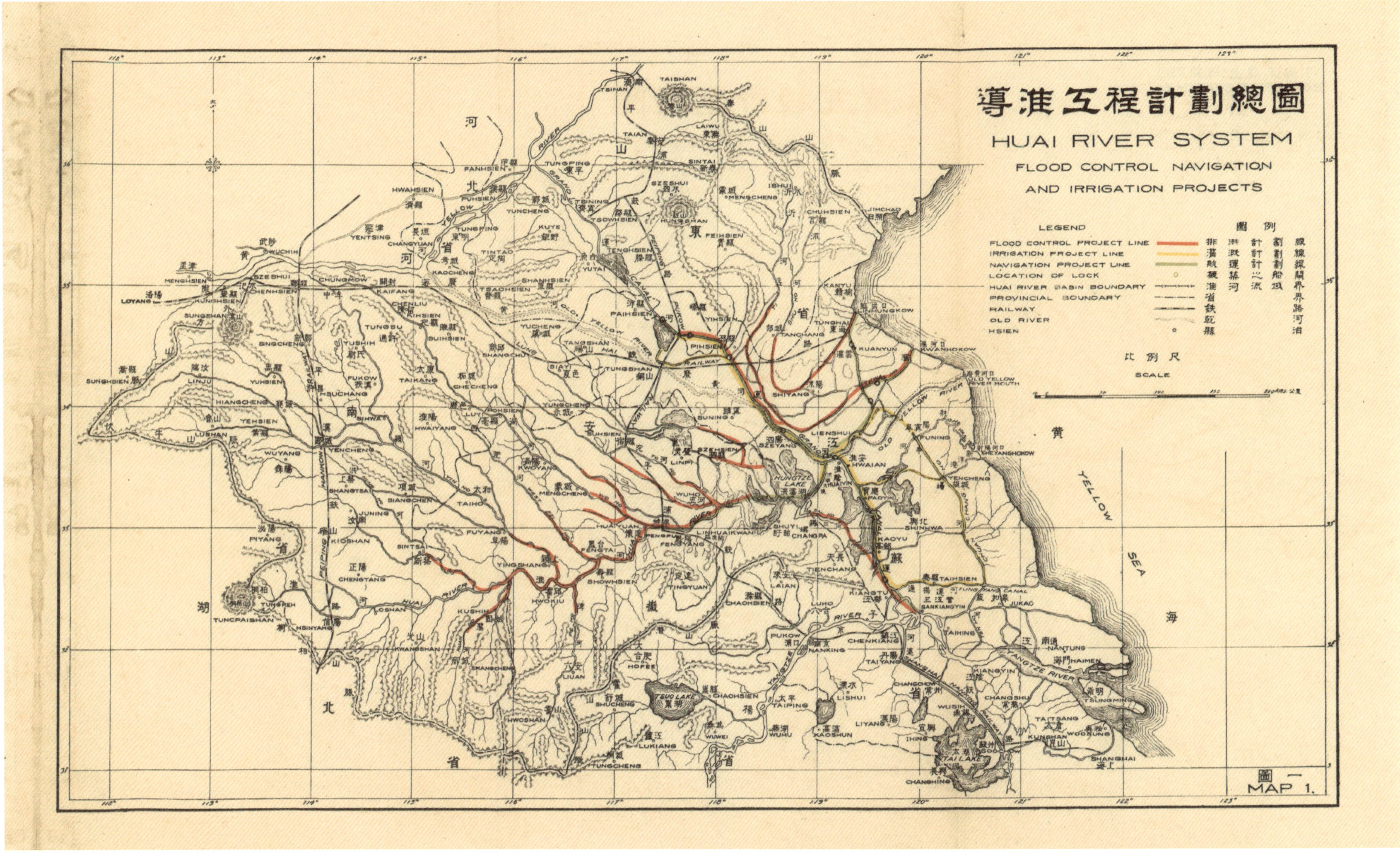

国联工程专家考察水利报告书

全国经济委员会编

1 册

石印本

民国二十二年三月（1933.3）

本书收入了“导淮工程计划总图”“导淮工程初步施工计划图”“华北河道整理计划图”“上海商港图”各一幅。

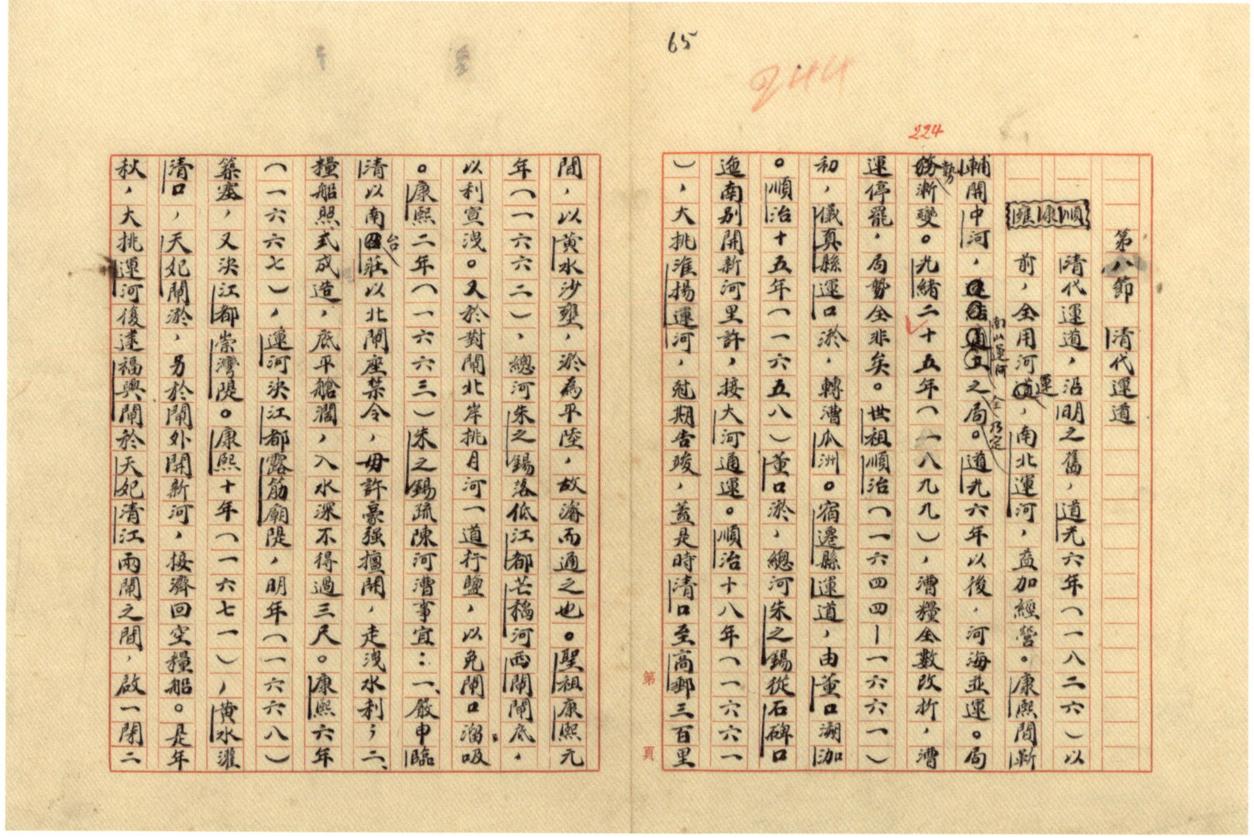

1

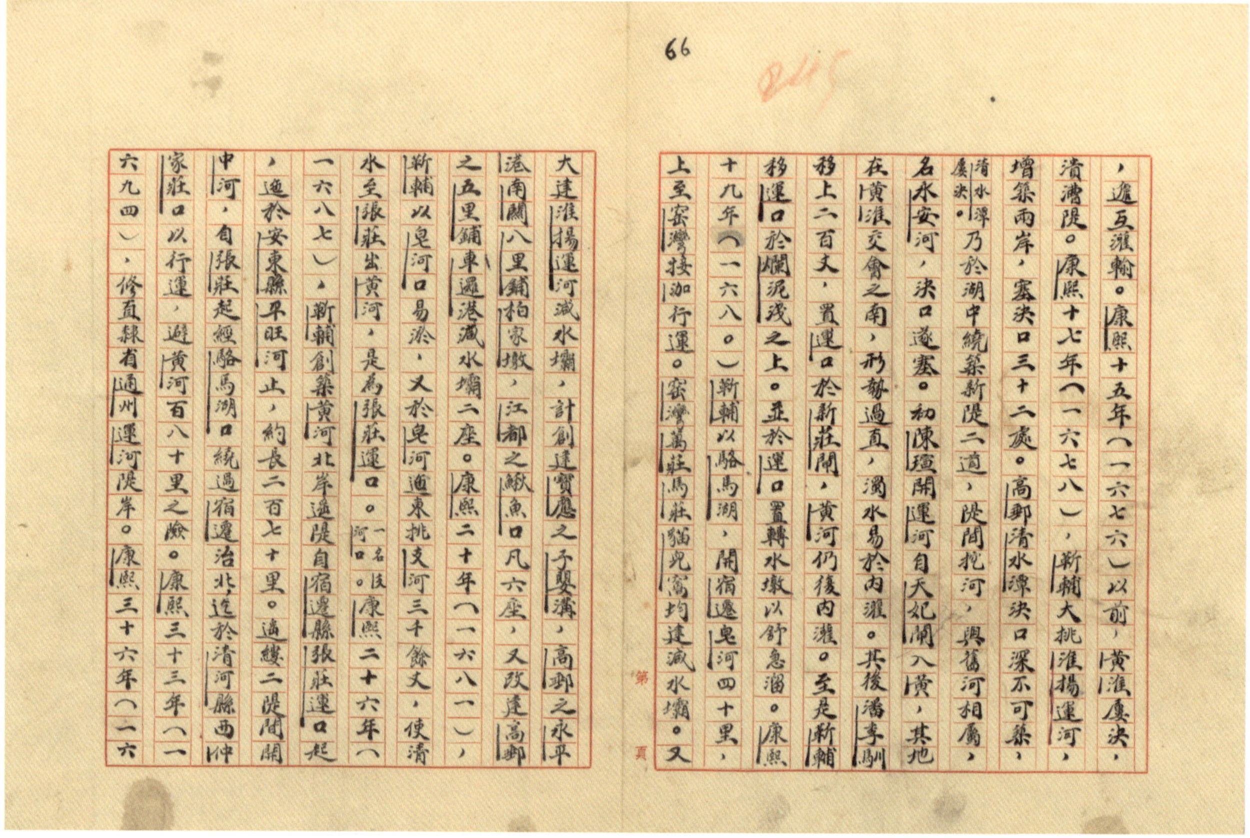

2

中国水利史

（民国）郑肇经著

1 册

稿本（毛笔代抄稿）

［民国年间（1912—1949）］

本书论述了黄河、长江、淮河、永定河等主要河流水患历史及其治理情况，以及京杭大运河的功用及历代疏浚情况，记述中国历代大小运河的兴衰，以及各地历史上灌溉工程的兴废和缘由，中国海塘修筑沿革及利弊得失等，并详述了历代水利行政机构的演变等。该书对数千年中国水利发展的历史过程及其规律做了系统的论述，是近代中国水利史研究的重要成果。

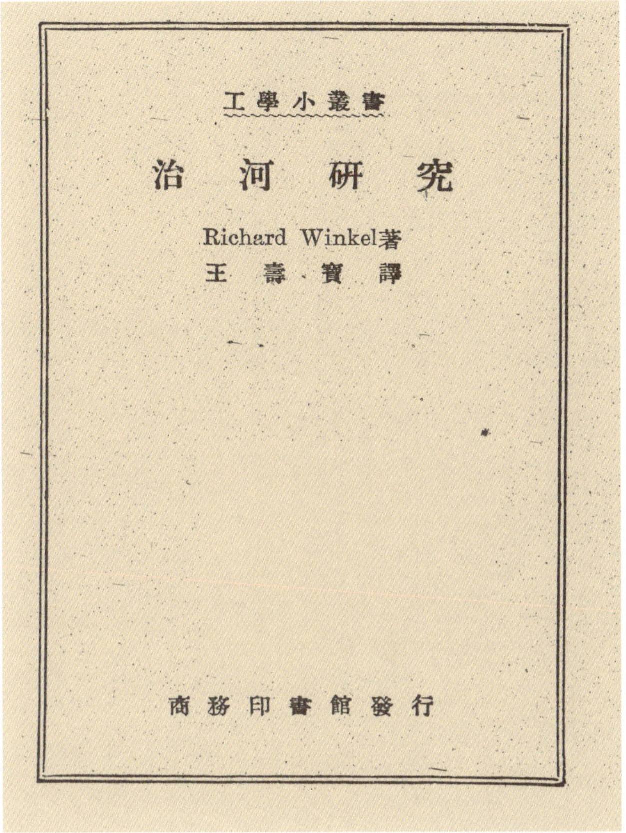
工學小叢書

治　河　研　究

Richard Winkel著
王　壽　寶　譯

商務印書館發行

1

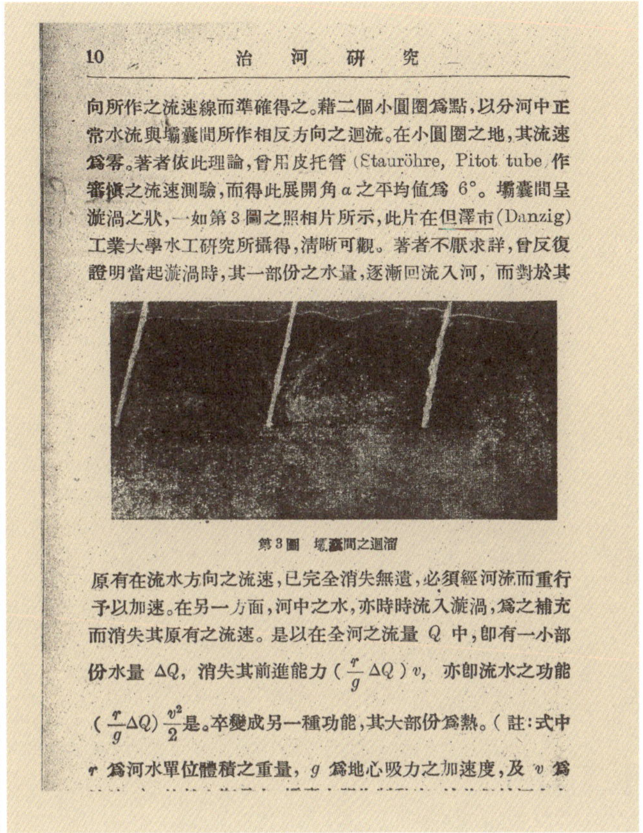
10　治　河　研　究

向所作之流速線而準確得之。藉二個小圓圈爲點，以分河中正常水流與壩囊間所作相反方向之迴流。在小圓圈之地，其流速爲零。著者依此理論，曾用皮托管（Stauröhre, Pitot tube）作審慎之流速測驗，而得此展開角 α 之平均值爲 6°。壩囊間呈漩渦之狀，一如第 3 圖之照相片所示，此片在但澤市（Danzig）工業大學水工研究所攝得，清晰可觀。著者不厭求詳，曾反復證明當起漩渦時，其一部份之水量，逐漸回流入河，而對於其

第 3 圖　壩囊間之迴溜

原有在流水方向之流速，已完全消失無遺，必須經河流而重行予以加速。在另一方面，河中之水，亦時時流入漩渦，爲之補充而消失其原有之流速。是以在全河之流量 Q 中，即有一小部份水量 ΔQ，消失其前進能力 $(\frac{r}{g}\Delta Q)v$，亦即流水之功能 $(\frac{r}{g}\Delta Q)\frac{v^2}{2}$ 是。卒變成另一種功能，其大部份爲熱。（註：式中 r 爲河水單位體積之重量，g 爲地心吸力之加速度，及 v 爲

2

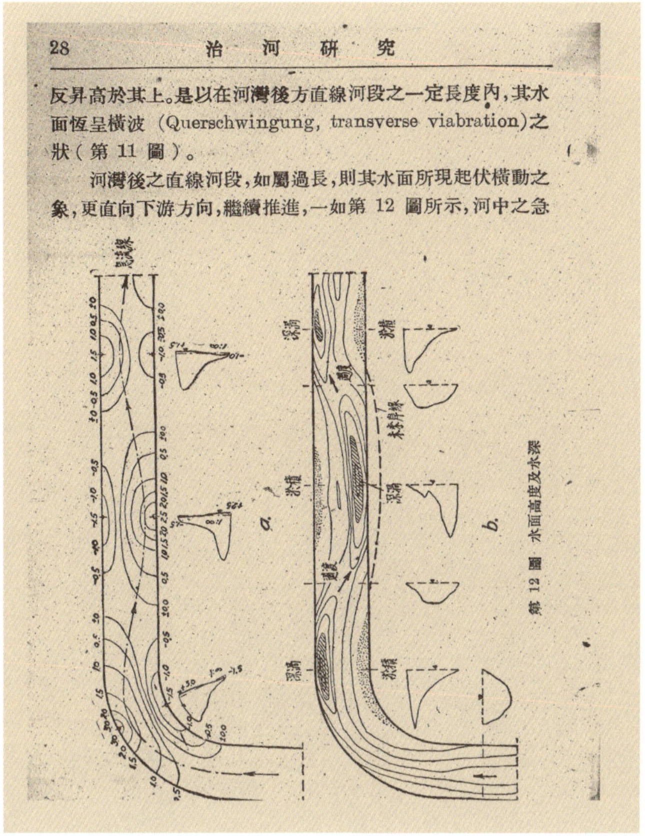
28　治　河　研　究

反昇高於其上。是以在河灣後方直線河段之一定長度內，其水面恆呈橫波（Querschwingung, transverse viabration）之狀（第 11 圖）。

河灣後之直線河段，如屬過長，則其水面所現起伏橫動之象，更直向下游方向，繼續推進，一如第 12 圖所示，河中之急

3

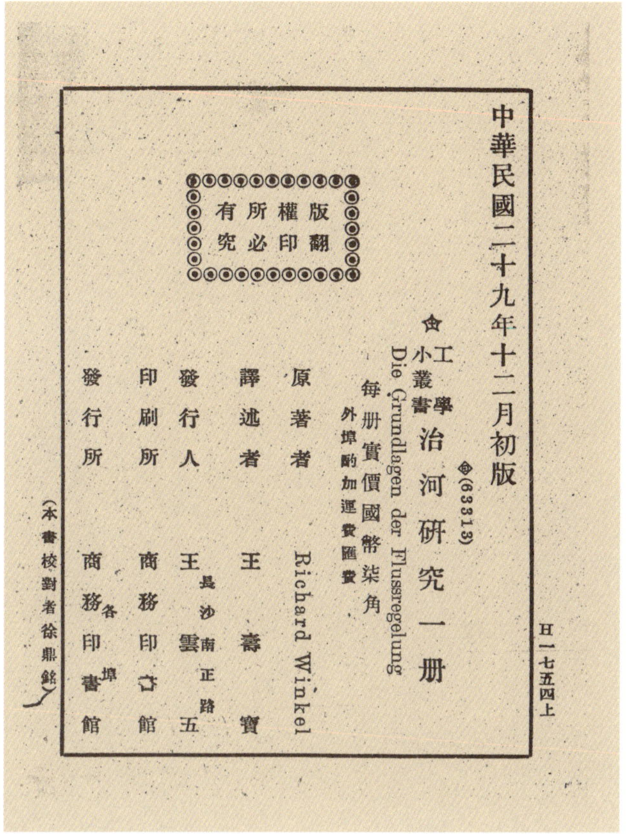
中華民國二十九年十二月初版

版權所有　翻印必究

（63313）
工學小叢書　治河研究一册
Die Grundlagen der Flussregelung
每册實價國幣柒角
外埠酌加運費匯費

原著者　Richard Winkel
譯述者　王壽寶
發行人　王雲五　長沙南正路
印刷所　商務印書館
發行所　商務印書館　各埠

（本書校對者徐鼎銘）

H一七五四上

4

治河研究

［德］Richard Winkel 著（民国）王寿宝译

1 册

民国二十九年（1940）

本书是民国年间翻译的外国经典治河著作，主要内容是作者根据三十多年的治河经验，总结出来的一套系统的治理河道的具体方法，可供民国年间河工学者研究、设计所用。全书分为河之治导、河之渠化及附录三章。

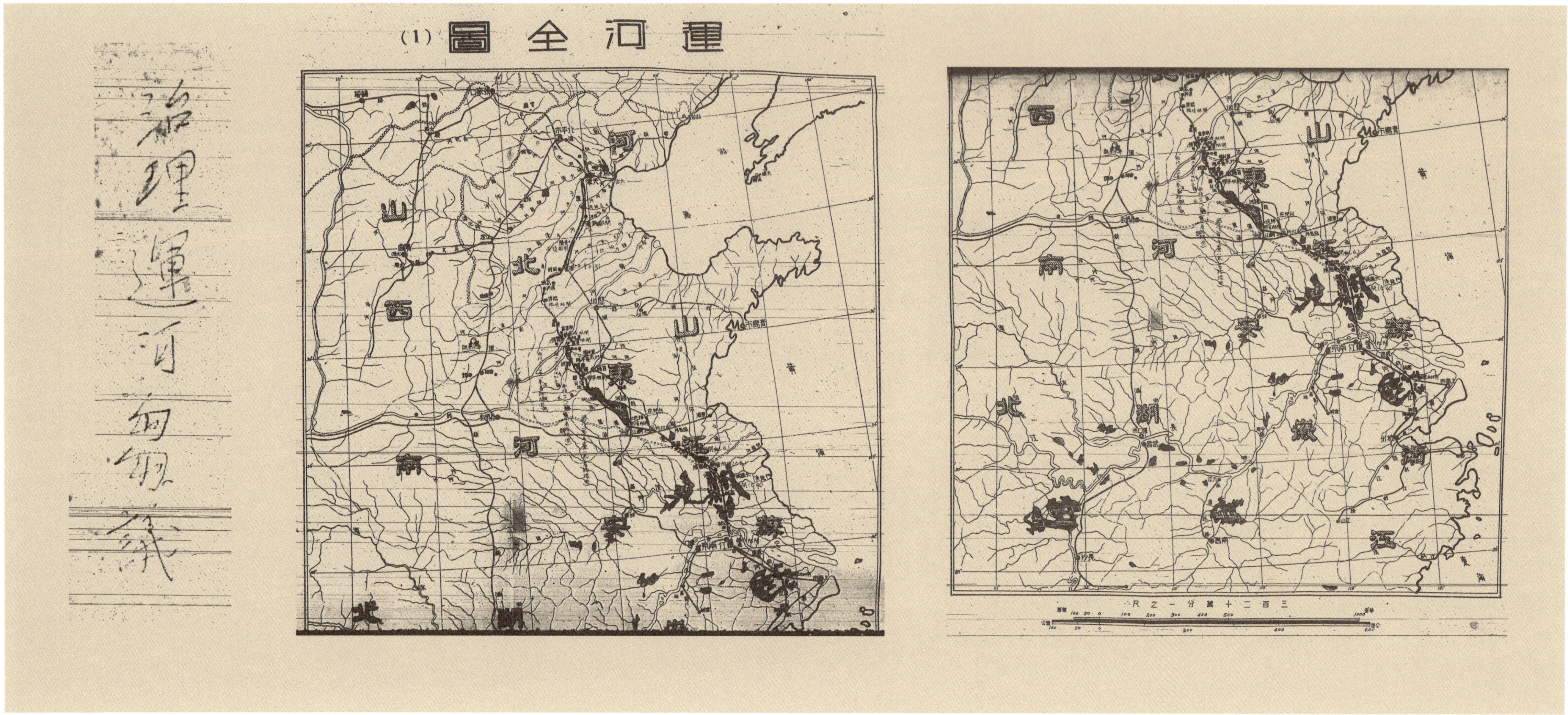

治理运河刍议

（民国）殷汝耕著

1 册

民国三十二年（1943）

本书是民国年间运河治理研究的专著，内容包括绪论、运河之沿革、运河之现状、治理运河之要纲、治理运河之机构问题、结论六个部分，另有附图。

运河分段图

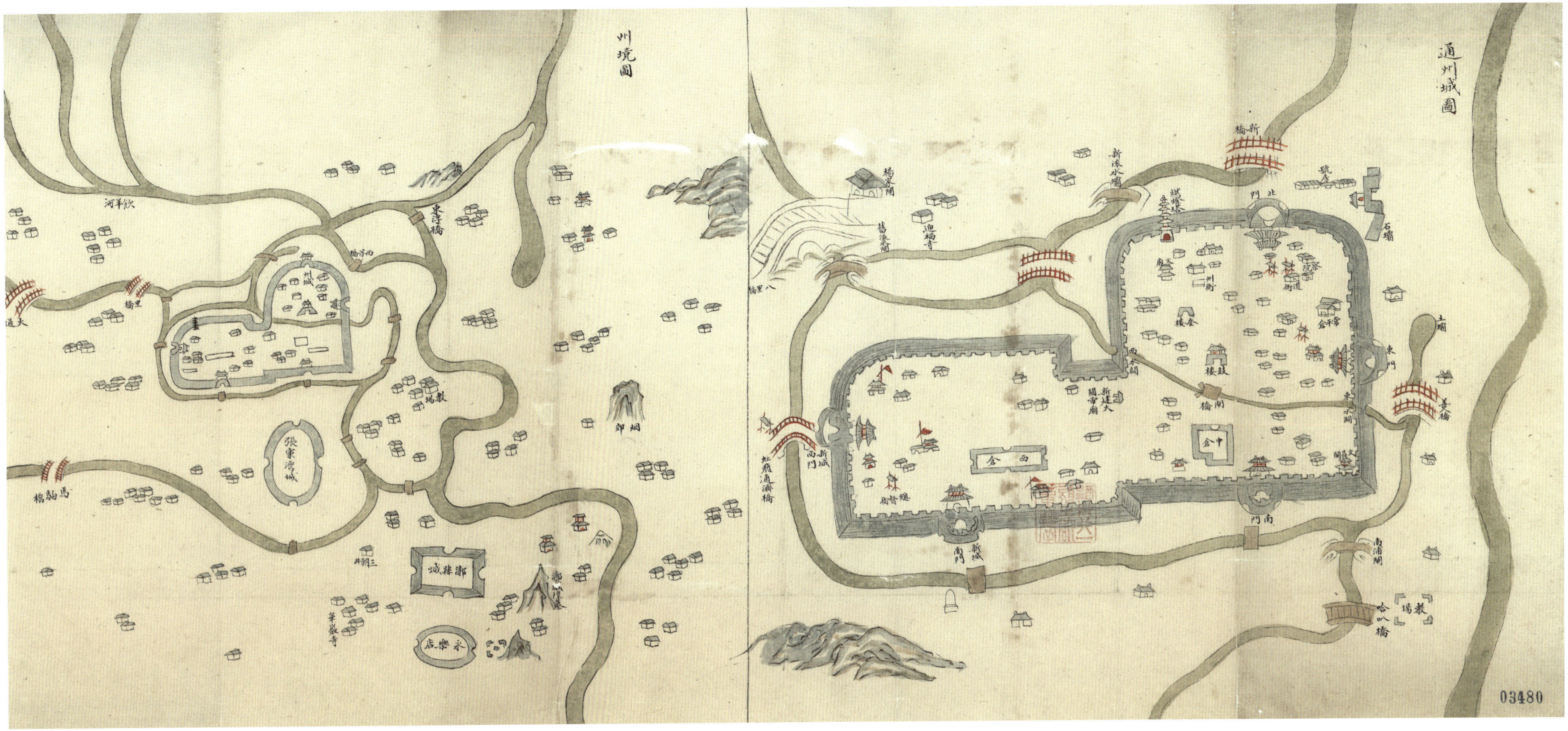

[**通州城及州境全图**]

1 幅；29 × 60cm

绘本

［清光绪年间（1875—1908）］

本图左图为州境图，右图为通州城图，图中主要绘制了通州城一带的城郭、河流、桥梁。

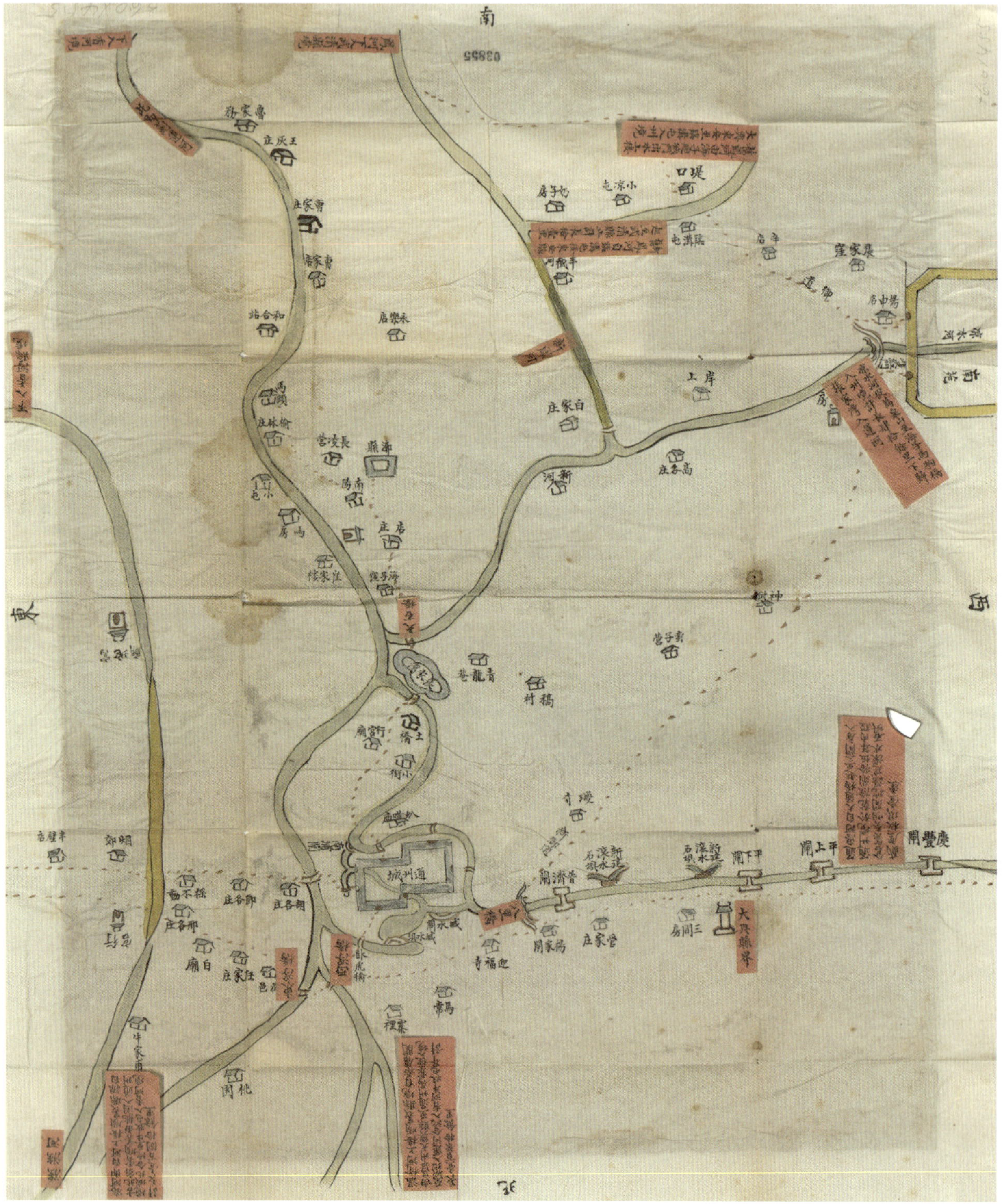

通州境内河道底图

1 幅，56×46cm

绘本

［清光绪年间（1875—1908）］

本图绘制了通州境内的城郭、河流、道路及河流道路两侧的村庄，并贴签标注河流来源去向及桥梁名称。

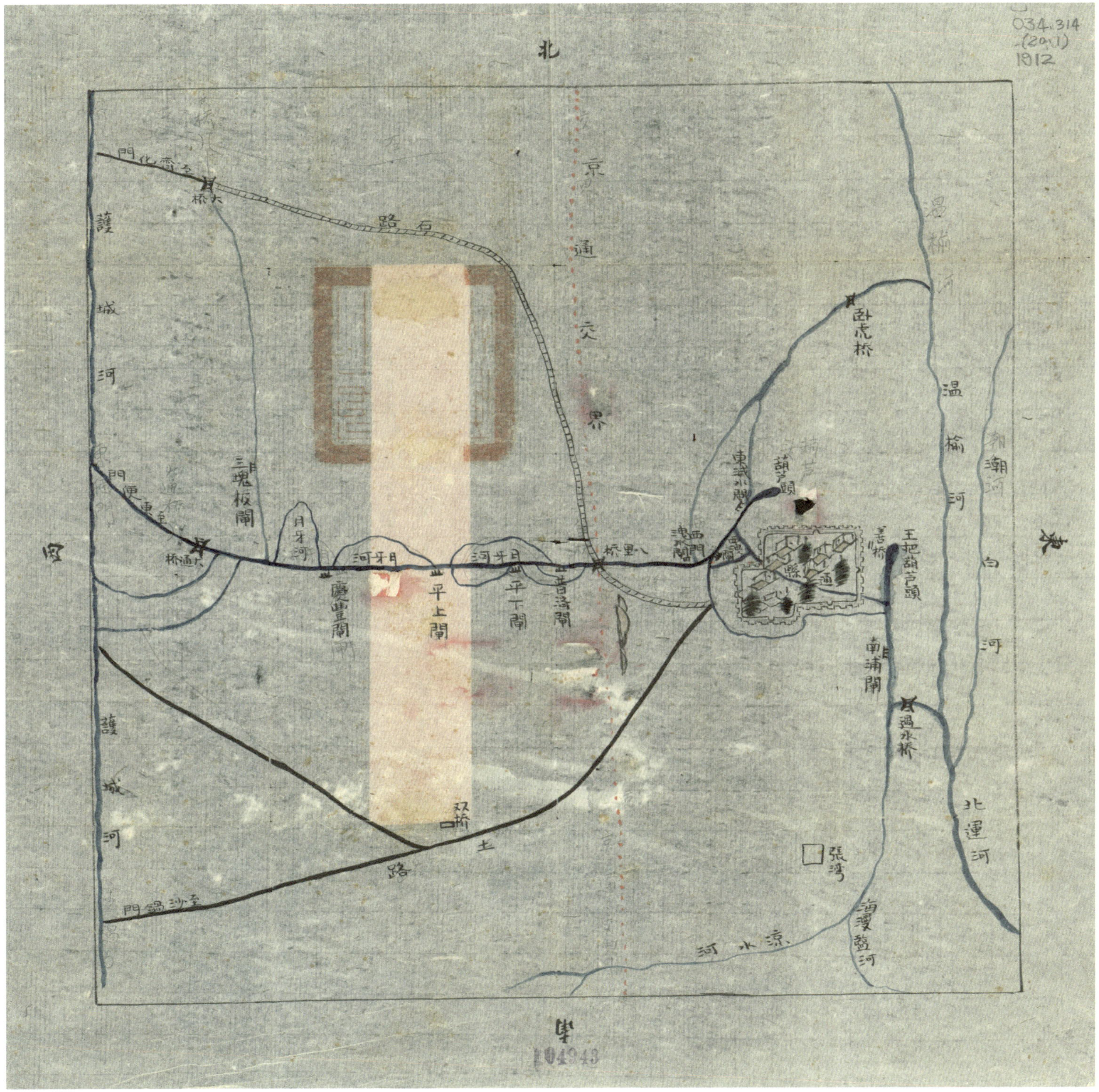

京兆上游通惠河通庆汛全图

蒲斌绘

1 幅；34×47cm

绘本

［民国初年］

本图绘出了东起东护城河，西至北运河的通惠河河道，以及相关水利设施、城池和道路。图中从大通桥向东分别标注了庆丰闸、平上闸、平下闸、普济闸。这几座水闸之间，除主河道外，图上还画出用于缓解水流速度的月牙河。

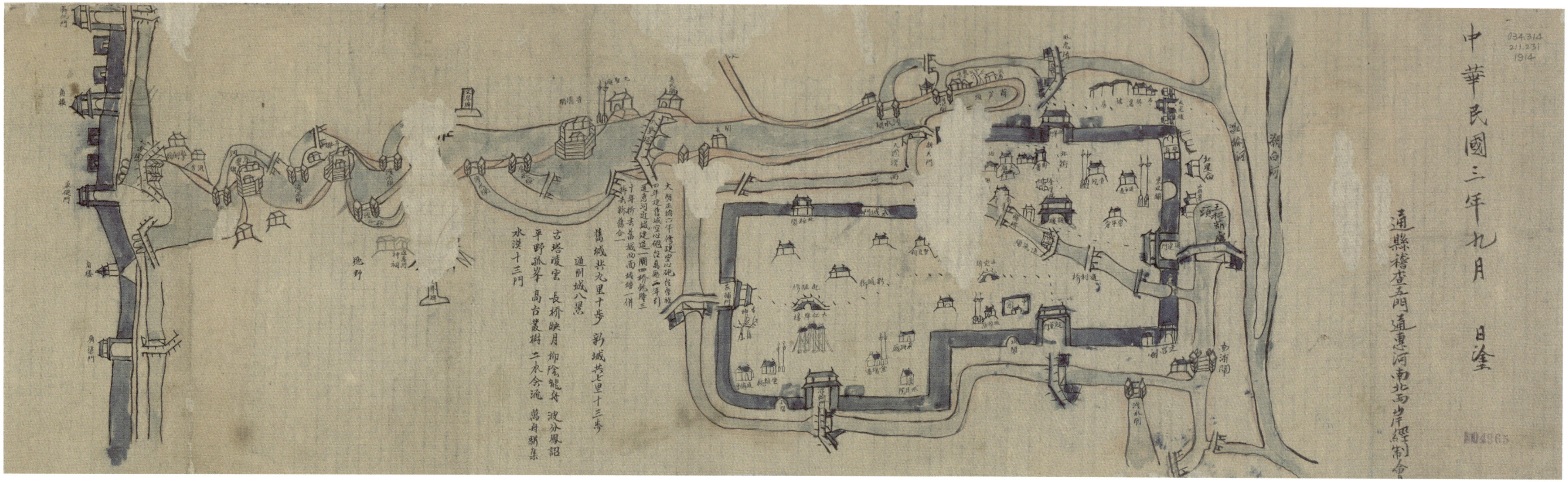

通县通惠河两岸图

1 幅；28 × 85cm

绘本

民国三年（1914）

本图简略绘制了通惠河自东便门向东过通州城沿线的月河、水闸、桥梁及两岸的庙宇等，并粗略绘制了通州城及城内部分建筑。图中有关于通州城的文字介绍，图右侧注“通县稽查五门通惠河南北两岸经制绘”。

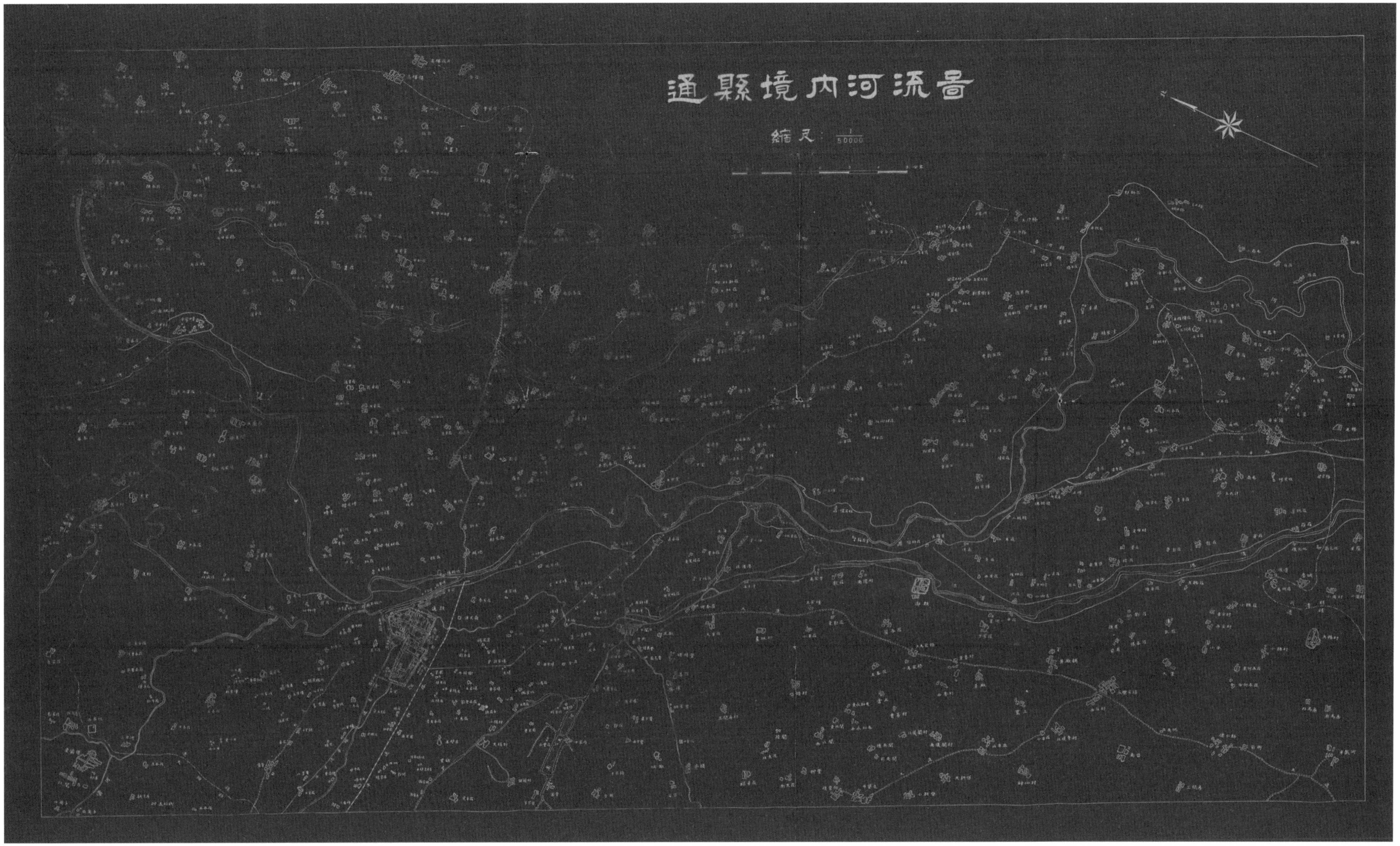

通县境内河流图

1 幅；52×90cm

晒印本

［民国二十五年（1936）］

本图民国年间晒印，绘制了通州境内的河流走向及村庄轮廓、汽车路线等，包括温榆河、通惠河、北运河、港沟河等。

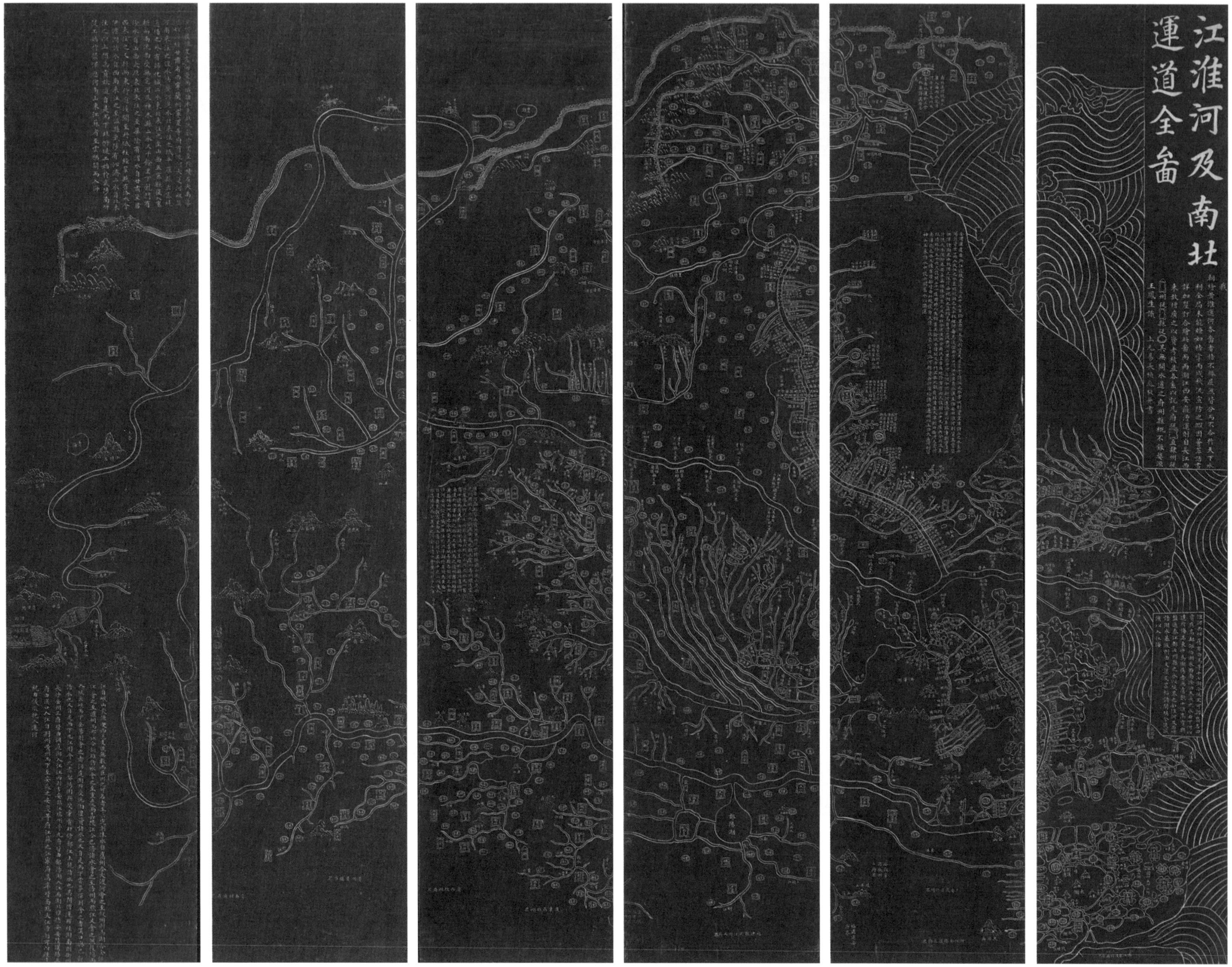

江淮河及南北运道全图

（清）王凤生绘

1 幅分切 6 条；156.5×194cm

刻本

清道光六年（1826）

本图反映了长江、黄河、淮河及运河水系情况，尤其突出表示了黄河、淮河、长江下游与运河之关系。图上地名标注详细，有图说说明各条主要河流的支流汇入情况及河流入海情形。此图绘出黄河自发源地星宿海至入海口之全程，黄河两岸闸坝及汇入河流等标绘详细。

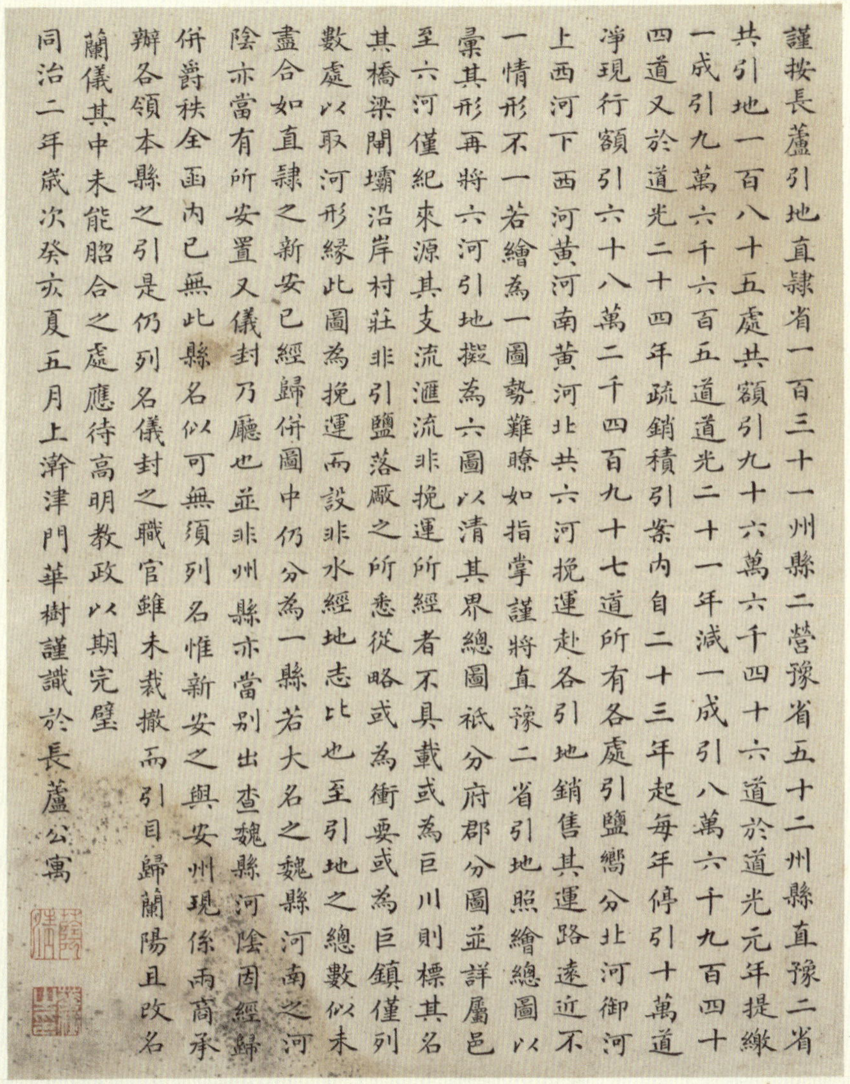
謹按長蘆引地直隸省一百三十一州縣二營豫省五十二州縣直豫二省共引地一百八十五處共額引九十六萬六千四十六道於道光元年提繳一成引九萬六千六百五道道光二十一年減一成引八萬六千九百四十四道又於道光二十四年疏銷積引案內自二十三年起每年停引十萬道淨現行額引六十八萬二千四百九十七道所有各處引鹽嚮分北河御河上西河下西河黃河南黃河北共六河挽運赴各引地銷售其運路遠近不一情形不一若繪為一圖勢難瞭如指掌謹將直豫二省引地照繪總圖以彙其形再將六河引地擬為六圖以清其界總圖祇分府郡分圖並詳屬邑至六河僅紀來源其支流滙流非挽運所經者不具載或為巨川則標其名其橋梁閘壩沿岸村莊非引鹽落廠之所悉從略或為衝要或為巨鎮僅列數處以取河形緣此圖為挽運而設非水經地志比也至引地之總數似未盡合如直隸之新安已經歸併圖中仍分為一縣若大名之魏縣河南之河陰亦當有所安置又儀封乃廳也並非州縣亦當別出查魏縣河陰因經歸併爵秩全亟內已無此縣名似可無須列名惟新安之與安州現係兩商承辦各領本縣之引是仍列名儀封之職官雖未裁撤而引目歸蘭陽且改名蘭儀其中未能脗合之處應待高明教政以期完璧

同治二年歲次癸亥夏五月上澣津門華樹謹識於長蘆公寓

长芦直豫二省运河总分图

（清）华树绘

7 幅，每幅 38×61cm

绘本

清同治二年（1863）

本图分为七幅，内容以长芦盐运为主，对河流的绘制也较为详细。七幅图分别为《长芦直豫二省运河总图》《黄河以北引地图》《黄河以南引地图》《上西河引地图》《下西河引地图》《北河引地图》《御河引地图》，各图附说。

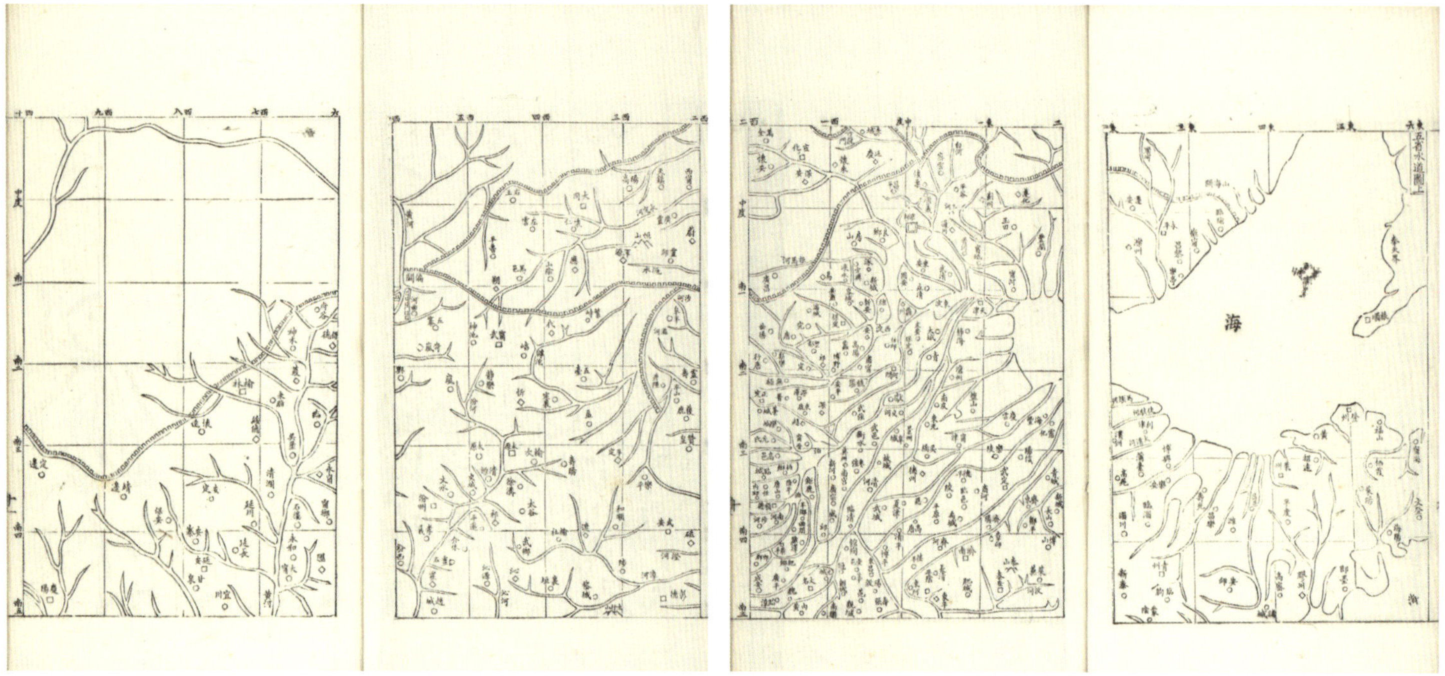

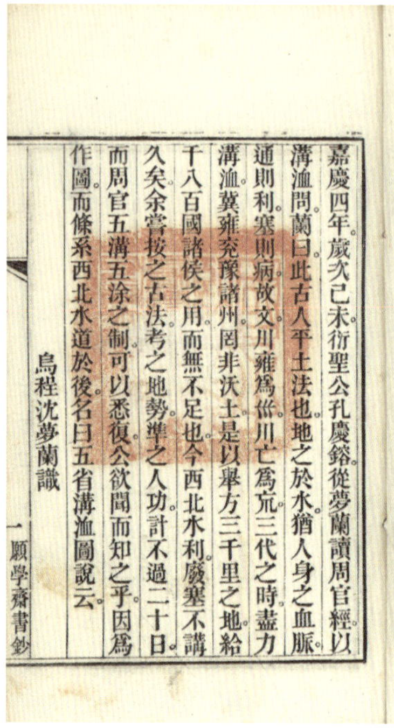

嘉慶四年歲次己未衍聖公孔慶鎔從夢蘭讀周官經以溝洫問蘭曰此古人平土法也地之於水猶人身之血脈通則利塞則病故文川雍爲巛川亡爲沆三代之時盡力溝洫冀雍兖豫諸州罔非沃土是以畢方三千里之地給千八百國諸侯之用而無不足也今西北水利廢塞不講久矣余嘗按之古法考之地勢準之人功計不過二十日而周官五溝五涂之制可以悉復公欲聞而知之乎因爲作圖而條系西北水道於後名曰五省溝洫圖說云

烏程沈夢蘭識

一願學齋書鈔

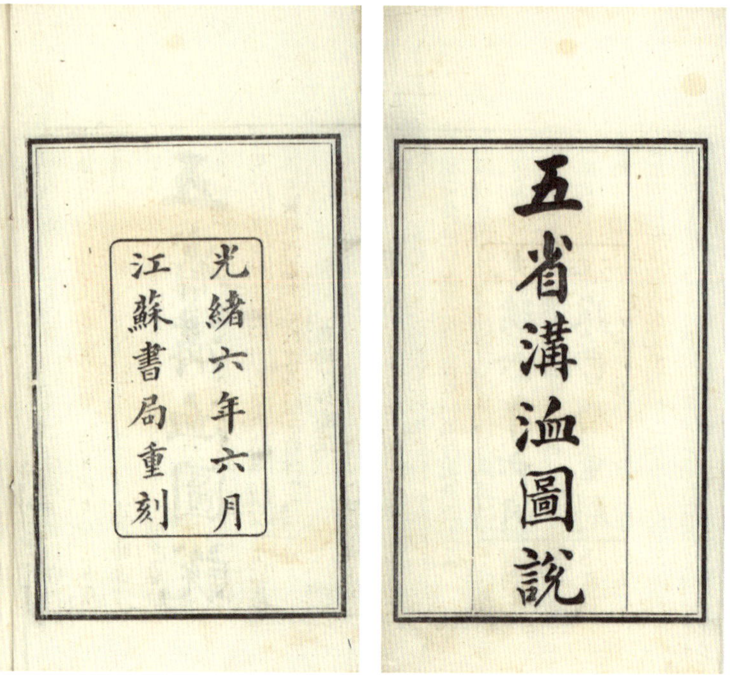

五省沟洫图说

（清）沈梦兰编

1 册；18 × 12cm

刻本

江苏书局

清光绪六年（1880）

本图说绘制了陕西、山西、河南、山东、河北五省内的河流，并附图说一一说明河流源头流向。

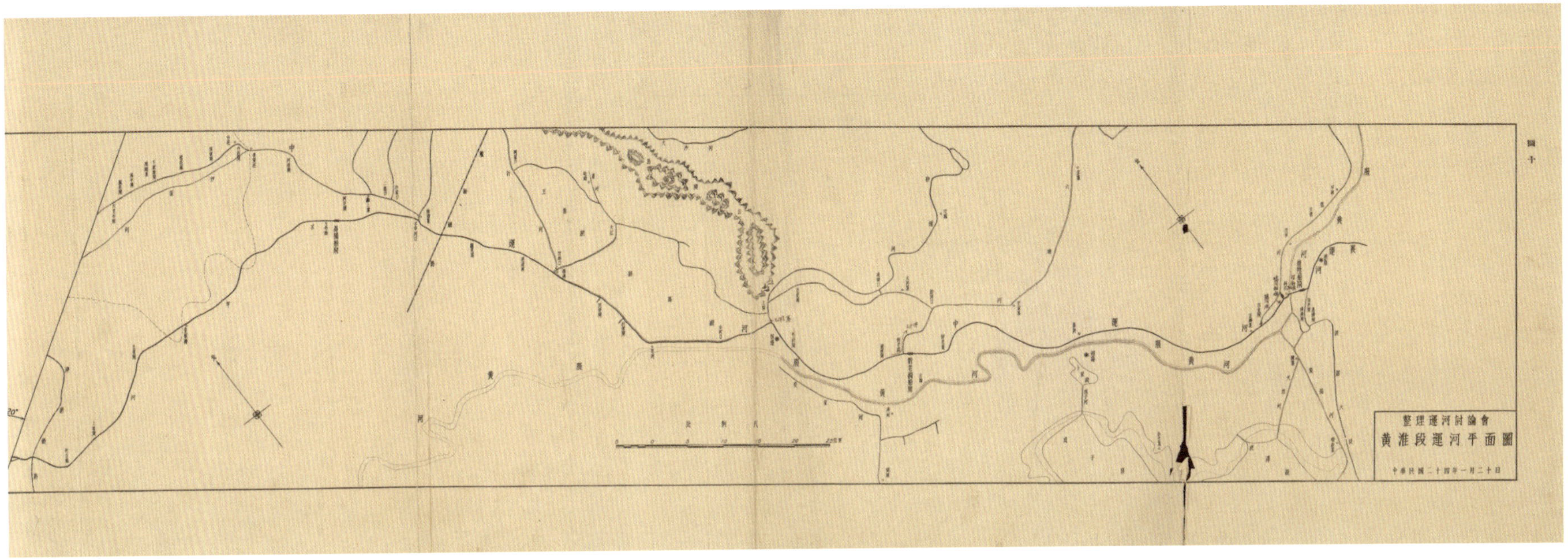

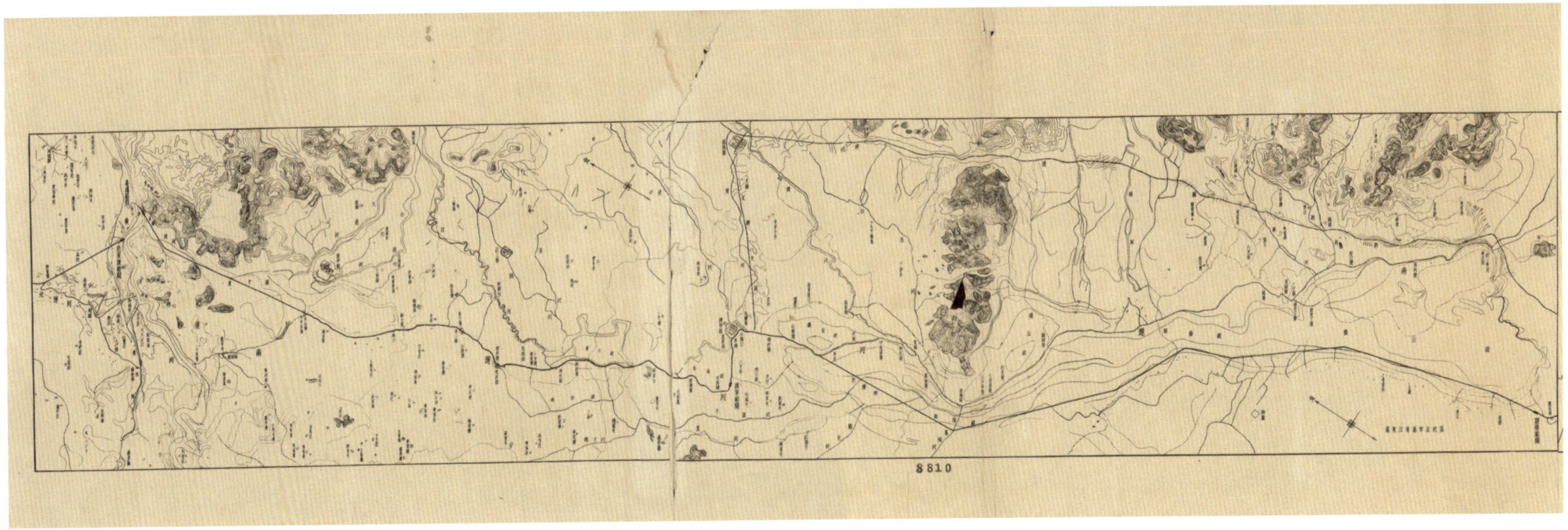

平津黄淮段运河平面图

整理运河讨论会制

3幅；图廓不等

晒印本

民国二十四年（1935）

本图分为平津、津黄、黄淮3段，各段自成一图。

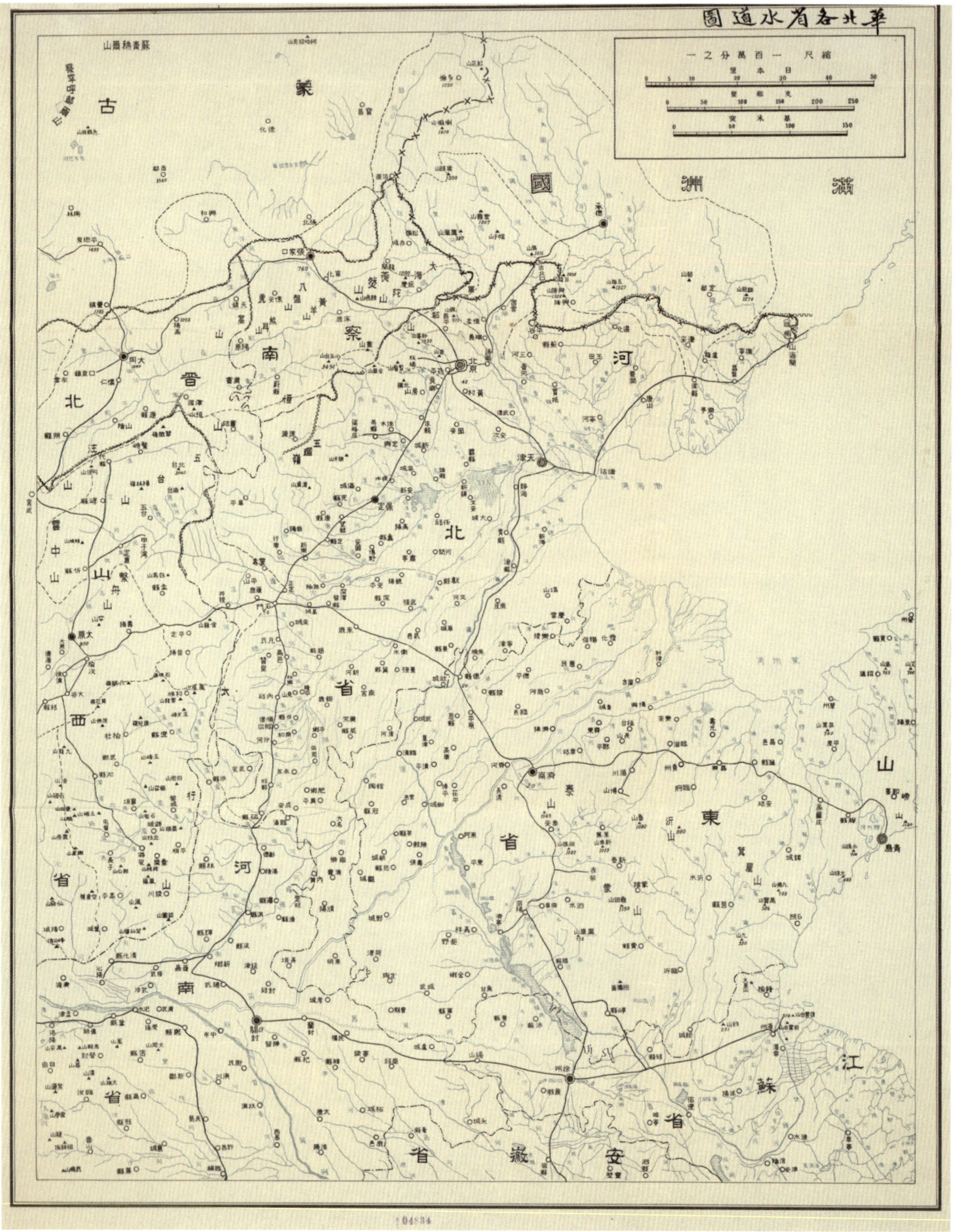

华北各省水道图

1幅；92×71cm

彩印本

［约民国三十九年（1940）］

本图是一幅比例尺为百万分之一的现代测绘地图，描绘了北京、天津、河北、山东、江苏的运河。华北地区永定河、海河、黄河等其他水系，一并绘就。

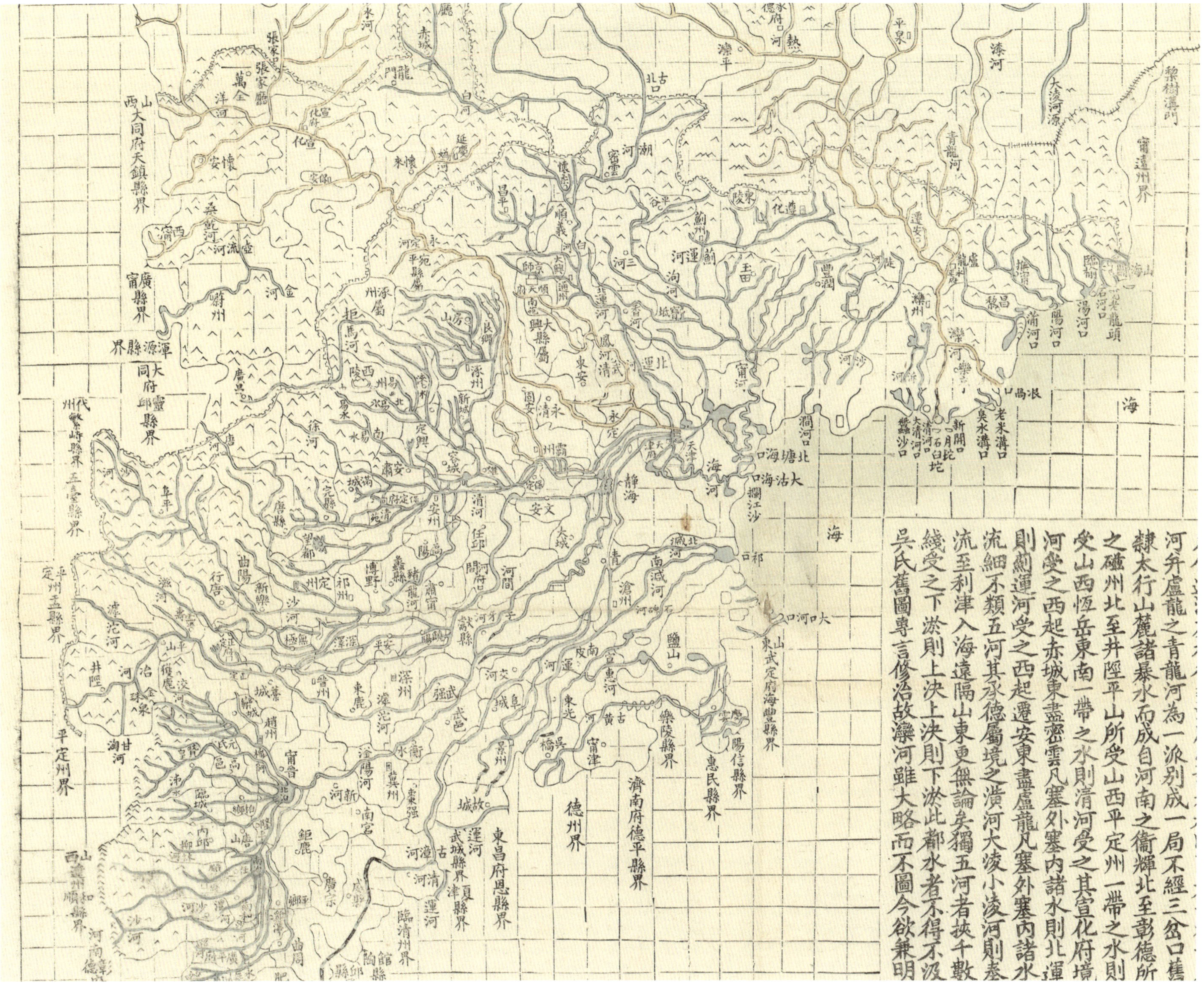

畿辅六大河流图

1 幅；60×48cm

刻本

［清光绪年间（1875—1908）］

本图详细绘制了直隶省内六大河流（滦河、北运河、永定河、大清河、子牙河、南运河）干流、支流及山脉、县城等，图中河流绘制极为详细，大小支流均一一绘出。图绘网格为四十里方，并附图说，详细介绍省内河流源出流向。

直隶通省河道堤埝全图

1 幅；159×107cm

绘本

［清光绪年间（1875—1908）］

本图采用形象画法。附图说。绘制了各个河道及堤埝，并注明河道走向。右上角残缺。

［直隶河道图］

1 幅；133×68cm

绘本

［清光绪年间（1875—1908）］

本图主要绘出直隶省长城以南北运河、南运河和大清、永定、子牙等五大河流及其支流，并详细注出各河源流。附图说。

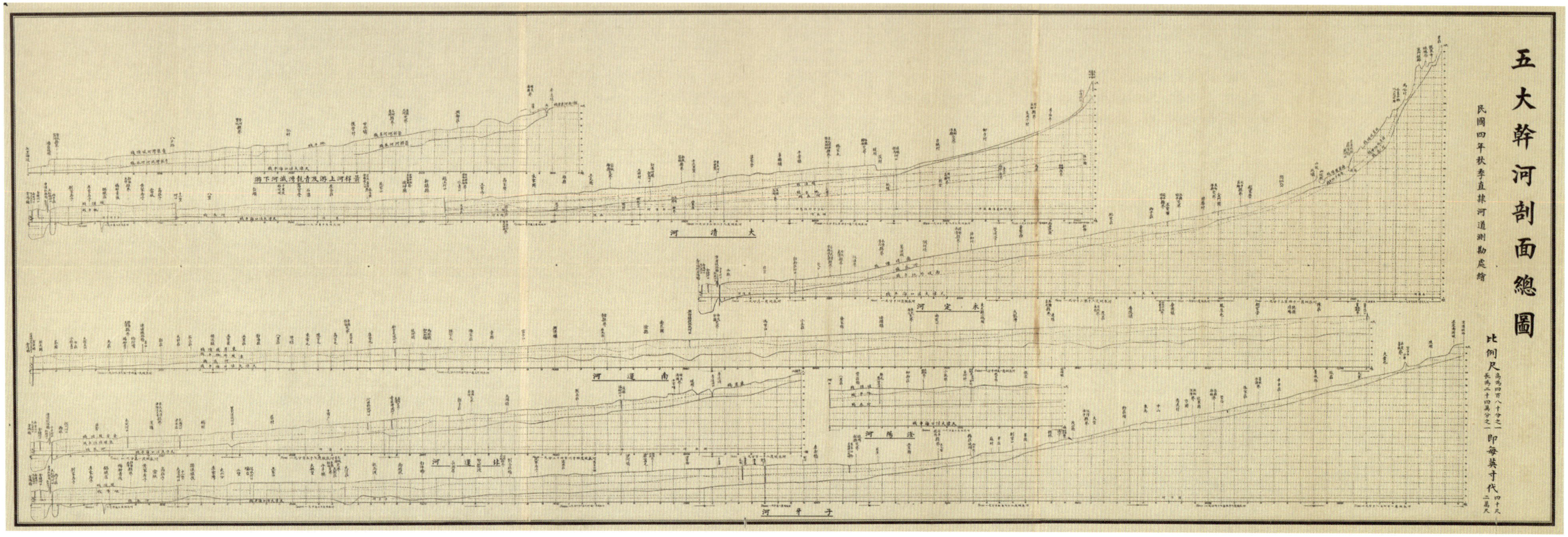

五大干河剖面总图

直隶河道测勘处绘

1 幅；49 × 147cm

绘本

民国四年（1915）

本图为永定河、大清河、南运河、北运河、子牙河以及箭杆河上游、滏阳河的剖面图。

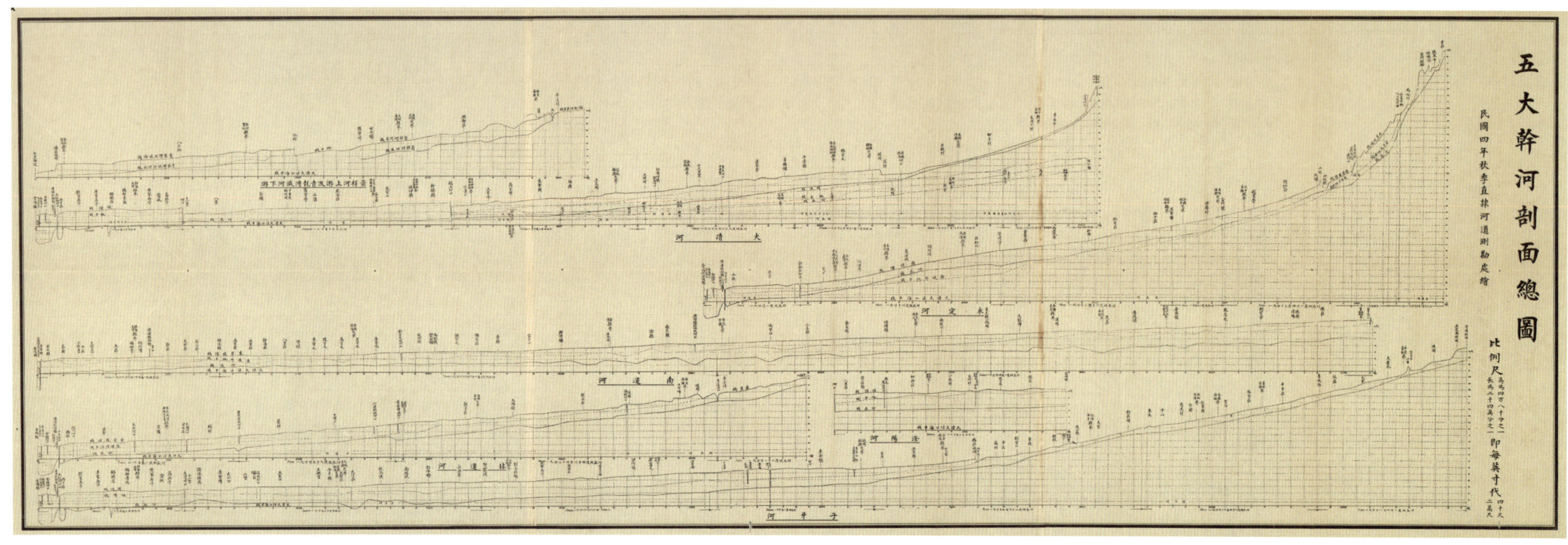

直隶省五河全图

1 册；132 × 67cm

绘本

［民国年间（1912—1949）］

本图绘出了南运河、北运河、永定河、大清河、子牙河等五条河流及其支流故道等。附有各河源流图说。图上东安已改名安次，故此图绘于民国三年（1914）之后。

直隶五大干河平面图

全国水利局绘

1 幅；98×82cm

石印本

［民国十六年（1927）］

本图简略绘制了北运河、永定河、大清河、子牙河、南运河五大河流河道及其支流。

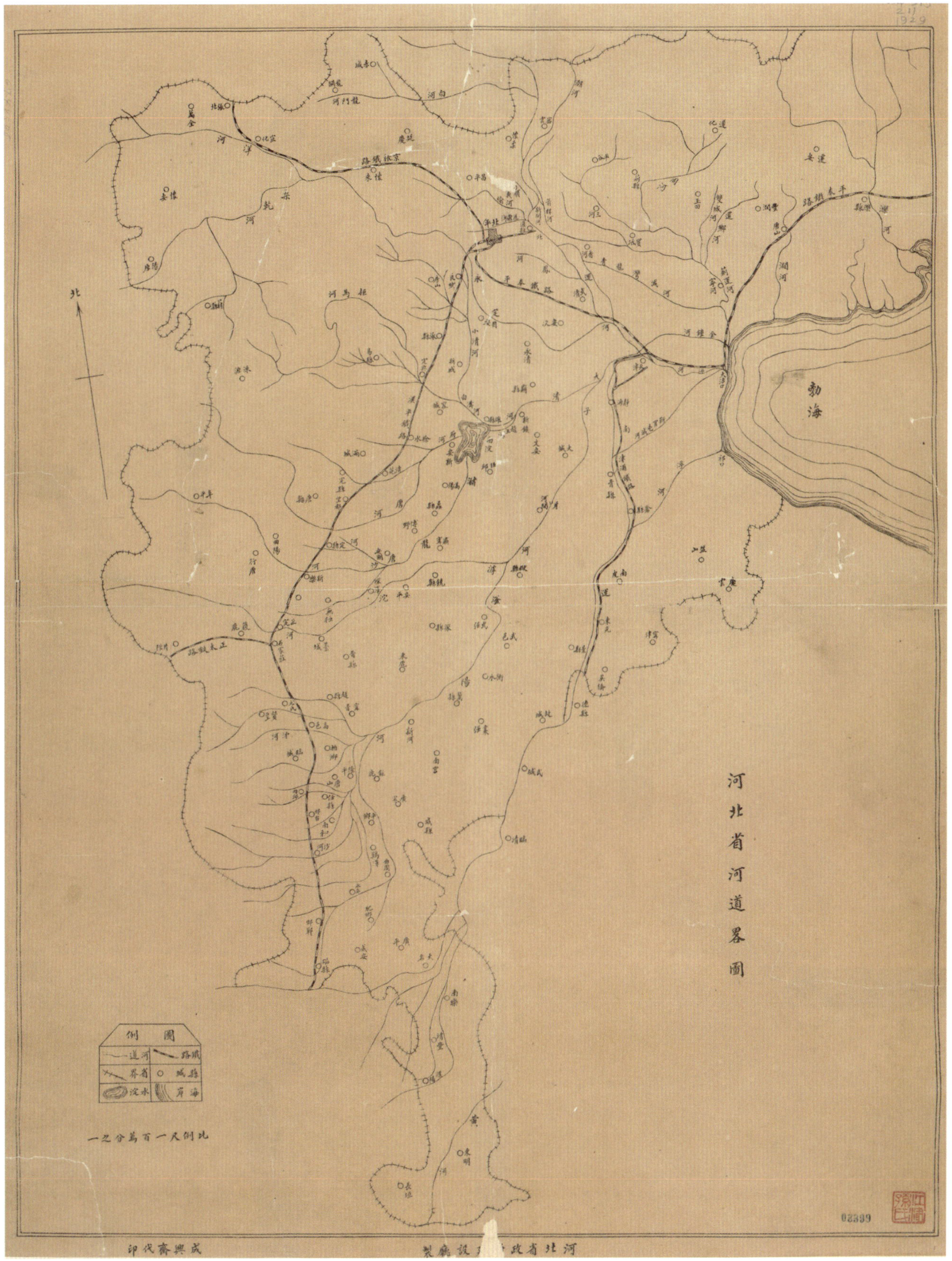

河北省河道略图

河北省政府建设厅制

1幅；68×55cm

晒印本

民国二十四年（1935）

本图简略绘制了子牙河、大清河、永定河、南运河、北运河五大河流及其支流，同时绘有铁路线路，并标注城镇名称，图右下钤印“江津孙氏”章。

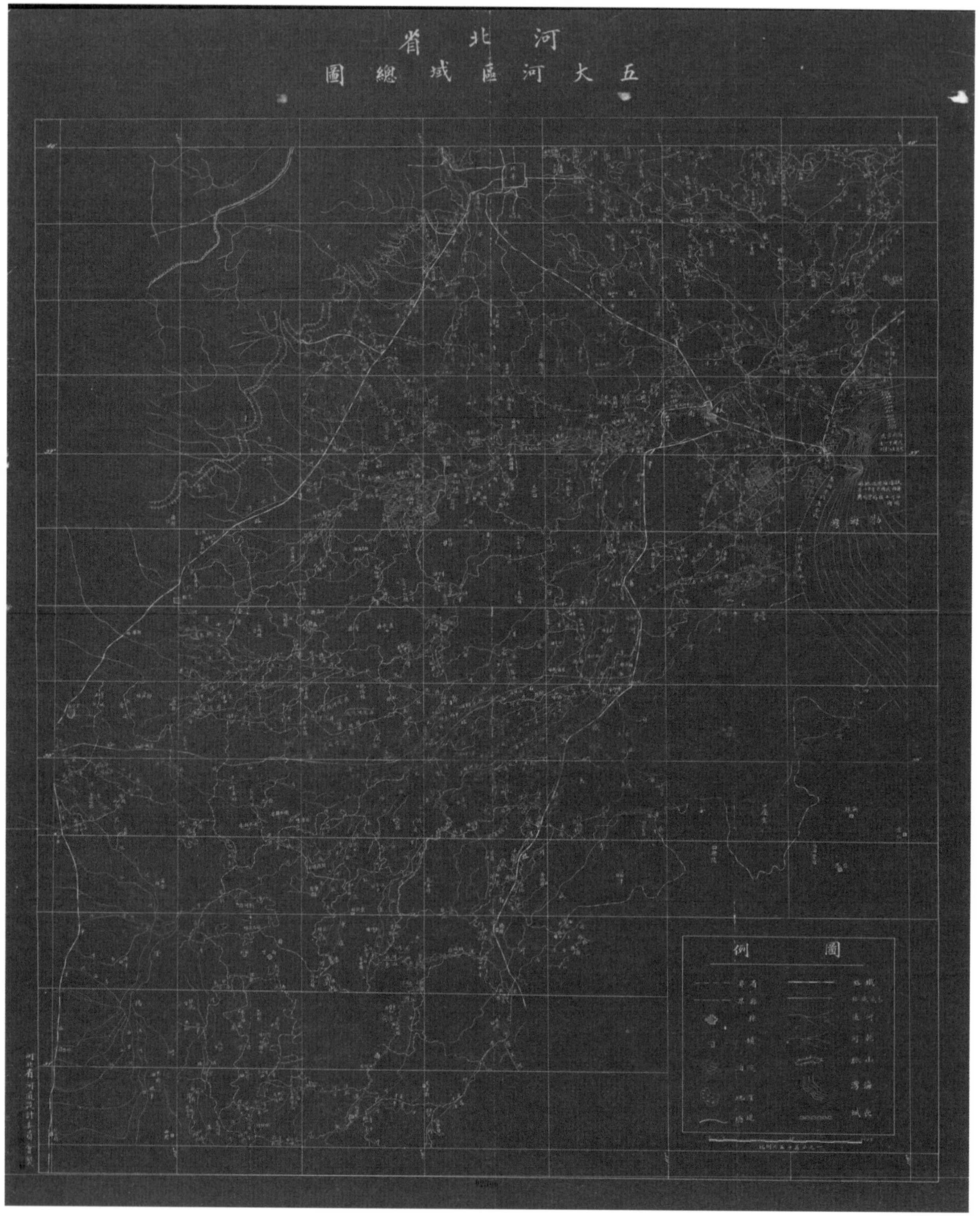

河北省五大河区域图总图

［河北省河道设计委员会制］

1 幅；75×64cm

晒印本

［民国年间（1912—1949）］

本图为晒蓝图，图中主要绘制了河北省内五大河流干流、支流、干涸河道、淀泊、洼地、堤埝、铁路，并标绘县城、主要村镇、山脉。图绘有经纬网格，比例尺为 1∶50 万。

重印直隶五河图说

黄国俊编

1 幅；16×21cm

石印本

民国二十八年（1939）

本图说载有永定、大清、子牙、南运、北运五大河图说及民国四年（1915）测绘的“直省河道平面总图”“五大干河剖面总图”和“各河大横线剖面总图”各一幅。

通州至天津北运河图

1 幅；66×88cm

绘本

［清光绪年间（1875—1908）］

本图河道绘画较佳，并画出沿河土堤、新堤、滚水坝、边埽及村庄。另贴签标注险工等情势。

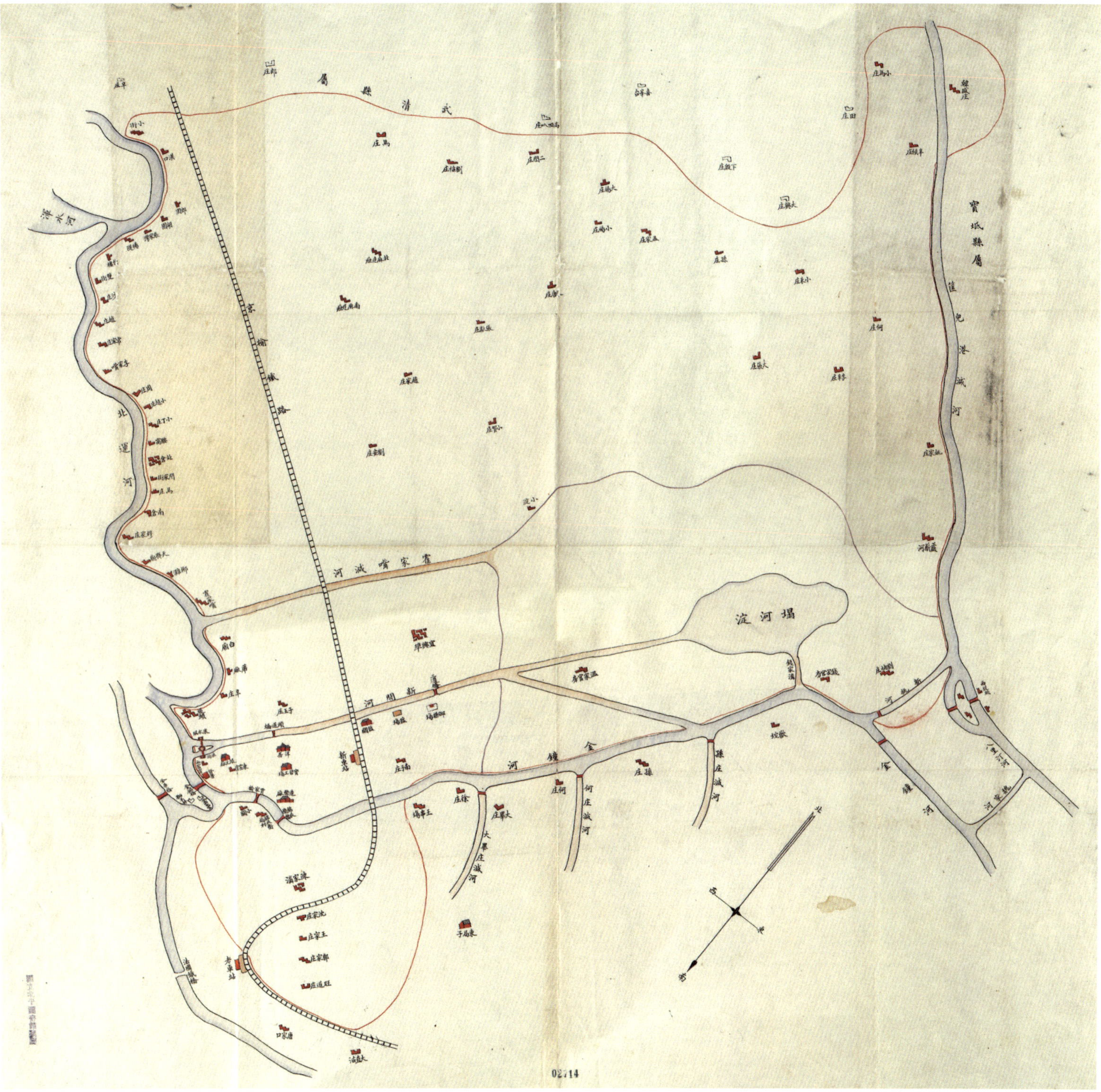

［北运河图］

1 幅；67×67cm

绘本

［清光绪年间（1875—1908）］

本图除绘出北运河河道外，还绘有金钟河和筐儿港、霍家嘴等减河及新开、新挑河道。

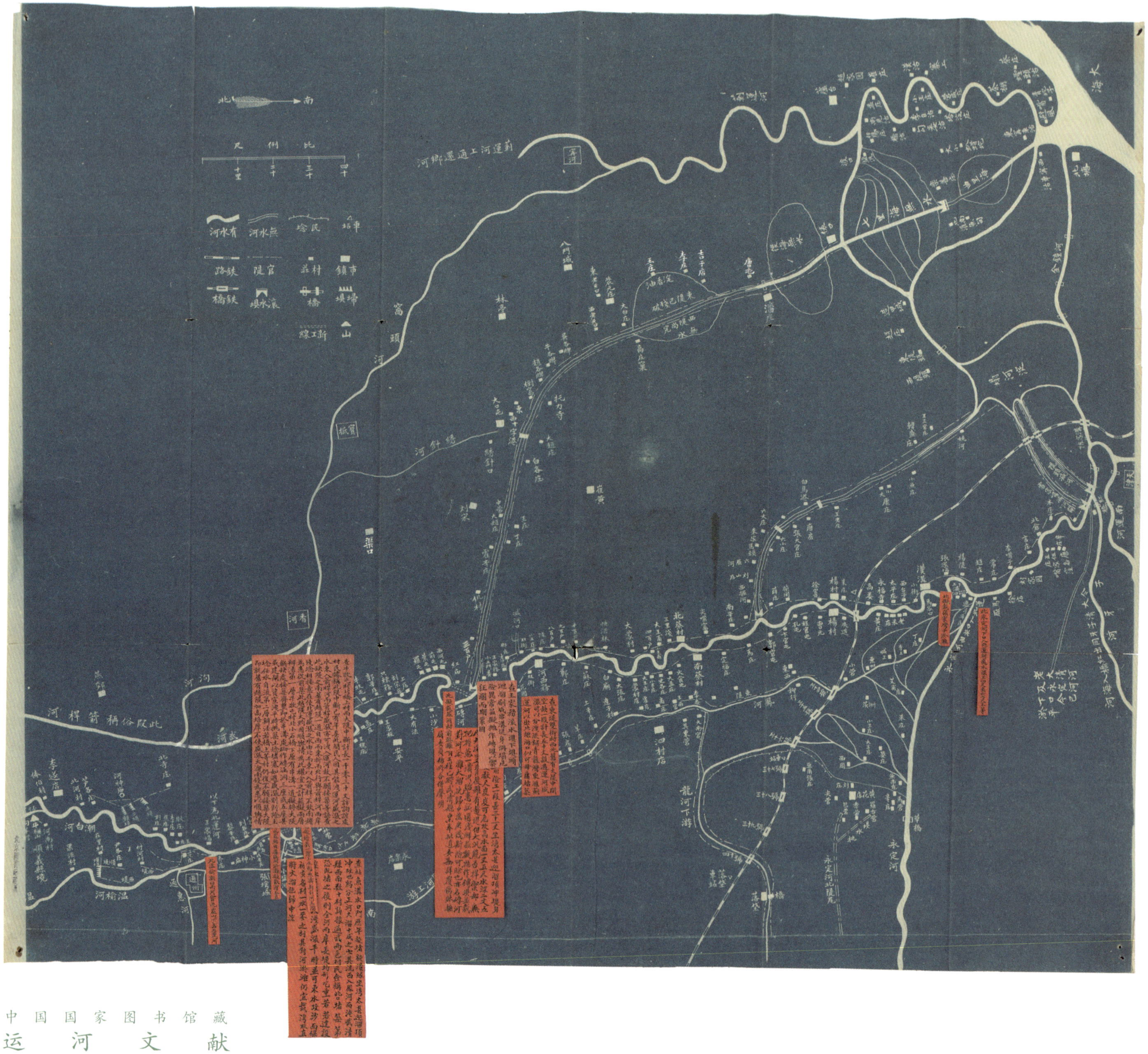

勘估北运全河图说

1 幅；68×78cm

晒印本

［清宣统年间（1909—1911）］

本图采用形象画法与现代测绘相结合的绘图方式，画出清末北运河河道。图上北运河北起顺义牛栏山，南至入海口。本图绘制了运河沿途河道走势和村庄，并贴签标注各处河段堤坝长度及现状。

［北运河图］

1 幅；43×42cm

绘本

［民国初年］

本图为潮白河在李遂镇决口后，洪水漫溢情形及拟行治理方案。本图绘制范围西北起顺义县李遂镇北，东南至北塘入海口，图中绘制了北运河、蓟运河、鲍丘河、箭杆河、青龙湾减河、筐儿港减河，潮白河在李遂镇决口后一部分从马家窝入箭杆河，另一部分向东南流淌，逐渐漫延到蓟运河边，图中虚线绘制出了河务局为缓解潮白河水患，拟开挖的新河道。

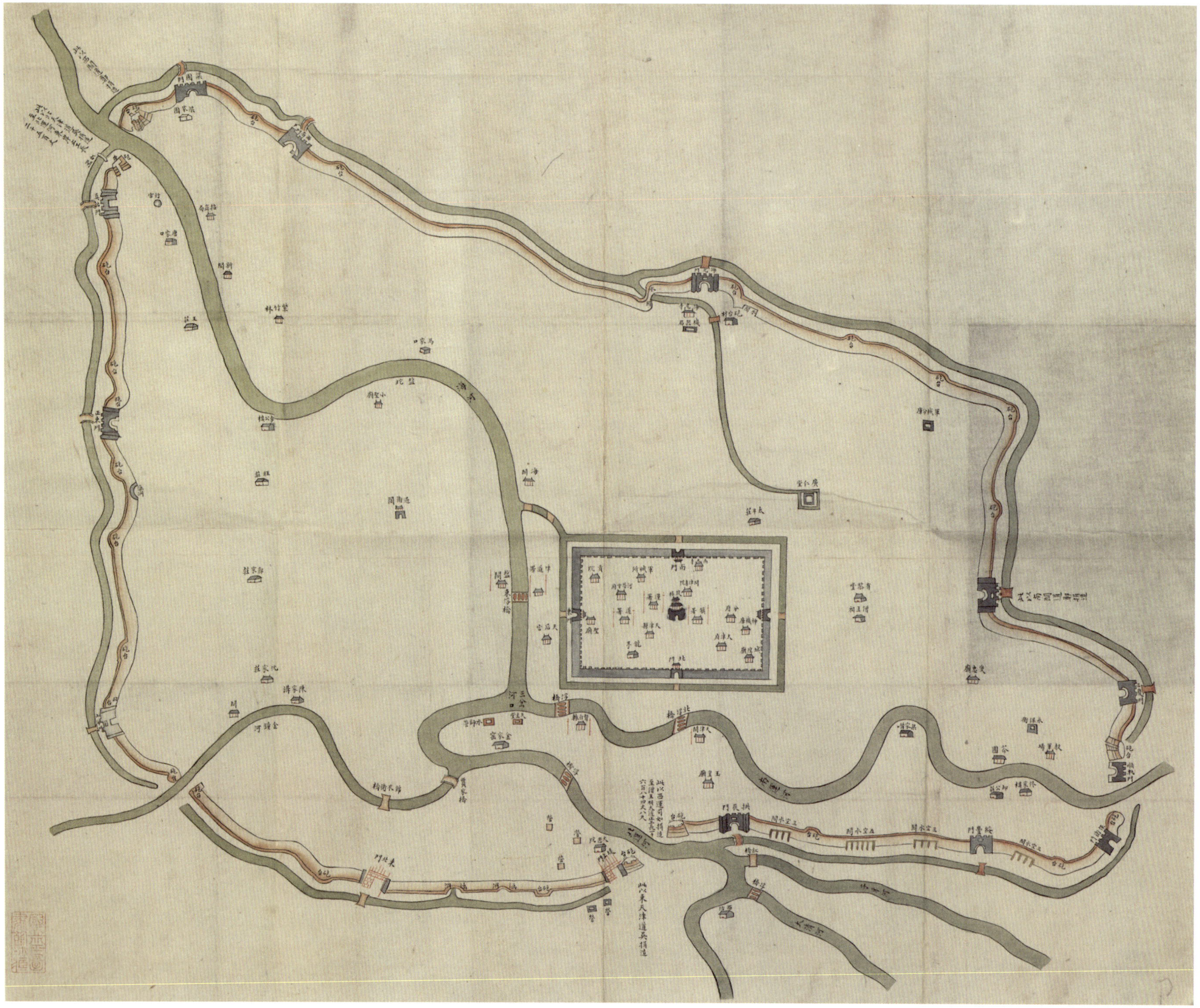

天津城池围墙图

1 幅；折成 30×17cm

绘本

清同治二年（1863）

本图重点绘出了围墙四周炮台和营门位置。并标有南运河、海河及北运河走向。河两岸尚未出现外国商行。

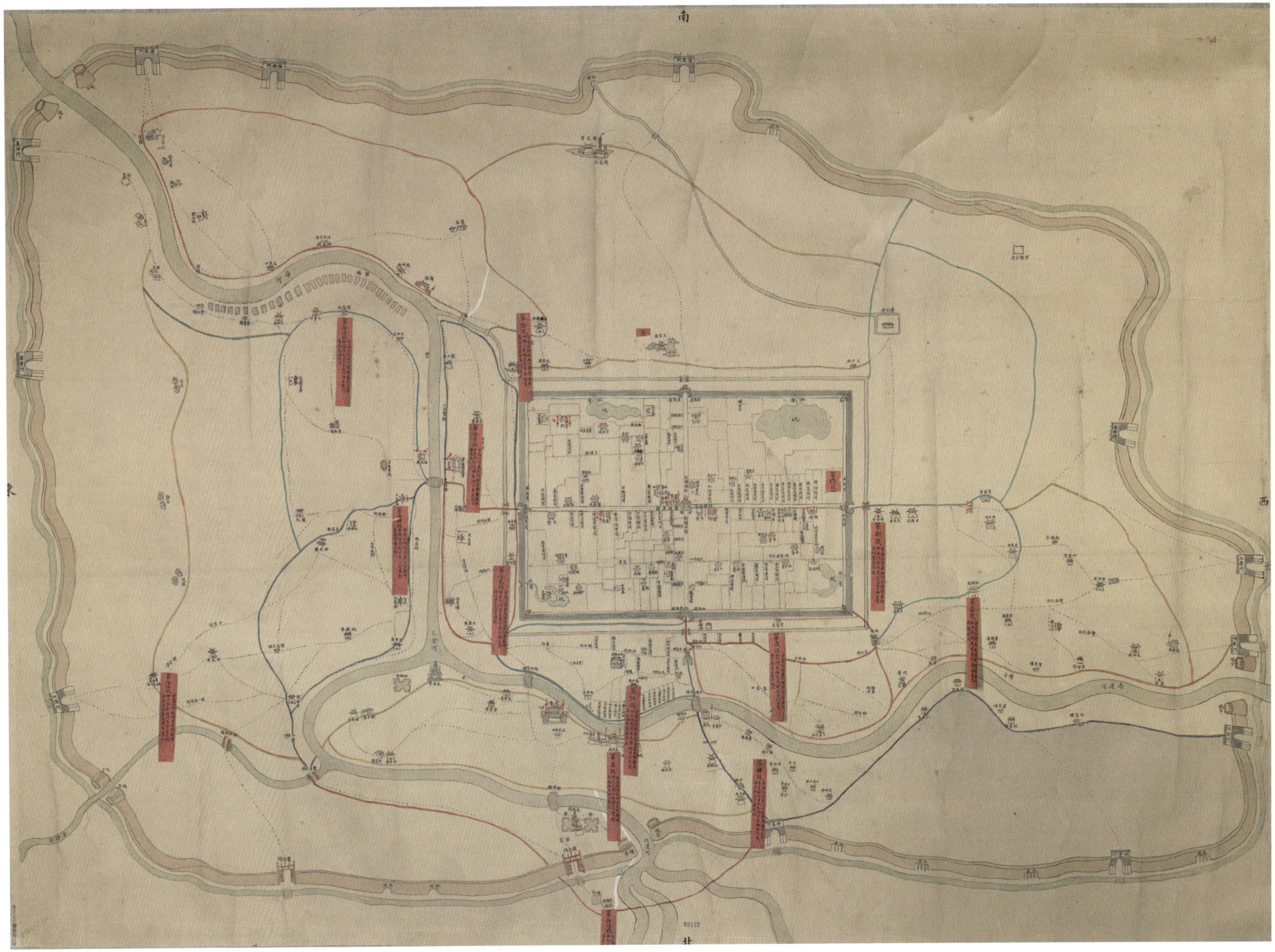

［天津府城图］

1 幅；95×128cm

绘本

［清咸丰年间（1851—1861）］

本城图详细注记了胡同名称及府、道、镇署、运署等设置。城外画出周围墙壕、城门和炮台。还勾绘了南北运河、海河及护城河等河道。

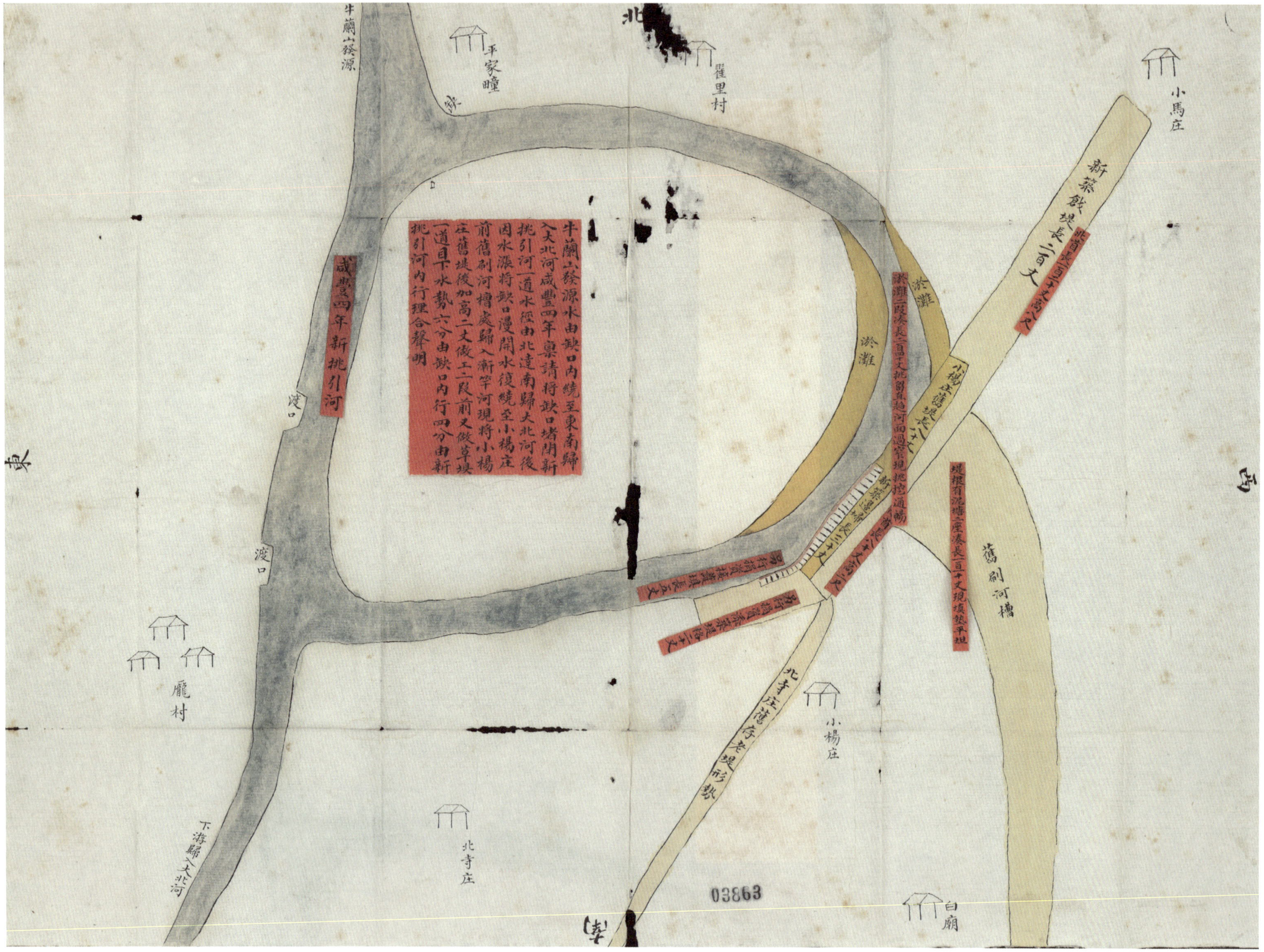

漕运厅北寺庄新筑堤坝情形图

1 幅；32×41cm

绘本

［清咸丰年间（1851—1861）］

本图绘制了潮白河在平家疃、北寺庄附近的河道、堤坝，以及新开引河情形，并贴签说明。

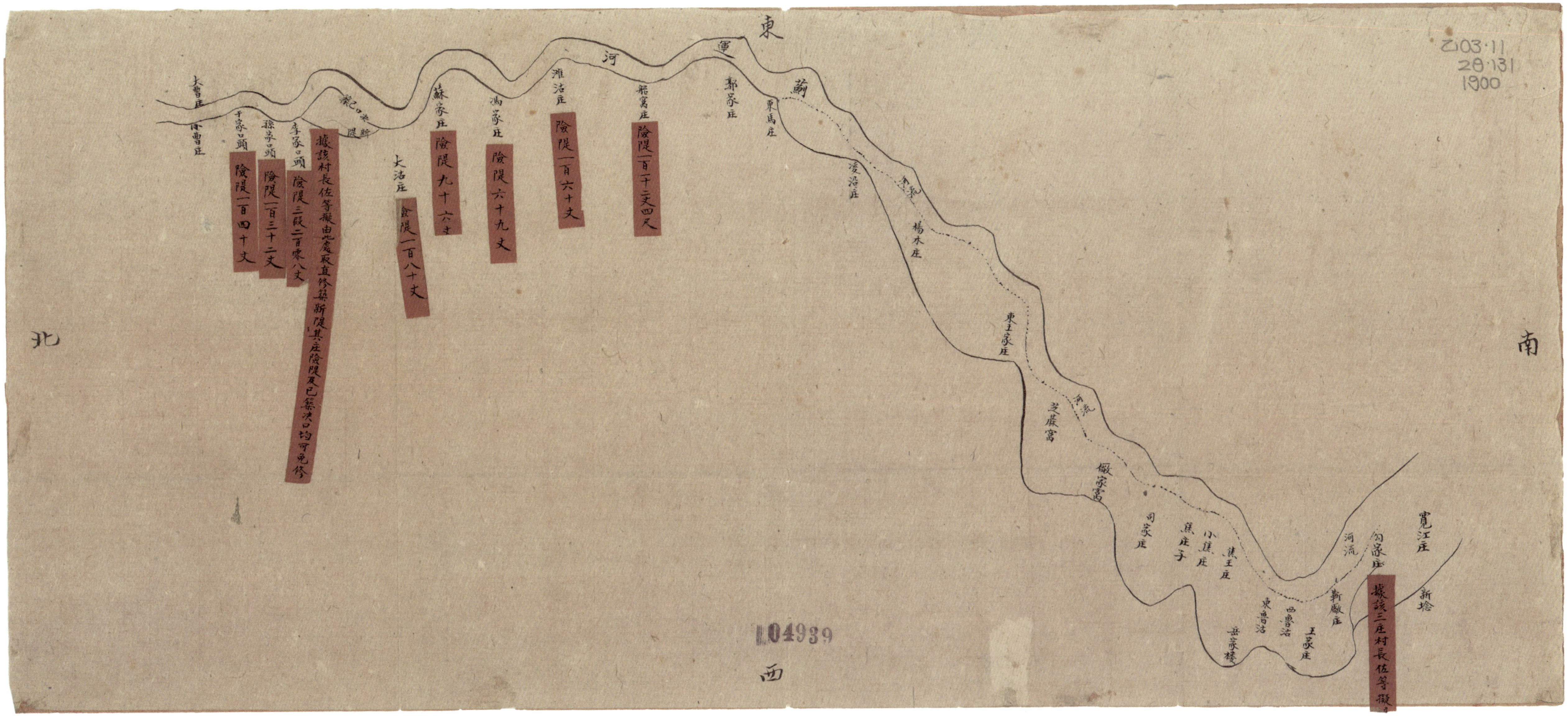

蓟运河图说

1 幅；24 × 52cm

绘本

［清光绪年间（1875—1908）］

本图以上为东。绘出河流及沿河堤埝，并注记村庄。另有贴签标示险堤位置和长度。

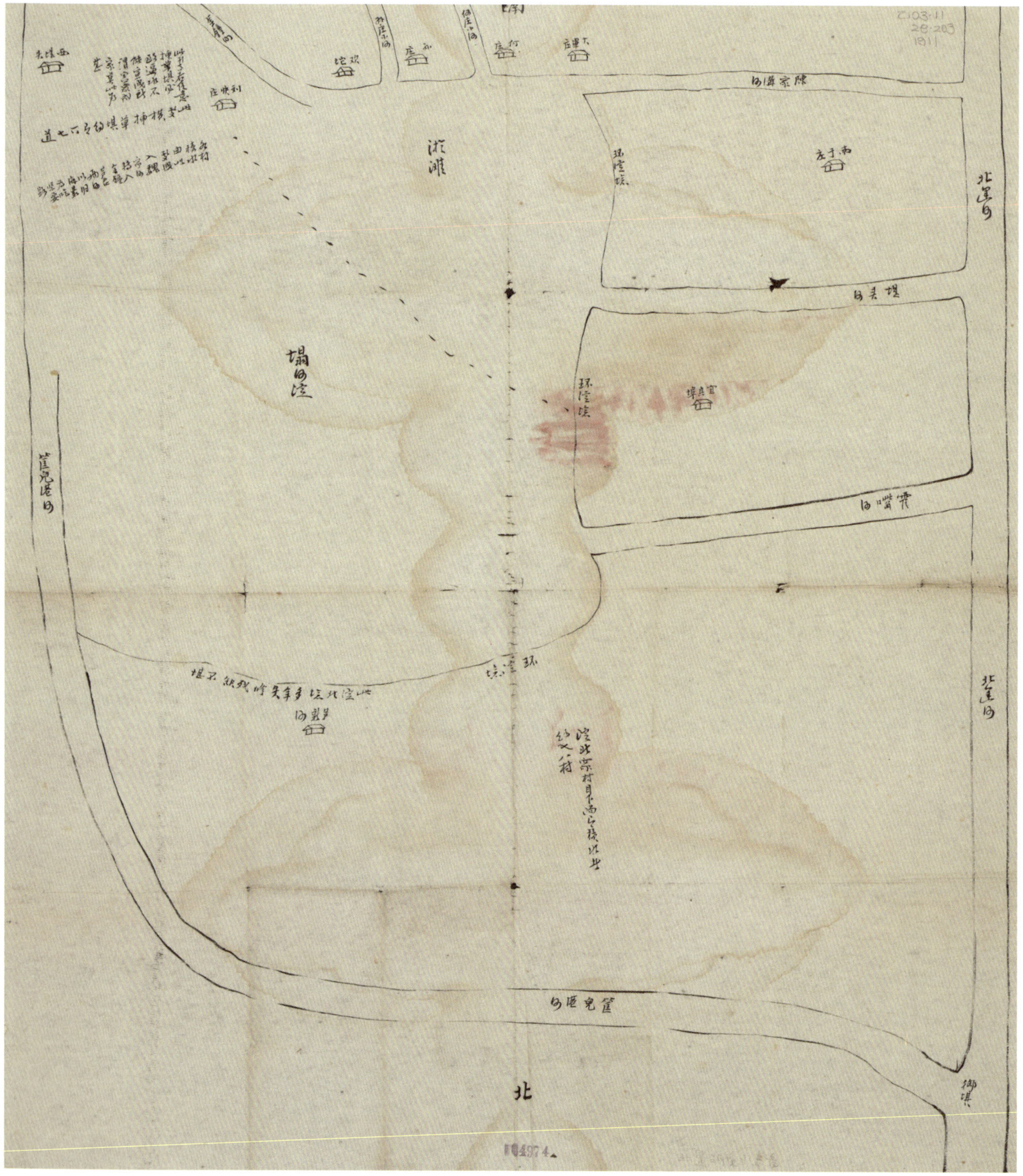

［北运河塌河淀附近形势图］

1 幅；63 × 55cm

绘本

［清光绪年间（1875—1908）］

本图主要反映了北运河、筐儿河、金钟河、堤头河、霍家河及塌河淀之形势。

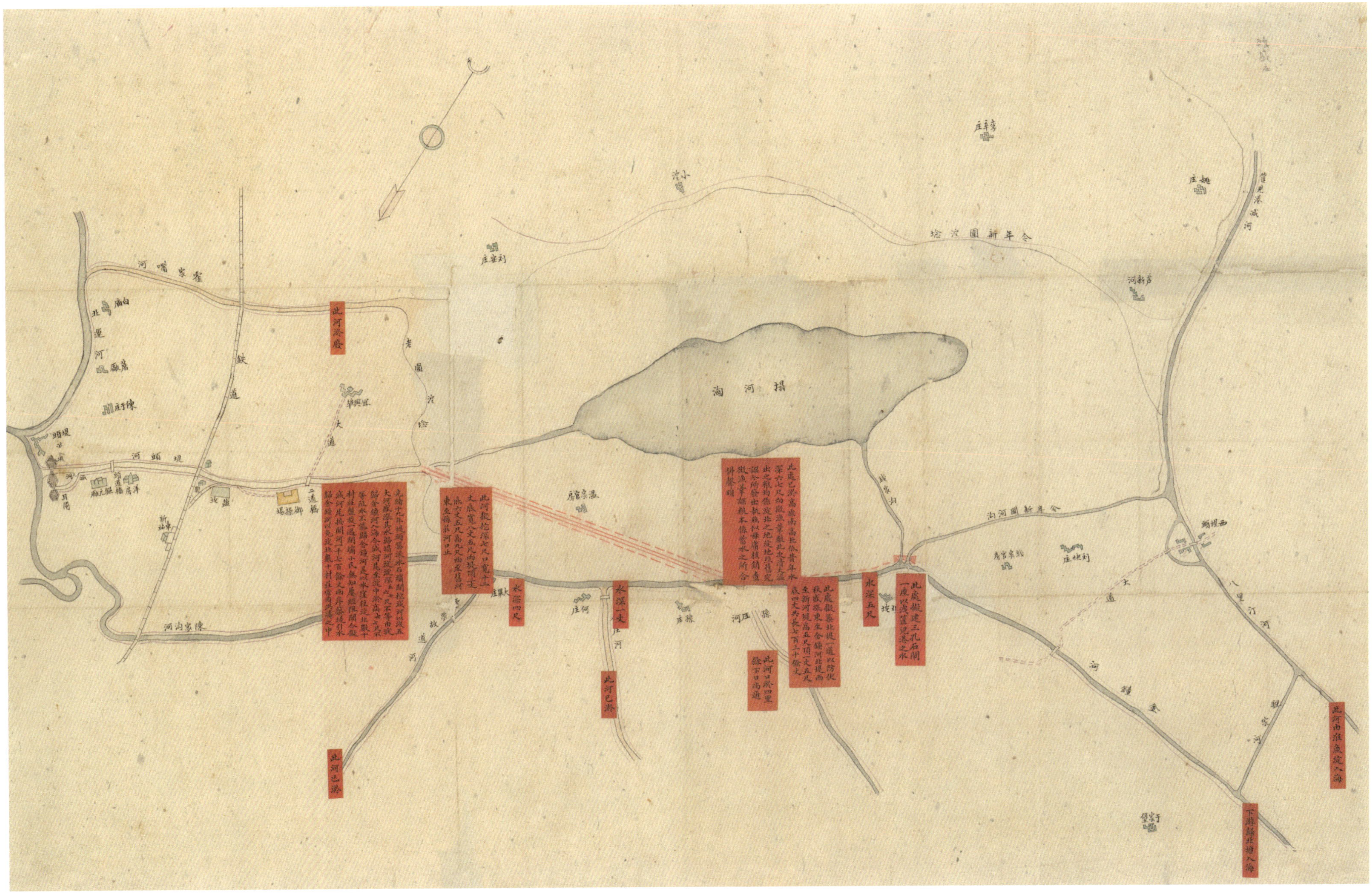

塌河淀附近河道图说

1 幅；45×69cm

绘本

［清光绪年间（1875—1908）］

本图绘制范围北起北运河白庙、南至金钟河、东达筐儿港河，主要绘制北运河、筐儿港河、塌河淀及各引河河道、堤埝、村镇等，红签标注各处水深、河道淤堵情况、堤坝情况。图中用虚线绘制出天津塌河淀附近拟修引河、堤埝、石闸等工程，并贴红签注明工程详细情况。

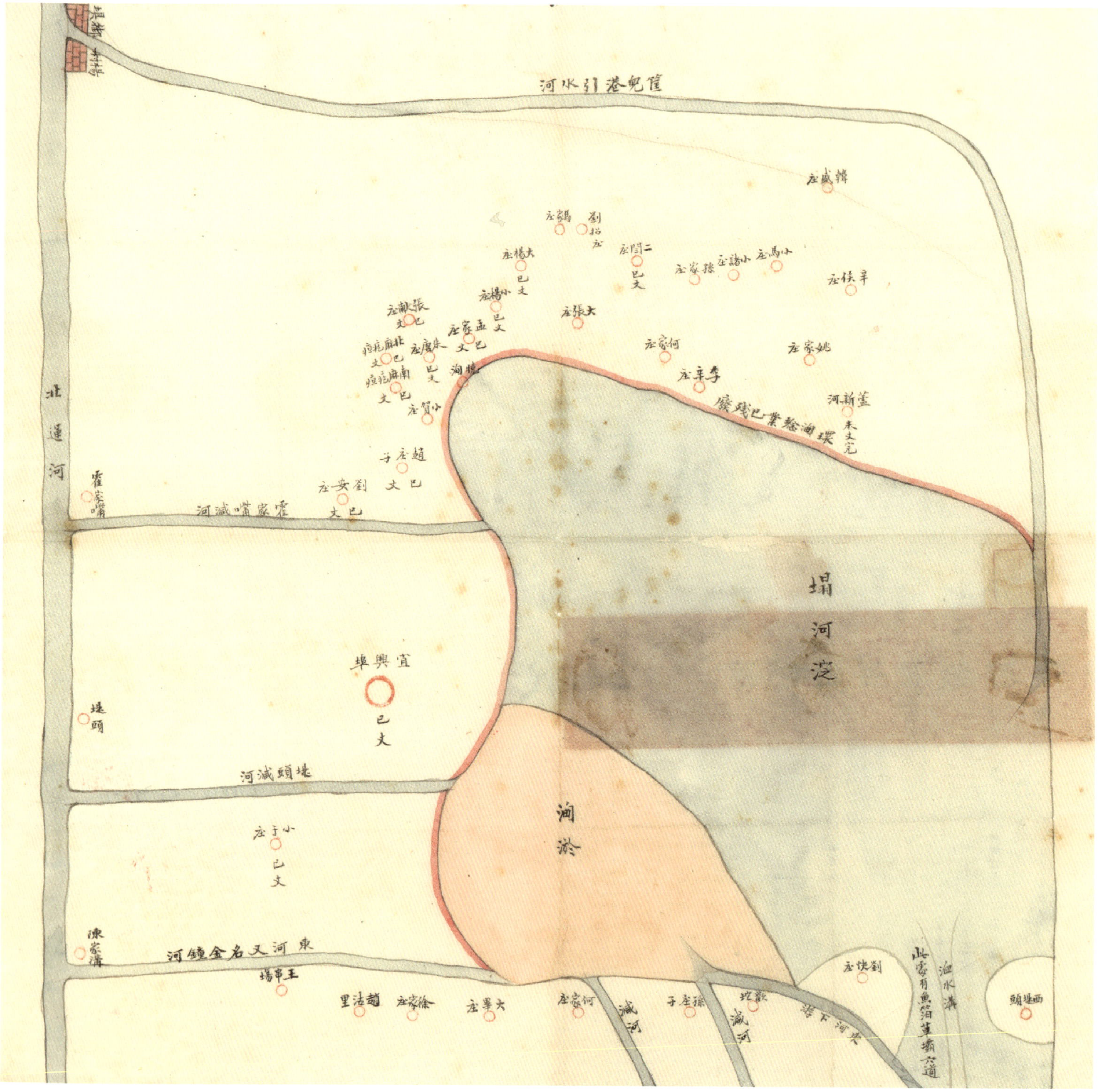

塌河淀附近河道图

1 幅；35×35cm

绘本

［清光绪年间（1875—1908）］

本图绘有北运河、筐儿港引水河、减河、金钟河等，淀北标注了村庄名称。

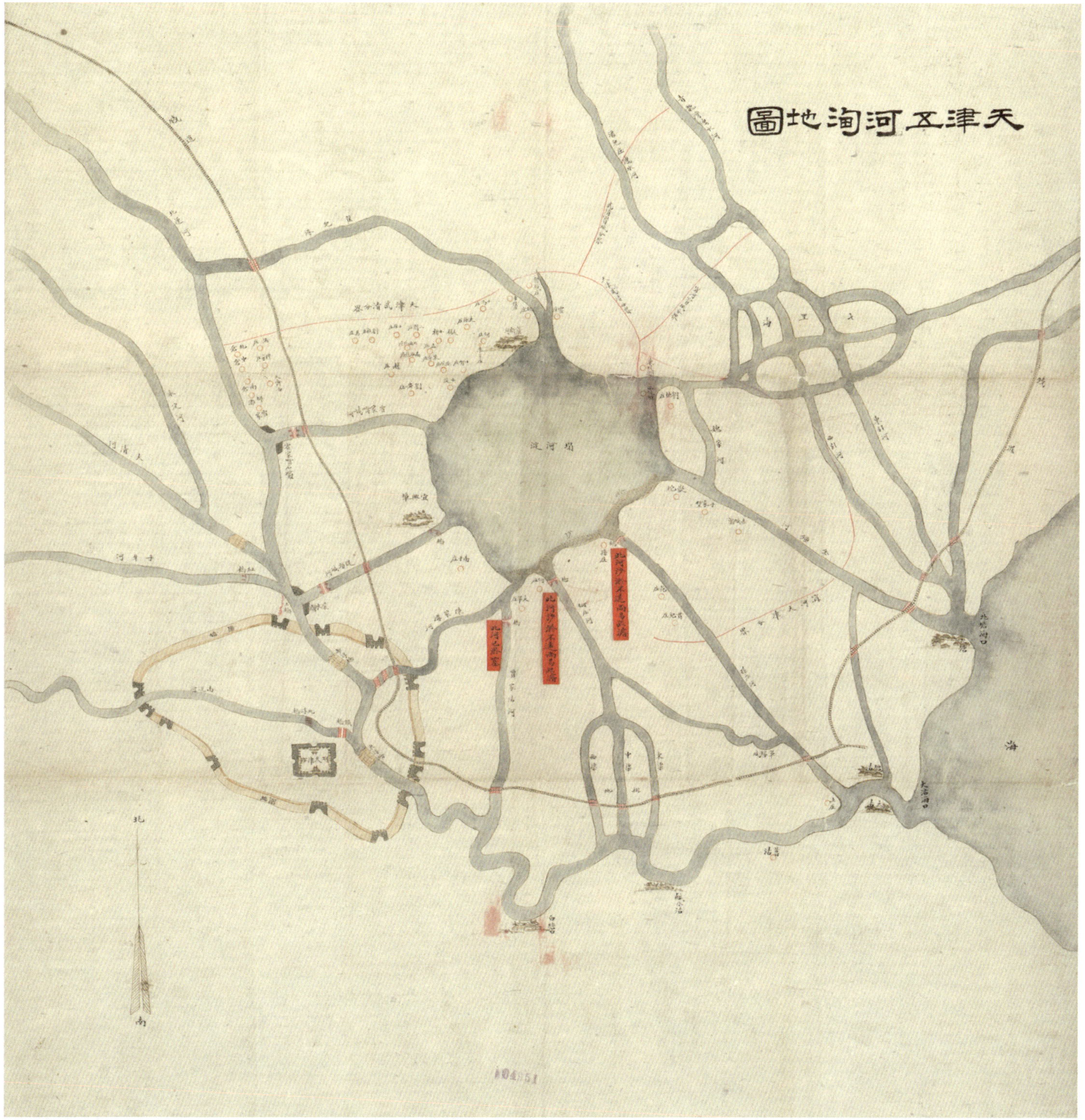

天津五河淀地图

1 幅；69 × 66cm

绘本

［清光绪年间（1875—1908）］

本图主要绘制了天津境内河道、淀泊、铁道、桥梁，并贴签标注淤塞河道。图中绘出了北运河、永定河、大清河、子牙河、南运河及塌河淀、七里海，河道交错纵横，最后从北塘、大沽二海口入海。

[直隶省津保一带淀河图]

1幅；66×249cm

绘本

[清乾隆年间（1736—1796）]

本图绘出了大清河，子牙河，南、北运河和各支流河道，以及白洋淀等淀。主要河道沿岸画出大堤，并注记府、县及村庄名称。山脉采用山水画法，全图绘制较详细。方向上南下北左东右西。图右上角破损。

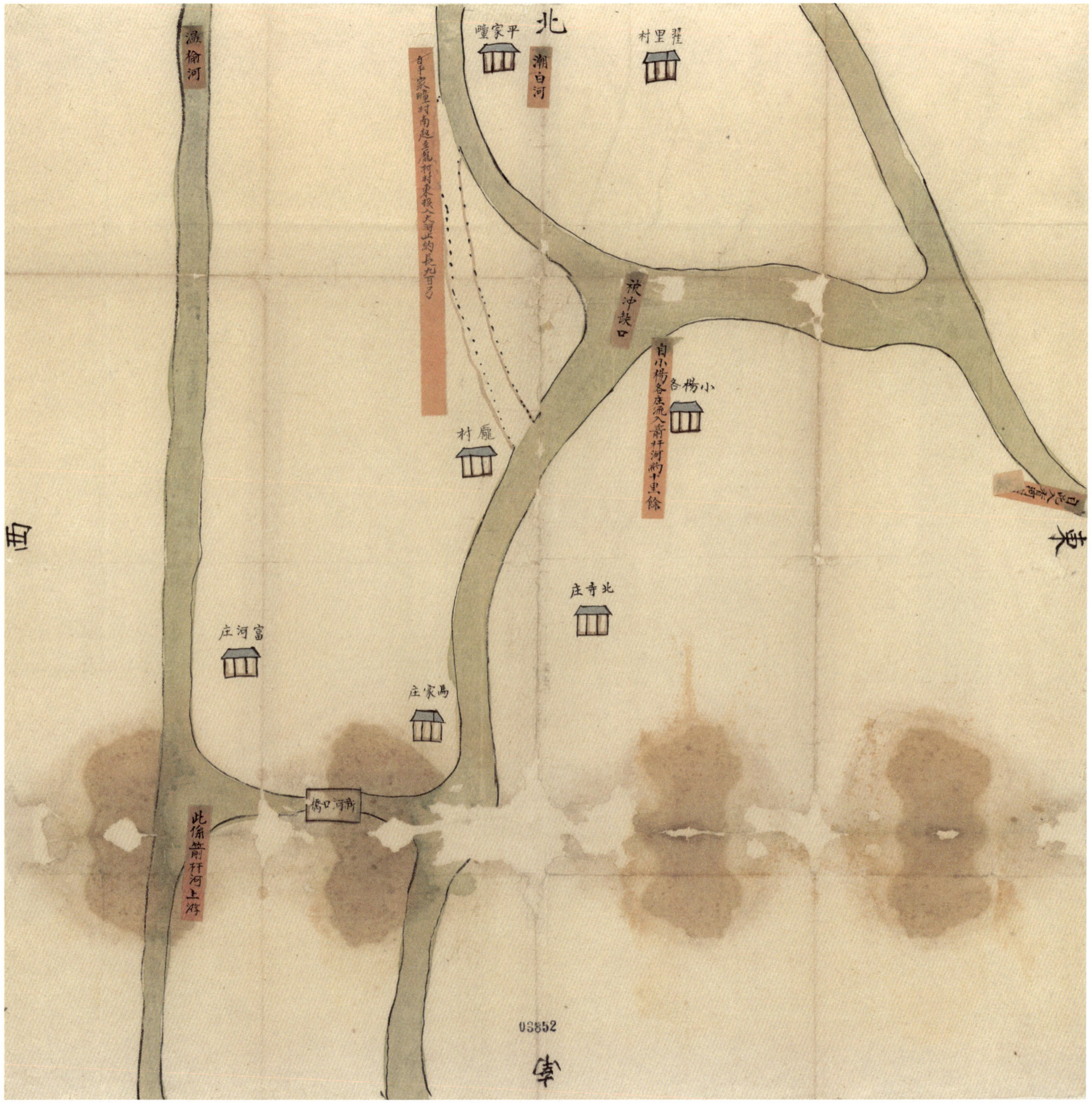

北寺庄河道情形图说

1 幅；48×48cm

绘本

［清咸丰年间（1851—1861）］

本图绘出了潮白河、温榆河、箭杆河等，内容注记简略。

筐儿港引河及七里海东西引河图

1 幅；46 × 56cm

绘本

［清宣统年间（1909—1911）］

本图绘制了北起北运河筐儿港引河，南至入海口的河道、堤坝、淀泊及附近村庄。北运河开筐儿港引河，河水东南注入塌河淀、七里海，后经金钟河、七里海东西引河入海。

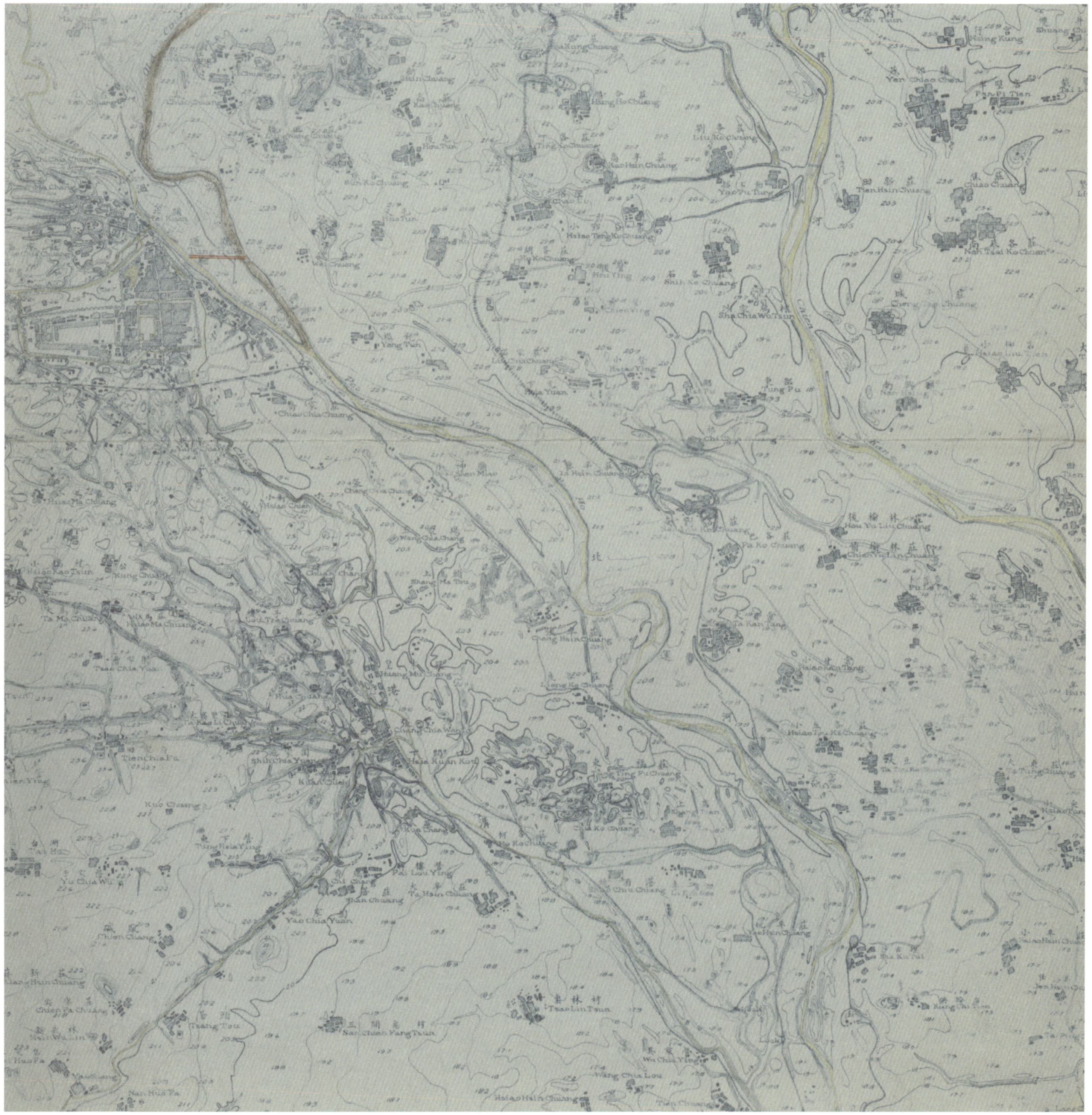

北运河部分规复自李遂镇至通州拟开河道图

1 幅；72×33cm

绘本

［民国年间（1912—1949）］

本图标注了李遂镇沿潮白故道至通州拟开新河的计划。

直省河道平面总图

直省河道测勘处绘

1 幅；173×145cm

石印本

民国四年（1915）

本图详细绘制了直隶省内河流、淀泊、堤埝现状、历史河道，仅简略标注县城及河流沿途主要村镇，并在河流跨县界处标注两县名称。图中用蓝色表示河流淀泊，黄色表示堤埝，棕色表示山脉。

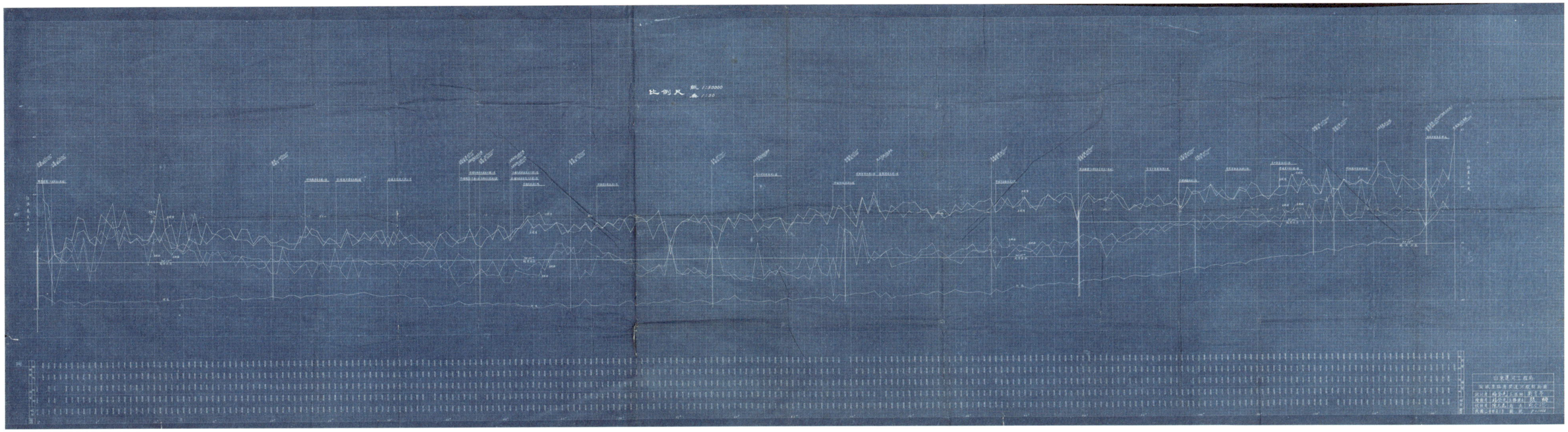

陶城堡临清间运河纵断面图

杨登先绘

1 幅；69 × 264cm

晒印本

民国二十四年三月（1935.3）

本图所绘运河系今山东聊城地区辖境河段。

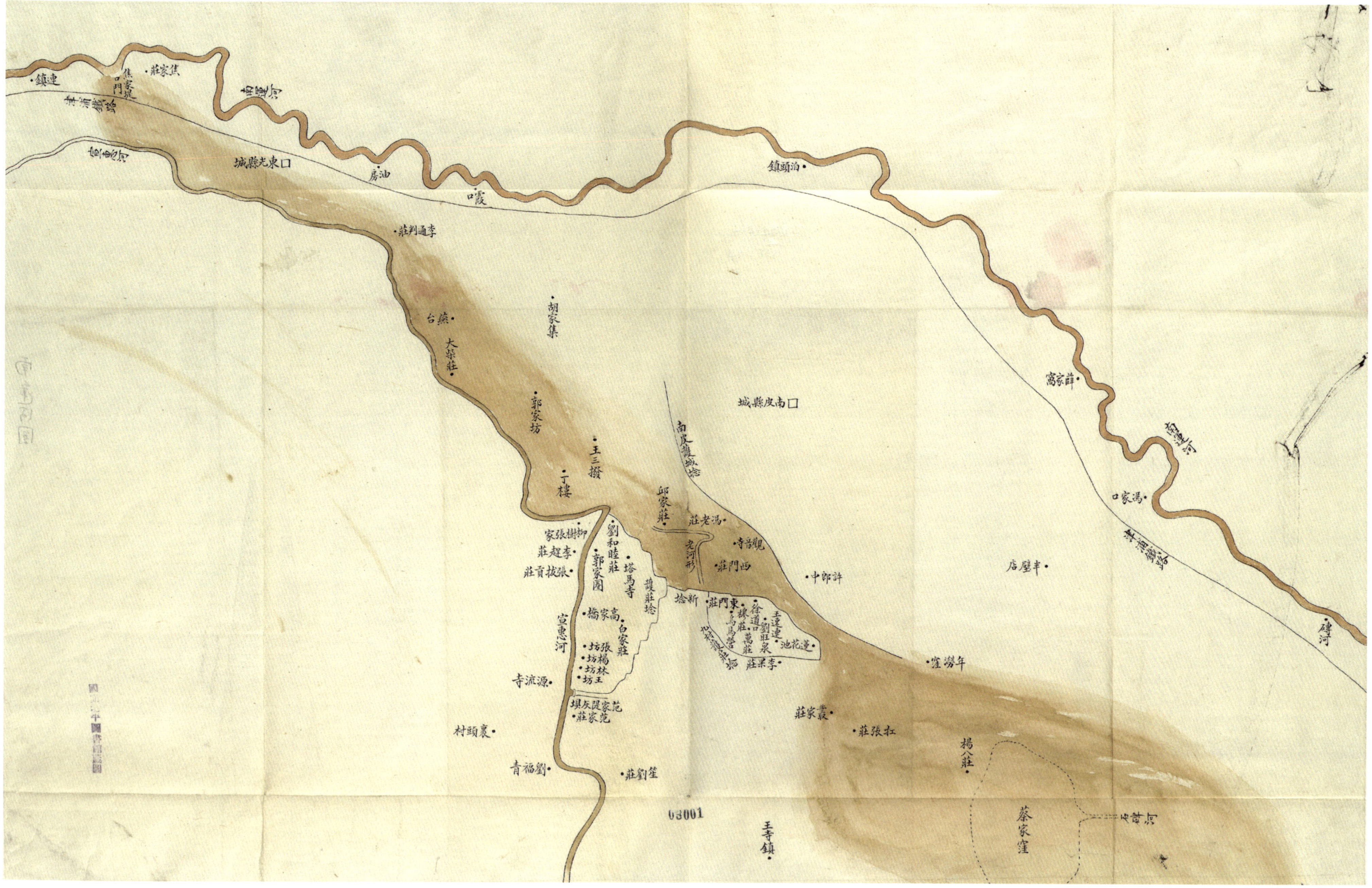

南运河图

1 幅；42×63cm

绘本

［清光绪年间（1875—1908）］

本图除绘有南运河河道外，还画出宣惠河及护城、护庄埝，并注记村庄名称。

山东直隶运河图

1 幅；30 × 320cm

绘本

［清光绪年间（1875—1908）］

本图采用形象画法，详细绘出了山东境运河闸坝及与运河相关的其他河流、湖泊，并用文字叙述其水势及济运情形。另有拟于陶城埠至临清州两运口筑坝、挖河贴说。

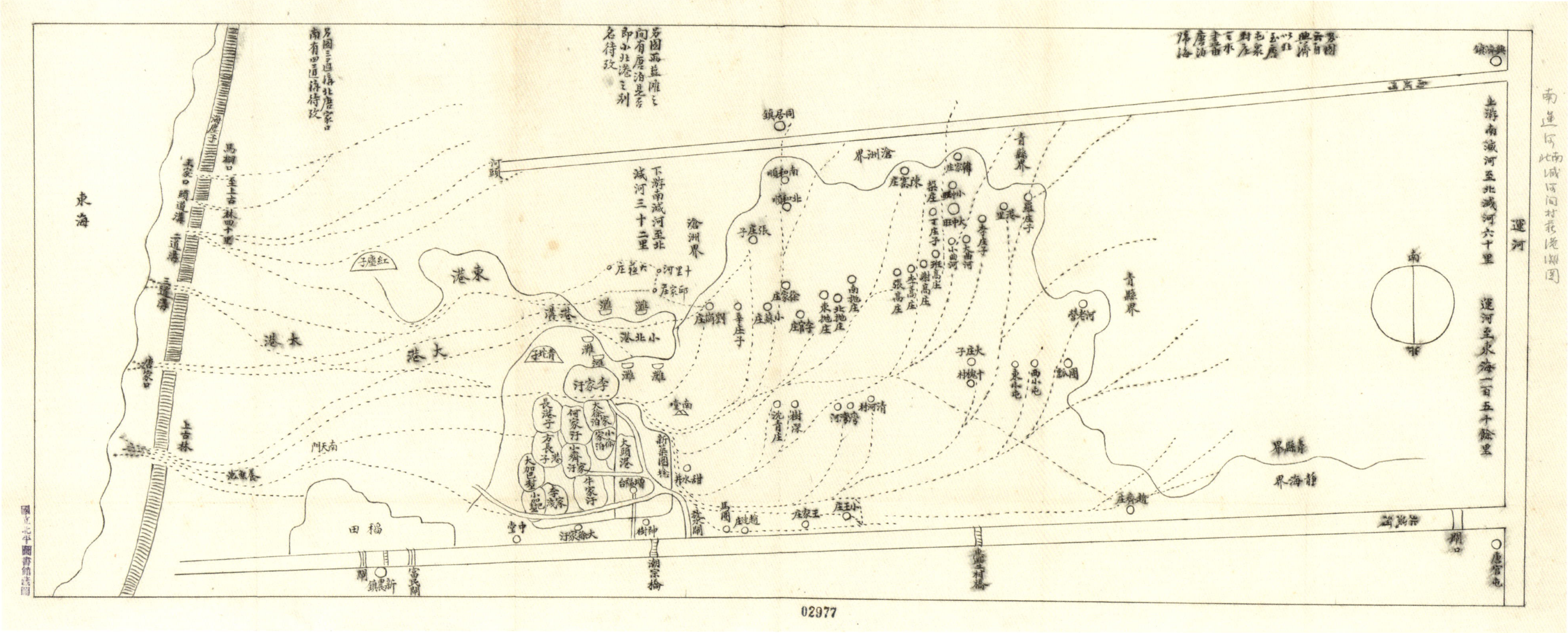

[**南运河南北减河间村庄港滩图**]

1 幅；27×68cm

绘本

[清末期]

本图上南下北，绘制了南运河至东海之间南北减河河道及两减河之间的村庄、洼地、水道等，并用文字注记两减河之间的距离、运河至东海的距离。

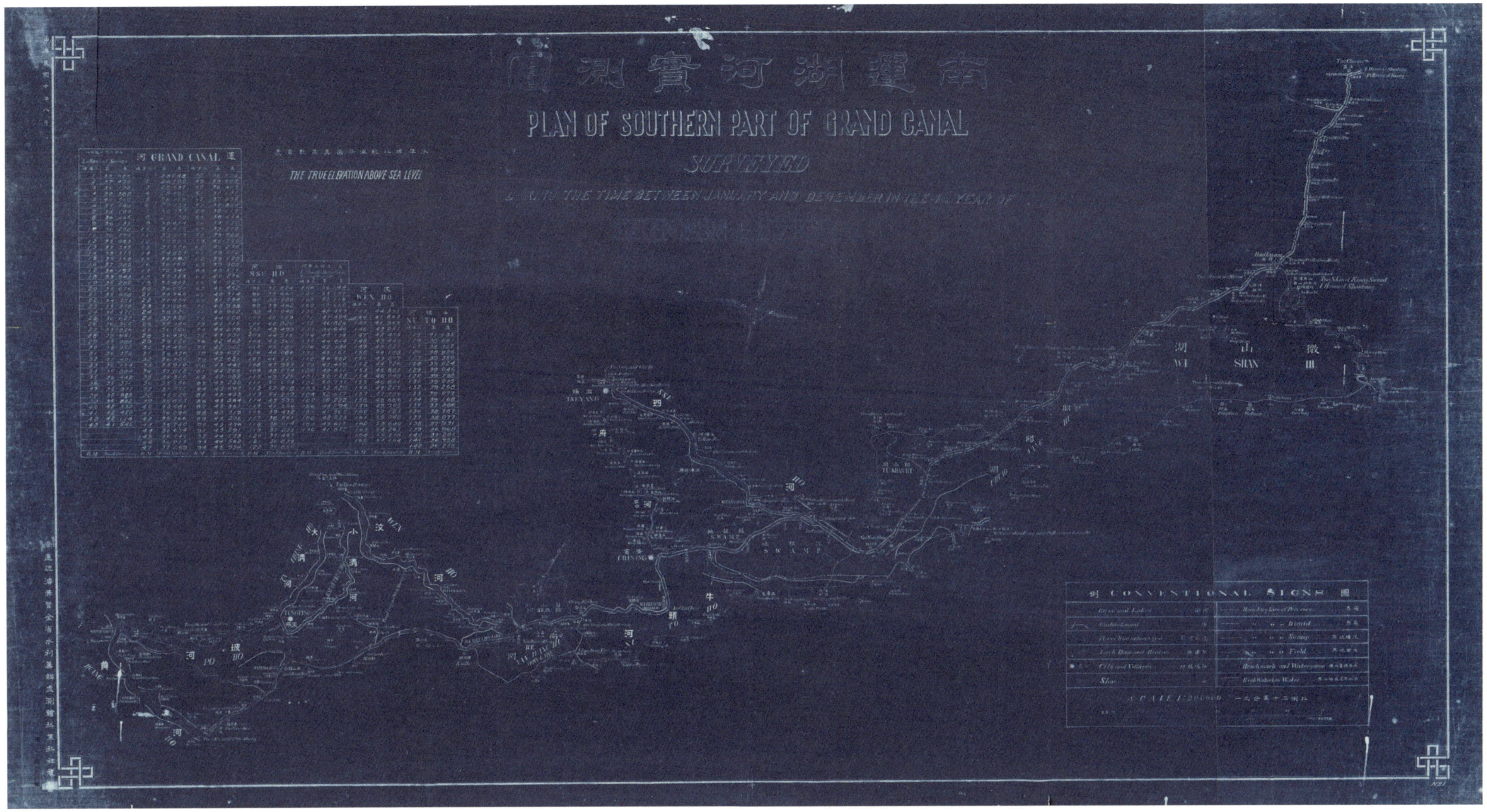

南运湖河实测图

南运疏浚兼管全省水利筹办处测绘科制

1 幅；63×115cm

晒印本

民国十年（1921）

本图为晒蓝图，主要绘制南运河及支流河道堤埝、闸坝、沿途城镇、山脉，并绘制南运河沿途南旺湖、独山湖、昭阳湖、微山湖。图中地名中英文对照，并附各河流湖泊的《水准标比较海平面真高数目表》。

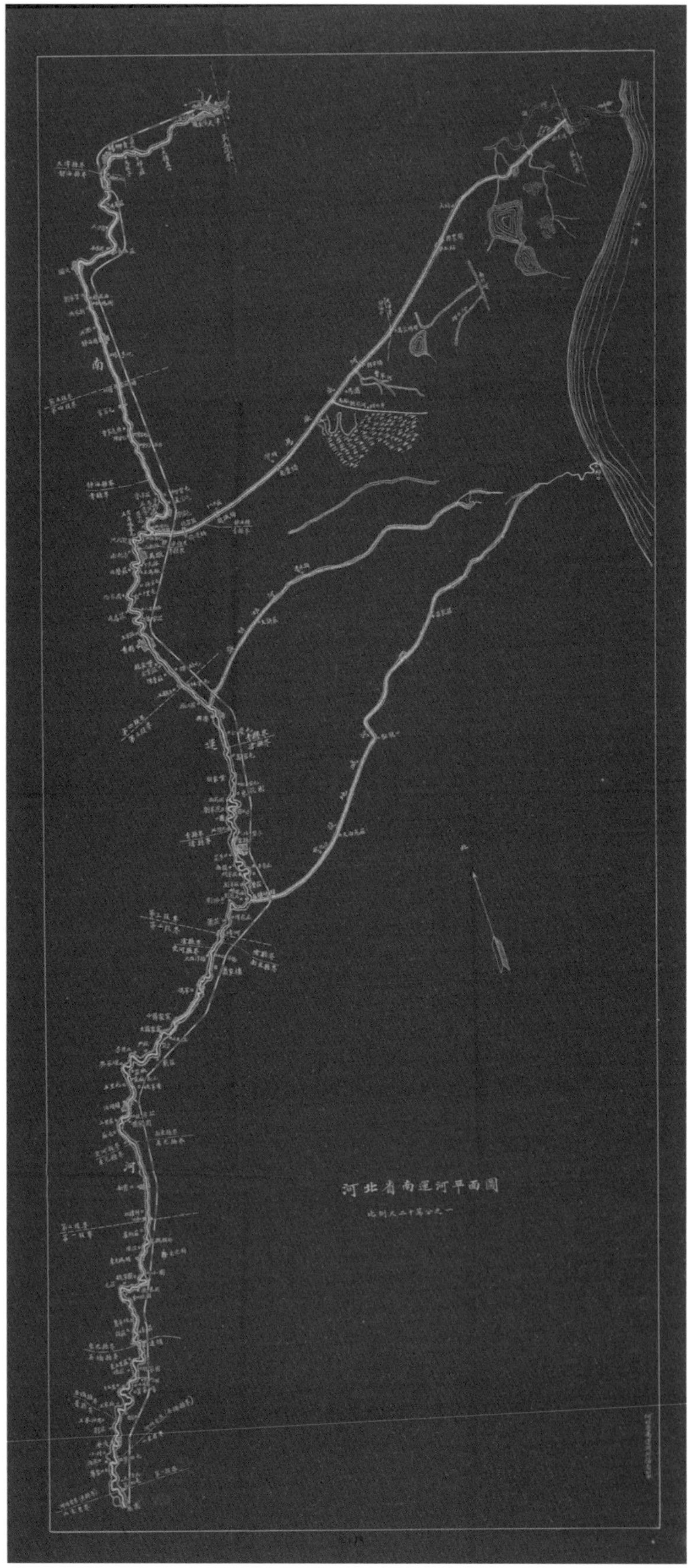

河北省南运河平面图

河北省南运河河务局制

1 幅；95 × 39cm

晒印本

民国年间（1912—1949）

本图绘制了北起天津南至山东的南运河河道、堤坝及周围村庄。南运河共分为六段，图中标注各段分界，并标注出流经各县分界。

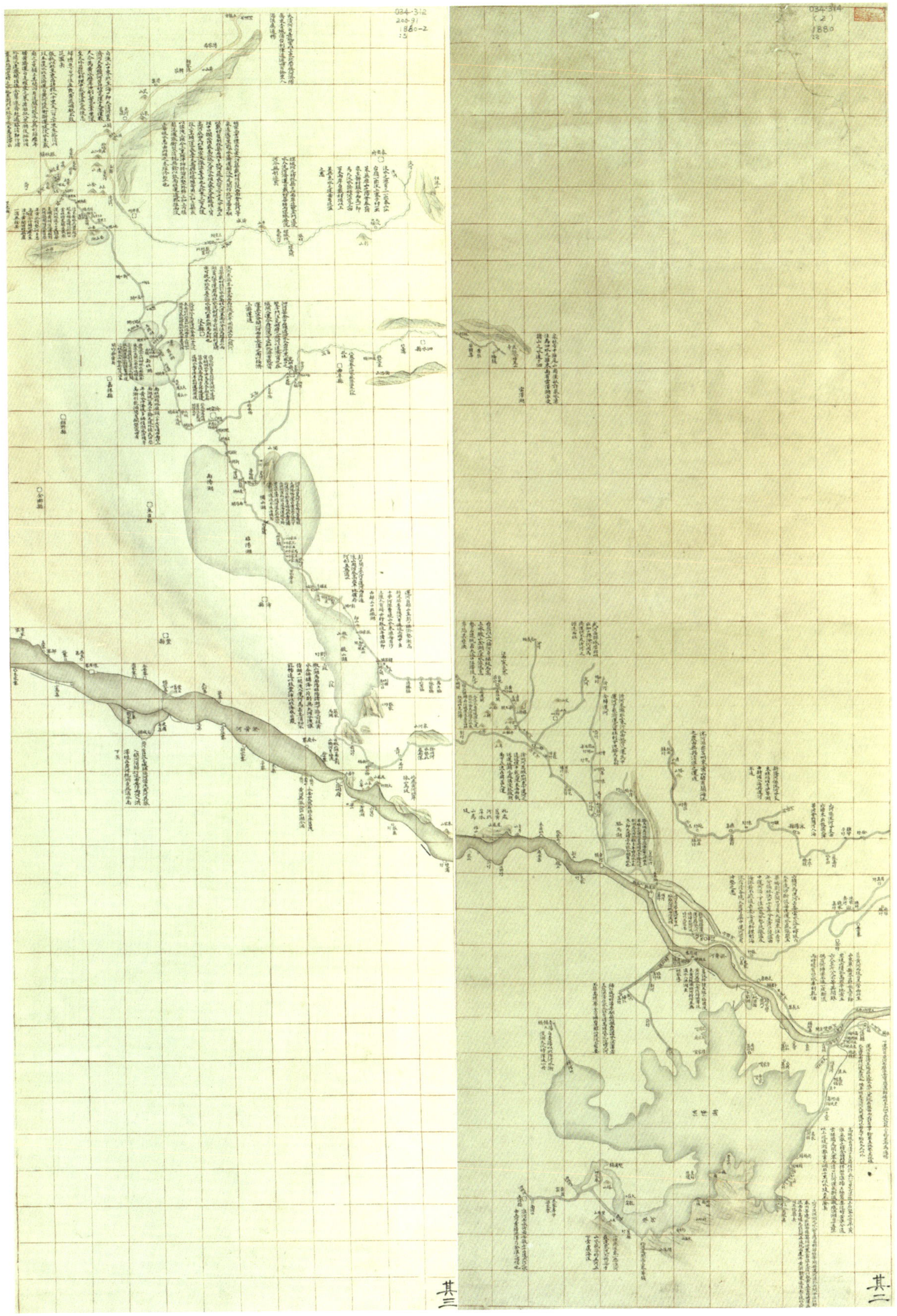

运河图

存 2 幅，每幅 110×38cm

绘本

［清咸丰年间（1851—1861）］

本图存山东张秋至苏北青口运河段一幅，可拼为一图。绘出清咸丰五年（1855）黄河改道后的运河河道，并详注各段淤畅情况。有图说。

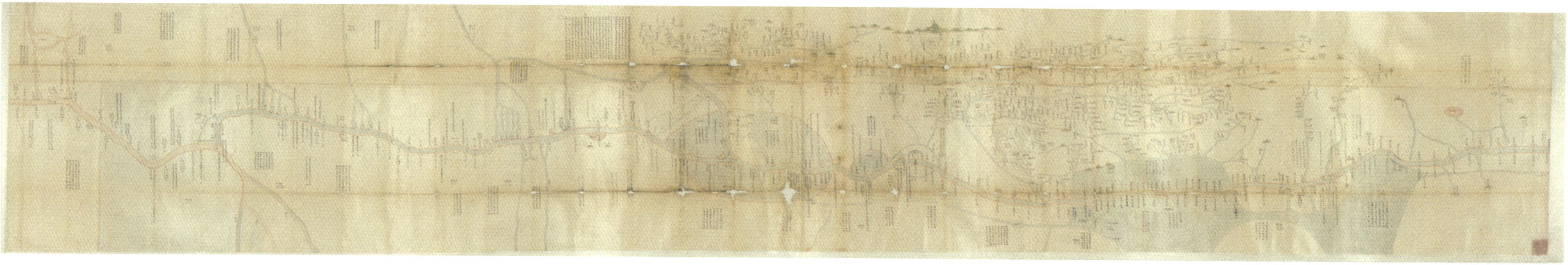

[**山东运河图**]

（清）查筠绘

1幅；25×298cm

绘本

［清同治末年］

本图运河及其两岸河、湖绘画细致，并用文字叙述其水势及济运、入海情形。沿运河水口、桥梁闸坝等注记也较详细，另有贴签注明各汛河需要挑挖补修等内容。山脉用重彩山水画法绘画，形象生动。图上注出“巨嘉汛河道经侯家林等处决口黄水漫注淤垫深厚”与《清史稿》载郓城侯家林黄河于同治十年（1871）决口情景吻合。

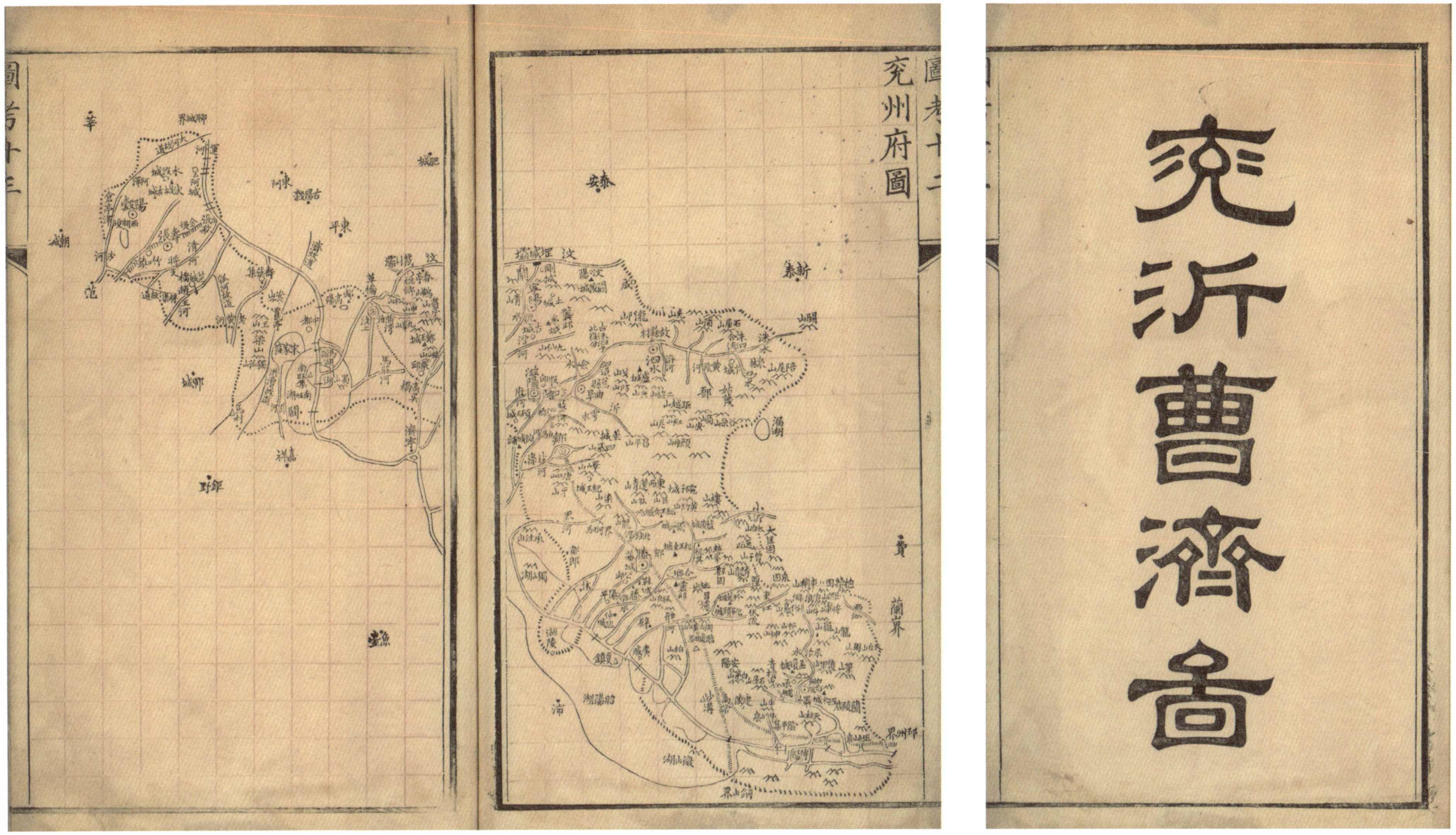

山东郡县图考

（清）叶圭绶编绘 （清）任道镕重刻

1 册；24×13cm

刻本

清光绪八年（1882）

本图考共 15 幅图，包括总图 1 幅，府、州图 12 幅，以及《水经注今山东境内水道图》和新增《海疆险厄黄河穿运夺济图》各 1 幅。书名据序题，书衣题《山东全省考古舆图》。叶圭绶，道光年间举人，专注研究地理之学，著有《埏纮图考》等。

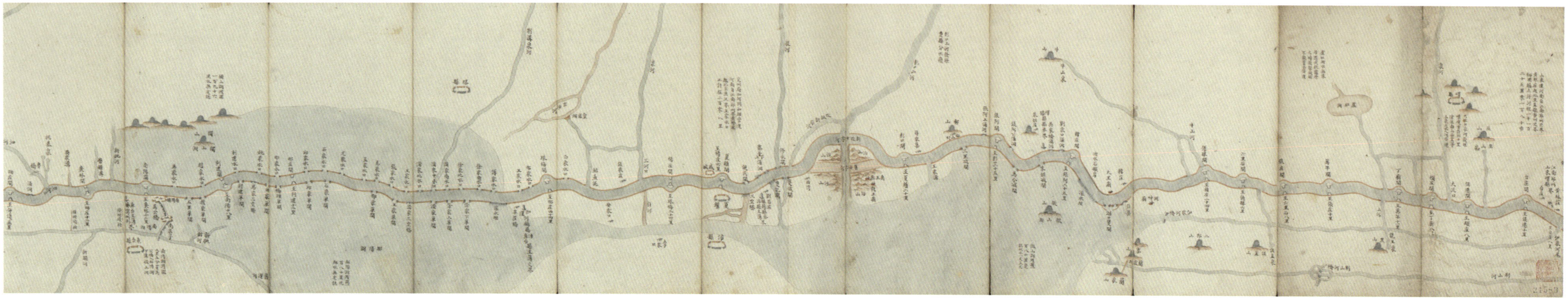

山东运河详细全图

1 幅；22×360cm

绘本

［清光绪年间（1875—1908）］

本图详细绘出了运河闸坝、水源等，并标注了河段里程。

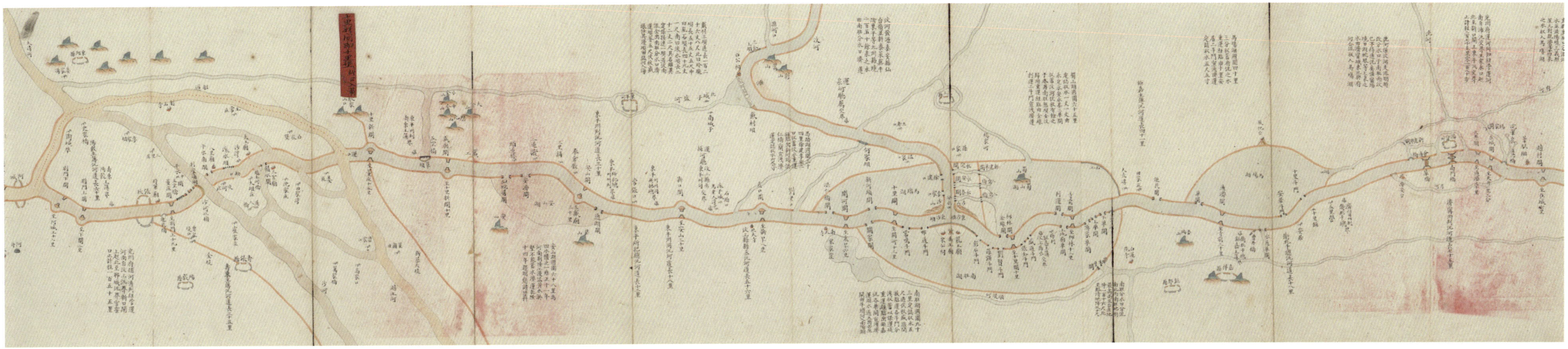

山东通省运河图

1 幅；25 × 332cm

绘本

［清光绪年间（1875—1908）］

本图文字注出的运河系山东全省运河河段，但存图尚缺武城县以北河段。

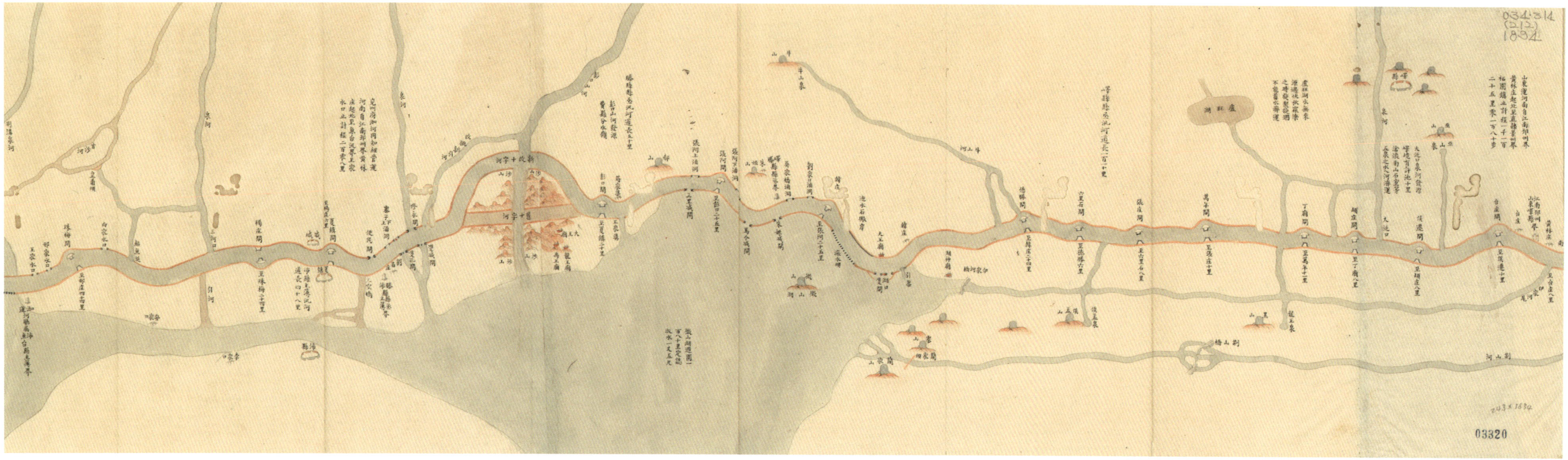

山东通省运河事宜情形全图

1 幅；24 × 383cm

绘本

［清光绪年间（1875—1908）］

本图绘制了清光绪年间京杭运河山东运河段，所绘运河河段、绘画风格、文字注记内容等均与国家图书馆藏清光绪年间彩绘《山东通省运河图》基本一致。

山东通省运河情形全图

1 幅；25 × 387cm

绘本

［清光绪年间（1875—1908）］

本图绘制了清光绪年间京杭运河山东段，除未注记沿河各县管辖汛河里程外，其内容、绘法均与国家图书馆藏彩绘《山东通省运河事宜情形全图》基本一致。

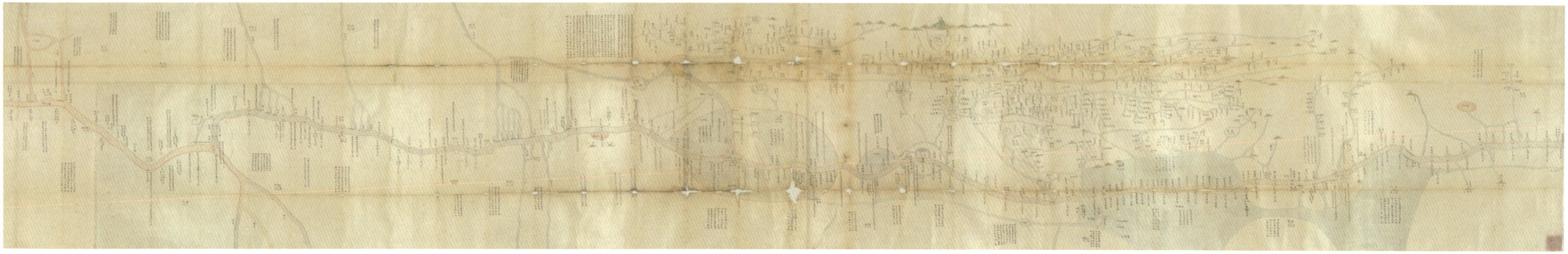

[**山东省运河图**]

1 幅；58.5 × 362.5cm

绢制绘本

[清光绪年间（1875—1908）]

本图详细绘出了沿河水闸、水泉及其源流，标注了各水闸间的距离、抢修防风埽工位置以及各水泉名称。图中已画出黄河穿越运河河道及运河经陶城埠过黄河河道，可见此图约绘于清光绪七年（1881）后不久。有图说。地图局部破损。

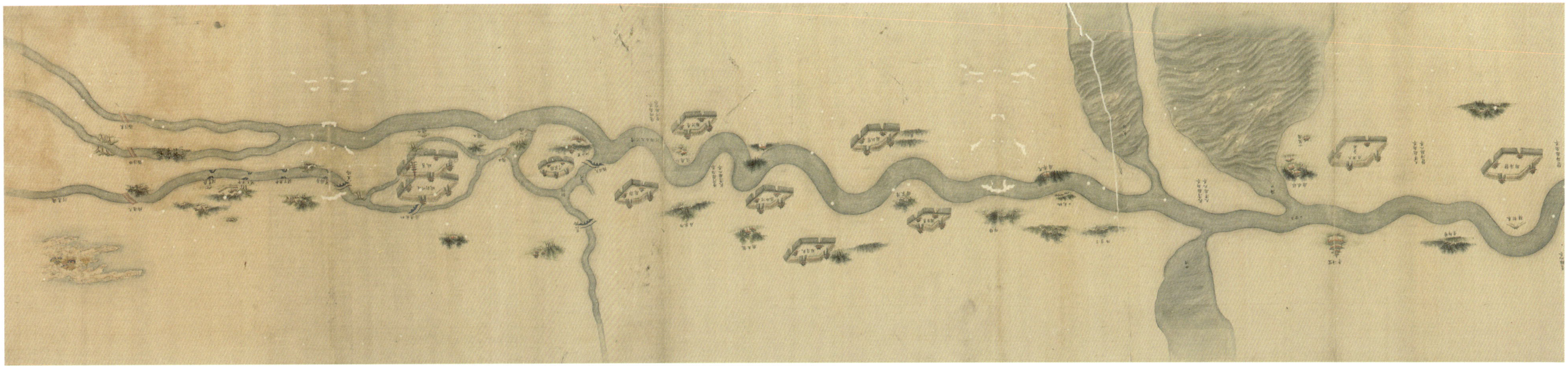

运河图

1 幅；49×1515cm

绘本

［清光绪年间（1875—1908）］

本图绘有山东济宁州以南至黄林庄运河河段以及两岸官堤民堰，所有已、未出水之堤堰总数逐汛贴签标注。各县汛运河堤工民堰段长、水深度等亦有注记。本图有残。

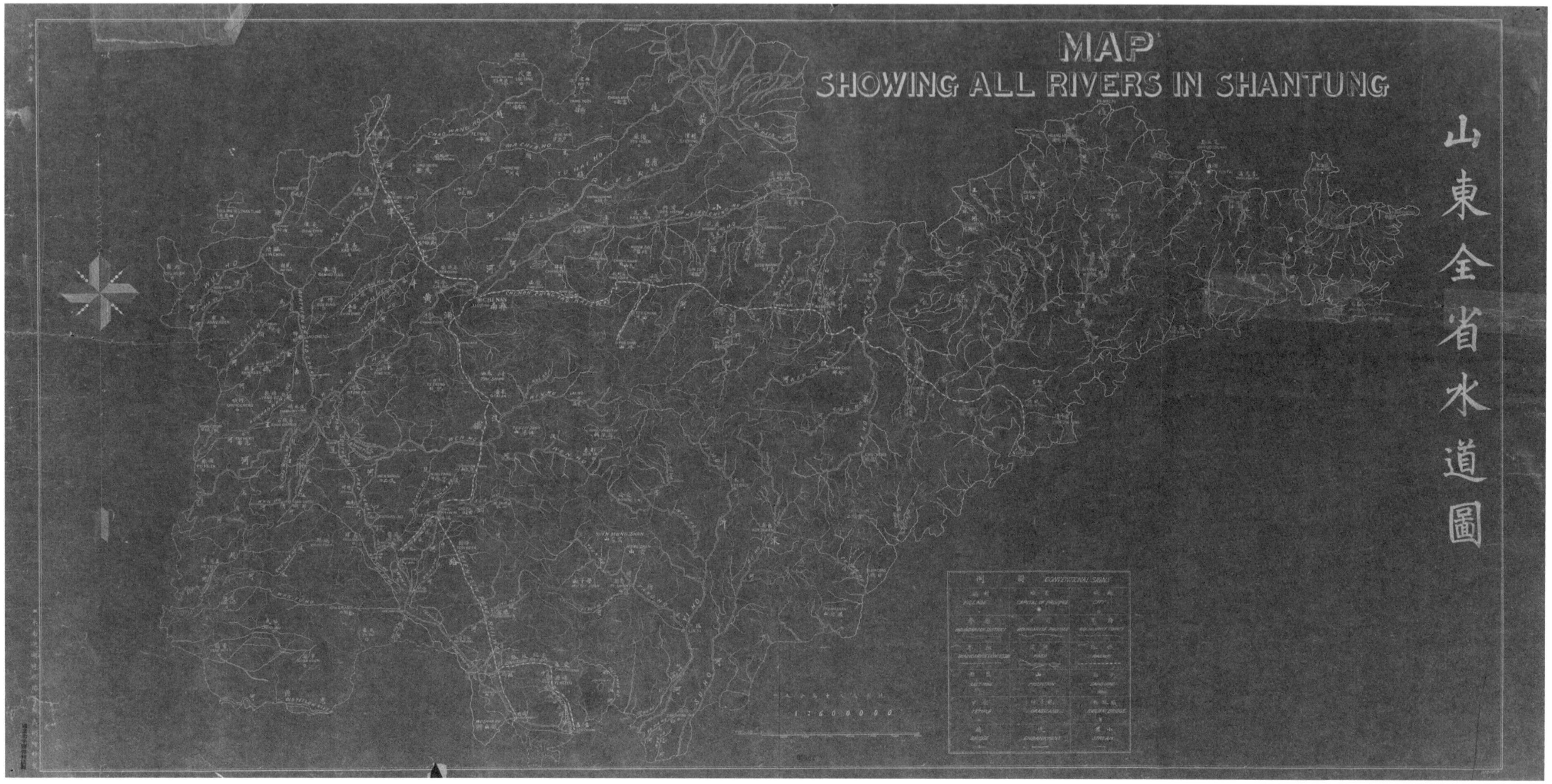

山东全省水道图

山东南运湖河疏浚筹办处测绘科制
1幅；67×130cm
晒印本
民国五年（1916）

本图为晒蓝图，比例为六十万分之一，图中详细绘制了山东省境内河流、铁路、山脉等，并标注名称，运河用双线表示。其中，从临清到台儿庄，未绘制堤埝、闸坝。

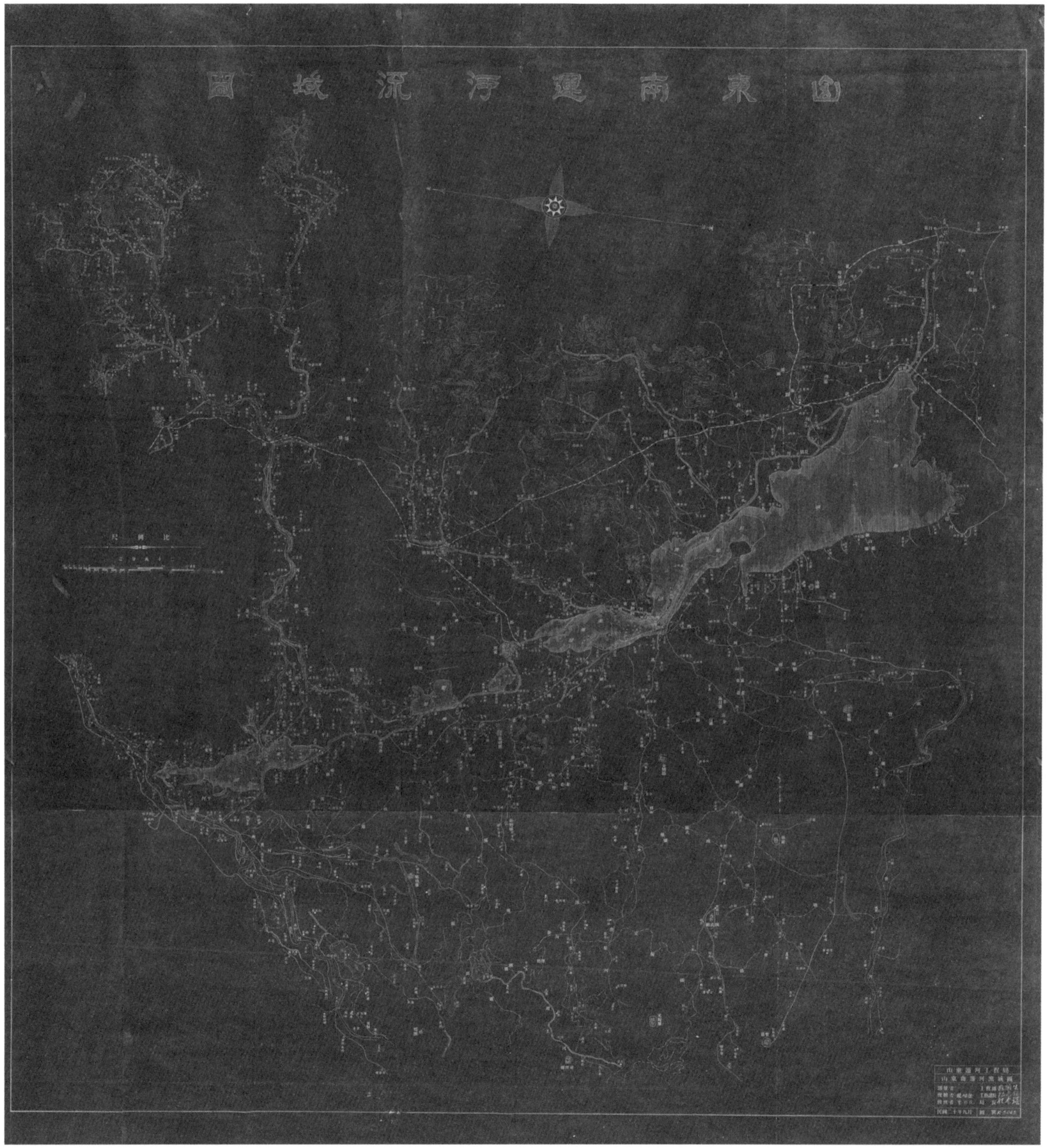

山东南运河流域图

山东运河工程局绘

1 幅；117 × 124cm

晒印本

民国二十年（1931）

本图为晒蓝图，比例为二十万分之一，图大致上东下西，图中详细绘制了山东南运河干流、支流、湖泊、闸坝、堤埝及城镇、村庄、山脉、铁路等。县城详细绘制城内建筑轮廓，等高线表示地形。

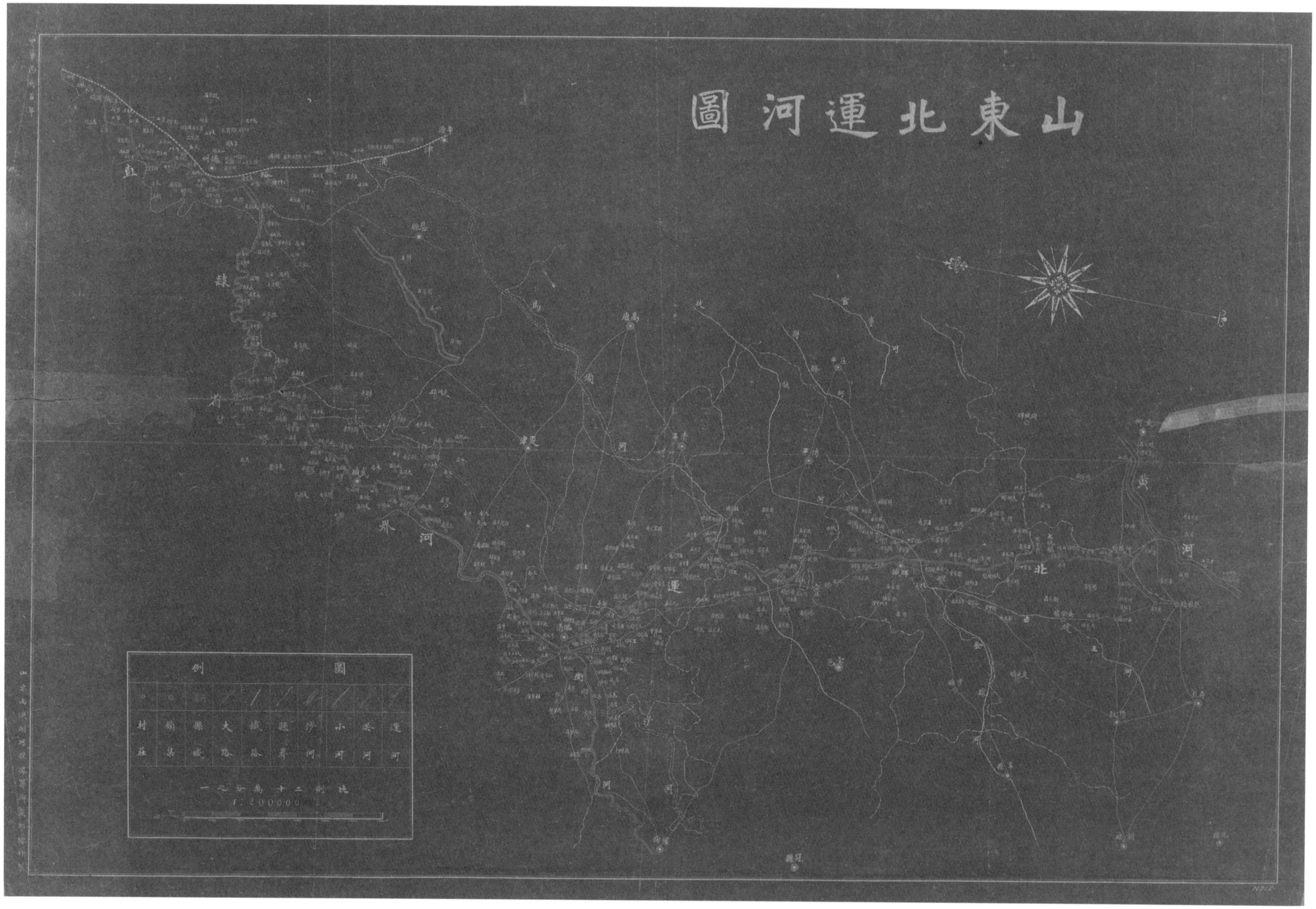

卫根治运计划报告书

天津督办运河工程局制

1 册；图廓不等

晒印本

民国二十年（1931）

本图是山东运河工程局根据民国十年（1921）天津督办运河工程局总工程师卫根氏报告书中第三册图的放大复制本。本图用现代测绘方法绘制北运河河道及相关区域。

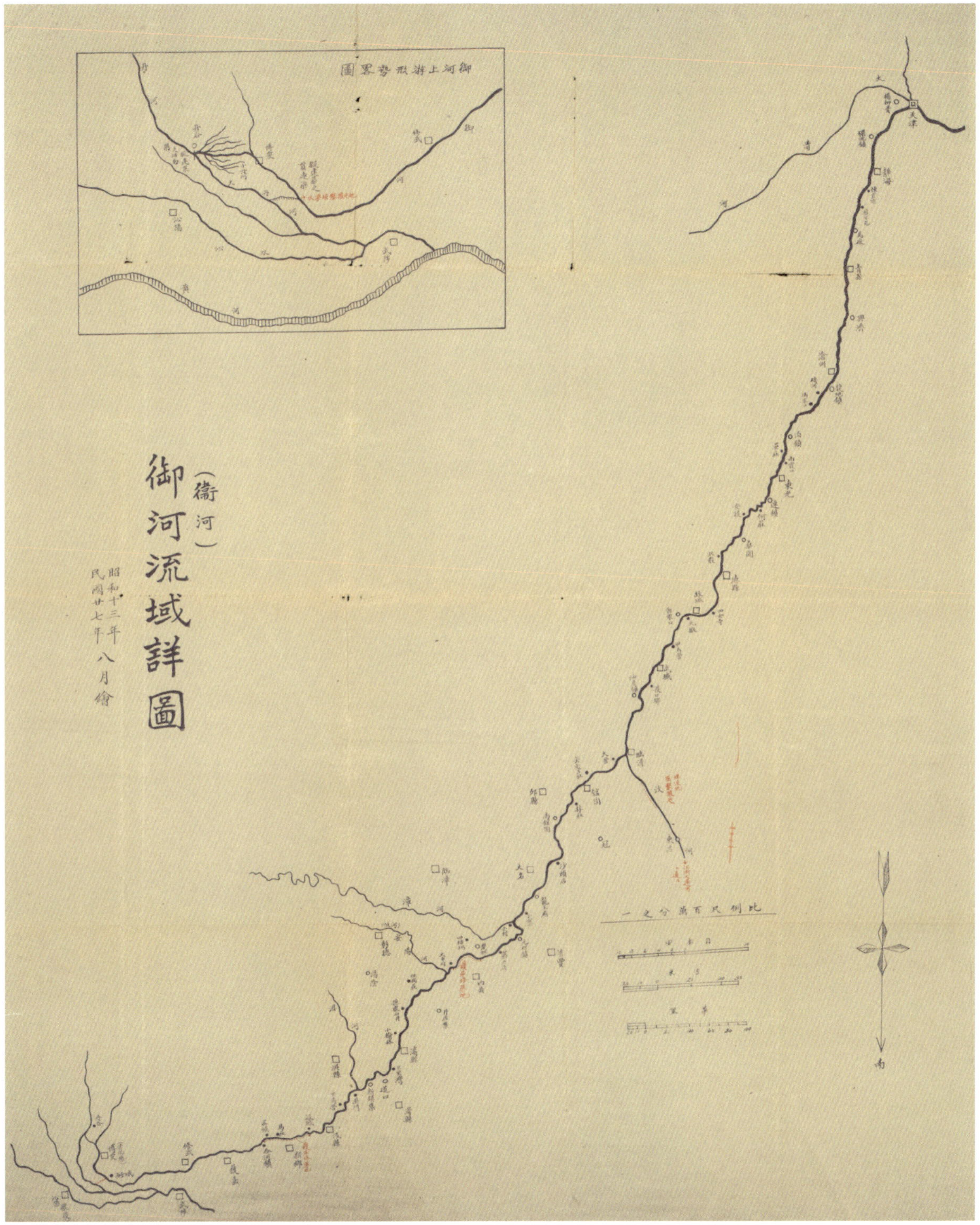

御河流域详图

1 幅；74 × 58cm

晒印本

民国二十七年八月（1938.8）

本图简略绘制卫河、漳河、南运河河道及沿途城镇，用红线标注“护岸修筑地”。附《御河上游形势略图》。

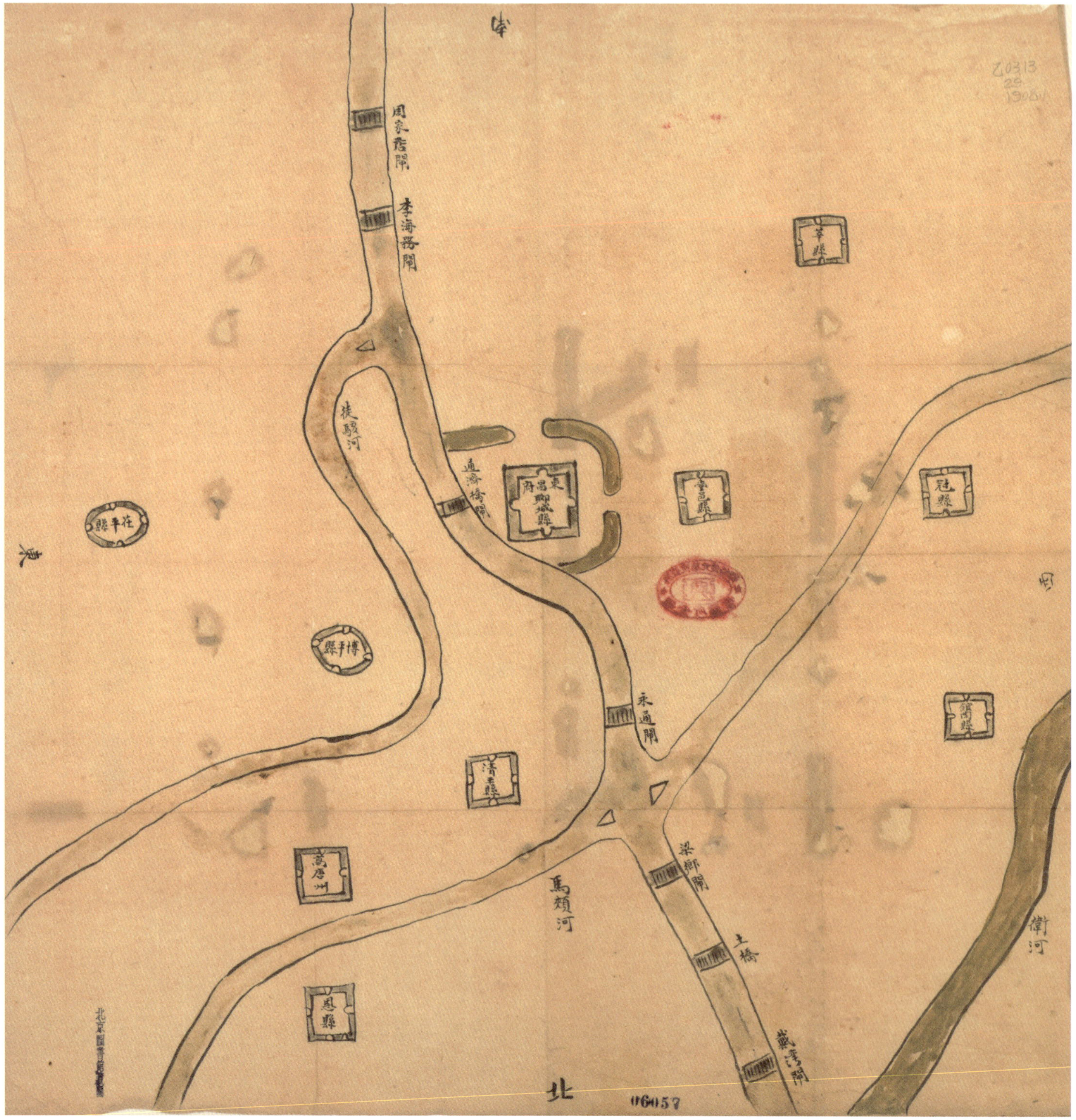

东昌府河图

1 幅；51×48cm

绘本

［清光绪年间（1875—1908）］

本图绘有运河、徒骇河、马颊河、卫河及府属各县位置，但绘画简略。图幅严重破损。

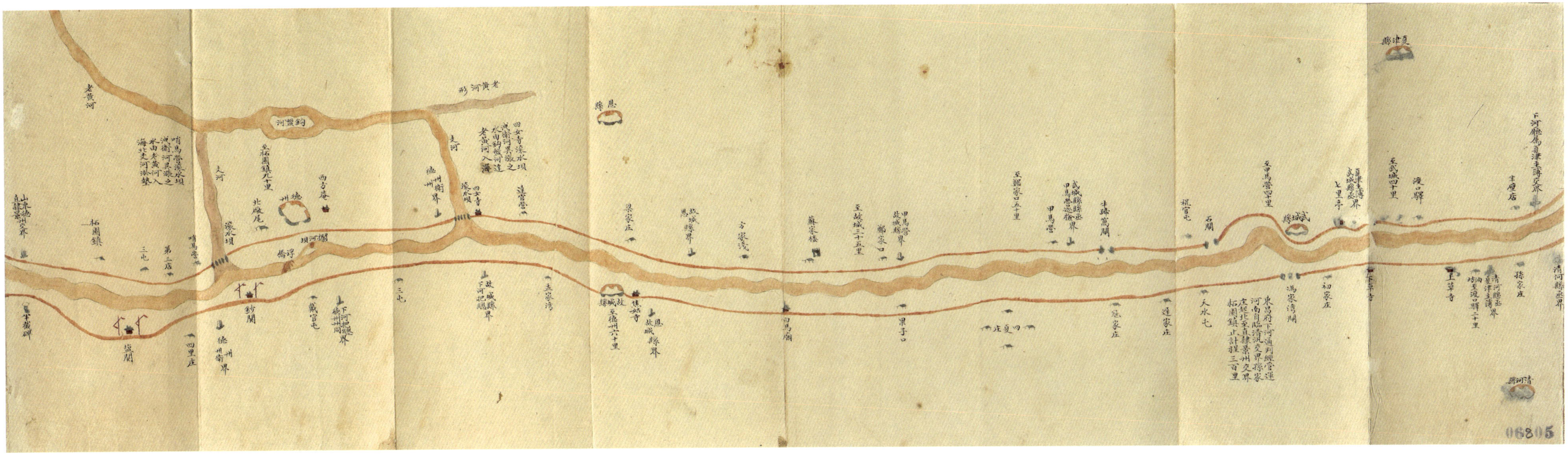

下河厅经管河道起止里数图

1 幅；20 × 68cm

绘本

［清光绪年间（1875—1908）］

本图所绘运河系南起临清汛交界孙家庄，北至直隶景州交界枯园镇河段。

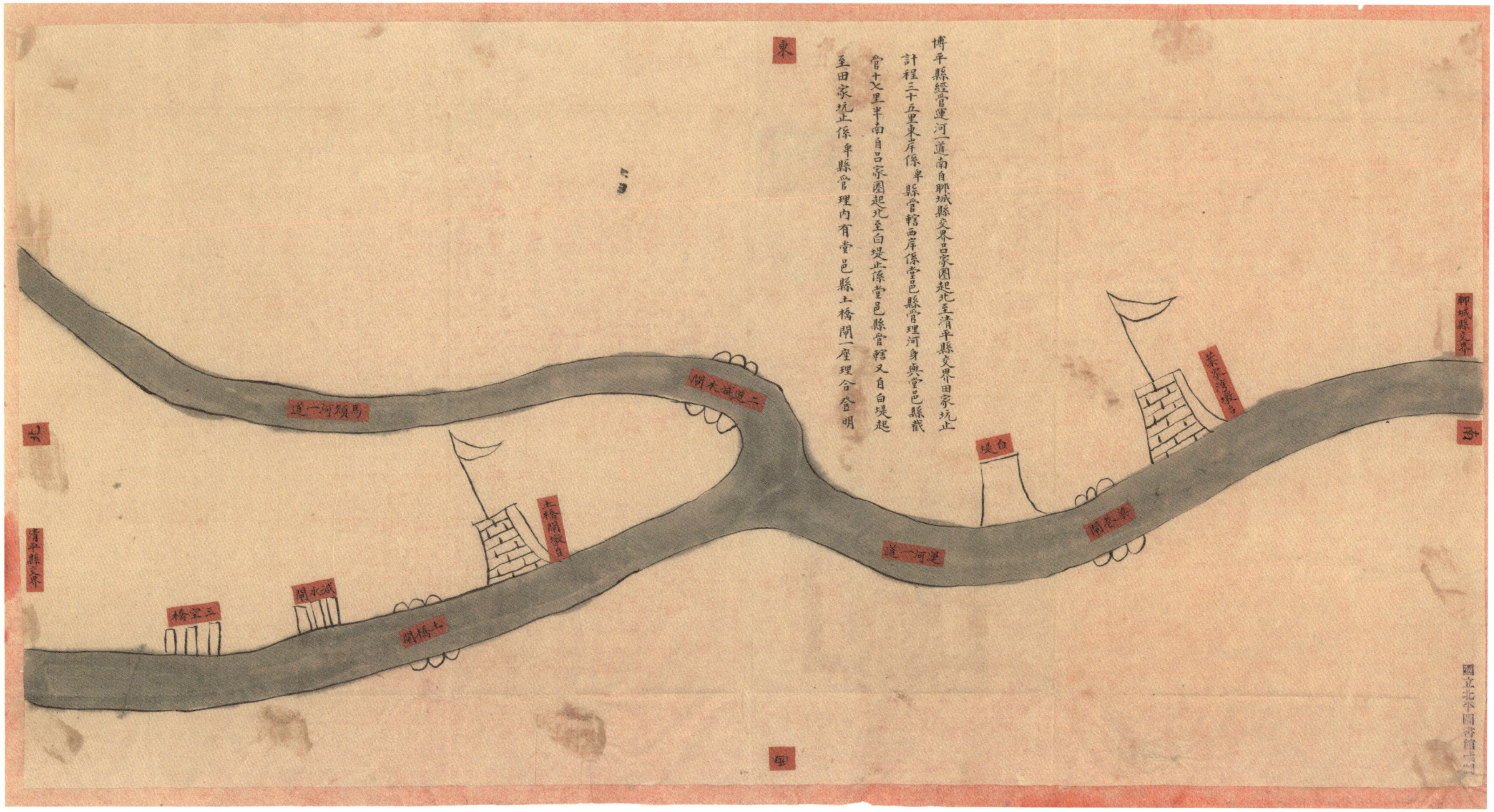

东昌府博平县运河图

1 幅；29 × 55cm

绘本

［清光绪年间（1875—1908）］

本图方位上东下西，绘制出博平县所辖运河河道、坝闸、墩台、桥梁，并用红签标注。图中用文字说明博平县管辖运河情况。

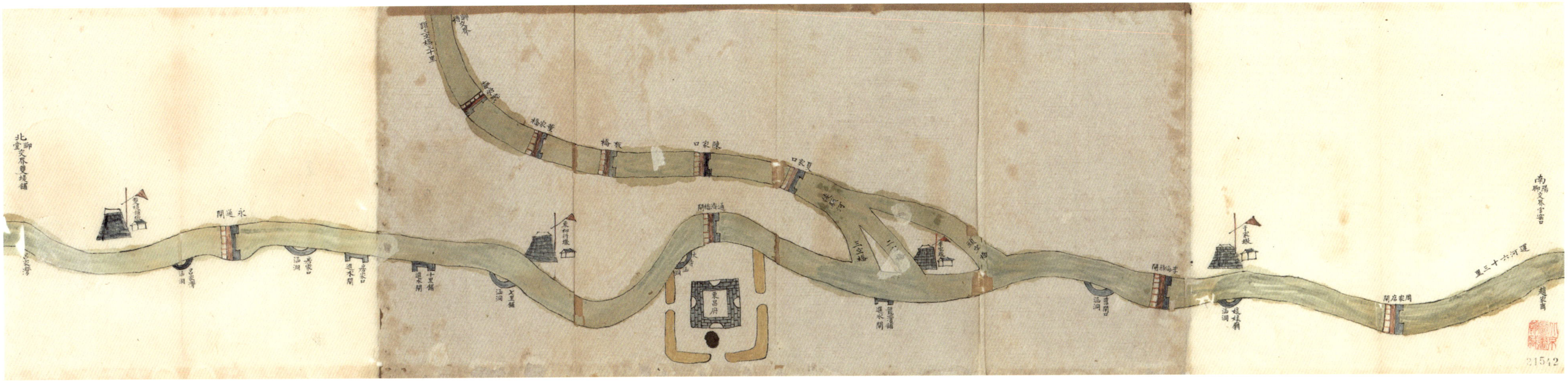

东昌府聊城县运河全图

1 幅；21 × 86cm

绘本

［清光绪年间（1875—1908）］

本图方位上东下西，绘制出聊城县所辖运河河道、闸坝、涵洞、桥梁、墩台等，东昌府位于运河西畔。

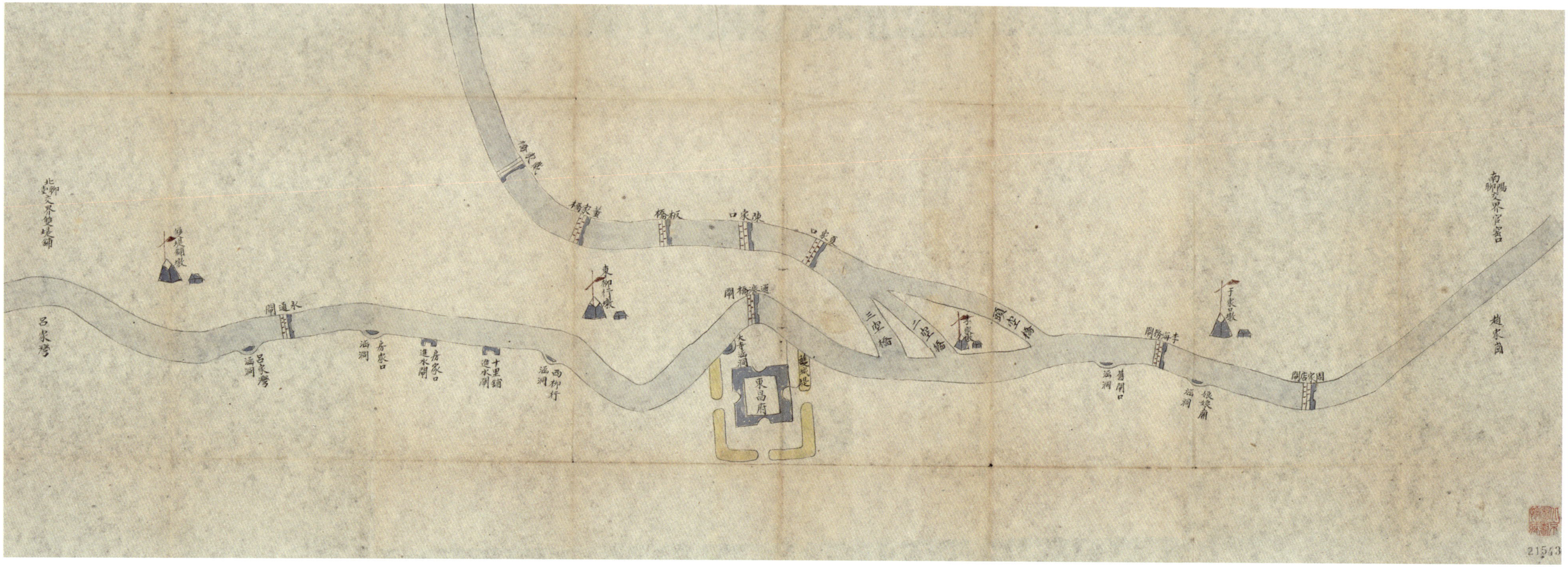

东昌府聊城县运河全图

1 幅；31×86cm

绘本

［清光绪年间（1875—1908）］

本图方位上东下西，绘制出聊城县所辖运河河道、闸坝、涵洞、桥梁、墩台等，东昌府位于运河西畔。

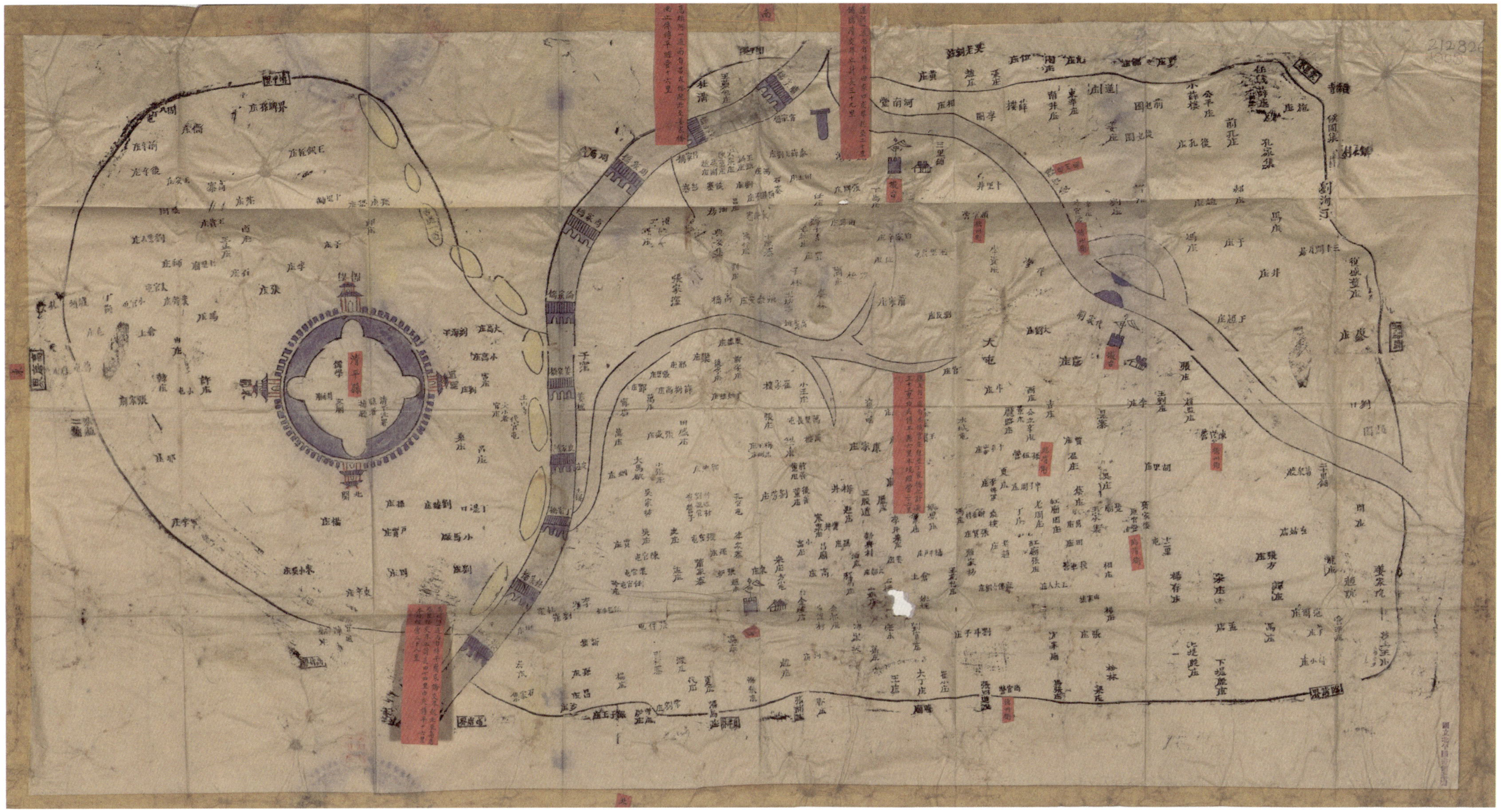

清平县地舆全图

1 幅；50×92cm

绘本

［清光绪年间（1875—1908）］

本图贴签注出清平县县境运河、马颊河起讫里程。1956 年撤销清平县，并入高唐县。

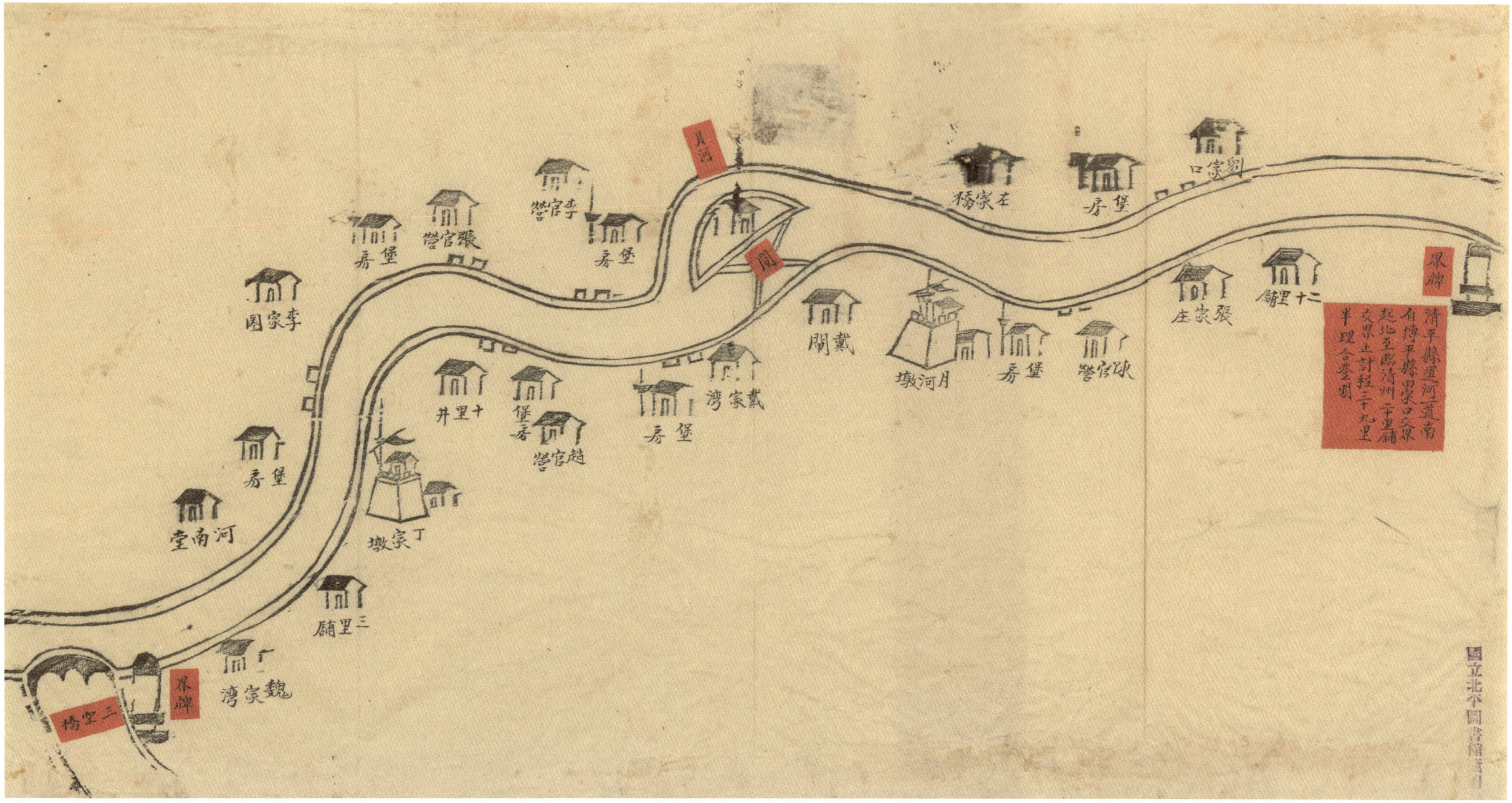

清平县河图

1 幅；24×44cm

绘本

［清光绪年间（1875—1908）］

本图绘制了清平县境内运河河道、堤埝、闸坝以及沿途村庄、营房、堡房等，并用红签说明清平县运河情况。

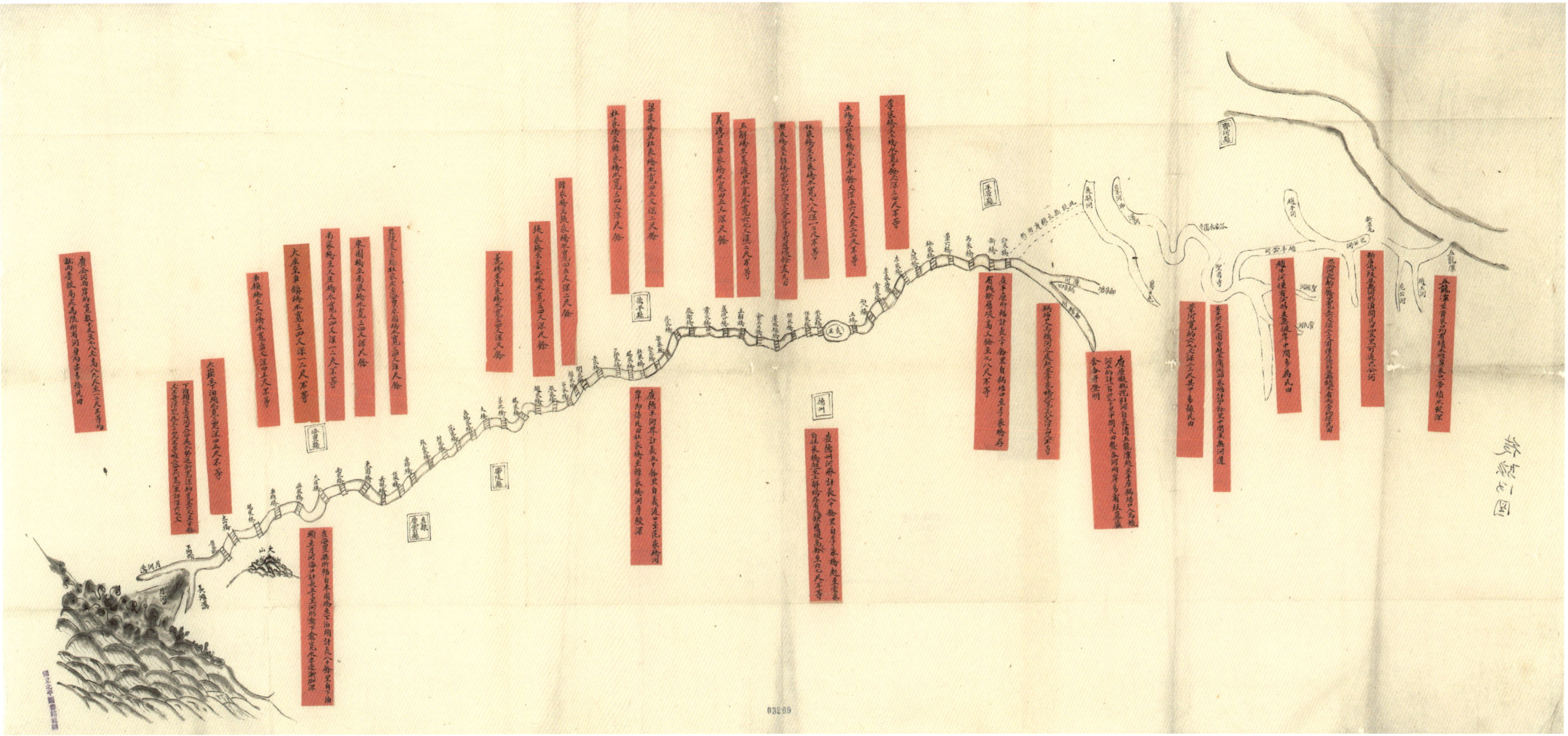

马颊河图

1 幅；53 × 111cm

绘本

［清光绪年间（1875—1908）］

本图重点画出沿河桥梁 5 座，并贴签注出各桥间河宽、水深等情形。裱糊在夹层的图题“徒骇河图”，有误。

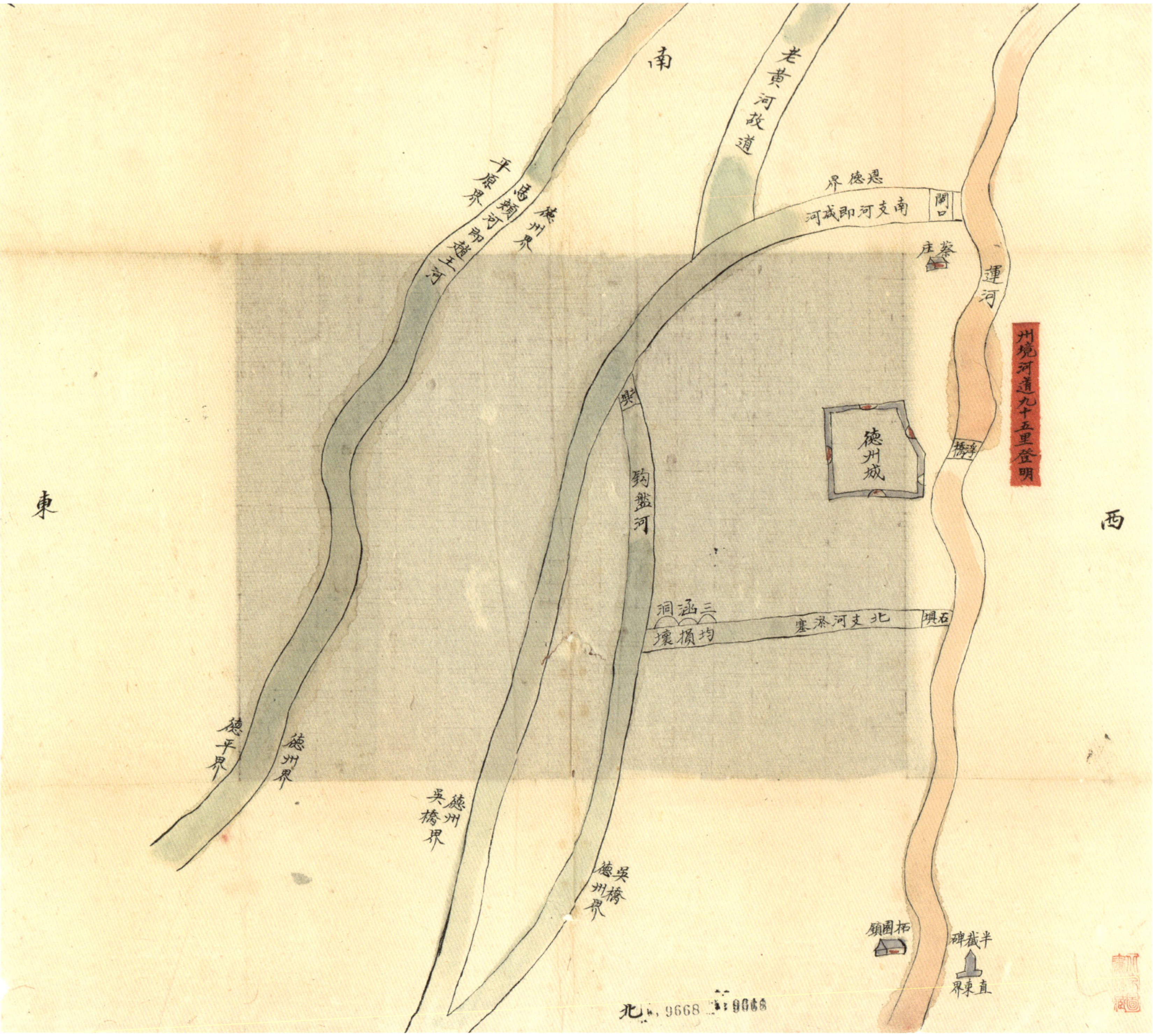

德州河图

1 幅；42 × 47cm

绘本

［清光绪年间（1875—1908）］

本图绘有运河、马颊河、老黄河故道、南支河、钩盘河，但内容注记简略。图有破损。

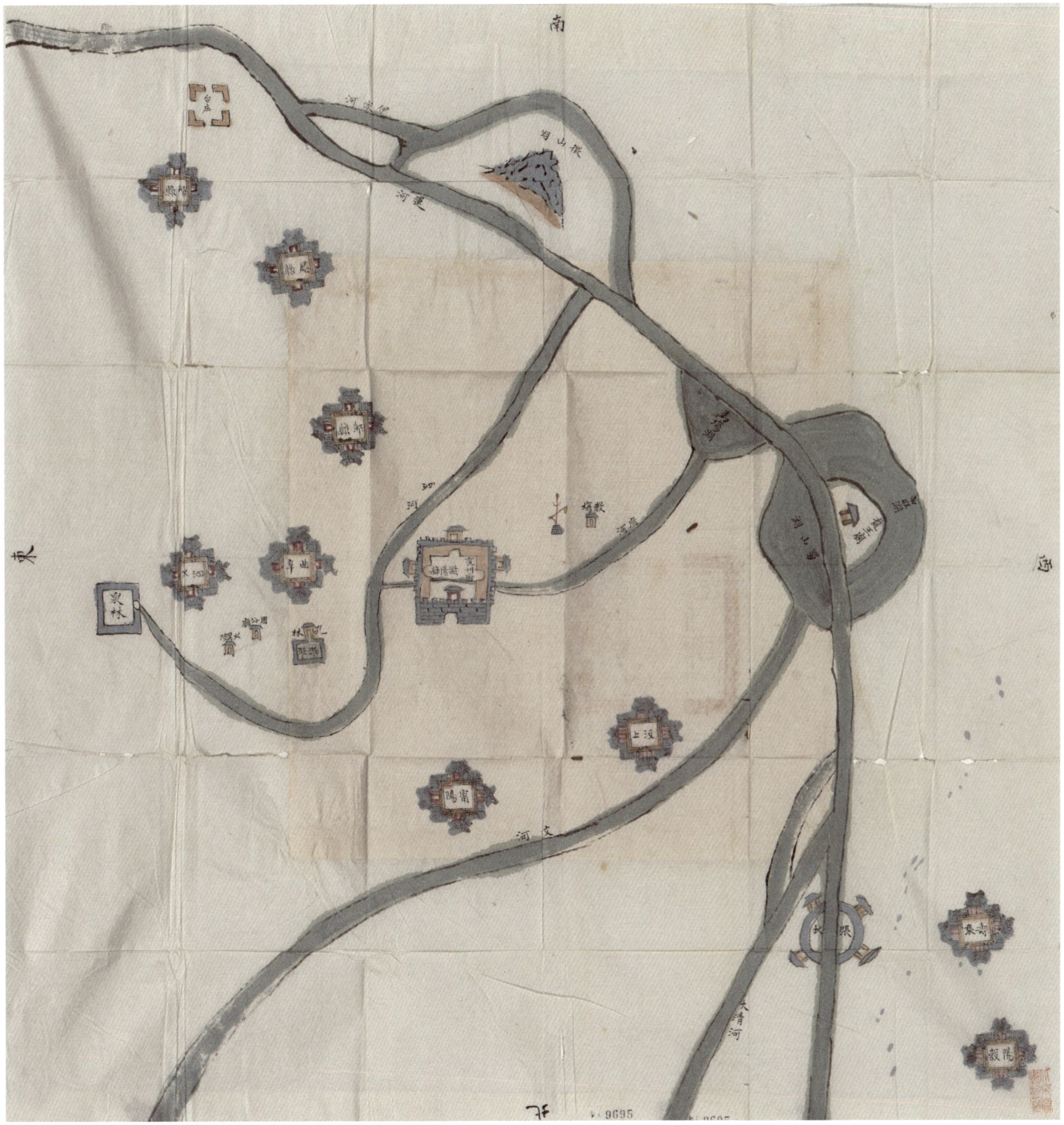

兖州府所属城垣舆图

1 幅；58×55cm

绘本

［清光绪年间（1875—1908）］

本图以形象画法绘出兖州府所辖各县县城及境内运河、河、湖等情形。

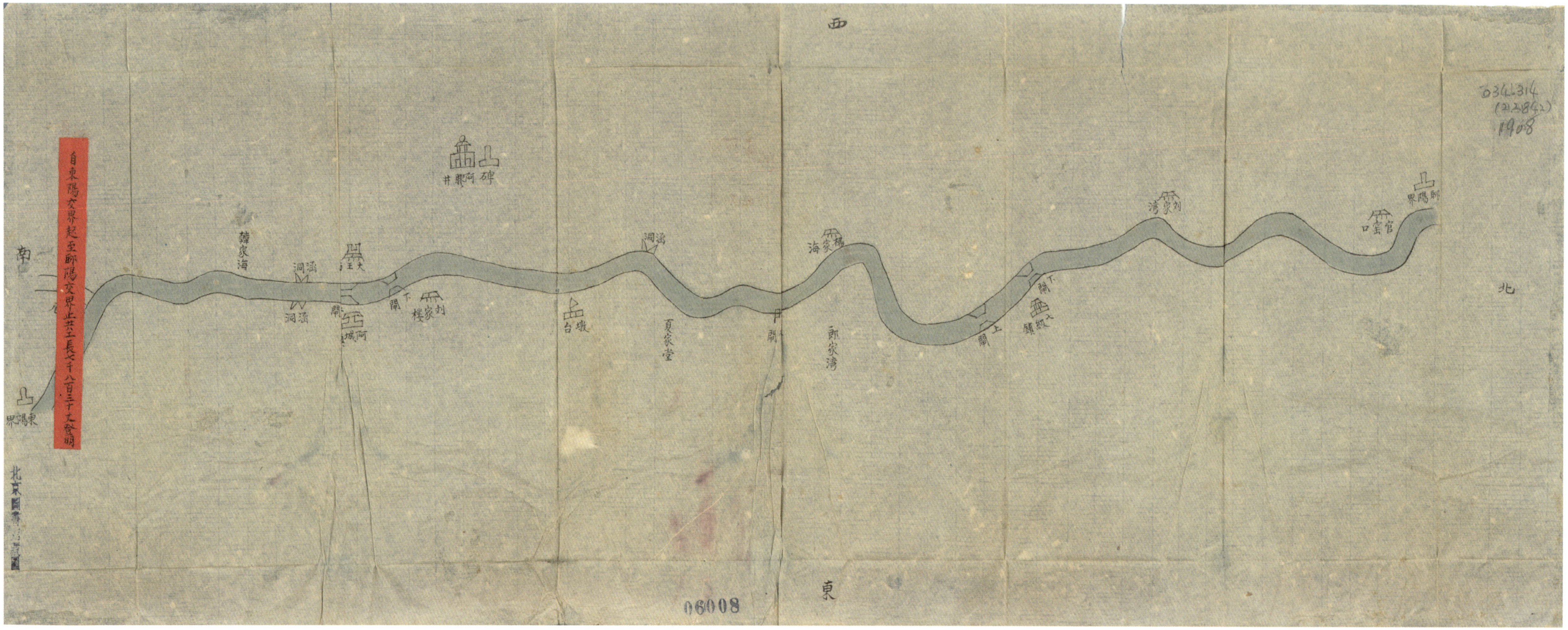

阳谷县管辖运河图

1 幅；25 × 62cm

绘本

［清光绪年间（1875—1908）］

本图方位上西下东，简略绘制出阳谷县管辖运河河道、涵洞、闸坝、墩台及沿途寺庙、村庄，并用红签标注所辖运河长度。

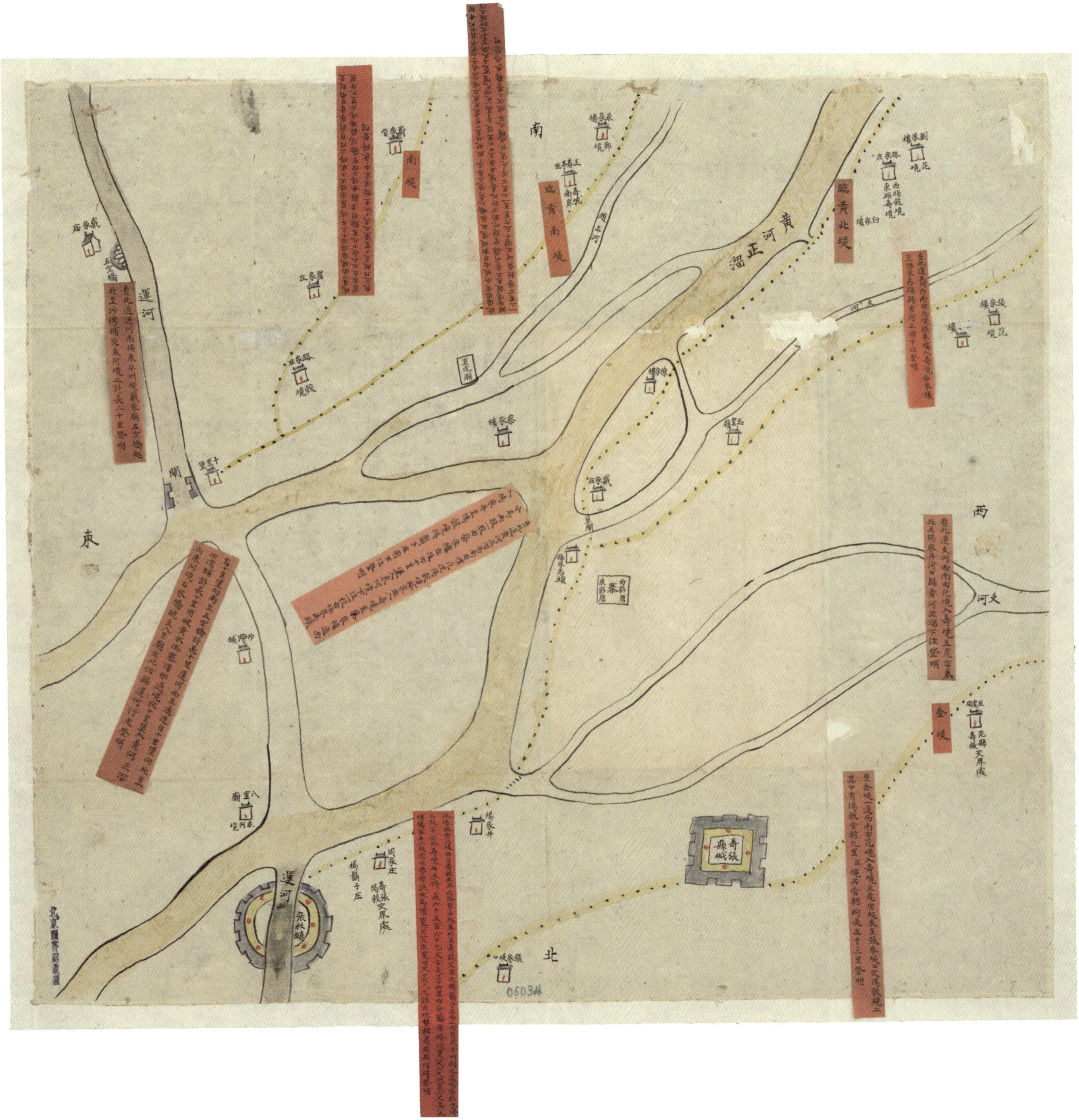

寿张县河堤图

1 幅；47.5 × 52cm

［清光绪年间（1875—1908）］

本图贴签详细注出黄河、运河过境起讫及黄河金堤、临黄堤承修等情况。1964 年撤销寿张县，分别划归山东阳谷县和河南范县。

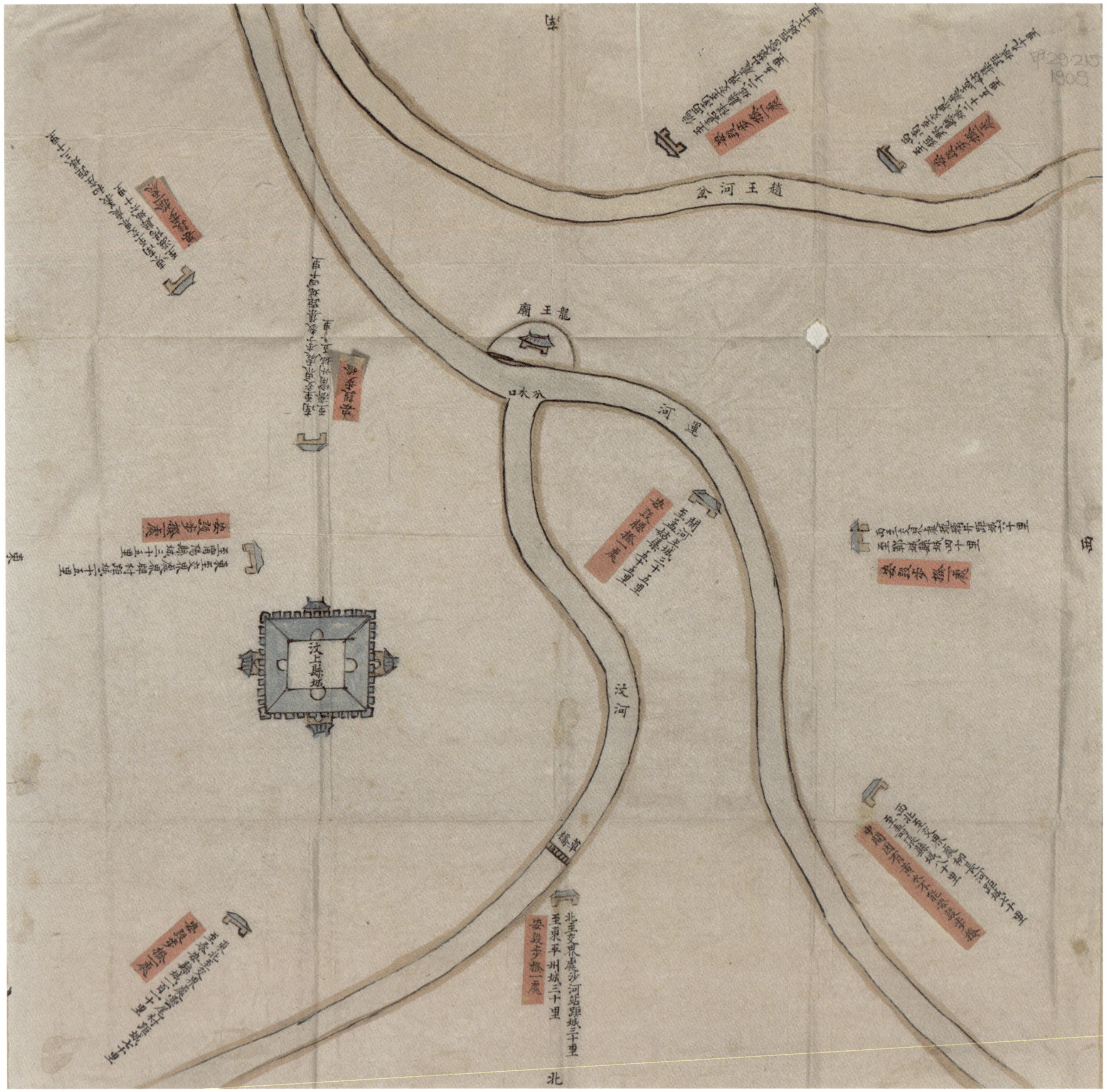

汶上县安设步拨地舆图

1 幅；53×53cm

绘本

［清光绪年间（1875—1908）］

本图以形象画法绘出境内河流、运河、县城四至八道，并贴签注明汶上县境设置“步拨”“腰拨”之处。

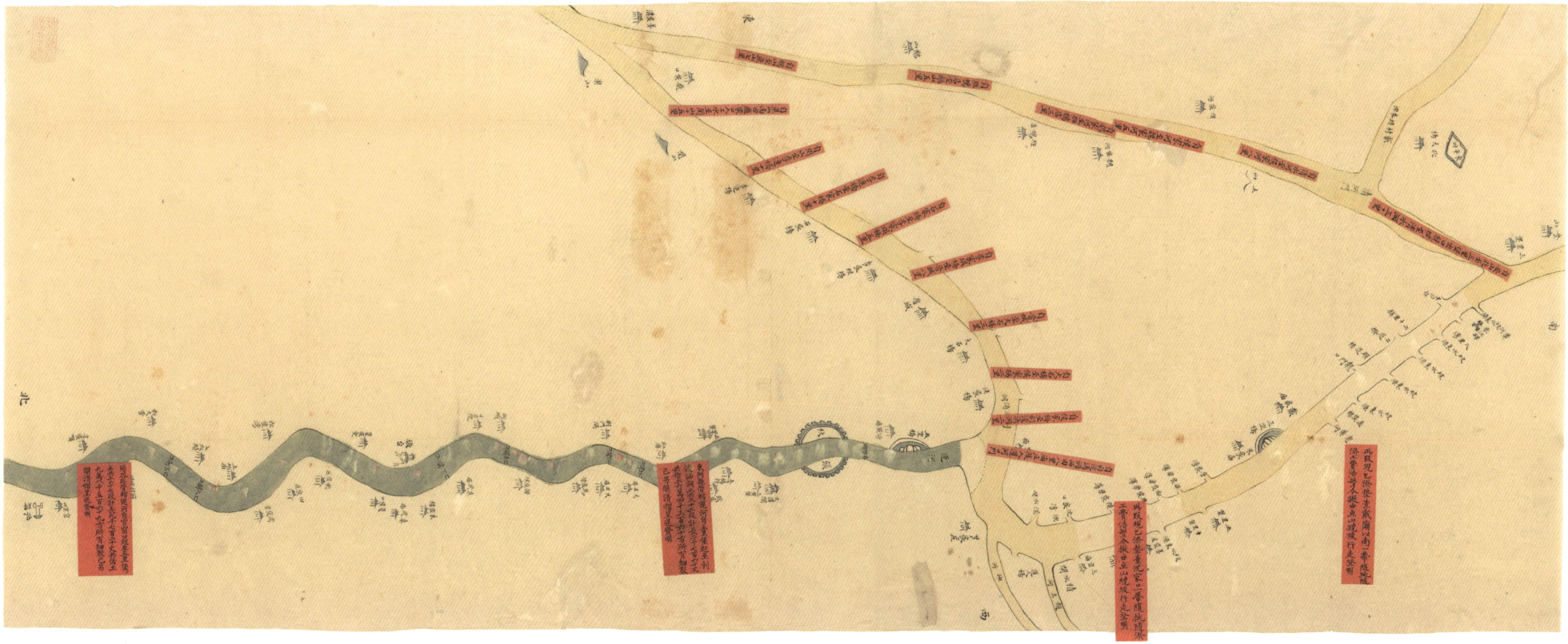

会勘运河淤滩段落丈尺并绕坡情形图

1幅；46×108cm

绘本

［清宣统年间（1909—1911）］

本图所绘运河系山东汶上县界至阳谷聊城县境河段。

曹州水套并运河细图

1 幅；65×62.5cm

绘本

清光绪二十三年（1897）

本图方位上南下北，左东右西。图中所收范围包括曹州府菏泽县、曹县、单县、成武县、定陶县、巨野县、嘉祥县、郓城县、济宁州、濮州、东平州、观城县、范县、寿张县等广大地区的水系。州县、村镇、河道、道路、山川等均在图中标绘，其中黄河老河道以棕色标绘，在明朝决堤后的新河道则以黄色标绘。绘制精细，资料丰富，是考据菏泽地区水系变迁的重要舆图。图背墨笔书写“曹州水套并运河细图”字。

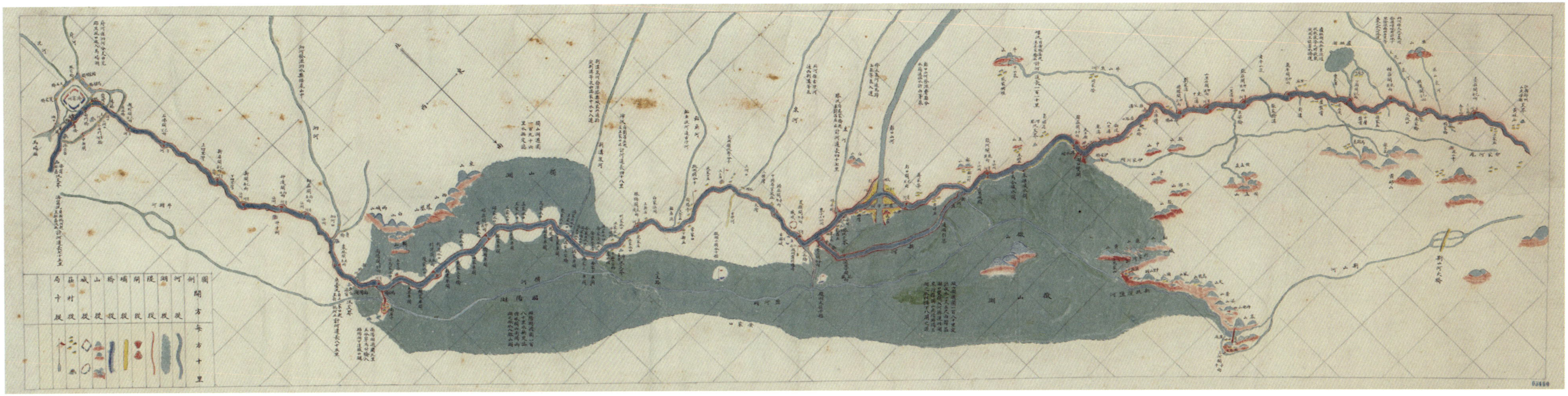

运河厅河道全图

1 幅；35×145cm

绘本

［清光绪年间（1875—1908）］

本图绘有江南邳州（今江苏邳县）界至山东济宁州嘉祥县界运河河道和微山等四湖及其他河流。其中微山湖新河河道和滕县（今滕州市）境新旧十字河绘画较为细致。有图说。

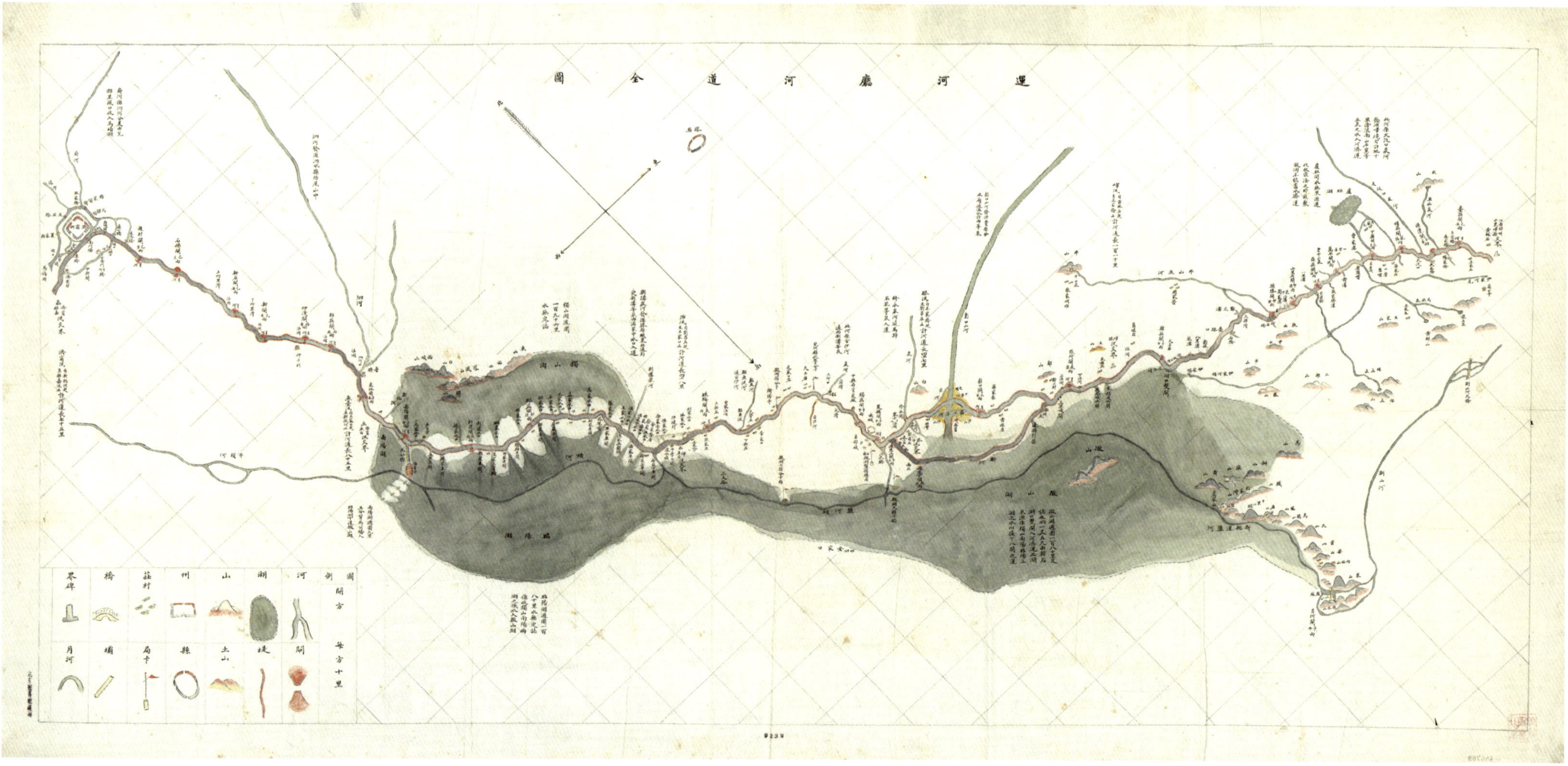

运河厅河道全图

1 幅；60×129cm

绘本

［清光绪年间（1875—1908）］

本图北起济宁，东南至台儿庄，绘制了运河厅所辖运河河道及周围河湖。图中详细绘制了运河堤埝、各处闸坝、桥梁、涵洞、出水口、月河等运河工程设施，并用文字详细注记各河流源头走向、各湖泊大小及与运河关系、各汛起讫及长度。本图绘网格，每方十里。

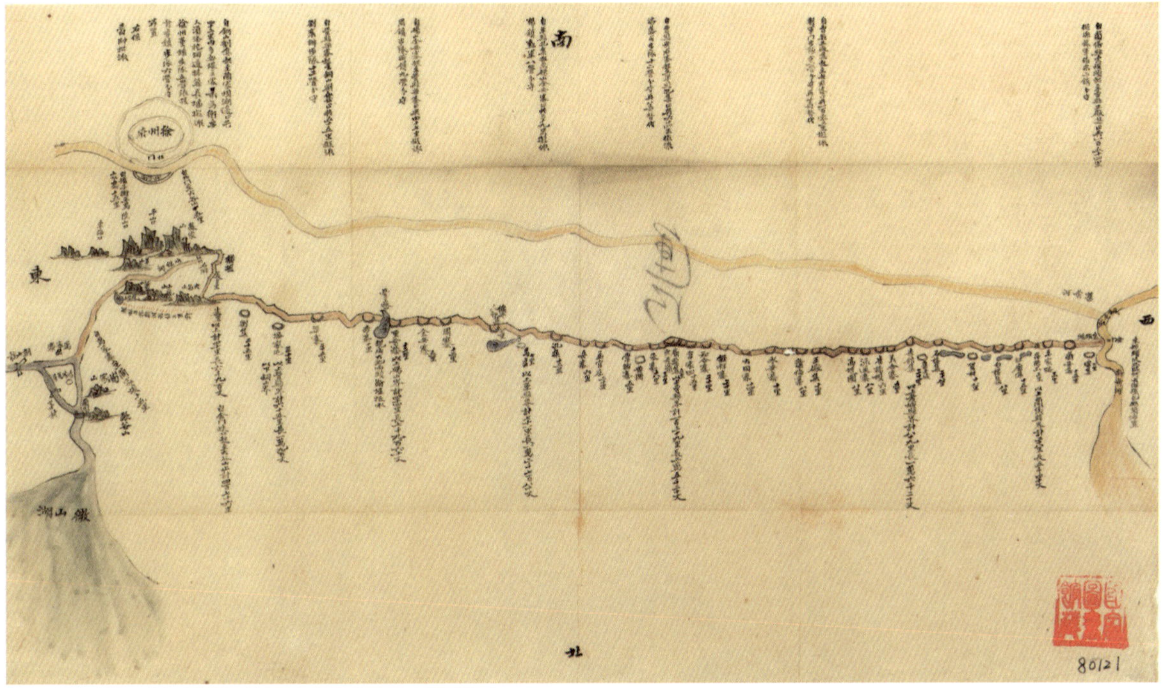

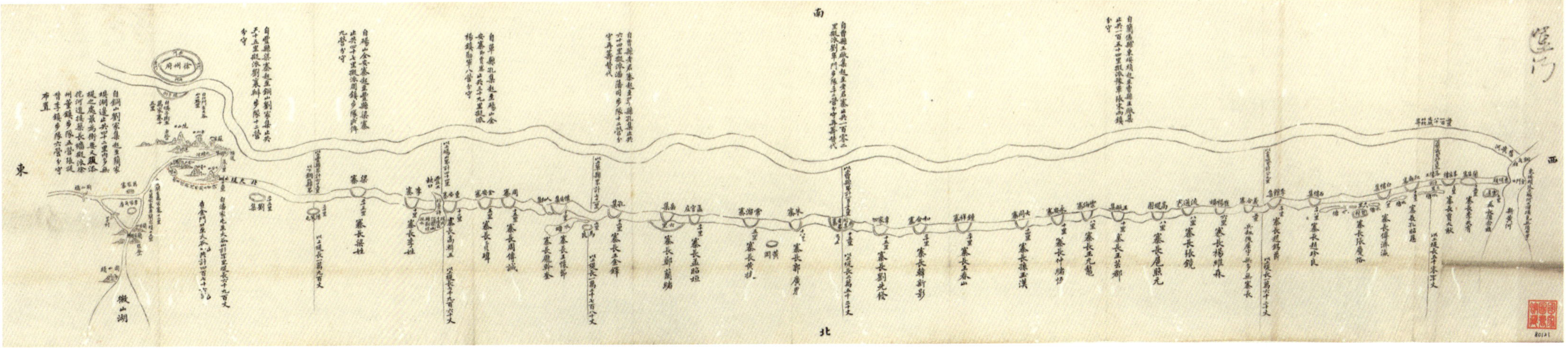

徐州府运河图

2 幅；图廓不等

绘本

清光绪二十四年（1898）

本图除详细绘画、书写运河沿途所经村寨及各寨寨长姓名外，还记有运河沿途驻军守卫分布、相距里程、堤长丈数等要素。

南阳独山昭阳微山四湖略图

1 幅；119×60cm

绘本

［民国初年］

本图简略绘制了南起韩庄、北至济宁的运河河道、堤埝、闸坝、桥梁及沿途村庄、湖泊、河流、山脉。图中运河依次穿微山湖、昭阳湖、独山湖、南阳湖。

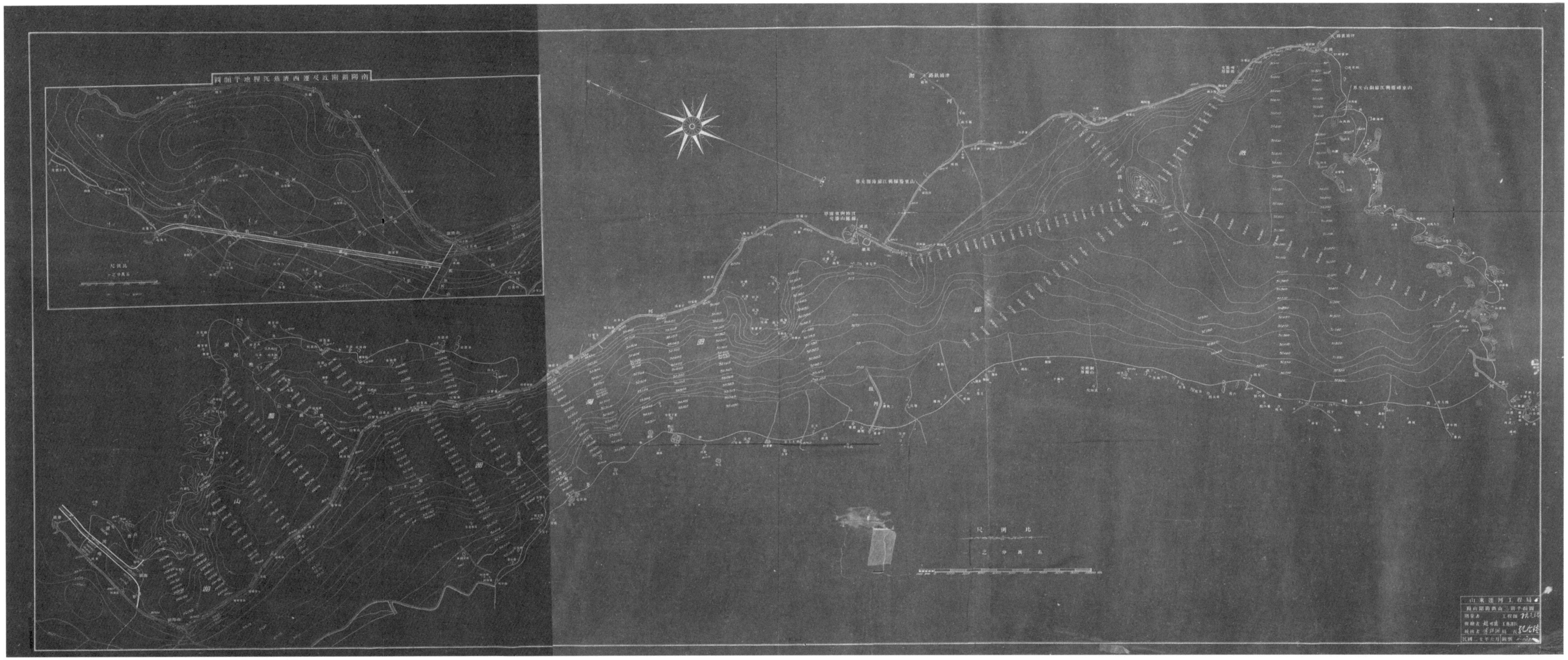

独山昭阳微山三湖平面图

山东运河工程局绘

1 幅；79 × 192cm

晒印本

民国二十年六月（1931.6）

本图为晒蓝图，主要绘制了独山湖、昭阳湖、微山湖、运河及附近山脉、村镇等，图中绘制湖底地形等高线、山脉等高线，运河堤埝、闸坝、桥梁、水口及沿途村镇也一一标注。图附南阳镇附近及运西济鱼沉粮地平面图。

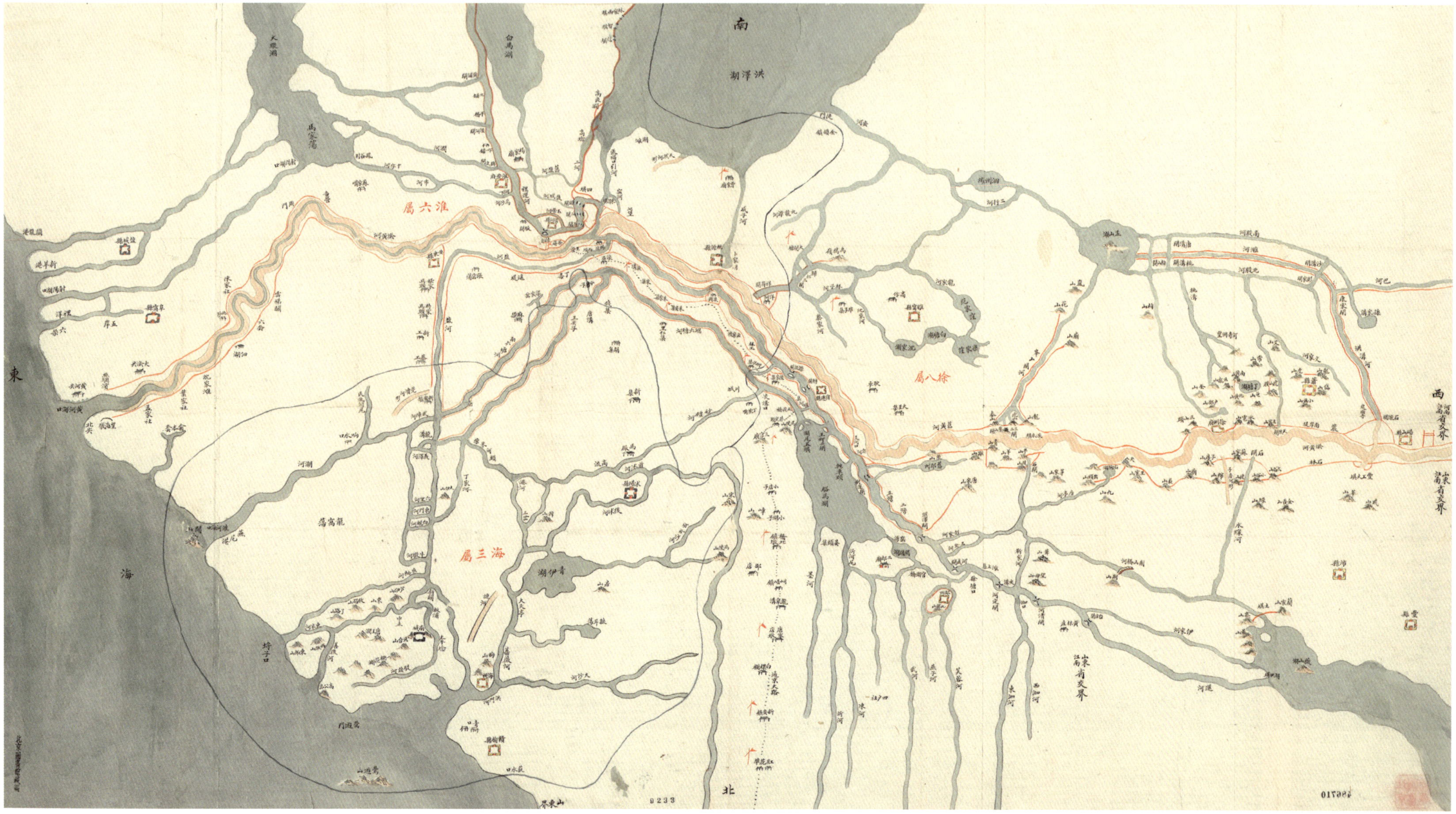

[徐淮海三属河道图]

1 幅；59 × 104cm

绘本

[清光绪年间（1875—1908）]

本图反映了徐州府、淮安府及海州属境运河及由洪泽湖引淮济运，由杨庄旧黄河至云梯关入海之情况。

淮徐海三属河道闸坝形势图

1 幅；60 × 105cm

绘本

［清光绪年间（1875—1908）］

本图详细绘出淮安府、徐州府和海州属境旧黄河、运河等河道及闸坝的分布，其内容与“徐淮海三属河道图”基本一致。图有破损。

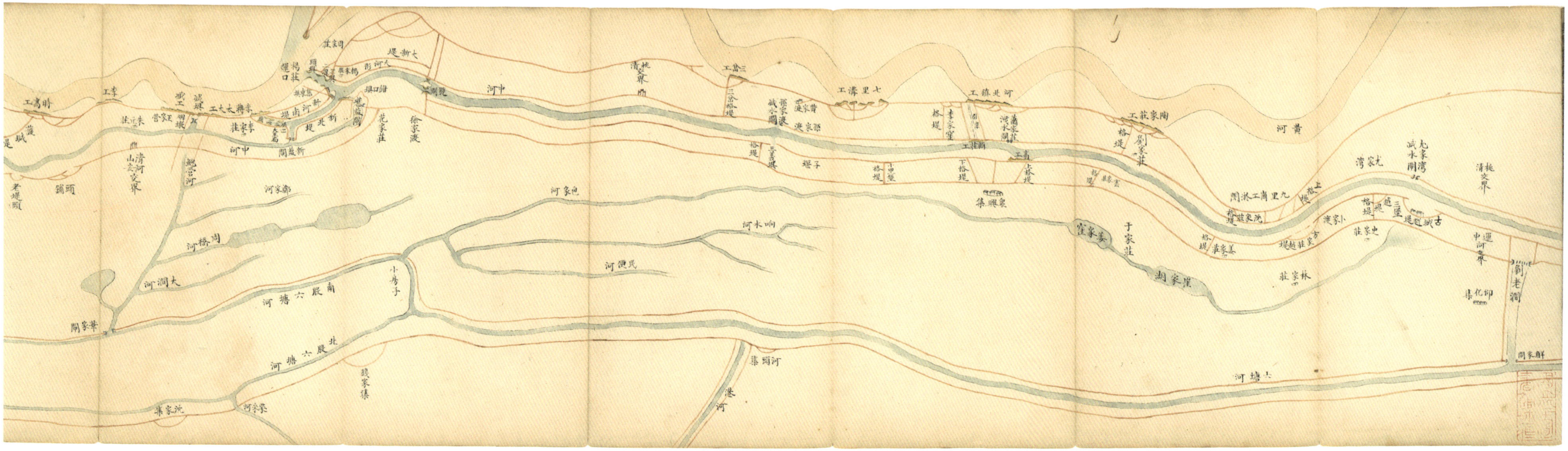

中河厅事宜图说

1 幅；20 × 110cm

绘本

［清嘉庆年间（1796—1820）］

本图详细绘制中河厅所辖运河河道、堤埝、闸坝、桥梁及周边河流堤埝。图后附图说，介绍运河工程及管理人员等情况。

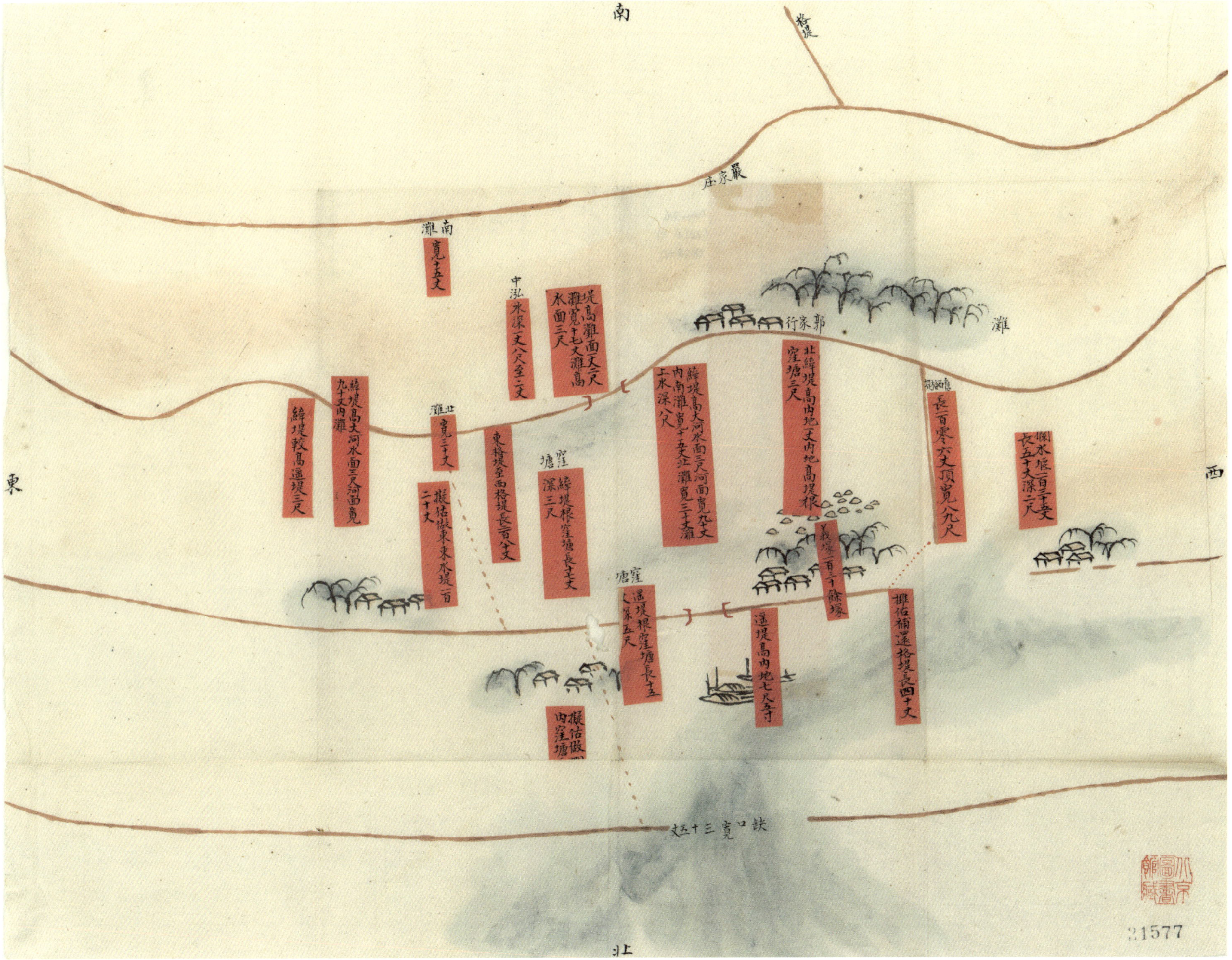

查勘中河桃源汛郭家行河势遥纤各堤张家沟六塘河情形图

1 幅；32×40cm

绘本

［清（1616—1911）］

本图上南下北，绘制了桃源汛管辖运河河道、南岸北岸纤堤、北岸遥堤、河堤，并贴签详细注记水深、各堤尺寸、高度，以及拟修束水堤长度等。桃源汛在泗阳县境内。

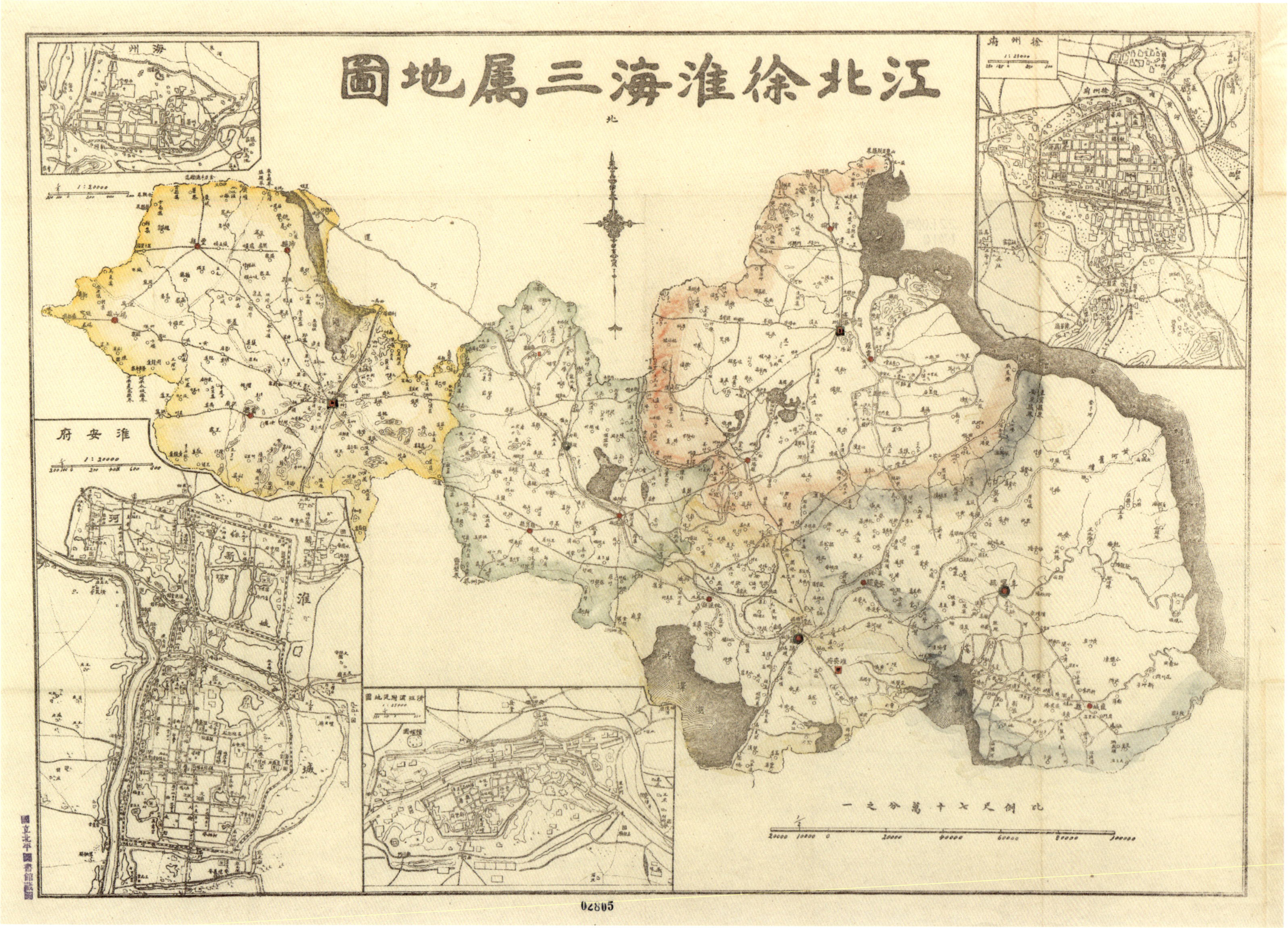

江北徐淮海三属地图

1 幅；43×60cm

石印本

［清宣统年间（1909—1911）］

本图绘制了徐州、淮安、海州三地内河流、湖泊、铁路、城镇、村庄等，运河穿淮安、宿迁，过徐州东北角。附徐州府、淮安府、海州、清江浦附近图。

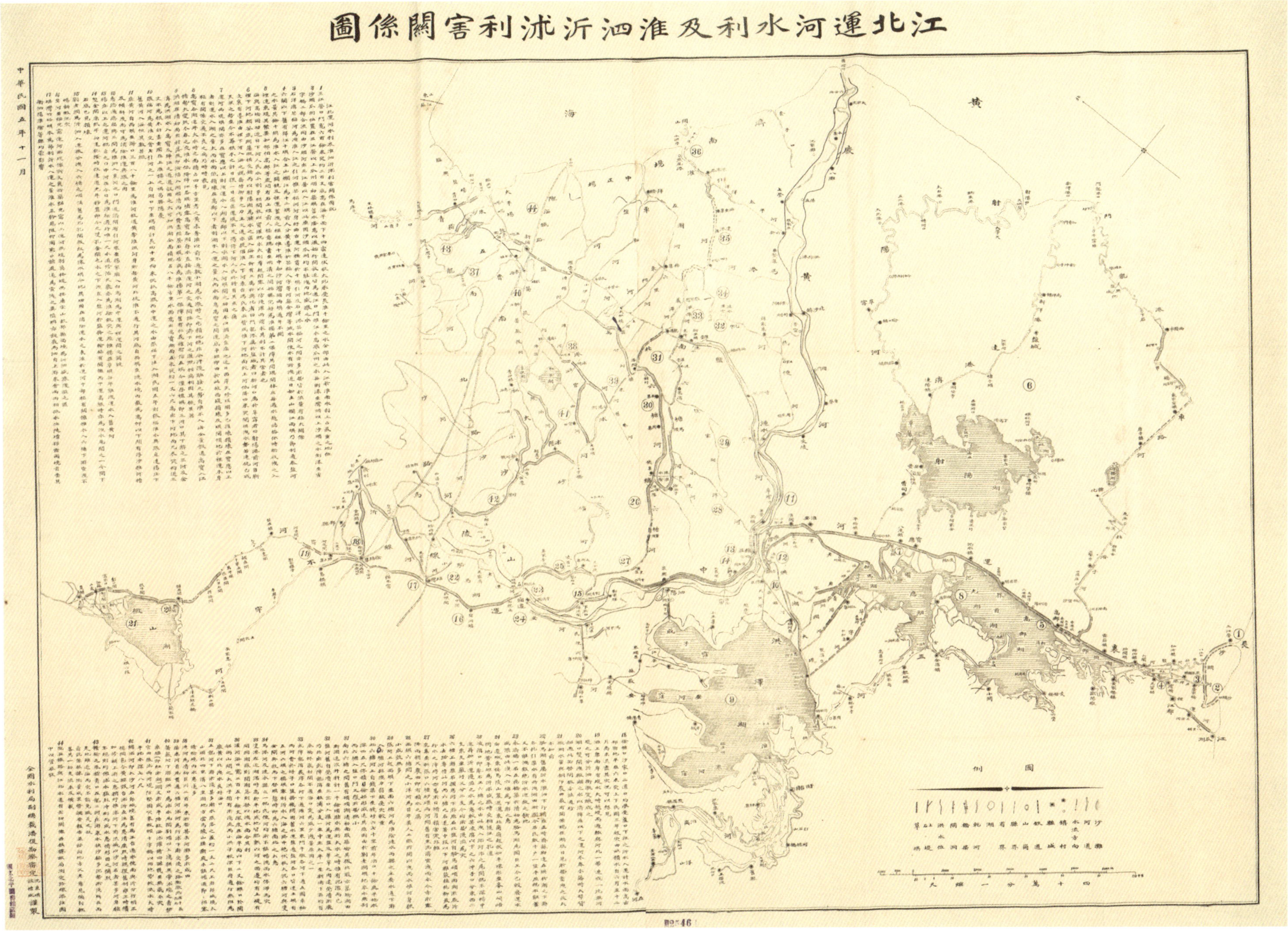

江北运河水利及淮泗沂沭利害关系图

沈秉璜 谈礼成制

1 幅；66 × 93cm

绘本

民国五年（1916）

本图北起微山湖，南至长江，西起洪泽湖，东到黄海，详细绘制了运河、运河东侧河流和湖泊现状及各水利设施，并附江北运河水利及淮泗沂沭利害关系图说，共四十四条，详细介绍了各处河流、湖泊现状及各水利设施情况。

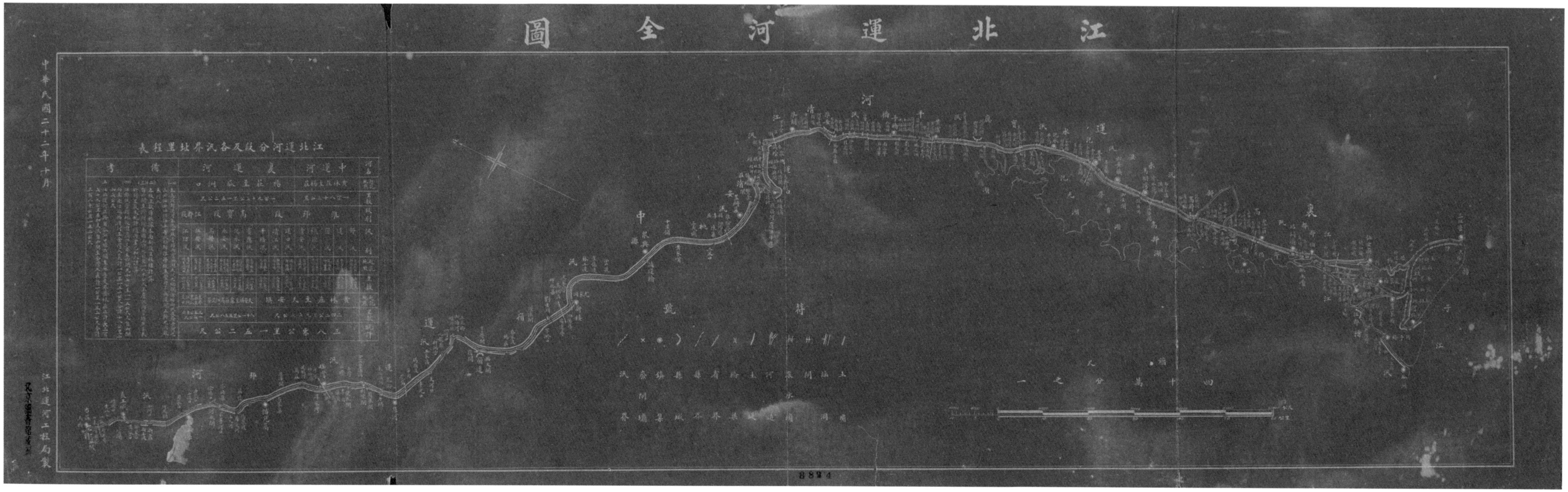

江北运河全图

江北运河工程局制

1 幅；23 × 77cm

晒印本

民国二十二年十月（1933.10）

本图所绘江北运河系中运河和里运河，北起江苏邳县黄林庄，南讫仪征县瓜洲口。附江北运河分段及各汛界址里程表。

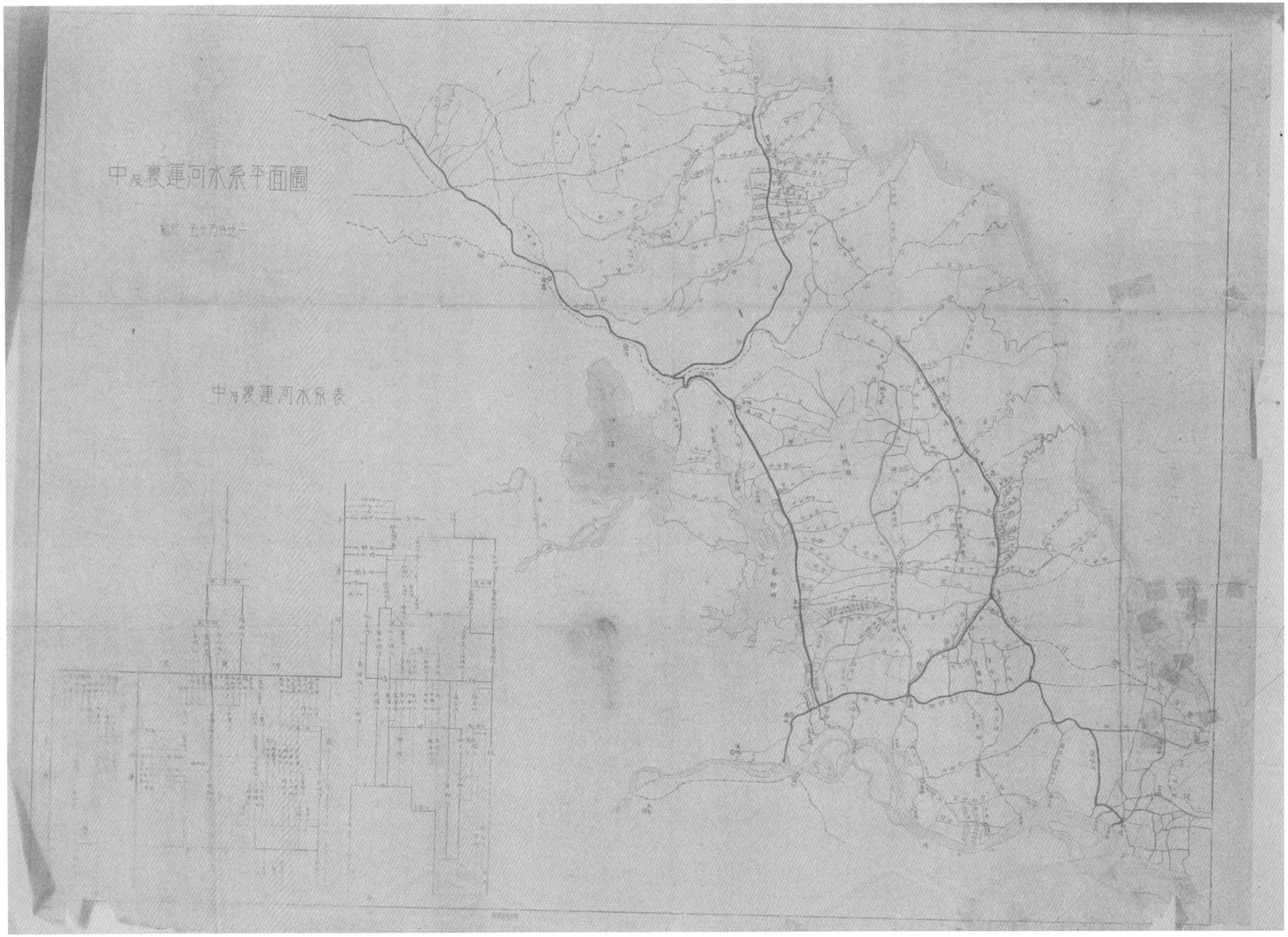

中及里运河水系平面图

1 幅；73×96cm

晒印本

［民国年间（1912—1949）］

本图为晒蓝图，绘制了中运河、里运河、盐河河道、堤埝、闸坝以及沿途河流、湖泊。附中运河及里运河水系表，标注中运河、里运河闸坝、涵洞以及通过闸坝涵洞进出运河的河流。

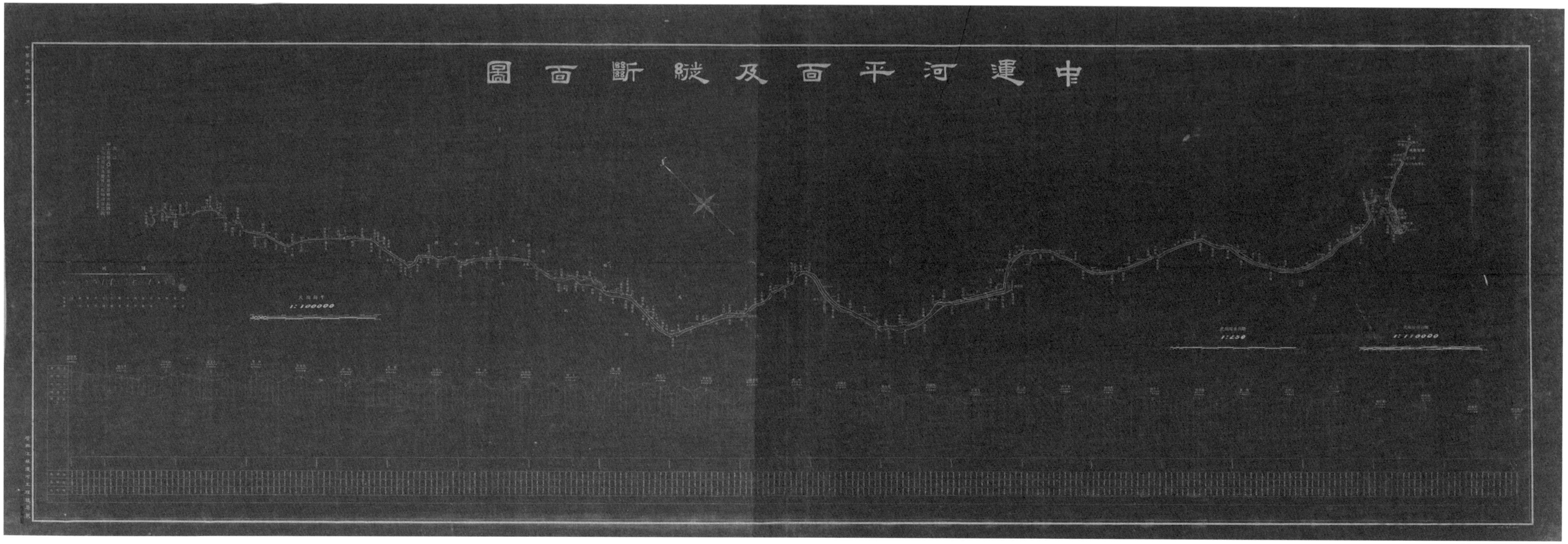

中运河平面及纵断面图

督办江苏运河工程总局制

1 幅；61×189cm

晒印本

民国二十二年（1933）

本图为晒蓝图，图中详细绘制了南起淮阴北至台儿庄的中运河河道、堤埝、闸坝、涵洞、渡口、桥梁、村镇，并用“○”表示水泥里程标。附纵断面图及左右岸及河底高度表。

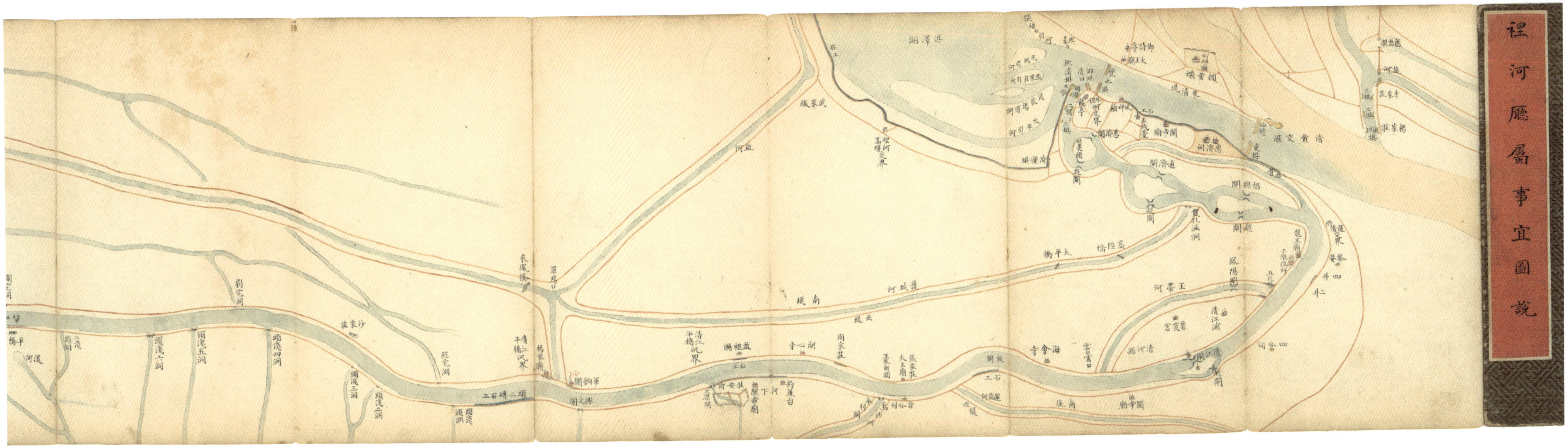

里河厅事宜图说

1 幅；20×88cm

绘本

［清嘉庆年间（1796—1820）］

本图绘制里河厅管理的清河、山阳二县运河。详细绘制了里河厅所辖运河、盐河河道、堤埝、涵洞、闸坝、桥梁等，在黄淮运交汇处，工程复杂，绘制详细。图后附图说介绍里河厅所管辖运河情况。

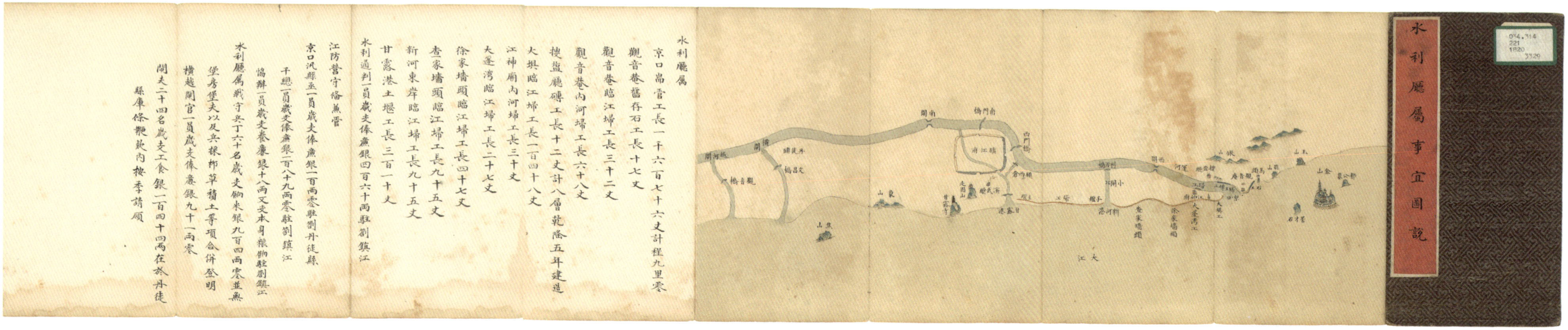

水利厅事宜图说

1 幅；20×44cm

绘本

［清嘉庆年间（1796—1820）］

本图方位上南下北，绘制水利厅所辖长江、运河河道、堤埝、闸坝、港口、桥梁等，并附图说详细介绍各段埽工长度等，图中镇江府北靠长江，南临运河。

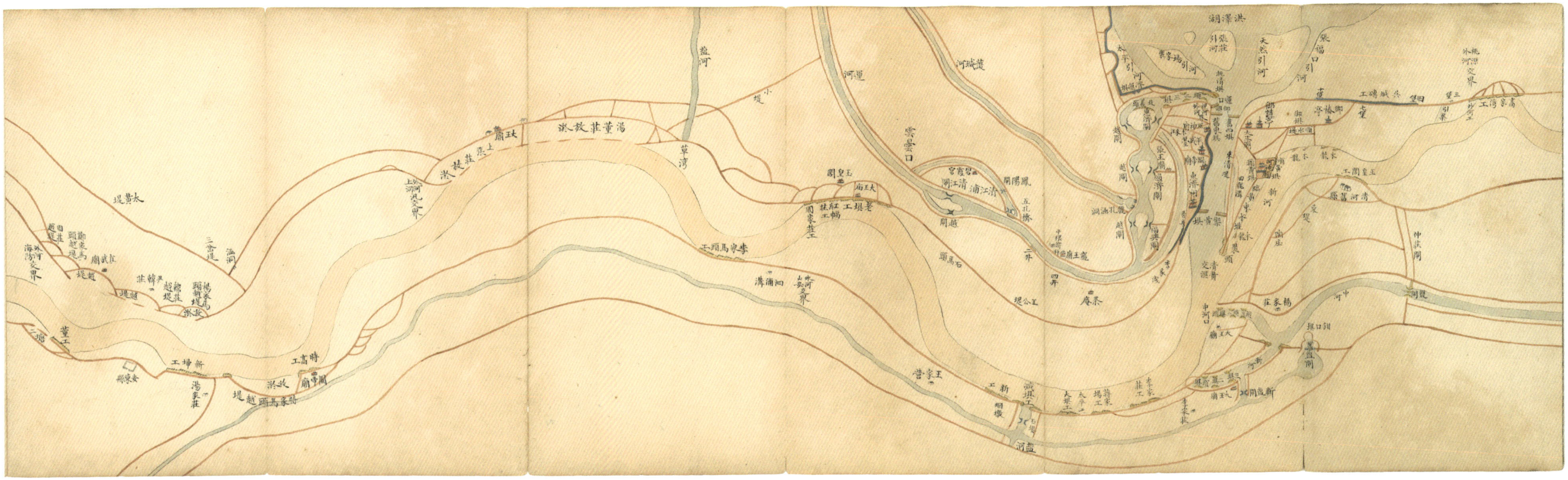

外河厅事宜图说

1 幅；20×66cm

绘本

［清嘉庆年间（1796—1820）］

本图详细绘制外河厅所管辖黄河河道、堤埝、闸坝及各处河工，图中黄河、淮河、运河交汇于清口地区。清口地区为清代治河重点地区，图中详细绘制了清口地区的堤埝、闸坝、引河、涵洞及木龙等河道工程。图后附图说一一介绍各治河工程及人员情况。

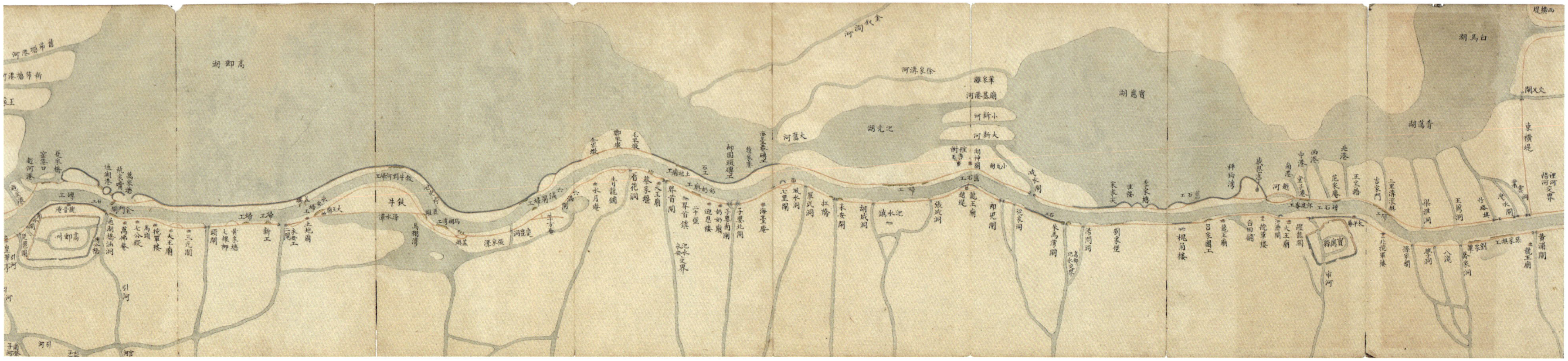

扬粮厅事宜图说

1 幅；20×88cm

绘本

［清嘉庆年间（1796—1820）］

本图详细绘制扬粮厅所辖运河河道、堤埝、闸坝、涵洞、越河、引河、桥梁及周边河流湖泊。图后附图说一一介绍运河工程及管理人员等情况。

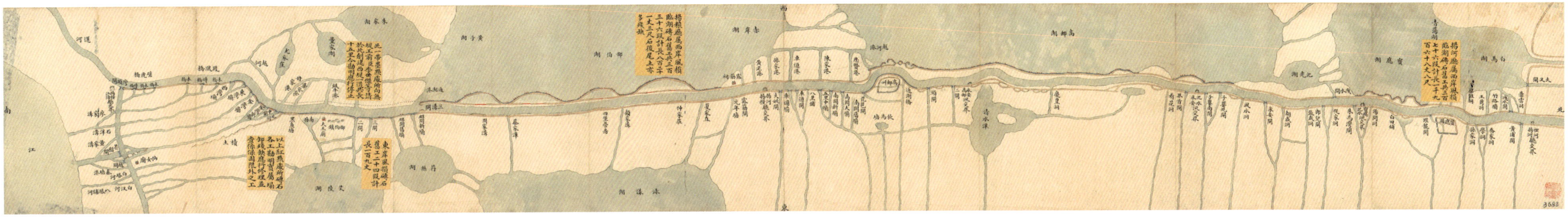

江苏运河图

1 幅；21 × 28cm

绘本

［清道光年间（1821—1850）］

本图方位上西下东，绘制范围北起扬州宝应，南至广陵。图中绘制了扬河厅、扬粮厅所辖运河河道、堤埝及沿线河流、湖泊，详细标注各闸坝、涵洞、桥梁，并贴签说明各处堤坝坍塌缺损情况。

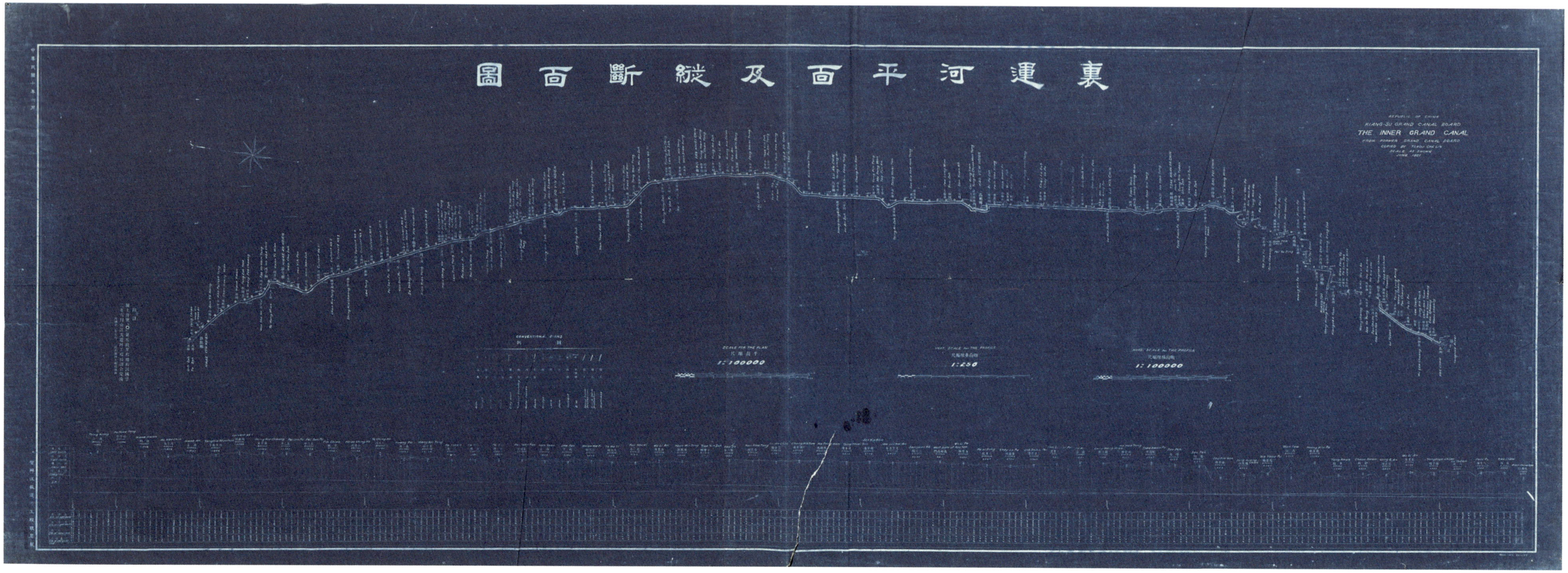

里运河平面及纵断面图

督办江苏运河工程总局制

1幅；61×179cm

晒印本

民国十年六月（1921.6）

本图为晒蓝图，图中绘制了南起瓜洲北至淮阴的里运河河道、堤埝、涵洞、闸坝、桥梁及沿岸村镇、寺庙等，地名中英文注记，并用“○”表示水泥里程标。附纵断面图及左右岸及河底高度表。

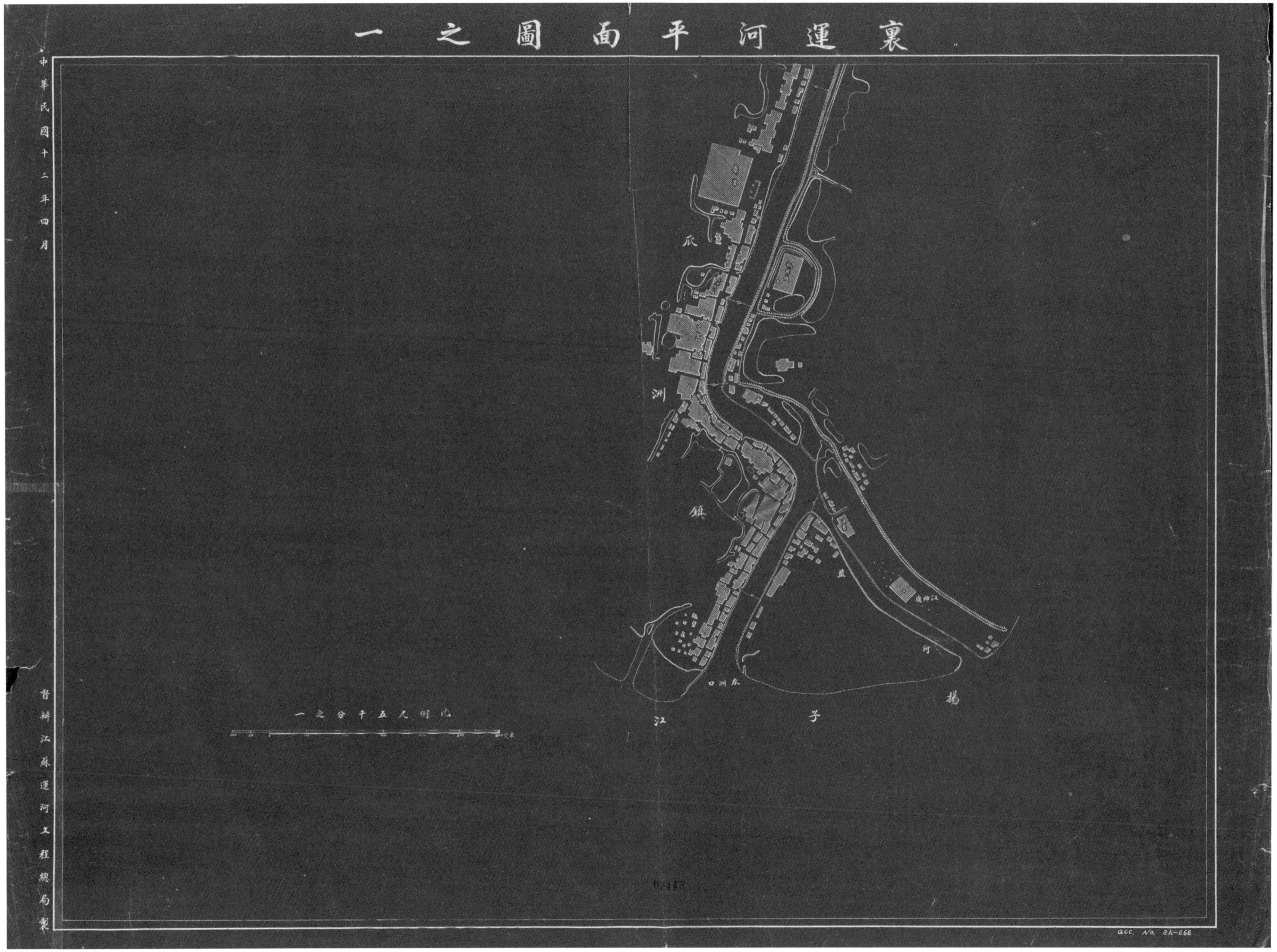

里运河平面图

督办江苏运河工程总局测制

91 幅；每幅 60×47cm

晒印本

民国十二年四月（1923.4）

本图比例尺为五千分之一，详细绘制了里运河河道、堤埝、闸坝、桥梁、涵洞、沿途村庄等。

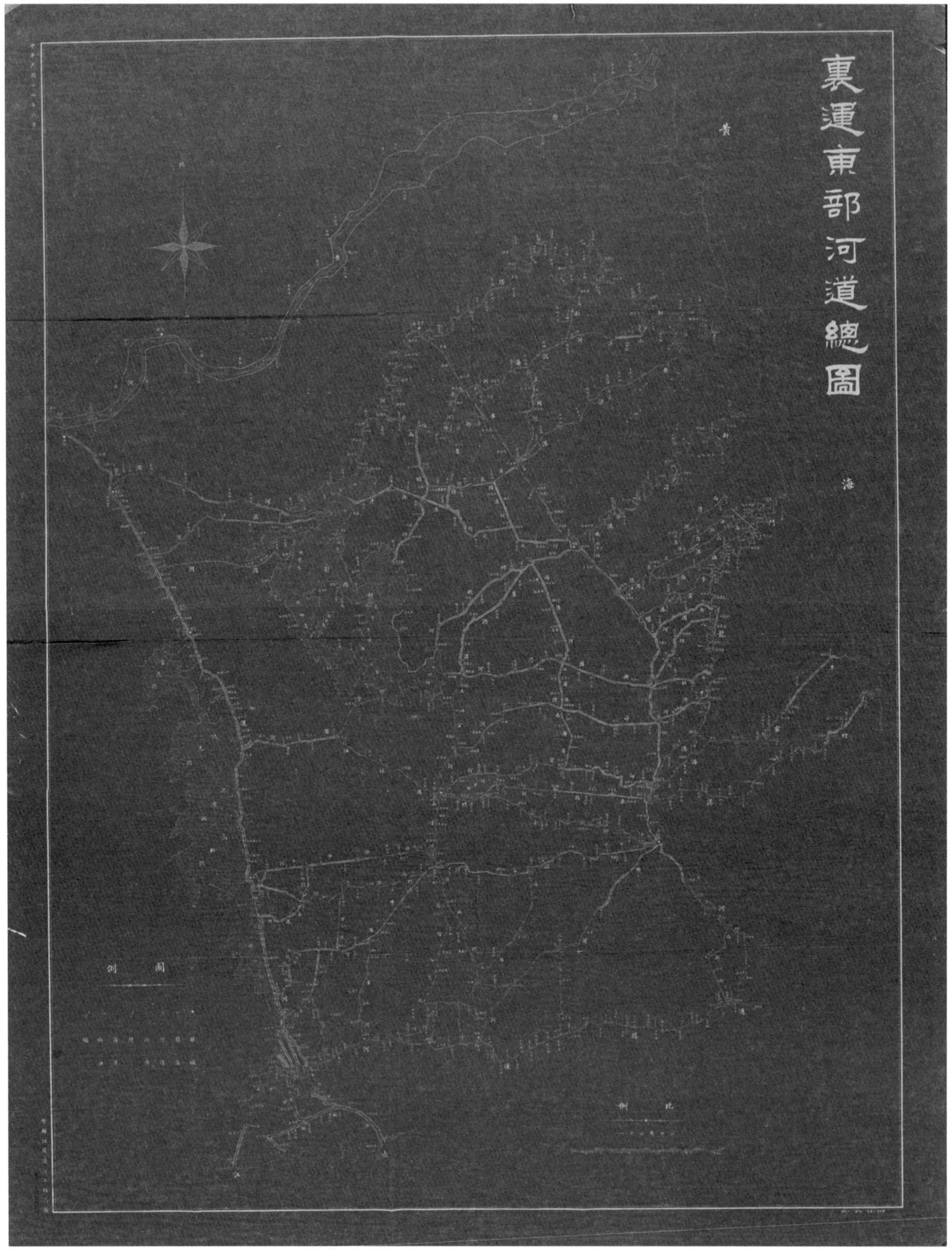

里运东部河道总图

督办江苏运河工程总局制

1 幅；118 × 84cm

晒印本

民国十四年六月（1925.6）

本图为晒蓝图，南起长江北至黄河，西起里运河东至黄海，图中绘制了里运河及其东部河流河道、堤埝、闸坝等，并标注各处水准标数值。

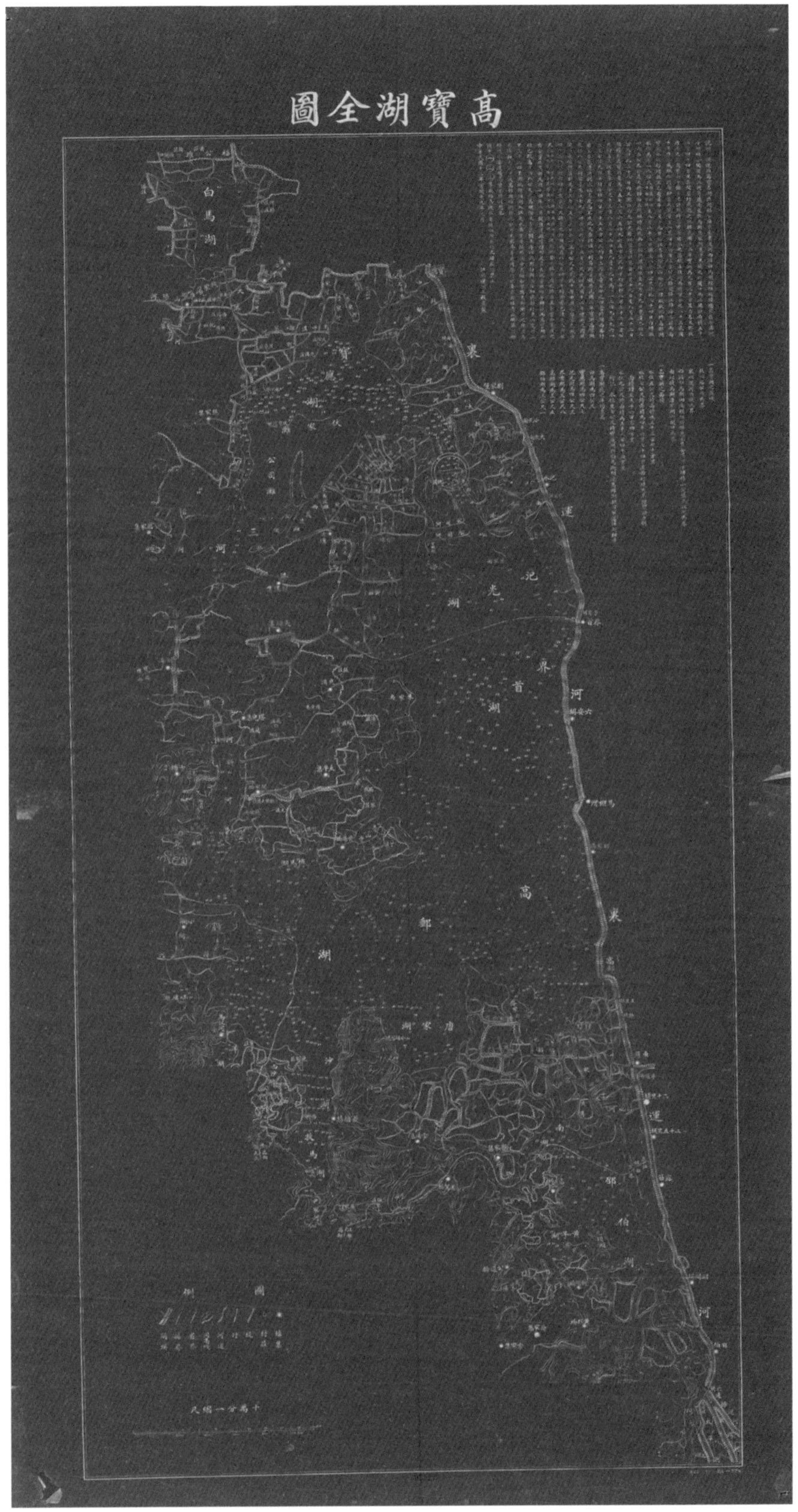

高宝湖全图

江北运河工程处制

1 幅；93×45cm

晒印本

民国十九年三月（1930.3）

本图为晒蓝图，图中绘制了南起邵伯北至宝应的里运河河道、堤坝，其西侧的高宝湖区域的邵伯湖、高邮湖、白马湖、界首湖、汜光湖、宝应湖等湖泊，以及河流、山脉、村庄等，图中用阿拉伯数字标出湖底深度，大写数字标出泄水区域，山脉绘等高线，图右上角用文字详细记述高宝湖区域范围、面积、湖底深度、水位现状等。

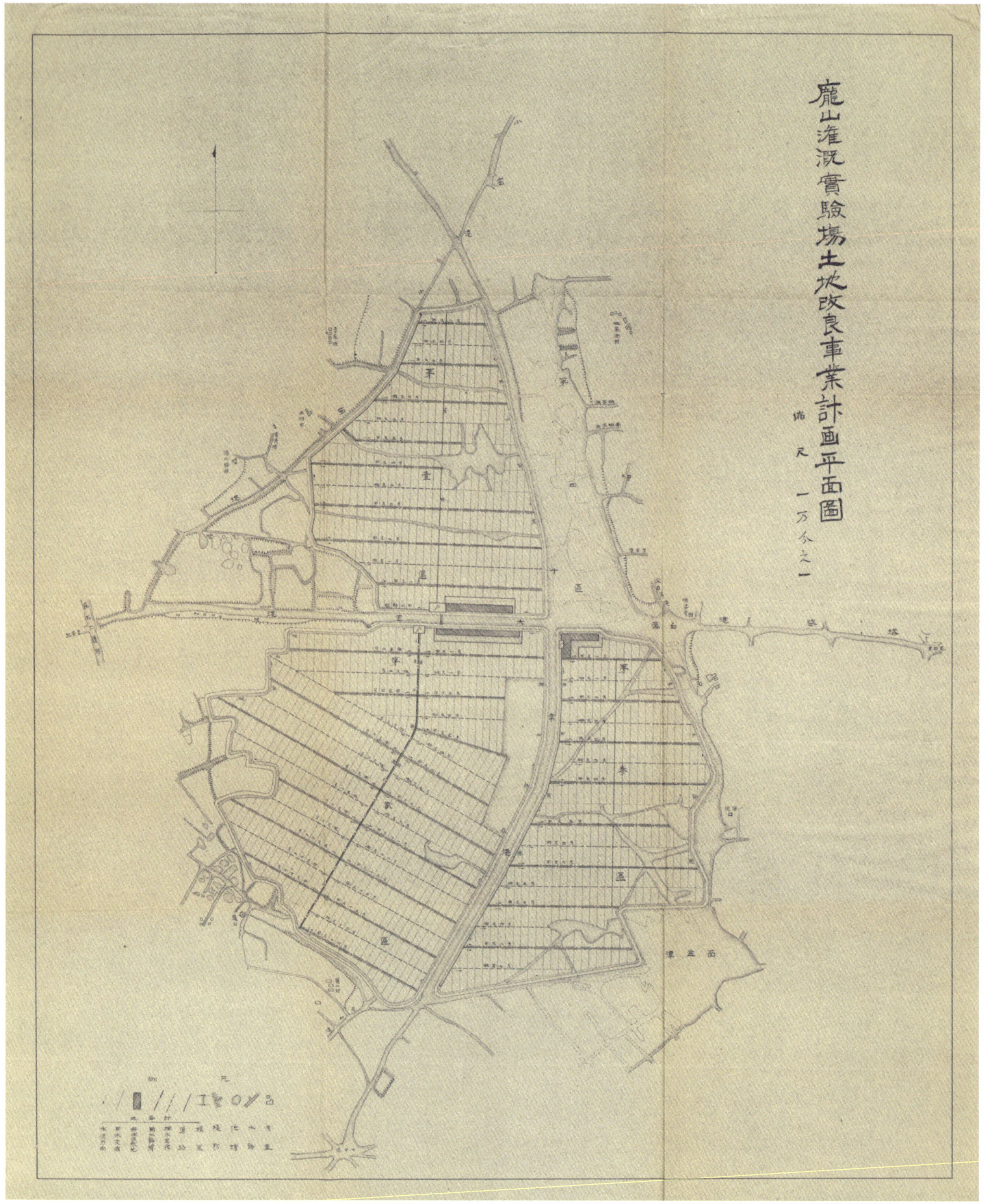

庞山灌溉实验牧场土地改良事业计划平面图

1 幅；70 × 55cm

晒印本

［民国三十二年（1943）］

本图范围东至同里，西至苏杭大运河，南至七子港，北至小窑港。

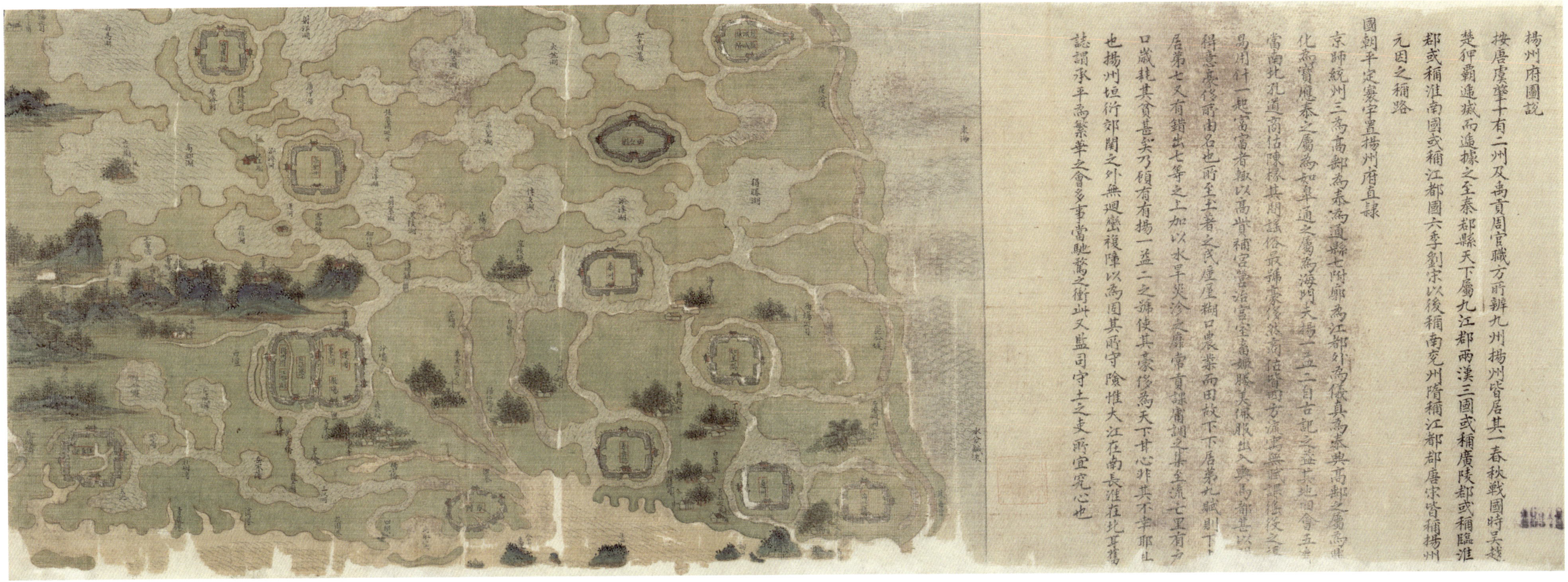

[扬州府图说]

1 幅；32×889cm

绘本

[清康熙年间（1662—1722）]

本图说内含扬州府图说、江都县、瓜洲、仪征县、泰兴县、高邮县、兴化县、宝应县、泰州、如皋县、通州、海门县。

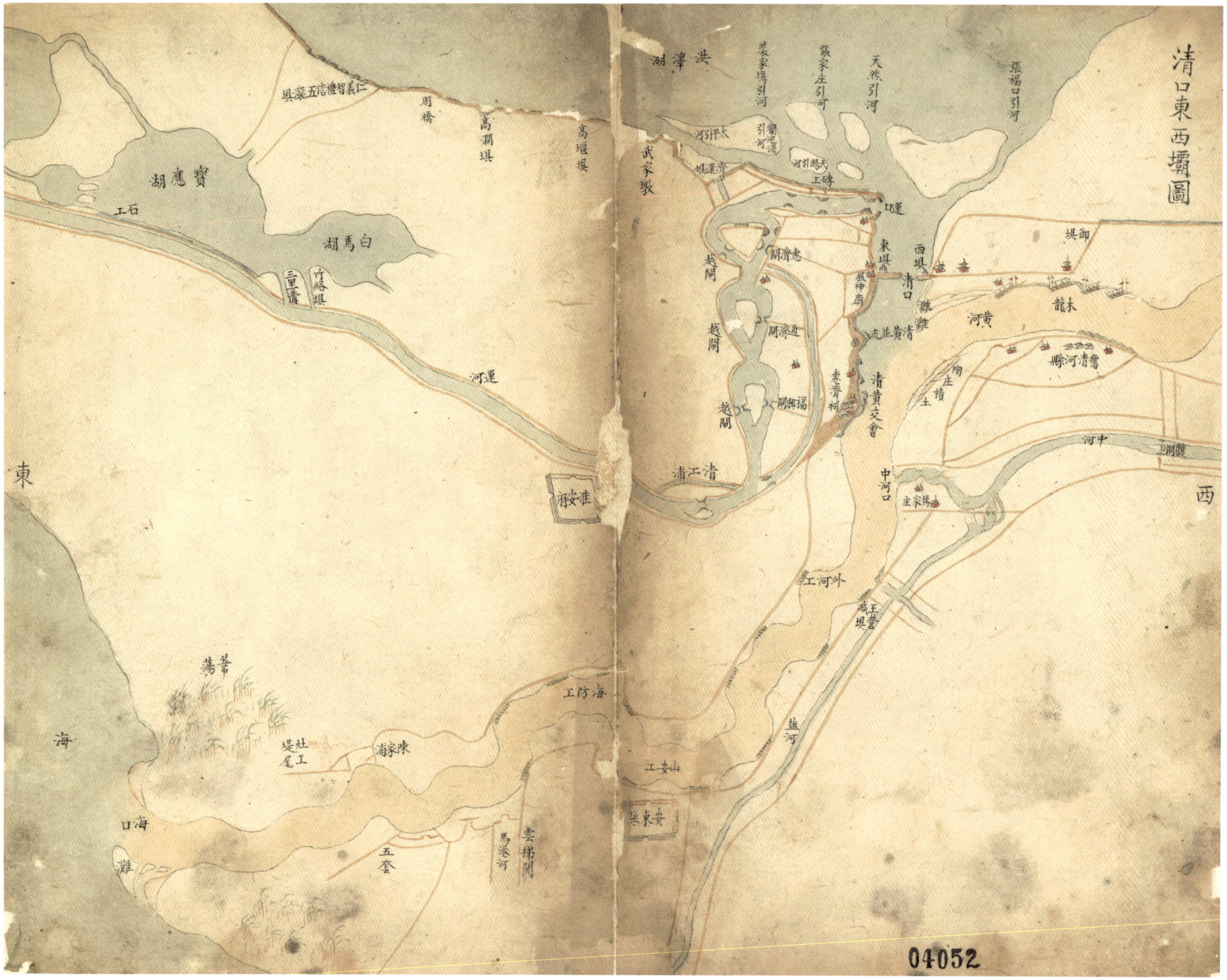

南河图说

（清）高晋绘

1幅；29×31.2cm

绘本

［清乾隆年间（1736—1796）］

清乾隆年间河督高晋进呈本。国家图书馆现存两种《南河图说》。第一种为经折装，仅存四幅，分别为《清口东西坝图》《木龙图》《金湾滚坝图》《瓜洲江工图》，各图均附详细图说。第二种系单幅装帧，仅存四幅，分别为《金湾滚坝》《瓜洲江工》《夏家马路放淤工》《毛城铺滚水坝》，各图均附详细图说。此图为第一种经折装。高晋系乾隆时期治河名臣，乾隆二十二年（1757）始参与治河，任至江南河道总督。他先后协办徐州黄河两岸堤工，清浚兴化南北引河，加筑运河六闸、云梯关子堰，多次勘察永定河、海塘河、黄河、运河诸河要工，主张束水攻沙方略。

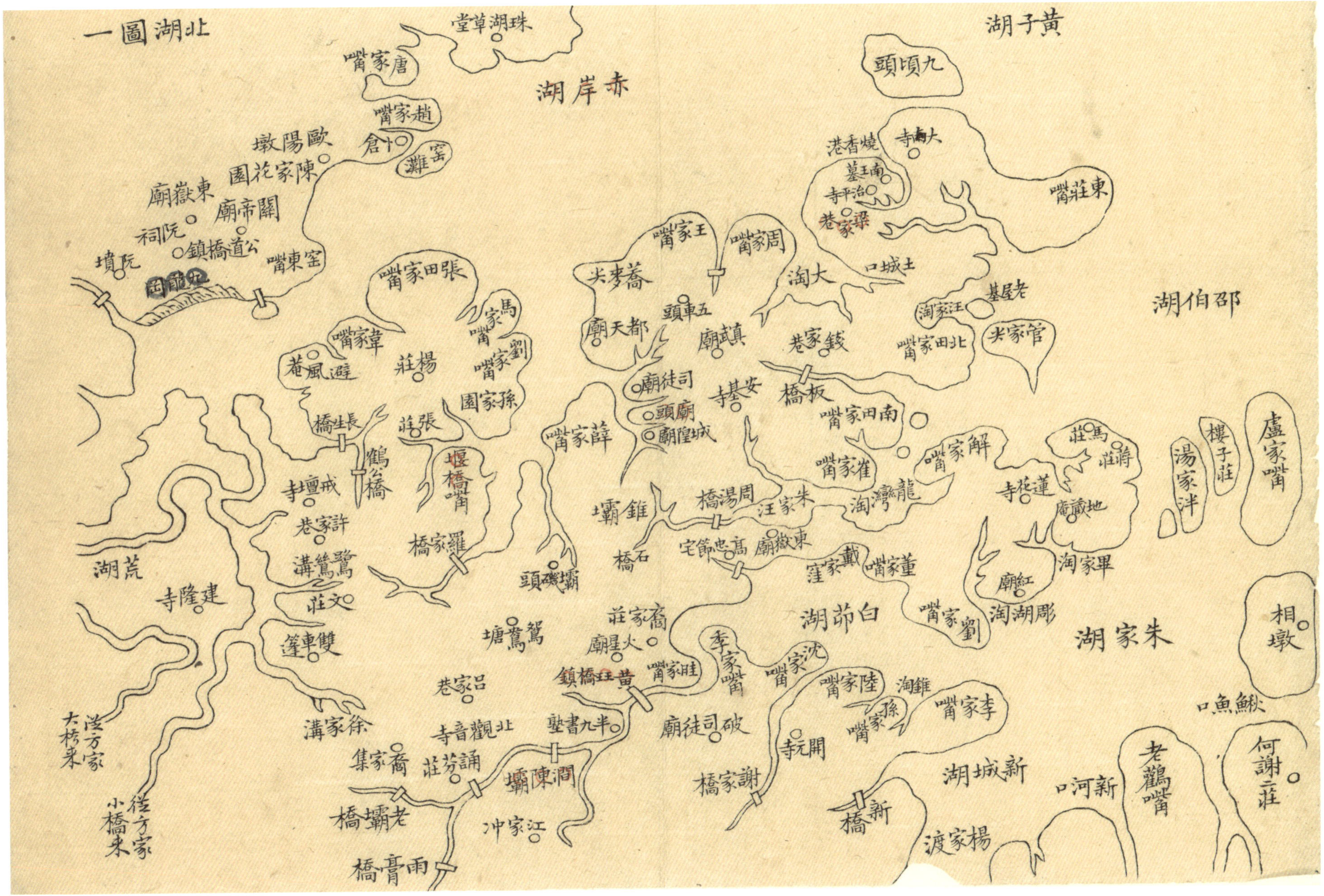

北湖图

（清）董醇绘

1 幅；43 × 55cm

绘本

［清咸丰年间（1851—1861）］

扬州运河以西，郡城以北为北湖。本图为形象画法北湖全图，系董醇于清咸丰六年（1856）据焦循撰《北湖志》附图摹绘而成。焦氏原本称图为欧阳锦所绘。

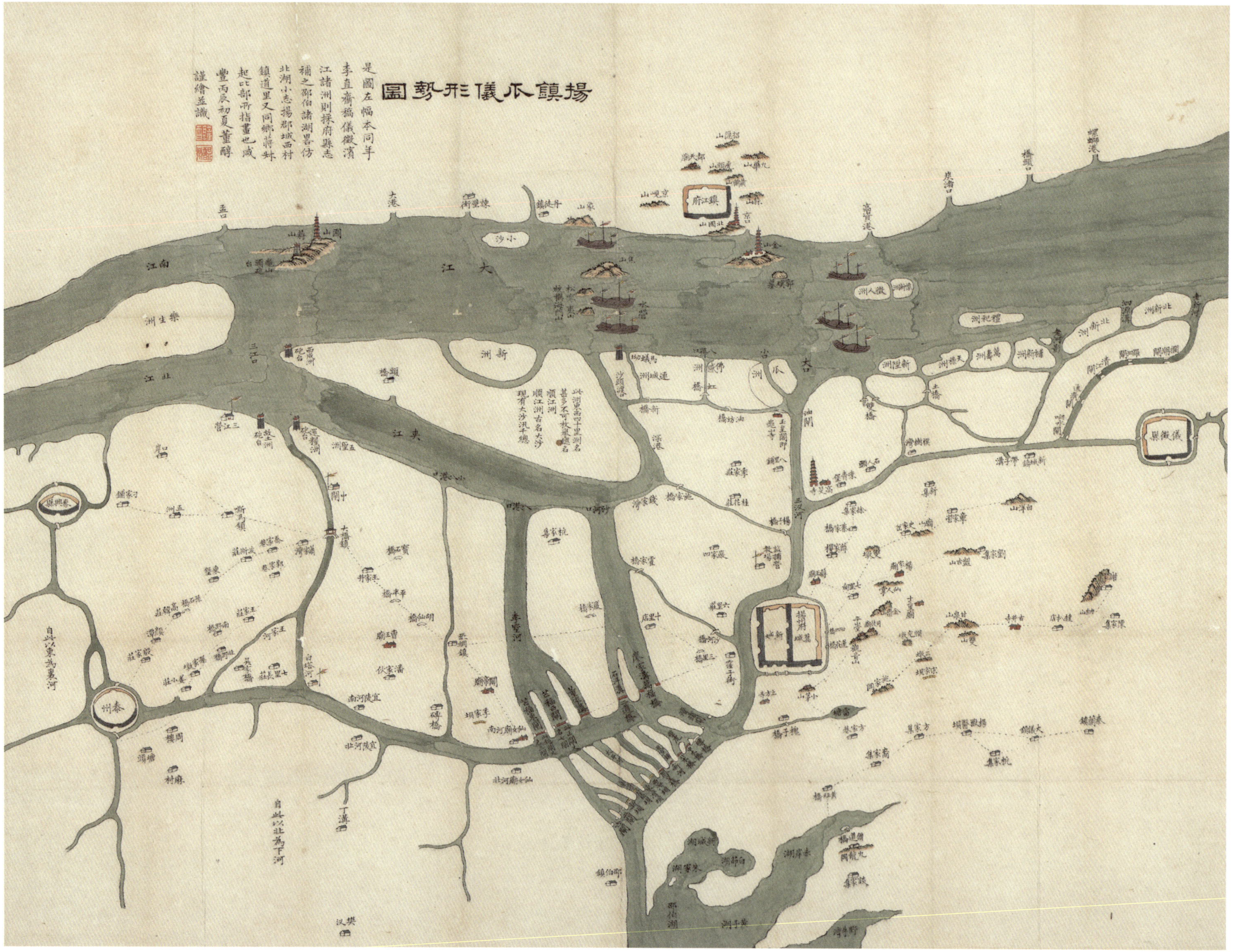

扬镇瓜仪形势图

（清）董醇绘

1幅；47×61cm

绘本

清咸丰六年（1856）

原图李直斋稿，仪征滨江诸洲则采府县志补之，邵伯诸湖略仿北湖小志，扬州、镇江间江河绘画较详细。

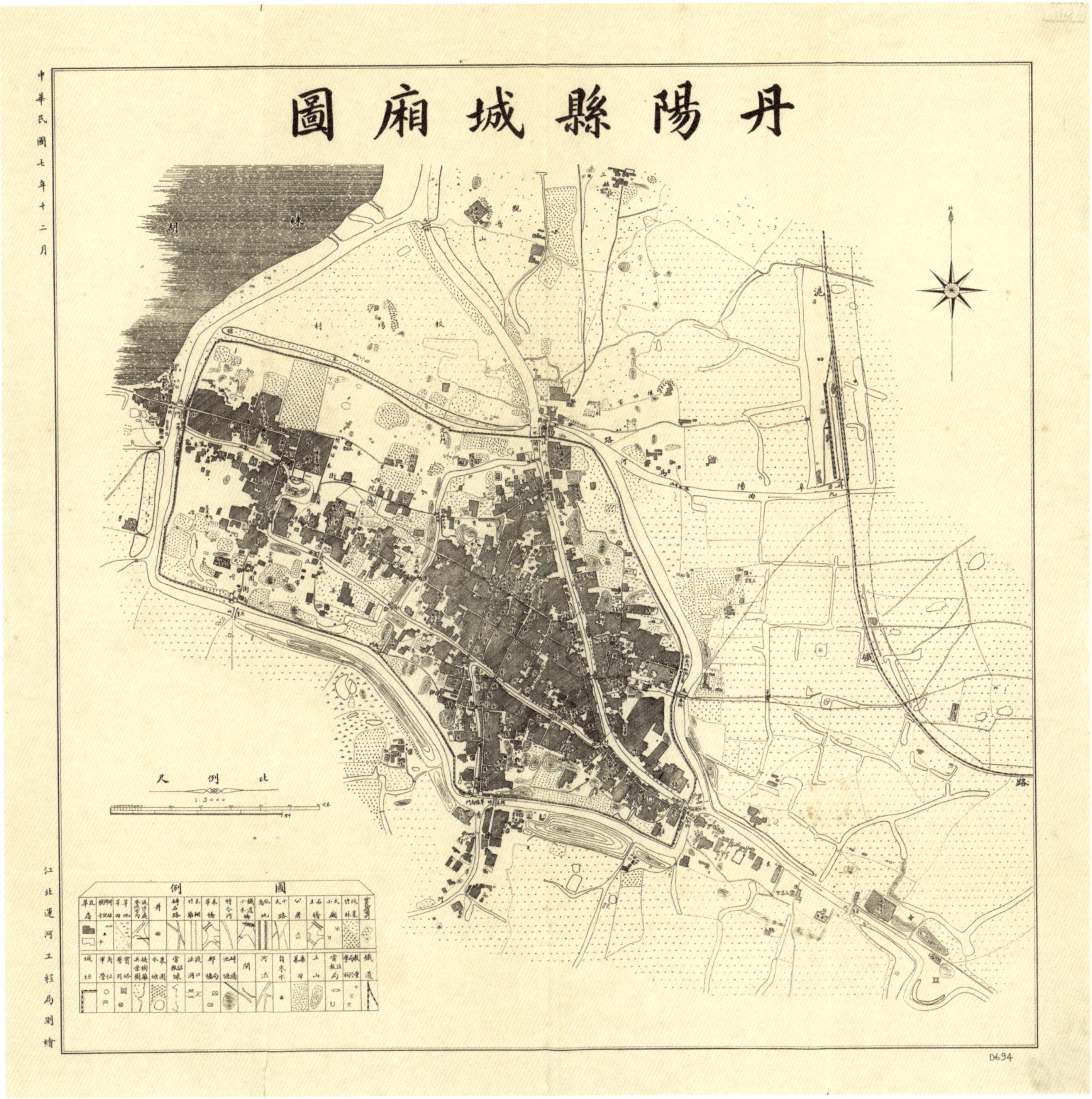

丹阳县城厢图

江北运河工程局测绘

1 幅，66×65cm

石印本

民国七年十二月（1918.12）

本图绘制了丹阳县城及附近城垣、街区、道路、河流、桥梁、铁路、农田等，运河穿丹阳城而过。

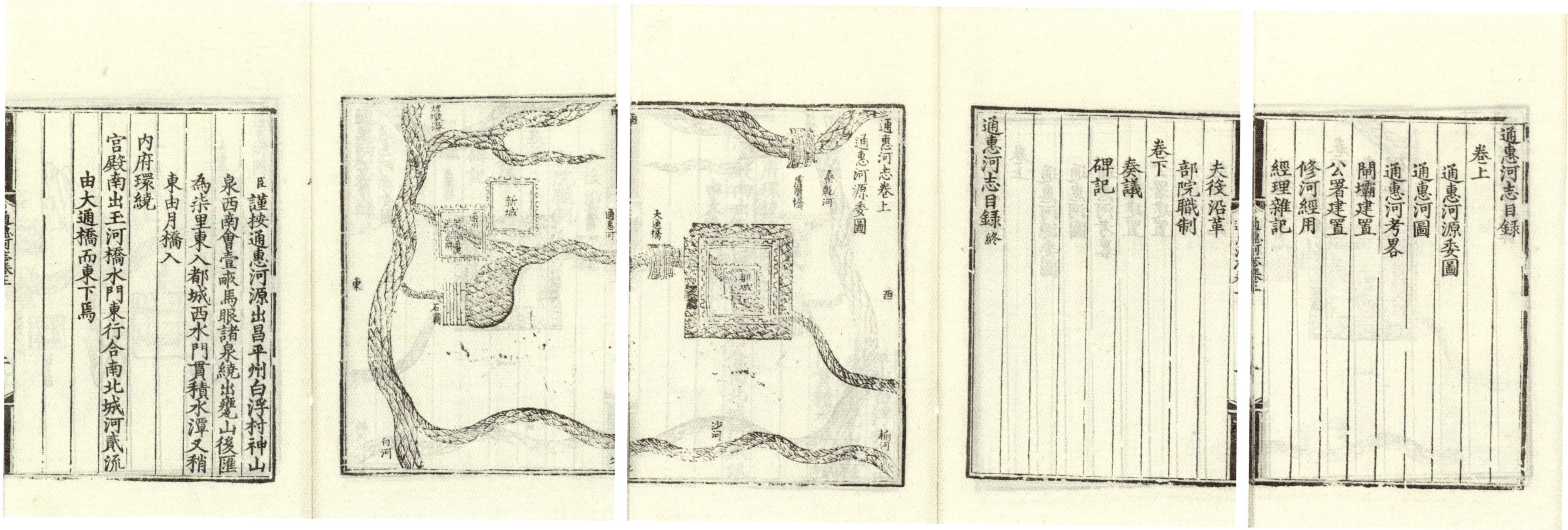

通惠河志

（明）吴仲撰

二卷

影印本

［民国年间（1912—1949）］

本书二卷，现存为玄览居士辑，玄览堂丛书（三十二种），民国三十年（1941）影印本，9 行 18 字，黑口，四周双边双鱼尾。明代永乐皇帝迁都北京后，曾因通惠河上游水源问题，多次对通惠河河道进行改造治理。嘉靖七年（1528），时任巡按直隶监察御史吴仲，主持改造通惠河工程，将原有闸坝彻底改造，形成延续至清的通惠河“五闸二坝”河道格局。吴仲将此次工程相关的通惠河史料和治河工程文献编纂成书，遂成《通惠河志》。全书分为两卷，上卷首列通惠河源委图、通惠河图，次接通惠河考略、闸坝建置、公署建置、修河费用、经理杂记、夫役沿革、部院职制。下卷收录嘉靖年间治河奏议及相关碑记。现存明代运河专志数量极少，嘉靖本《通惠河志》是了解明代通惠河历史的重要文献。吴仲（1482—1568），字亚夫、亚甫，号剑泉，明武进人。正德十二年（1517）进士，历任江山知县、监察御史、直隶巡按、处州知府、湖广参政、太仆寺少卿等，长于经史、诗词，著有《通惠河志》《谏院奏议》《鸿爪集》。

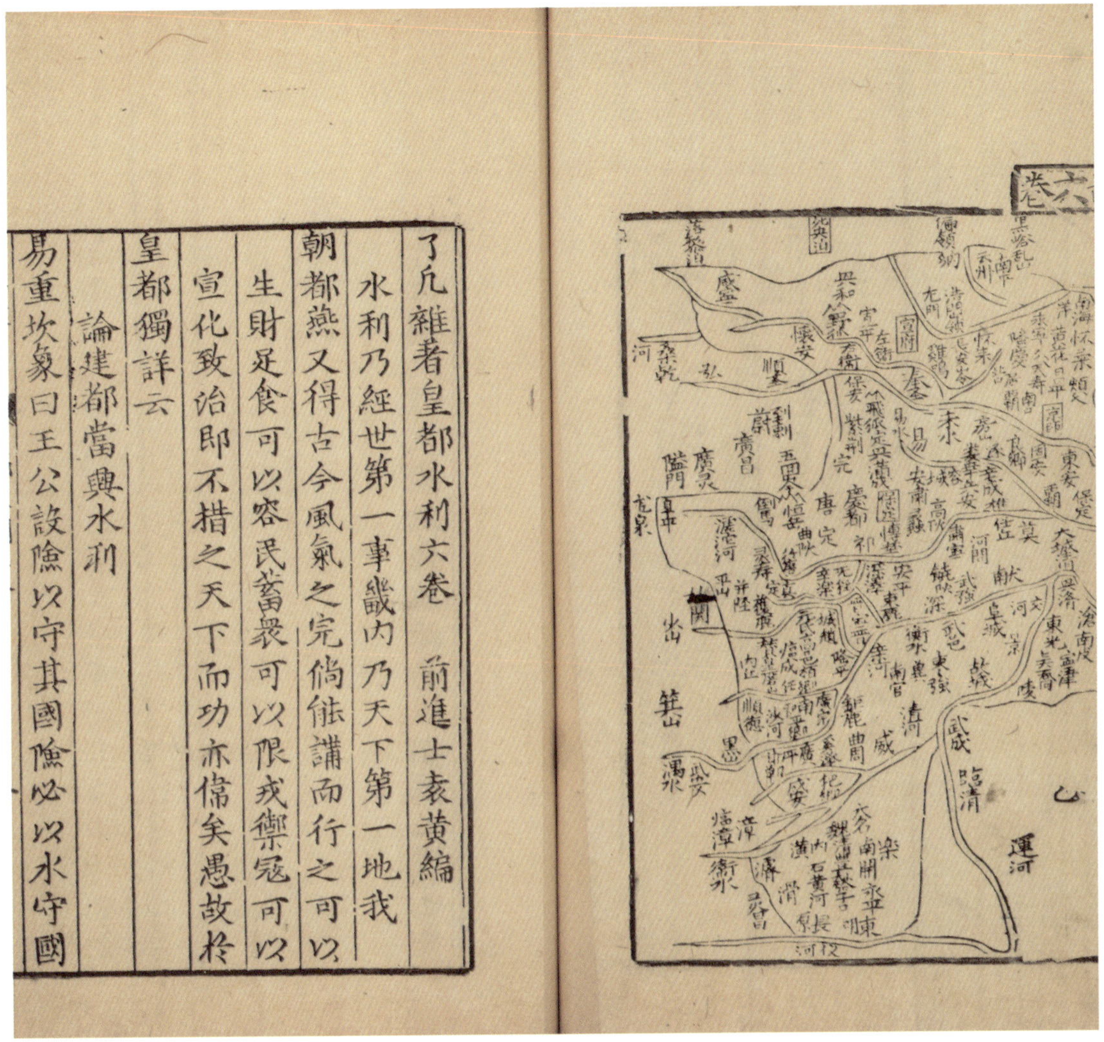

了凡雜著皇都水利六卷　前進士袁黄編
水利乃經世第一事畿内乃天下第一地我
朝都燕又得古今風氣之完倘能講而行之可以
生財足食可以容民畜衆可以限戎禦寇可以
宣化致治即不措之天下而功亦備矣愚故於
皇都獨詳云
論建都當興水利
易重坎象曰王公設險以守其國險必以水守國

1

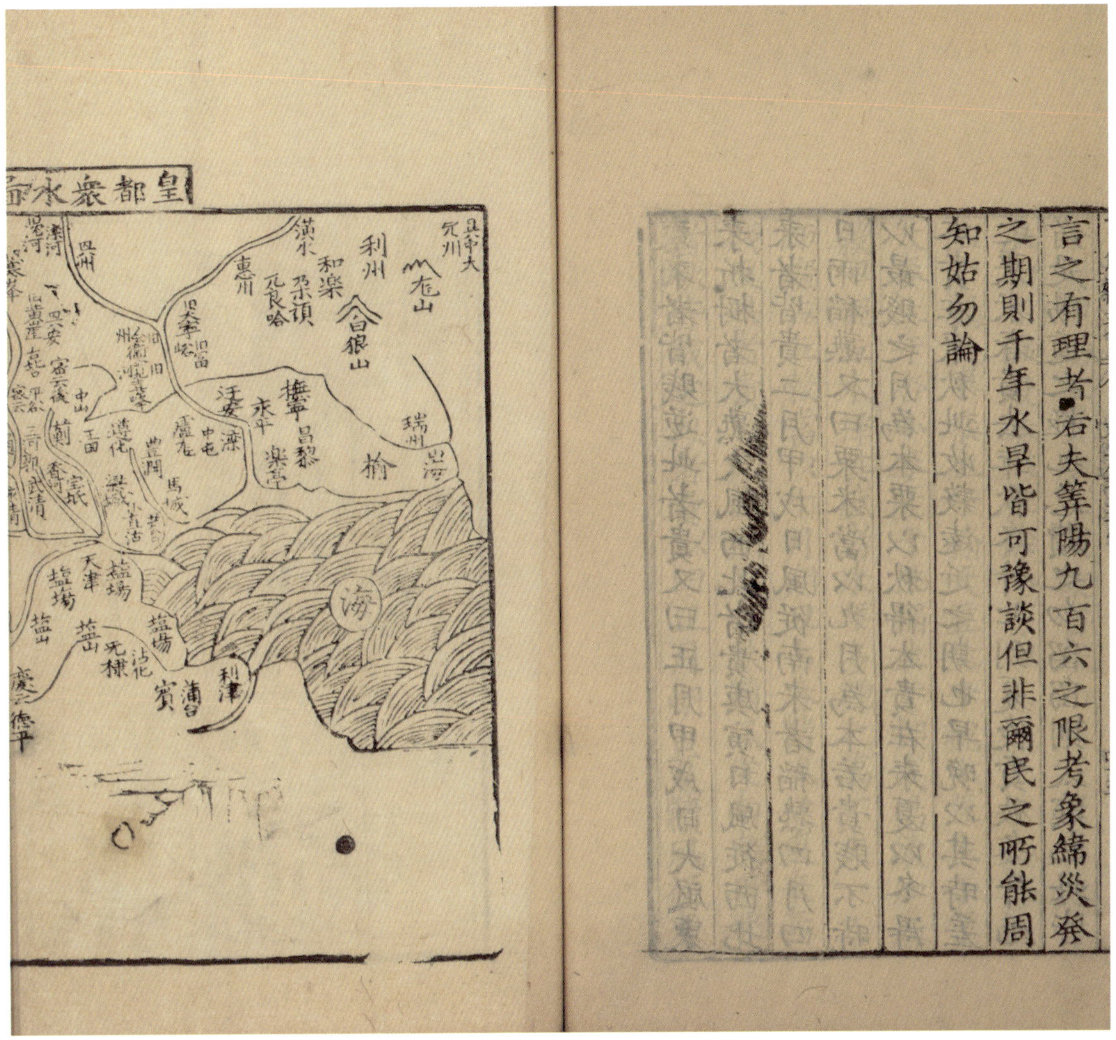

言之有理者●若夫莽陽九百六之限考象緯災祲
之期則千年水旱皆可豫談但非爾民之所能周
知姑勿論

2

皇都水利

（明）袁黄撰

一卷

刻本

明万历三十三年（1605）

本书内容涉及京畿地区河流源头、流向、支流、水系等方面的考证，对于当时河道现状、治河方法的议论，以及开垦农田的作用、管理方法等。袁黄，明代思想家，擅长天文、术数、水利、军政等专业研究，万历年间进士，著有《历法新书》《了凡四训》等。

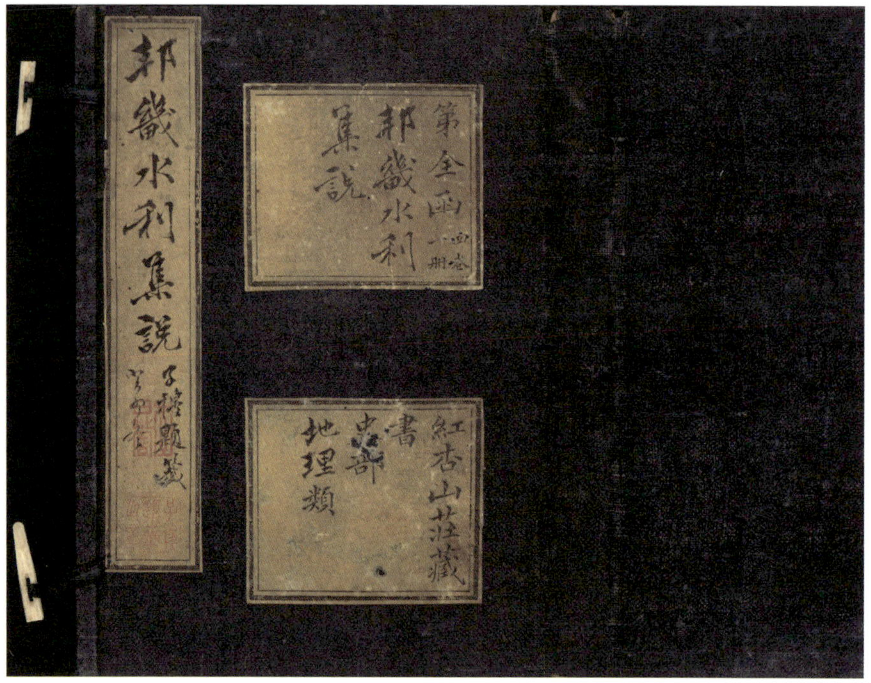

1

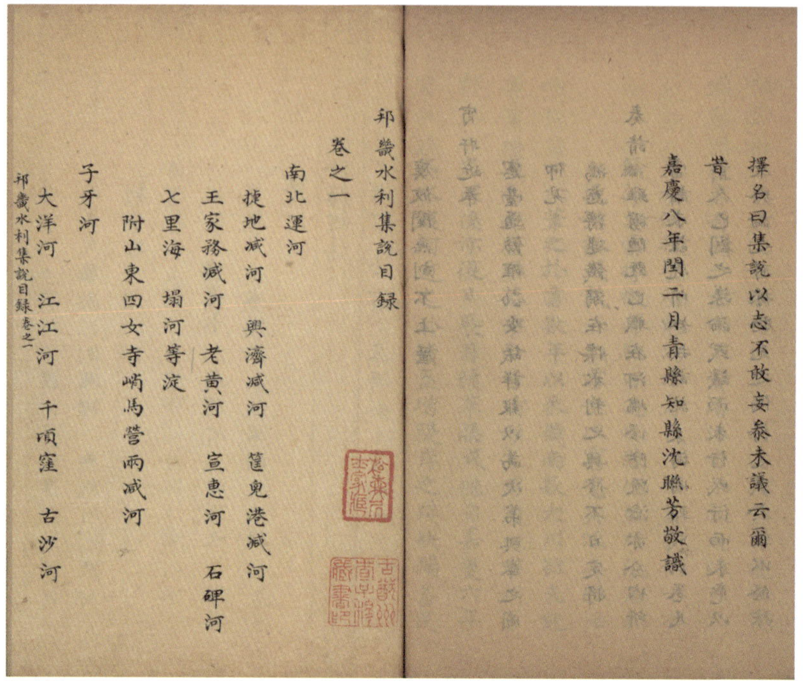

2

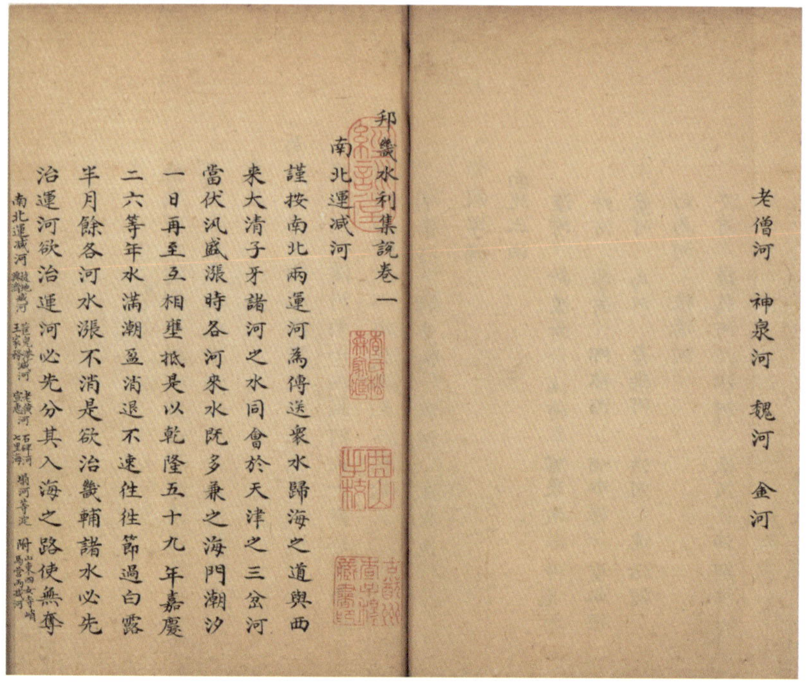

3

邦畿水利集说

（清）沈联芳撰

1 册

稿本

本书共四卷，述畿辅各河流及支流情况。卷一为南北运河、子牙河、滹沱河、滏阳河、南北二泊，卷二为东西二淀，卷三为永定河、唐河、漳河及卫河，卷四为京东诸水。沈联芳，民国年间实业家，兴办社会公益事业。

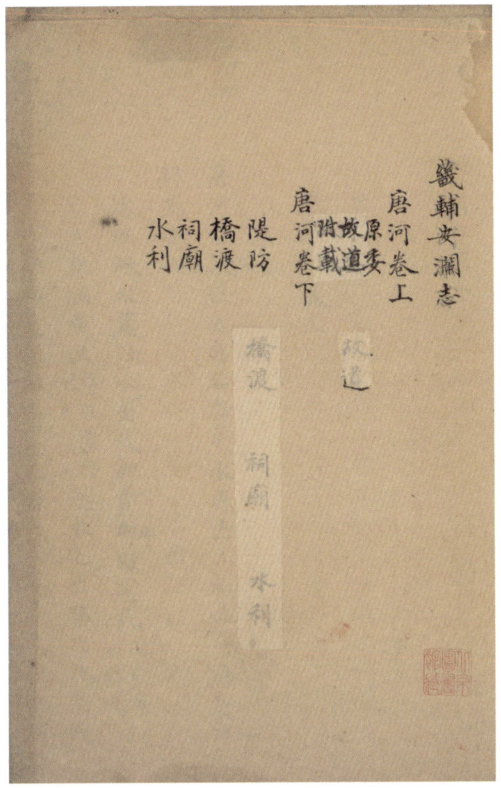

1

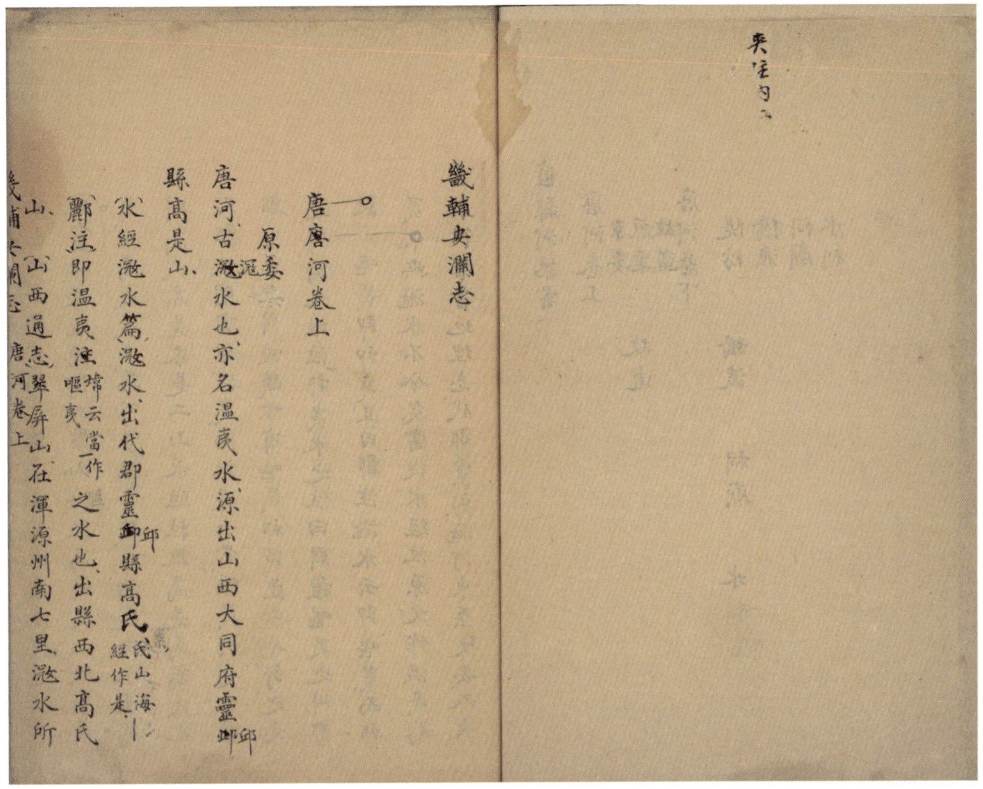

2

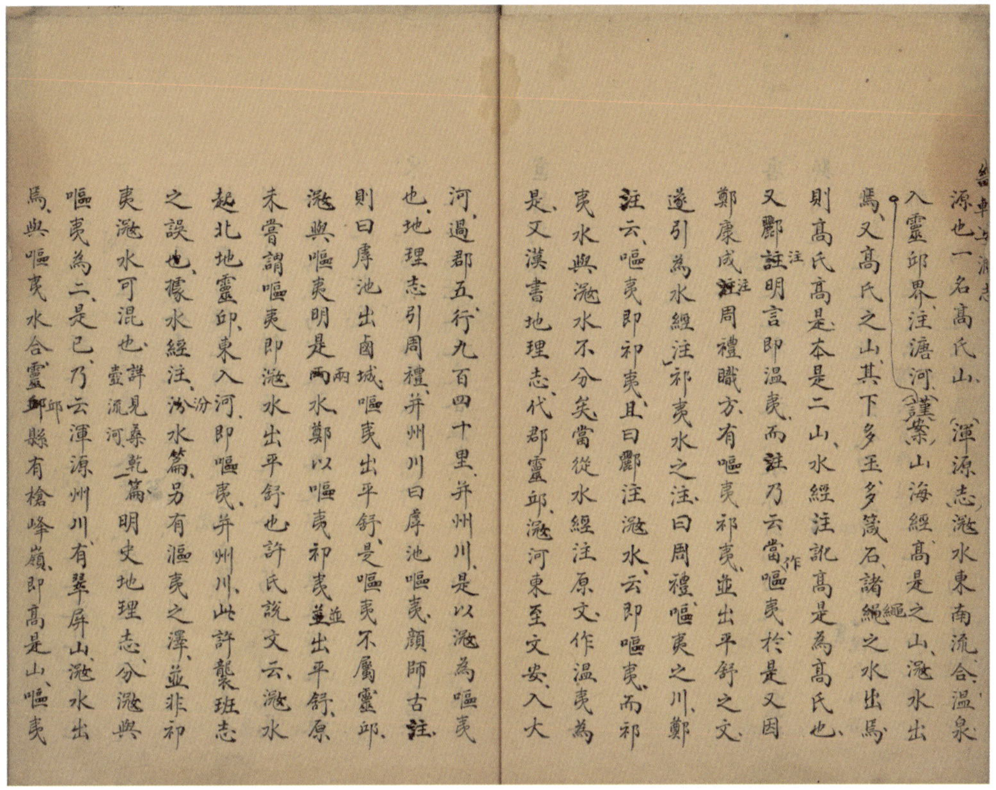

3

畿辅安澜志

（清）王履泰纂修

11 册

稿本

清（1616—1911）

本书共五十六卷，是清代记叙畿辅地区诸河的专书。记述永定河、桑乾河、唐河、滋河、滹沱河、漳河、卫河、洋河、榆河、白河、潮河、滦河、涞水、易水、府河、清河、大陆泽、宁晋泊、滏阳河、大通河、蓟运河、陡河、沙河等河流的原委、故道、附载、堤防、修治、祠庙等内容。

1

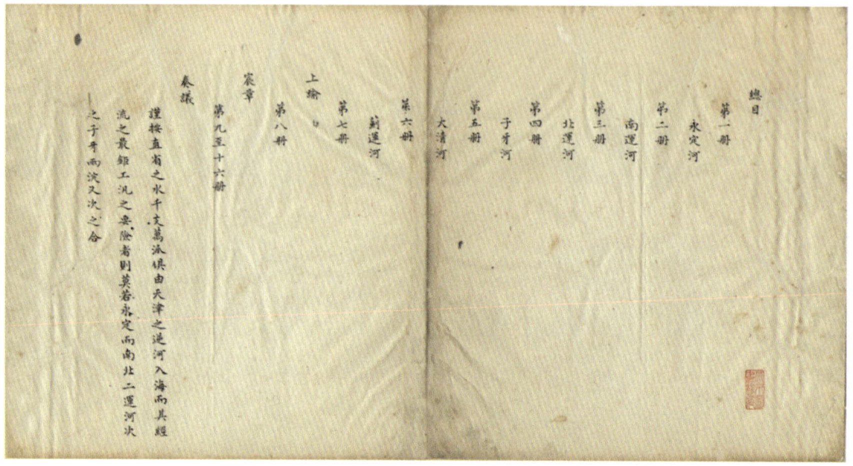

總目
第一册
永定河
第二册
南運河
第三册
北運河
第四册
子牙河
第五册
大清河
第六册
薊運河
第七册
上諭
第八册
宸章
第九至十六册
奏議
謹按直省之水千支萬派俱由天津之運河入海而其經
流之最鉅工汛之要險者則莫若永定而南北二運河次
之子牙兩淀又次之合

2

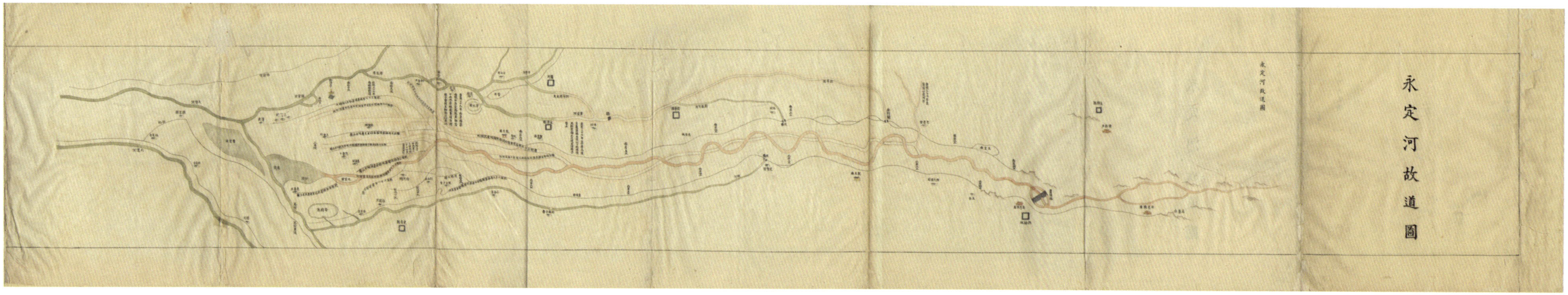

3

直隶五大河流图说

10 册

抄本

［清（1616—1911）］

本书存十册，抄本，书名代拟，著者不详。全书记载直隶省下辖河流，途经辖境，由天津入海的情形。首列永定河诸河，次列南北二运子牙两淀诸大河，复以蓟运统京东诸水。各河均记录源流工程兴废，分为河道、淀泊、堤防、闸坝、官汛、修治六条。沟渠、营田、桥座等附后。各河按照《行水金鉴》的体例，分绘河道总图。总目第一册永定河，第二册南运河，第三册北运河，第四册子牙河，第五册大清河，第六册蓟运河，第七册上谕，第八册宸章，第九至十六册奏议。现存永定河、南运河、北运河、子牙河、大清河、蓟运河部分。根据书中奏议推测，此书可能系嘉庆年间成书。

1

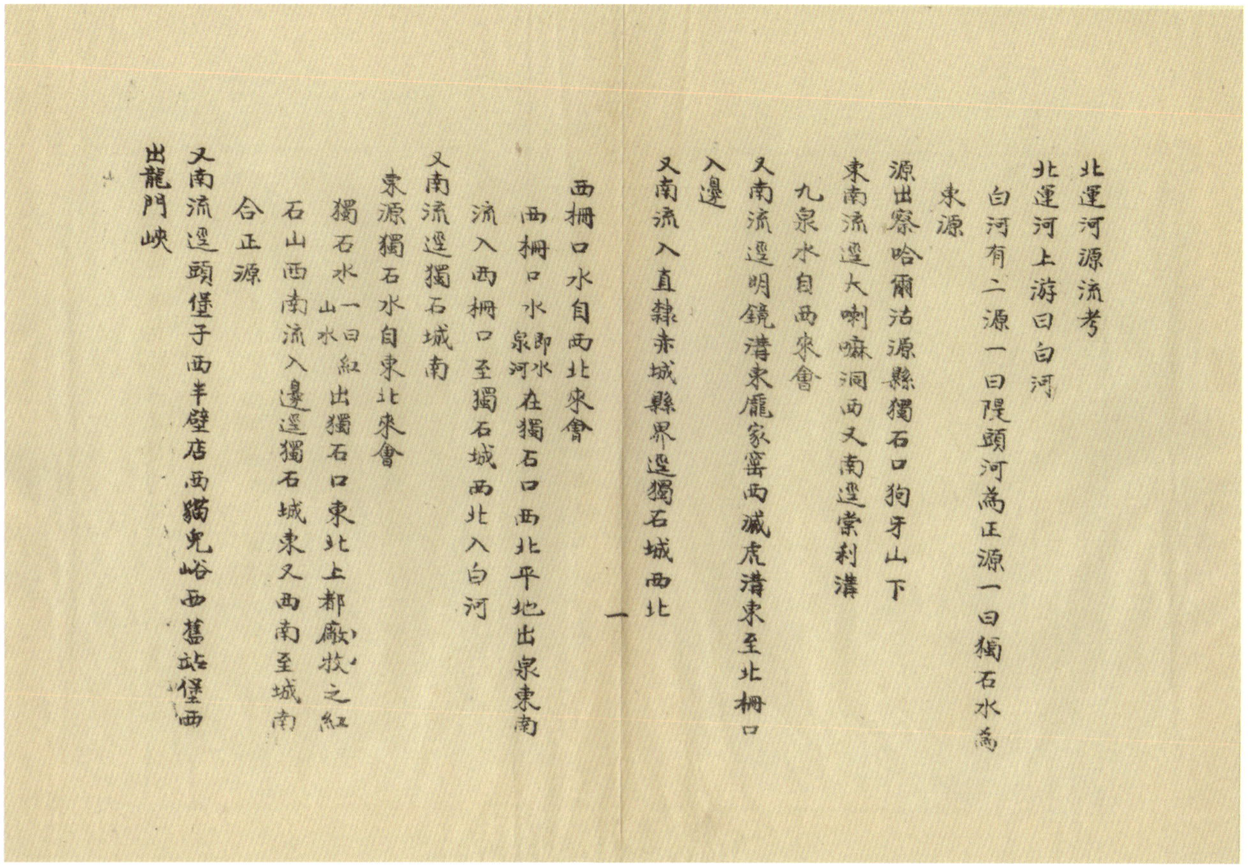

北運河源流考
北運河上游曰白河
白河有二源一曰隄頭河為正源一曰獨石水為
東源
源出察哈爾沽源縣獨石口狗牙山下
東南流逕大喇嘛洞西又南逕棠梨溝
九泉水自西來會
又南流逕明鏡溝東龐家窑西臧虎溝東至北柵口
入邊
又南流入直隸赤城縣界逕獨石城西北
西柵口水自西北來會
西柵口水即水泉河在獨石口西北平地出泉東南
流入西柵口至獨石城西北入白河
又南流逕獨石城南
東源獨石水自東北來會
獨石水一曰紅山水出獨石口東北上都廠牧之紅
石山西南流入邊逕獨石城東又西南至城南
合正源
又南流逕頭堡子西半壁店西貓兒峪西舊站堡西
出龍門峡

2

直隶五大河源流考

1 册

油印本

民国年间（1912—1949）

本书分为五卷，分别是卷一北运河，卷二永定河，卷三大清河，卷四子牙河，卷五南运河。另附蓟运河河源考一卷。全书以各条河流正源正流为纲，别源支流为目，重河道描述，轻源流考据。各河情形下游根据直隶河道勘测处所测五河汇津达海图为标准，支流依据直隶警备处绘图局所测直隶全图为标准，上游依据舆地学会刊印舆地全图为根据，并参考各省通志。各河均绘平面流域图一幅。

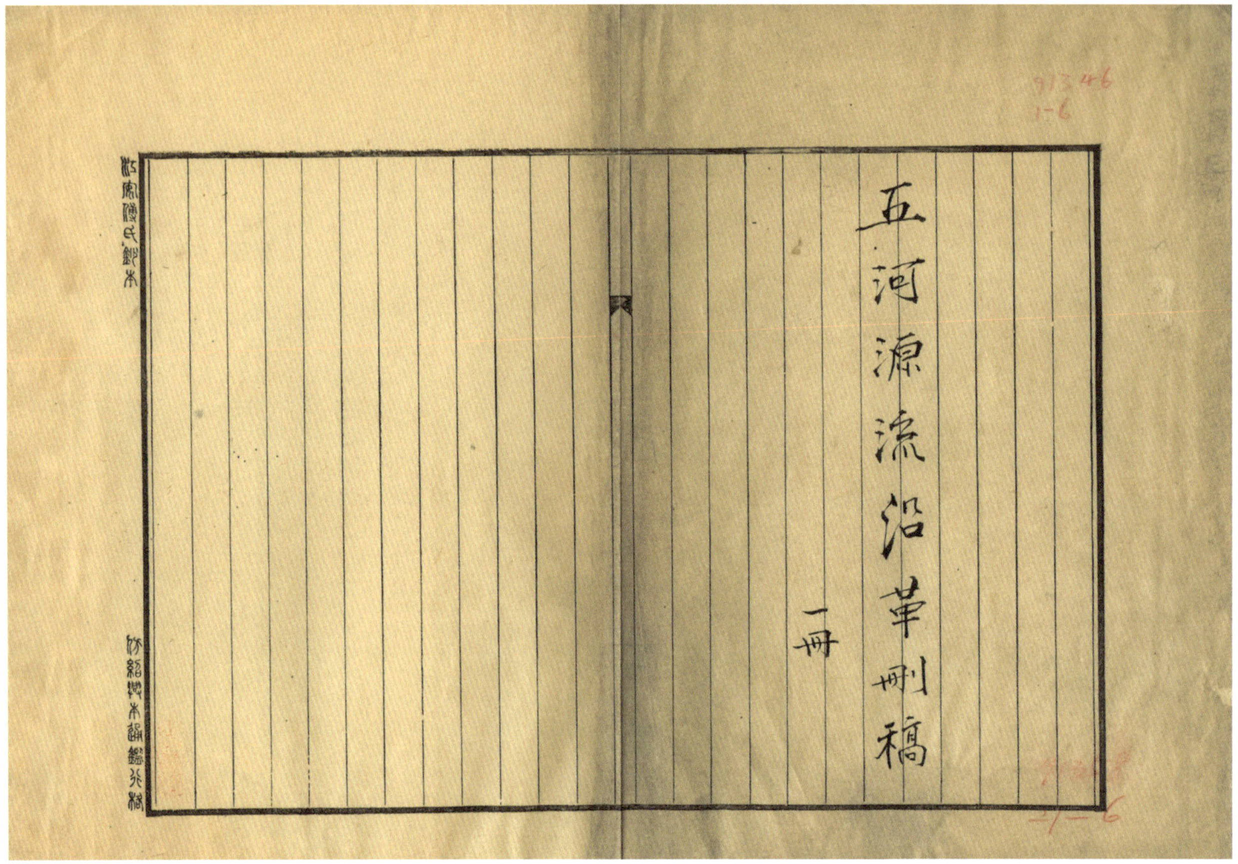

1

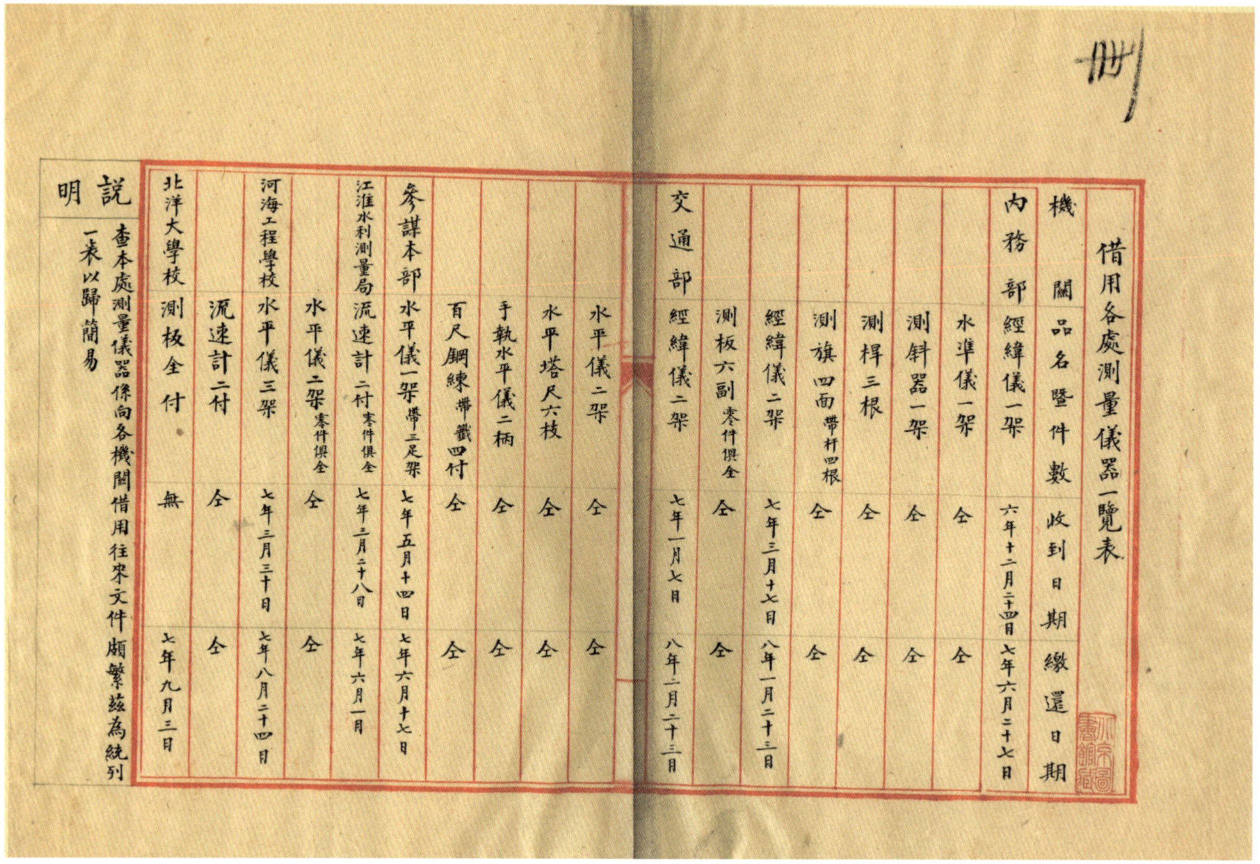

2

五河源流沿革删稿

内务部编

6 册

稿本

民国年间（1912—1949）

本书为内务部官方考察测量河道之后，书写的河务历史、考察工账事宜、流域变迁、古今沿革。现存六册，为五河源流沿革稿的删除资料。通过这些删减资料看出，全书各河为纲，分列子目。书四纲，分别为考、纪、表、图。考类目次为永定河、大清河、子牙河、北运河、南运河、海河、黄河、蓟运河、滦河。纪类目次为漕运、水利、中外交涉。表类目次为河道变迁表、历史成灾损失田亩面积表、铁路冲毁工段表、各河桥渡表、河工官职表、历史账蠲表、历史捐贷表。图类目次为五大河交汇津沽之总图、七大径流入海之分图、河道变迁之分图、测量施工之详图、大工告竣河流顺轨之分图。六册删稿保存民国官方勘测河道时的借据、函件摘抄、编纂细则、指令禀文等。留存资料中常见红笔修改、删减痕迹。

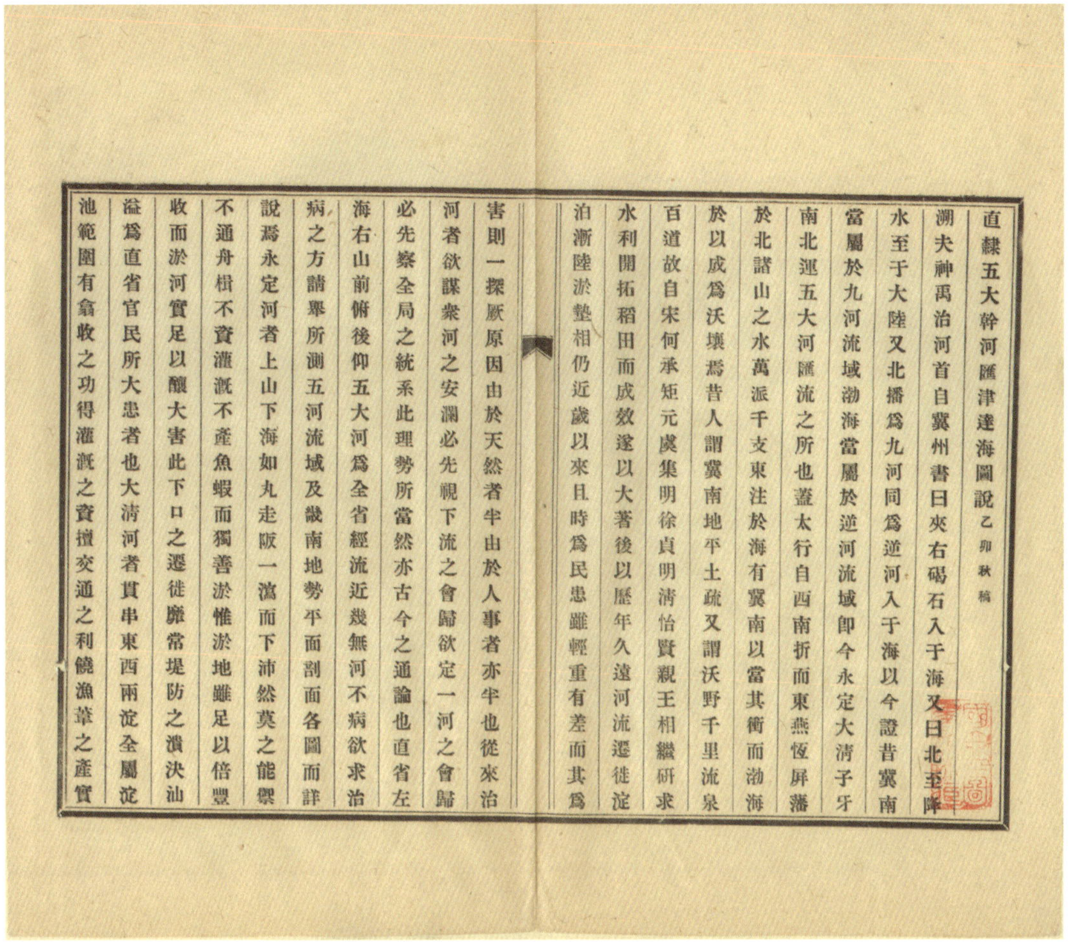
直隸五大幹河匯津達海圖說 乙卯秋稿
溯夫神禹治河首自冀州書曰夾右碣石入于海又曰北至降
水至于大陸又北播爲九河同爲逆河入于海以今證昔冀南
當屬於九河流域渤海當屬於逆河流域即今永定大清子牙
南北運五大河匯流之所也蓋太行自西南折而東燕恆屏藩
於北諸山之水萬派千支東注於海有冀南以當其衝而渤海
於以成爲沃壤焉昔人謂冀南地平土疏又謂沃野千里流泉
百道故自宋何承矩元虞集明徐貞明清怡賢親王相繼研求
水利開拓稻田而成效遂以大著後以歷年久遠河流遷徙淀
泊漸陸淤墊相仍近歲以來且時爲民患雖輕重有差而其爲
害則一探厥原因由於天然者半由於人事者亦半也從來治
河者欲謀衆河之安瀾必先覩下流之會歸欲定一河之會歸
必先察全局之統系此理勢所當然亦古今之通論也直省左
海右山前俯後仰五大河爲全省經流近幾無河不病欲求治
病之方請舉所測五河流域及畿南地勢平面剖面各圖而詳
說焉永定河者上山下海如丸走阪一瀉而下沛然莫之能禦
不通舟楫不資灌溉不產魚蝦而獨善淤惟淤地雖足以倍豐
收而淤河實足以釀大害此下口之遷徙靡常堤防之潰決汕
溢爲直省官民所大患者也大清河者貫串東西兩淀全屬淀
池範圍有翕收之功得灌溉之資擅交通之利饒漁葦之產實

1

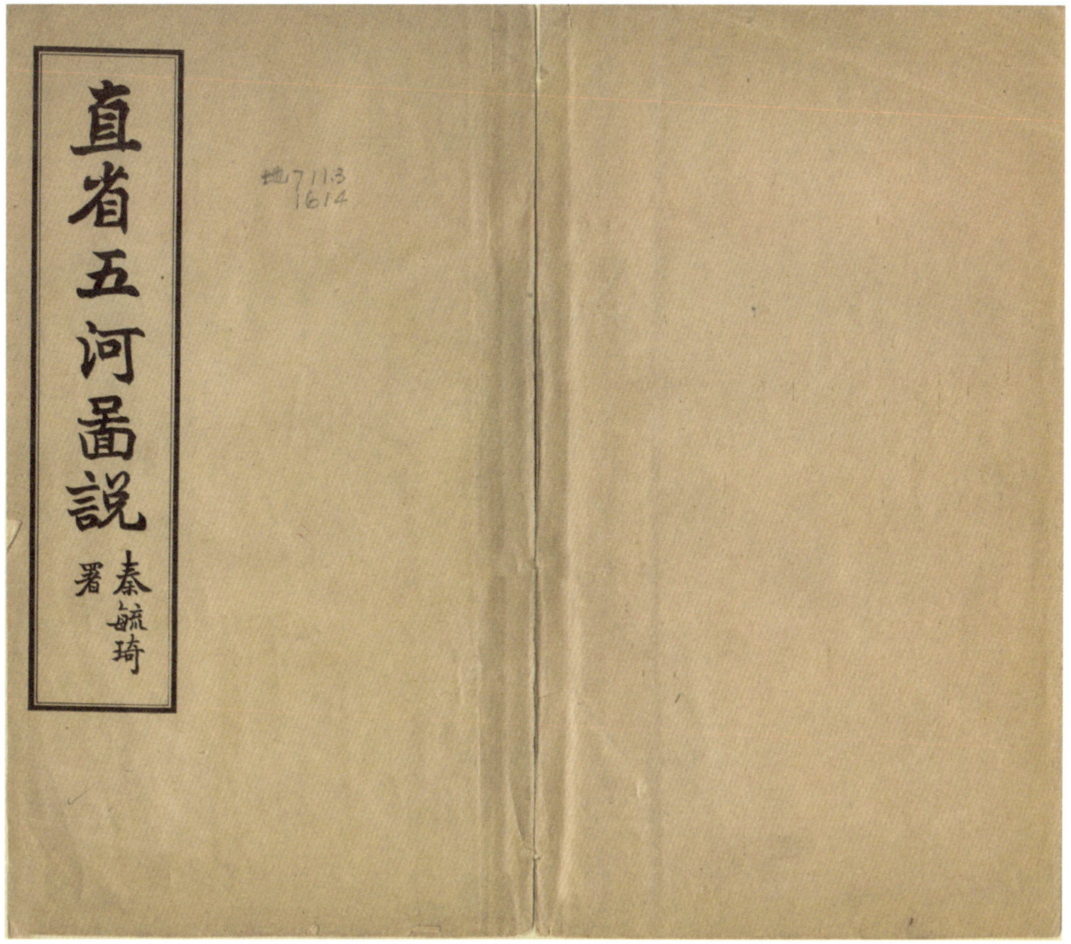

2

直隶五大干河汇津达海图说

黄国俊撰

1 册

铅印本

民国六年（1917）

本书书签题直省五河图说，序前题直隶五干图说。首列直隶五干河图说序、弁言、直隶五大干河汇津达海图说、永定河图说、大清河图说、子牙河图说、南运河图说、北运河图说、箭杆河上游青龙湾减河图说，最后是各河情形描述。所绘地图包括直省河道平面总图、各河大横线剖面总图、五大干河剖面总图。此书为民国年间内务部令直省调查测量河道的成果，为治河提供参考。

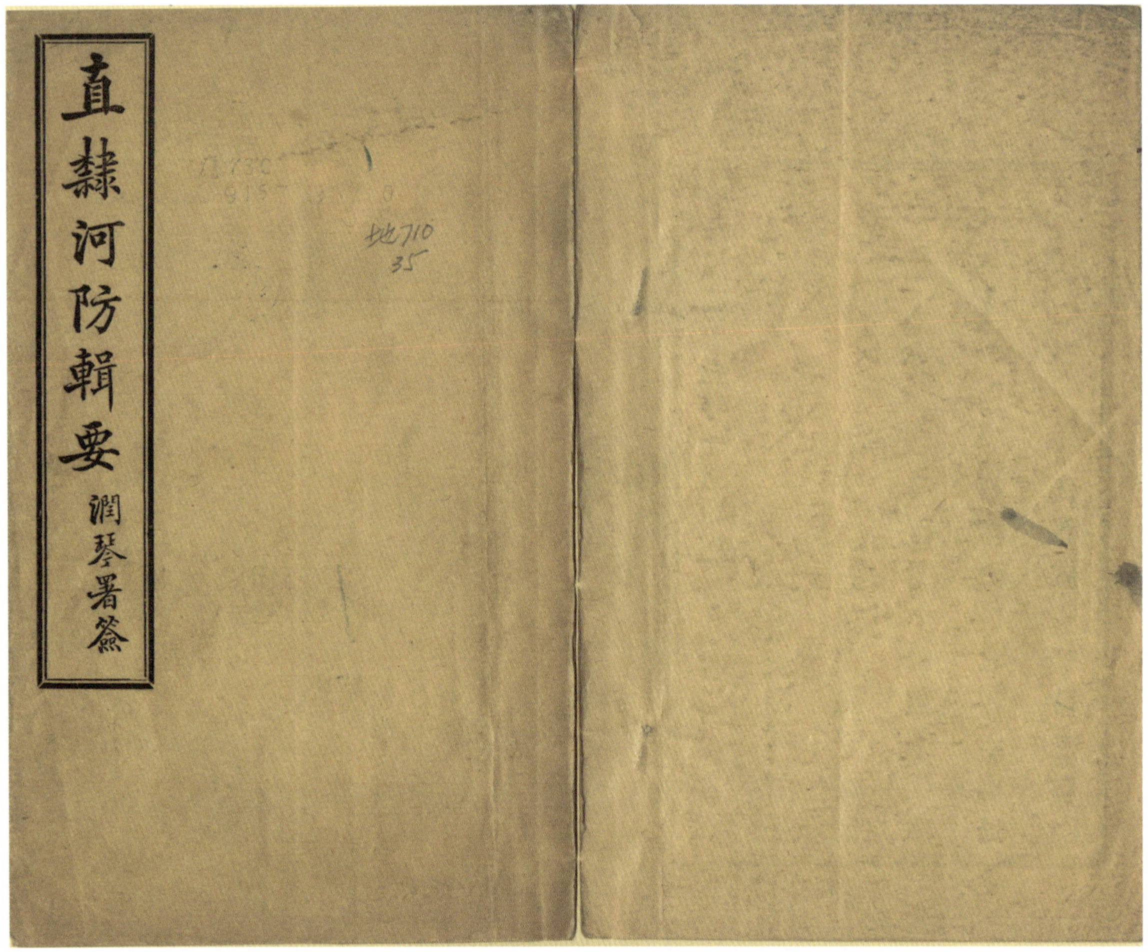

1

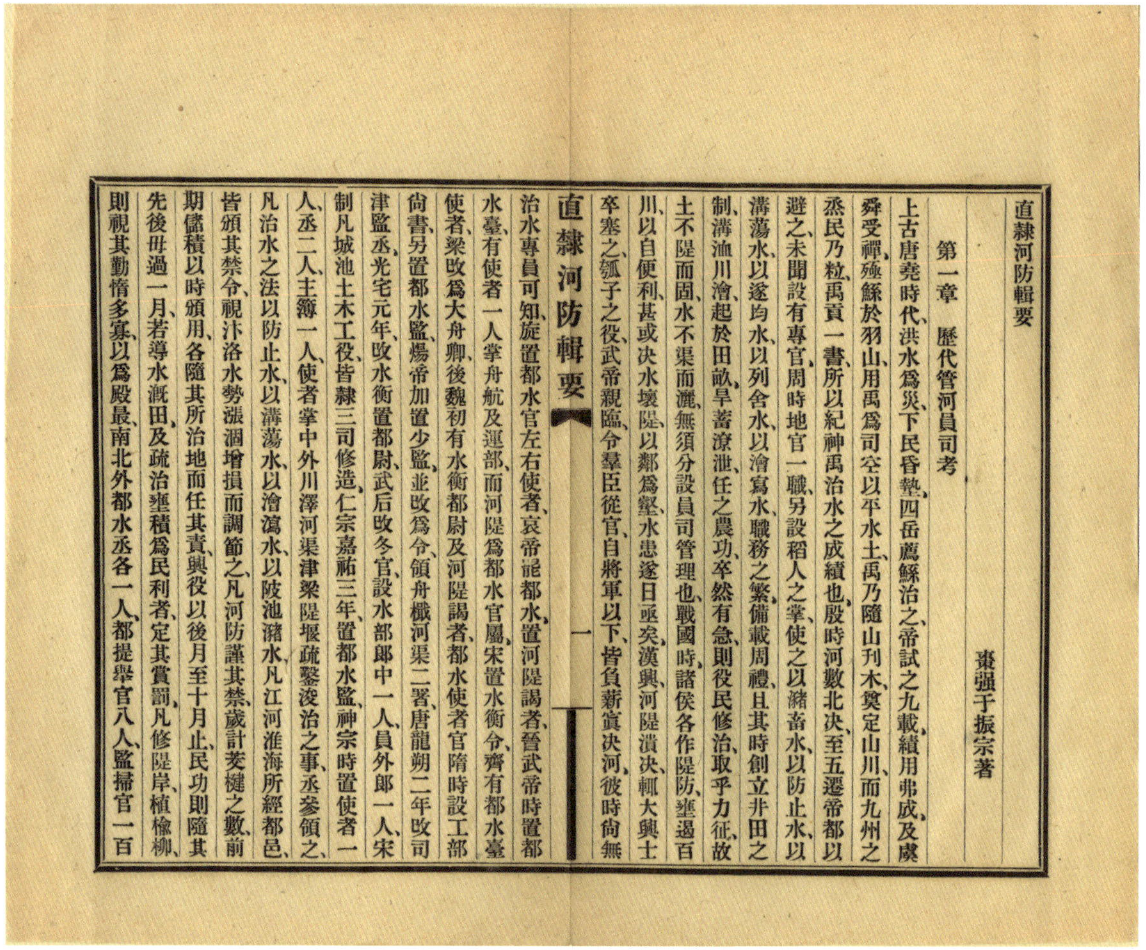

直隸河防輯要

第一章　歷代管河員司考

棗强于振宗著

上古唐堯時代、洪水爲災、下民昏墊、四岳薦鯀治之、帝試之九載、績用弗成、及虞舜受禪、殛鯀於羽山、用禹爲司空以平水土、禹乃隨山刋木、奠定山川、而九州之烝民乃粒、禹貢一書、所以紀神禹治水之成績也、殷時河數北決、至五遷帝都以避之、未聞設有專官、周時地官一職、另設稻人之掌、使之以豬畜水、以防止水、以溝蕩水、以遂均水、以列舍水、以澮寫水、職務之繁、備載周禮、且其時創立井田之制、溝洫川澮、起於田畝、旱蓄潦泄、任之農功、卒然有急、則役民修治、取乎力征、故土不隄而固、水不渠而灑、無須分設員司管理也、戰國時、諸侯各作隄防、壅遏百川、以自便利、甚或決水壞隄、以鄰爲壑、水患遂日亟矣、漢興、河隄潰決、輒大興士卒塞之、瓠子之役、武帝親臨、令羣臣從官、自將軍以下、皆負薪窴決河、彼時尚無

直隸河防輯要　一

治水專員可知、旋置都水官左右使者、哀帝罷都水、置河隄謁者、晉武帝時置都水臺、有使者一人掌舟航及運部、而河隄爲都水官屬、宋置水衡令、齊有都水臺使者、梁改爲大舟卿、後魏初有水衡都尉及河隄謁者、都水使者官隋時設工部尚書、另置都水監、煬帝加置少監、並改爲令、領舟檝河渠二署、唐龍朔二年改司津監丞、光宅元年、改水衡置都尉、武后改冬官、設水部郎中一人、員外郎一人、宋制、凡城池土木工役、皆隸三司修造、仁宗嘉祐三年、置都水監、神宗時置使者一人、丞二人、主簿一人、使者掌中外川澤河渠津梁隄堰疏鑿浚治之事、丞參領之、凡治水之法、以防止水、以溝蕩水、以澮瀉水、以陂池瀦水、凡江河淮海所經都邑、皆頒其禁令、視汴洛水勢漲涸增損而調節之、凡河防謹其禁、歲計茭楗之數、前期儲積以時頒用、各隨其所治地而任其責、興役以後月至十月止、民功則隨其先後毋過一月、若導水溉田及疏治壅積爲民利者、定其賞罰、凡修隄岸、植楡柳、則視其勤惰多寡、以爲殿最、南北外都水丞各一人、都提舉官八人、監掃官一百

2

直隶河防辑要

于振宗撰

1 册

铅印本

民国十三年（1924）

本书是民国直隶省管河机关关于修防等事宜的规划资料。首列序文，全书分为六章，第一章历代管河员司考，第二章前清管河员司考，第三章民国后管河机关之改组及经费之规定，第四章直隶河道总论，第五章直隶河防每年例办各项要政，第六章直隶河防大事记。作者于振宗在管河机关任职，承办河务案牍，对河道疏浚、堤防修守、款项支出等事宜均有所了解，遂整理相关资料，著成此书。于振宗，字馥岑。河北枣强人。光绪举人，后赴日本留学，回国署赵城知县，任天津实业厅厅长。工楷书，著有《逸馨室诗文集》等。

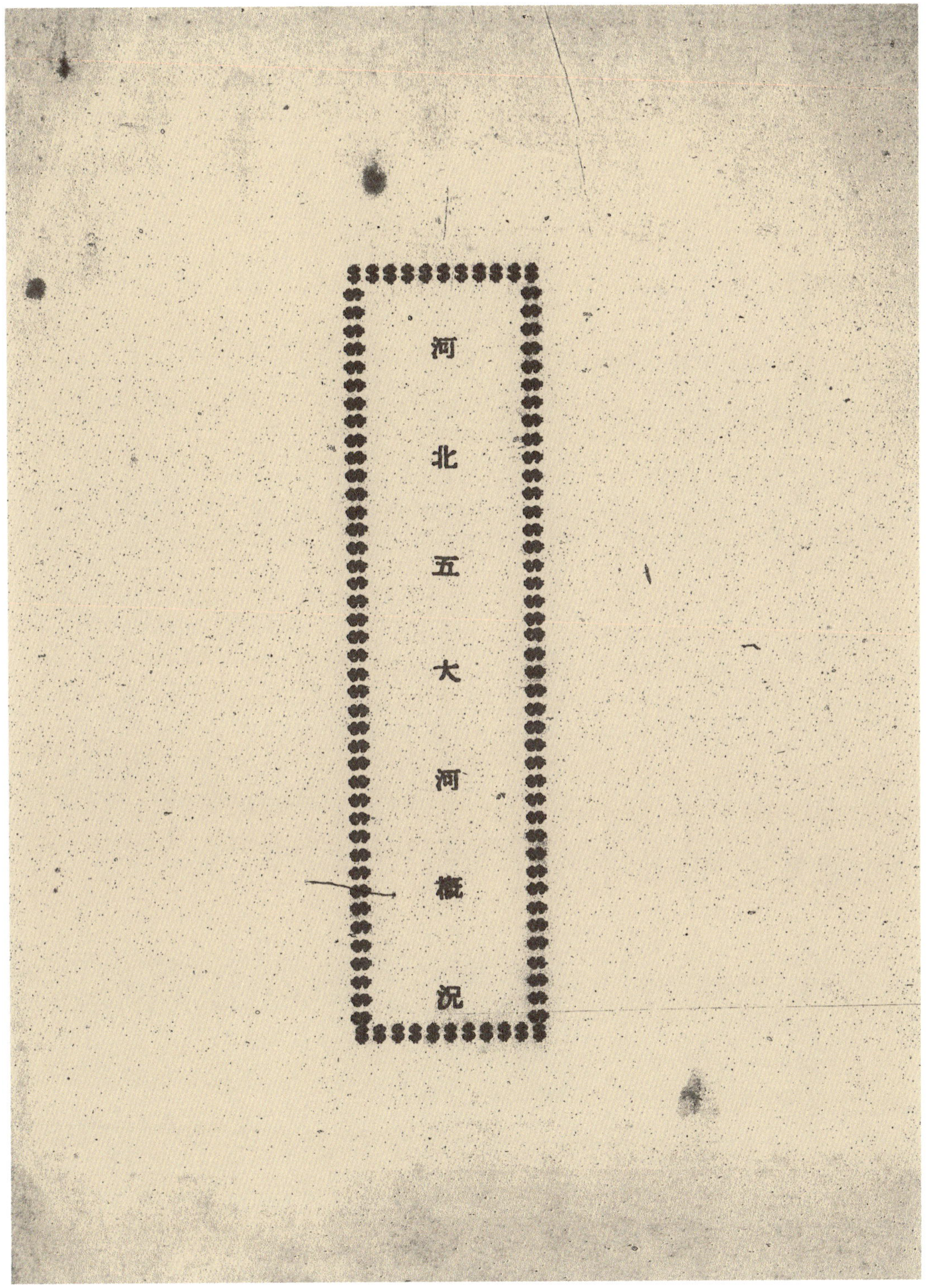

河北五大河概况

［民国十八年（1929）］

本书分河道沿革大略、天津受灾原因、将来救治方法三部分。

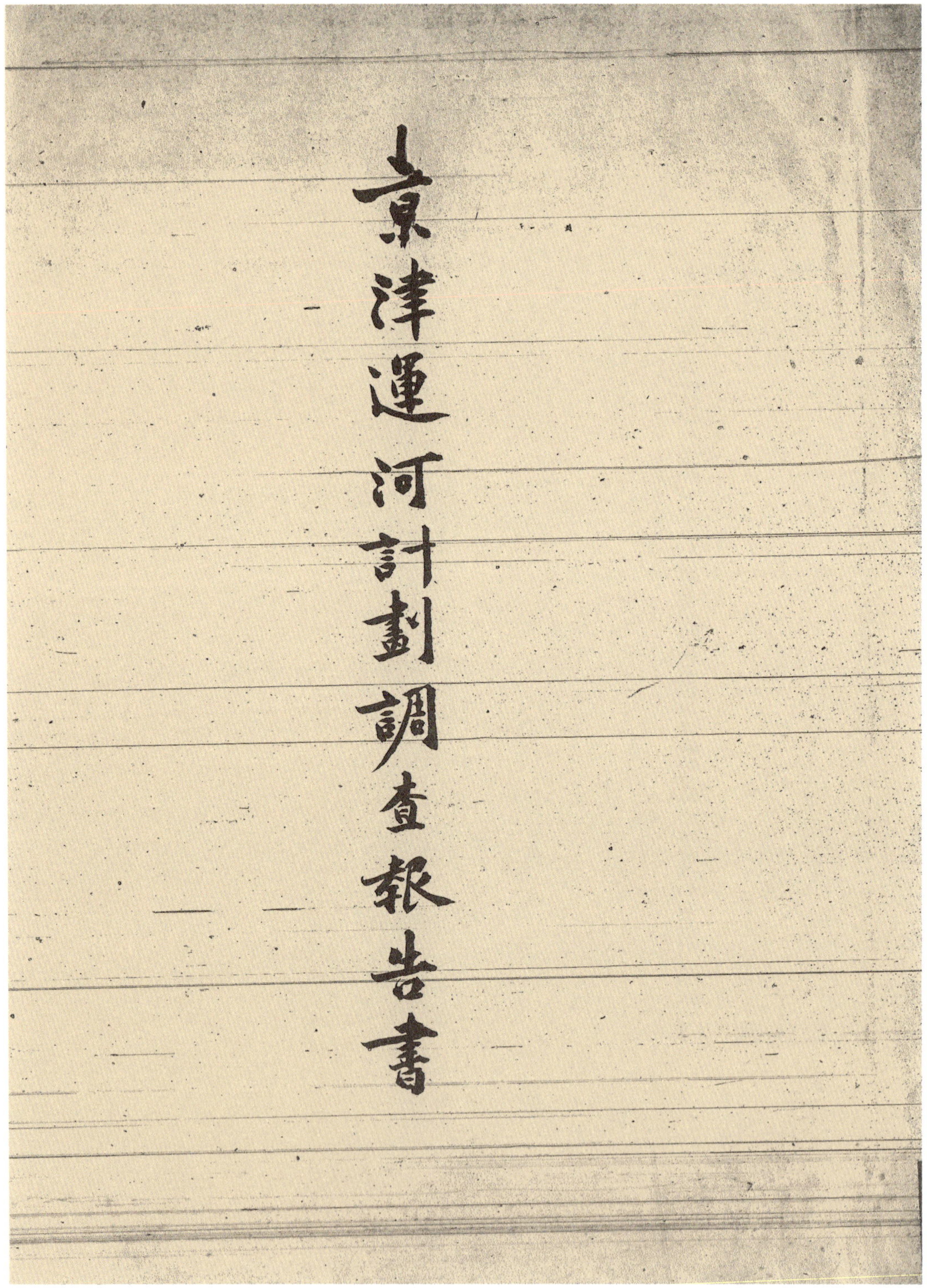
京津運河計劃調查報告書

（伪）京津运河计划调查报告书

［日］矢野胜正编（民国）李嘉瑗译

1 册

建设总署水利局

［民国二十八年（1939）］

本书是日伪统治华北期间，伪政府为改善京津地区水运运力而制定的运河计划调查报告，分为绪论、综合计划、京津运河计划三编。

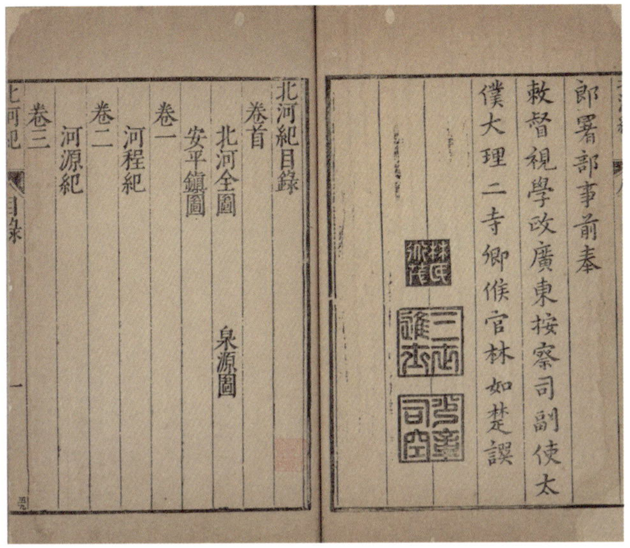

郎署部事前奉
敕督視學改廣東按察司副使太
僕大理二寺卿候官林如楚譔

北河紀目錄
卷首
北河全圖 泉源圖
安平鎮圖
卷一
河程紀
卷二
河源紀
卷三

1

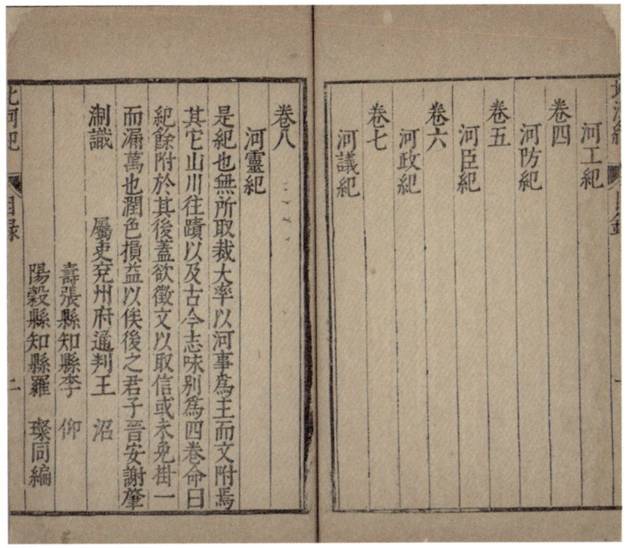

河工紀
卷四
河防紀
卷五
河臣紀
卷六
河政紀
卷七
河議紀

卷八
河靈紀
是紀也無所取裁大率以河事為主而文附焉
其它山川往蹟以及古今志咏別為四卷命曰
紀餘附於其後蓋欲徵文以取信或未免掛一
而漏萬也潤色損益以俟後之君子晉安謝肇
淛識
屬吏兗州府通判王 沼
壽張縣知縣李 仰
陽穀縣知縣羅 璨同編

2

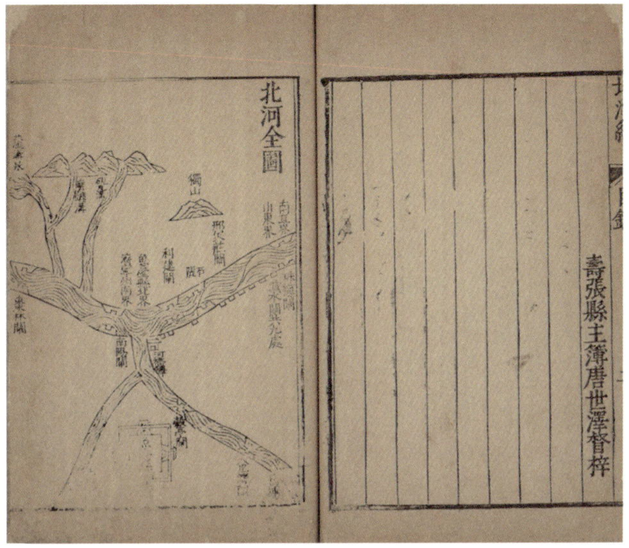

壽張縣主簿唐世澤督梓

3

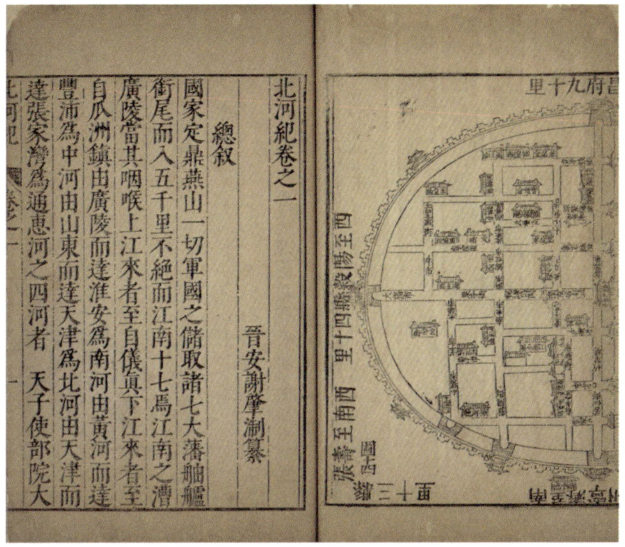

北河紀卷之一
總叙
晉安謝肇淛纂
國家定鼎燕山一切軍國之儲取諸七大藩舳艫
銜尾而入五千里不絕而江南十七為江南之漕
廣陵當其咽喉上江來者至自儀真下江來者至
自瓜洲鎮由廣陵而達淮安為南河由黃河而達
豐沛為中河由山東而達天津為北河由天津而
達張家灣為通惠河之四河者 天子使部院大

4

北河纪

（明）谢肇淛撰

6 册

刻本

［明万历年间（1573—1620）］

本书八卷纪余四卷，六册，9 行 19 字，白口，左右双边。明代运河在长江以北大致分为南河、中河、北河、通惠河四段，北河纪就是有关北河的记载，南起山东鱼台珠梅闸，北至天津杨青驿。《北河纪》是谢肇淛任工部郎中时所著，主要内容涉及运河河道工程、水资源利用、管理规章制度等方面。全书分为八卷，卷末附纪余四卷，卷首为总叙，第一卷河程纪，第二卷河源纪，第三卷河工纪，第四卷河防纪，第五卷河臣纪，第六卷河政纪，第七卷河议纪，第八卷河灵纪，末附北河纪余。全书内容是河工纪实和文献汇编，具有较高的史料价值。谢肇淛，字在杭，福建长乐人，万历三十年中进士，出任工部郎中，后任云南右参政，曾编纂《滇略》。

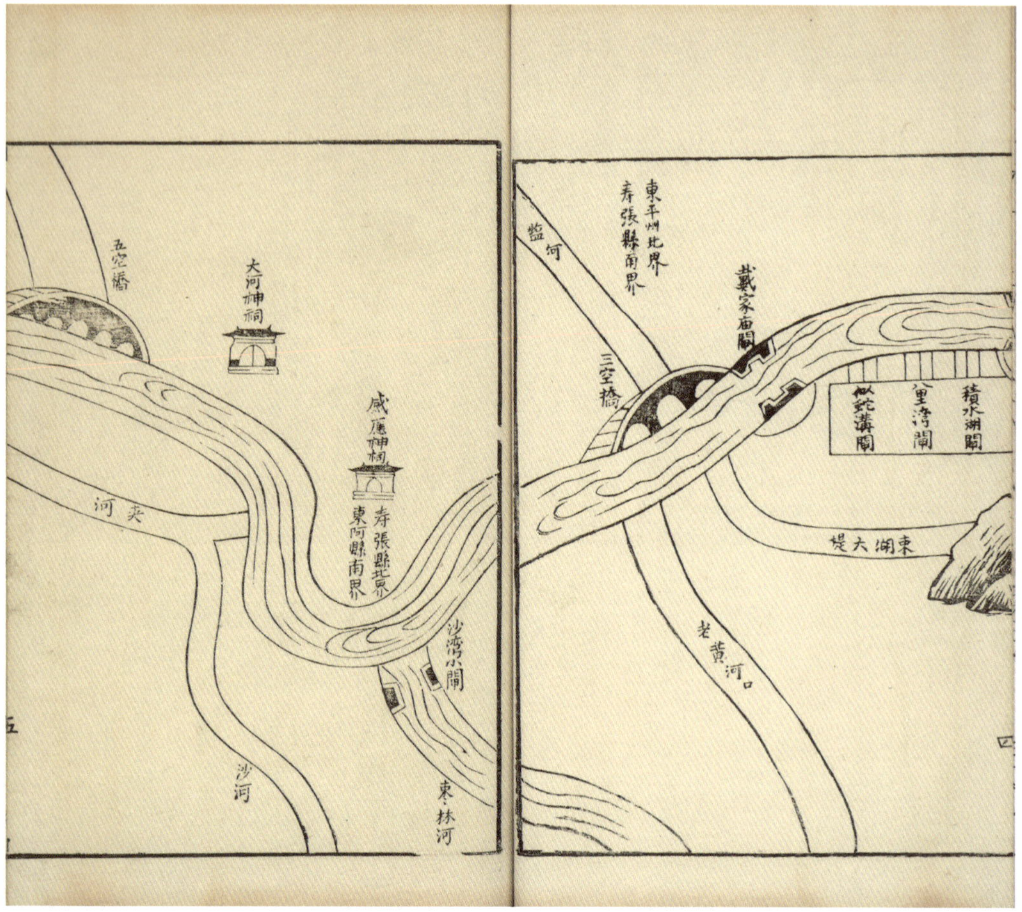

1

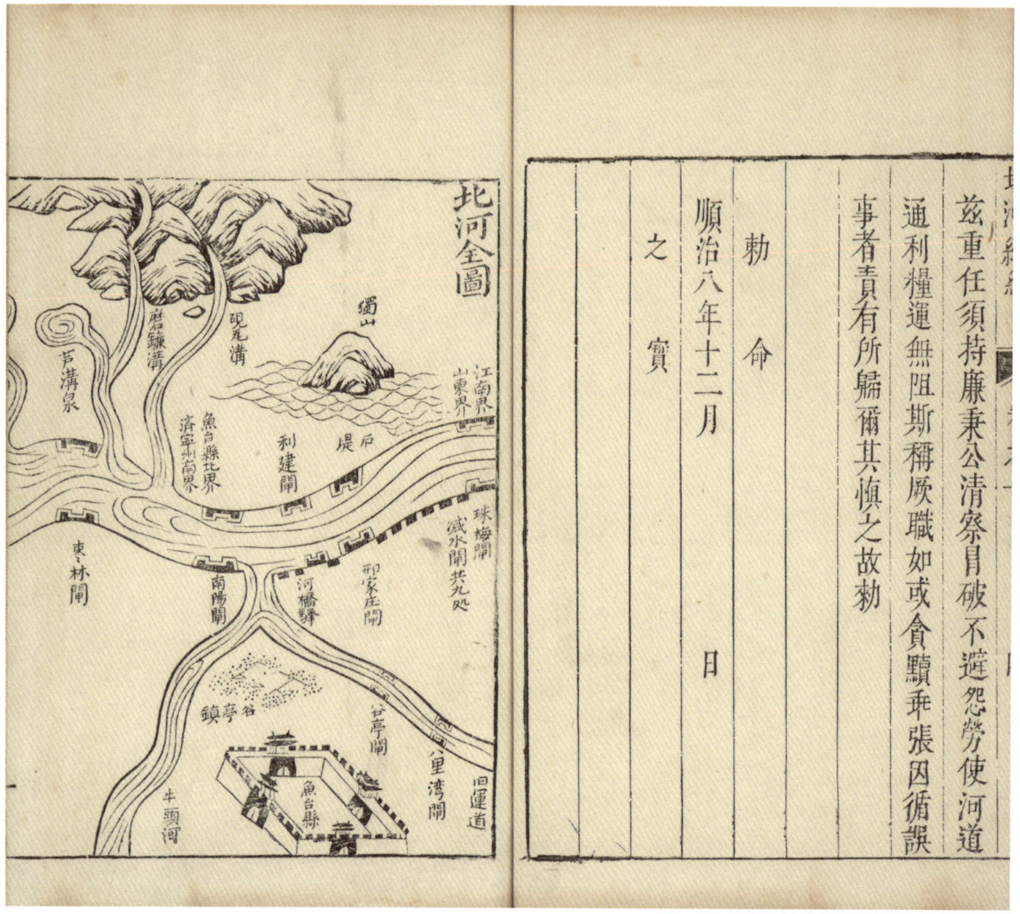

2

北河续纪

（清）阎廷谟撰

10 册

刻本

清顺治九年（1652）

本书七卷附余二卷，十册，9 行 20 字，白口，四周单边。《北河续纪》是清代阎廷谟编著的河渠志，亦是谢肇淛《北河纪》的续修本。清初北河为运河自天津至徐淮段河道。顺治九年（1652），工部主事阎廷谟对《北河纪》进行改编，删除第五卷河臣纪以及相关明河官管理方面的内容。全书七卷，第一卷敕书二道，另有河图三幅。第二卷河程纪，第三卷河源纪，第四卷河政纪，第五卷河议纪，第六卷河工纪，第七卷河灵纪，别卷附余。阎廷谟，河南孟津人。顺治三年（1646）进士，授工部主事，顺治七年（1650）受命管理北河等处河道，官至湖北按察使。

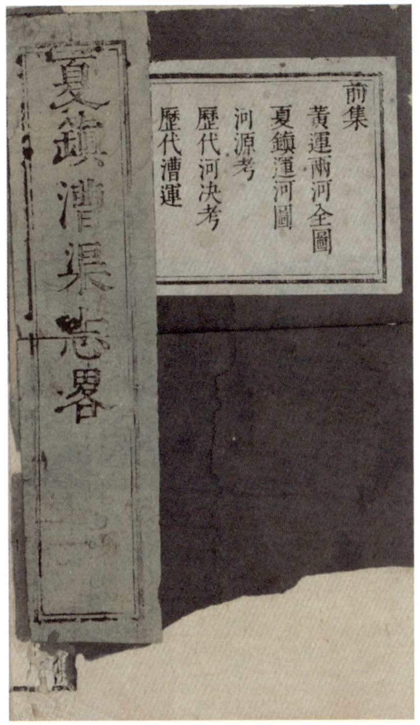

1

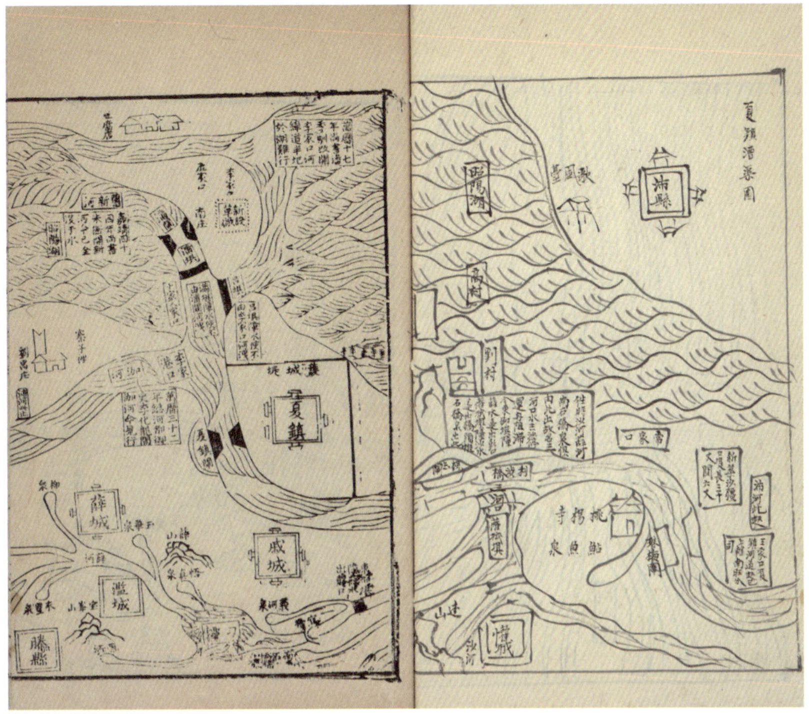
2

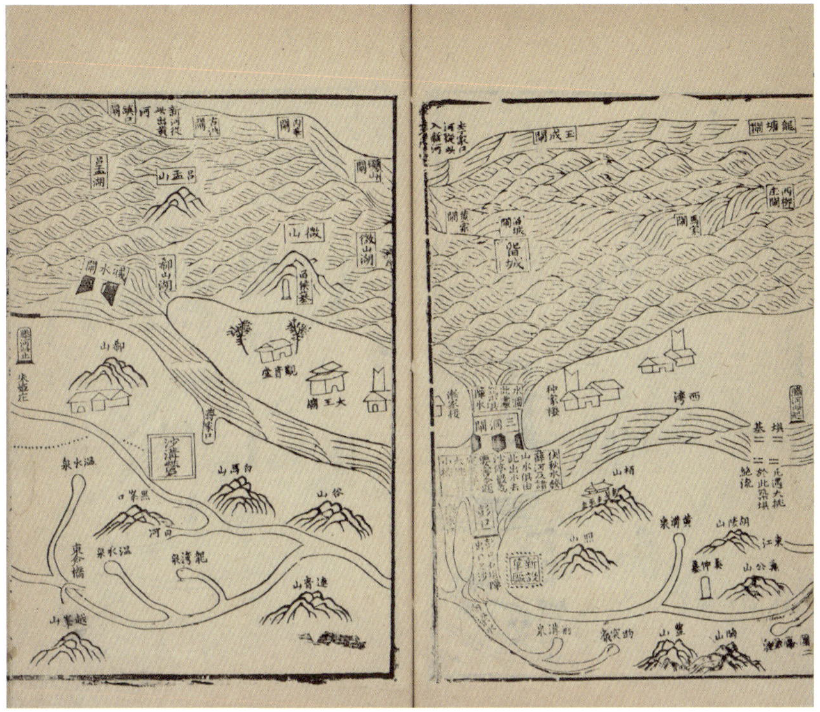
3

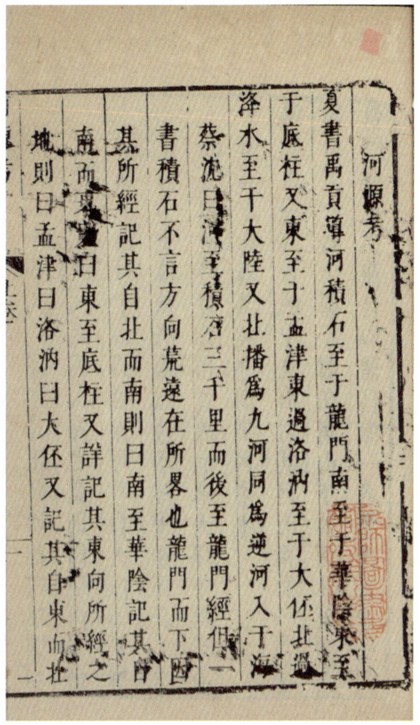
河源考
夏書禹貢導河積石至于龍門南至于華陰東至
于底柱又東至于孟津東過洛汭至于大伾北過
洚水至于大陸又北播爲九河同爲逆河入于海
蔡沈曰河至積石三千里而後至龍門經但一
書積石不言方向荒遠在所畧也龍門而下因
其所經記其自北而南則曰南至華陰記其自
南而東則曰東至底柱又詳記其東向所經之
地則曰孟津曰洛汭曰大伾又記其自東而北

4

夏镇漕渠志略

（清）狄敬纂修

4 册

刻本

清顺治年间（1644—1661）

本书康熙增修本，四册，9 行 19 字，白口，四周单边。明万历年间，京杭大运河改道由夏镇向东经台儿庄南下，夏镇借助运河漕运黄金水道的优势，迅速发展成为商贸重镇。本书就是记录清初夏阳下辖一百里河流挽输通塞之事。第一册为前集，目次黄运两河全图、夏镇运河图、河源考、历代河决考、历代漕运。第二册为上卷，目次叙旧河、叙新河、叙泇河、川源志、职官志、夫食志、岁修志、漕政志、漕规志、经制志。第三册为下卷之一，目次夏镇志、形胜志、风俗志、山川志、古迹志、祠宇志、人物志、物产志、属邑志。第四册为下卷之二，艺文志。夏镇漕运河道位于苏、鲁二省交界，分属沛县、滕县，本书保留了大量山东运河和运河集镇史料。狄敬，明末清初溧阳人，字文止，号陶邻，清顺治六年（1649）进士。授工部主事。深究经学，尤精《尚书》，著《尚书蔡传衍义》。

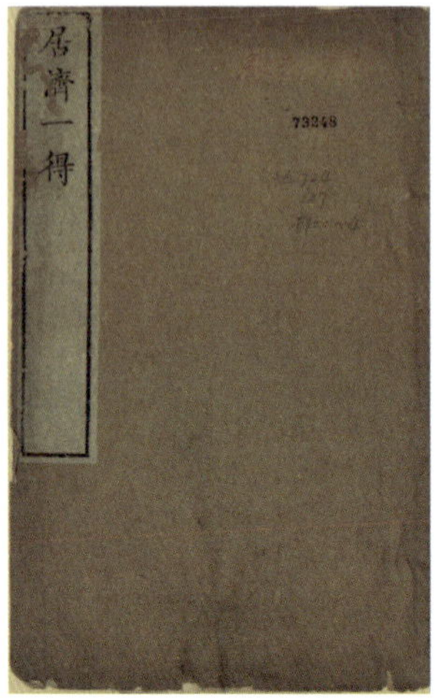

1

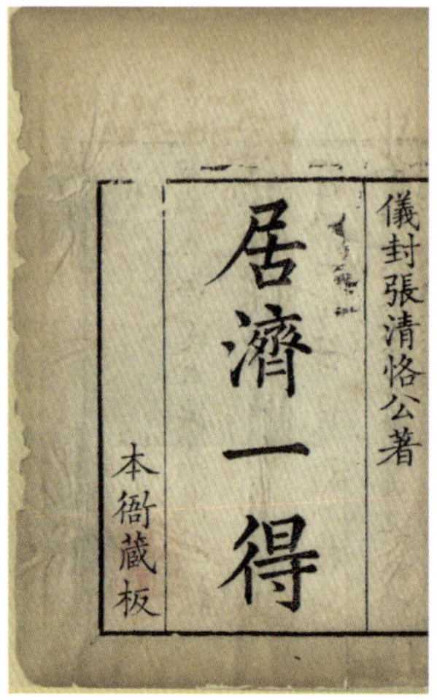

2

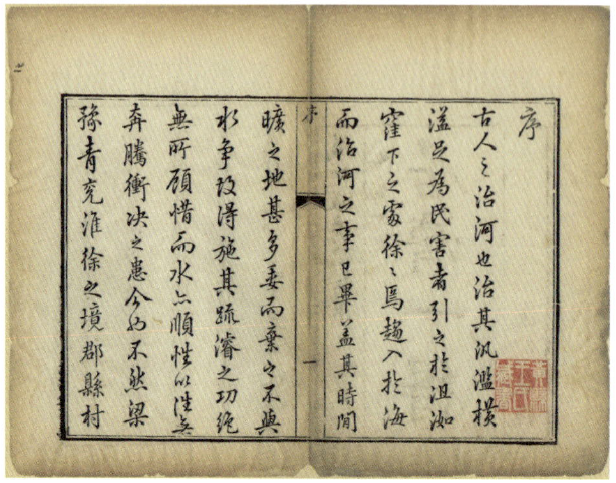

3

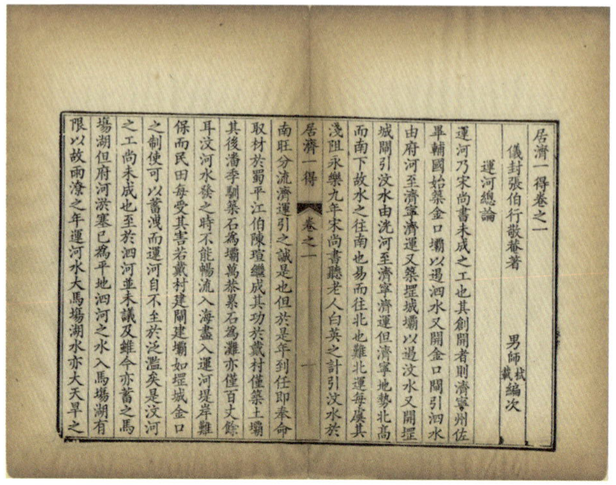

4

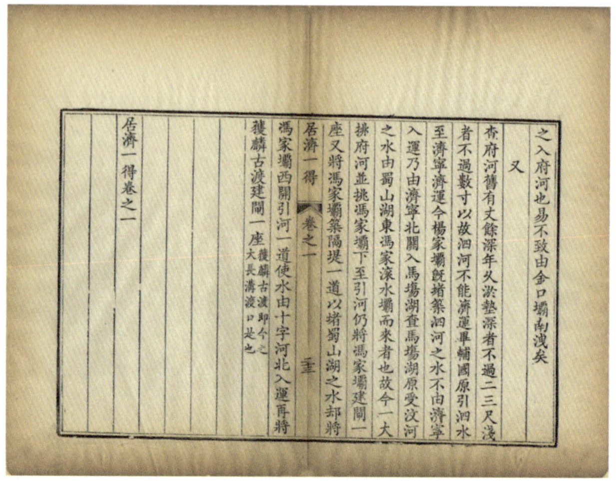

5

居济一得

（清）张伯行撰

5 卷

刻本

清（1616—1911）

本书存五卷。9 行 20 字，白口，四周双边单鱼尾。该书是康熙年间，张伯行任济宁道时的经验积累，全书共分为八卷，国家图书馆藏此版本存五卷。全书对山东段运河的地理地貌、水利设施建设、运河补给水源、运河管理和治理做出了说明，是一部了解明清时期山东运河的重要水利著作。卷一为运河总论、峄县县丞、台儿庄八闸、微山湖等。卷二为泗水、沂水、汶水济运、马场湖闸、南旺分水等。卷三为十字河、汶河、汶河闸坝跟堤岸、戴村坝等。卷四疏为浚泉源、马踏湖与安山湖的维护、闸坝放船的方法等。卷五为治水、土桥闸、戴家湾放船法、治河之法与引漳入卫。卷六为治河议、疏浚河道、聊城县七里河、曹州贾鲁河等。卷七为治河总论、黄淮水利、皂河与骆马湖。卷八为黄河运河总论。张伯行（1651—1725），字孝先，晚年号敬庵，谥号清恪，河南仪封人。康熙二十四年（1685）进士，累官至礼部尚书。康熙四十二年，张伯行任山东济宁道，膺山东治河之命，著成《居济一得》一书。为官二十余年，以清廉刚直称，其政绩在福建及江苏最为人称道。

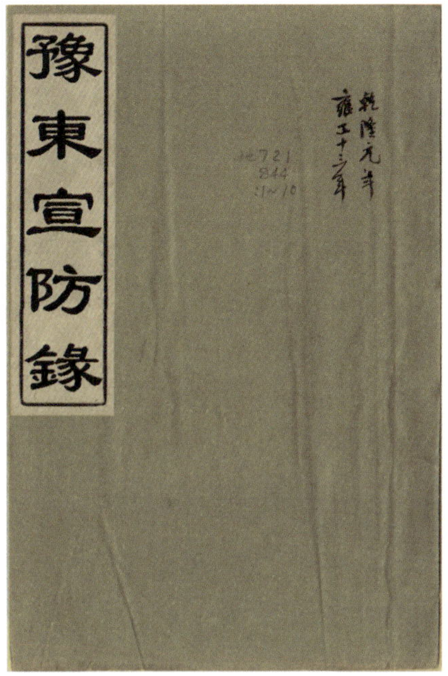

1

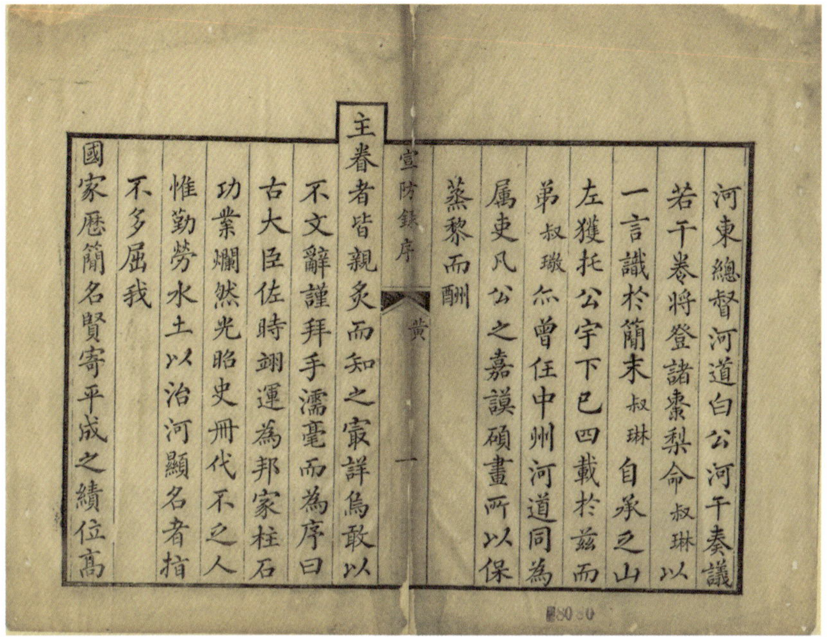

2

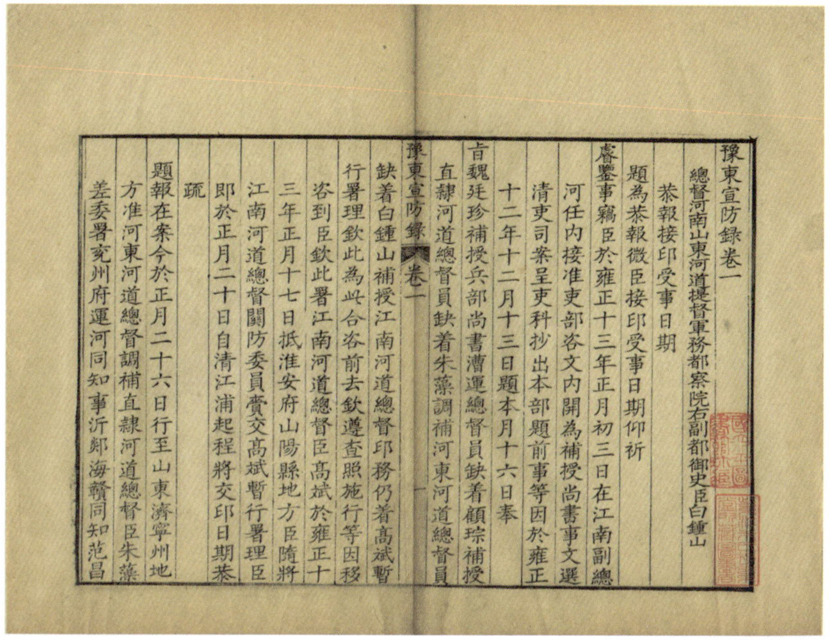

3

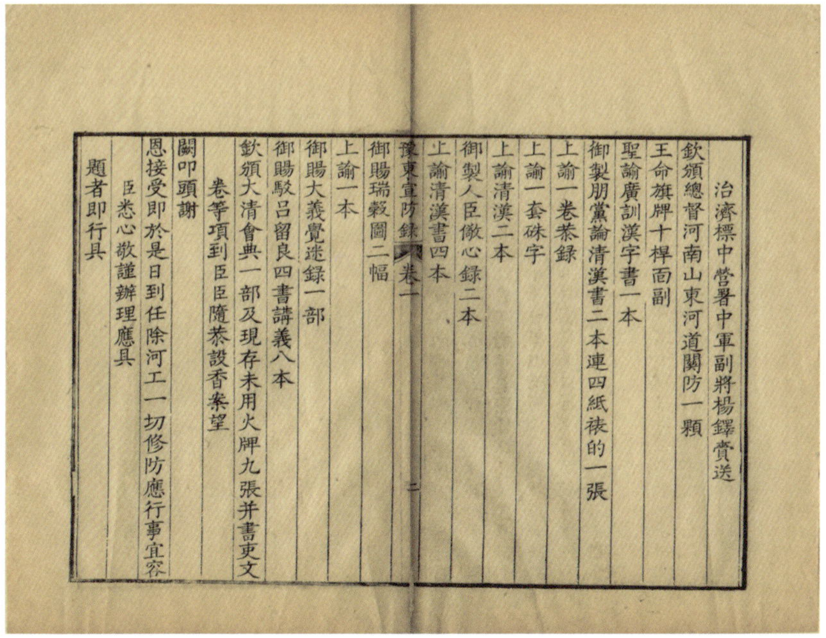

4

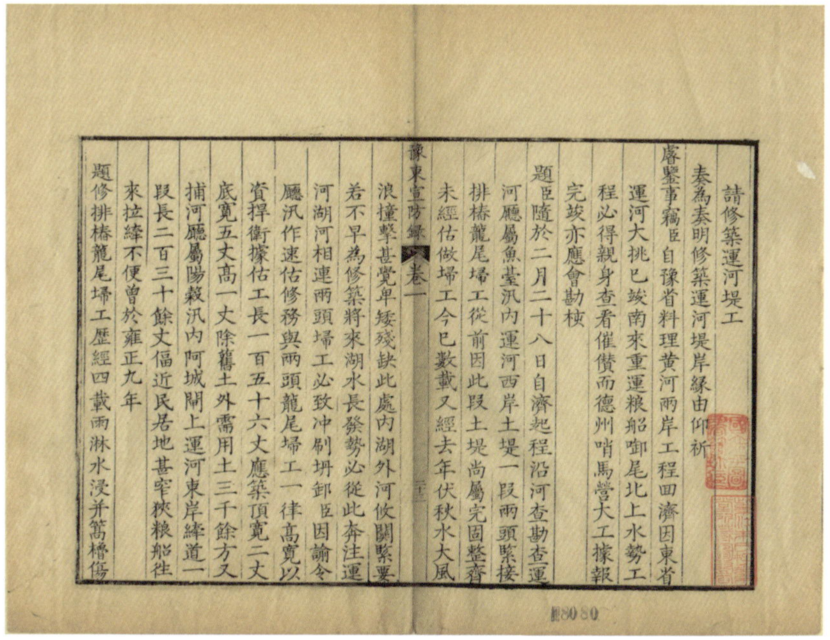

5

豫东宣防录

（清）白钟山撰

10 册

刻本

清乾隆年间（1736—1795）

本书共八卷，主要收录了白钟山自雍正十三年（1735）在济南主政东河河务到乾隆七年（1742）有关黄河运河防治的奏议，包括河防河汛、治河工程、治防策略等。白钟山，乾隆年间河官，曾任江南河道总督、河东河道总督。

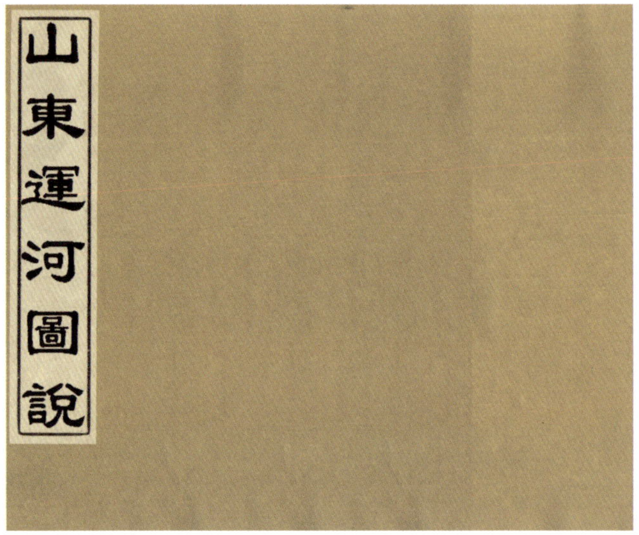

1

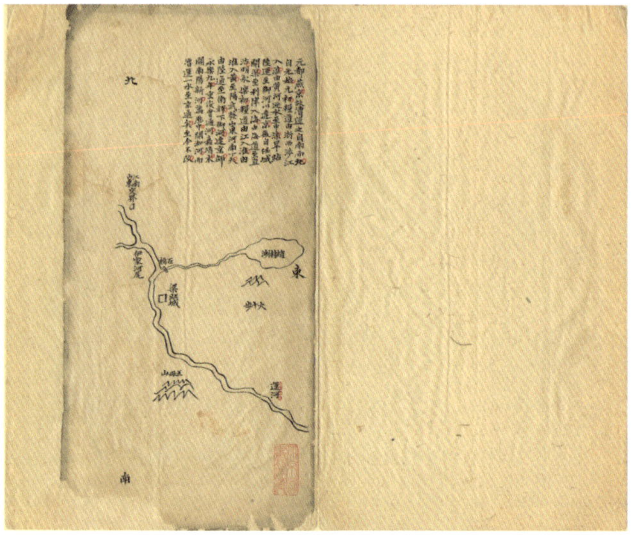
2

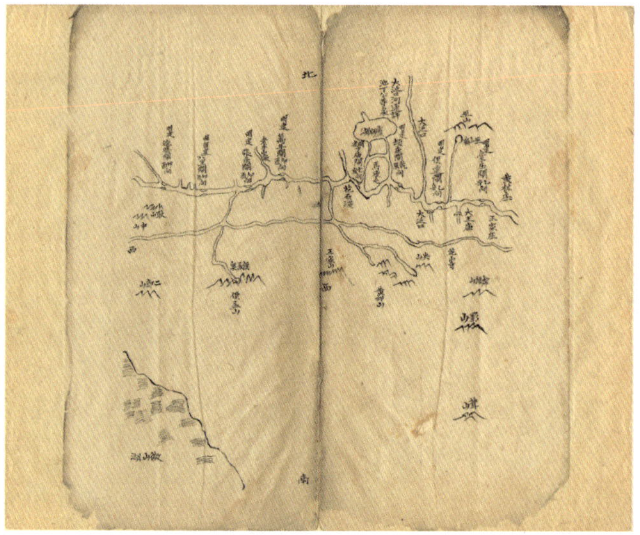
3

山东运河图说

（清）黄春圃辑

1 册

抄本

清（1616—1911）

本图说有朱笔圈点。山东运河是京杭大运河中海拔最高、船闸密度最大、水利工程最集中的河段。此书为山东运河的绘本地图，随图多处有图说，地图南起山东运河段南端山东与江南省交界梁王城，北到山东与直隶省交界半截碑。图后有整篇图说，另有浙江嘉兴府漕船至京水程、运河总诀等。

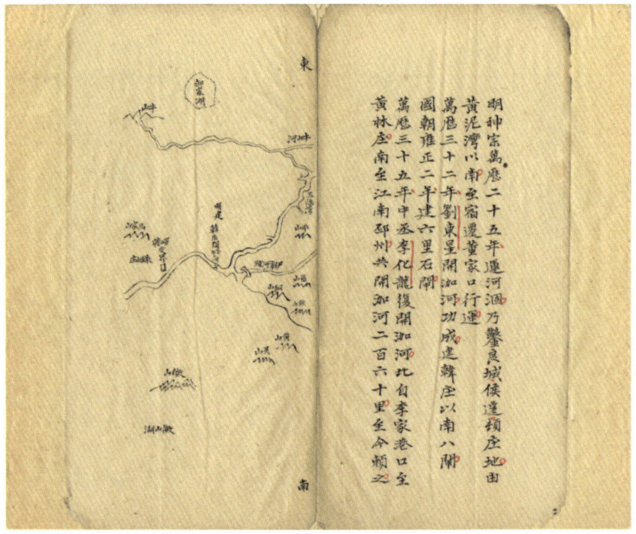
4

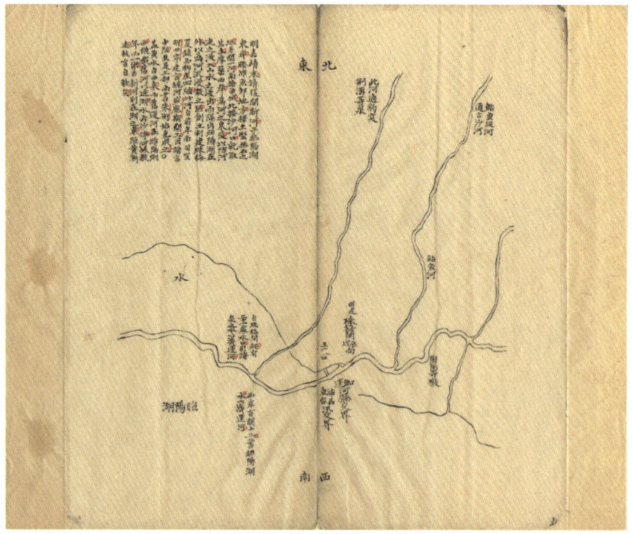
5

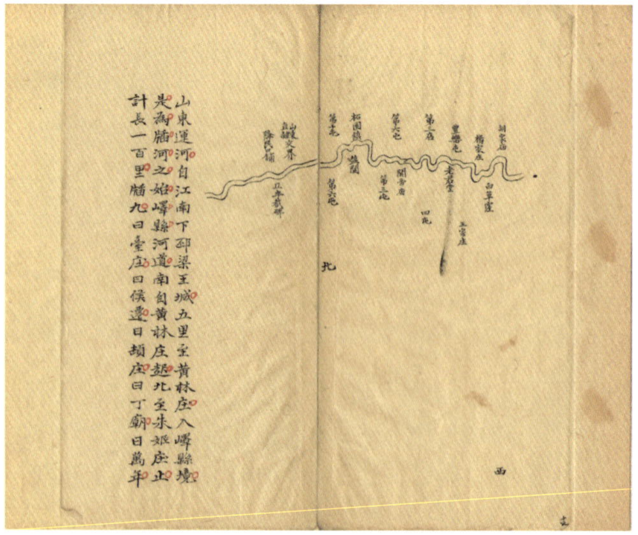
6

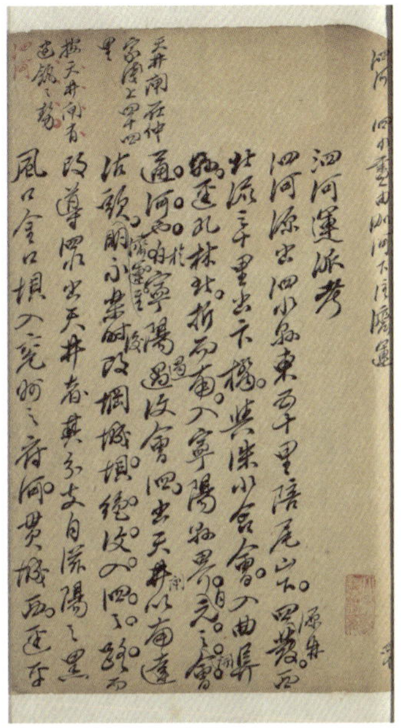

1

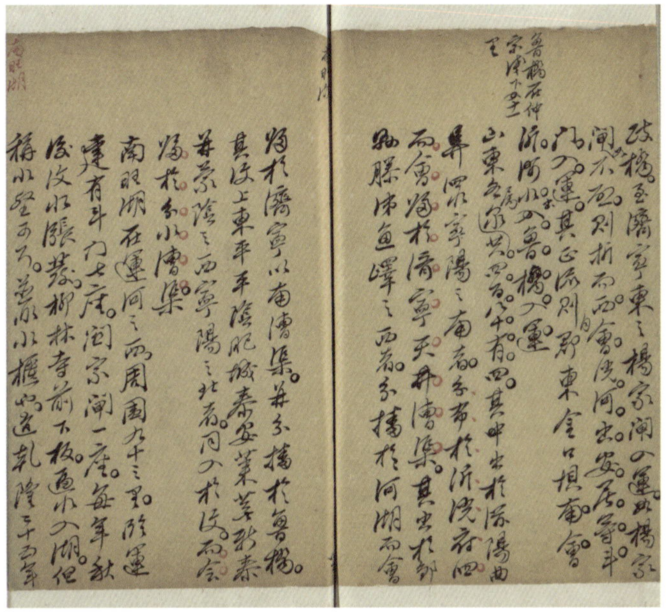

2

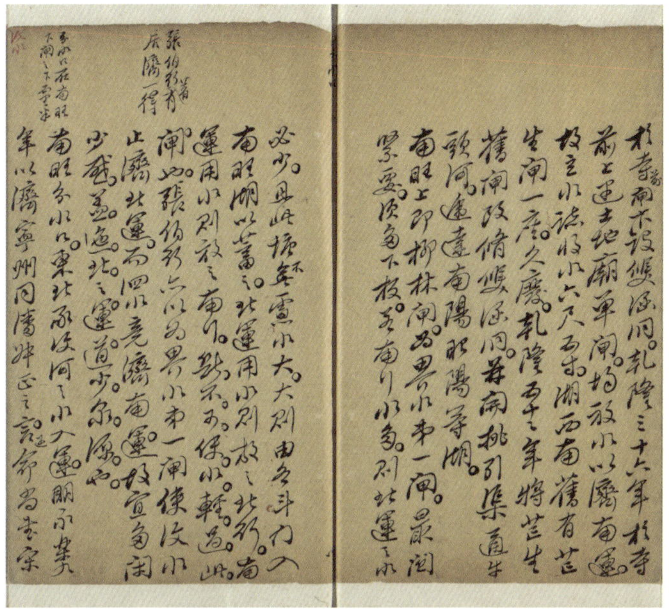

3

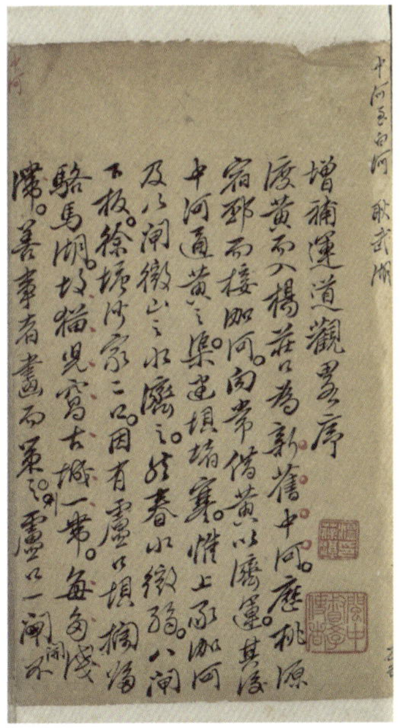

4

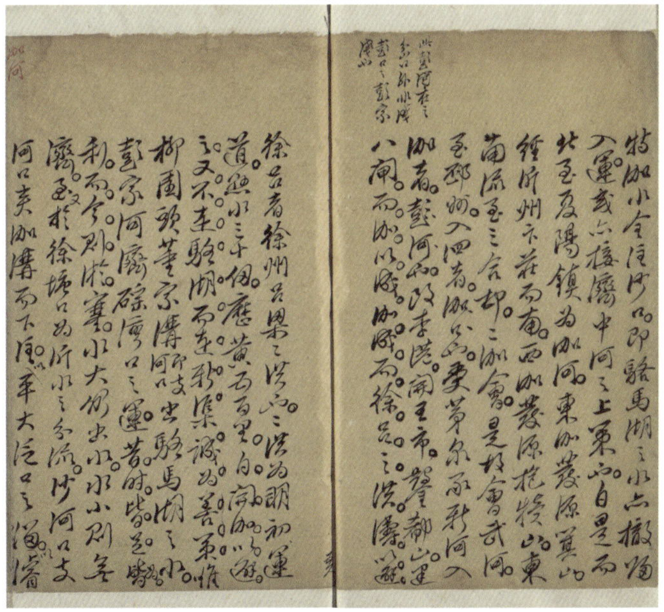

5

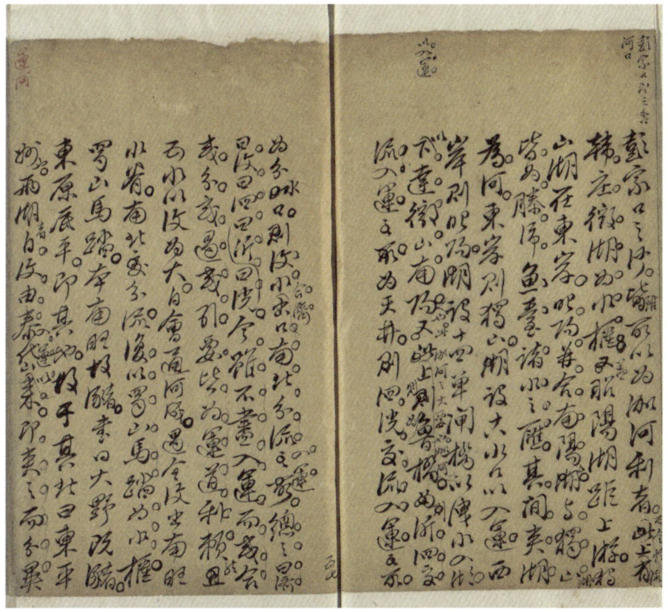

6

［运河考］

2 册

抄本

［清中期］

本书内容似不全，有朱笔批点。全书分为上下两册，上册内容大致为泗河运派考、汶水运派考、济水运派考、大通河、漳合卫考、丹合卫考、沁合卫考、淇洹合卫考、济河等相关文章，另有相关水闸、驿站记录及里程。下册内容为：增补运道观略序、淮安运河考、运河机要、东清坝考、黄淮交济说、开辟海口说、补增淮口八议、黄淮全势、黄淮形势、邳宿运河考、徐吕二洪考、中河考、会通河、卫河等文章。根据全书记录内容推测，此书大致成书于清中期。

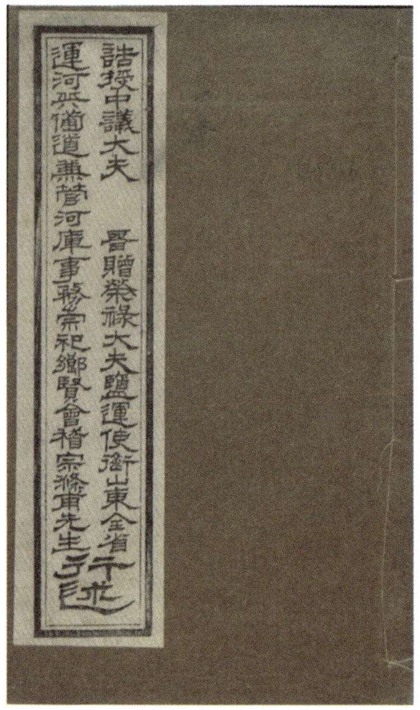
1

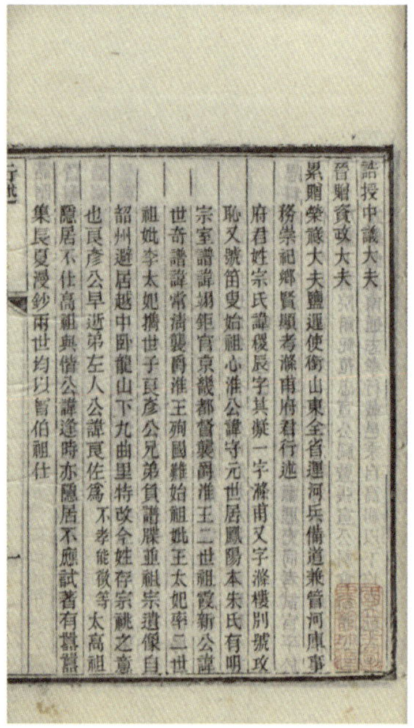
2

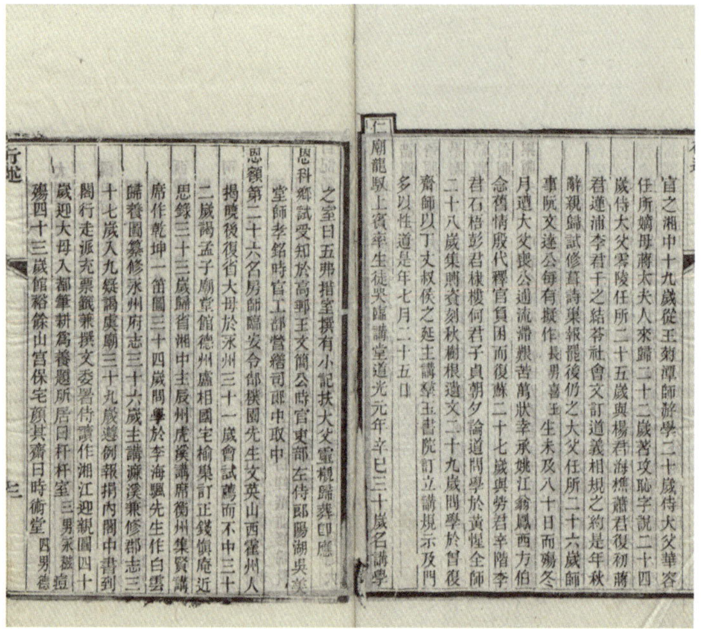
3

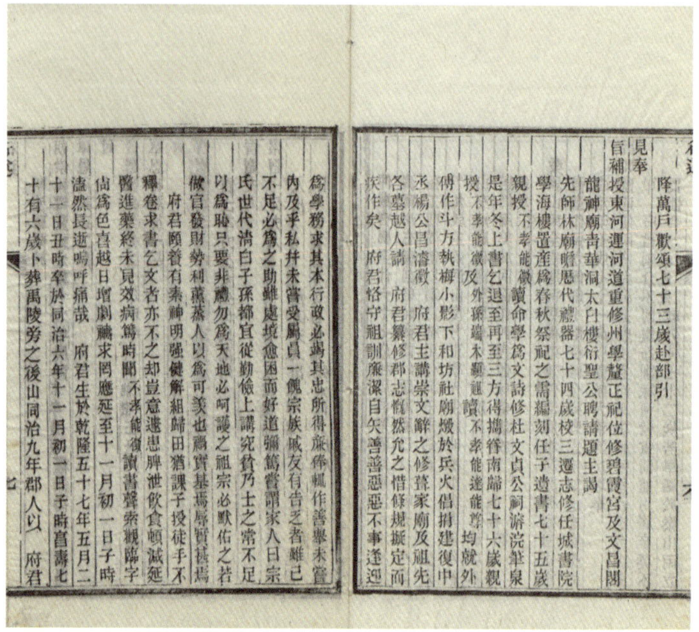
4

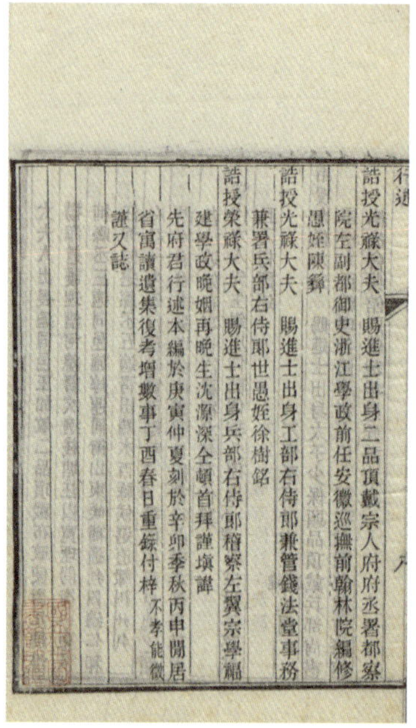
5

诰授中议大夫晋赠荣禄大夫盐运使衔山东全省运河兵备道兼管河库事务崇祀乡贤会稽宗涤甫先生行述

（清）宗能徵、宗稷臣等撰

1 册

刻本

清光绪二十三年（1897）刻本

本书 13 行 24 字，白口，四周双边单鱼尾。民国二十九年（1940）王荫泰先生赠送。书名据书签题。此书记载了山东运河兵备道宗稷辰一生事迹。宗稷辰（1792—1867），字涤甫，又字涤楼，在担任河官期间，曾有劝办大清河民堰、修大禹王庙、全河报公祠等事迹。

1

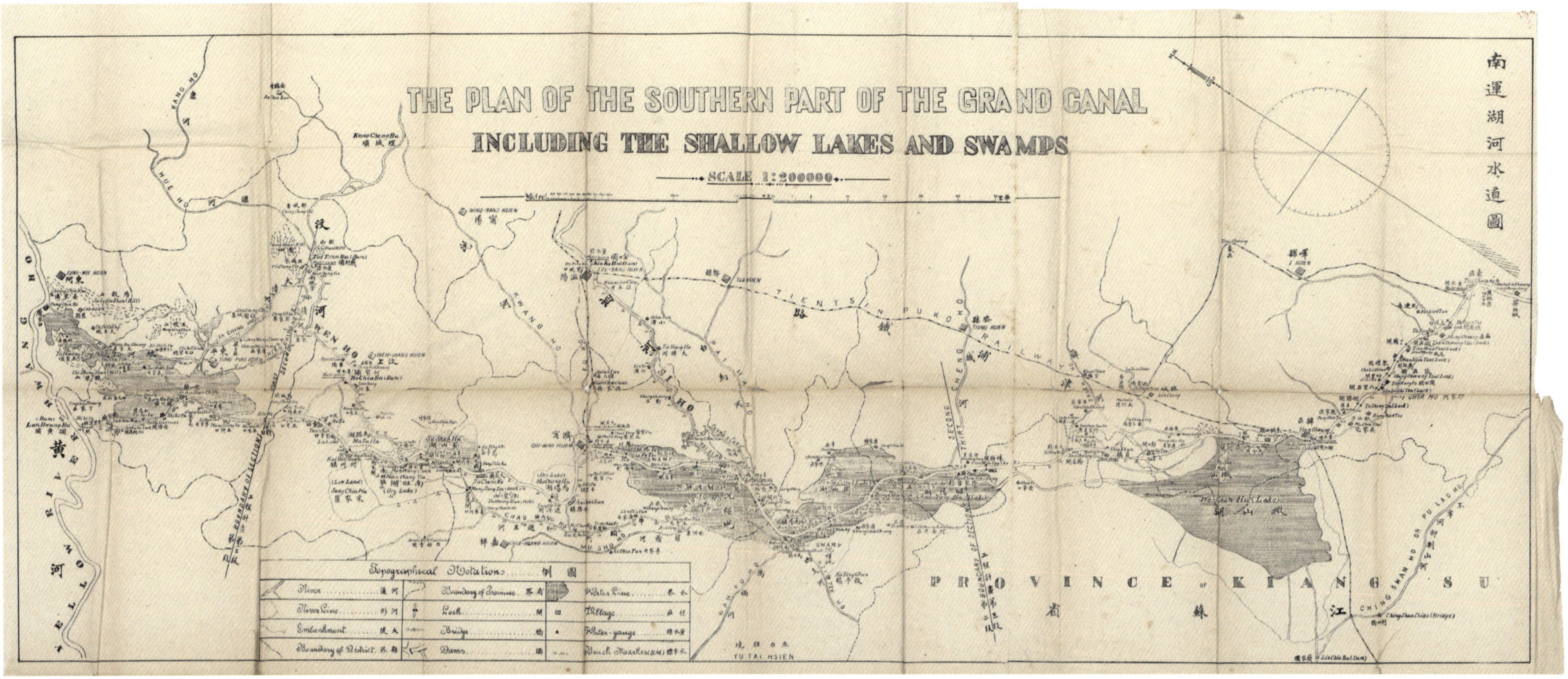

2

山东南运湖河水利报告录要

潘复编

1 册

民国五年（1916）

本书内载南运湖河水道图一幅，济鱼沉粮地图二幅，苏鲁运河水道图一幅，南运湖河风景及形势照片三十二张；计划书及各类统计表。中英文对照。潘复，民国年间北洋政府国务总理，曾任山东实业司司长。

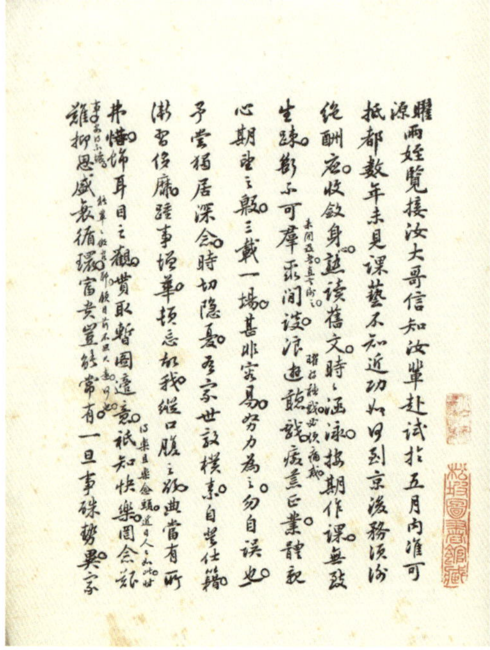

1

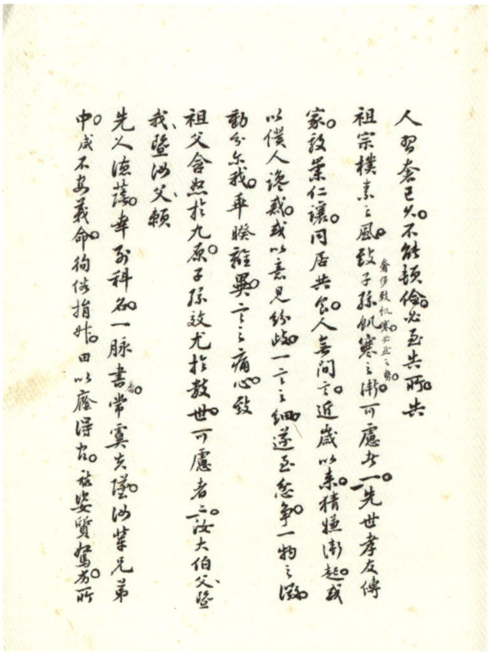

2

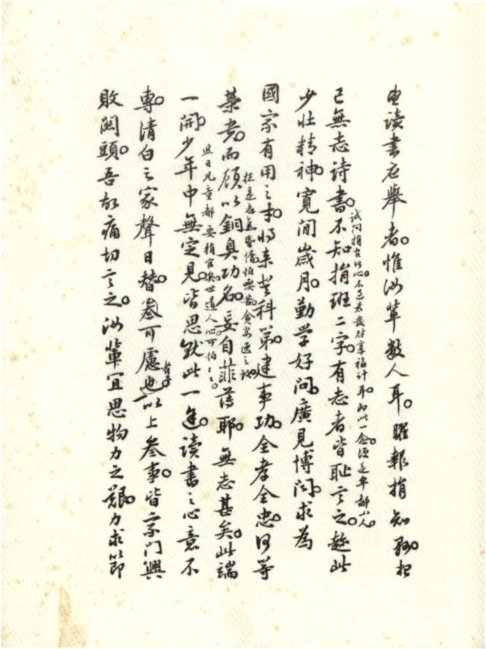

3

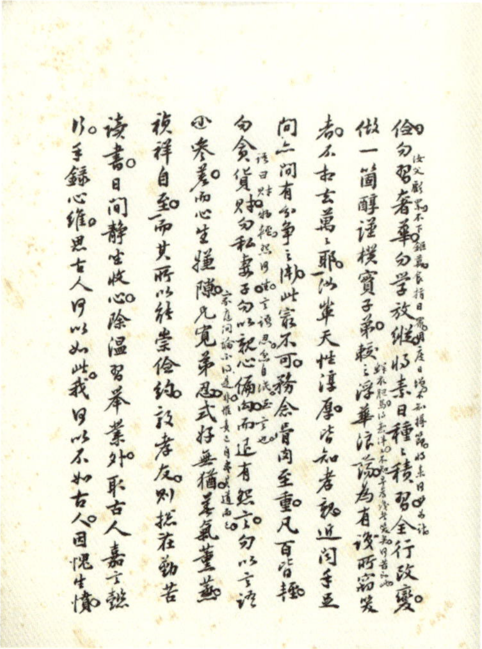

4

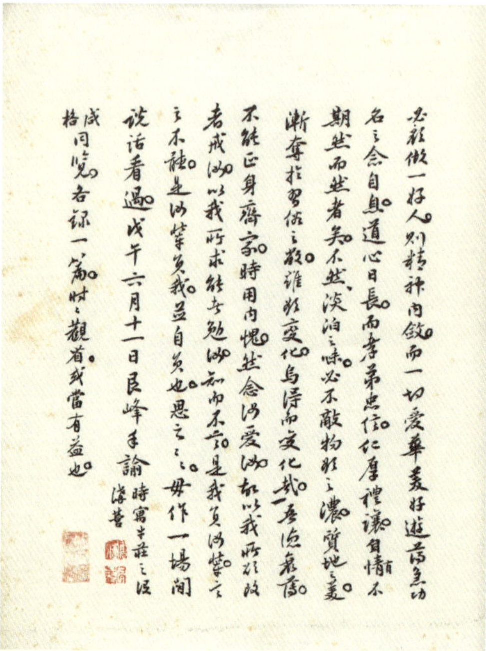

5

读南运河测量报告书后及结论

［美］斐礼门撰

1 册

抄本

民国年间（1912—1949）

本书为南运河研究报告。斐礼门为美国工程师，参与了当时的一些运河、黄河工程，著有《黄河含沙量之研究》《黄河含沙量特性之研究》《黄河下游之泥沙》。

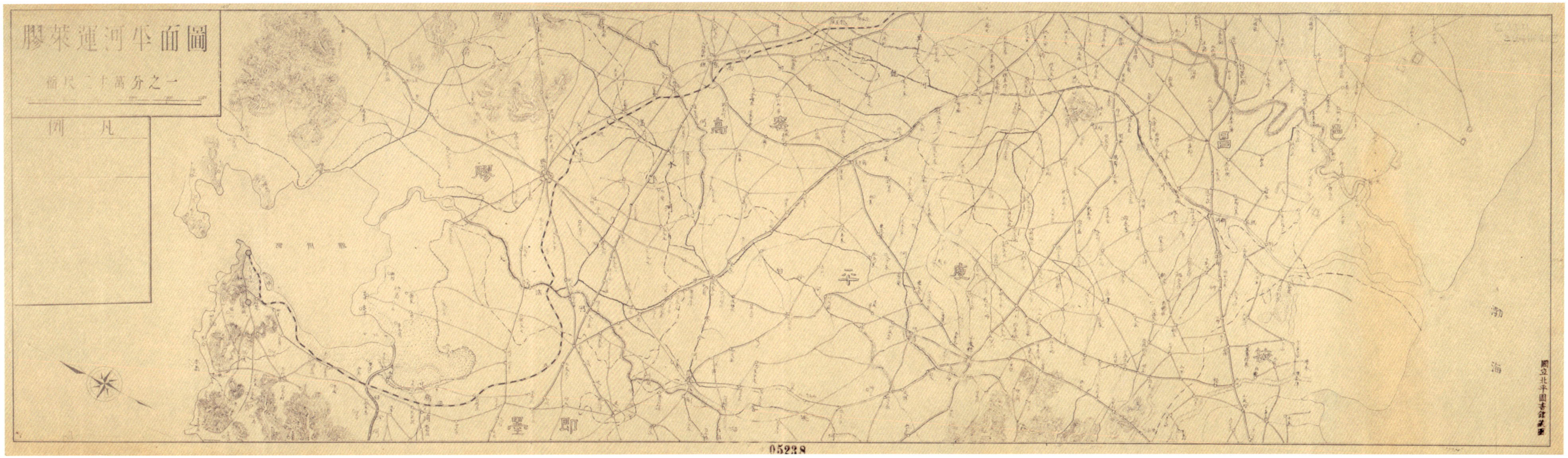

胶莱运河——中国沿海航运之枢纽

（民国）李秀洁著

民国二十七年七月（1938.7）

本书为禹贡学会丛书。分五章，叙述山东胶莱河流域地理概观、胶莱运河开凿史、中国运输业概况等。

山東運河工程局職員錄

山东运河工程局职员录

（民国）山东运河工程局编

2 页

油印本

[民国年间（1912—1949）]

本书以表格的形式记录了民国年间山东运河工程局的职员信息。信息内容包括职别、姓名、别号、年岁、籍贯、学历、住址。

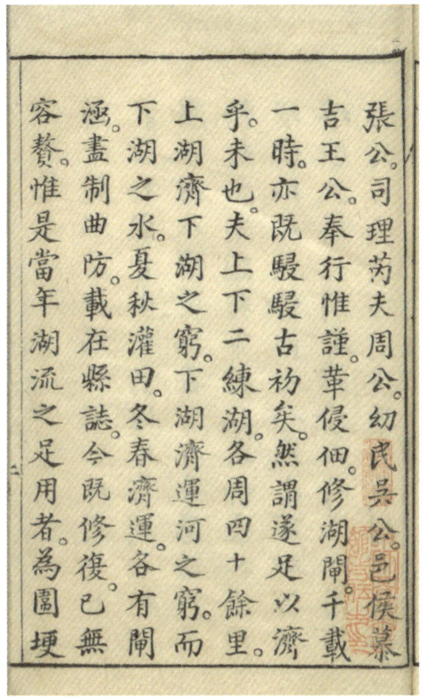

1

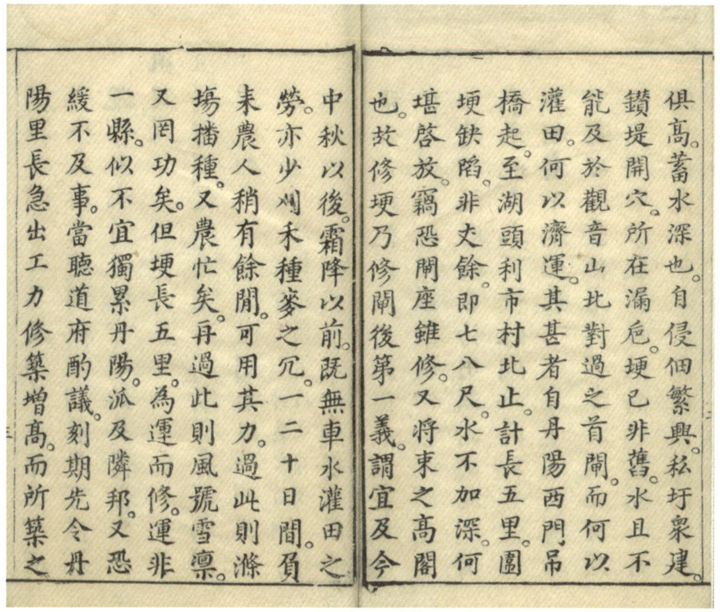

2

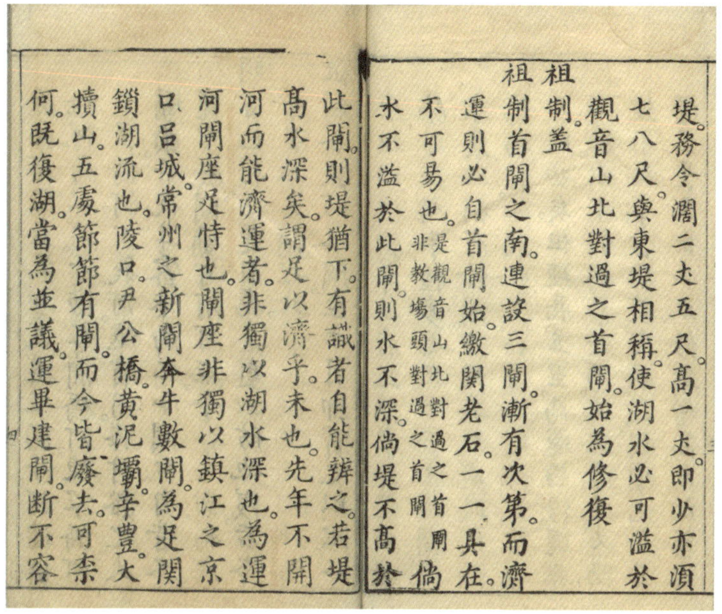

3

江苏水利论

（明）姜宝撰

1 册

刻本

明崇祯年间（1628—1644）

本书 8 行 16 字，白口，单边。书名根据篇名代拟。此篇论述漕运河道、湖堤、闸坝、河工事宜，记录镇江水利情形、闸坝管理情况。后附《丹阳县申禁侵佃练湖记》。姜宝，明末进士及第，官至南京刑部尚书、吏部尚书。

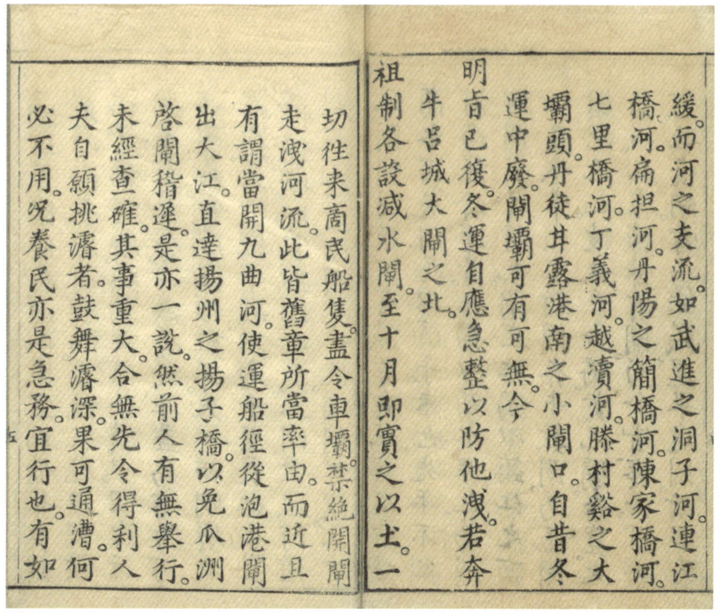

4

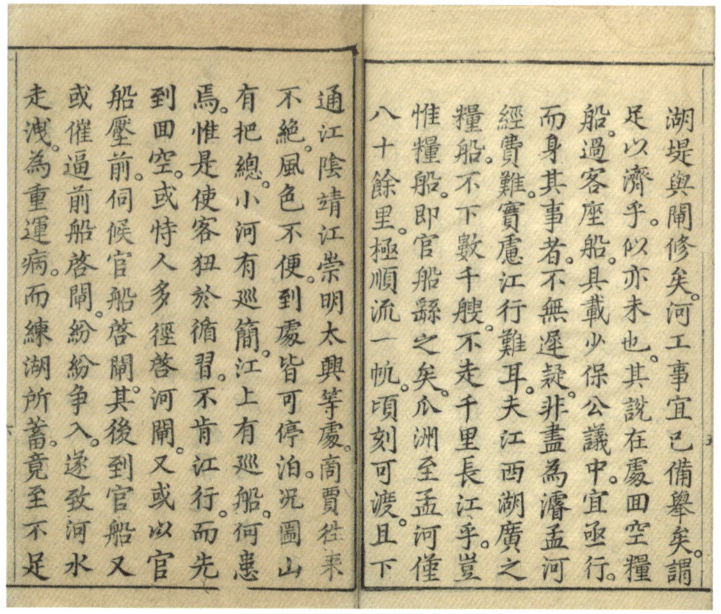

5

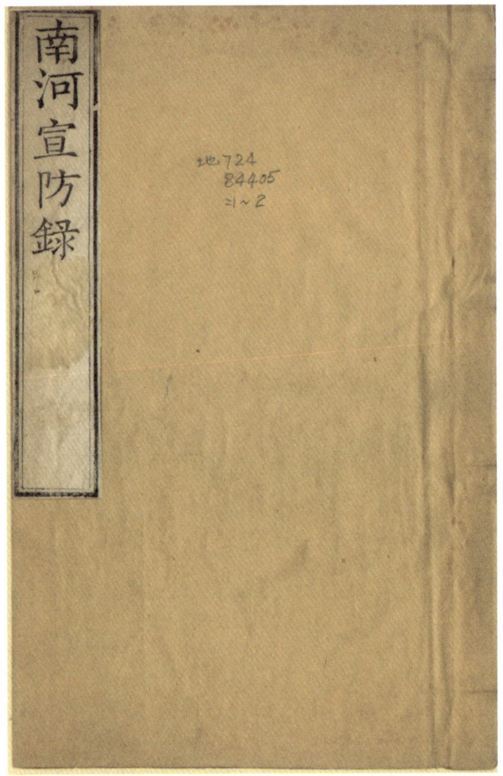

1

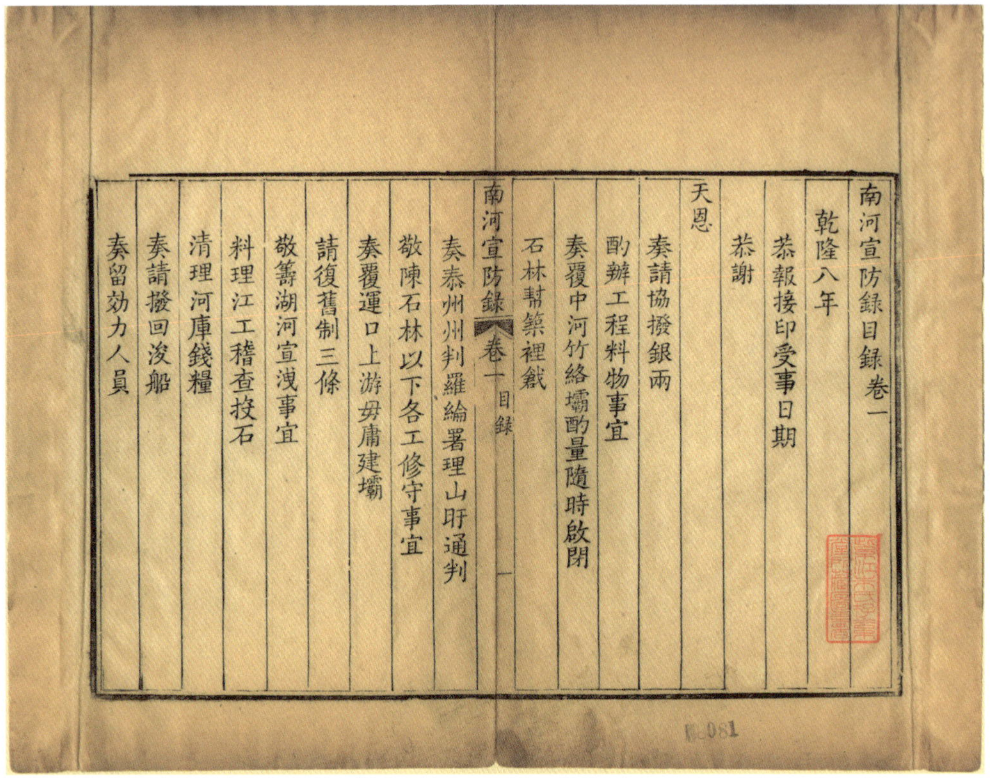

南河宣防録目録卷一
乾隆八年
恭報接印受事日期
恭謝
天恩
奏請協撥銀兩
酌辦工程料物事宜
奏覆中河竹絡壩酌量隨時啟閉
石林幫築裡戧
南河宣防録 卷一 目録 一
奏泰州州判羅綸署理山盱通判
敬陳石林以下各工修守事宜
奏覆運口上游毋庸建壩
請復舊制三條
敬籌湖河宣洩事宜
料理江工稽查投石
清理河庫錢糧
奏請撥回浚船
奏留効力人員

2

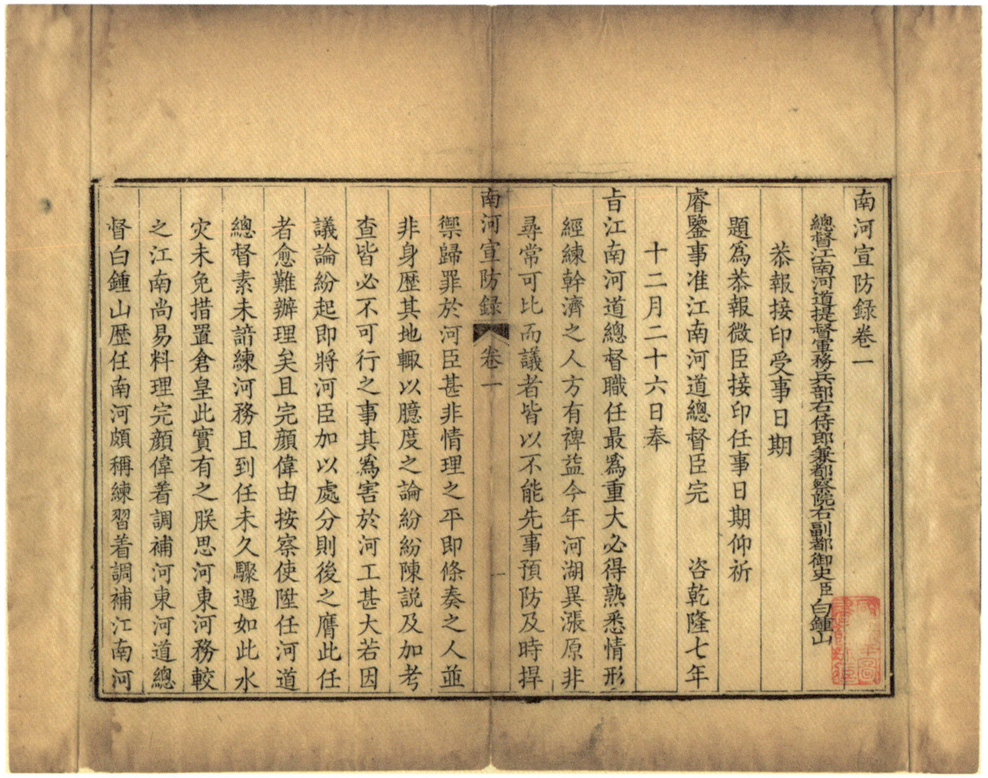

南河宣防録卷一
總督江南河道提督軍務兵部右侍郎兼都察院右副都御史臣白鍾山
恭報接印受事日期
題為恭報微臣接印任事日期仰祈
睿鑒事准江南河道總督臣完　咨乾隆七年
十二月二十六日奉
旨江南河道總督職任最為重大必得熟悉情形
經練幹濟之人方有裨益今年河湖異漲原非
尋常可比而議者皆以不能先事預防及時捍
南河宣防録 卷一 一
禦歸罪於河臣甚非情理之平即條奏之人並
非身歷其地輒以臆度之論紛紛陳說及加考
查皆必不可行之事其為害於河工甚大若因
議論紛起即將河臣加以處分則後之膺此任
者愈難辦理矣且完顏偉由按察使陞任河道
總督素未諳練河務且到任未久驟遇如此水
灾未免措置倉皇此實有之朕思河東河務較
之江南尚易料理完顏偉着調補河東河道總
督白鍾山歷任南河頗稱練習着調補江南河

3

南河宣防录

（清）白钟山撰

2 册

刻本

清乾隆年间（1736—1795）

本书共二卷，主要收录了白钟山自乾隆七年（1742）至乾隆十年（1745）任江南河道总督时，关于南河防治的奏疏。南河是指江南河道总督所管辖的江苏、安徽等地的黄河、淮河、运河。白钟山，乾隆年间河官，曾任江南河道总督、河东河道总督。

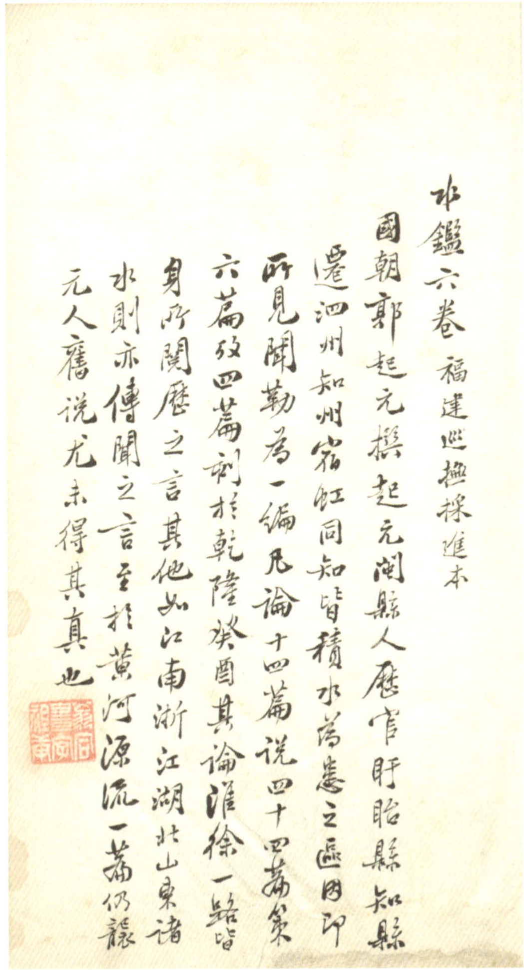

1

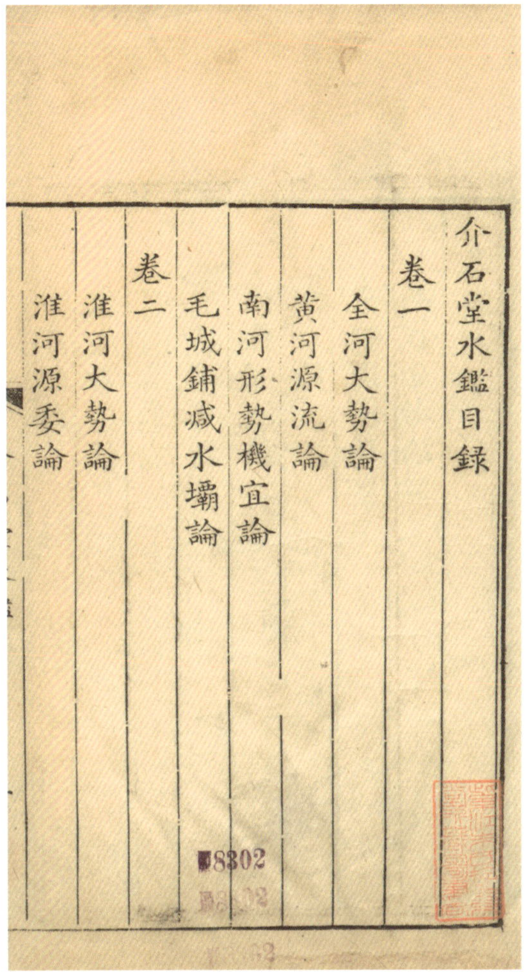

2

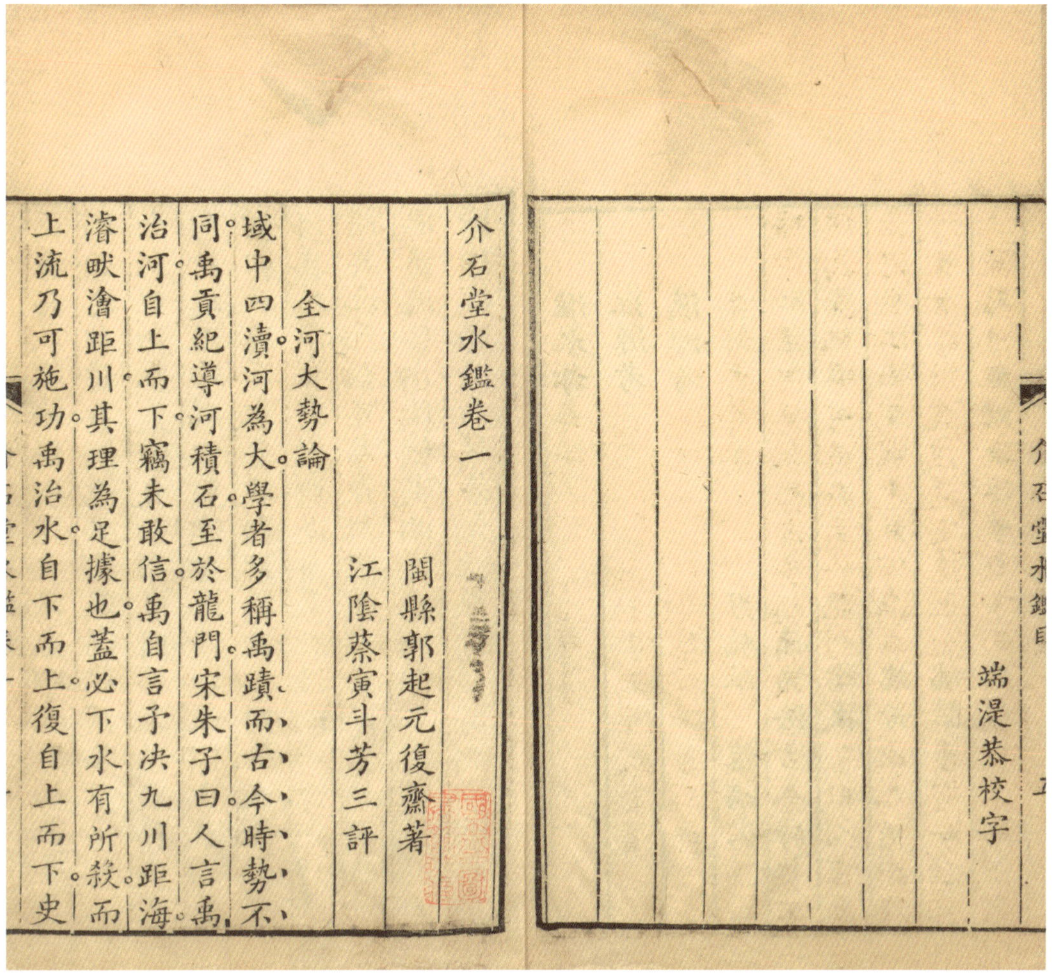

3

介石堂水鉴

（清）郭起元撰

2 册

刻本

清（1616—1911）

本书是一部水利论著，为郭起元在淮泗一带当政时考察治理水患的经验总结。全书共六卷，卷一主要论述黄河源流、变迁、治理，卷二概论淮河与运河，卷三至卷五叙述江苏境内中运河、里运河上的水利工程，卷六为治理黄淮策略及淮河考。郭起元，清乾隆年间诸生，品质高洁，擅作诗文，著有《介石堂诗文集》。

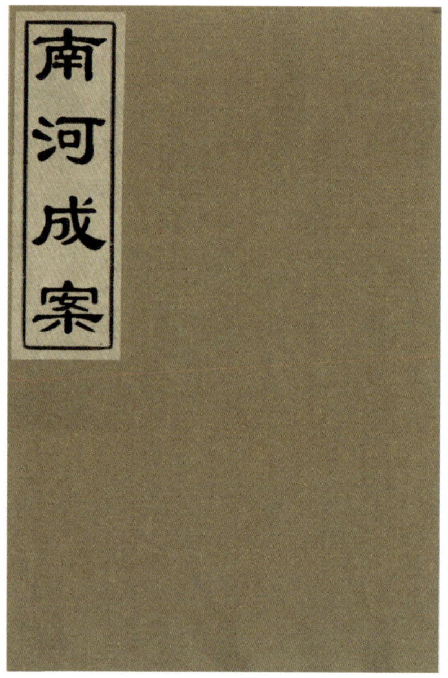

1

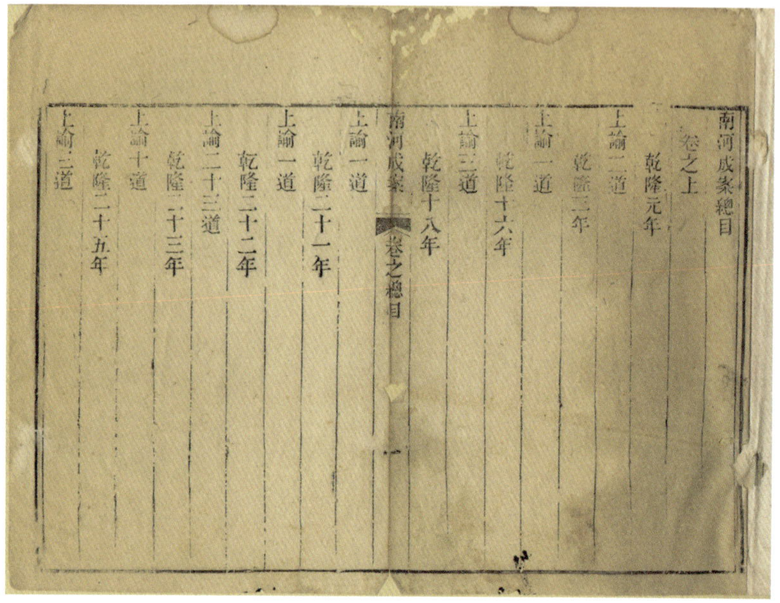

2

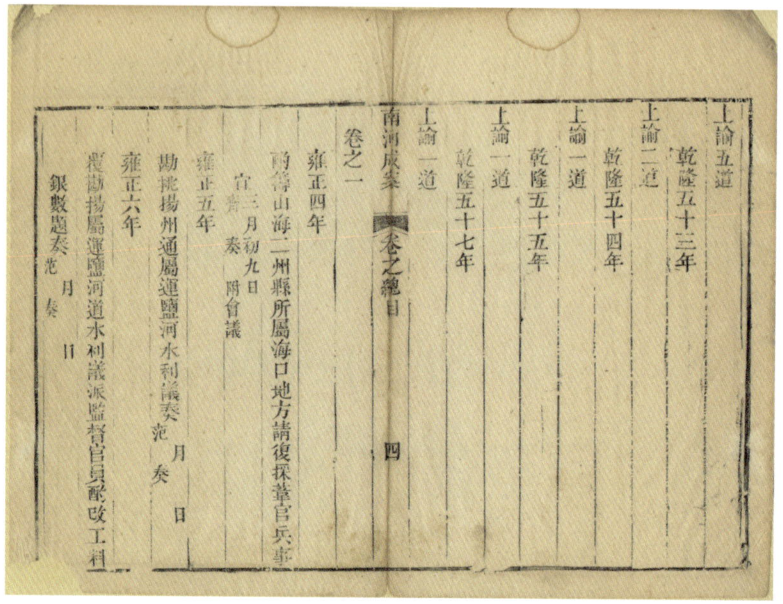

3

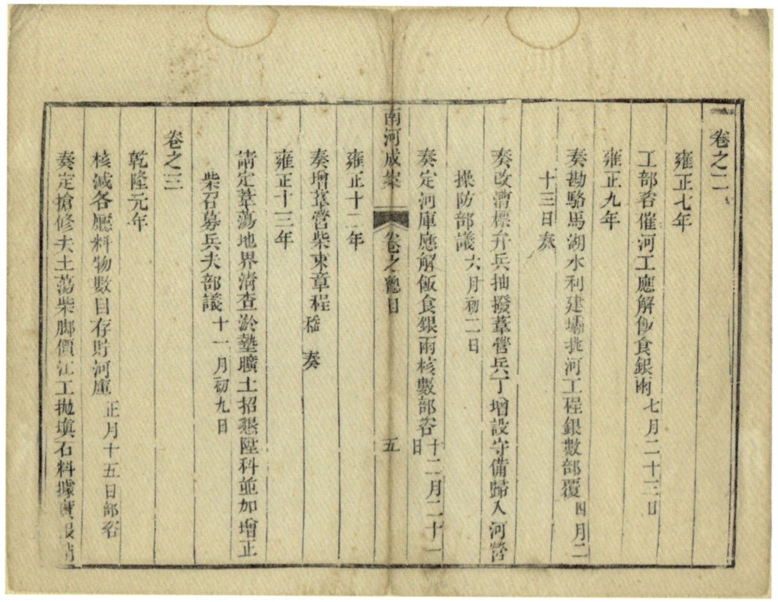

4

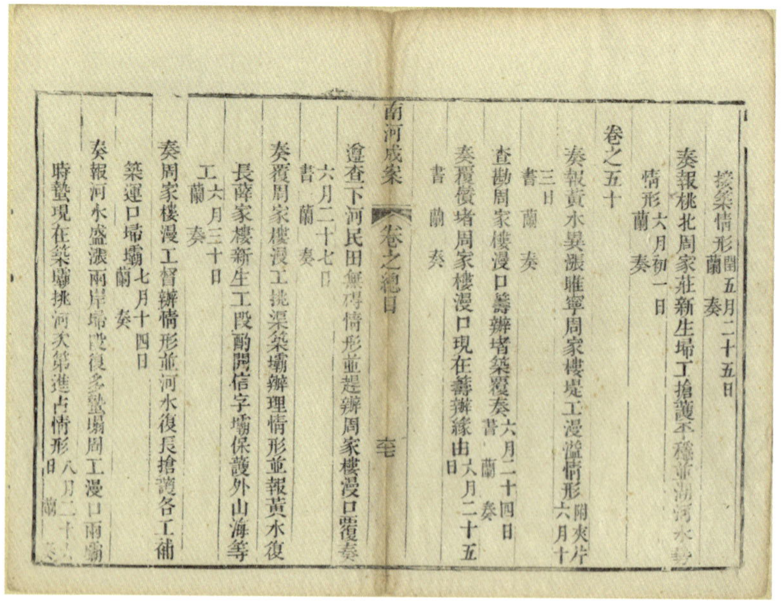

5

南河成案

30 册

刻本

清（1616—1911）

本书五十四卷，卷首二卷，三十册，9 行 22 字，白口，左右双边单鱼尾。此书系清代治理江苏、安徽境内黄河、淮河、运河的水利档案汇编，由江南河道总督衙门编辑。五十四卷卷首二卷，其中乾隆皇帝上谕二卷，时间范围由乾隆元年至五十七年。奏折五十六卷，涉及奏议文章九百多篇，时间范围上起雍正四年（1726），下讫乾隆五十六年（1791）。江南河道总督是清代设在清江浦的高级官员，品级为从一品或正二品，负责江苏河道的疏浚及堤防。江南河道总督衙门兼及南河资料汇编，为汇辑南河工程档案开了先例。书中辑录了有关南河工程的上谕、奏章、公文，包括齐苏勒、范时绎、嵇曾筠、蒋炳、常禄等大臣有关治河的奏疏案牍等，按年月编排，共载谕旨奏牍九百五十四件。

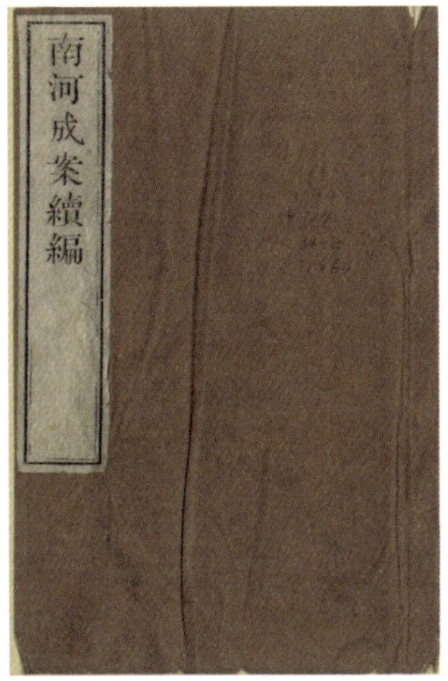

1

2

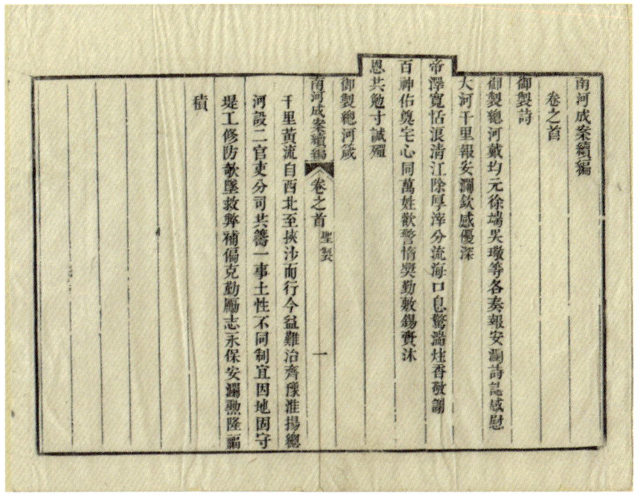

3

南河成案续编

64 册

刻本

［清嘉庆年间（1796—1820）］

本书一〇六卷，卷首一卷，9 行 22 字，白口，左右双边单鱼尾。上接《南河成案》乾隆五十七年（1792），下至嘉庆二十四年（1819），汇辑了上谕、奏折等工程档案一千四百余件。卷首一卷为圣制，涉及御制诗、文、记、碑文、联额等。此书系乾隆、嘉庆年间治理江苏、安徽境内黄河、淮河、运河的水利档案汇编。

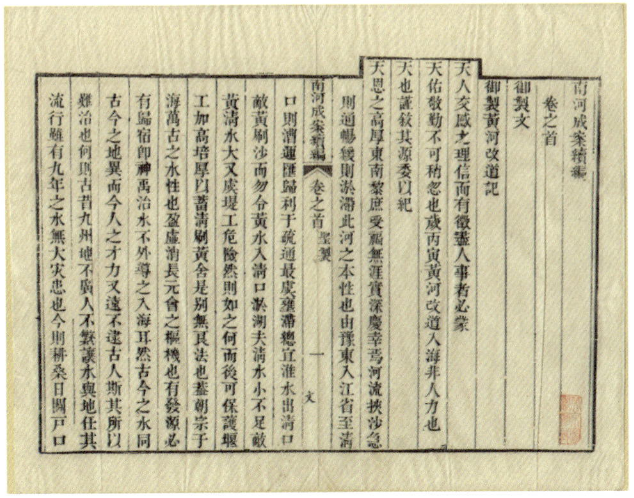

4

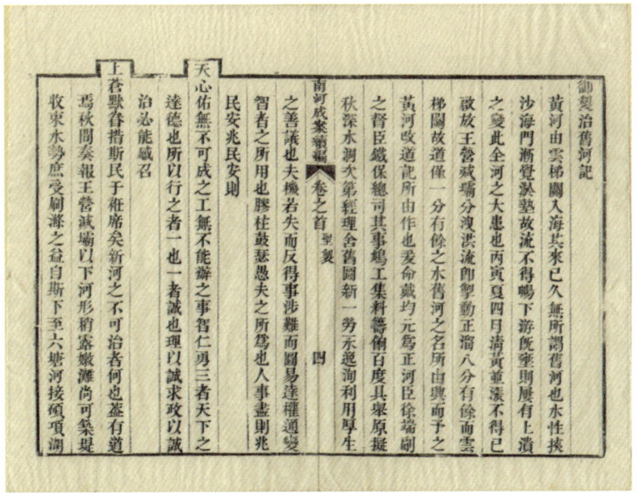

5

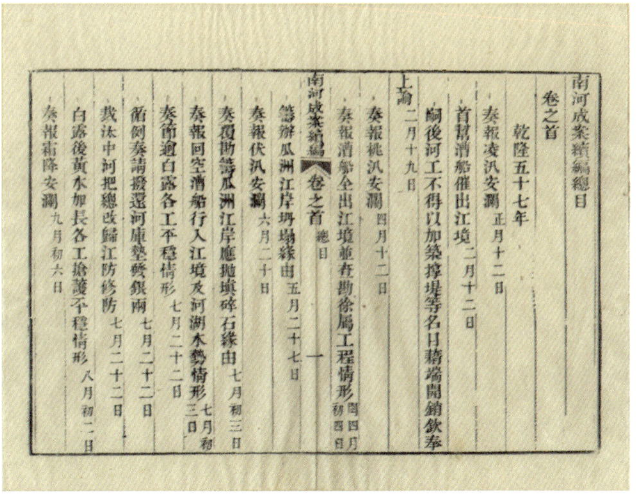

6

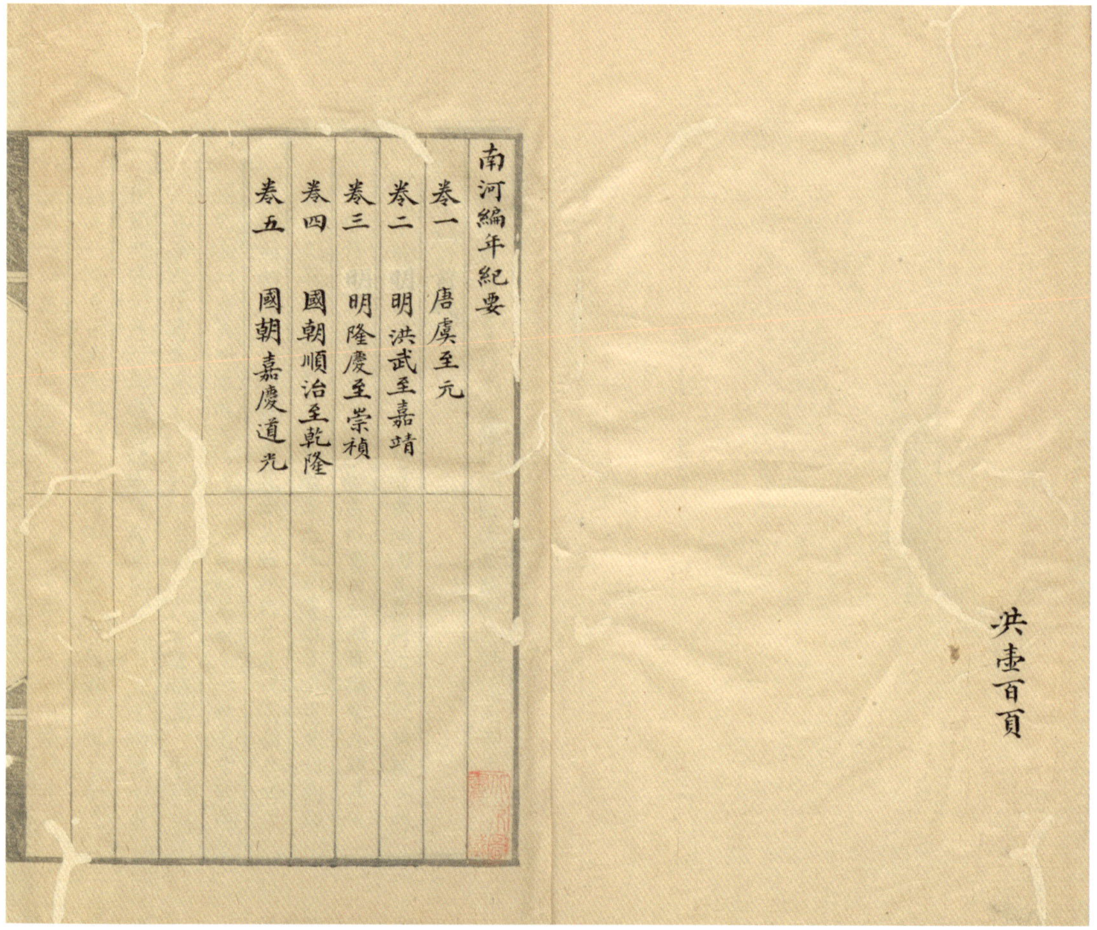

1

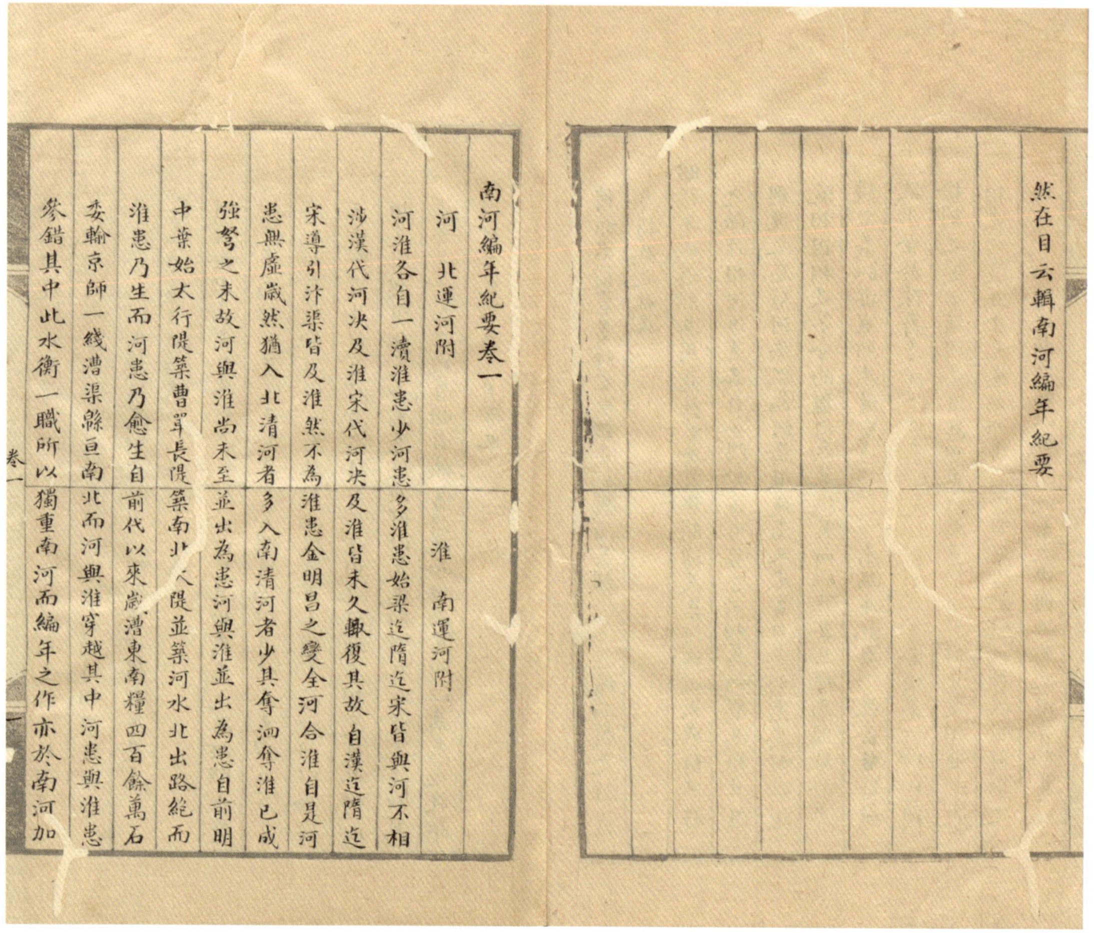

2

南河编年纪要

（清）袁青绶编

5 册

稿本

清（1616—1911）

本书采用编年体形式，辑录了唐禹至道光间有关南河的治河大事。南河是指江南河道总督所管辖的江苏、安徽等地的黄河、淮河、运河。全书共五卷，元代及以前一卷，明代两卷，清代两卷。袁青绶，清道光、咸丰年间官员。

东南水利略

（清）凌介禧撰

1册

抄本

［清道光年间（1821—1850）］

道光四年（1824）道光皇帝命修江浙两省水利，浙江士绅凌介禧游历各地两省，编纂《东南水利略》。全书内容涉及东南七郡一州浙省杭嘉湖、江省苏松太常镇等地，共六卷。卷一图说25幅，卷二卷三诸水源流水利，卷四诸水道要害说，卷五诸水利工程修建论说，卷六条陈奏疏。凌介禧，字少茗，浙江吴兴人。于道光四年著《东南水利略》（一名《蕊珠仙馆水利集》）6卷，清道光十三年（1833）蕊珠仙馆凌氏藏版刊刻，卷首有卢坤、帅承瀛序文各一篇。国家图书馆藏抄本一册，仅抄富呢扬阿、林则徐二序，与刻本情形迥异。

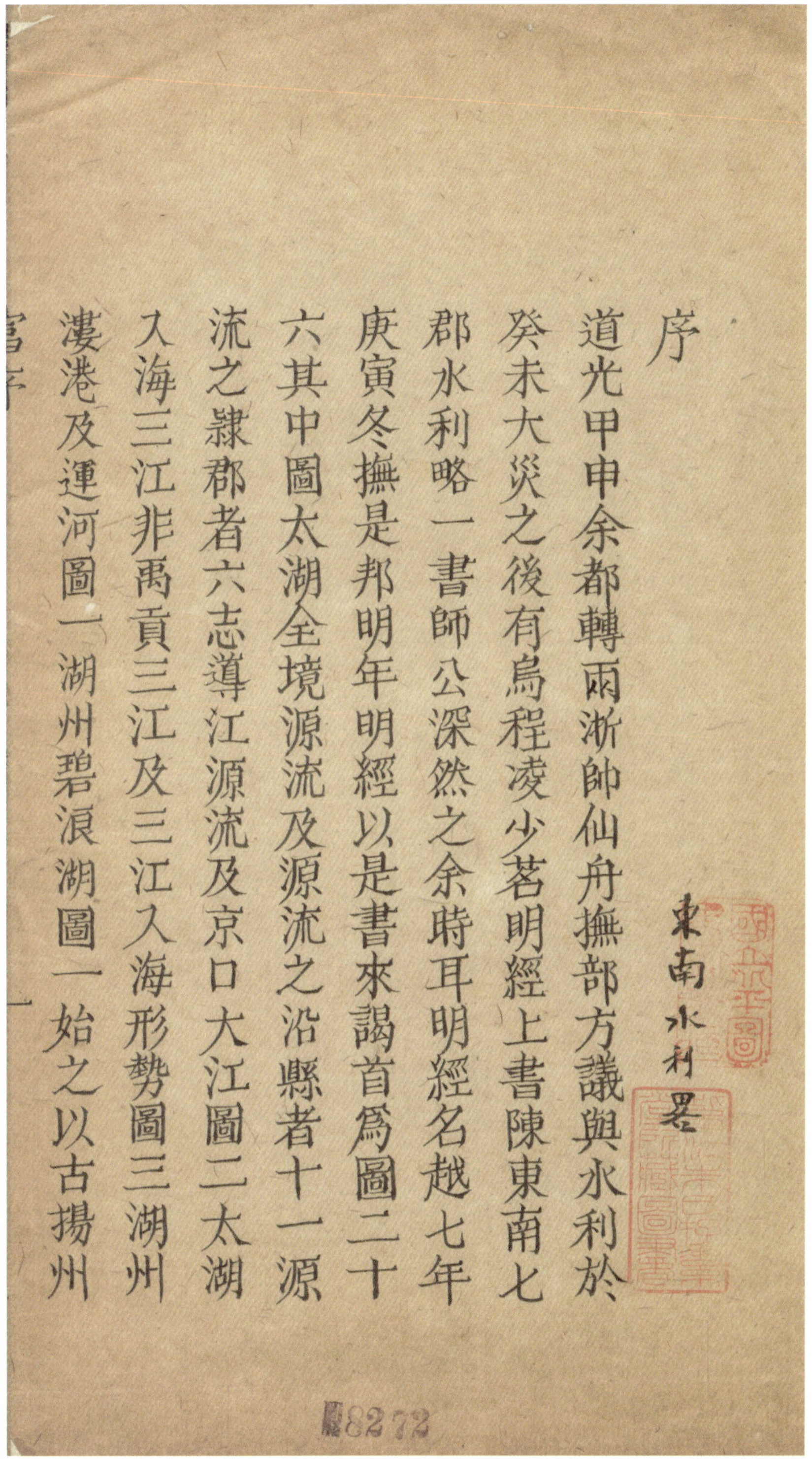
東南水利畧

序

道光甲申余都轉兩浙帥仙舟撫部方議與水利於癸未大災之後有烏程淩少茗明經上書陳東南七郡水利略一書師公深然之余時耳明經名越七年庚寅冬撫是邦明年明經以是書來謁首爲圖二十六其中圖太湖全境源流及源流之沿縣者十一源流之隸郡者六志導江源流及京口大江圖二太湖入海三江非禹貢三江及三江入海形勢圖三湖州漊港及運河圖一湖州碧浪湖圖一始之以古揚州

富序 一

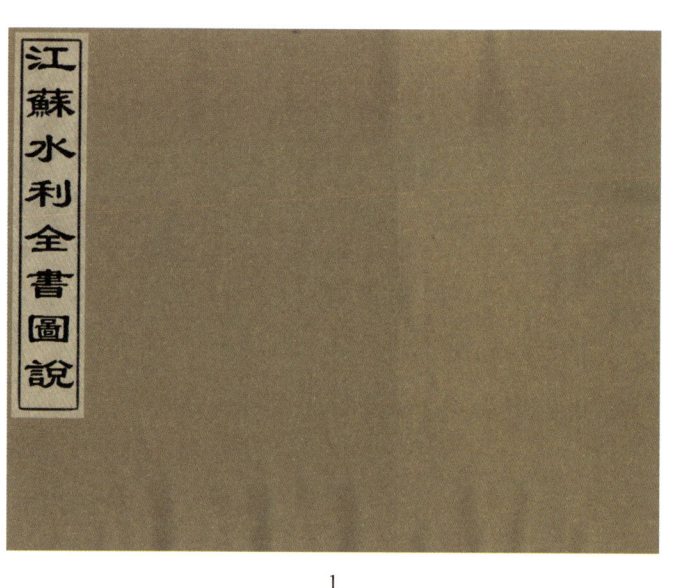

1

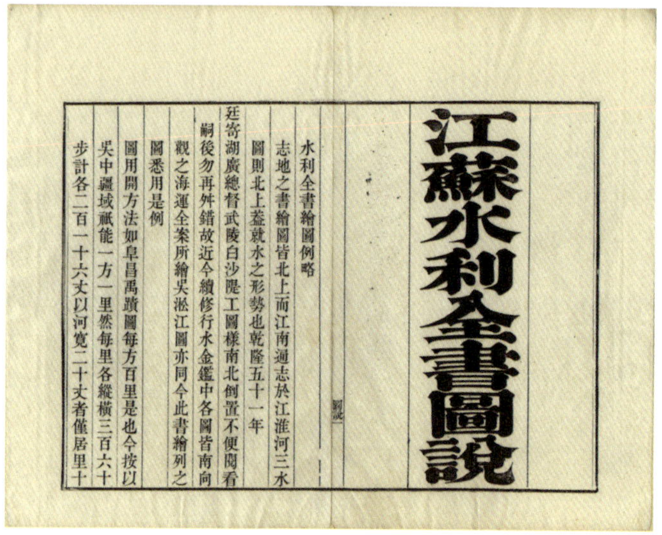

2

3

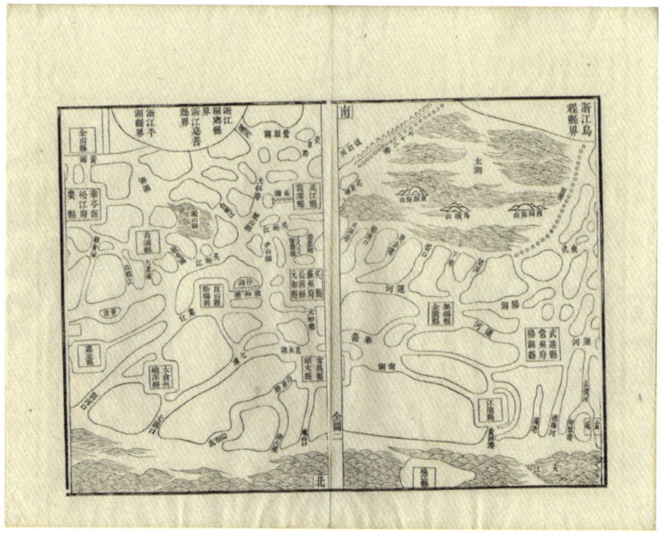

4

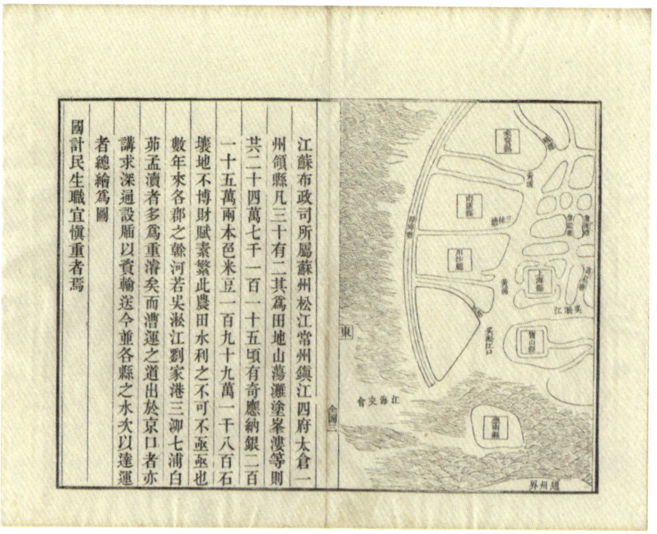

5

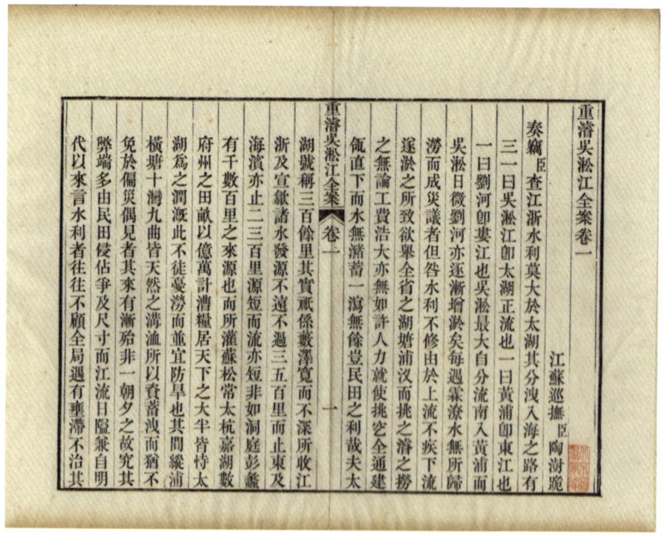

6

江苏水利全书图说

（清）陶澍纂

20 册

刻本

［清道光年间（1821—1850）］

本书书名据书名页题，吴淞江五卷，刘河三卷，白茆河二卷，七蒲河一卷，孟渎等三河五卷，徒阳运河三卷，江宁城河一卷，苏州府城河一卷。陶澍，清嘉庆、道光年间重臣，从政四十余年，兴修水利、治理漕运、倡办海运，著有《陶文毅公全集》。

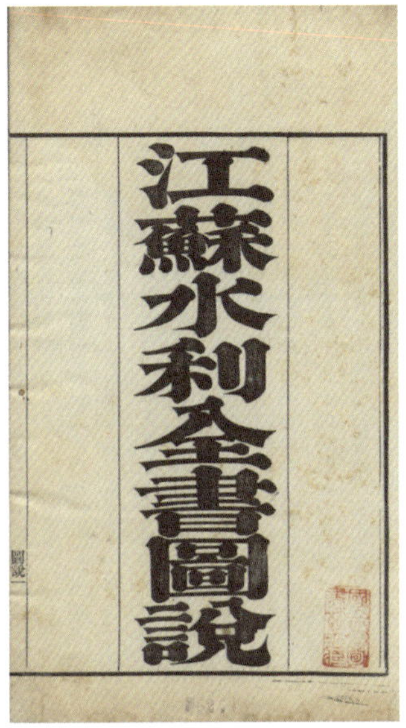

1

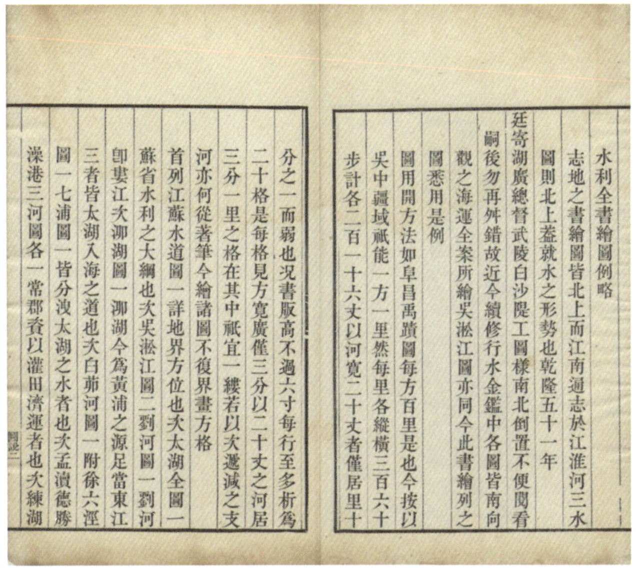

2

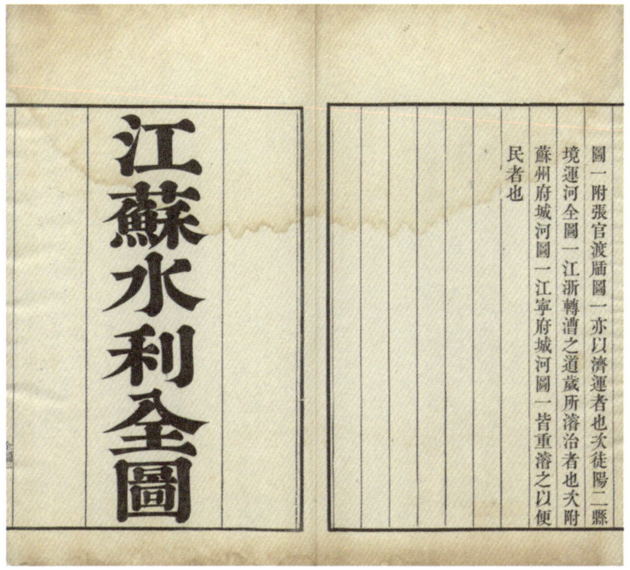

3

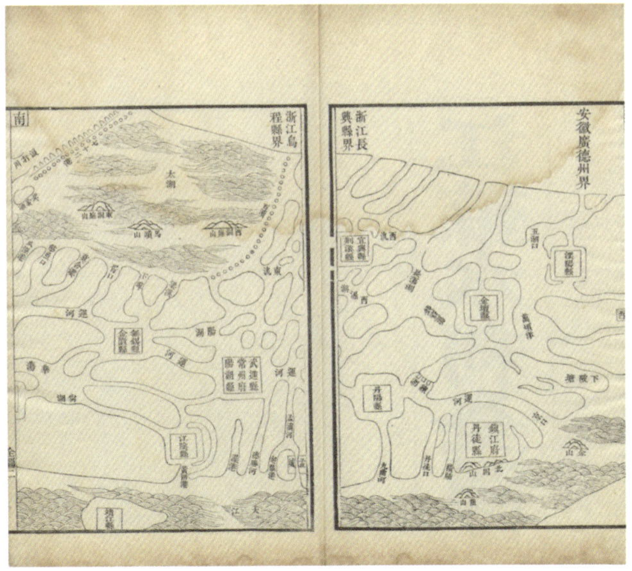

4

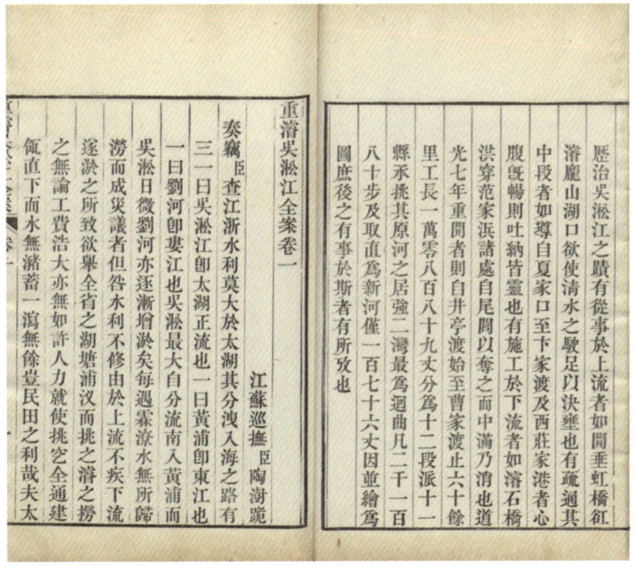

5

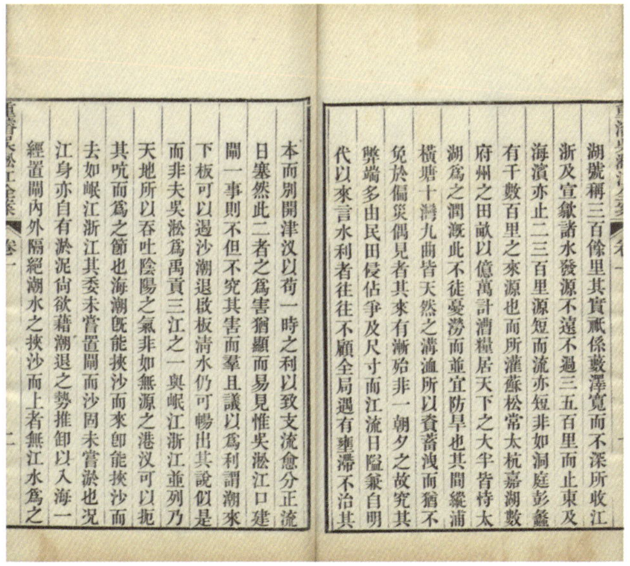

6

江苏水利全书图说

（清）陶澍纂

12 册

刻本

清道光年间（1821—1850）

本书 10 行 22 字，白口，左右双边单鱼尾。书名据书名页题，吴淞江五卷，刘河三卷，白茆河二卷，七浦河一卷，孟渎等三河五卷，徒阳运河三卷，江宁城河一卷，苏州府城河一卷。

重濬孟瀆德勝澡港三河圖

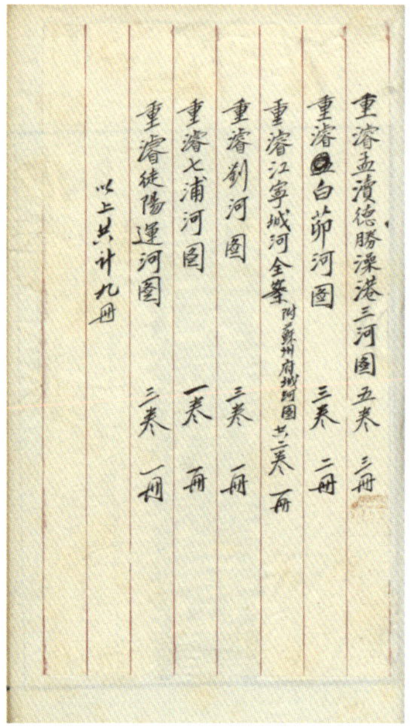

重濬孟瀆德勝澡港三河圖　五卷　三冊
重濬白茆河圖　三卷　二冊
重濬江寧城河全案附蘇州府城河圖　共二卷　一冊
重濬劉河圖　三卷　一冊
重濬七浦河圖　一卷　一冊
重濬徒陽運河圖　三卷　一冊
以上共計九冊

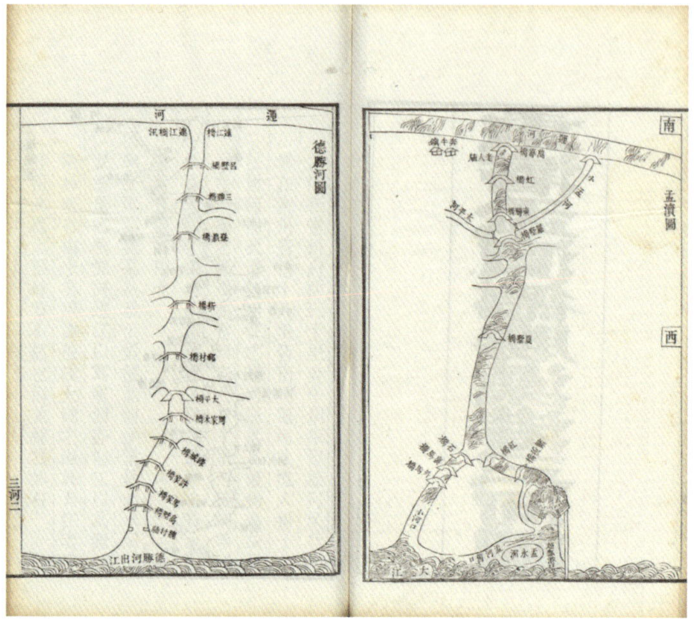

重濬孟瀆等三河全案卷二
江蘇布政使司梁爲札飭查勘事照得武進縣境轄
孟瀆河道爲通江達海要道附近田疇悉資灌溉前
於道光四年間據該縣以該河淤塞議請附入三江
水利案內借
帑開挑等情稟奉
撫憲批司覈議當因是時擬辦三江水利需費較多
若將孟瀆河一併
奏請借
帑挑濬經費實屬支絀卽經議請暫緩興辦嗣據該縣

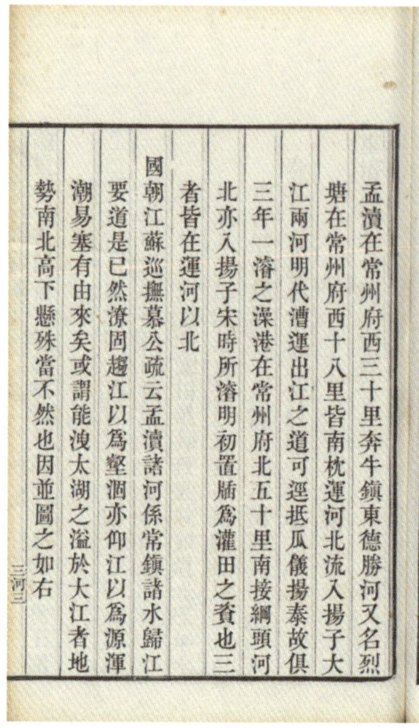

孟瀆在常州府西三十里奔牛鎮東德勝河又名烈
塘在常州府西十八里皆南枕運河北流入揚子大
江兩河明代漕運出江之道可逕抵瓜儀揚泰故俱
三年一濬之澡港在常州府北五十里南接綱頭河
北亦入揚子宋時所濬明初置牐爲灌田之資也三
者皆在運河以北
國朝江蘇巡撫慕公疏云孟瀆諸河係常鎮諸水歸江
要道是已然潦固趨江以爲壑涸亦仰江以爲源渾
潮易塞有由來矣或謂能洩太湖之溢於大江者地
勢南北高下懸殊嘗不然也因並圖之如右

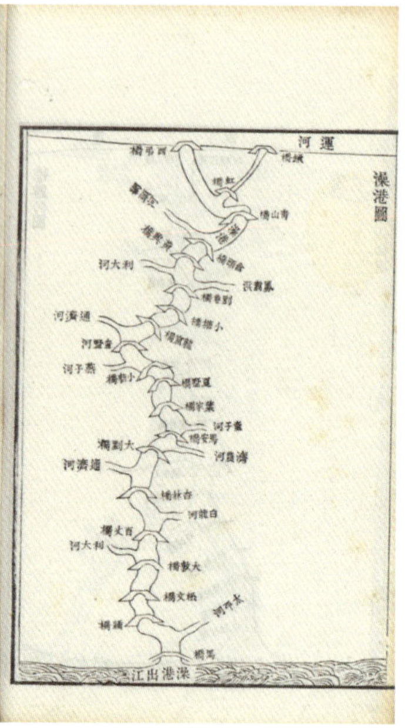

江苏水利全书图说

（清）陶澍纂

11 册

刻本

清道光年间（1821—1850）

本图说缺历治吴淞江叙录；书名据书名页题，吴淞江五卷，刘河三卷，白茆河二卷，七蒲河一卷，孟渎等三河五卷，徒阳运河三卷，江宁城河一卷，苏州府城河一卷。

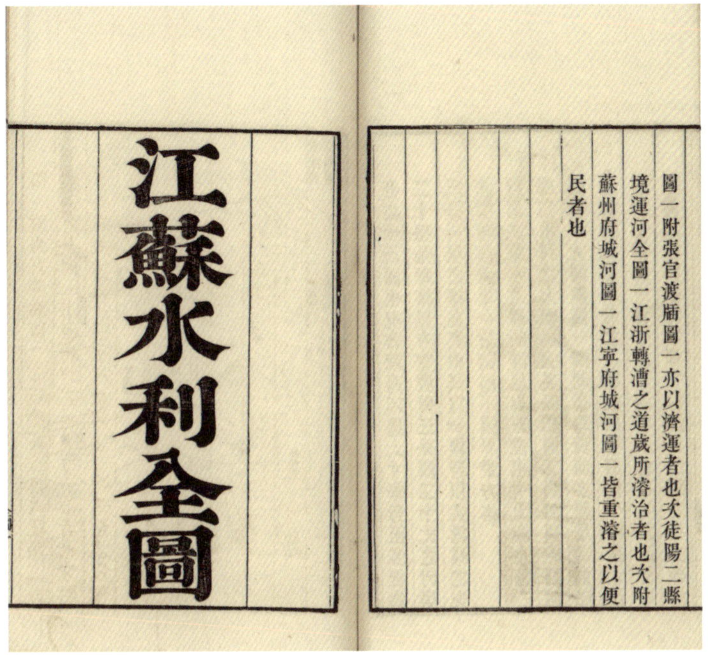

1

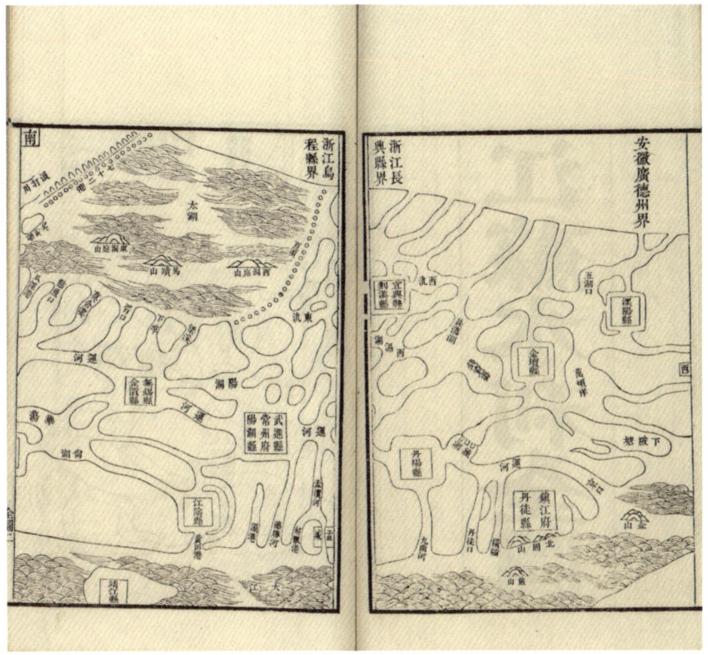

2

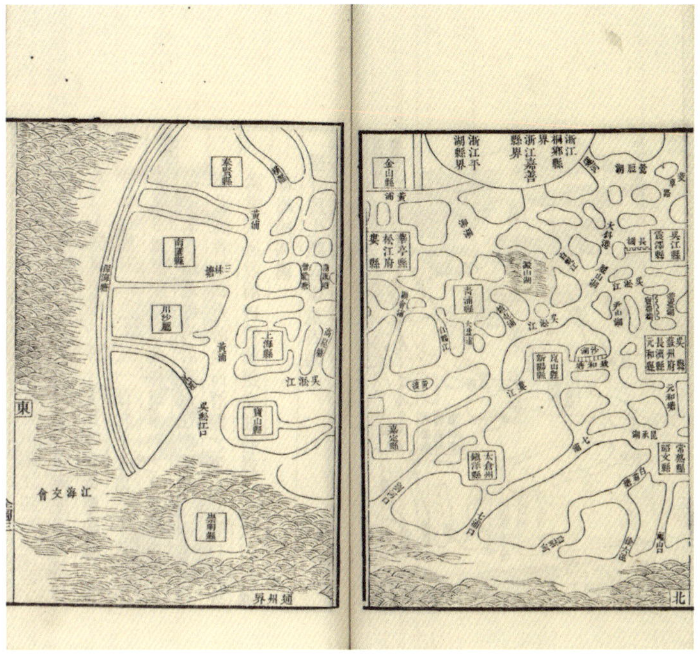

3

重浚江南水利全书

（清）陶澍等修 （清）陈銮纂辑

60 册

刻本

[清道光年间（1821—1850）]

本书 10 行 22 字，白口，左右双边。成书于道光十九年（1839）。共七十五卷。道光年间，陶澍任江苏巡抚，旋又总制两江，先后主持浚治吴淞江、蒲汇塘、练湖、周鹗河、孟渎、刘河、白茆、七丫、杨林诸浦，以及运河丹徒段、宝山和华亭海塘等工程。凡当时开浚工程之公牍和施工经过，悉皆辑录，按年代编排。

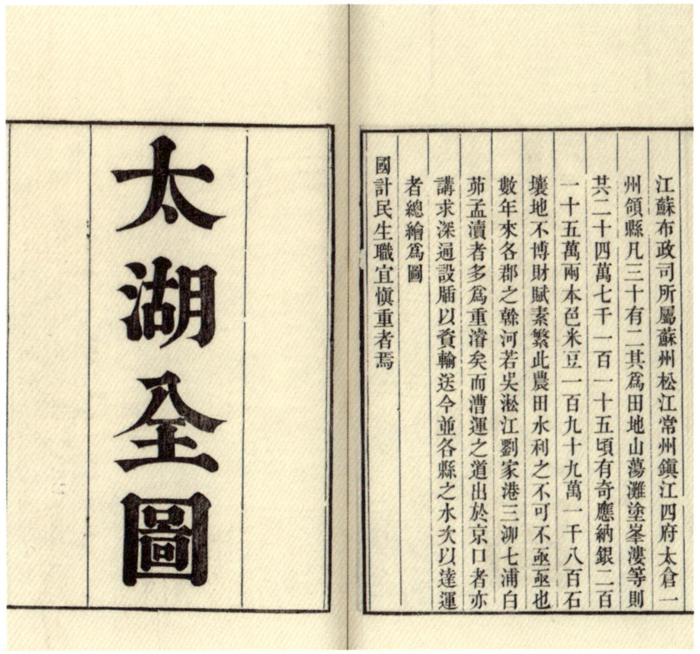

4

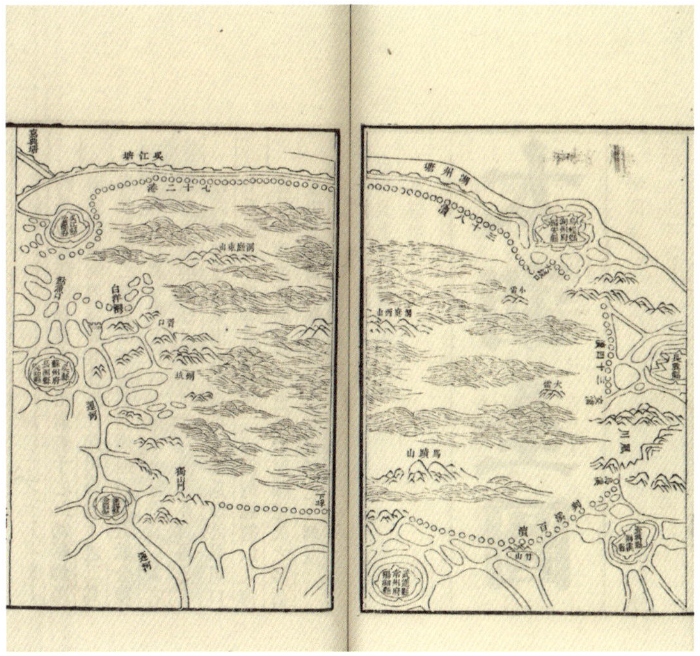

5

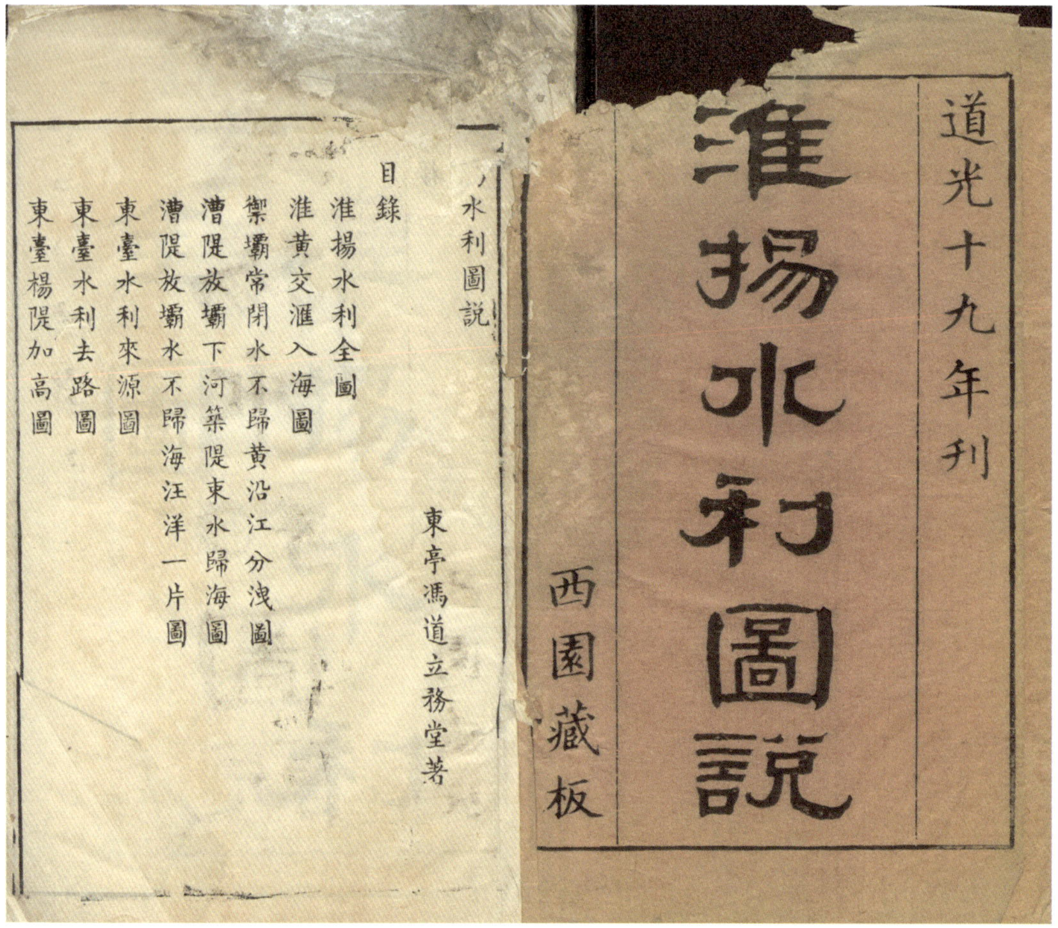

1

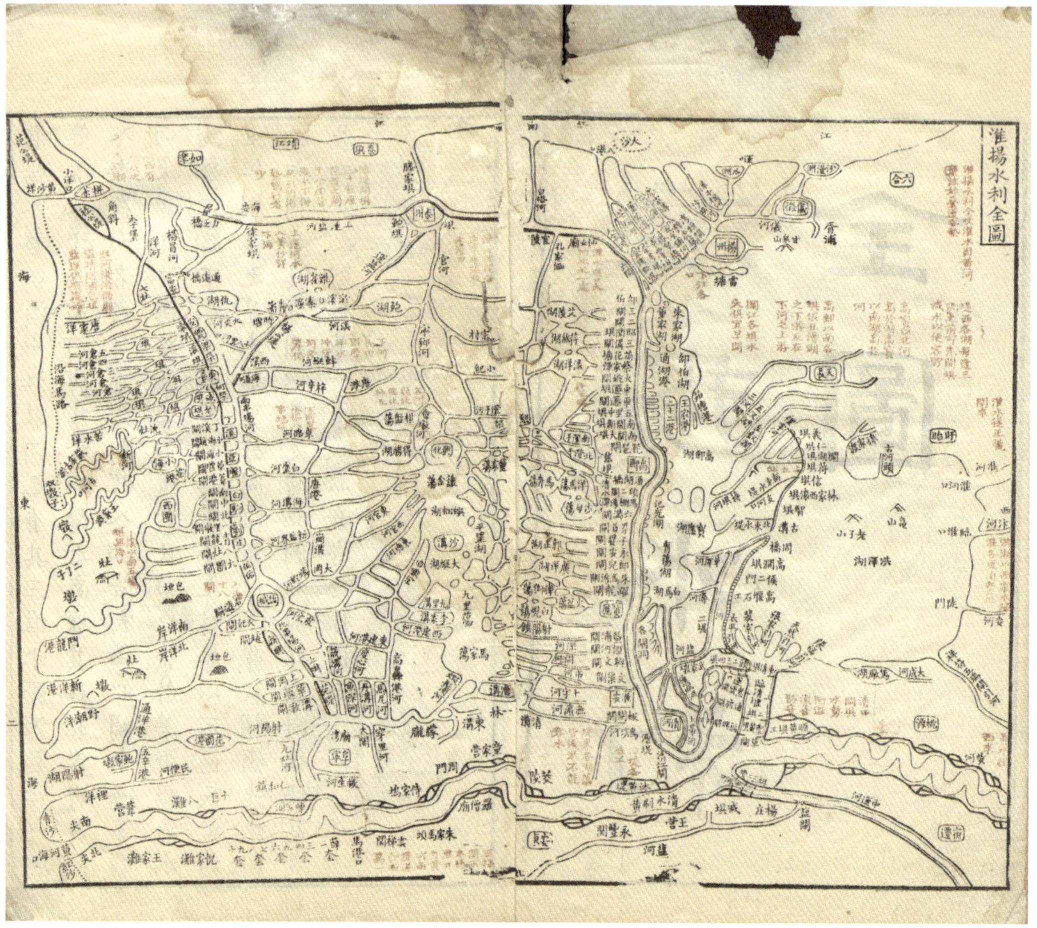

2

淮扬水利图说

（清）冯道立撰

1 册

刻本

清道光十九年（1839）

本图说 11 行 26 字，白口，四周单边。主要分为两大部分。第一部分为《淮扬水利图说》八幅，按目录顺序为“淮扬水利全图”“淮黄交汇入海图”“御坝常闭水不归黄沿江分泄图”“漕堤放坝下河筑堤束水归海图”“东台水利来源图”“东台水利去路图”等。冯道立是清朝水利学家，于道光元年（1821）恩赐为贡生，候选直隶州州判，咸丰元年（1851）制科孝廉方正，例授承德郎。冯道立一生无意于功名，专攻水利，对天文地理、经史、兵法、医药等颇有研究，且勤于著述。已刻著作六种，未刻著作三十六种。冯道立在水利方面的专著除《淮扬水利图说》外，还有《测海蠡言》《勘海日记》《七府水利全图》《东洋入海图》《东洋海口图》《攻海沙八法》等。

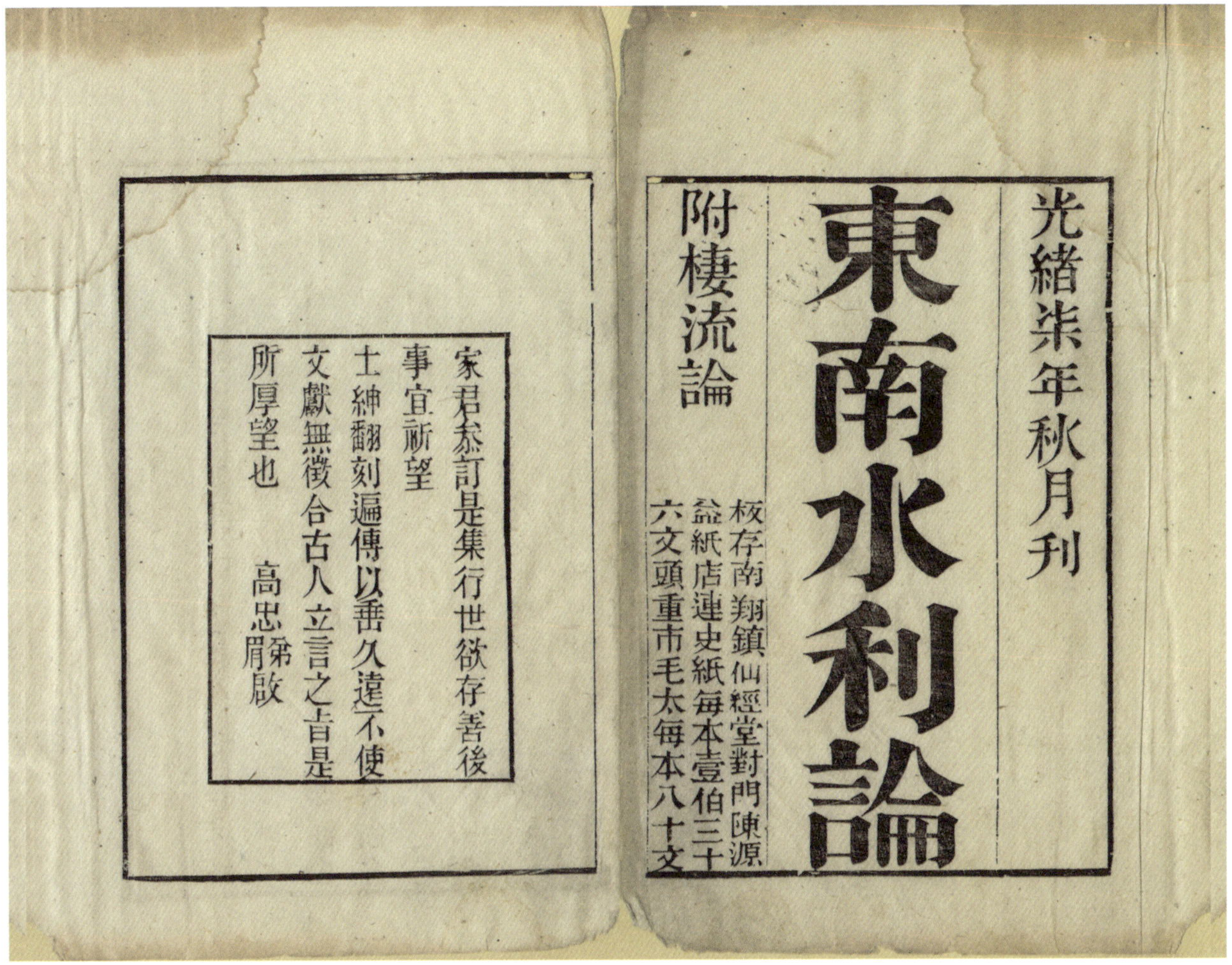
家君参訂是集行世欲存善後
事宜祈望
士紳翻刻遍傳以垂久遠不使
文獻無徵合古人立言之旨是
所厚望也　高忠第啟

光緒柒年秋月刊
東南水利論
附棲流論
板存南翔鎮仙經堂對門陳源
益紙店連史紙每本壹伯三十
六文頭重市毛太每本八十文

1

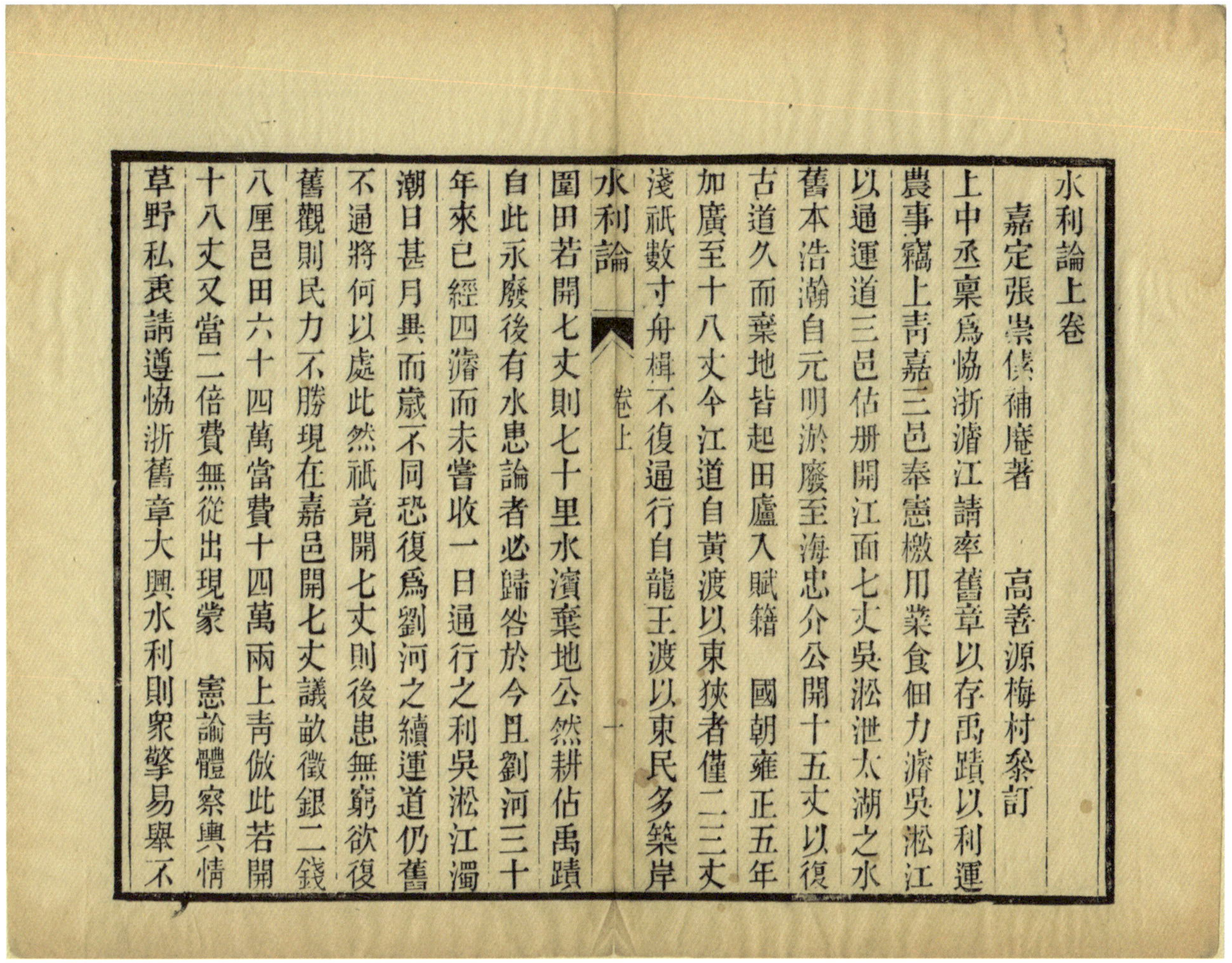
水利論上卷
嘉定張崇傃補庵著　高善源梅村参訂
上中丞稟爲協浙濬江請率舊章以存禹蹟以利運
農事竊上青嘉三邑奉憲檄用業食佃力濬吳淞江
以通運道三邑估册開江面七丈吳淞泄太湖之水
舊本浩瀚自元明淤廢至海忠介公開十五丈以復
古道久而棄地皆起田廬入賦籍　國朝雍正五年
加廣至十八丈今江道自黃渡以東狹者僅二三丈
淺祇數寸舟楫不復通行自龍王渡以東民多築岸
水利論　卷上　一
圍田若開七丈則七十里水濱棄地公然耕佔禹蹟
自此永廢後有水患論者必歸咎於今且劉河三十
年來已經四濬而未嘗收一日通行之利吳淞江濁
潮日甚月異而歲不同恐復爲劉河之續運道仍舊
不通將何以處此然祇竟開七丈則後患無窮欲復
舊觀則民力不勝現在嘉邑開七丈議畝徵銀二錢
八厘邑田六十四萬當費十四萬兩上青倣此若開
十八丈又當二倍費無從出現蒙　憲諭體察輿情
草野私衷請遵協浙舊章大興水利則衆擎易舉不

2

东南水利论

（清）张崇傃撰

1 册

刻本

清光绪七年（1881）

本书是为配合当时疏浚吴淞江活动而研究水利文献的成果。上卷论吴淞江水利，中卷论嘉宝水利，下卷论淞南水道，各卷均有图说，地理范围包括清代苏、松、常、杭、嘉、湖六郡。

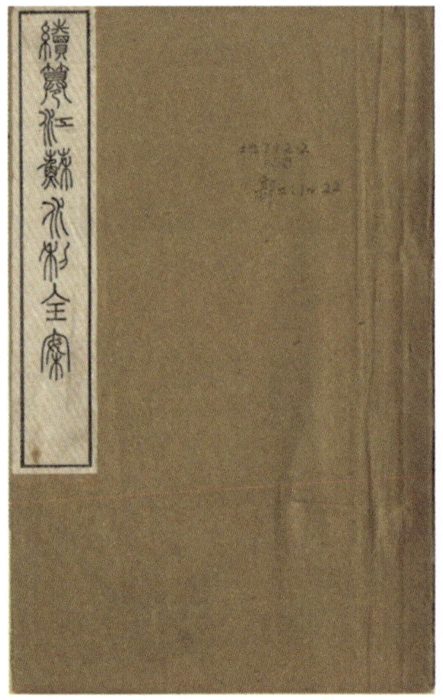

1

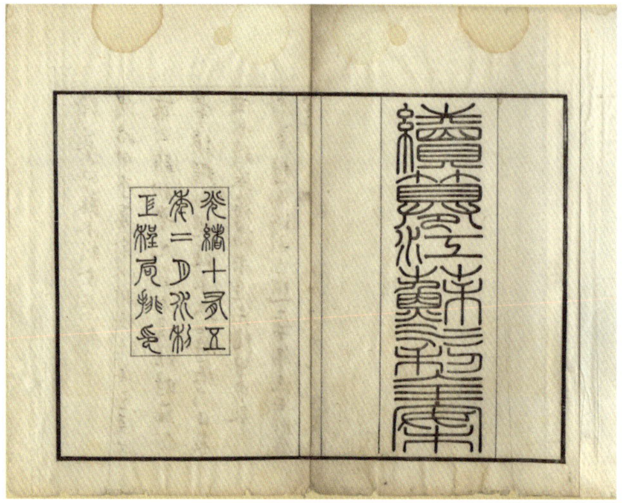

2

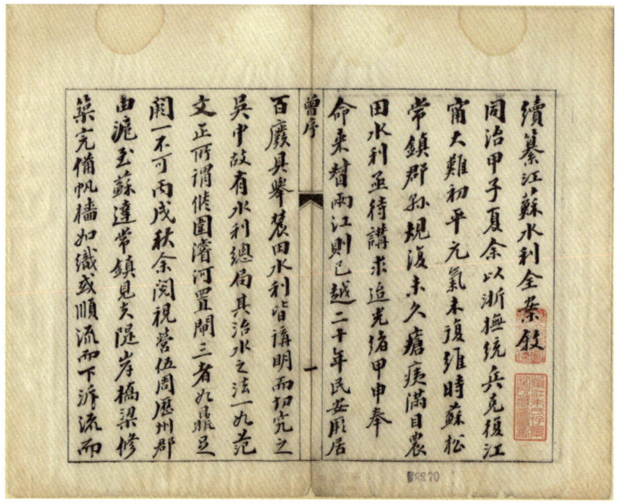

3

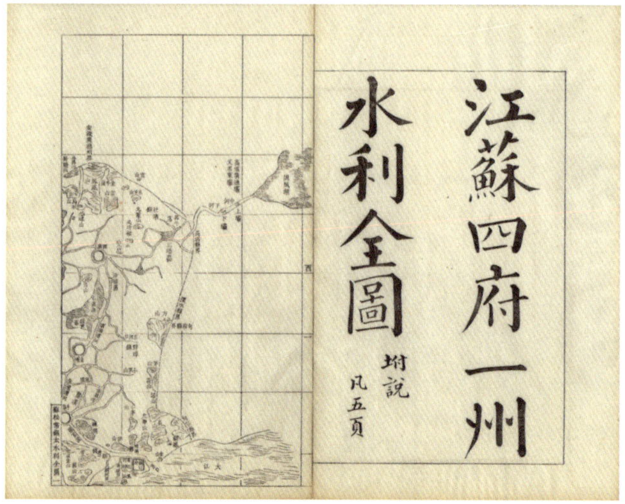

4

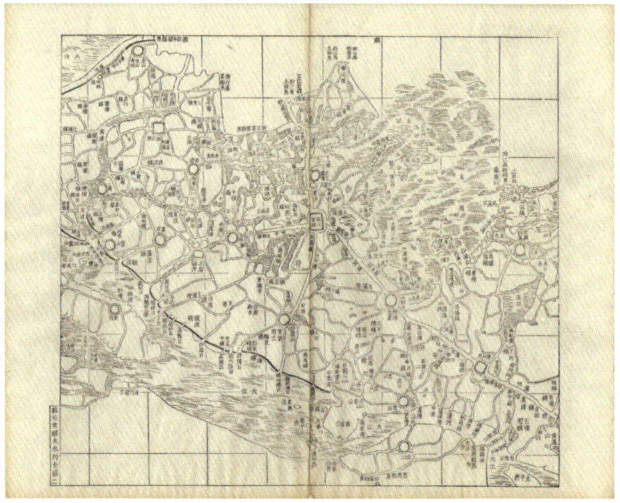

5

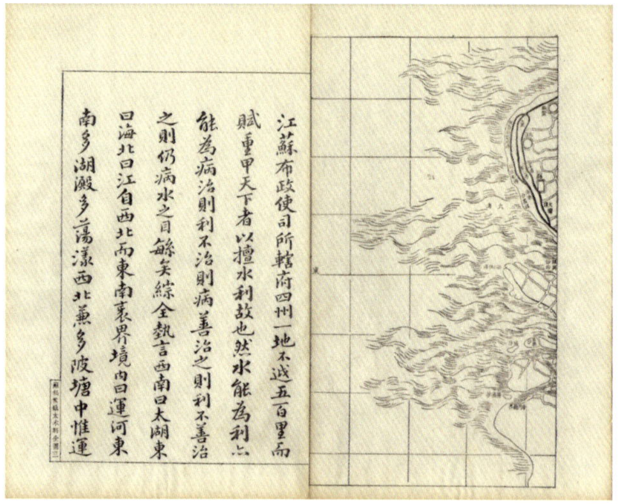

6

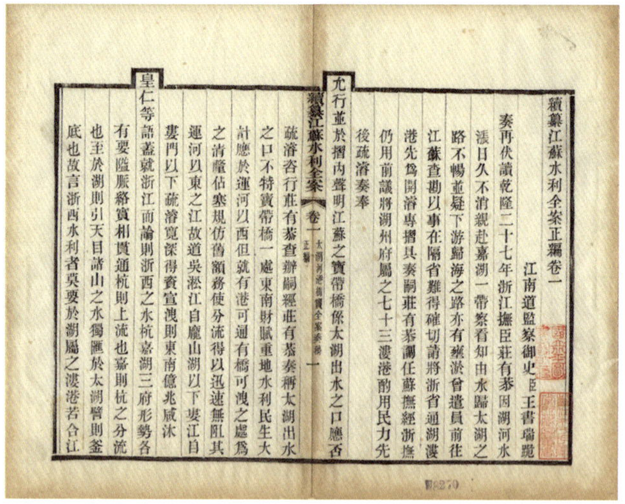

7

续纂江苏水利全案［正编］

（清）李庆云纂

26 册

木活字本

清光绪十五年（1889）

本书正编四十卷首一卷附编十二卷，10 行 22 字，白口，左右双边单鱼尾。全书分为正编四十卷，附编十二卷。国家图书馆藏此版本为正编、附编全集，书口题续纂江苏水利全案。正编包括卷首序言凡例图表目录，之后按照河道地域大致包括太湖、吴淞江、徒阳运河、常州运河、江阴运河工程等。李庆云，时任二品副将。负责江苏水利事务。

续纂江苏水利全案附编

（清）李庆云纂

6 册

活字印本

清光绪年间（1875—1908）

本书 10 行 20 字，白口，左右双边单鱼尾。国家图书馆藏此版本为附编十二卷，书口题续纂江苏水利全案，钤“满铁上海事务所图书印”章。附编与正编体例保持一致，均为水利工程全案。卷一为丹阳城河、江阴东横河、宝山马路河、宝山走马塘、上海三林塘、震泽市河、震泽塘岸、震泽流虹桥。卷二为太湖吴渎各港、吴县木渎市河、娄县界浜河、上海沙冈河。卷三为五县横泾河、奉贤南桥塘、江阴山塘河、阳湖各乡支河、常州城河、上海竹冈河。卷四为上海春申塘上澳河、华亭春申塘。卷五为太仓镇洋支干各河、宝山顾泾河、宝山城外河、宝山大川沙河。卷六为吴江玉带金带河、昭文白茆港各支河、金山泖泾浦周邵各河。卷七为川沙南汇白莲泾长浜等河、宝山桃树浦。卷八为阳湖各闸、宝山乌泾河、川沙白龙港。卷九为苏州沙湖堤、太仓镇洋河道圩岸、川沙西运盐河。卷十为宝山鹁鸪浦、宝山潘泾河。卷十一为川沙东运盐河、川沙赵家沟、宝山走马塘、宝山沙浦、太仓河桥、宝山马路河。卷十二为太仓各支河、昭文各支河、宝山练祁河、丹阳练湖闸座、丹徒沙腰河、松江古浦塘、宝山桃树浦。

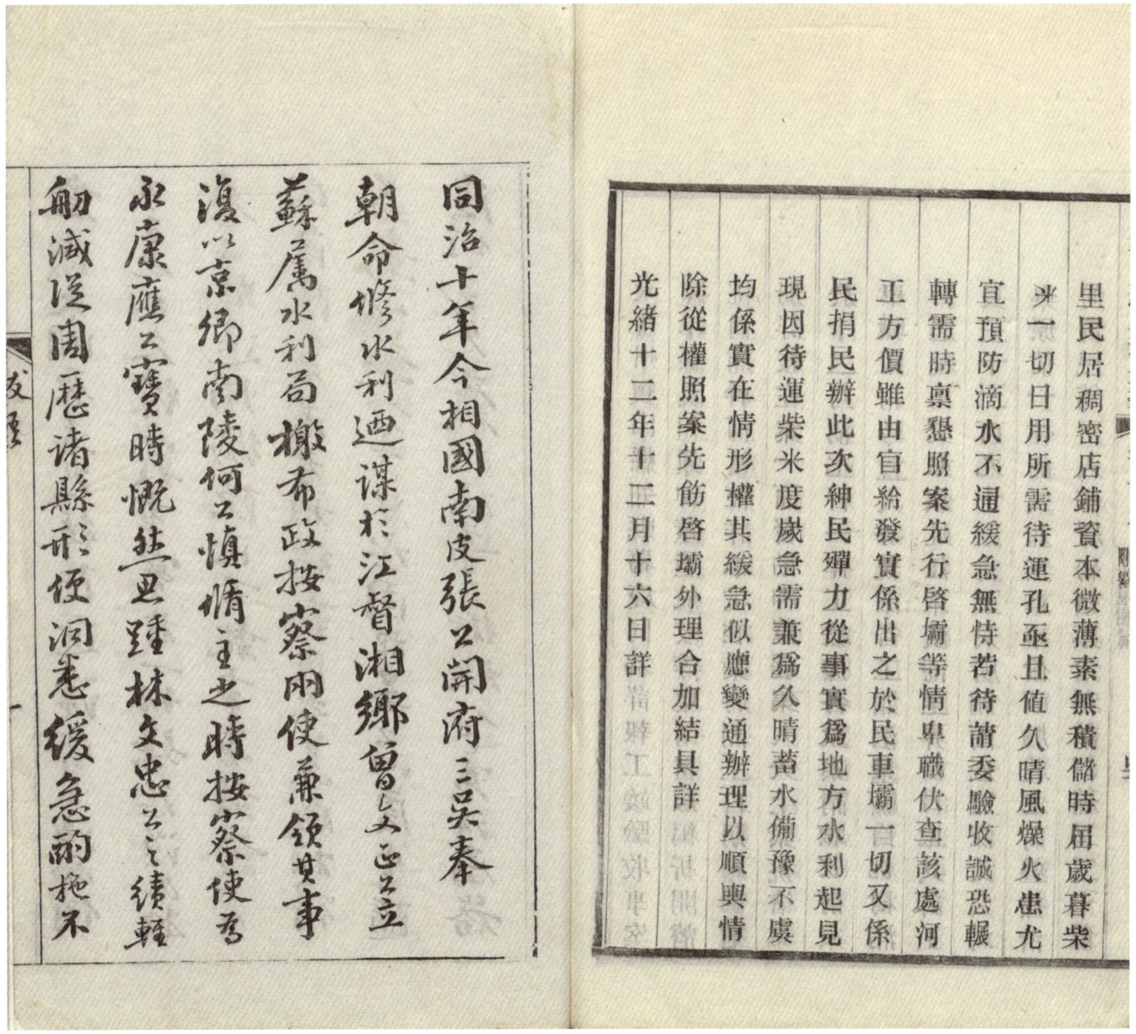
同治十年今相國南皮張公開府三吳奉
朝命修水利迺謀於江督湘鄉曾文正公立
蘇屬水利局檄布政按察兩使兼領其事
復以京卿南陵何公慎脩主之時按察使為
永康應公寶時慨然思踵林文忠公之績輕
舸減從周歷諸縣形便洞悉緩急所施不

里民居稠密店鋪資本微薄素無積儲時屆歲暮柴
米一切日用所需待運孔亟且值久晴風燥火患尤
宜預防滴水不通緩急無恃若待請委驗收誠恐輾
轉需時稟懇照案先行啓壩等情卑職伏查該處河
工方價雖由官給發實係出之於民車壩一切又係
民捐民辦此次紳民殫力從事實為地方水利起見
現因待運柴米度歲急需兼為久晴蓄水備豫不虞
均係實在情形權其緩急似應變通辦理以順輿情
除從權照案先飭啓壩外理合加結具詳
光緒十三年十二月十六日詳

1

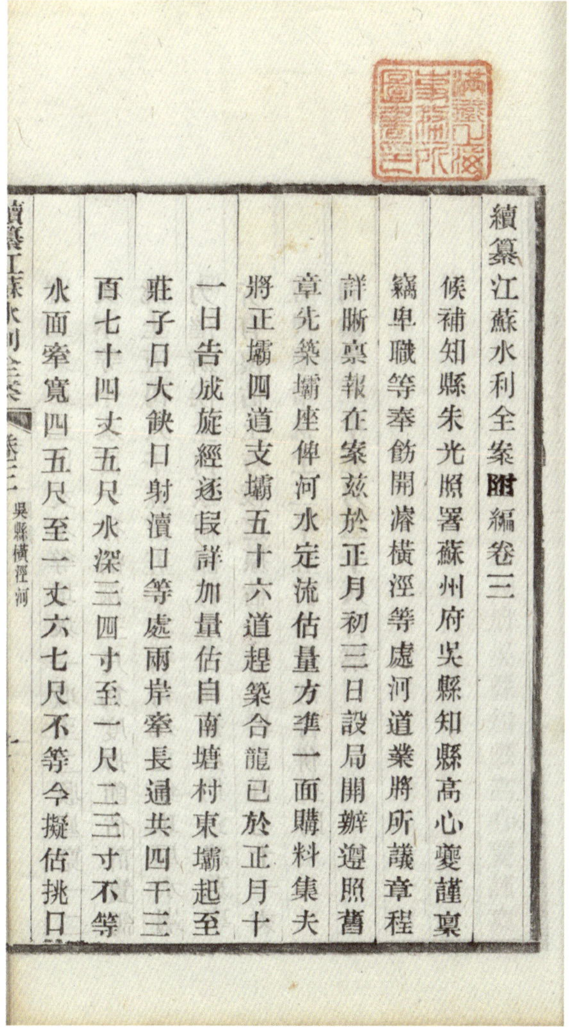
續纂江蘇水利全案附編卷三
候補知縣朱光照署蘇州府吳縣知縣高心夔謹稟
竊卑職等奉飭開濬橫涇等處河道業將所議章程
詳晰稟報在案茲於正月初三日設局開辦遵照舊
章先築壩座俾河水定流估量方準一面購料集夫
將正壩四道支壩五十六道趕築合龍已於正月十
一日告成旋經逐段詳加量估自南塘村東壩起至
莊子口大缺口射瀆口等處兩岸牽長通共四千三
百七十四丈五尺水深三四寸至一尺二三寸不等
水面牽寬四五尺至一丈六七尺不等今擬估挑口
續纂江蘇水利全案附編卷三 吳縣橫涇河

2

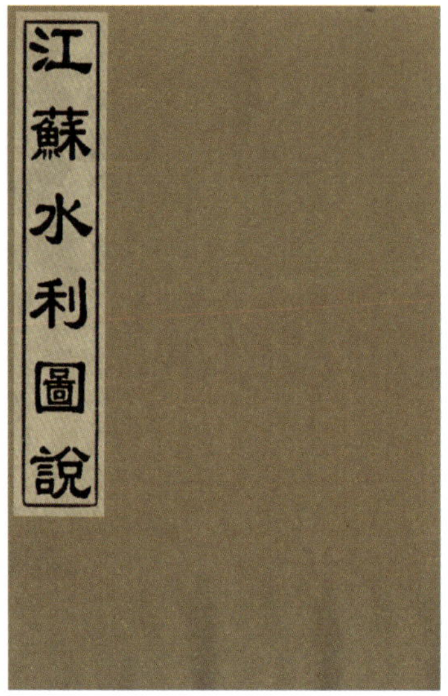

1

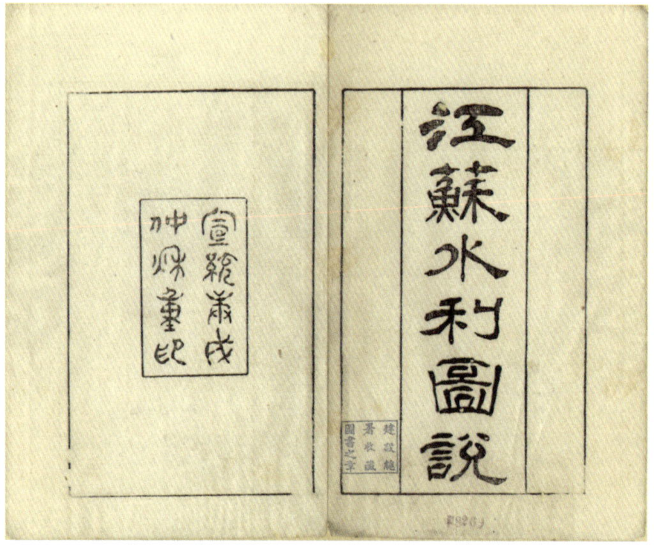

2

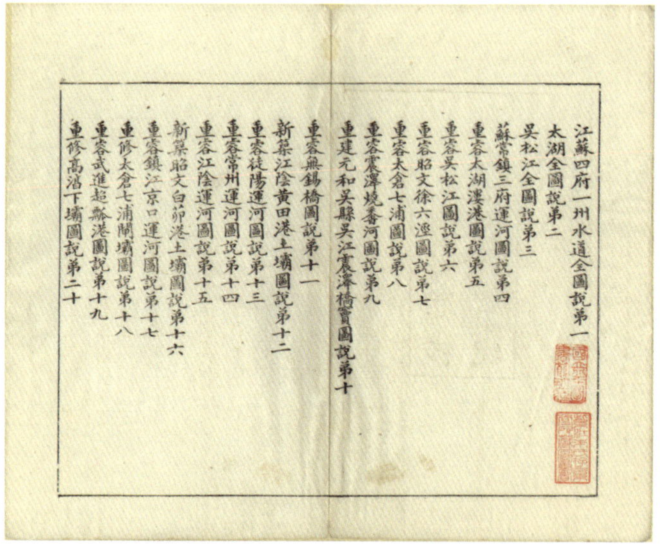
3

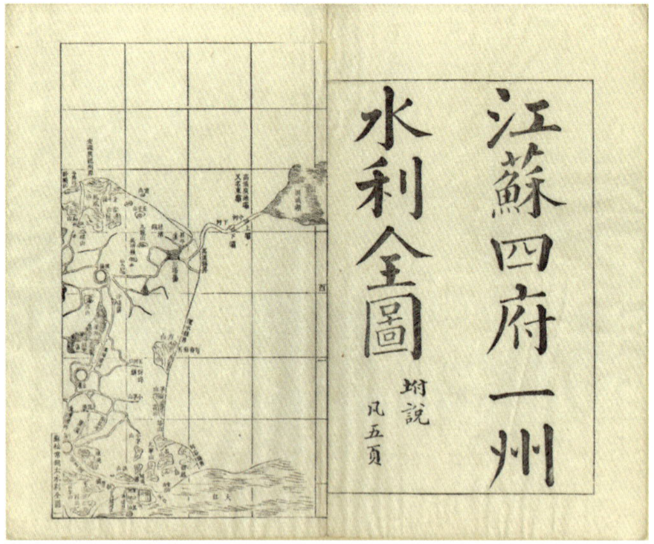

4

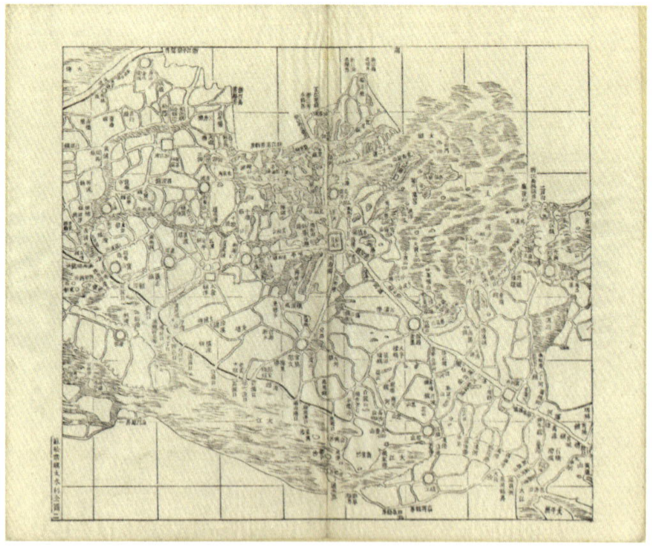
5

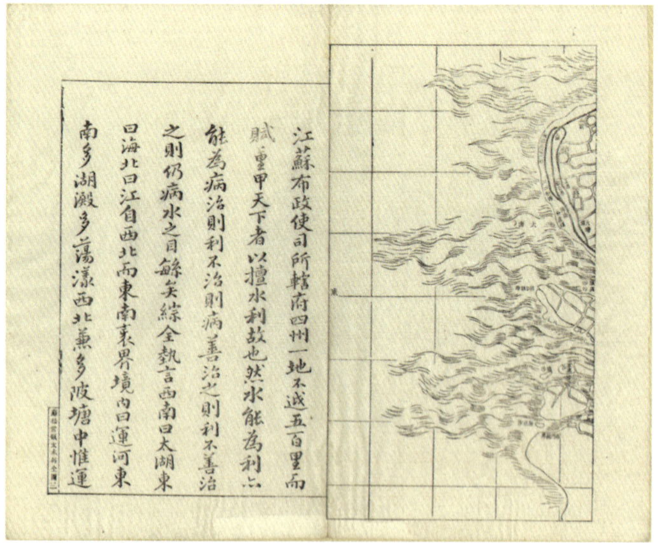
6

江苏水利图说

（清）李庆云纂（清）陆钟琦编

2 册

刻本

清宣统二年（1910）

本书行款不一。首叶钤印“建设总署收藏图书之章”。采用一图配一说的方式展示晚清江苏水利形式，内容与《续纂江苏水利全案》卷首图说相同。

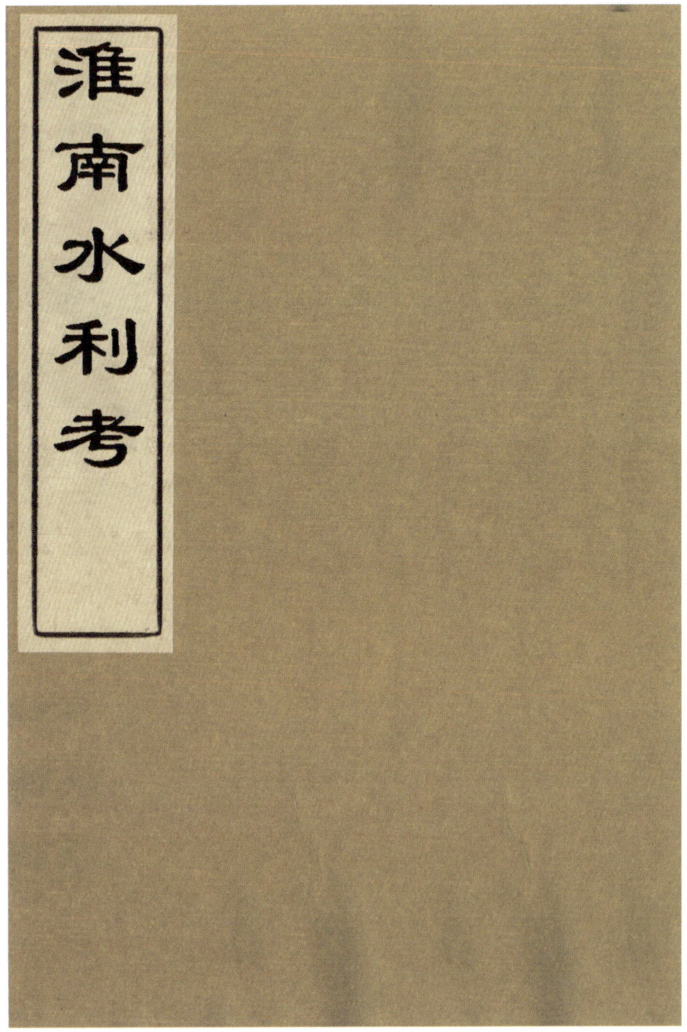

1

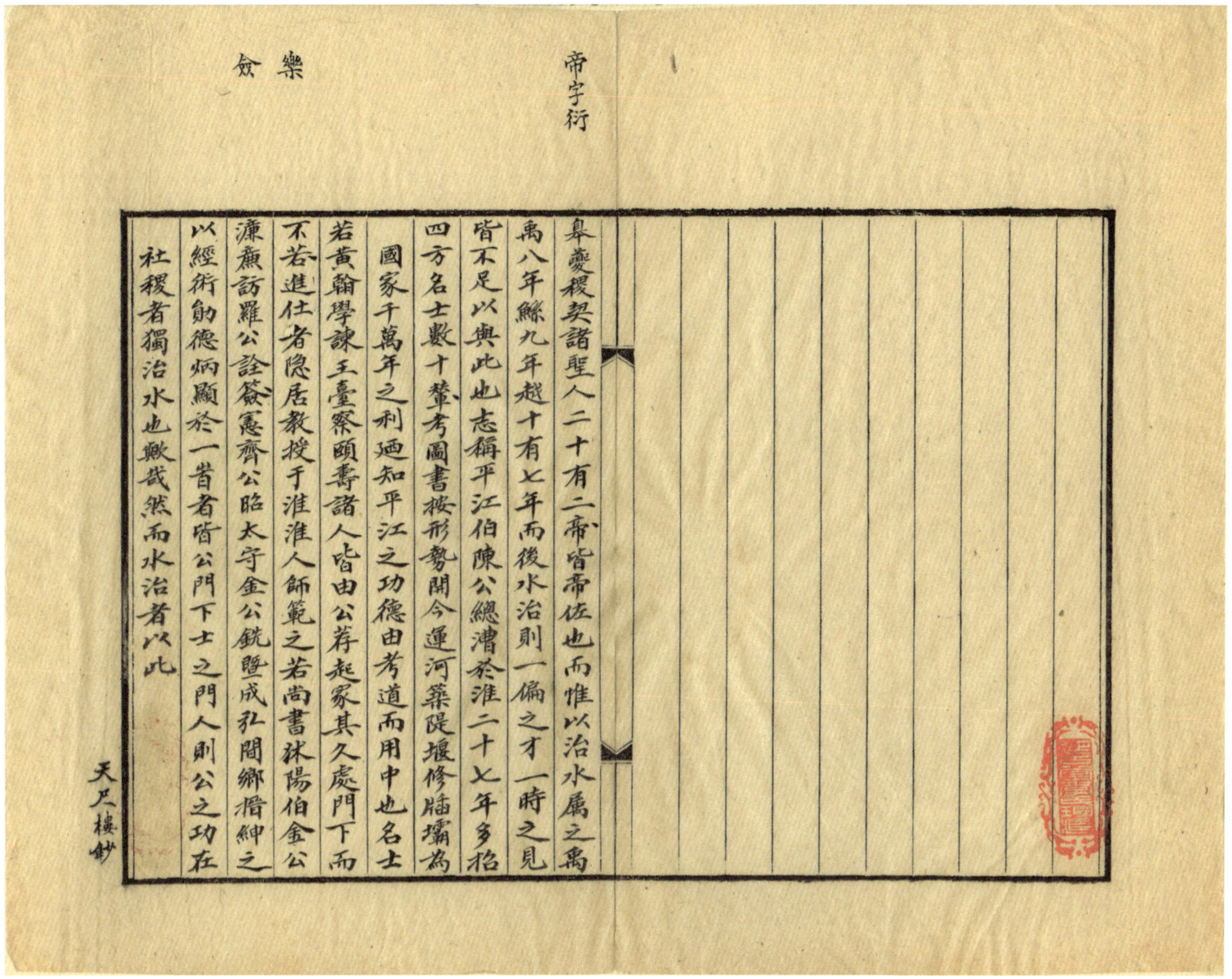

2

淮南水利考

（明）胡应恩撰

1 册

抄本

清晚期（1851—1911）

本书采用编年体辑录历代淮南治水资料，对清口黄、淮、运交汇的格局及工程记述尤详。胡应恩，明嘉靖年间贡生，长于治水。

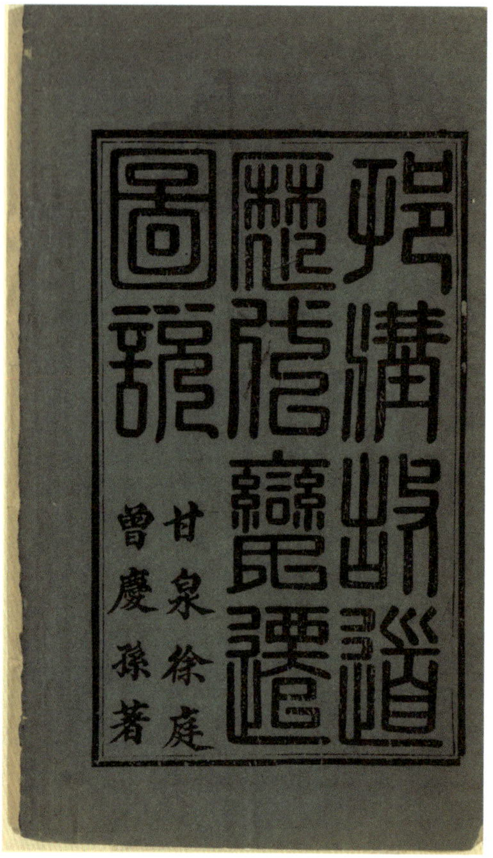

1

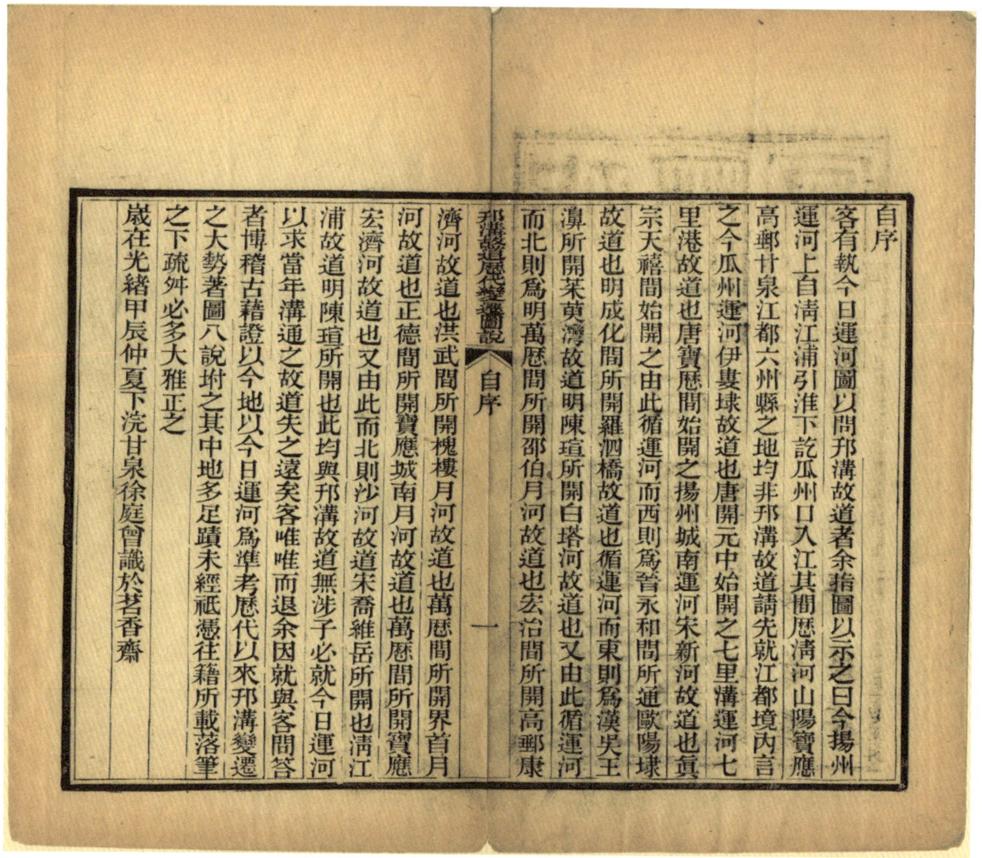

自序

客有執今日運河圖以問邗溝故道者余指圖以示之曰今揚州運河上自淸江浦引淮下訖瓜州口入江其間歴淸河山陽寶應高郵甘泉江都六州縣之地均非邗溝故道請先就江都境內言之今瓜州運河伊婁埭故道也唐開元中始開之七里溝運河七里港故道也唐寶歴間始開之揚州城南運河宋新河故道也眞宗天禧間始開之由此循運河而西則爲晉永和間所通歐陽埭故道也明成化間所開羅泗橋故道也循運河而東則爲漢吳王濞所開茱萸灣故道明陳瑄所開白塔河故道也又由此循運河而北則爲明萬歴間所開邵伯月河故道也宏治間所開高郵康濟河故道也洪武間所開槐樓月河故道也萬歴間所開界首月河故道也正德間所開寶應城南月河故道也萬歴間所開寶應宏濟河故道也又由此而北則沙河故道宋喬維岳所開也淸江浦故道明陳瑄所開也此均與邗溝故道無涉子必就今日運河以求當年溝通之故道失之遠矣客唯唯而退余因就與客問答者博稽古籍證以今地以今日運河爲準考歴代以來邗溝變遷之大勢著圖八說坿之其中地多足蹟未經祗憑往籍所載落筆之下疏舛必多大雅正之

歲在光緒甲辰仲夏下浣甘泉徐庭曾識於耆香齋

邗溝故道歴代變遷圖說　自序　一

2

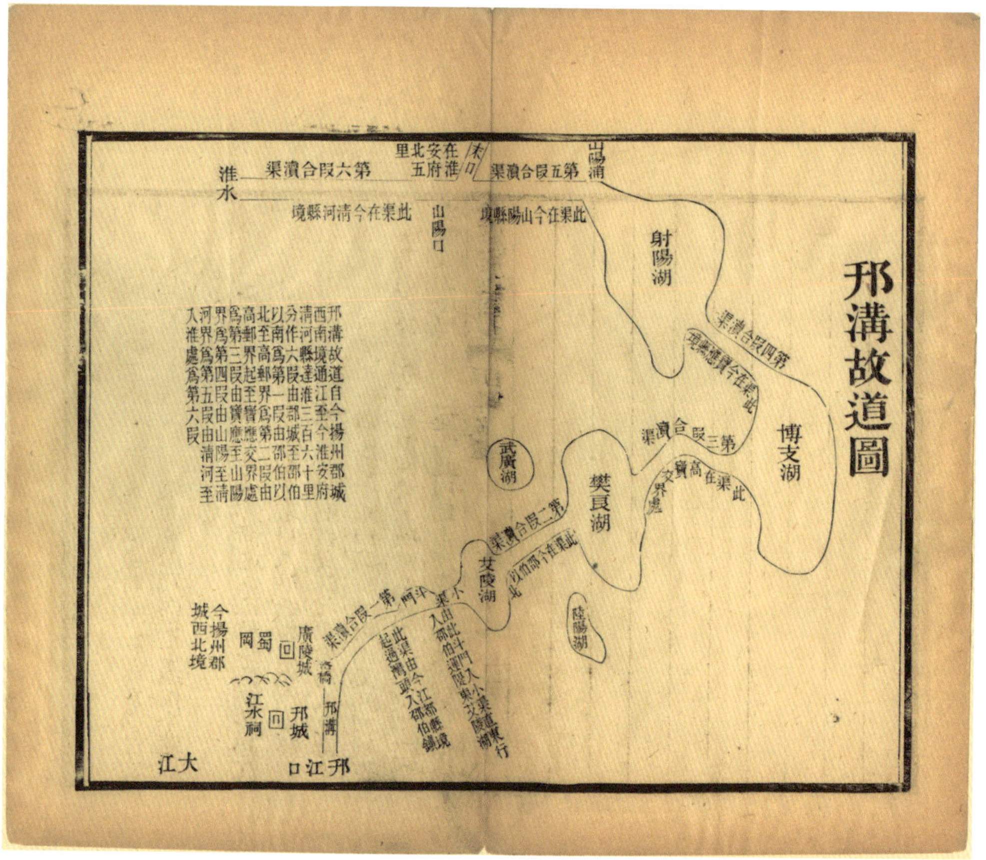

3

邗沟故道历代变迁图说

（清）徐庭曾撰

1 册

刻本

清光绪三十年（1904）

本书一卷一册，10 行 25 字，白口，左右双边单鱼尾。书名据目次等题，首列自序。次为邗沟古道历代变迁图，采用一图一说，地图在前，图说在后的形式。全书有图八幅，分别为邗沟故道、邗沟初变、邗沟再变、邗沟三变、邗沟四变、邗沟五变、邗沟六变、邗沟七变。全书形象直观地展示了上千年来邗沟故道的历代沿革变迁情形，是独具特色的地方河道专志。

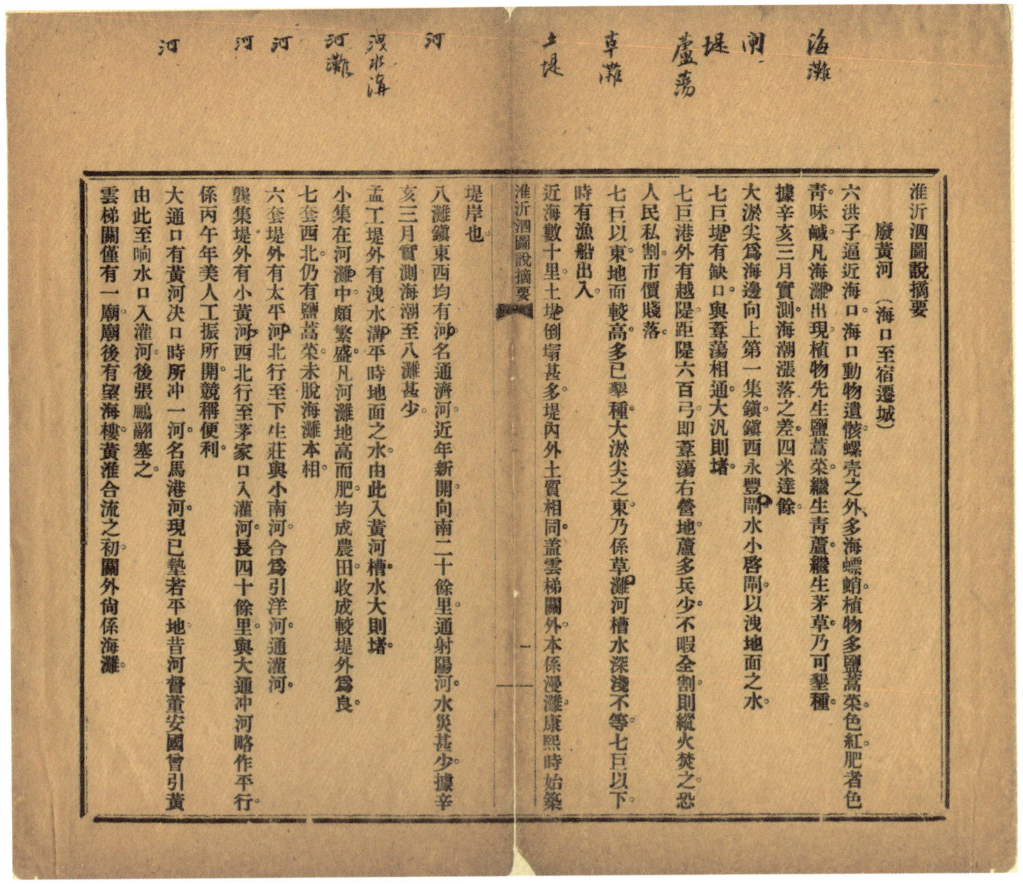
淮沂泗圖說摘要
廢黃河　（海口至宿遷城）
六洪子逼近海口海口動物遺骸螺壳之外多海螵蛸植物多鹽蒿菜色紅肥者色
青味鹹凡海灘出現植物先生鹽蒿菜繼生青蘆繼生茅草乃可墾種
據辛亥三月實測海潮漲落之差四米達餘
大淤尖為海邊向上第一集鎮鎮西永豐閘水小啓閘以洩地面之水
七巨堤有缺口與蒼蕩相通大汛則堵
七巨港外有越隄距隄六百弓即蒼蕩右營地蘆多兵少不暇全割則縱火焚之恐
人民私割市價賤落
七巨以東地面較高多已墾種大淤尖之東乃係草灘河槽水深淺不等七巨以下
時有漁船出入
近海數十里土堤倒塌甚多堤內外土質相同蓋雲梯關外本係漫灘康熙時始築
堤岸也
八灘鎮東西均有沖名通濟河近年新開向南二十餘里通射陽河水巢甚少據辛
亥三月實測海潮至八灘甚少
孟工堤外有洩水灘平時地面之水由此入黃河槽水大則堵
小集在河灘中頗繁盛凡河灘地高而肥均成農田收成較堤外為良
七套西北仍有鹽蒿菜未脫海灘本相
六套堤外有太平河北行至下上莊與小南河合為引洋河通灌河
龔集堤外有小黃河西北行至茅家口入灌河長四十餘里與大通沖河略作平行
係丙午年美人工振所開競稱便利
大通口有黃河決口時所沖一河名馬港河現已墊若平地昔河督董安國曾引黃
由此至响水口入灌河後張鵬翮塞之
雲梯關僅有一廟廟後有望海樓黃淮合流之初關外尚係海灘

1

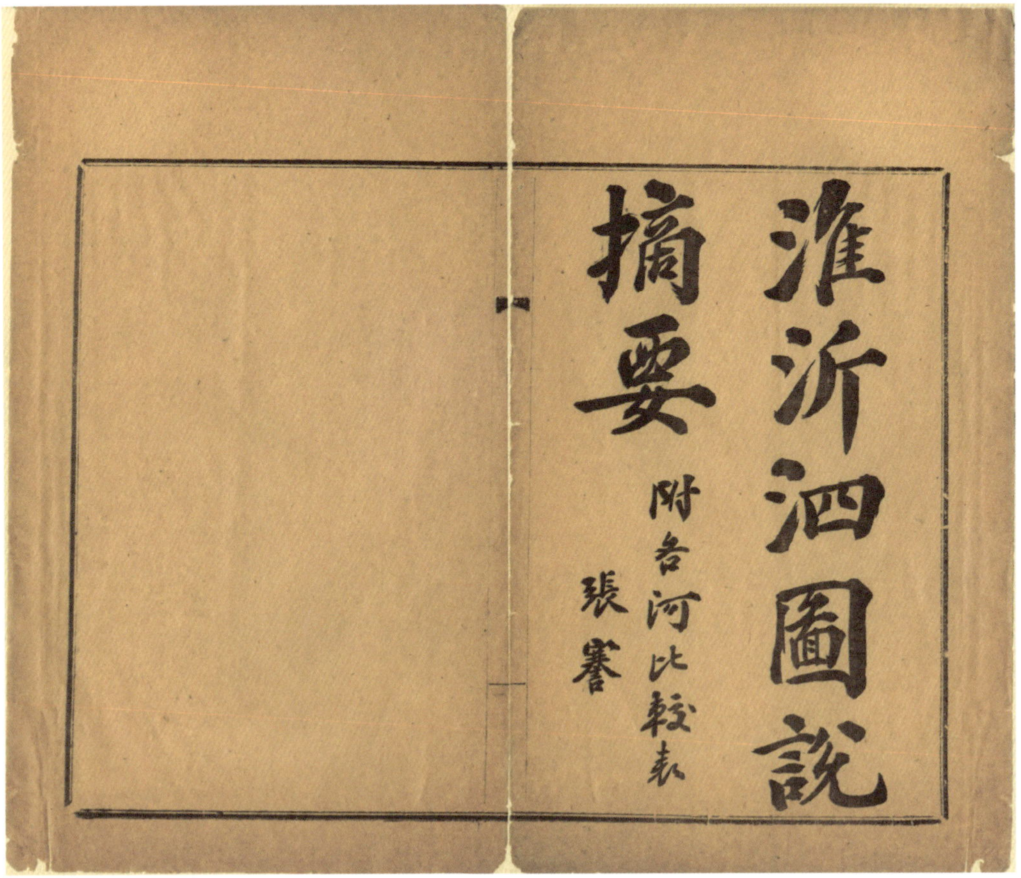
淮沂泗圖說摘要
附各河比較表
張謇

2

淮沂泗图说摘要

（民国）谈礼成编

1 册

铅印本

民国二年（1913）

本书系民国初年，利用新进工程测绘之学测绘江淮水利，即凡淮扬徐海暨皖之凤泗各县与淮沂泗相关治河流，则要测绘。测绘后，分别绘制总图、分图，可知当时江北水利情形。图说摘要目次为废黄河、运河、六闸至三江营、高宝湖、洪泽湖、淮河、张福河、盐河、灌河、南六塘河、北六塘河、总六塘河、骆马湖、沂水、不牢河、蔷薇河、沙江河、沭河、官田河、射阳湖、建港沟、归仁堤各河。后附淮沂泗实测图，各河比较表。

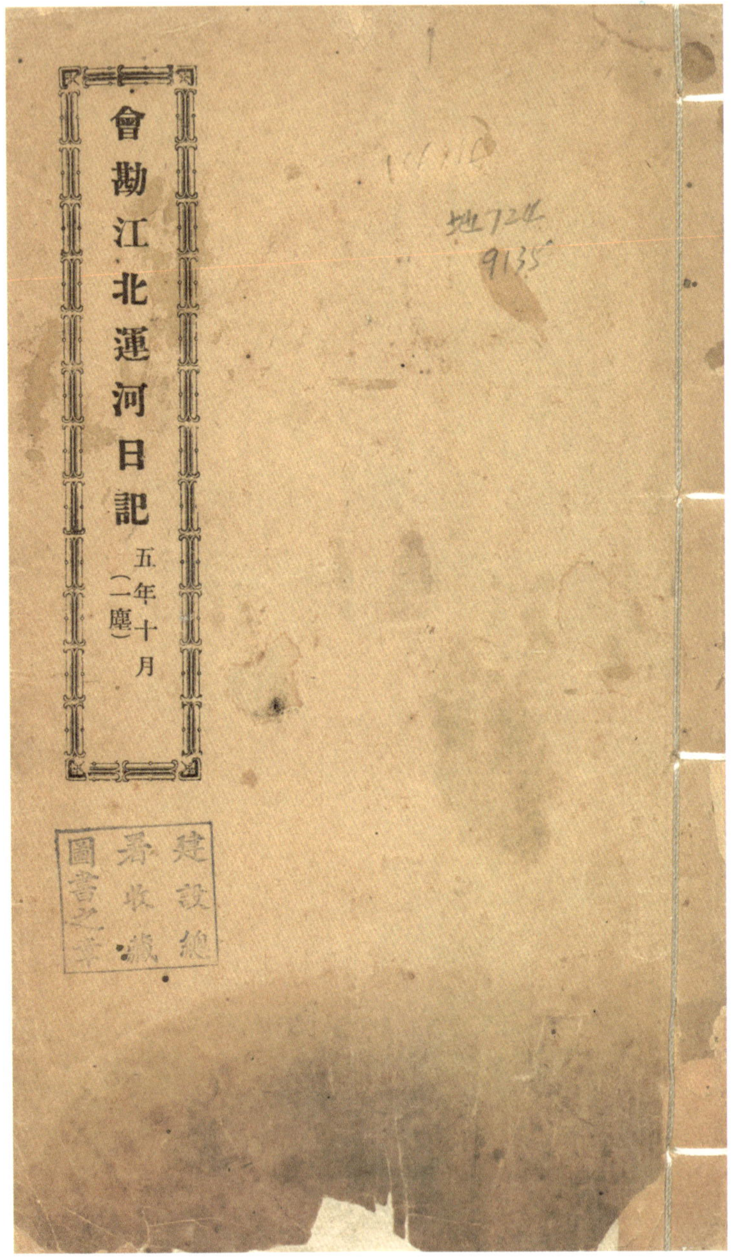

1

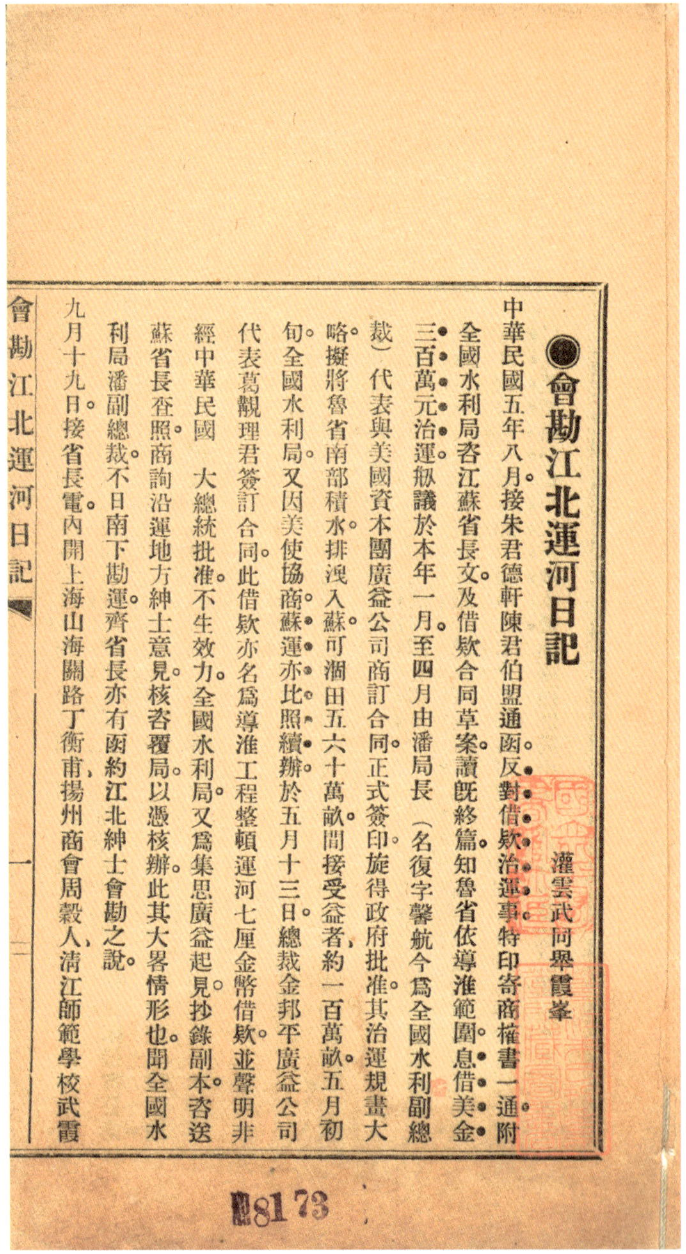

會勘江北運河日記

灌雲武同舉霞峯

中華民國五年八月接朱君德軒陳君伯盟通函。反對借欵治運事。特印寄商榷書一通。附全國水利局咨江蘇省長文及借欵合同草案。讀旣終篇。知魯省依導淮範圍。息借美金三百萬元治運。擬議於本年一月。至四月由潘局長（名復字馨航今爲全國水利副總裁）代表與美國資本團廣益公司商訂合同。正式簽印。旋得政府批准。其治運規畫大略。擬將魯省南部積水排洩入蘇。可涸田五六十萬畝。間接受益者約一百萬畝。五月初旬。全國水利局。又因美使協商。蘇運亦比照續辦。於五月十三日。總裁金邦平廣益公司代表葛覲理君簽訂合同。此借欵亦名爲導淮工程整頓運河七厘金幣借欵。並聲明非經中華民國　大總統批准。不生效力。全國水利局又爲集思廣益起見。抄錄副本。咨送蘇省長。查照商詢沿運地方紳士意見。核咨覆局。以憑核辦。此其大畧情形也。聞全國水利局潘副總裁。不日南下勘運。齊省長亦有函約江北紳士會勘之說。

九月十九日。接省長電。內開上海山海關路丁衙甫。揚州商會周穀人。清江師範學校武霞

會勘江北運河日記　一

2

会勘江北运河日记

（民国）武同举撰

1 册

铅印本

民国年间（1912—1949）

本书记录民国五年 8 月至 11 月 3 日之事。以 1916 年 9 月 19 日武同举接省长齐耀琳邀请，于 30 日前至台儿庄集合（后改为韩庄）始，至 1916 年 11 月 3 日江苏省水利大会议决苏鲁境内运河、河工闸坝、治运厘捐、疏浚河道等相关事项止。日记包含的内容主要有勘察沿岸闸坝设施存留情况，论述治理运河及淮、泗、沂、沭的方法，分析与运河水利工程有关的问题，记录北运河及淮、泗、沂、沭沿途风光。日记翔实记录了实地勘察情况，为淮河、江北运河、江南运河、里下河等诸河的水患治理提供了理论指导和踏查数据，为研究江北运河及其支流工程保存了宝贵史料。武同举（1871—1944），字霞峰，别号两轩、一尘，江苏灌云县南城人。一生从事水利事业，擅长地图绘制，曾绘《海州城厢图》。清末为海州通判，北洋政府时期任江苏水利署主任兼河海工科大学水利史教授，南京国民政府时期供职于江苏省建设厅，任内总结了大量的治水理论，积累了宝贵的实践经验，著有《淮系年表全编》《江苏水利全书》《宋元明代之黄河》等著作。

勘察江北运河水利统筹分疏泗沂沭淮草案计划书

（民国）潘复著

1 册

［民国五年（1916）］

本书分江北运河之位置及施治之方针、苏鲁运河与泗水之关系、中运河与沂沭分疏之计划等 5 章。潘复，北洋政府国务总理。

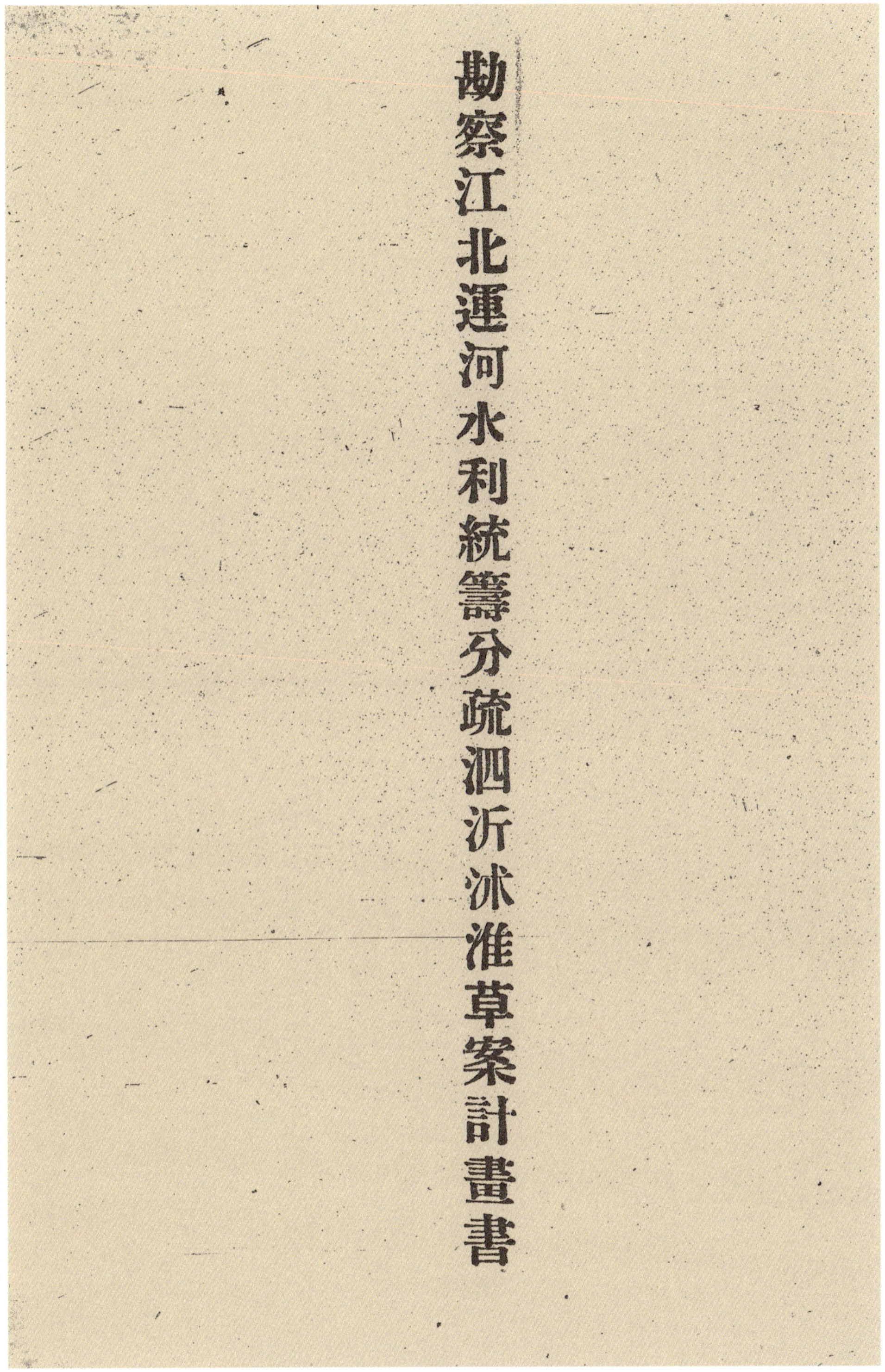
勘察江北運河水利統籌分疏泗沂沭淮草案計畫書

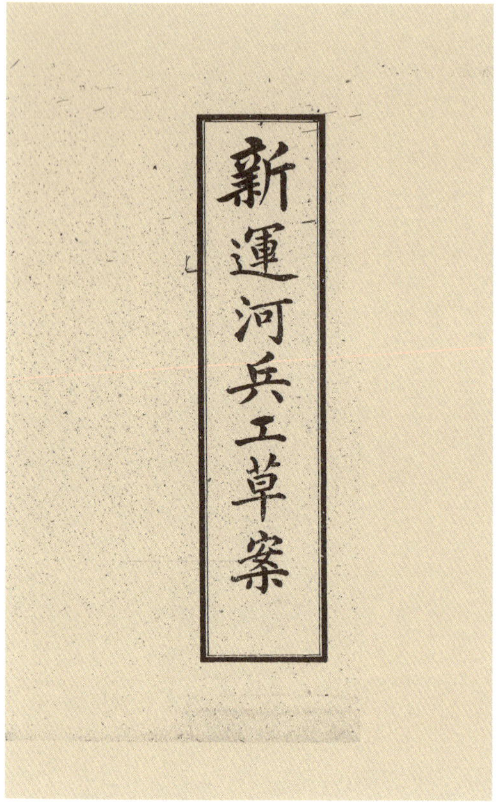

1

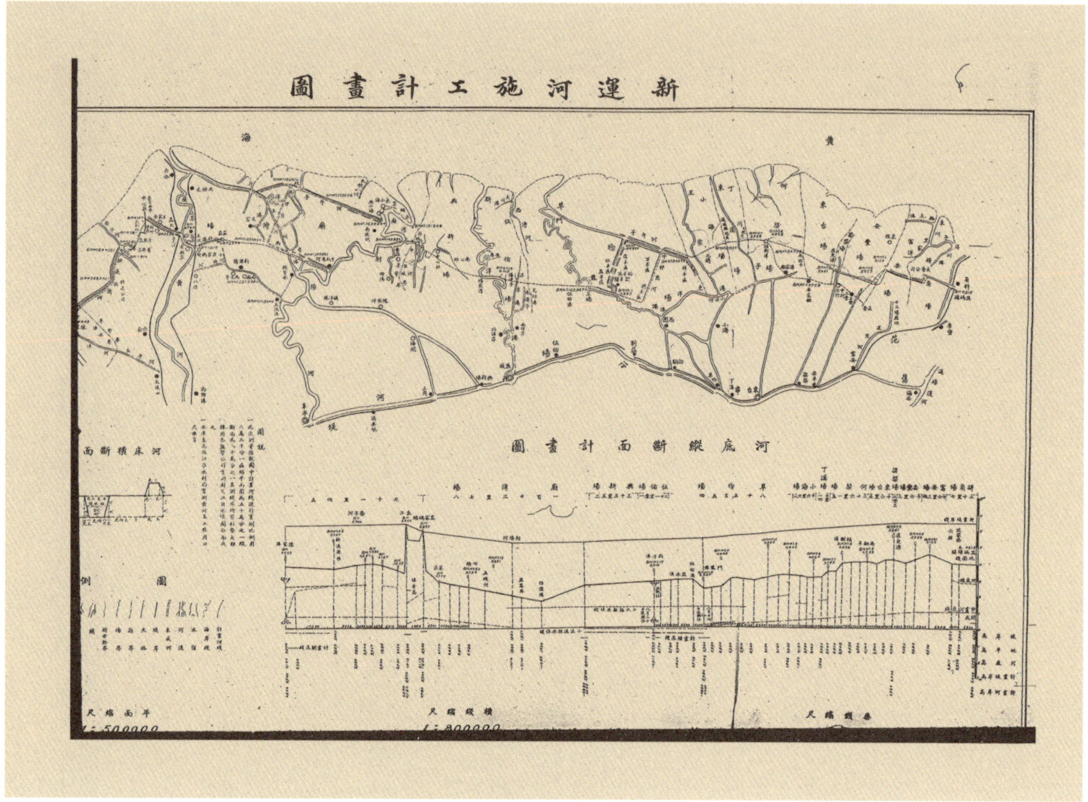

2

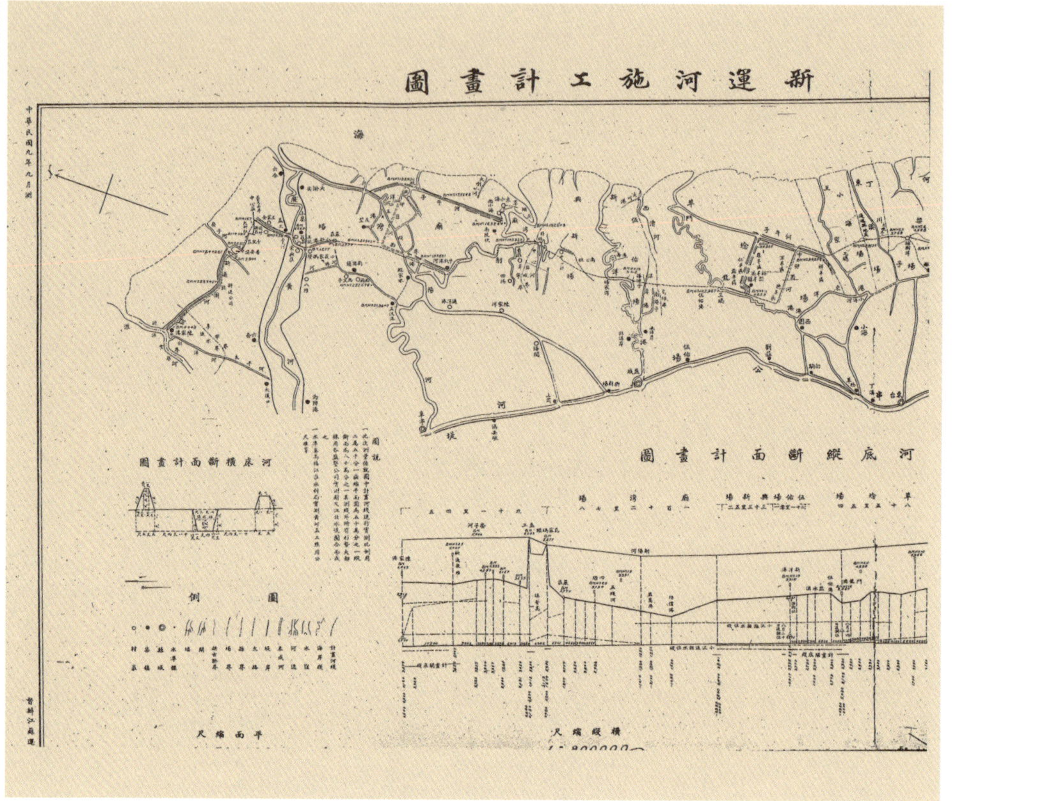

3

新运河兵工草案

（民国）沈秉煌著

1 册

［民国年间（1912—1949）］

本书共 3 部分：缘起、章程、施工计划。书后有新运河施工计划图。

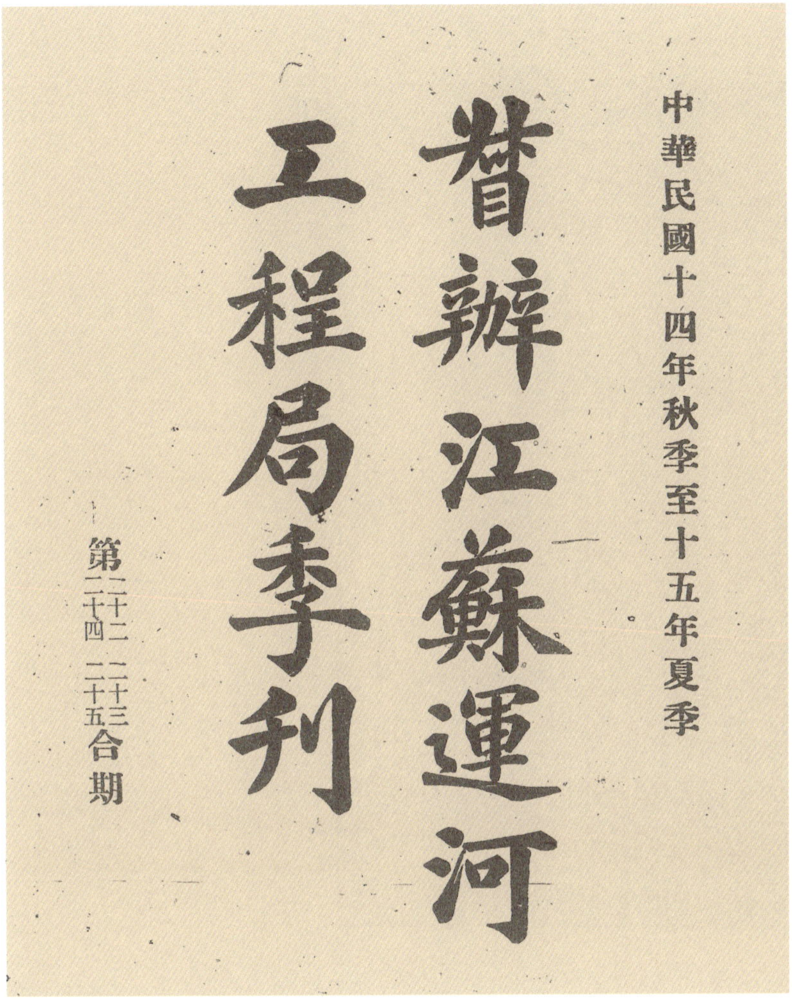

中華民國十四年秋季至十五年夏季

督辦江蘇運河工程局季刊

第二十二 二十三 二十四 二十五合期

1

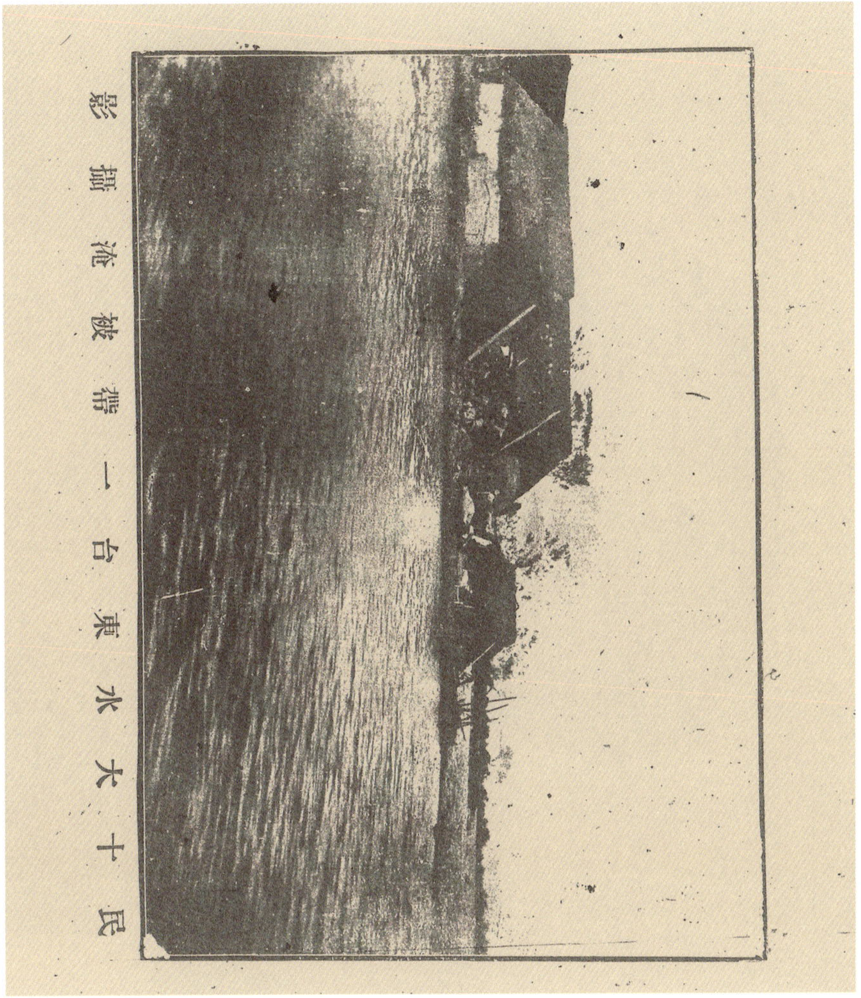

2

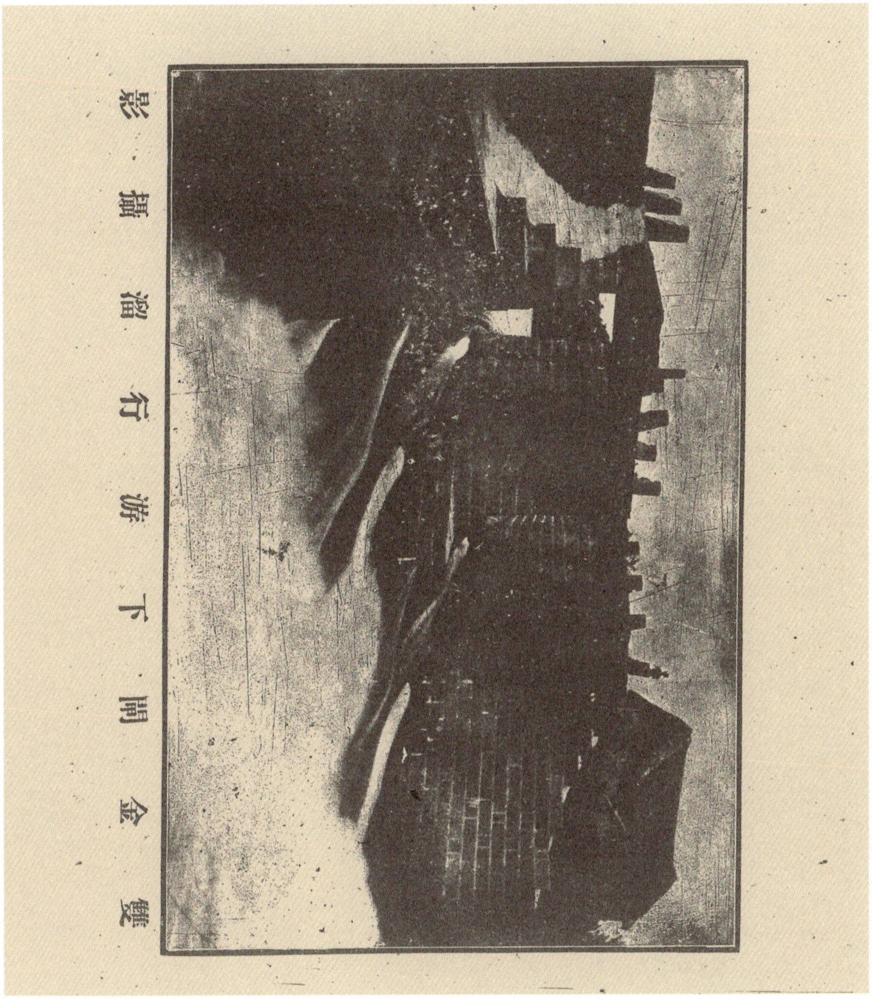

3

督办江苏运河工程局季刊

（民国）督办江苏运河工程局编

1 册

1920—1926

本刊 1920 年 6 月在江苏发行，1926 年停刊（26—29 期为合刊），共 29 期。督办江苏运河工程局编辑并出版，季刊，属于水利刊物。本刊主要刊登江苏运河文章及照片，是研究淮河、运河重要资料。

1

2

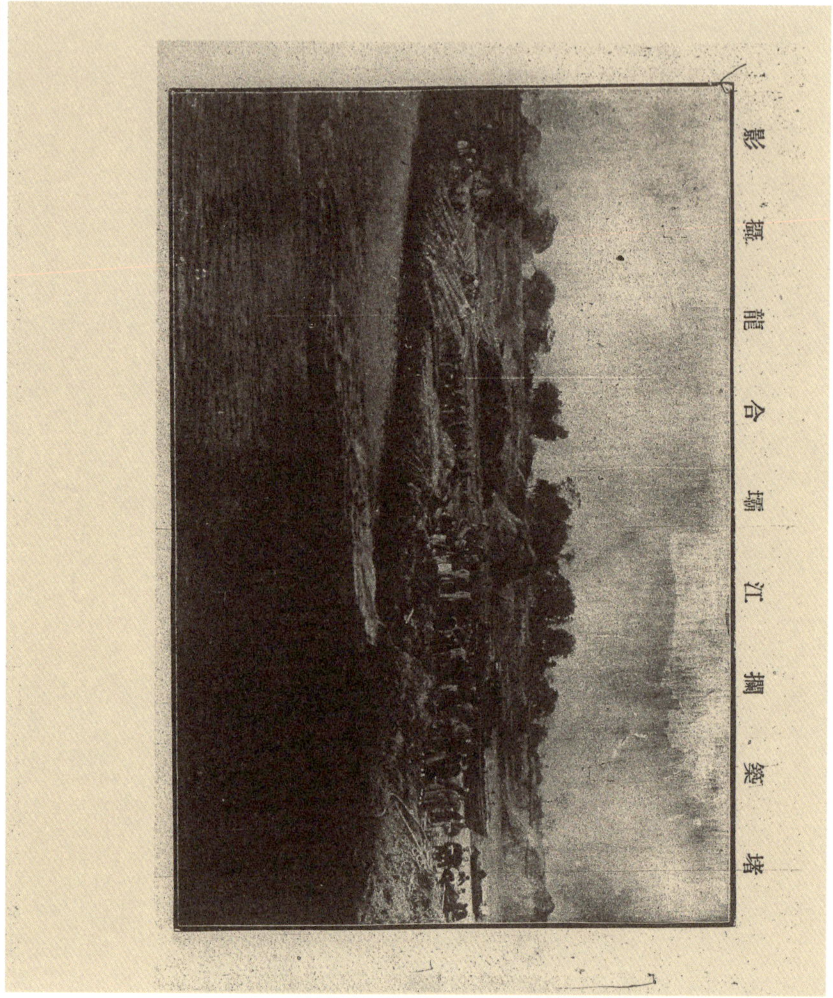

3

江北运河工程局汇刊

（民国）江北运河工程局编

1 册

民国十七年（1928）

本刊是 1928 年江北运河工程局为记录江苏省江北运河工程数据而创办的文件汇编。刊登该工程局的章程和工程重要论著、各类文件和指令、工程计划、施工统计、经费收支和工作图表、照片等。第一期封面为《江北运河水系图》。

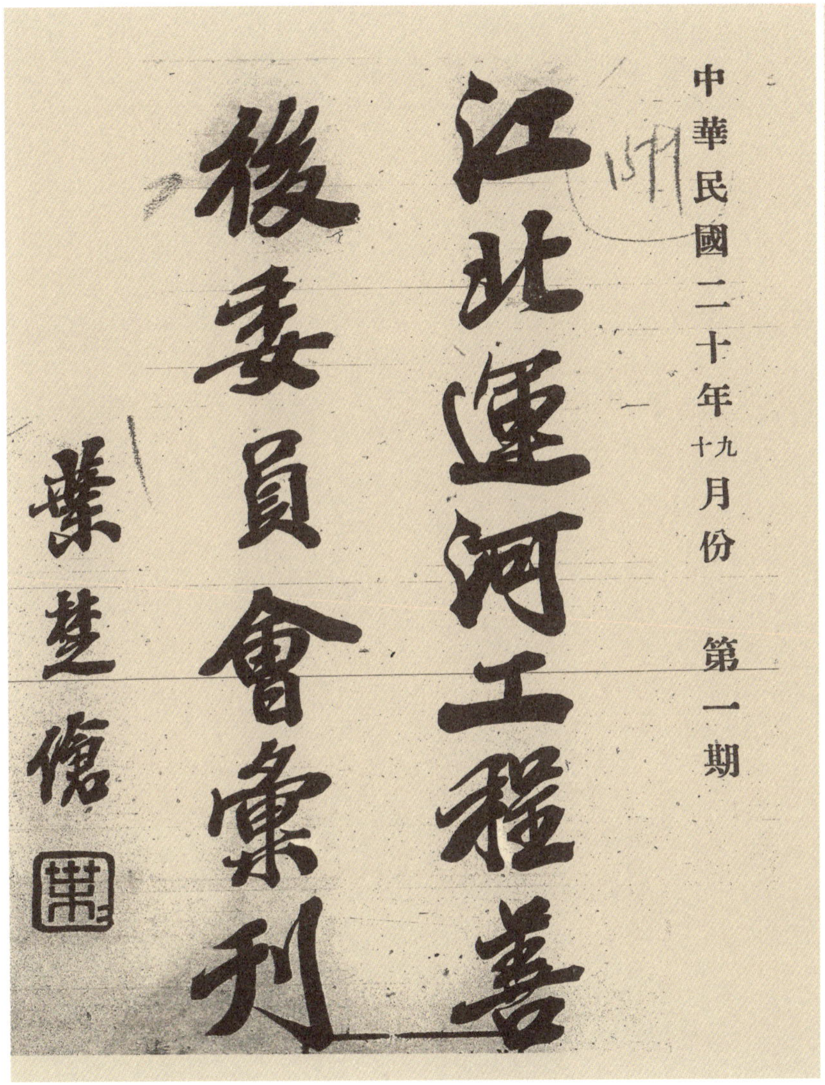

1

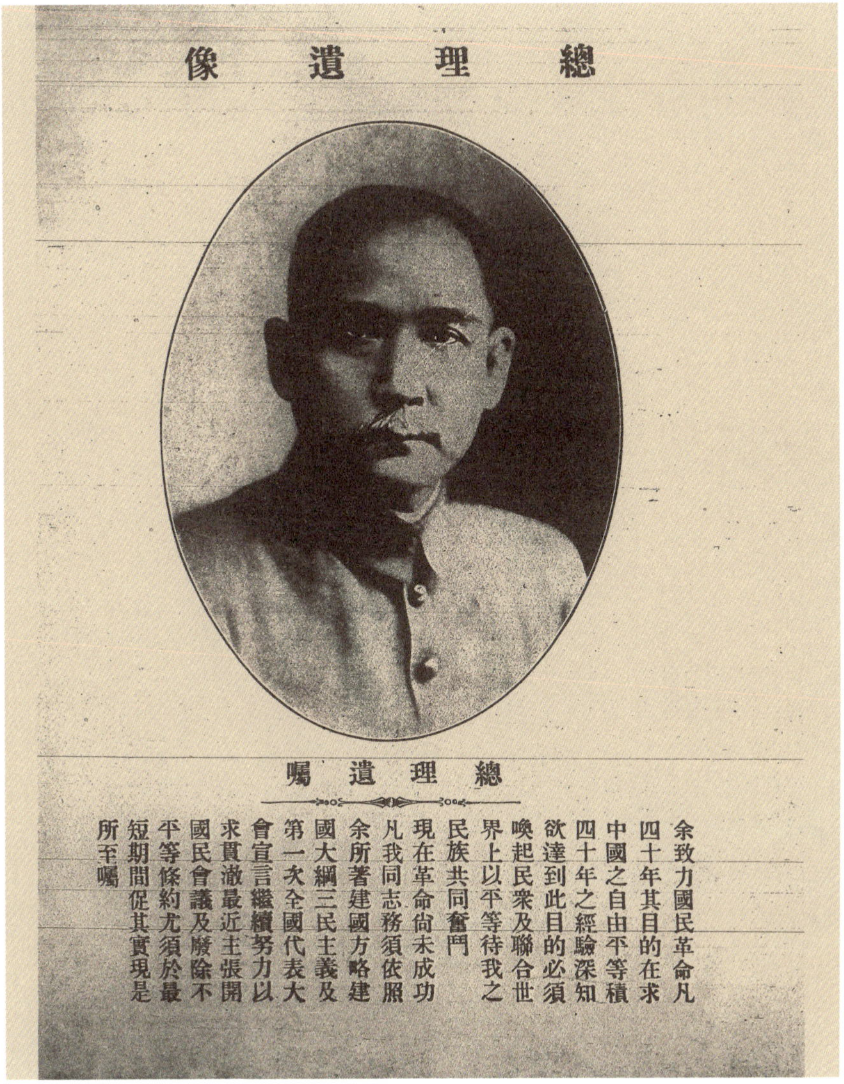

總理遺囑

余致力國民革命凡四十年其目的在求中國之自由平等積四十年之經驗深知欲達到此目的必須喚起民衆及聯合世界上以平等待我之民族共同奮鬥

現在革命尚未成功凡我同志務須依照余所著建國方略建國大綱三民主義及第一次全國代表大會宣言繼續努力以求貫澈最近主張開國民會議及廢除不平等條約尤須於最短期間促其實現是所至囑

2

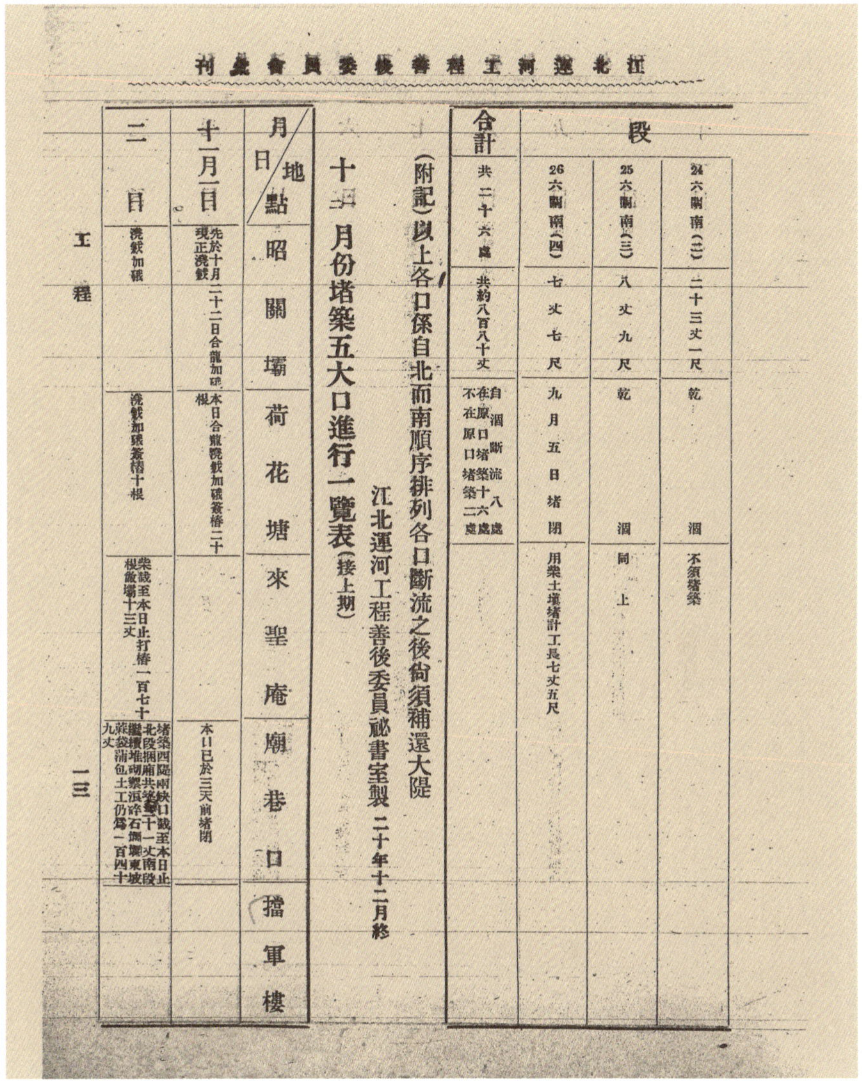

江北運河工程善後委員會彙刊

段	24 六閘南(二)	25 六閘南(三)	26 六閘南(四)	合計
	二十三丈一尺	八丈九尺	七丈七尺	共二十六處 共約八百八十丈
	乾涸	乾涸	九月五日堵閉	自涸斷流八處 在原口堵築十六處 不在原口堵築二處
	不須堵築	同上	用桀土壩堵計工長七丈五尺	

（附記）以上各口係自北而南順序排列各口斷流之後尚須補還大隄

江北運河工程善後委員會祕書室製 二十年十二月終

十一月份堵築五大口進行一覽表（接上期）

地點 \ 月日	十一月一日	二日
昭關壩	先於十月二十二日合龍加硪現正澆戧	澆戧加硪
荷花塘	本日合龍澆戧加硪簽樁二十根	澆戧加硪簽樁十根
來聖庵		柴就至本日止打樁一百七十根做壩十三丈
廟巷口	本日已於三天前堵閉	堵築西隄南缺口截至本日止北段捆廂共築二十一丈南段繼續堆砌漫溜碎石攔壩東坡蒲袋包土工仍為一百四十九丈
擋軍樓		

工程 一三

3

江北运河工程善后委员会汇刊

（民国）江北运河工程善后委员会编

民国年间（1912—1949）

叶楚伧题写刊名。刊登江北运河工程善后委员会规程、条例、简则、规范等。

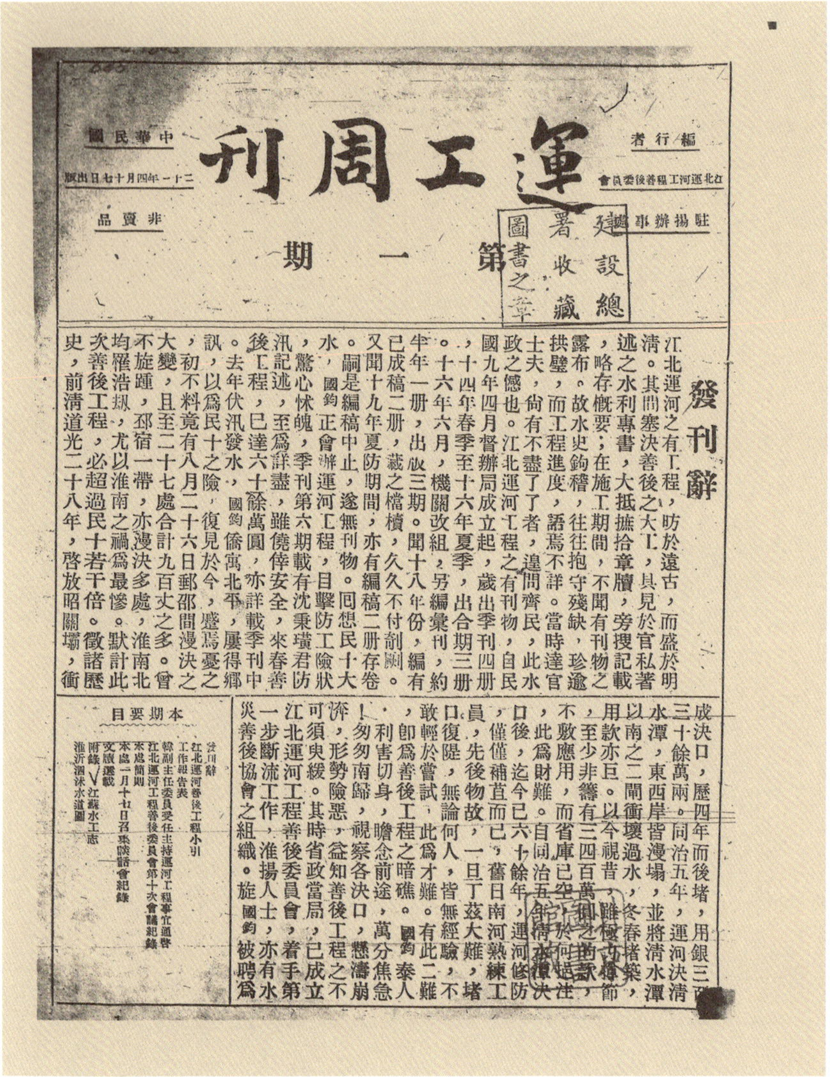
中華民國二十一年四月十七日出版

運工周刊

編行者 江北運河工程善後委員會駐揚辦事處

非賣品

第一期

建設總署收藏圖書之章

發刊辭

1

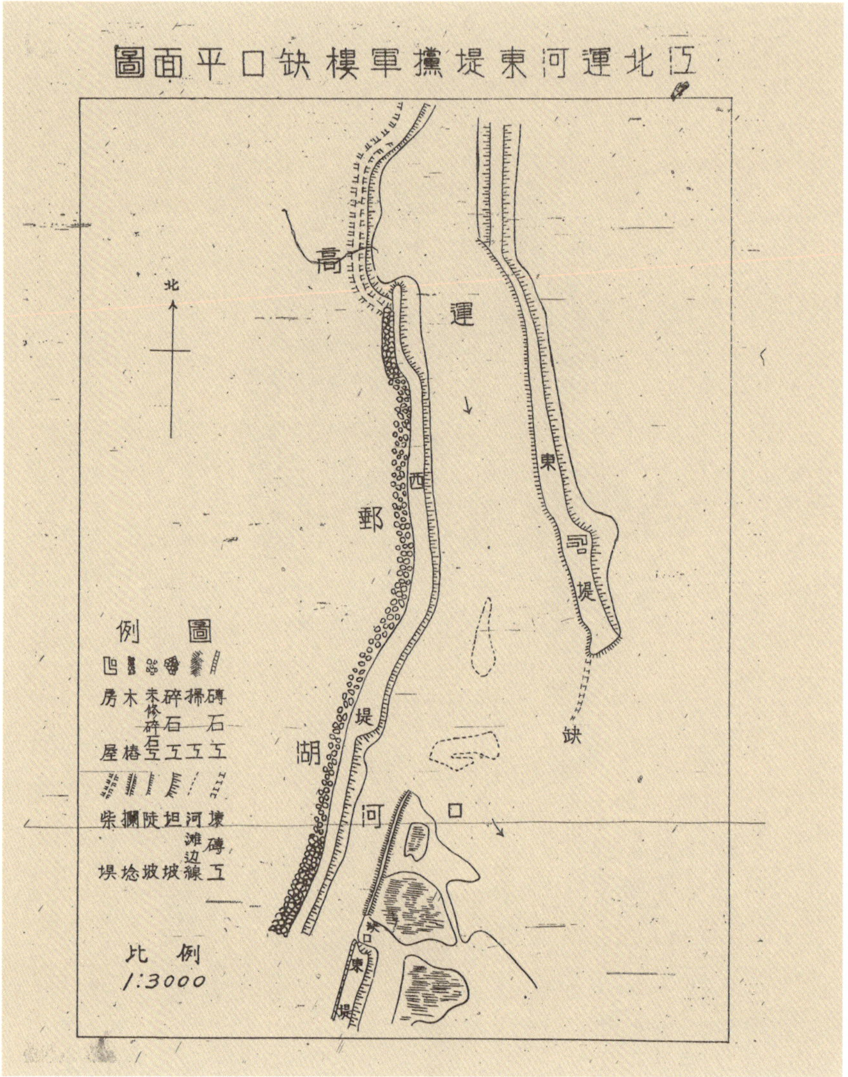

2

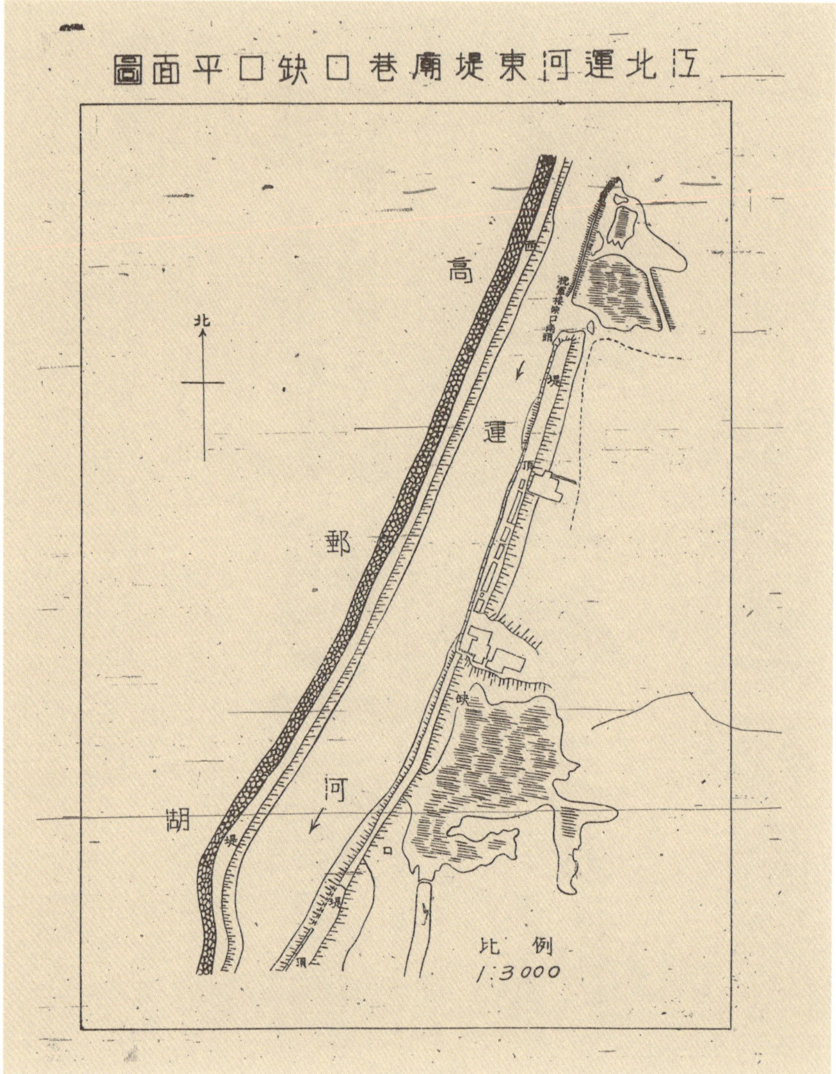

3

运工周刊

（民国）江北运河善后委员会驻扬办事处编

1 册

民国二十一年（1932）

本刊是周刊，1932 年 4 月在扬州创刊，停刊于 1932 年 7 月。由江北运河工程善后委员会驻扬办事处编辑并发行，属于水利刊物。刊登江北运河工程的经过，阐述淮河水患原因，是了解淮河、运河水系的工程资料。

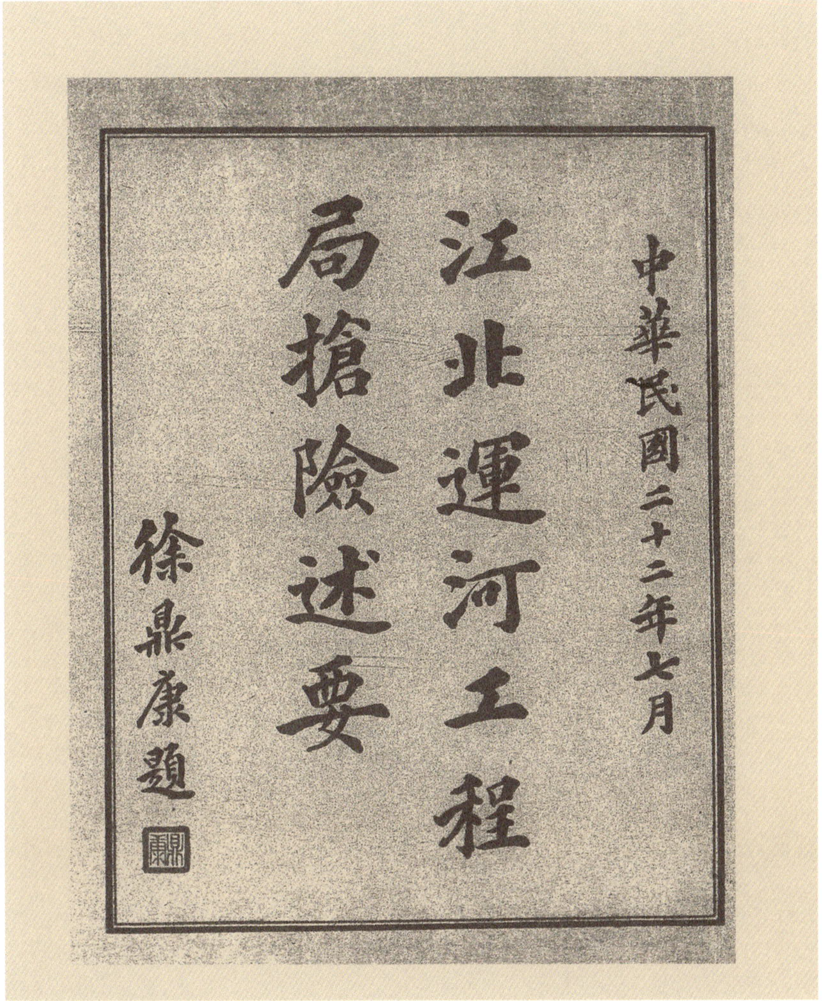

1

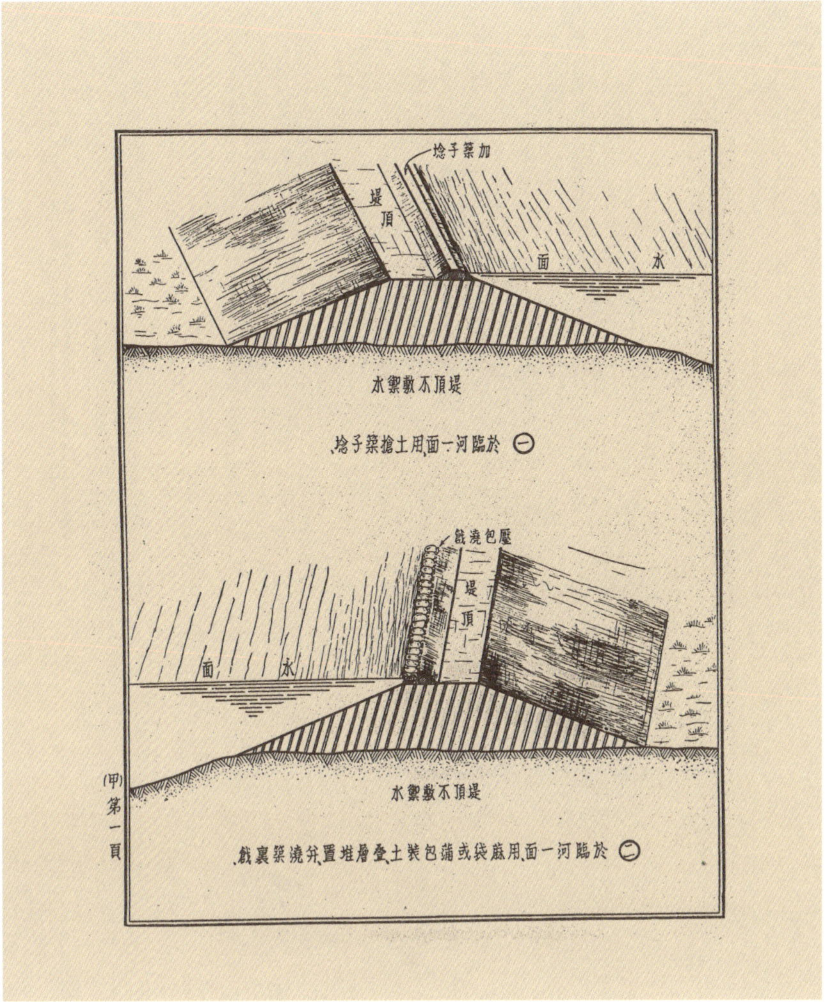
2

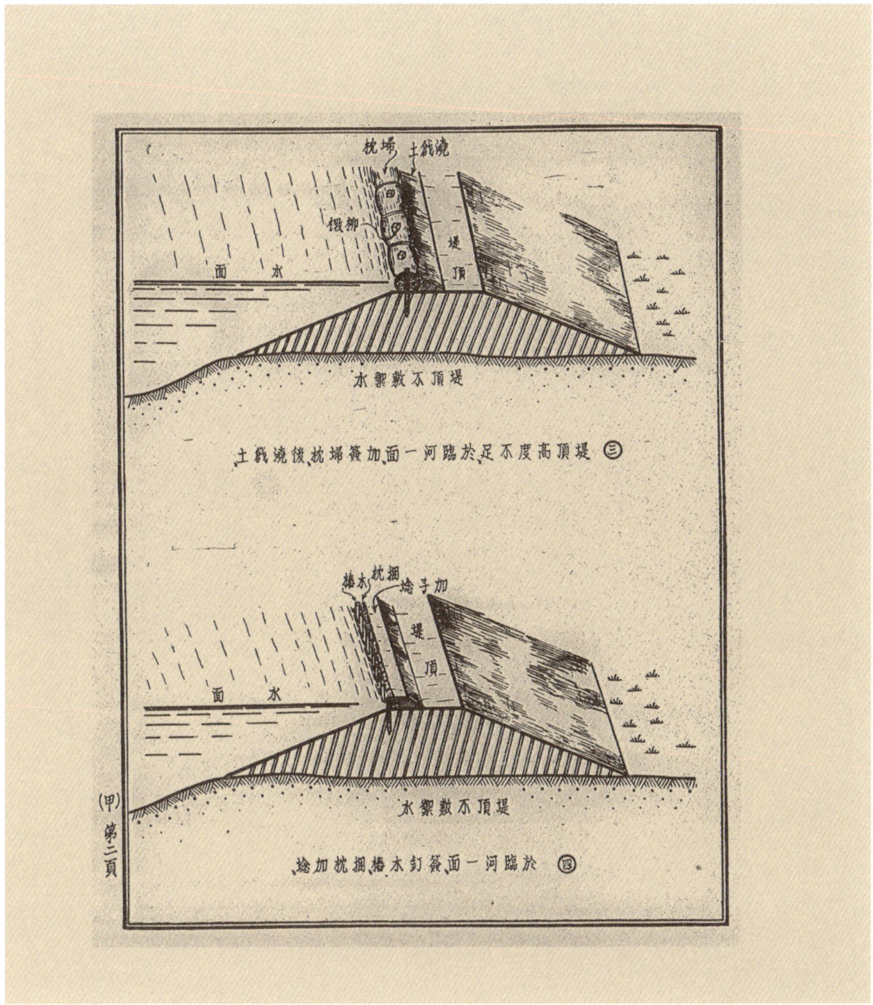
3

江北运河工程局抢险述要

（民国）江北运河工程局编

1 册

民国二十二年（1933）

本书是 1933 年出版的江北运河抢险应对措施记录。由徐鼎康题写书名。内容包括河流出险之种类及其原因，抢险种类，后附抢险图四类。

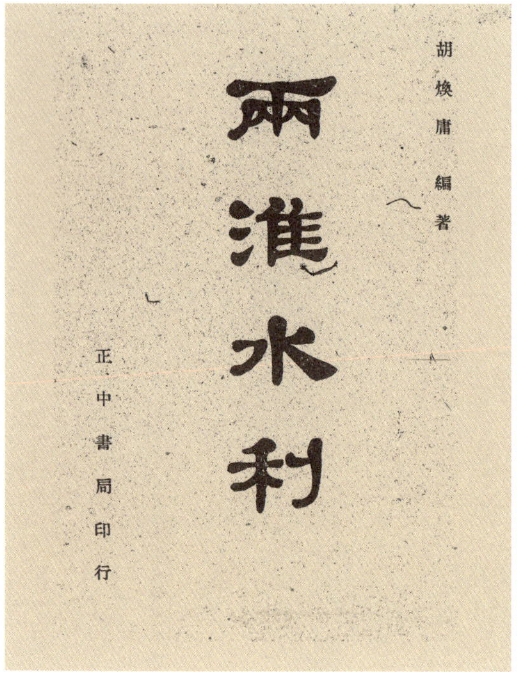

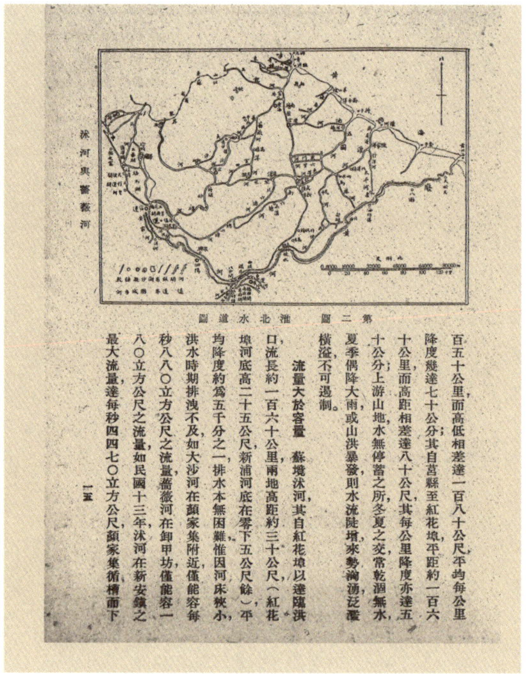

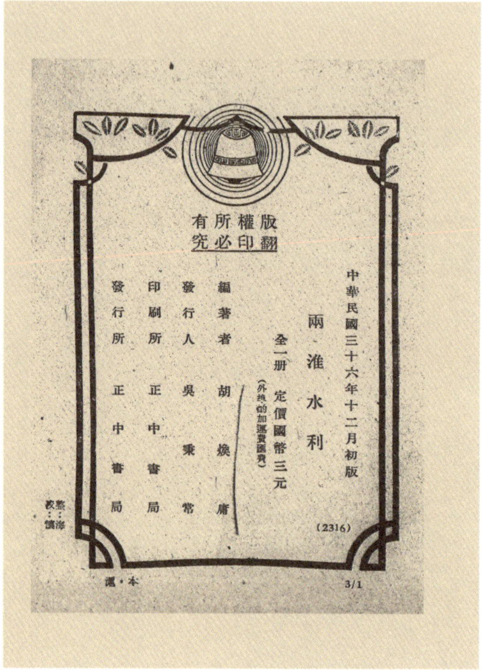

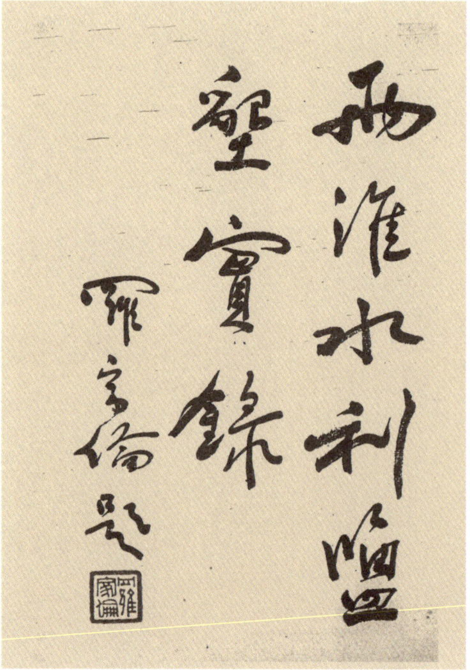

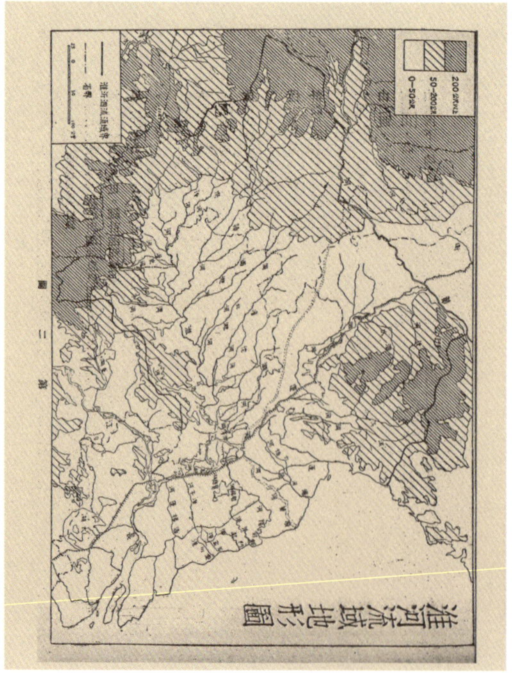

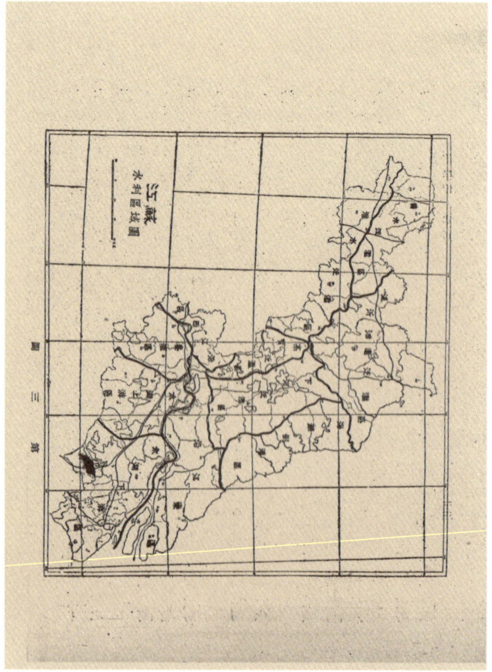

1 2 3 4

5 6 7

两淮水利

（民国）胡焕庸著

1 册

民国三十六年十二月（1947.12）

本书系中央大学地理系于 1934 年考察江北淮扬一带后所编《两淮水利盐垦实录》一书重刊本。附录：连云港述略（李旭旦著）。

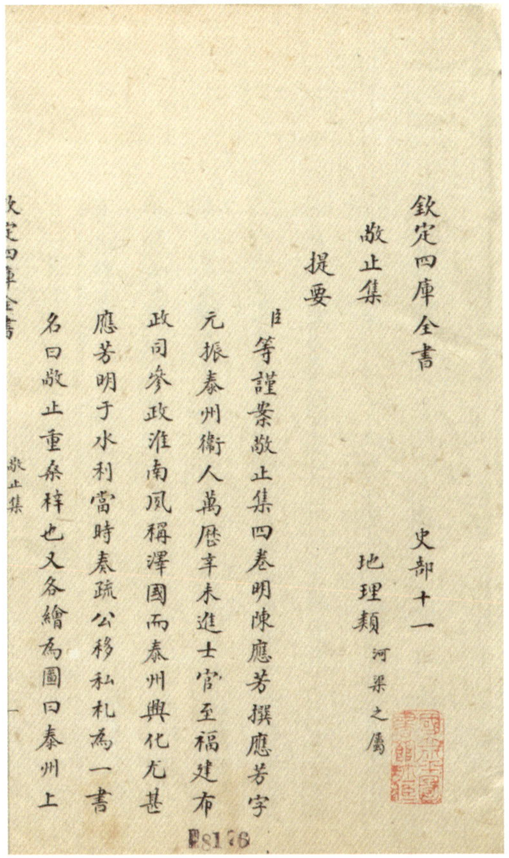

1

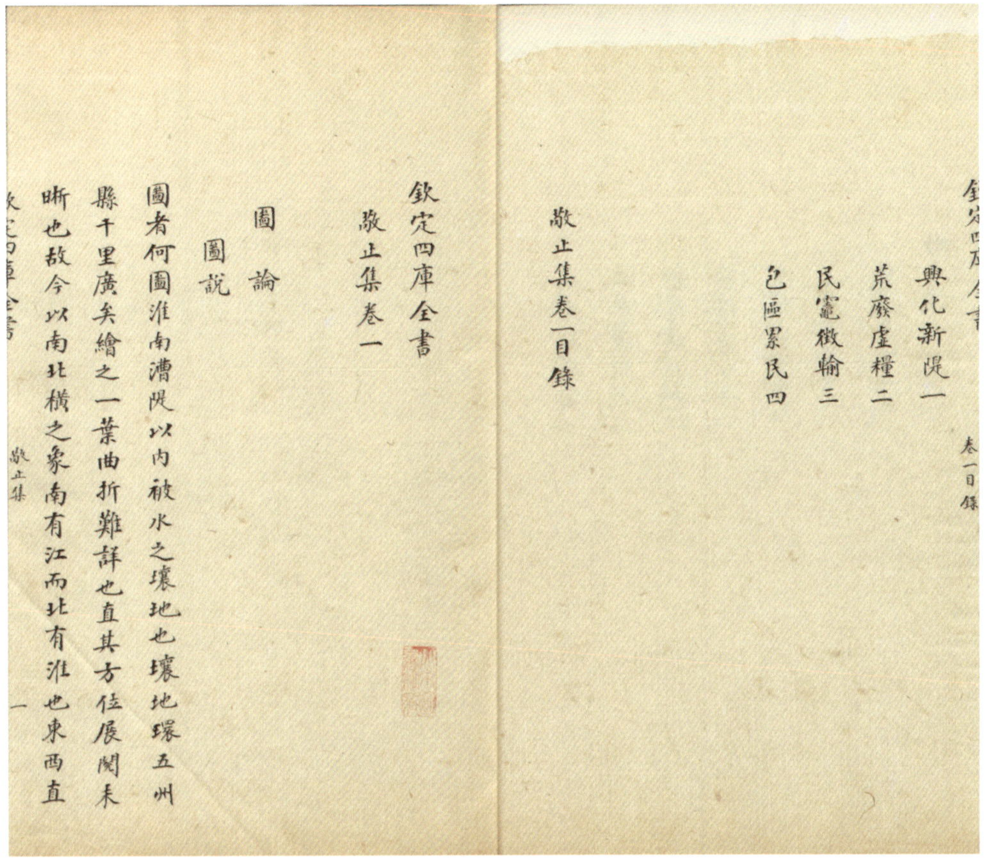

2

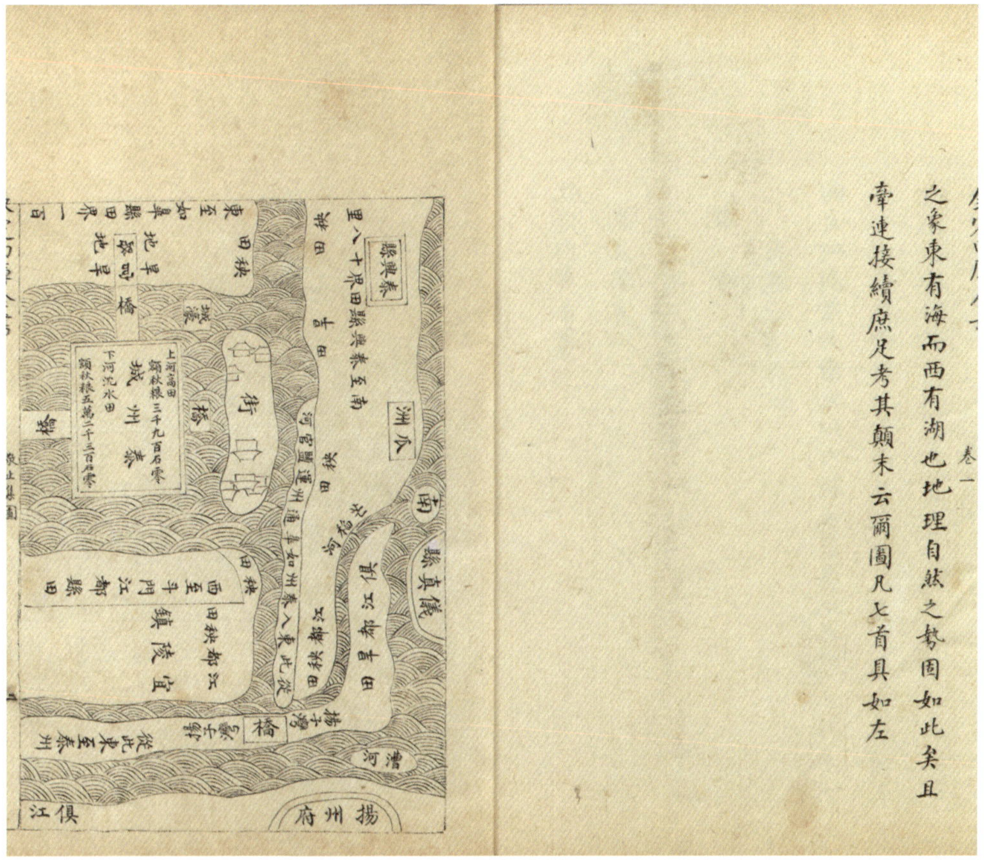

3

敬止集

（明）陈应芳撰

2 册

抄本

清（1616—1911）

本书主要对淮南五州县境内河道状况，当时治河方略的效果进行论述。全书共四卷，卷一为图论，卷二为奏疏等，卷三为尺牍，卷四为书。

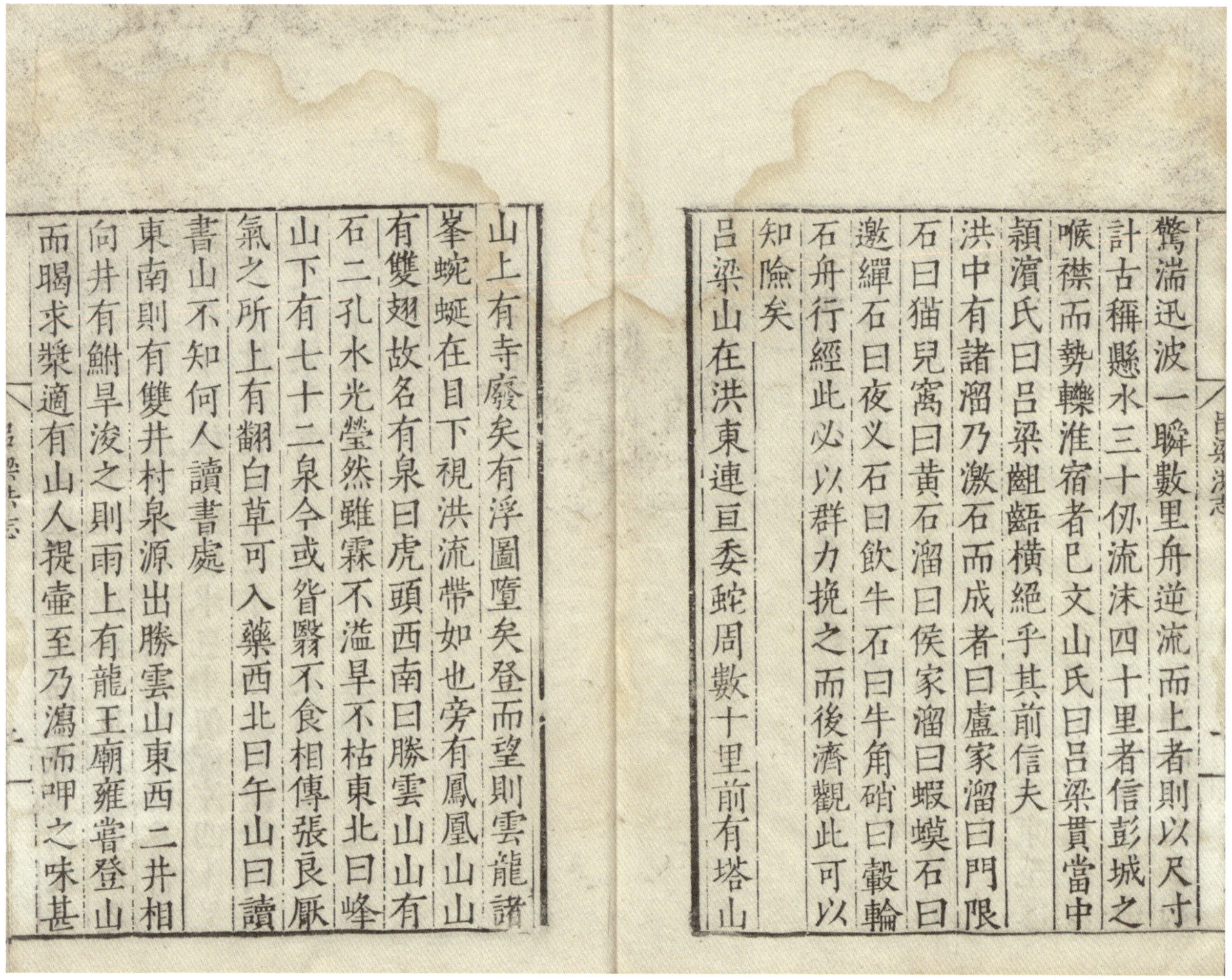
鶩湍迅波一瞬數里舟逆流而上者則以尺寸
計古稱懸水三十仞流沫四十里者信彭城之
喉襟而勢轢淮宿者已文山氏曰吕梁貫當中
穎濱氏曰吕梁齟齬横絶乎其前信夫
洪中有諸溜乃激石而成者曰盧家溜曰門限
石曰猫兒窩曰黄石溜曰侯家溜曰蝦蟆石曰
邀繟石曰夜乂石曰飲牛石曰牛角硝曰轂輪
石舟行經此必以群力挽之而後濟觀此可以
知險矣
吕梁山在洪東連亘委蛇周數十里前有塔山
山上有寺廢矣有浮圖壟矣登而望則雲龍諸
峯蜿蜒在目下視洪流帶如也旁有鳳凰山山
有雙翅故名有泉曰虎頭西南曰勝雲山山有
石二孔水光瑩然雖霖不溢旱不枯東北曰峰
山下有七十二泉今或沓翳不食相傳張良厭
氣之所上有翻白草可入藥西北曰午山曰讀
書山不知何人讀書處
東南則有雙井村泉源出勝雲山東西二井相
向井有鮒旱浚之則雨上有龍王廟雍嘗登山
而喝求漿適有山人提壺至乃瀉而呷之味甚

1

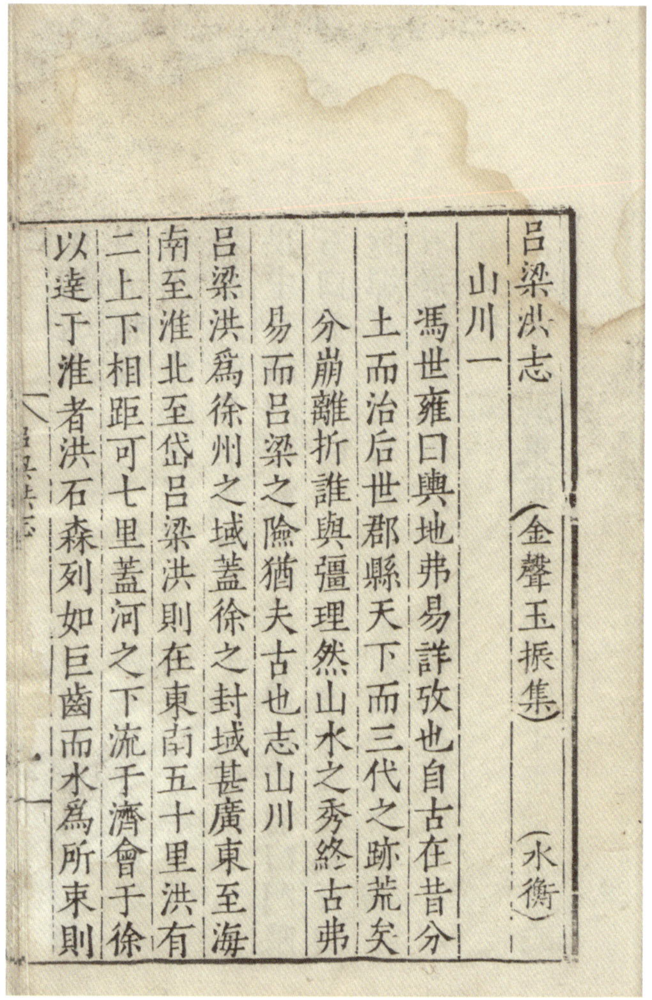
吕梁洪志
山川一　（金聲玉振集）　（水衡）
馮世雍曰輿地弗易詳攷也自古在昔分
土而治后世郡縣天下而三代之跡荒矣
分崩離折誰與彊理然山水之秀終古弗
易而吕梁之險猶夫古也志山川
吕梁洪爲徐州之域蓋徐之封域甚廣東至海
南至淮北至岱吕梁洪則在東南五十里洪有
二上下相距可七里蓋河之下流于濟會于徐
以達于淮者洪石森列如巨齒而水爲所束則

2

吕梁洪志

（明）冯世雍撰

1 册

刻本

明嘉靖年间（1522—1566）

明嘉靖二十九年至三十年（1550—1551）袁氏嘉趣堂刻本。本书系记载江苏苏州东南古泗水险段“吕梁洪”的一部水利专志。明代迁都北京后，大量漕运物资由东南转运北上，经过吕梁洪河道，嘉靖五年（1526），冯世雍任吕梁洪工部分司主事，《吕梁洪志》则是其在任期间编修的专志。原书分为八篇，建置篇、山川篇、公署篇、官师篇、夫役篇、漕渠篇、祠宇篇、艺文篇，后失传。袁氏嘉趣堂刻本为辑刊本，缺少建置、艺文二篇，是研究明代运河交通史和徐州地方史的珍贵史料。冯世雍，湖广江夏人，字子和，号三石。嘉靖二年（1523）进士，曾任工部主事，吏部员外郎，官至徽州知府。工善诗文，著有《吕梁洪志》《三石文集》。

1

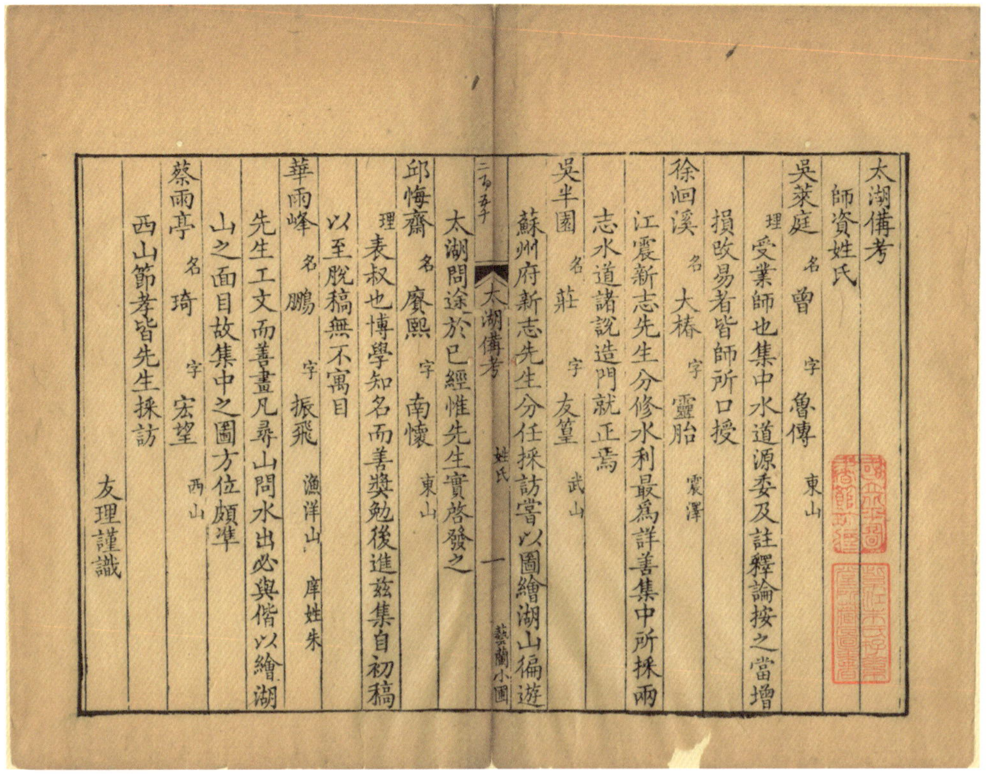

2

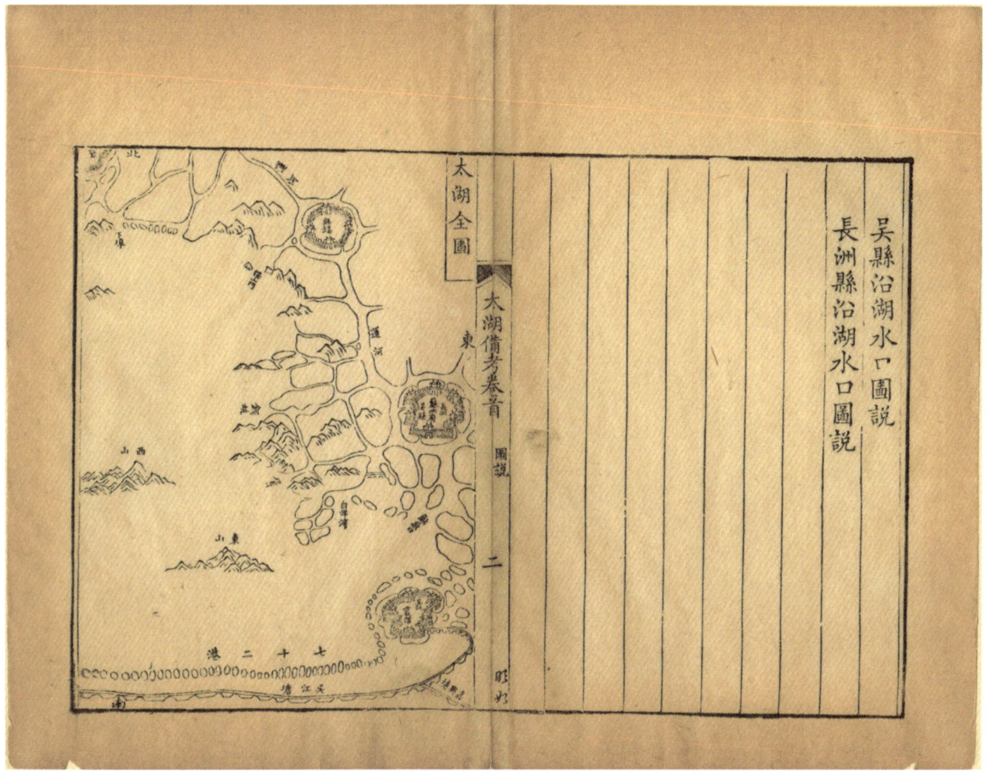

3

太湖备考

（清）金友理纂

8 册

刻本

清乾隆十五年（1750）

本书是全面记述太湖地区历史、文化、地理、古迹、人物、水利、兵防的志书，堪称太湖百科全书。全书共十六卷，书后附吴曾的《湖程纪略》。卷首为巡幸图说，卷二为沿湖水口、滨湖山，卷三为水治、水议，卷四为兵防、湖防论说、记兵、职官，卷五为湖中山、泉、港渎、都图、田赋，卷六为坊表、祠庙、寺观、古迹、风俗、物产，卷七为选举、乡饮，卷八为人物，卷九为烈女，卷十至卷十三为集诗、集文，卷十四为书目、灾异，卷十五为补遗，卷十六为杂记。金友理，清乾隆年间文人，崇尚经世之学。

1

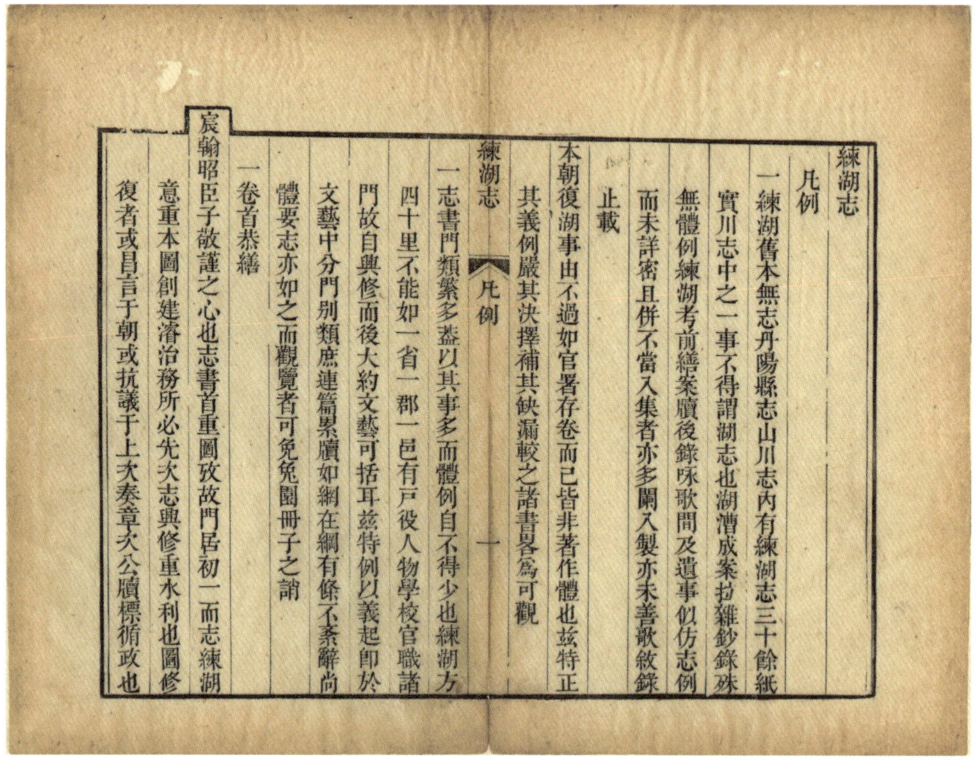

練湖志

凡例

一練湖舊本無志丹陽縣志山川志內有練湖志三十餘紙
實川志中之一事不得謂湖志也湖漕成案抄雜鈔錄殊
無體例練湖考前續案牘後錄咏歌間及遺事似仿志例
而未詳密且併不當入集者亦多闌入襲亦未善歉敘錄
止載
本朝復湖事由不過如官署存卷而已皆非著作體也茲特正
其義例嚴其決擇補其缺漏較之諸書各爲可觀

練湖志　凡例　一

一志書門類繁多蓋以其事多而體例自不得少也練湖方
四十里不能如一省一郡一邑有戶役人物學校官職諸
門故自興修而後大約文藝可括耳茲特例以義起即於
文藝中分門別類庶連篇累牘如綱在綱有條不紊辭尚
體要志亦如之而觀覽者可免兔園冊子之誚
一卷首恭錄
宸翰昭臣子敬謹之心也志書首重圖攷故門居初一而志練湖
意重本圖創建濬治務所必先次志興修重水利也圖修
復者或昌言于朝或抗議于上次奏章次公牘標衔政也

2

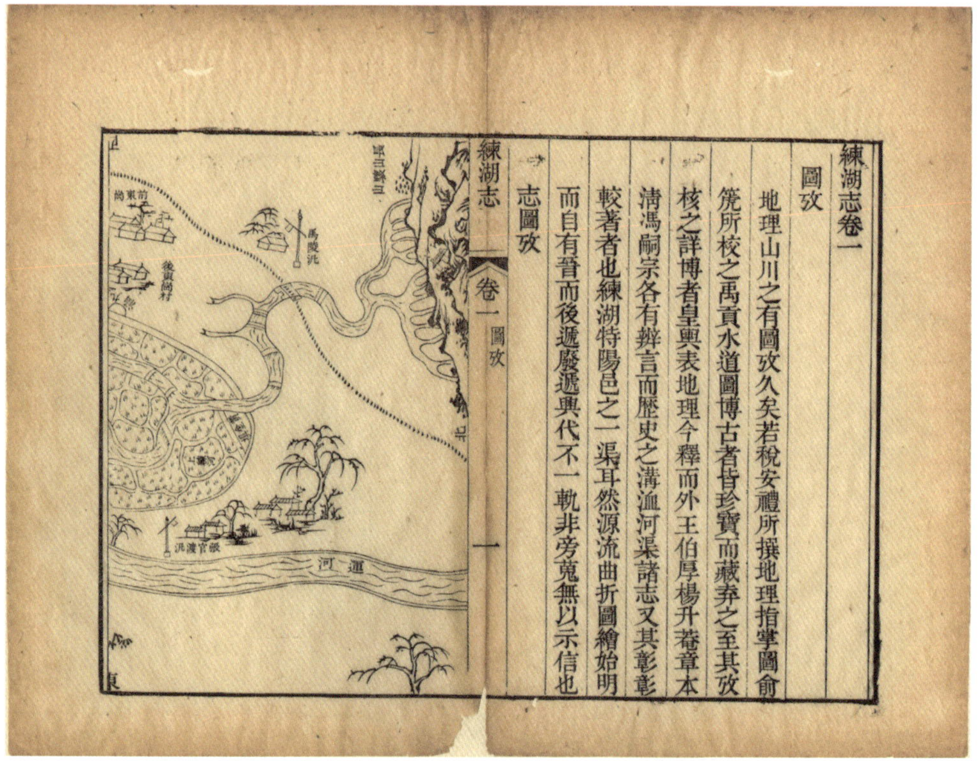

練湖志卷一

圖攷

地理山川之有圖攷久矣若稅安禮所撰地理指掌圖俞
篪所校之禹貢水道圖博古者皆珍寶而藏弆之至其攷
核之詳博者皇輿表地理今釋而外王伯厚楊升菴章本
清馮嗣宗各有辨言而歷史之溝洫河渠諸志又其彰彰
較著者也練湖特陽邑之一渠耳然源流曲折圖繪始明
而自有晉而後遞廢遞興代不一軌非旁蒐無以示信也

練湖志　卷一　圖攷　一

志圖攷

3

练湖志

（清）黎世序撰

4 册

刻本

清嘉庆十五年（1810）

本书 9 行 24 字，白口，左右双边单鱼尾。嘉庆十五年（1810），时任镇江知府的黎世序组织官修《练湖志》。《练湖志》共有九门十卷，分别为图考（卷一）、兴修（卷二）、奏章（卷三）、公牍（卷四、卷五）、论说（卷六）、书叙（卷七）、碑记（卷八）、赋咏（卷九）、逸事（卷十），每一门类前有按语一篇。卷首为乾隆帝南巡时所作三首练湖诗。书前有陈鹤所作《序》。明清时期，编纂练湖水利文献成为传统。嘉庆年间的官修《练湖志》用理性客观的眼光记载湖事湖史，从官方角度编纂湖志，其中收录的档案资料完整，涉及工程营建、组织管理、资源分配、赋税征收等多个方面，是研究大运河和练湖水利历史的重要史料。黎世序，字景和，号湛溪，河南罗山人，嘉庆元年（1796）进士，嘉庆十三年（1808）任镇江知府，嘉庆十六年（1811）任淮海道员，嘉庆十七年（1812）任南河总督，道光四年（1824）病逝，是清代著名的水利官员，曾经主持编修《续行水金鉴》。

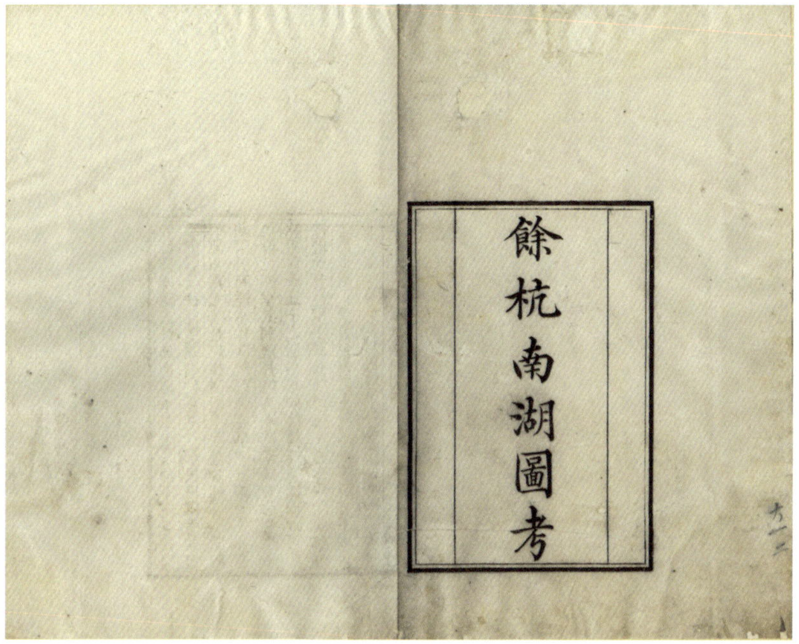
餘杭南湖圖考

1

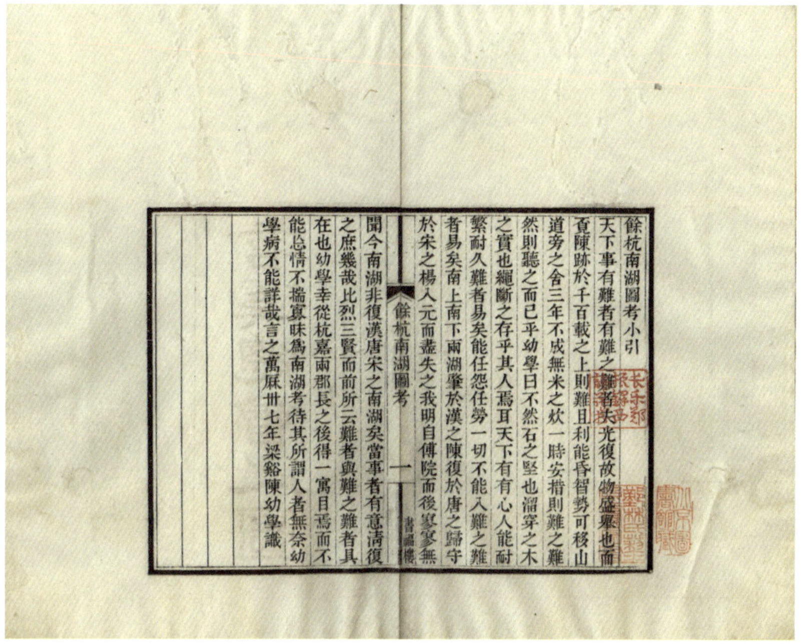
餘杭南湖圖考小引
天下事有難者有難之難者夫光復故物盛舉也而覔陳跡於千百載之上則難且利能昏智勢可移山道旁之舍三年不成無米之炊一時安措則難之難然則聽之而已乎幼學曰不然石之堅也溜穿之木之實也繩斷之存乎其人焉耳天下有有心人能耐繁耐久難者易矣能任怨任勞一切不能入難之難者易矣南上南下兩湖肇於漢之陳復於唐之歸守於宋之楊入元而盡失之我明自傅院而後寥寥無聞今南湖非復漢唐宋之南湖矣當事者有意清復之庶幾哉比烈三賢而前所云難者與難之難者具在也幼學幸從杭嘉兩郡長之後得一寓目焉而不能忘情不揣寡昧為南湖考待其所謂人者無奈幼學病不能詳哉言之萬厤卅七年梁谿陳幼學識

餘杭南湖圖考　一　書福樓

2

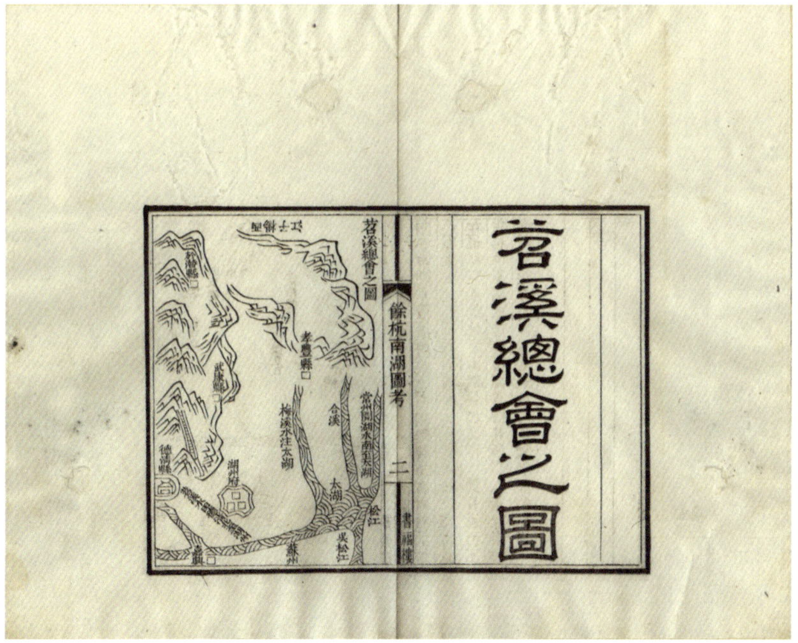
苕溪總會之圖

餘杭南湖圖考　二　書福樓

3

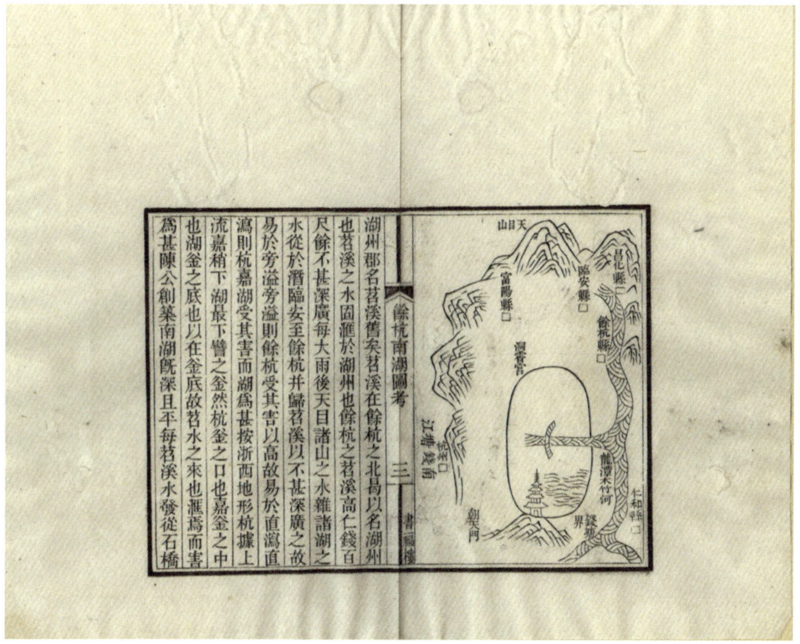
湖州郡名苕溪舊矣苕溪在餘杭之北曷以名湖州也苕溪之水固滙於湖州也餘杭之苕溪高仁錢百尺餘不甚深廣每大雨後天目諸山之水雜諸湖之水從於潛臨安至餘杭并歸苕溪以不甚深廣之故易於旁溢旁溢則餘杭受其害以高故易於直瀉直瀉則杭嘉湖受其害而湖為甚按浙西地形杭據上流嘉稍下湖最下譬之釜然杭釜之口也嘉釜之中也湖釜之底也以在釜底故苕水之來也滙焉而害為甚陳公剏築南湖既深且平每苕溪水發從石橋

餘杭南湖圖考　三　書福樓

4

余杭南湖图考

（明）陈幼学撰

1 册

刻本

书福楼

清（1644—1911）

本书不分卷。据丁丙《善本书室藏书志》叙录此书："南湖在余杭郭外，发源天目，为浙西水利之枢机。今则侵占过半，湮塞又几半矣。此万历三十七年梁溪陈幼学所序刊之本云：南上、南下两湖肇于汉之陈，复于唐之归，守于宋之杨，入元而尽失之。我明自傅院而后寥寥无闻。今南湖非复汉、唐、宋之南湖矣。当事者有意清复，庶几比烈三贤。幼学幸从杭、嘉两郡长，之后得一寓目而不能忘情，为《南湖考》。分陈令创筑之图、傅院清理之图、土人指视之图、奸豪侵占之图、苕溪总会之图，各为之说。并著《浚湖说略》于后。"此书另有万历刊本。陈幼学（1541—1624），字志行，号筠堂先生，常州府无锡（今江苏无锡）人。万历十七年（1589）进士，授确山知县。任内，积粟备荒，开渠惠民。后迁刑部主事，又升任湖州知府，政绩卓著。

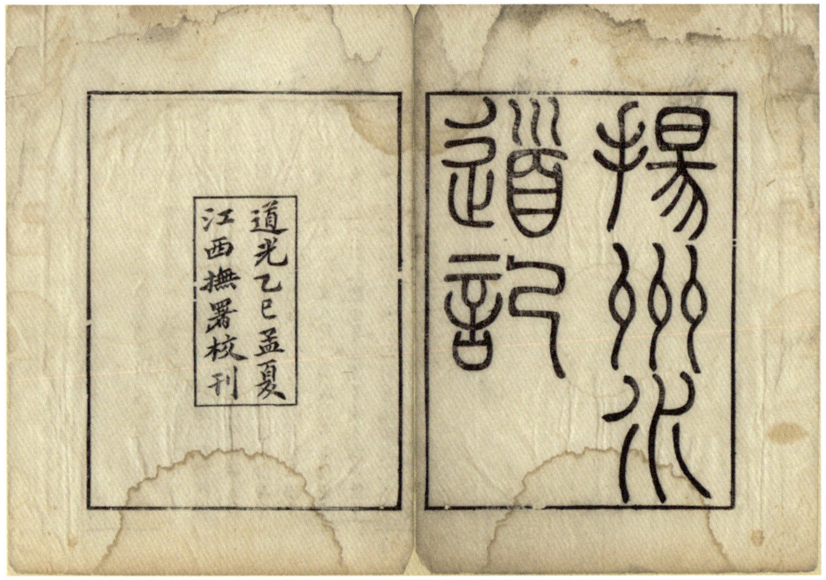

揚州水道記

道光乙巳孟夏
江西撫署校刊

1

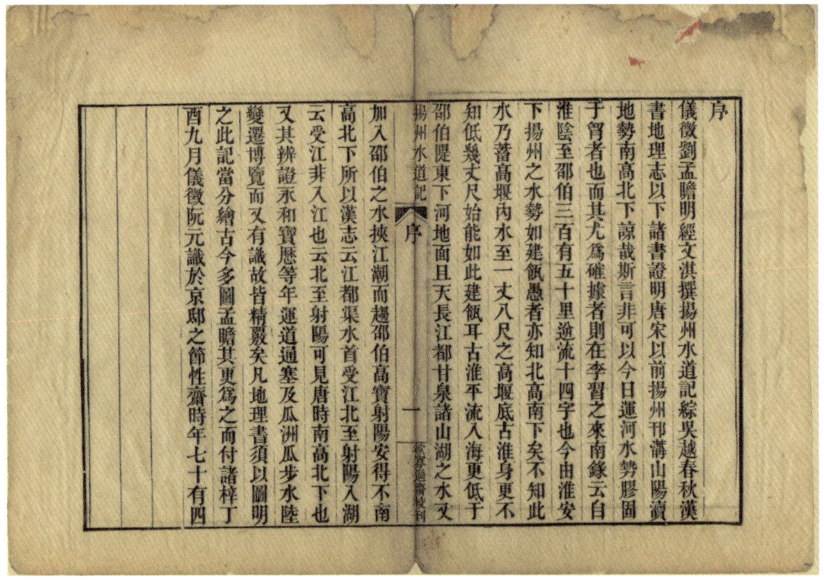

序

儀徵劉孟瞻明經文淇撰揚州水道記綜吳越春秋漢書地理志以下諸書證明唐宋以前揚州邗溝山陽瀆地勢南高北下諒哉斯言非可以今日運河水勢膠固于胷者也而其尤爲確據者則在李習之來南錄云自淮陰至邵伯三百有五十里逆流十四字也今由淮安下揚州之水勢如建瓴愚者亦知北高南下矣不知此水乃蓄高堰內水至一丈八尺之高堰底古淮身更不知低幾丈尺始能如此建瓴耳古淮平流入海更低于邵伯隄東下河地面且天長江都甘泉諸山湖之水又

揚州水道記　序　一　欲寡過齋校刊

加入邵伯之水挾江湖而趨邵伯高寶射陽安得不南高北下所以漢志云江都渠水首受江北至射陽入湖云受江非入江也云北至射陽可見唐時南高北下也又其辨證永和寶歷等年運道通塞及瓜洲瓜步水陸變遷博覽而又有識故皆精覈矣凡地理書須以圖明之此記當分繪古今多圖孟瞻其更爲之而付諸梓丁酉九月儀徵阮元識於京邸之節性齋時年七十有四

2

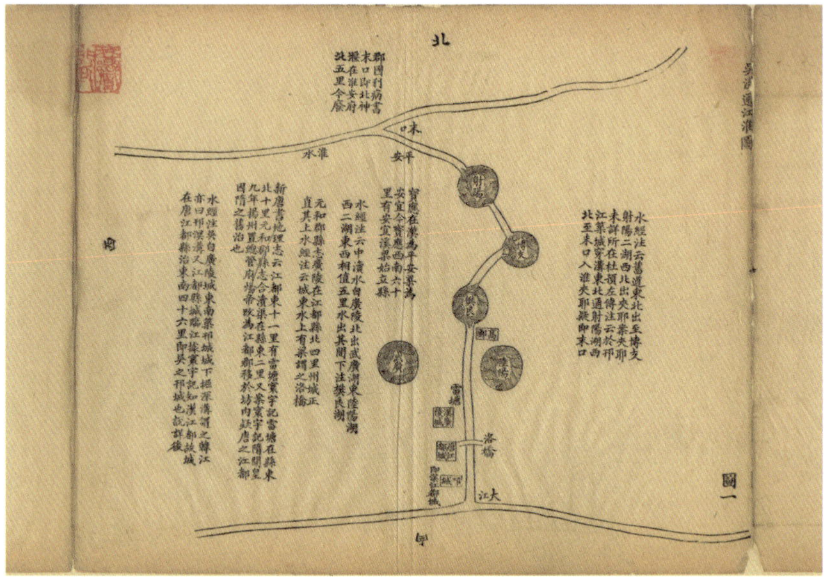

3

扬州水道记

（清）刘文淇撰

2 册

刻本

清道光二十五年（1845）

本书四卷二册，版心镌欲寡过斋校刊，10 行 21 字，小字双行，同白口，左右双边单鱼尾。本书是一部考证叙述扬州境内运河（邗沟）水道变迁沿革的历史地理著作。初拟分运河、两岸工程和两岸诸湖三部，叙扬州水道，后仅成运河部分。全书引用历代史地杂说和河工官牍资料，对江都运河、高邮运河和宝应运河古今水道变迁详细考证。卷首刻绘春秋至清扬州水道沿革图说十幅。之后记录了邗沟水道的变迁及沿革，再次记水道治理方法，朝野上下对水利与漕运的议论。除水道河工的记载之外，此书还保留了水道沿途城镇的沿革信息与地方风光民俗，具有较高的学术价值和文献价值。刘文淇，字孟瞻，江苏仪征人。嘉庆己卯年（1819）优贡生，候选训导。精研古籍，贯串群经。据《左传》《吴越春秋》《水经注》诸书，知唐宋以前扬州地势南高北下，较分运河形势不同，作《扬州水道记》四卷。

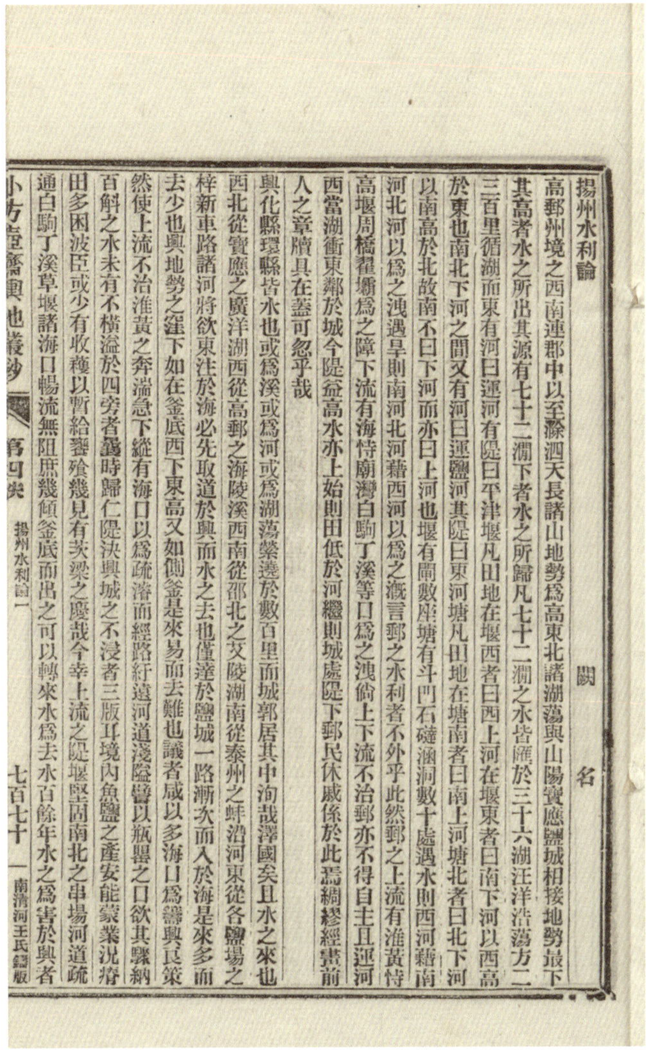

1

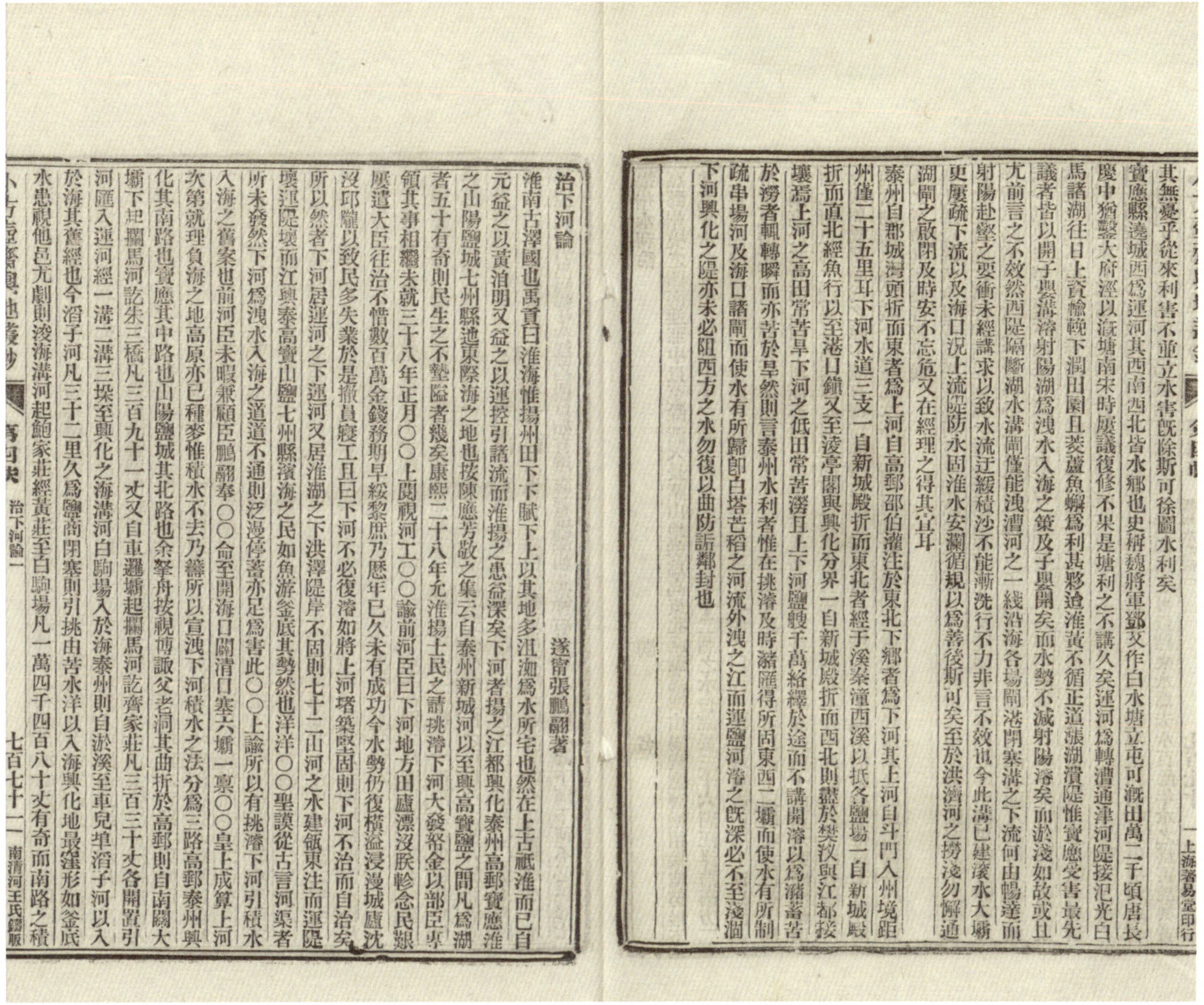

2

扬州水利论

1 册

刻本

清光绪十七年（1891）

本书 9 行 29 字，白口，四周双边单鱼尾。此篇是王锡祺所辑书之一，记载扬州水利情形及治水主张。全篇收录在《小方壶斋舆地丛钞·十二帙》第四帙卷二十三。于光绪十七年（1891）由上海著易堂铅印。此书另有高家堰记、淮北水利说、江西水道考等篇。

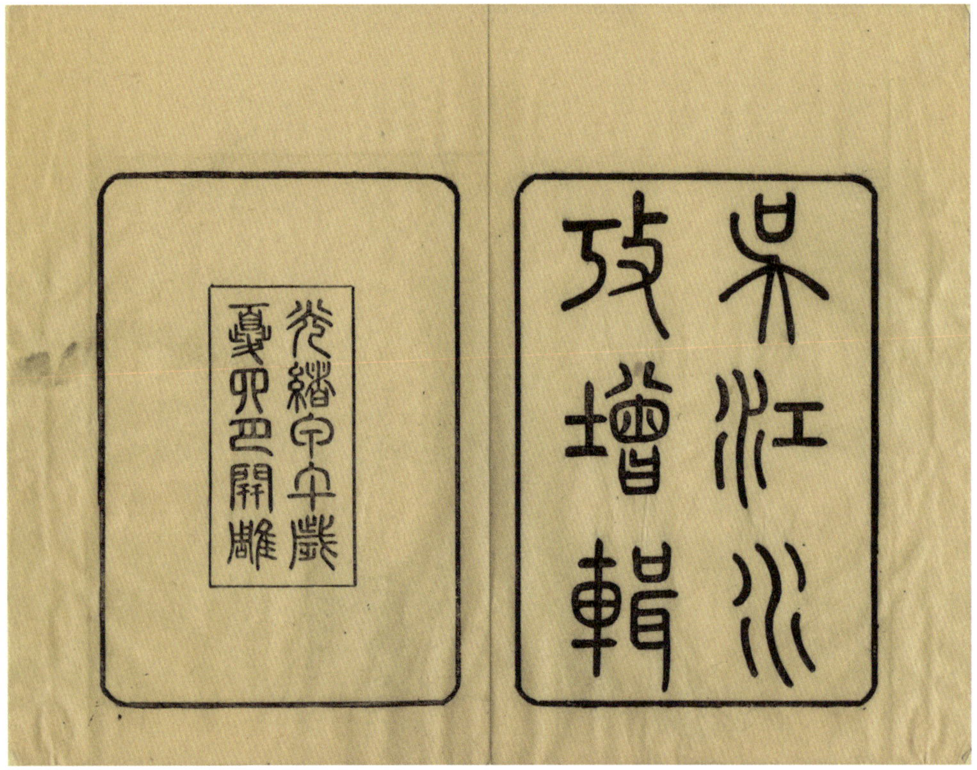

1

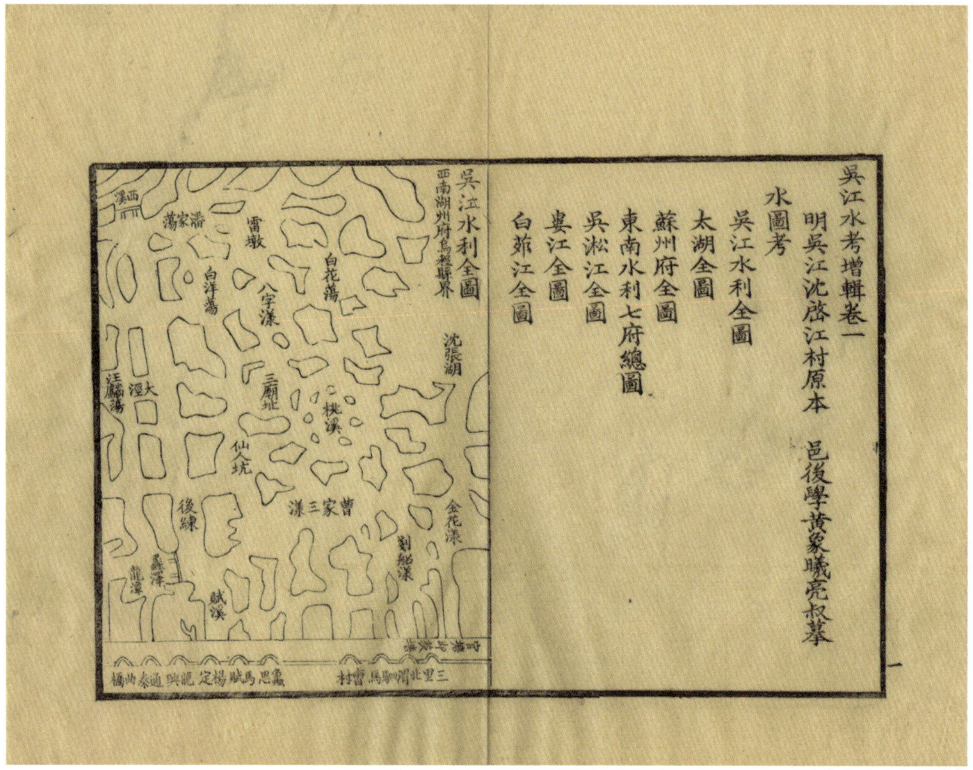

2

吴江水考增辑

（明）沈啓撰 （清）黄象曦增辑

10 册

刻本

清光绪二十年（1894）

《吴江水考》五卷，又名《吴江水利考》。本书大旨以吴江为太湖之委，三江之首。凡苏、松、常、镇、杭、嘉、湖七郡之水，其潴于湖，流于江，而归于海者，皆总汇于此。故述其原委之要，蓄泄之方，辑为一编。前二卷曰水图考、水道考、水源考、水官考、水则考、水年考、堤水岸式、水蚀考、水治考、水栅考，后三卷皆水议考，乃作者晚岁家居所辑。《江南通志》称其于水道最为详核。《四库全书总目》称："今观其书，于治水条规，颇为明备。于支派曲折，尚不能一一缕载也。"黄象曦增辑本对原书文字、顺序未作改动，仅作了若干补充，并增加了附编二卷。附编亦为水仪考，主要是增补沈啓以后的有关著述节录。沈啓（1491—1568），字子由，号江村。吴江（今属江苏）人。嘉靖十七年（1538）进士，官至湖广按察司副使。沈啓以博学著称，经、史、子、阴阳历律、堪舆、水利诸多涉猎。著有《家居稿》《越吟稿》等十数种著作。《（顺治）续吴江县志》称其"有水利考、南船、吴江等志行世，年七十余卒"。

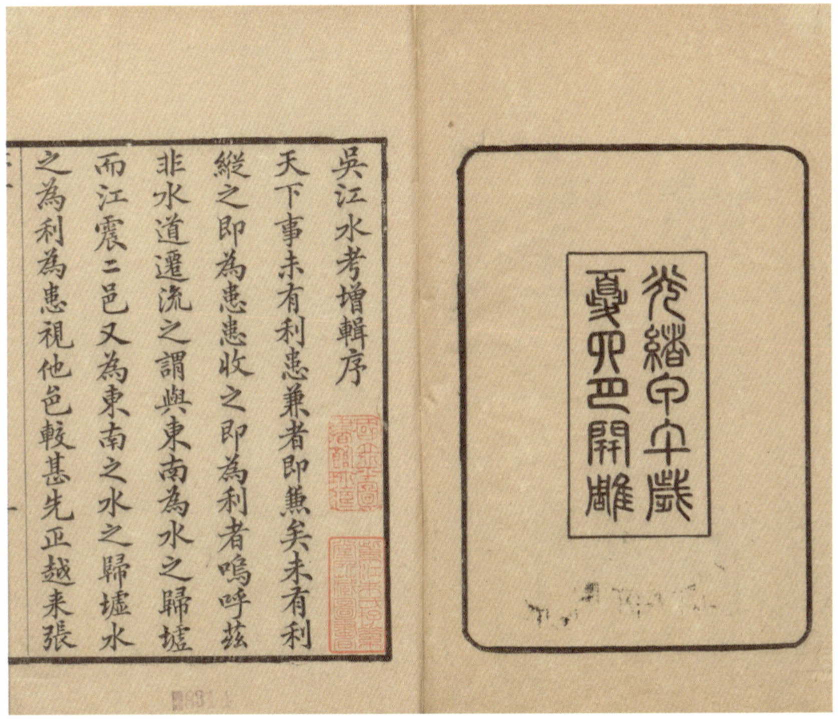
吳江水考增輯序
天下事未有利患兼者即無矣未有利
縱之即為患患收之即為利者嗚呼玆
非水道遷流之謂與東南為水之歸墟
而江震二邑又為東南之水之歸墟水
之為利為患視他邑較甚先正越来張
光緒甲午歲夏四月開雕
1

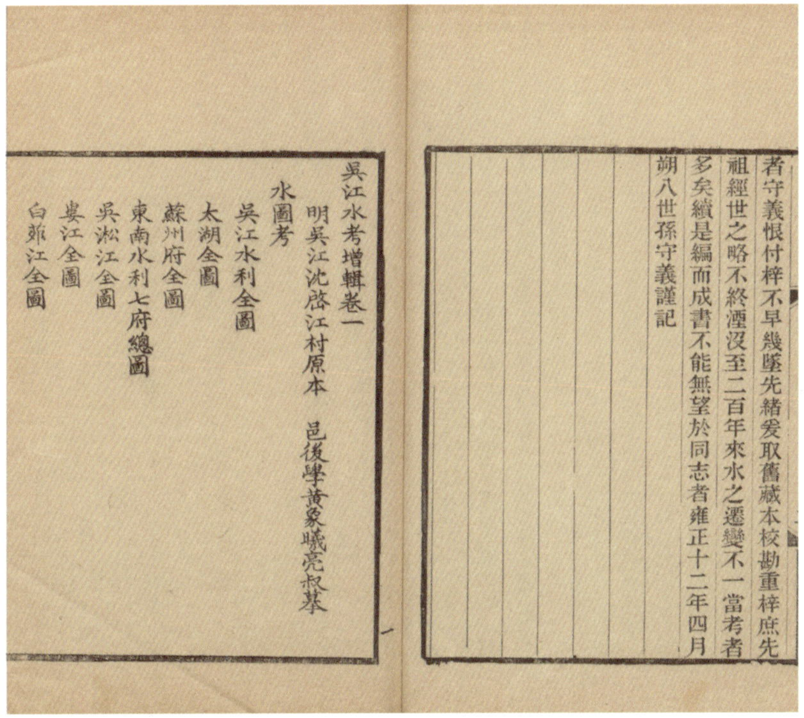
者守義恨付梓不早幾墜先緒爰取舊藏本校勘重梓庶先
祖經世之略不終湮沒至二百年來水之遷變不一當考者
多矣續是編而成書不能無望於同志者雍正十二年四月
朔八世孫守義謹記
吳江水考增輯卷一
明吳江沈啓江村原本　邑後學黃象曦亮叔基
水圖考
吳江水利全圖
太湖全圖
蘇州府全圖
東南水利七府總圖
吳淞江全圖
婁江全圖
白茆江全圖
2

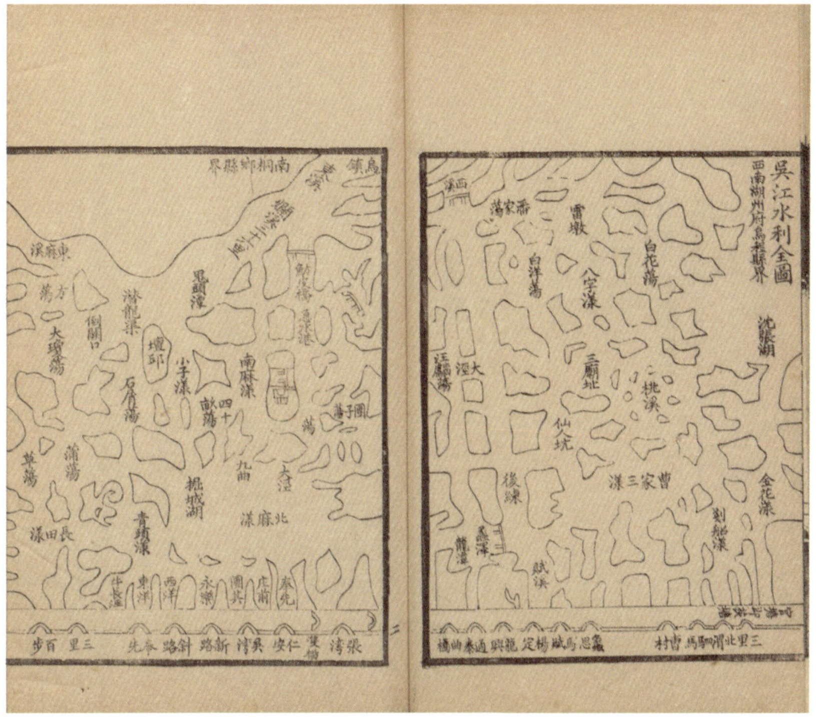
吳江水利全圖
3

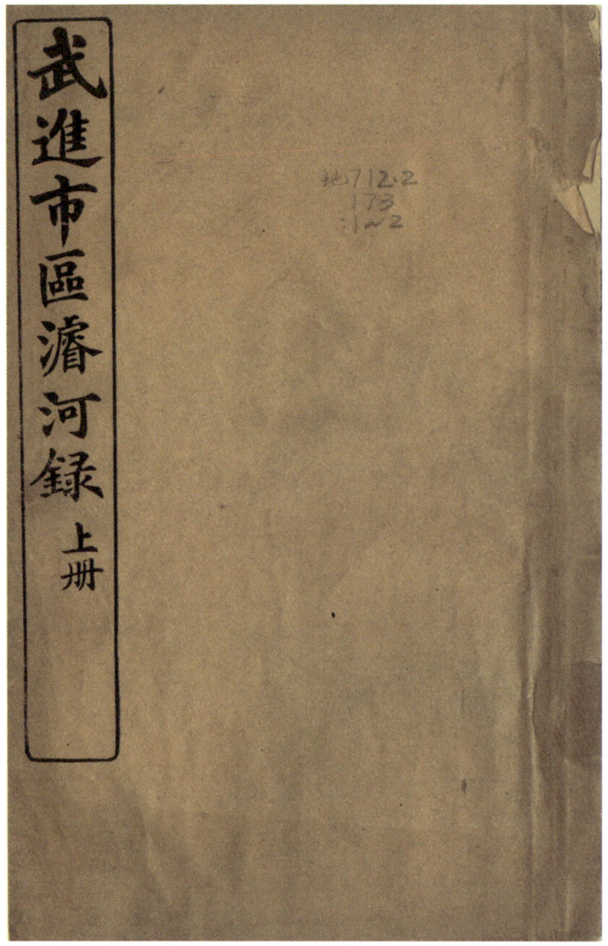

1

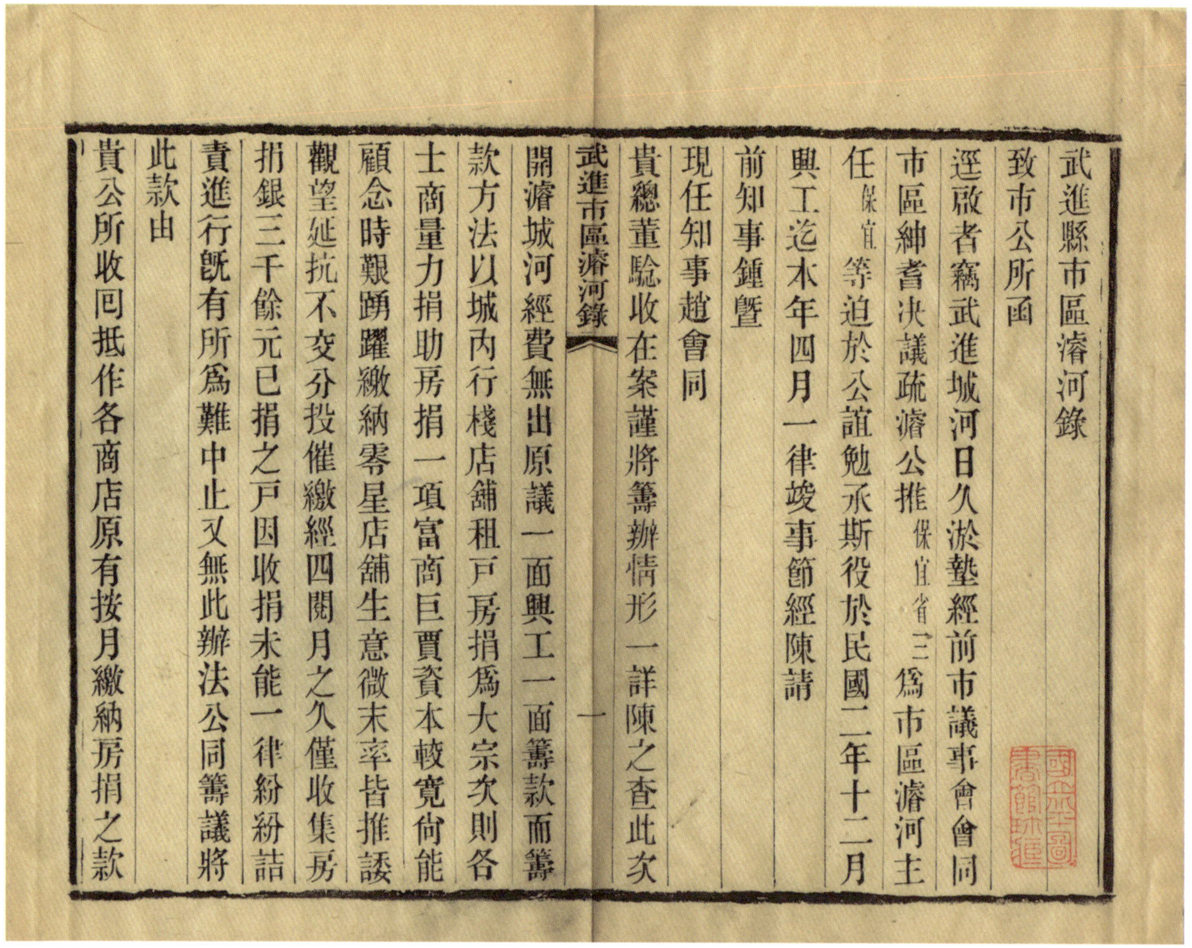

2

武进市区浚河录

沈保宜　曾省三编

2 册

活字本

民国三年（1914）

本书系民国二年至三年武进城河清淤维修的记录，内容包括治理原因、经费来源、疏通河道长度土方等。

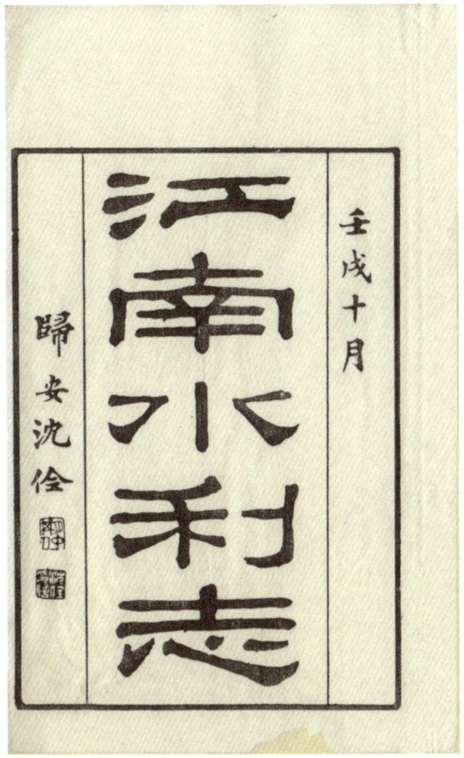
江南水利志
壬戌十月
歸安沈佺

1

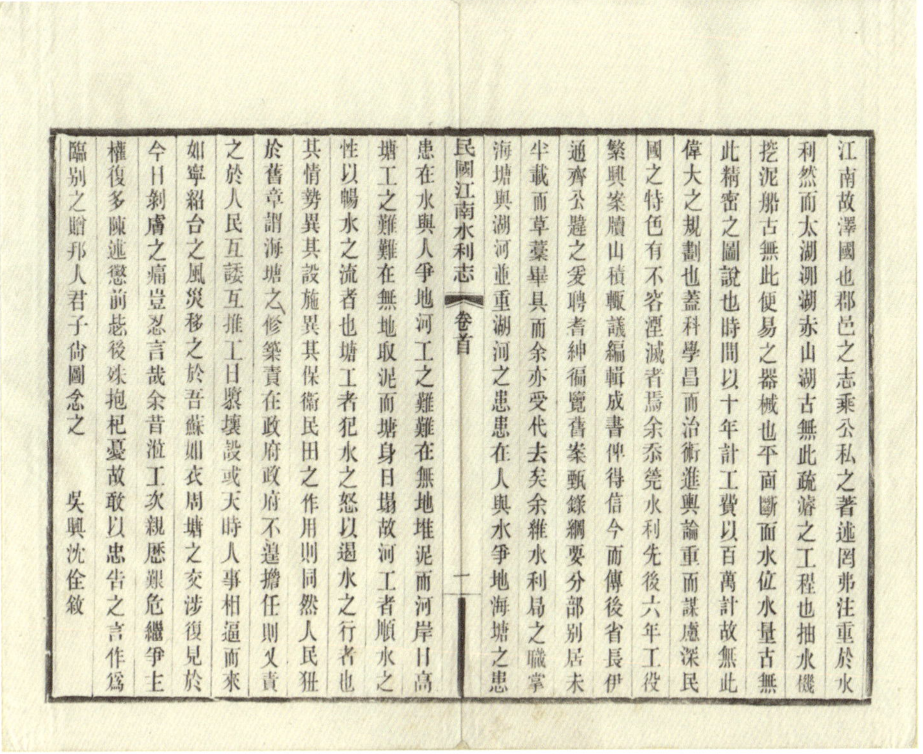
江南故澤國也郡邑之志乘公私之著述罔弗注重於水利然而太湖泖湖赤山湖古無此疏濬之工程也抽水機挖泥船古無此便易之器械也平面斷面水位水量古無此精密之圖說也時間以十年計工費以百萬計故無此偉大之規劃也蓋科學昌而治術進輿論重而謀慮深民國之特色有不容湮滅者焉余忝莞水利先後六年工役繁興案牘山積輒議編輯成書俾得信今而傳後省長伊通齊公韙之爰聘耆紳徧覽舊案甄錄綱要分部別居未半載而草藁畢具而余亦受代去矣余維水利局之職掌海塘與湖河並重湖河之患患在人與水爭地海塘之患

民國江南水利志　卷首　一

患在水與人爭地河工之難難在無地堆泥而河岸日高塘工之難難在無地取泥而塘身日塌故河工者順水之性以暢水之流者也塘工者犯水之怒以遏水之行者也其情勢異其設施異其保衛民田之作用則同然人民狃於舊章謂海塘之修築責在政府政府不遑擔任則又責之於人民互諉互推工日毀壞設或天時人事相逼而來如寧紹台之風災移之於吾蘇則衣周塘之交涉復見於今日剝膚之痛豈忍言哉余昔涖工次親歷艱危纖爭主權復多陳進懲前毖後殊抱杞憂故敢以忠告之言作爲臨別之贈邦人君子倘圖念之　吳興沈佺敘

2

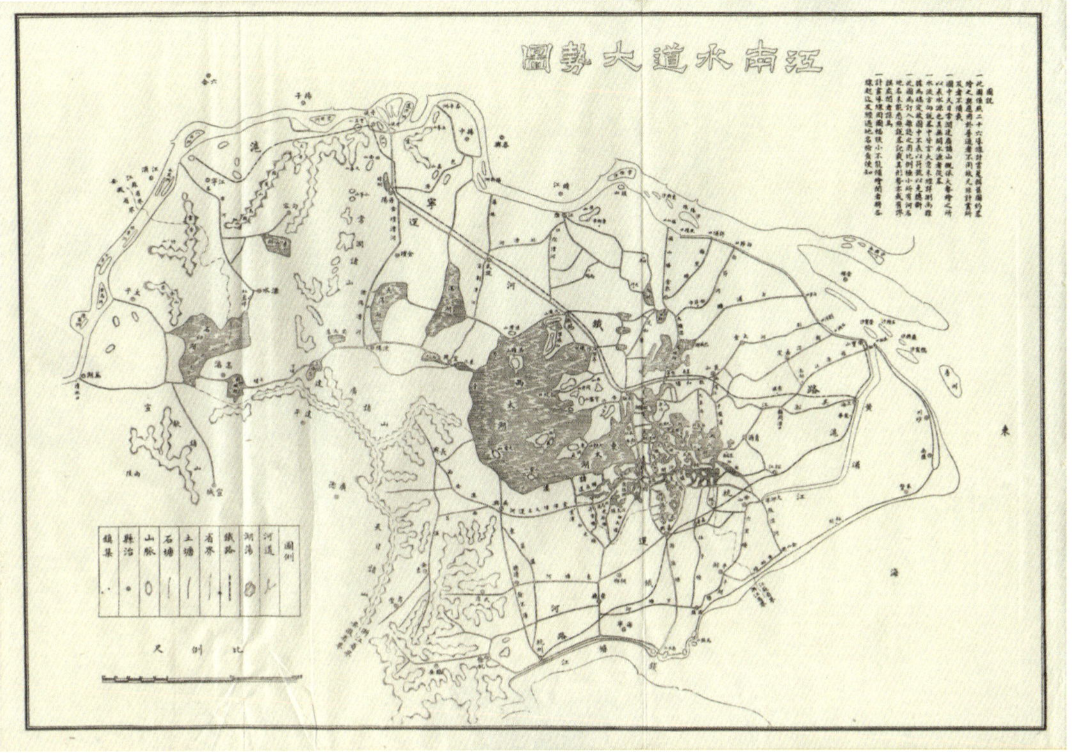

3

江南水利志

秦绶章等辑

10 册

木活字本

民国十一年（1922）

本书系江南水利局编制，故以《江南水利志》命名。封面有沈佺题写“江南水利志”，首列沈佺序言。版心印有书名《民国江南水利志》。全书十二卷，分为十卷，卷首一卷，卷末一卷。卷首图绘，卷一论议，卷二财用，卷三测量，卷四至卷九河工，卷十塘工，卷十一题名。所记内容为民国三年开始，江南水利局下辖江宁、句容、溧水、高淳、丹徒、丹阳、金坛、溧阳、扬中、上海、松江、南汇、青浦、奉贤、金山、川沙、太仓、嘉定、宝山、崇明、吴县、常熟、昆山、吴江、武进、无锡、宜兴、江阴等二十八县的河湖海塘浚治修筑事宜。辑录者秦绶章，光绪九年（1883）癸未科二甲进士。历官詹事、内阁学士、福建学政、工部右侍郎等职。

运河工程图

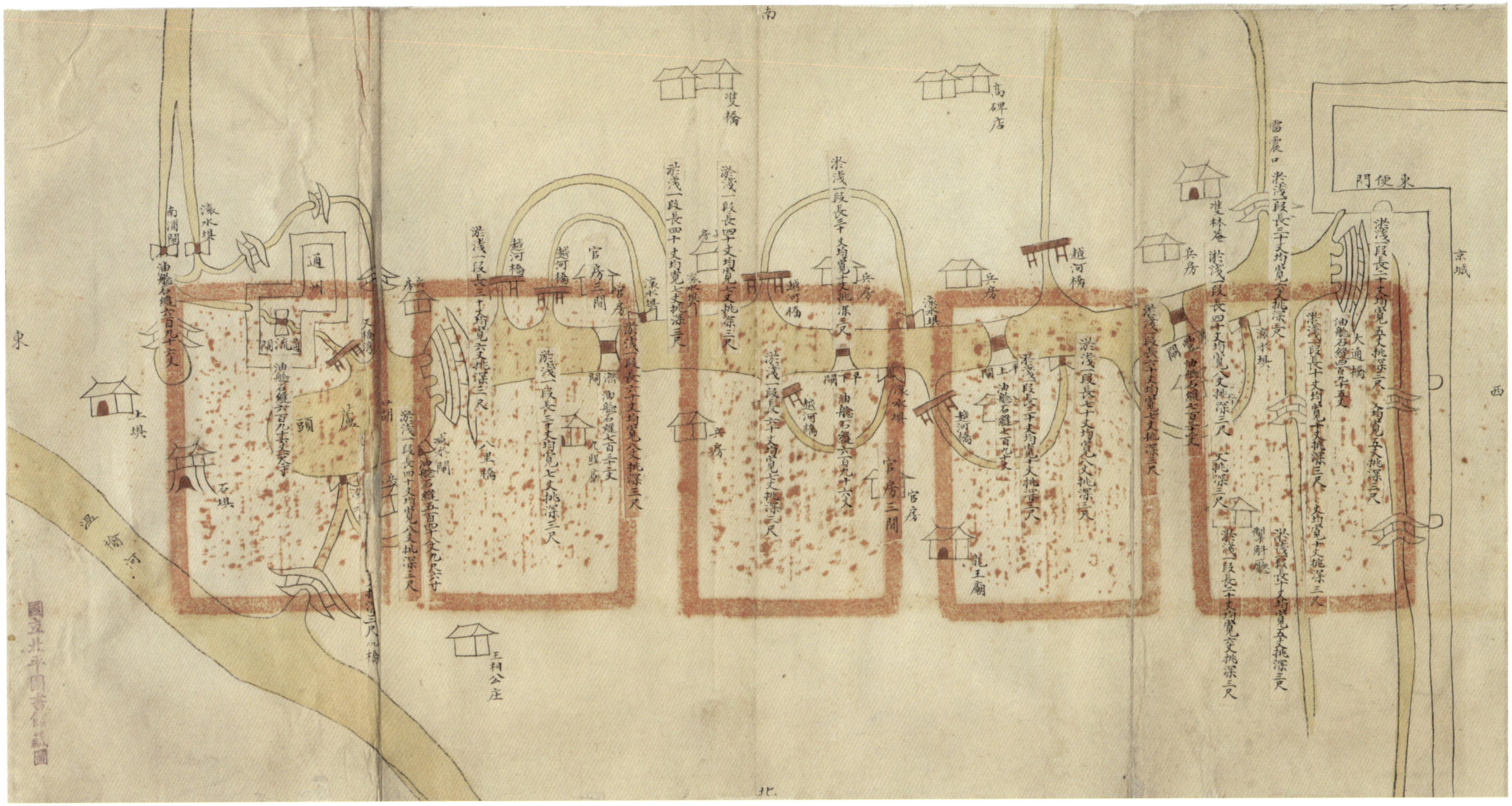

通惠河南北两岸岁修各工图说

1 幅；22×40cm

绘本

清道光二十九年（1849）

本图说采用中国传统形象画法，绘出了北京至通州通惠河两岸加筑河堤、深挖河漕等工程。

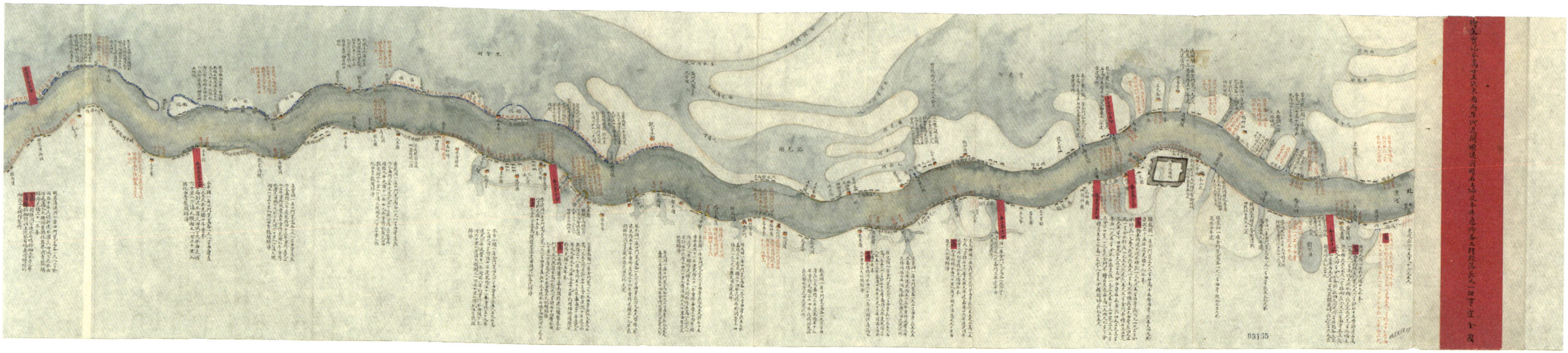

宝汜永高甘五汛东西两岸河道闸坝涵洞砖石土埽及本年应修各工程段落长丈一切事宜全图

1 幅；27×183cm

绘本

［清光绪年间（1875—1908）］

本图以西为上，绘制南起邵伯北至宝应段的运河河道、堤埝、涵洞、闸坝、桥梁等水利工程及沿途营房、村庄、城镇、寺庙、驿站。此图绘制精细，介绍详尽，图中文字一一介绍各堤埝长度、现状；涵洞闸坝尺寸、修建年代、现状，并用红签标注拟修工程。

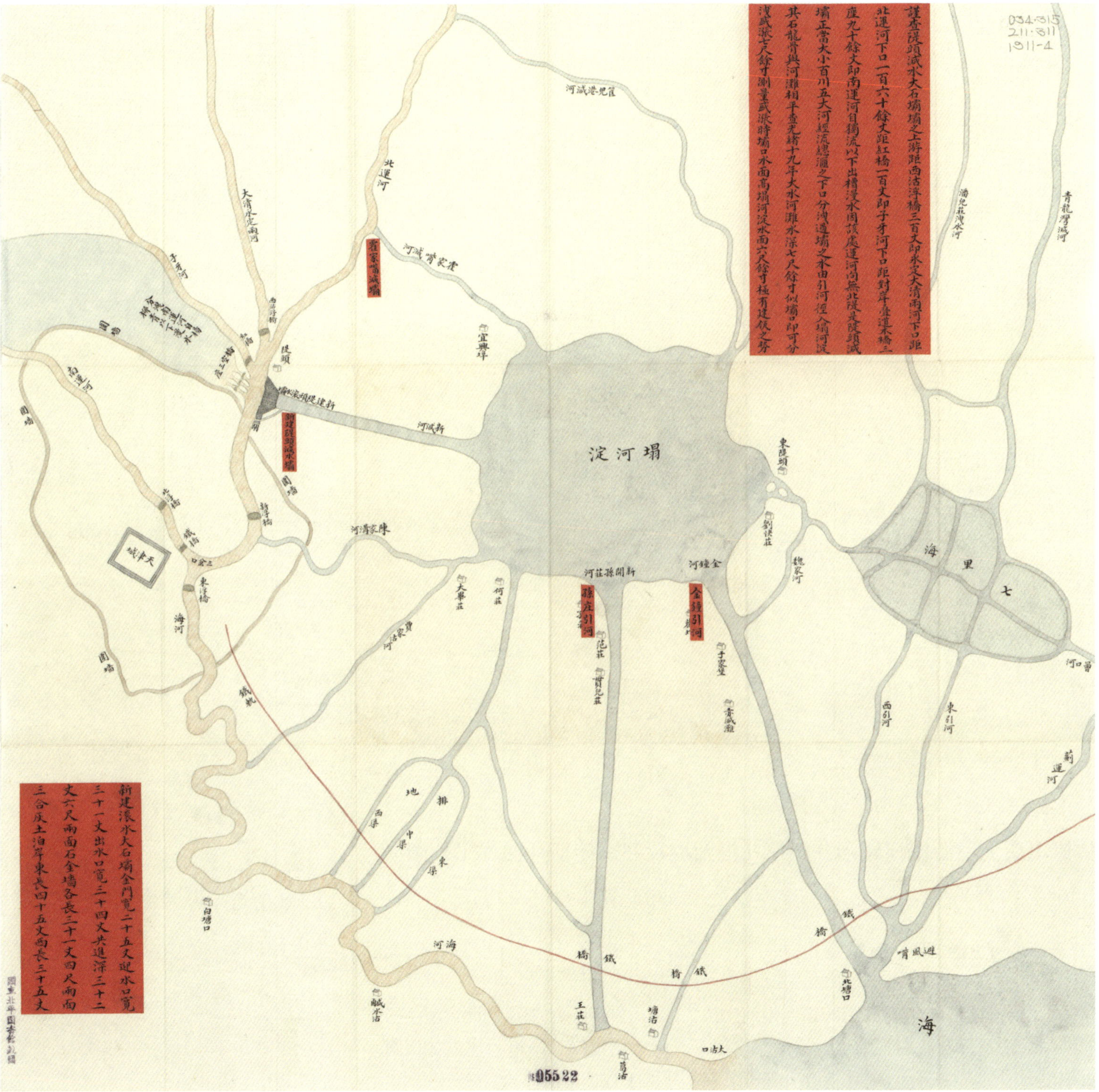

天津堤头减水大石坝暨各引河图说

1 幅；56×56cm

绘本

［清光绪年间（1875—1908）］

本图绘制了天津城至入海口范围内的各条河流、减河、淀泊情形。图中红签标注金钟引河、孙庄引河、霍家嘴减水坝和新建的堤头减水坝，并详细说明新建减水坝的尺寸、与各河流桥梁的距离等。

估修堤头河下游挖河建闸并筑筐儿港西堤及韩家洼新开河堤工程图

1 幅；63×55cm

绘本

［清光绪年间（1875—1908）］

本图绘制范围北起北运河与筐儿港河交接，南至金钟河。主要绘制北运河、筐儿港河、塌河淀及各引河河道、堤埝、村镇等。图中用虚线绘制出天津塌河淀附近拟修引河、堤埝、石闸等工程，并贴红签详细注明工程详细情况。

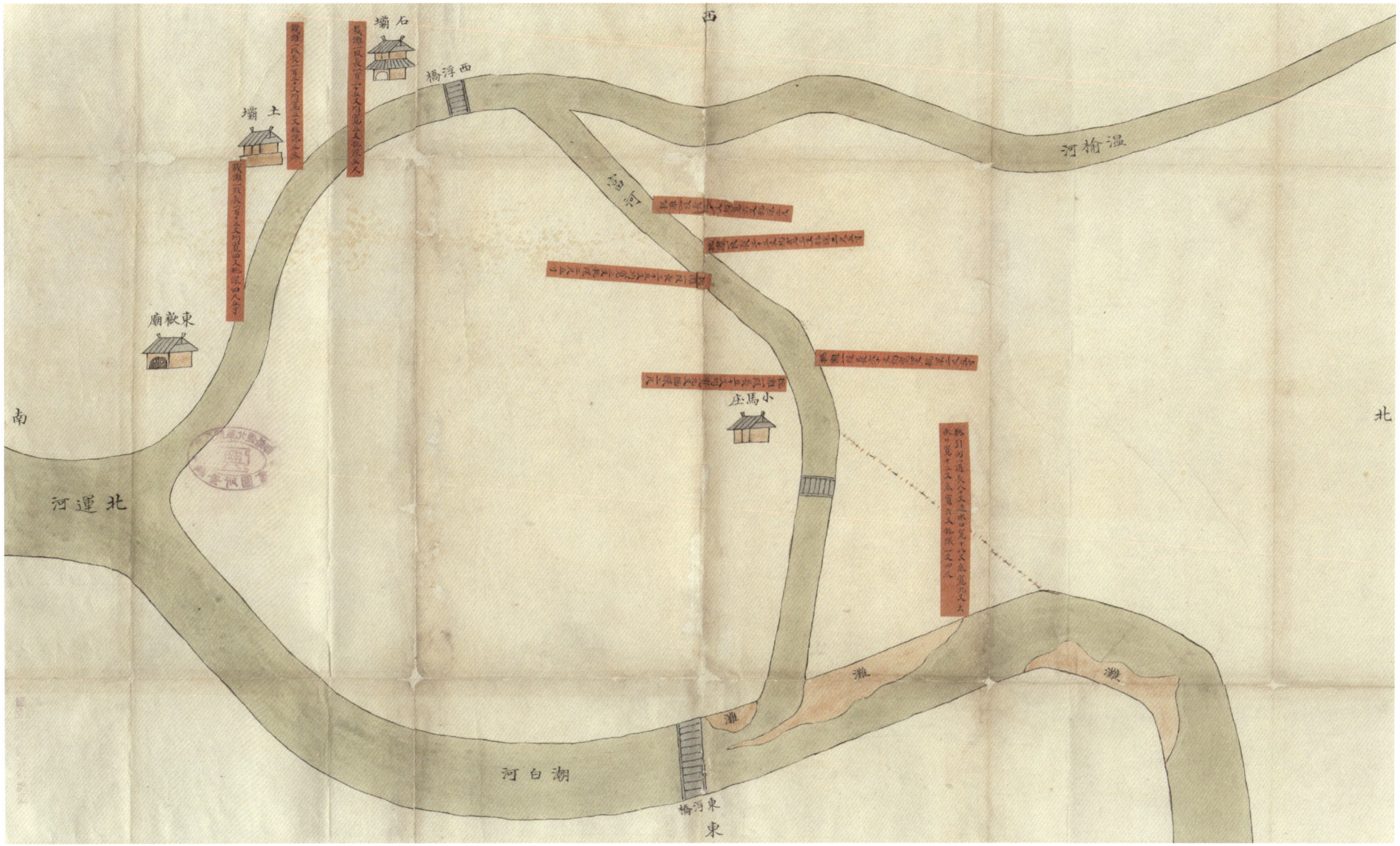

挑挖富河引河裁切淤滩情形图说

1 幅；36 × 59cm

绘本

［清光绪年间（1875—1908）］

本图以上方为西，绘制简略，贴签标注挑滩、切滩长、宽、深丈尺。

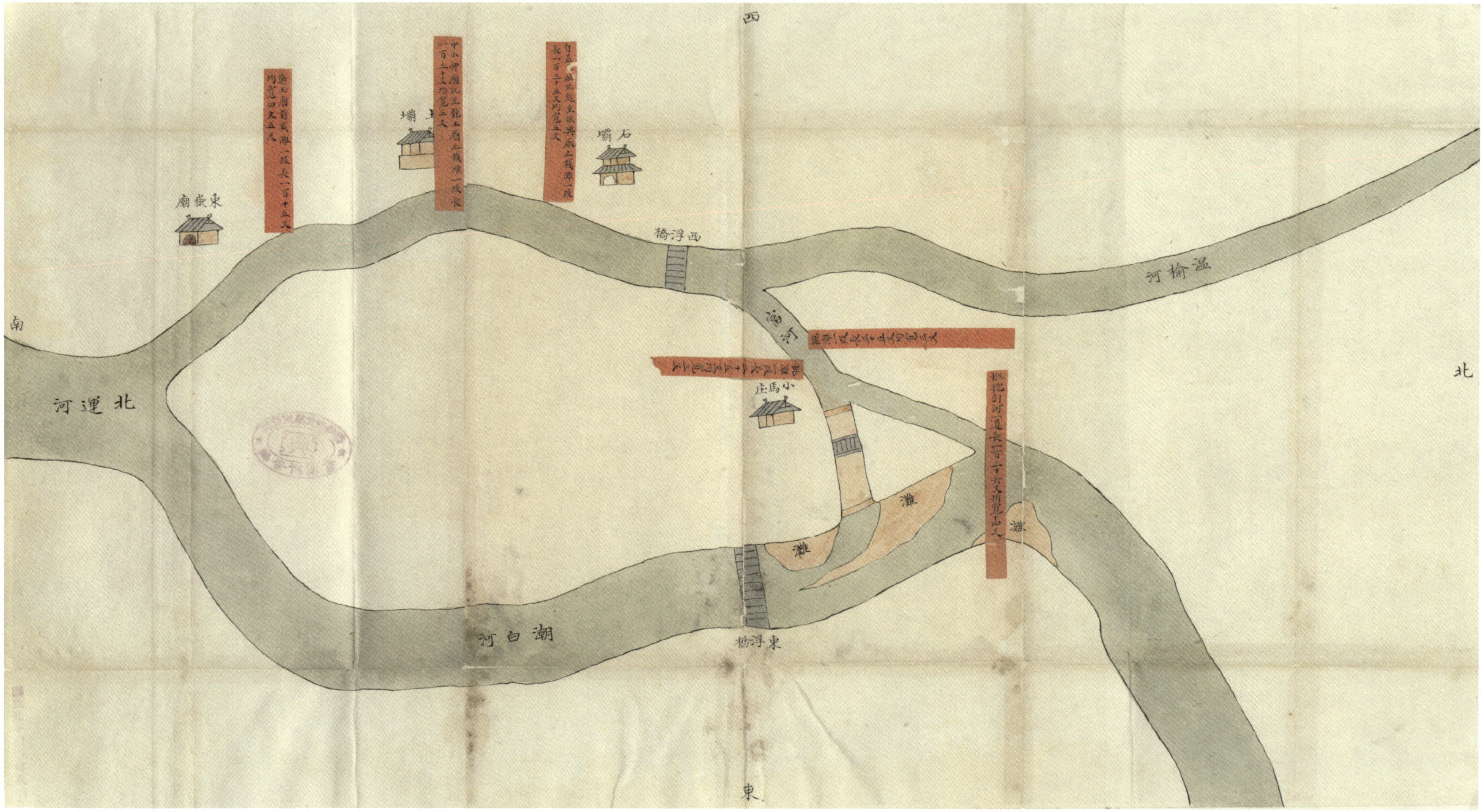

挑挖小马庄引河并裁切温榆河淤滩等工情形图说

1 幅；33 × 59cm

绘本

［清光绪年间（1875—1908）］

本图以上方为西。绘制简略，绘制了潮白河、温榆河、富河并贴签标出挑挖引河及挑滩、裁滩长、宽丈尺。

［宝坻县境蓟运河鲍丘河河工丈尺图］

1 幅；49×39cm

绘本

［清宣统年间（1909—1910）］

本图绘制了宝坻县境内蓟运河、鲍丘河、窝头河、绣针河、针河、蜈蚣河、北运河的青龙湾减河，其中详细绘制了蓟运河、鲍丘河两岸的村庄、河堤、决口、已堵决口，并用红签标注了鲍丘河两岸河堤状况。

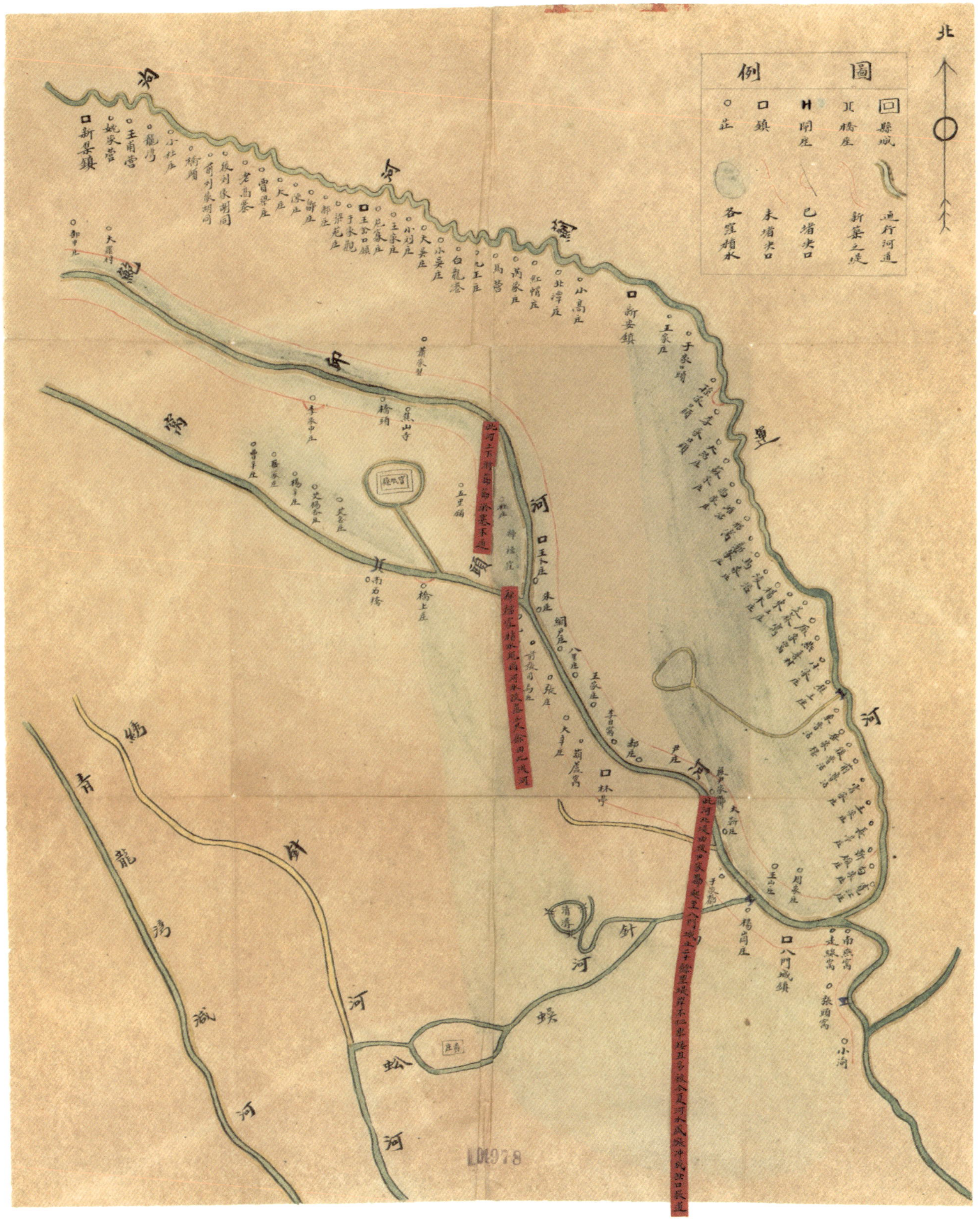

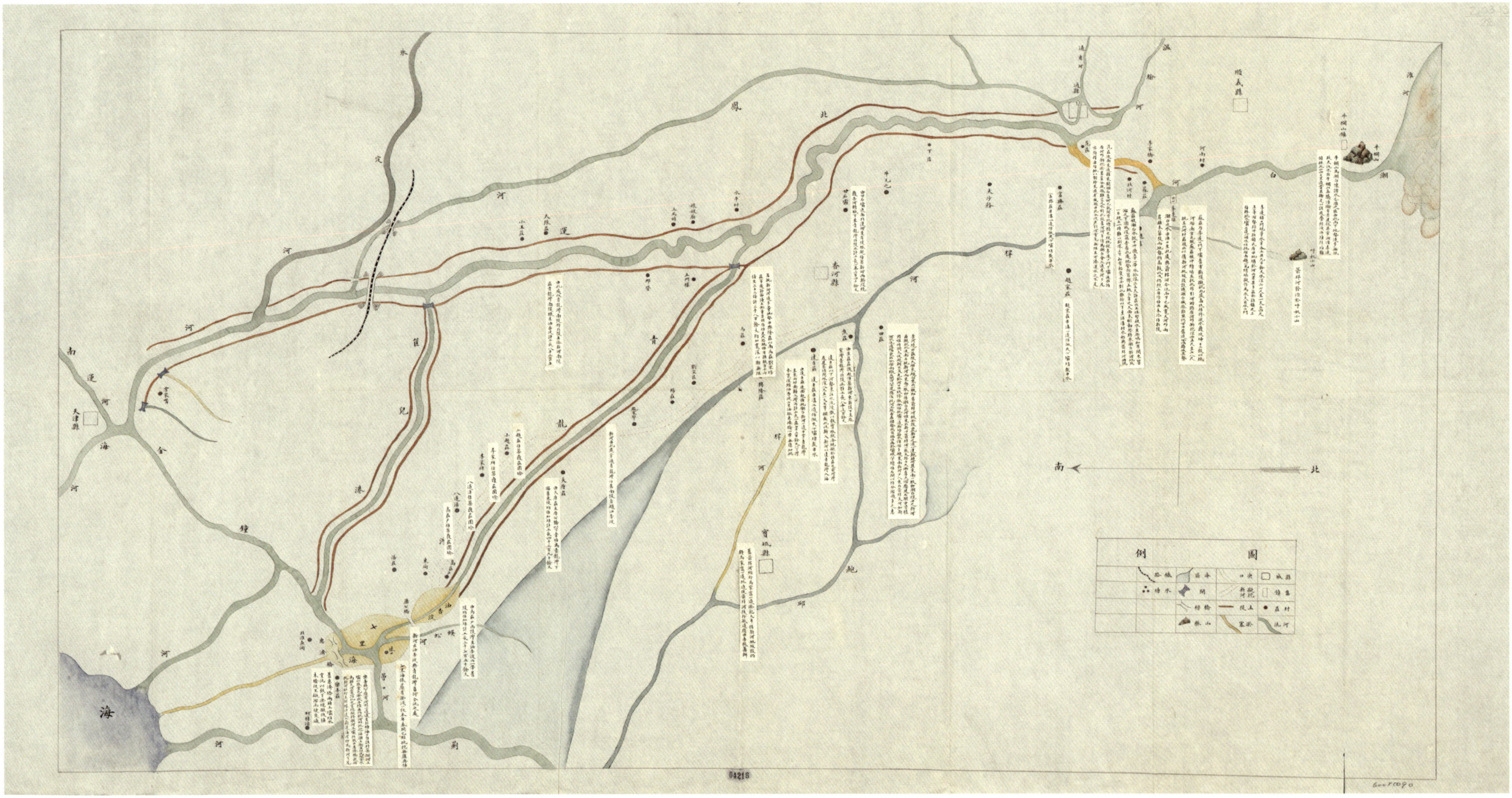

勘估堵闭达古庄另挑新河拟办各工图说

1 幅；60 × 109cm

绘本

［民国初年］

达古庄位于香河县境。图上反映了另挑新河使潮白河、箭杆河洪水泄入香油淀、七里海之形势。

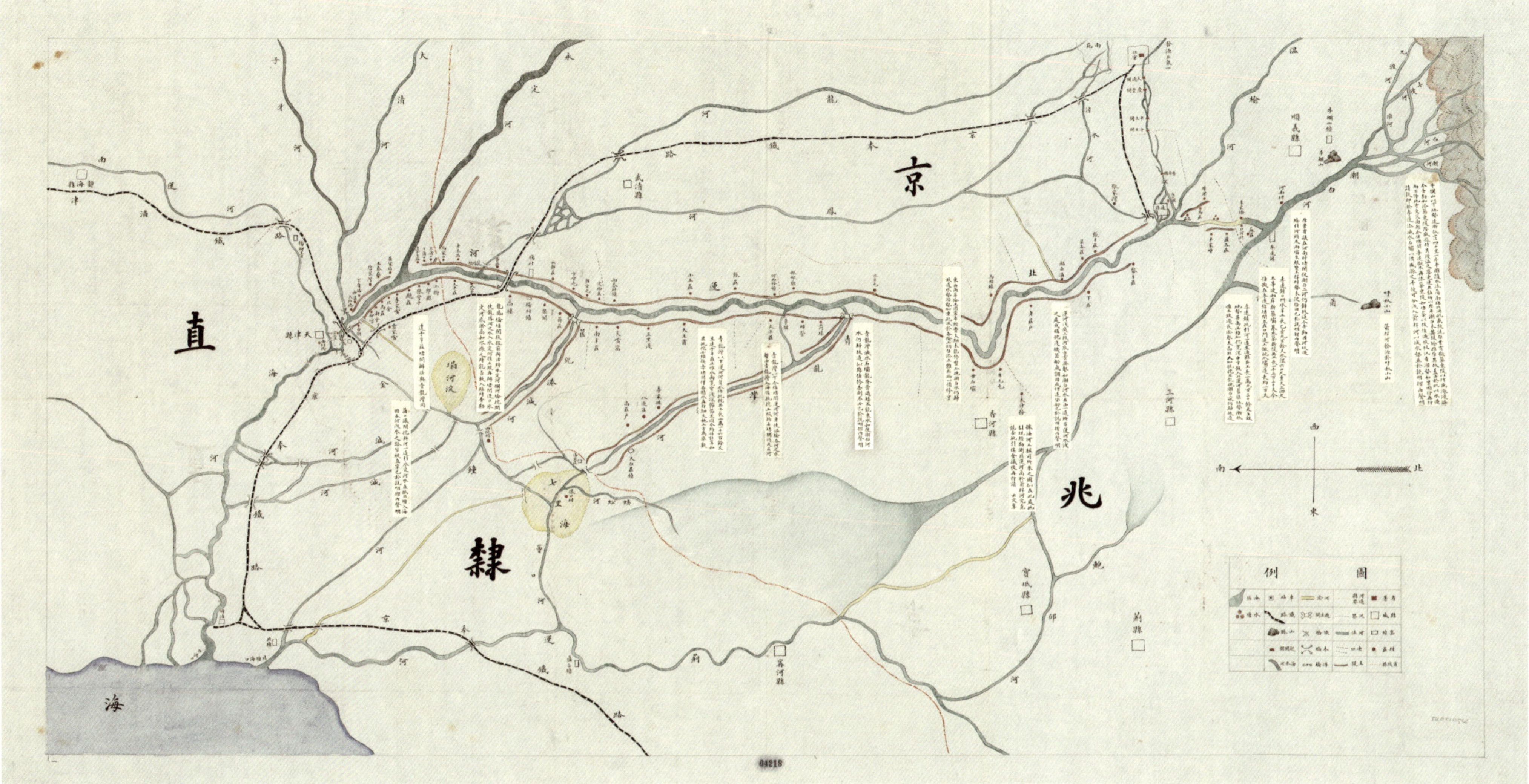

勘估堵闭李遂镇决口仍复北运故道拟办各工图说

1 幅；54×105cm

绘本

［民国初年］

本图描绘了潮白河在李遂镇决口的情形，并附为解决水患、挽潮白归运的治河方案。此图绘制了北起顺义牛栏山，南至天津，西起北京城，东至渤海范围内的河流堤坝、城池村庄、铁路桥梁、县界汛界等。图中涉及河流包括子牙河、大清河、永定河、北运河、潮白河、蓟运河及相关支流、减河，其中着重描绘了北运河、潮白河两岸堤坝及洪水决口，并用贴签注记各处详细情形及治河方案。

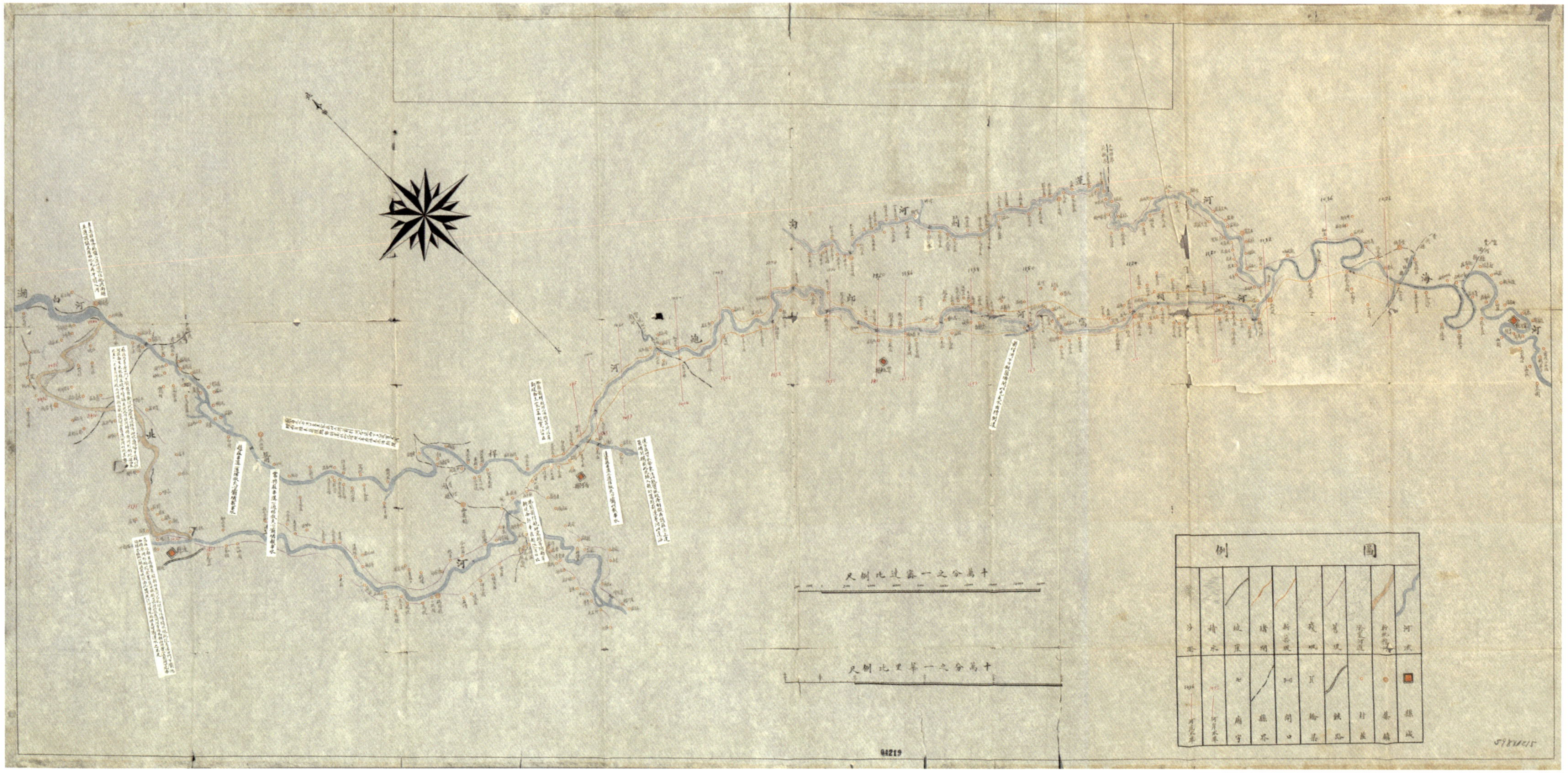

潮白河由鲍丘转窝头河入蓟运并疏浚北运引河全图

1 幅；60 × 122cm

绘本

［民国初年］

本图绘制了宝坻县境内蓟运河、鲍丘河河流走向，两岸村庄及河工状况。蓟运河两岸筑有河堤，鲍丘河则在旧堤的外侧重新筑以新堤，并标注了河岸水准和河底水准。鲍丘河两处旧堤被冲毁，周围积水淹及多处村庄。

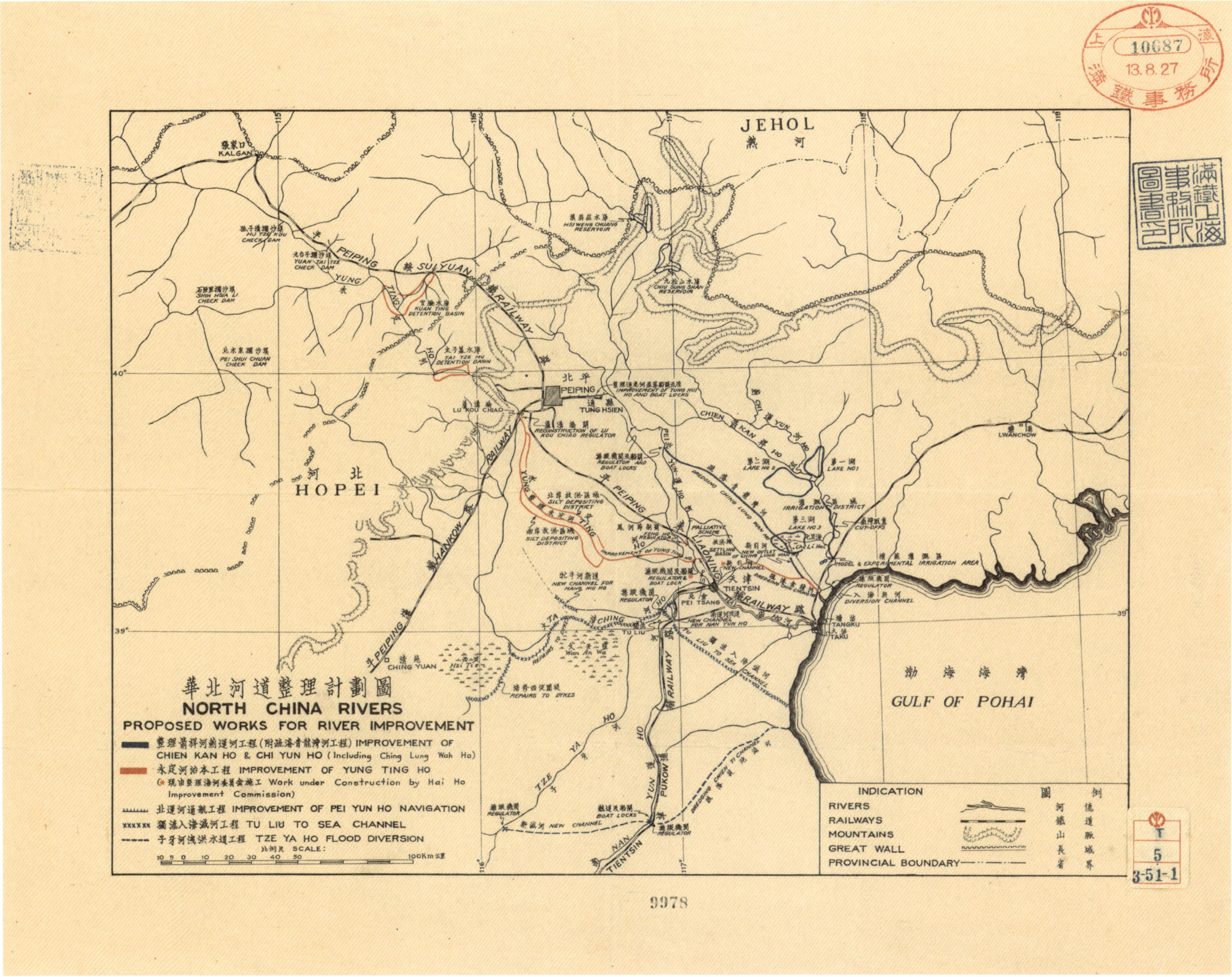

华北河道整理计划图

1 幅；29×38cm

石印本

［民国年间（1912—1949）］

本图用不同的线条表示各项河道治理工程，包括箭杆河蓟运河工程、永定河工程、北运河通航工程等。用中、英文注记。

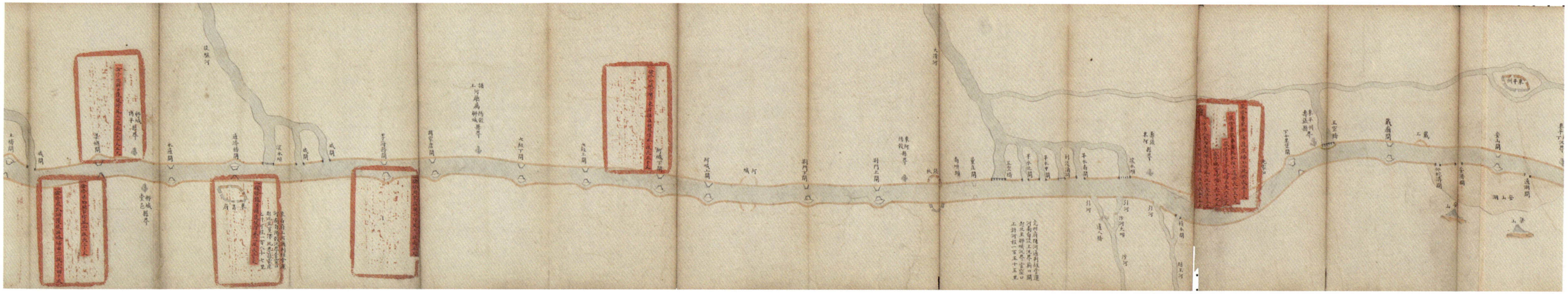

［山东运河河工图］

1 幅；24 × 525cm

绘本

清雍正六年（1728）

本图的方位为右南左北，图中标注了沿河各闸及水口名称、位置。

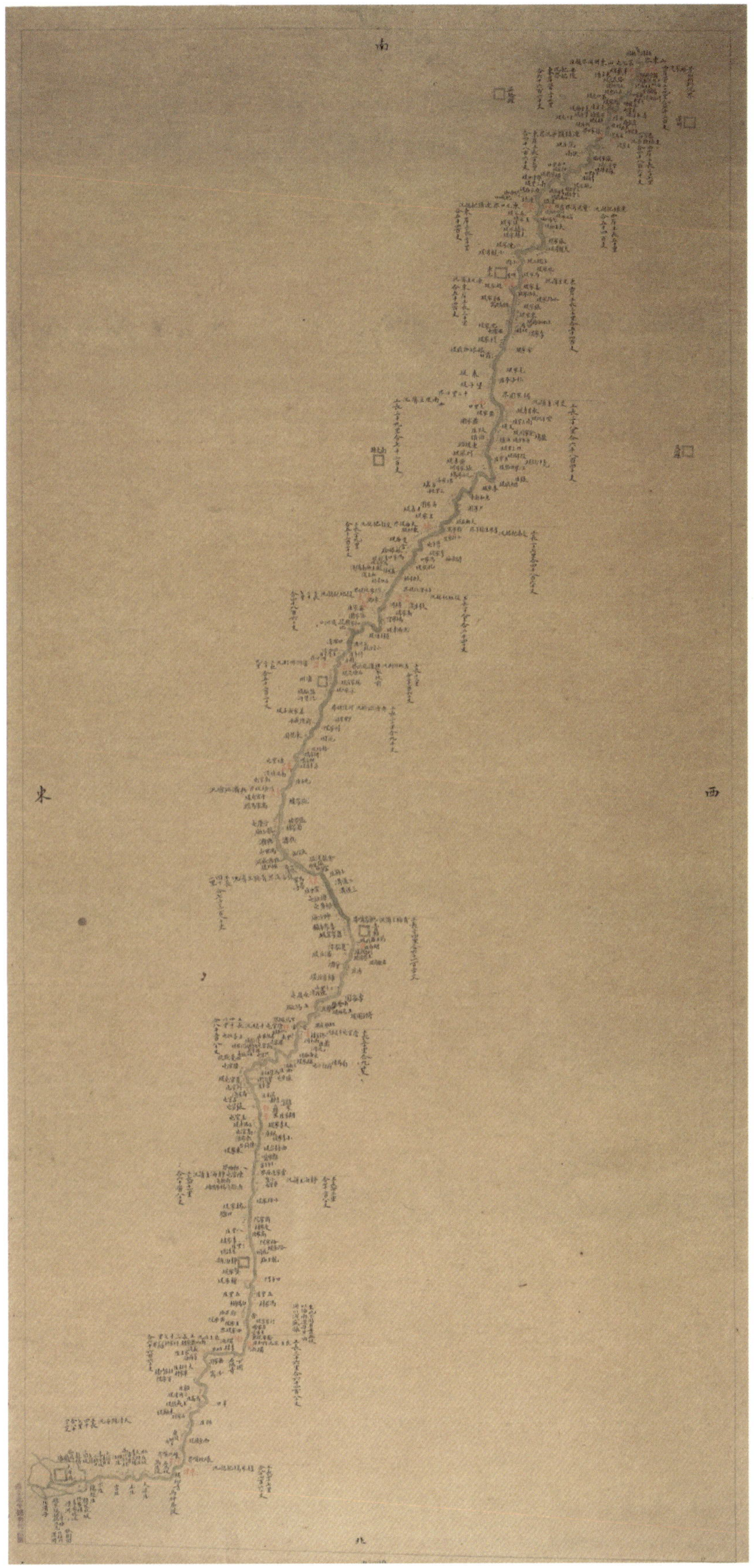

［南运河堤工图］

1 幅；109 × 50cm

绘本

［清光绪年间（1875—1908）］

本图所绘南运河系天津至山东界，详细标注了沿河村镇汛界及堤工长度。严重破损，难以打开。

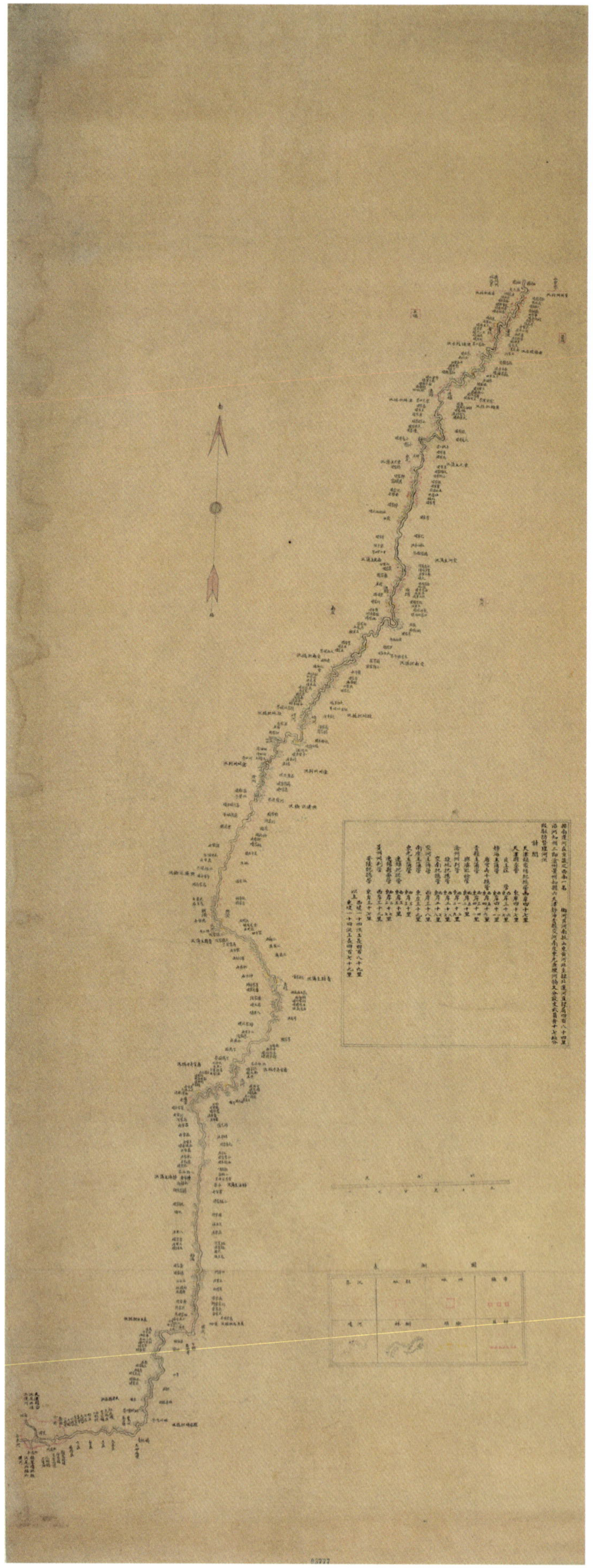

[南运河全图]

1 幅；51×136cm

绘本

[清光绪年间（1875—1908）]

本图所绘河道范围及沿河村镇、汛界注记与“南运河堤工图”基本相同。

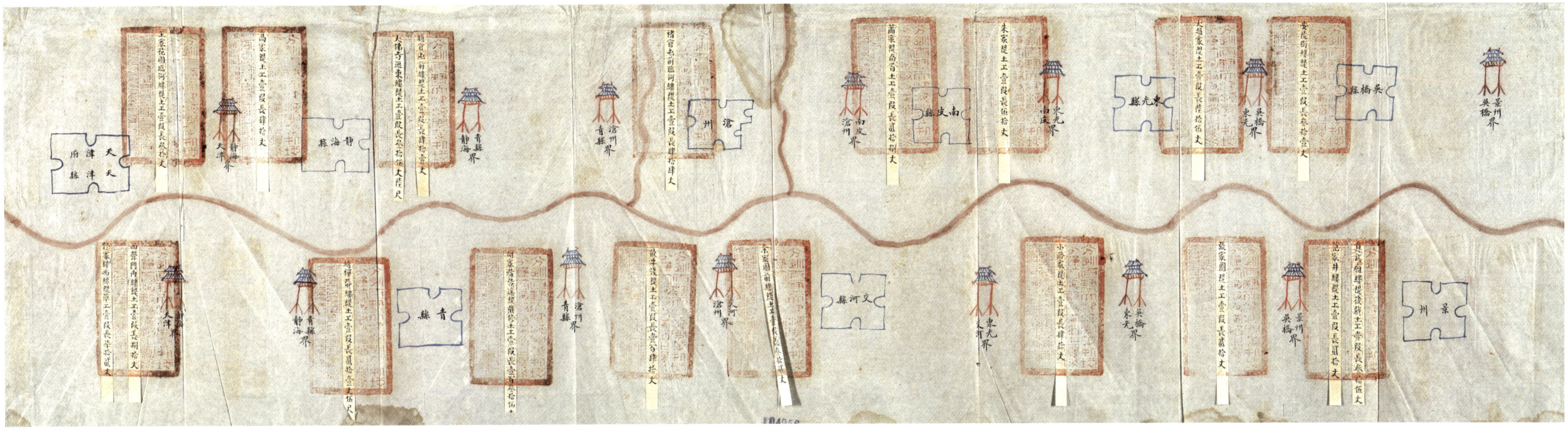

南运河光绪三十二年分抢修草土工程图说

1 幅；32×112cm

绘本

清光绪三十二年（1906）

本图所绘南运河系北起天津南至吴桥、景州（今景县）界河段，贴签标注两岸堤工名称及其段长。

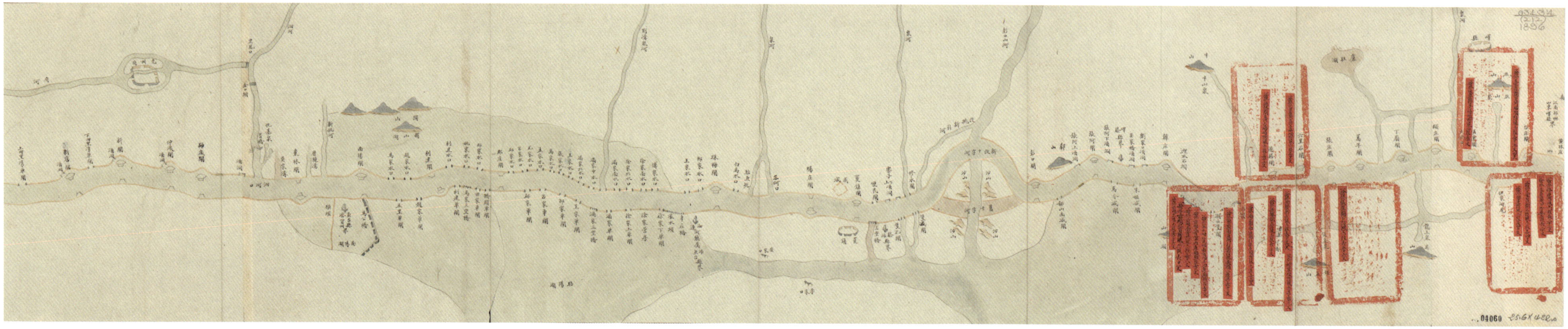

运洳捕上下泉六厅光绪二十二年抢修工程报销图

1 幅；26×422cm

绘本

清光绪二十二年（1896）

本图绘出了山东省境运河河道，并贴签标注沿河抢修防风工段地点及段长。

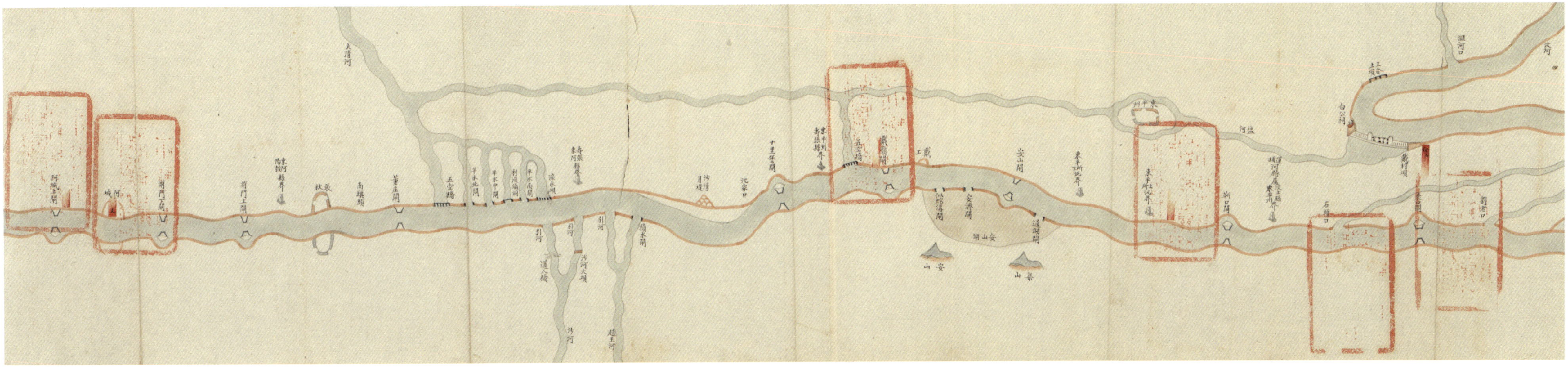

运河图

1 幅；248×356cm

绘本

［清光绪年间（1875—1908）］

本图内容与国家图书馆藏“运迦捕上下泉六厅光绪二十二年抢修工程报销图”完全一致，仅贴签注记内容略有增加。

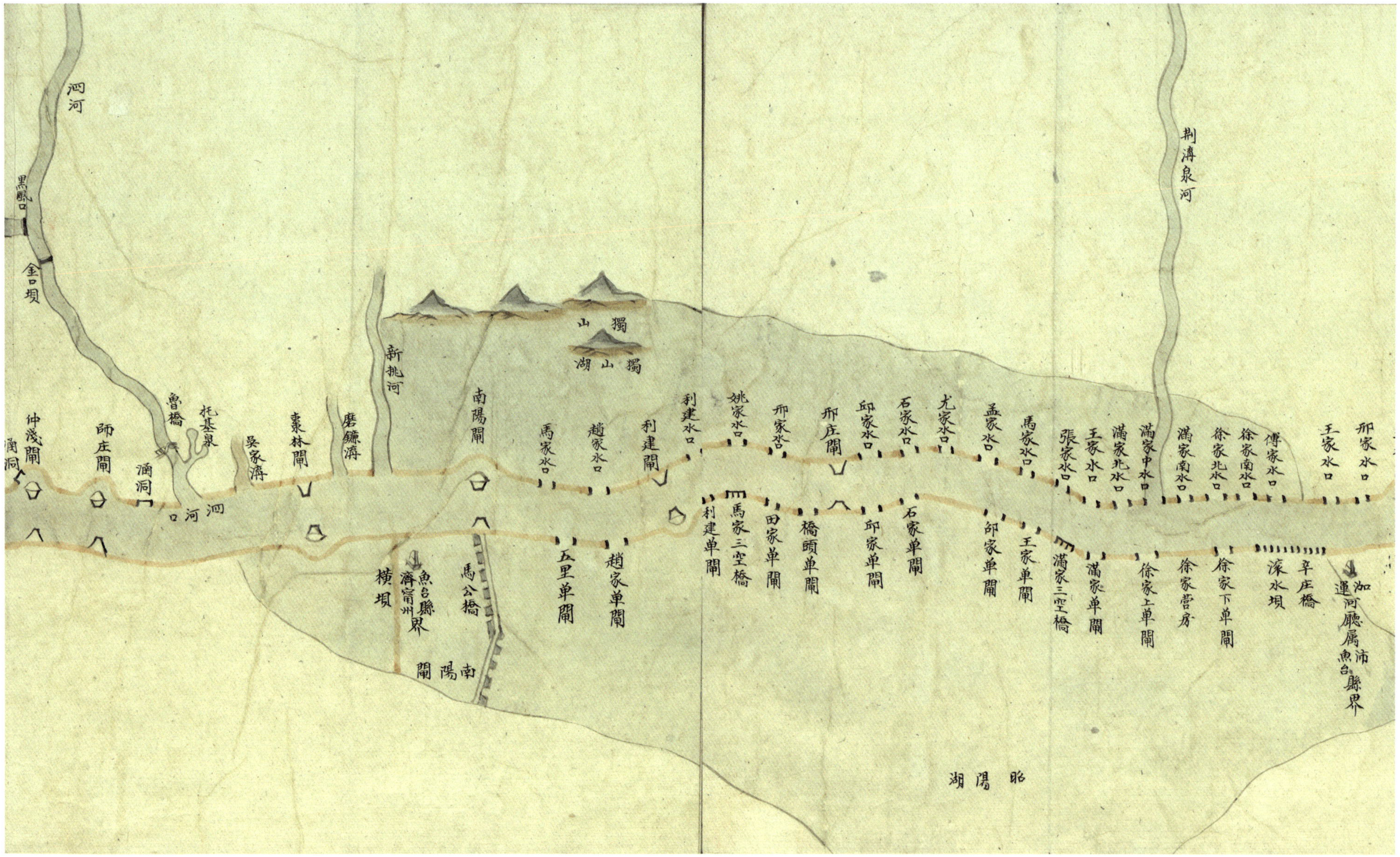

运泇捕上下泉六厅光绪二十五年抢修工程报销图

1 幅；26×422cm

绘本

清光绪二十五年（1899）

本图内容与国家图书馆藏“运泇捕上下泉六厅光绪二十二年抢修工程报销图”完全一致，仅贴签注记内容略有增加。

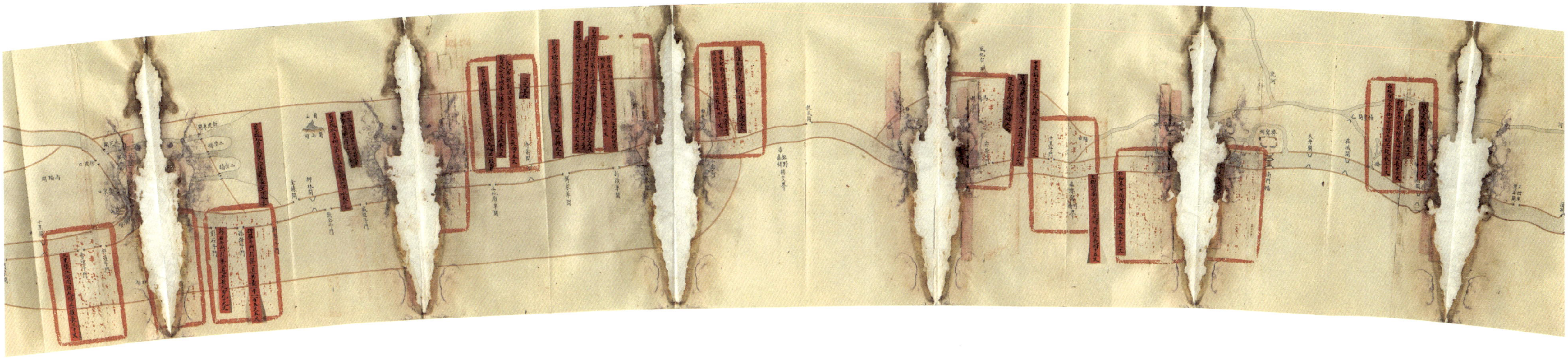

运泇捕上下泉六厅光绪二十五年抢修工程咨估图

1 幅；24 × 567cm

绘本

清光绪二十五年（1899）

本图内容与国家图书馆藏“运泇捕上下泉六厅光绪二十五年抢修工程报销图”一致，仅贴签注记内容略有区别。本图有残。

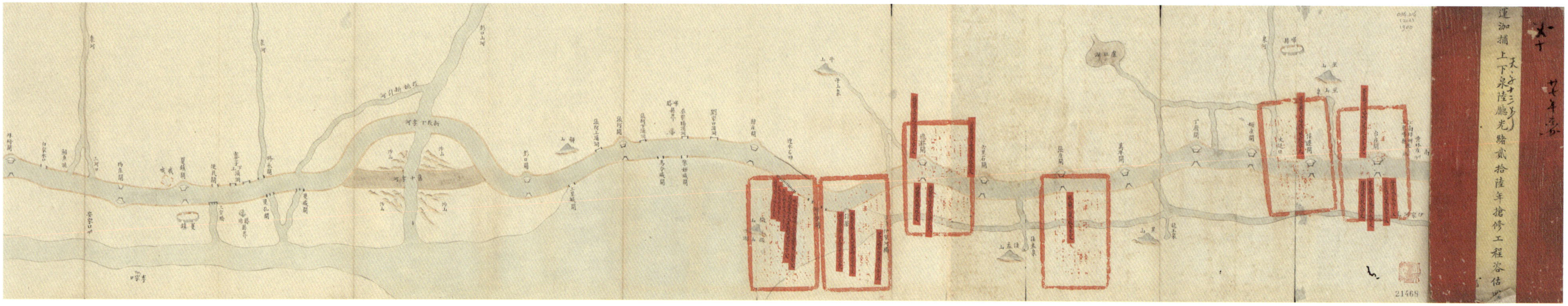

运泇捕上下泉六厅光绪二十六年抢修工程咨估图

1 幅；24 × 562cm

绘本

清光绪二十六年（1900）

本图内容与国家图书馆藏“运泇捕上下泉六厅光绪二十五年抢修工程咨估图”相同，仅贴签注记内容略有区别。

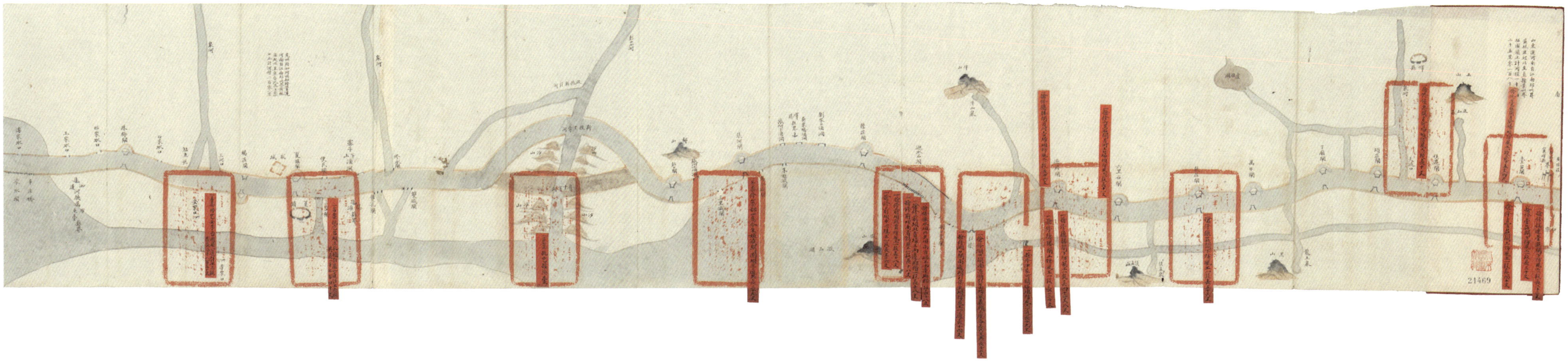

运泇捕上下泉六厅光绪二十六年分做过岁抢二修另案等工用过银两及河道起止里数图

1 幅；23×585cm

绘本

清光绪二十六年（1900）

本图内容与国家图书馆藏“运泇捕上下泉六厅光绪二十六年抢修工程咨估图”基本一致，仅增加了引渠和碎石堤坝段长等签注。

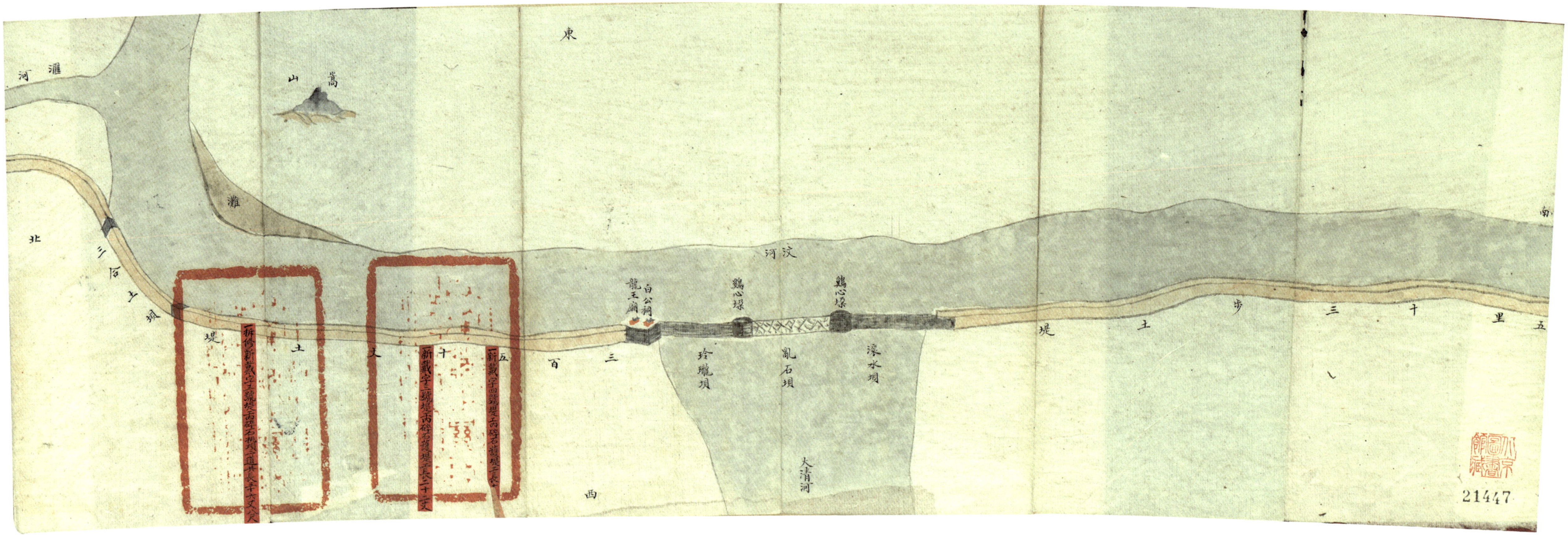

泉河厅光绪二十三年修做东平州汛新戴字各号碎石护堤并挑坝等工题估图

1 幅；19 × 57cm

绘本

清光绪二十三年（1897）

本图贴签注出了东平州境汶河土堤二至四号堤工段长。

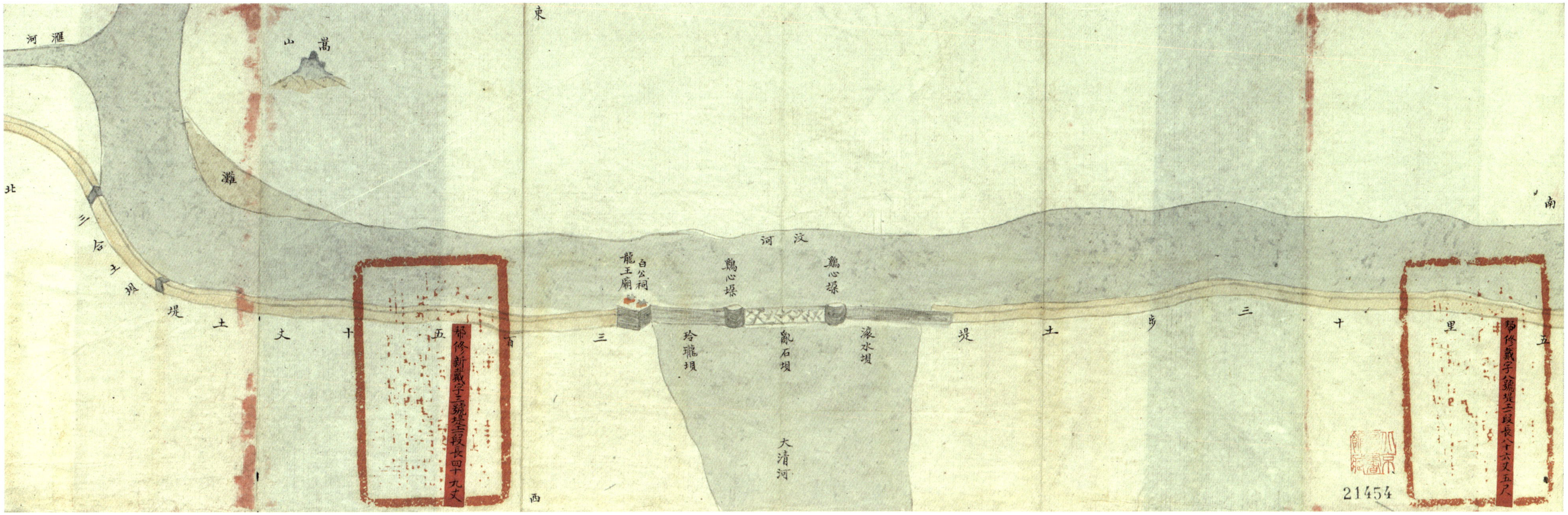

泉河厅光绪二十三年咨办工程咨估图

1 幅；19×57cm

绘本

清光绪二十三年（1897）

本图贴签标出了东平州境坟河土堤三及八号堤工段长。与国家图书馆藏 21447 号“泉河厅光绪二十三年修做东平州汛新戴字各号碎石护堤并挑坝等工题估图”所用底图相同。

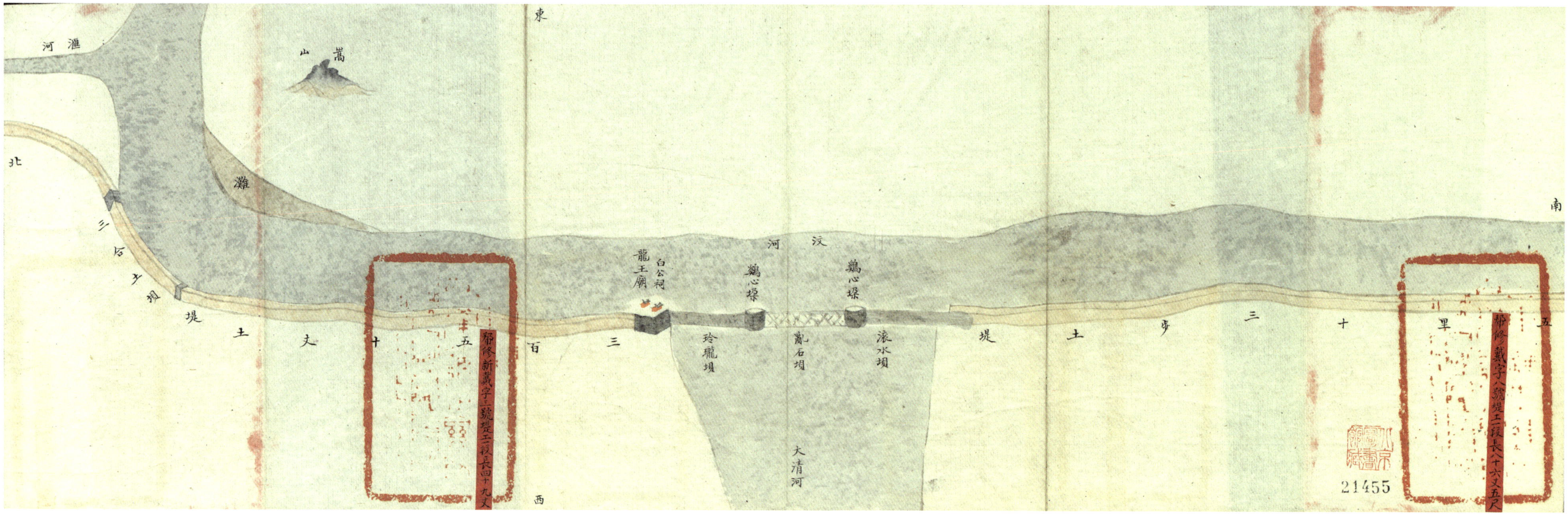

泉河厅光绪二十三年咨办工程咨销图

1 幅；19×57cm

绘本

清光绪二十三年（1897）

本图内容与国家图书馆藏“泉河厅光绪二十三年咨办工程咨估图”内容完全相同。

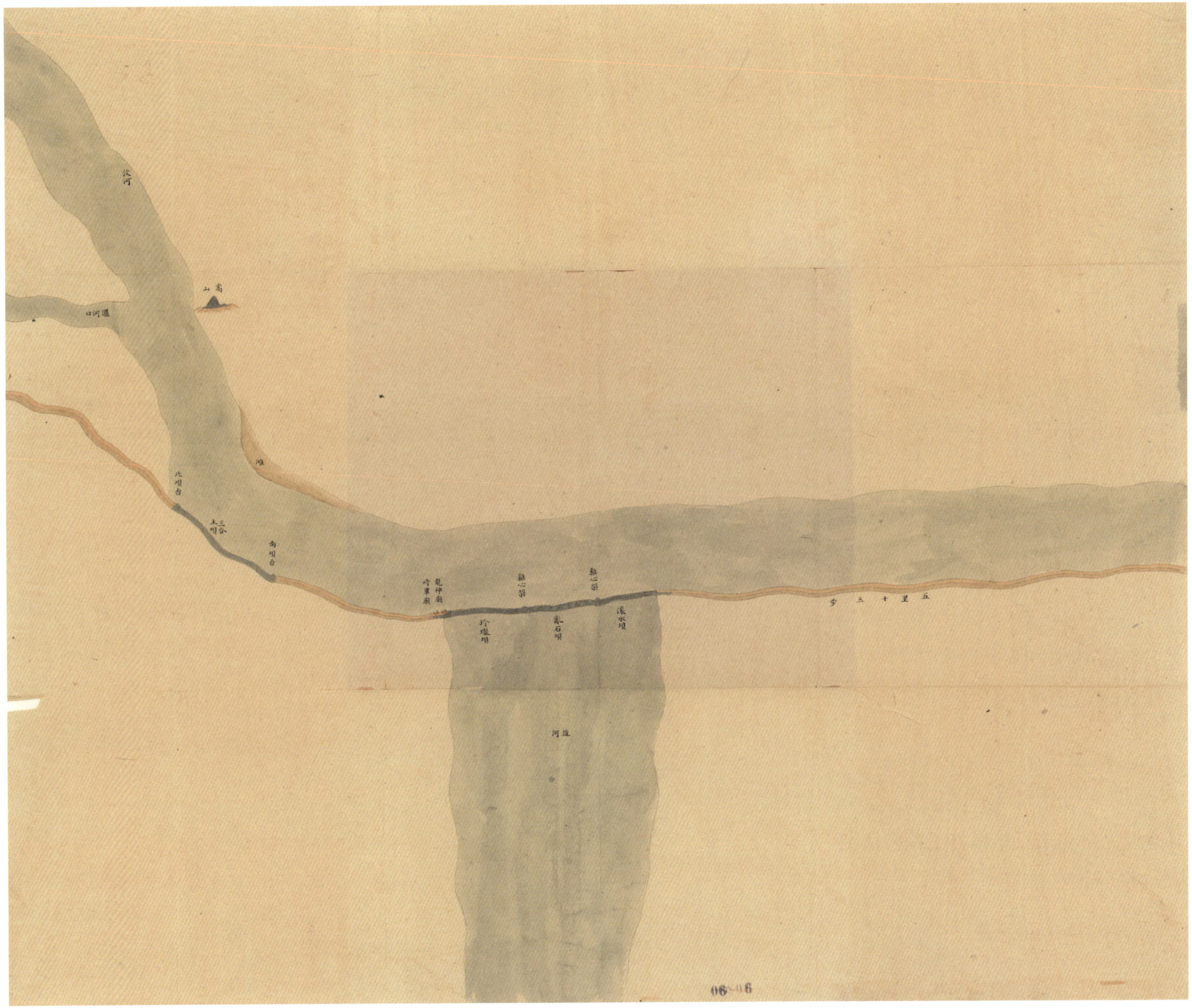

泉河通判管理东平州汛戴村各坝工程全图

1幅；53×62cm

绘本

［清光绪年间（1875—1908）］

本图汶河及盐河河道绘画简略，仅标绘河流及三坝名称。戴村位于今山东东平县东南汶河西岸。

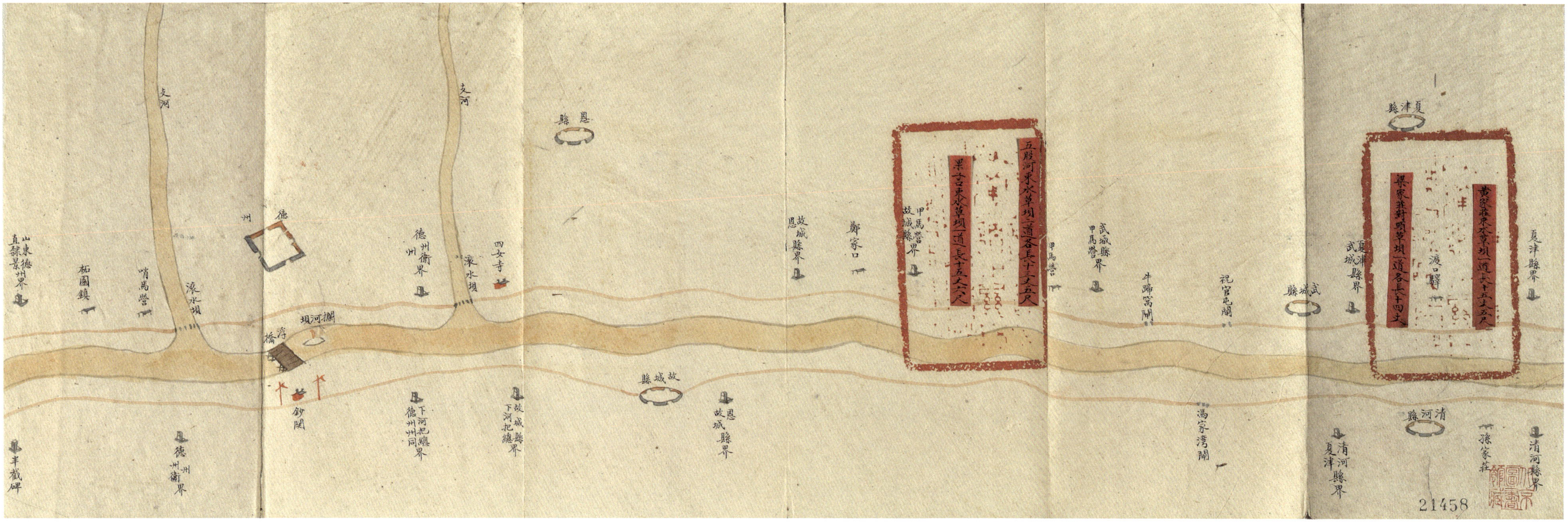

下河厅光绪二十三年咨办工程咨估图

1 幅；19 × 57cm

绘本

清光绪二十三年（1897）

本图所绘运河系德州至夏津县河段。贴签注出了水草坝长度。

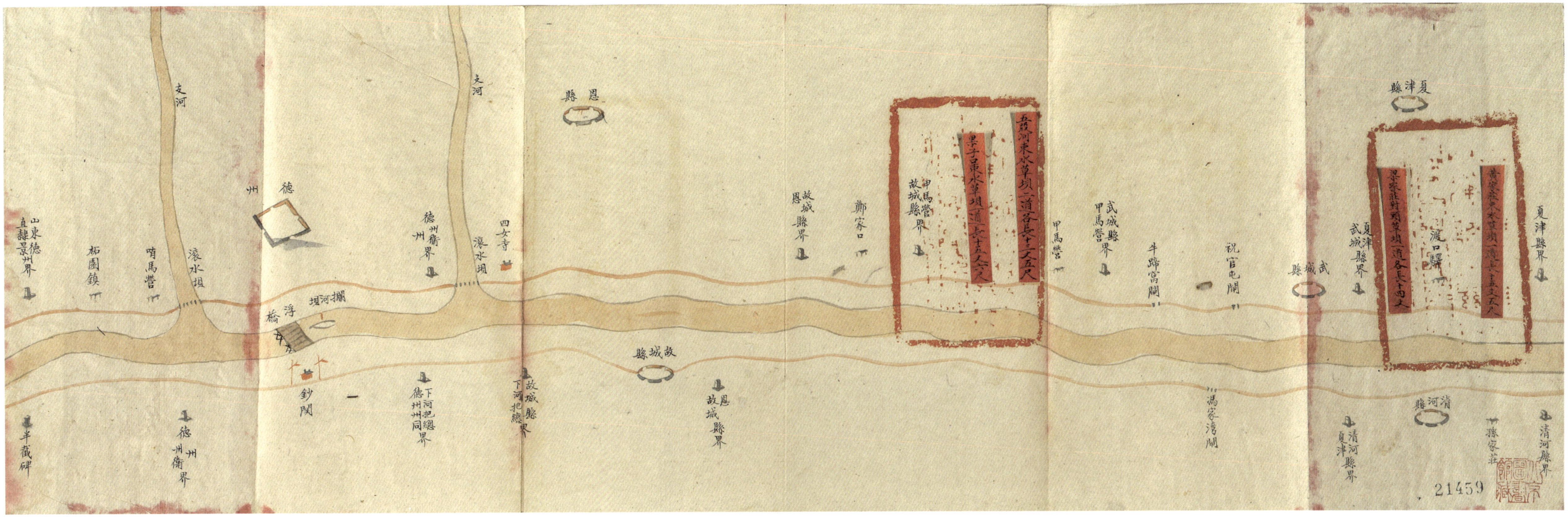

下河厅光绪二十三年咨办工程咨销图

1 幅；19 × 57cm

绘本

清光绪二十三年（1897）

本图内容与国家图书馆藏彩绘“下河厅光绪二十三年咨办工程咨估图”基本一致。

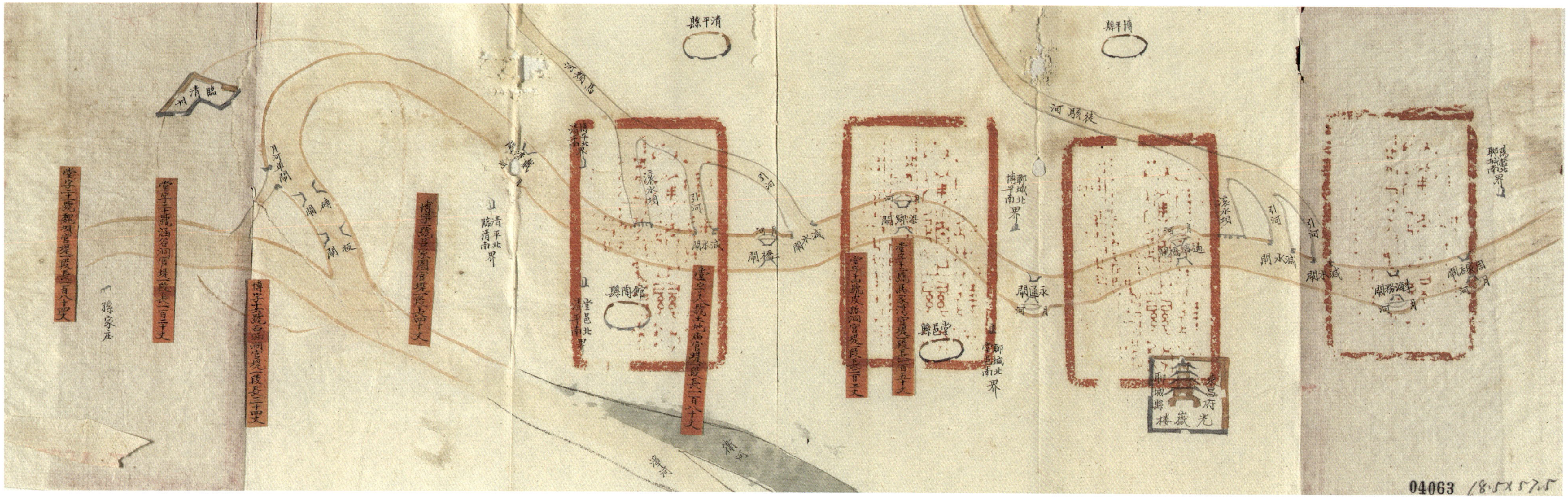

上河厅光绪二十年加帮聊堂二汛残缺堤工题销图

（清）[许广身编绘]

1 幅；19 × 58cm

绘本

清光绪二十年（1894）

本图方位上东下西，绘制了山东运河上河厅所辖运河河道、河堤、闸坝及周围河流、城镇、各汛界址等。图中各工程处盖“山东通省运河兵备道之关防”印，并贴签说明加修官堤的名目及长度。本图为许广身呈报核销折的附图，用以检验光绪二十年上河厅通判在聊城、堂邑二汛所修官堤工程。

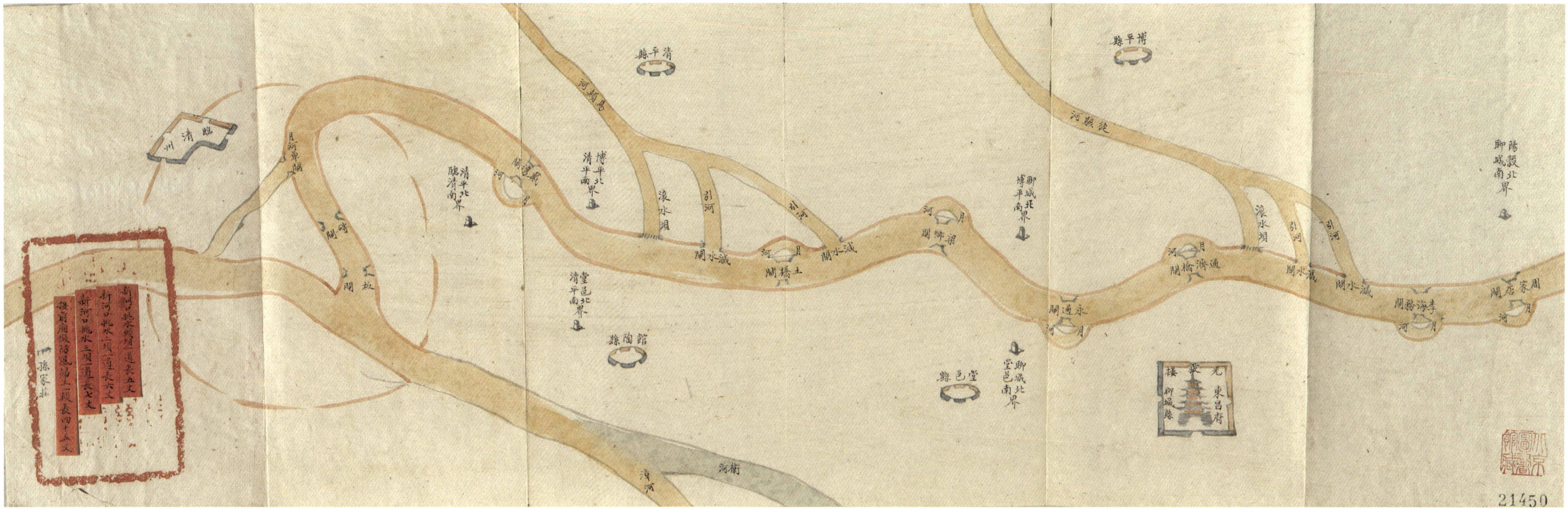

上河厅光绪二十三年岁修工程报销图

1 幅；19 × 57cm

绘本

清光绪二十三年（1897）

本图所绘运河系聊城至临清河段。贴签注出了新河口挑水各坝长度。

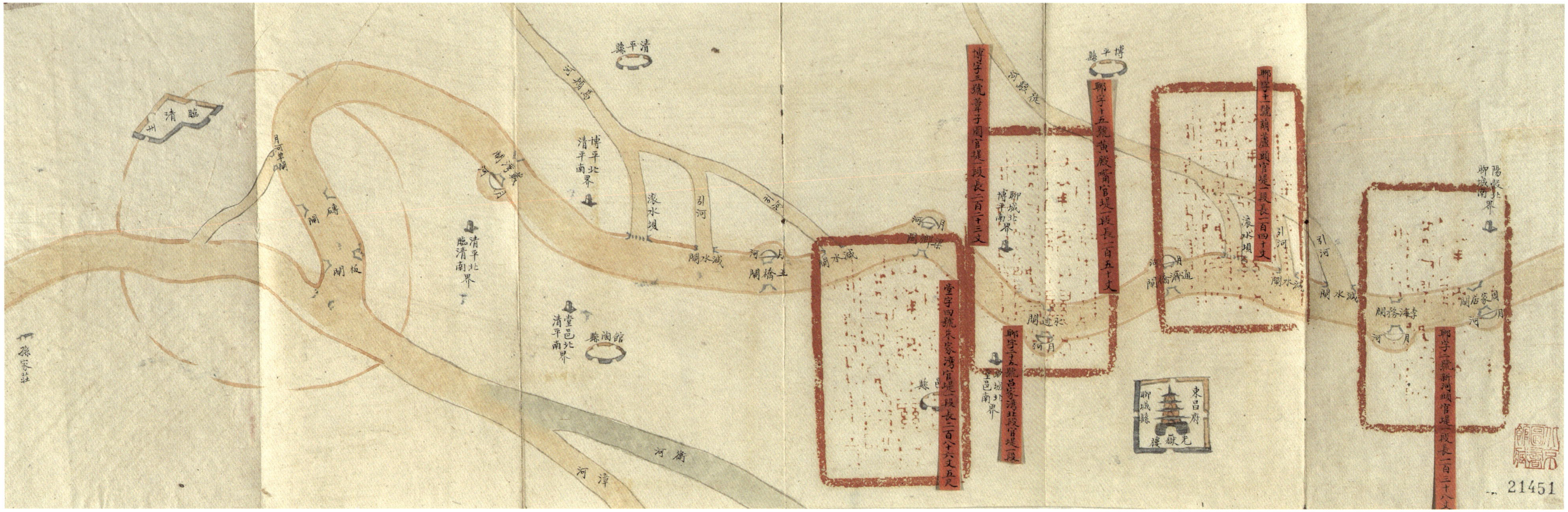

上河厅光绪二十三年加帮聊堂二汛残缺堤工题估图

1 幅；19×57cm

绘本

清光绪二十三年（1897）

本图方位上东下西，绘制了山东运河上河厅所辖运河河道、河堤、闸坝及周围河流、城镇、各汛界址等。图中各工程处盖“山东通省运河兵备道之关防”印，并贴签说明加修官堤工程的地点及长度，属于官绘本运河工程预算图。

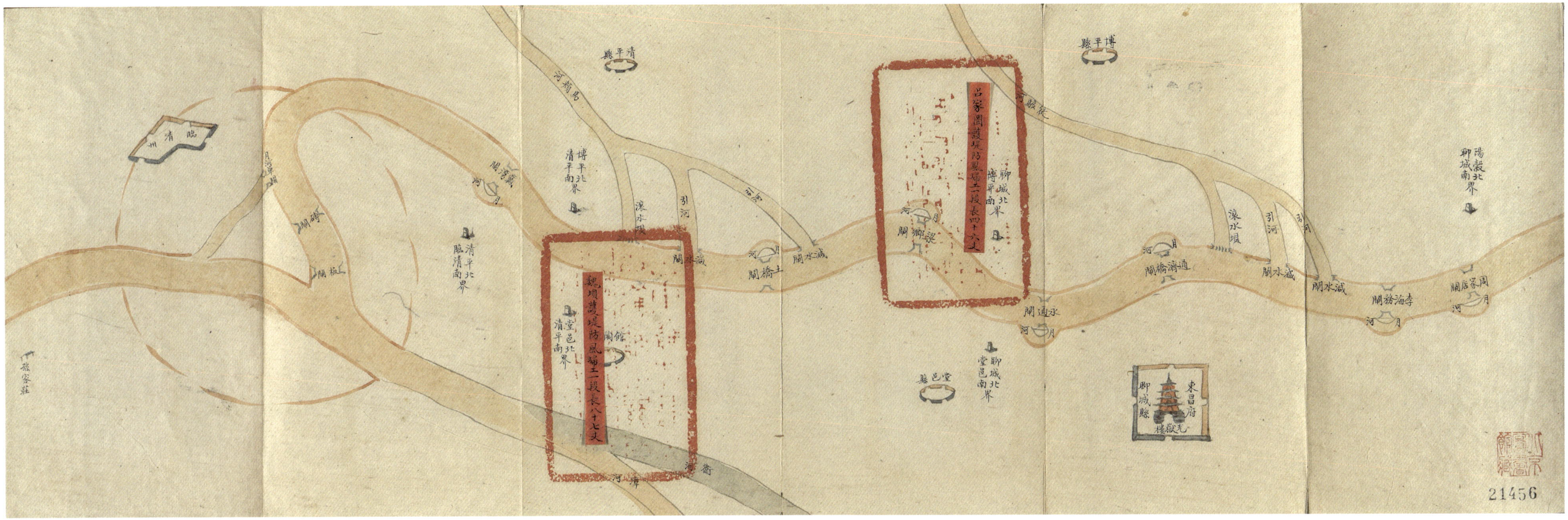

上河厅光绪二十三年咨办工程咨估图

1 幅；19×57cm

绘本

清光绪二十三年（1897）

本图方位上东下西，绘制了山东运河上河厅所辖运河河道、河堤、闸坝及周围河流、城镇、各汛界址等。图中各工程处盖“山东通省运河兵备道之关防”印，并贴签说明加修护堤防风埽工程的地点及长度。

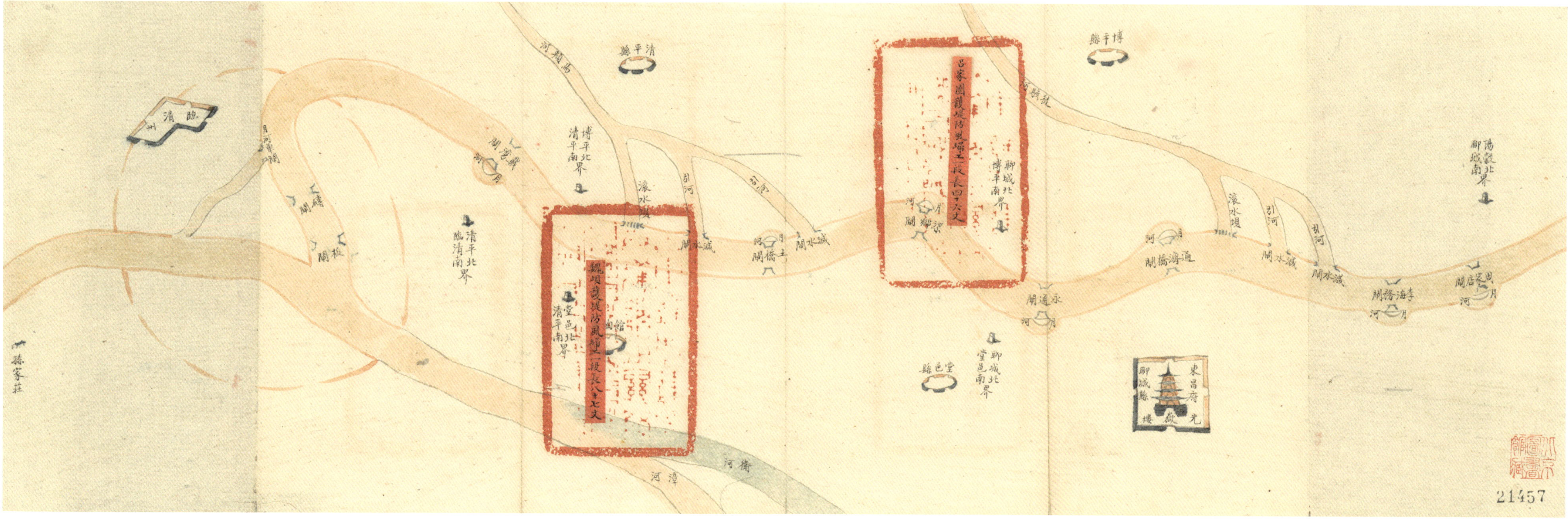

上河厅光绪二十三年咨办工程咨销图

1 幅；19 × 57cm

绘本

清光绪二十三年（1897）

本图内容与国家图书馆藏彩绘“上河厅光绪二十三年咨办工程咨估图”相同。

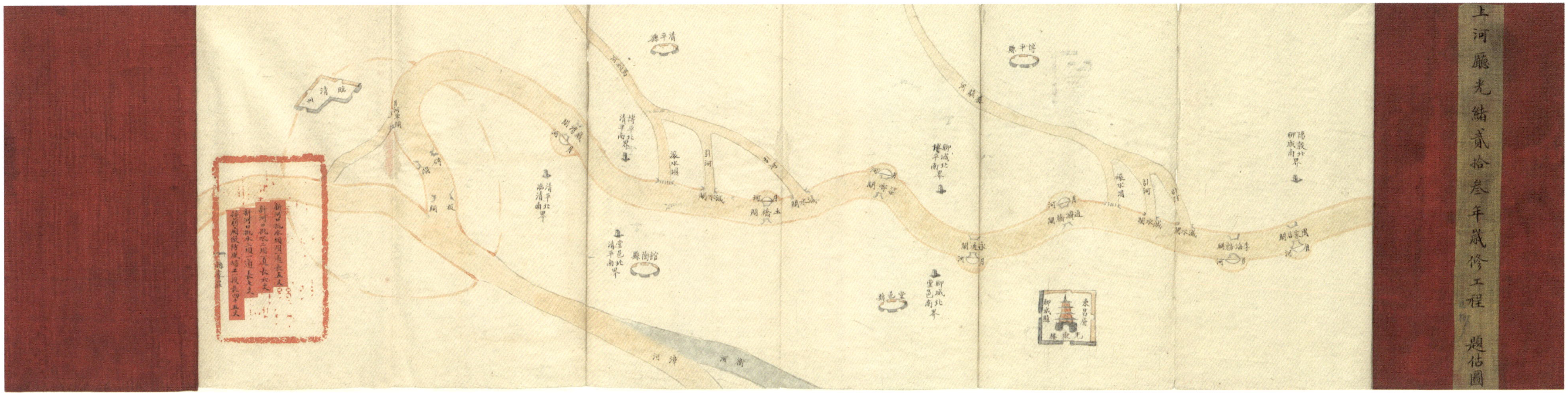

上河厅光绪二十三年岁修工程题估图

1 幅；19×57cm

绘本

清光绪年间（1875—1908）

本图绘制南起阳谷与聊城分界，北到临清城孙家庄的南运河河道。漳河、卫河汇入运河处，临清城南至聊城阳谷分界一段河道的月河闸坝，均标绘清晰。图末钤盖官印，并贴红签。贴红图说新河口挑水头坝、二坝、三坝丈尺，及接前厢做防风埽工一段丈尺。

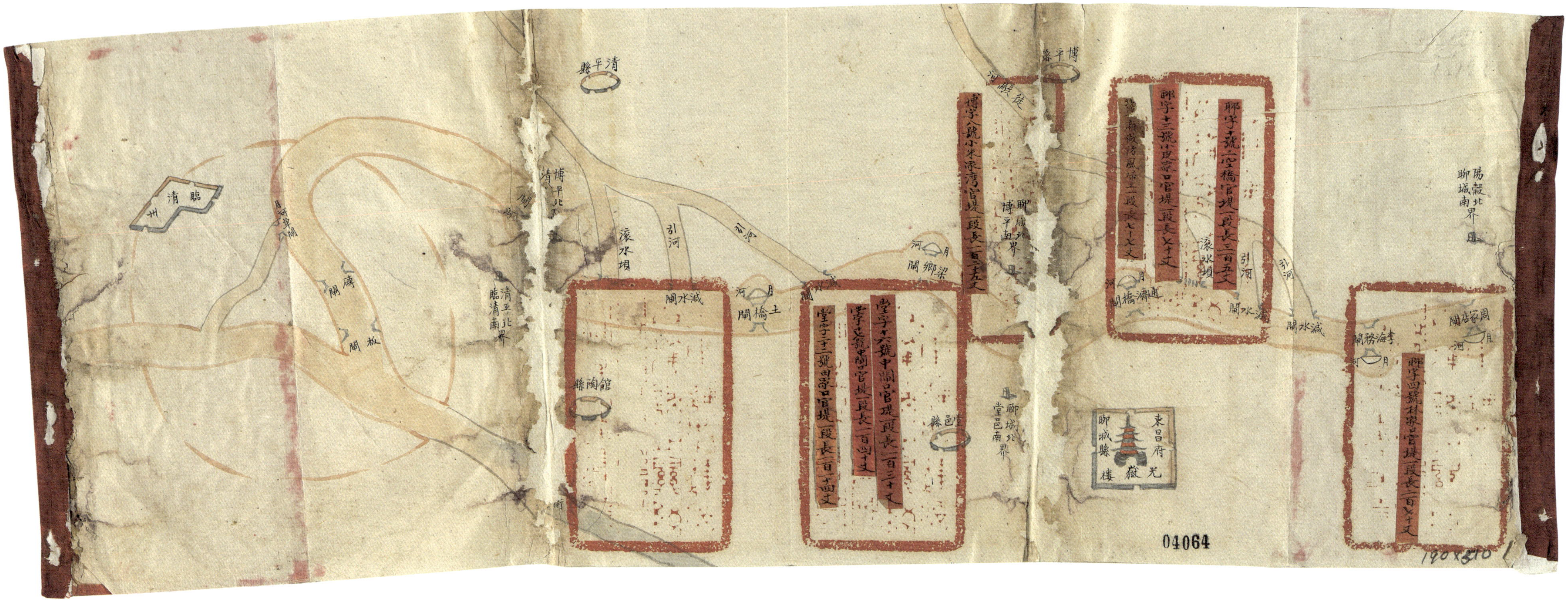

上河厅光绪二十五年加帮聊堂二汛残缺堤工题估图

（清）[罗锦文编绘]

1 幅；19 × 51cm

绘本

清光绪二十五年（1899）

本图方位上东下西，绘制了山东运河上河厅所辖运河河道、河堤、闸坝及周围河流、城镇、各汛界址等。图中各工程处盖“山东通省运河兵备道之关防”印，并贴签说明加修堤工和做护堤防风埽工的地点和长度。

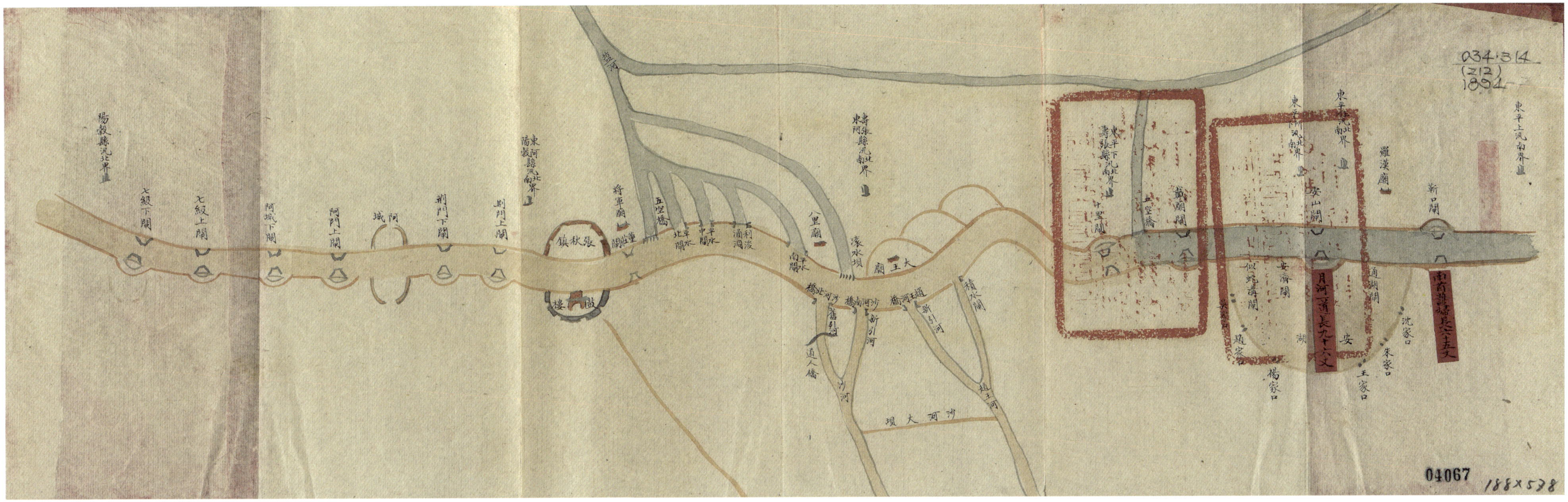

捕河厅光绪二十年咨办工程咨估图

1 幅；19×58cm

绘本

清光绪二十年（1894）

本图所绘运河系山东阳谷县汛北界至东平州（今东平县）上汛南界河段。

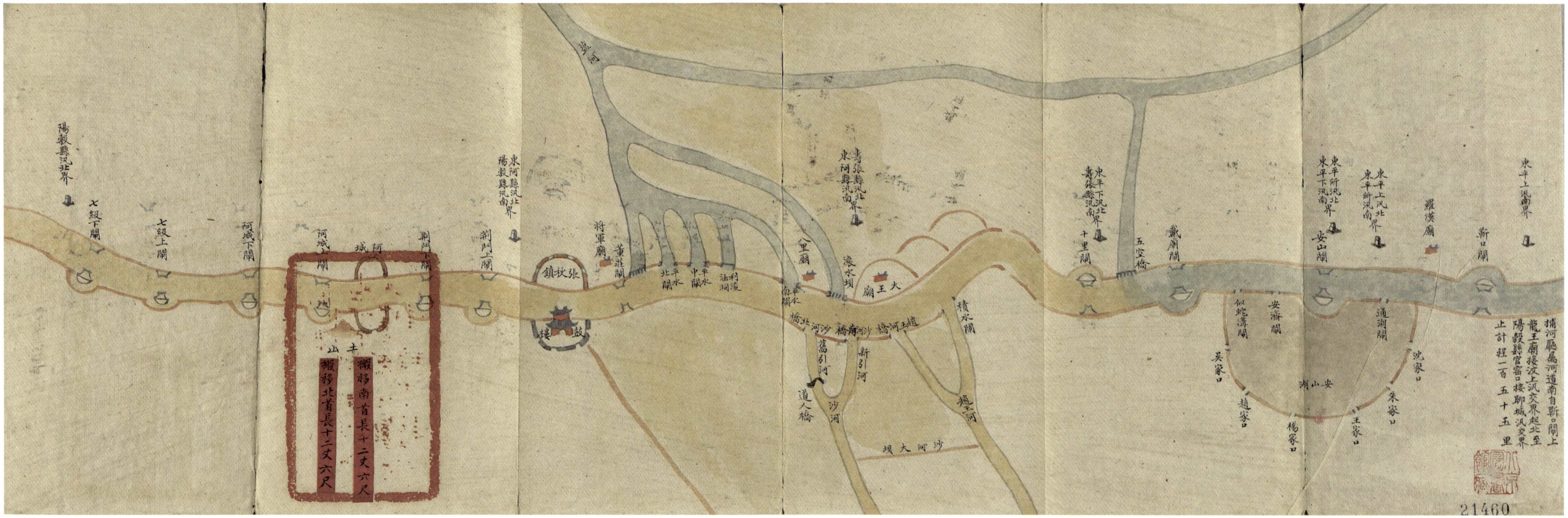

捕河厅光绪二十三年咨办各工咨估图

1 幅；19×57cm

绘本

清光绪二十三年（1897）

本图所绘运河系靳口闸上龙王庙接汶上汛交界至阳谷县官窑口接聊城汛交界河段。

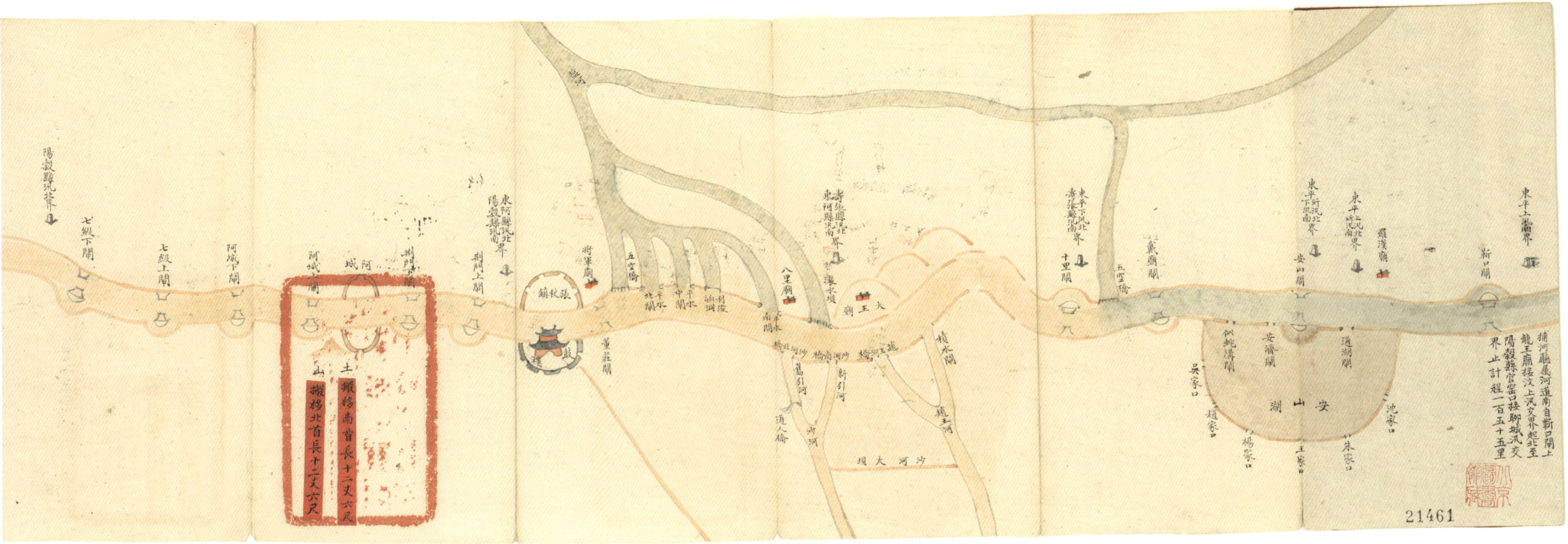

捕河厅光绪二十三年咨办各工咨销图

1 幅；19×57cm

绘本

清光绪二十三年（1897）

本图内容与国家图书馆藏彩绘“捕河厅光绪二十三年咨办各工咨估图”基本相同。

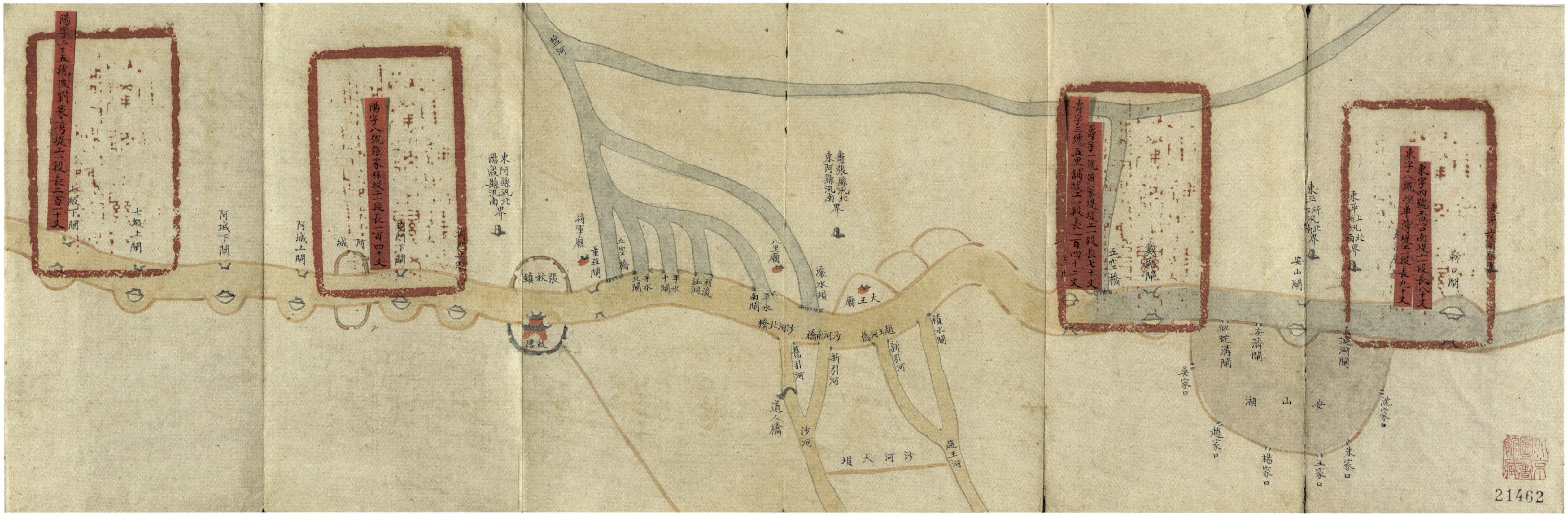

捕河厅光绪二十三年帮筑东平寿东阳谷等汛残缺堤工题估图

1 幅；19 × 57cm

绘本

清光绪二十三年（1897）

本图所绘运河系山东东平至阳谷河段，贴签注出了堤工段长。

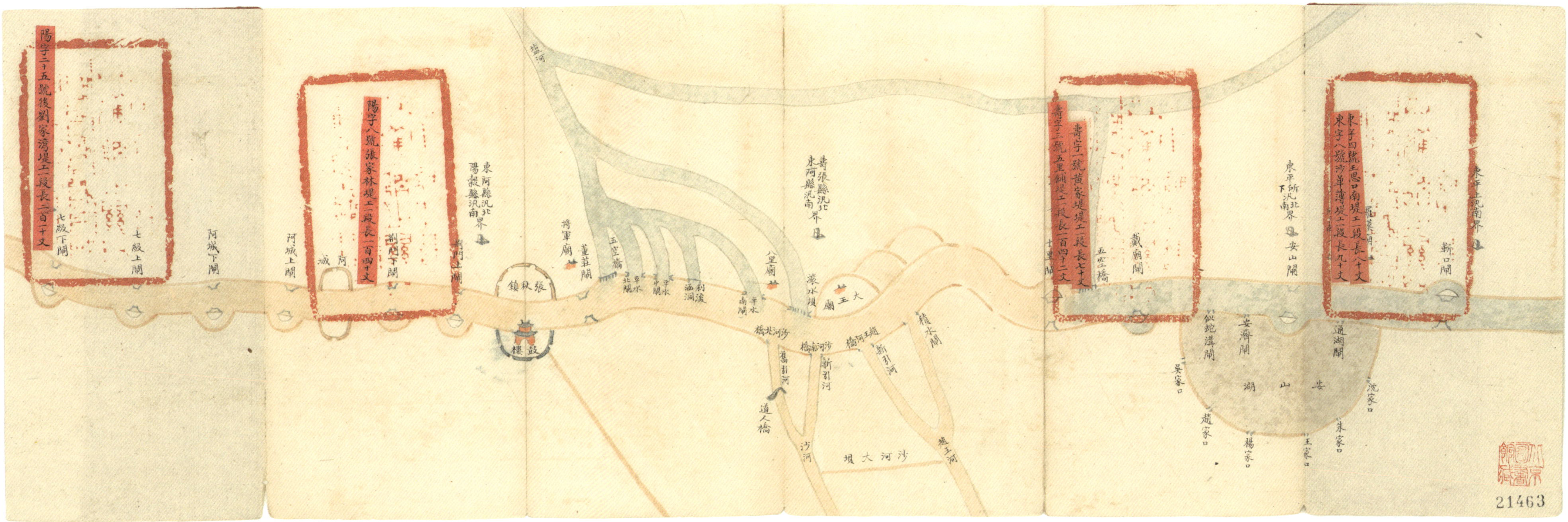

捕河厅光绪二十三年帮筑东平寿东阳谷等汛残缺堤工题销图

1 幅；19×57cm

绘本

清光绪二十三年（1897）

本图内容与国家图书馆藏彩绘“捕河厅光绪二十三年帮筑东平寿东阳谷等汛残缺堤工题估图”基本相同。

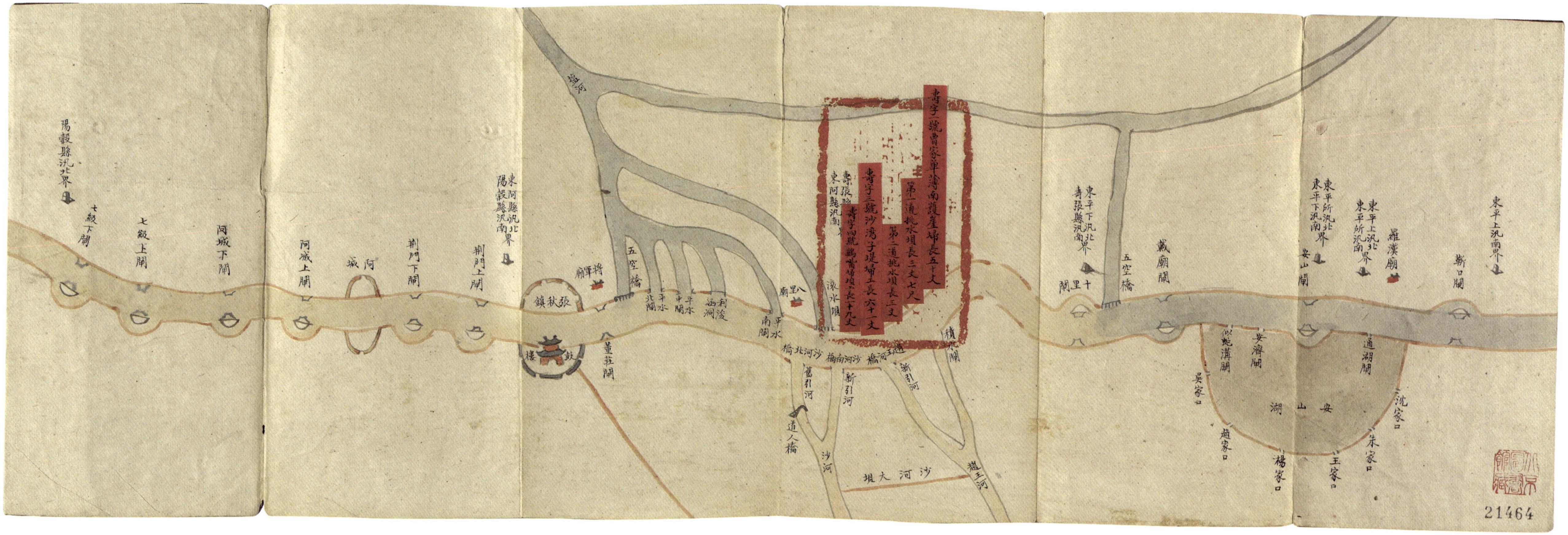

捕河厅光绪二十三年岁修工程报销图

1 幅；19 × 57cm

绘本

清光绪二十三年（1897）

本图所绘运河系东平州上汛南界至阳谷县汛北界河段。贴签注出了护岸埽、挑水坝等的长度。

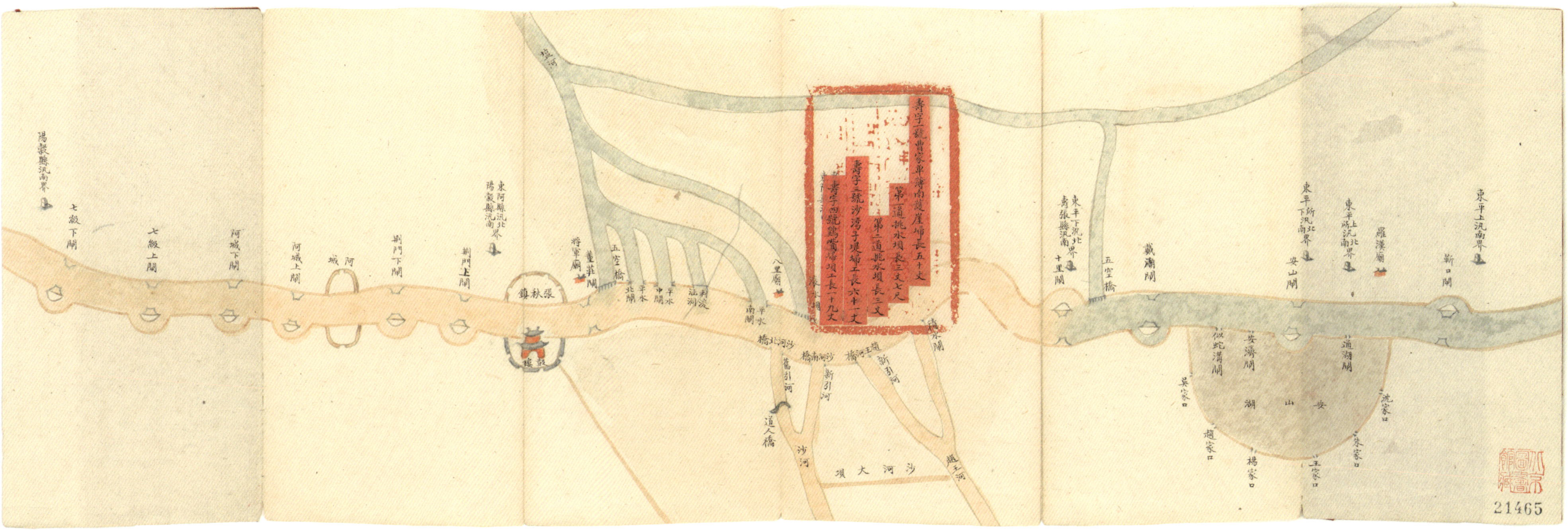

捕河厅光绪二十三年岁修工程题估图

1 幅；19×57cm

绘本

清光绪二十三年（1897）

本图内容与国家图书馆藏彩绘“捕河厅光绪二十三年岁修工程报销图”完全相同。

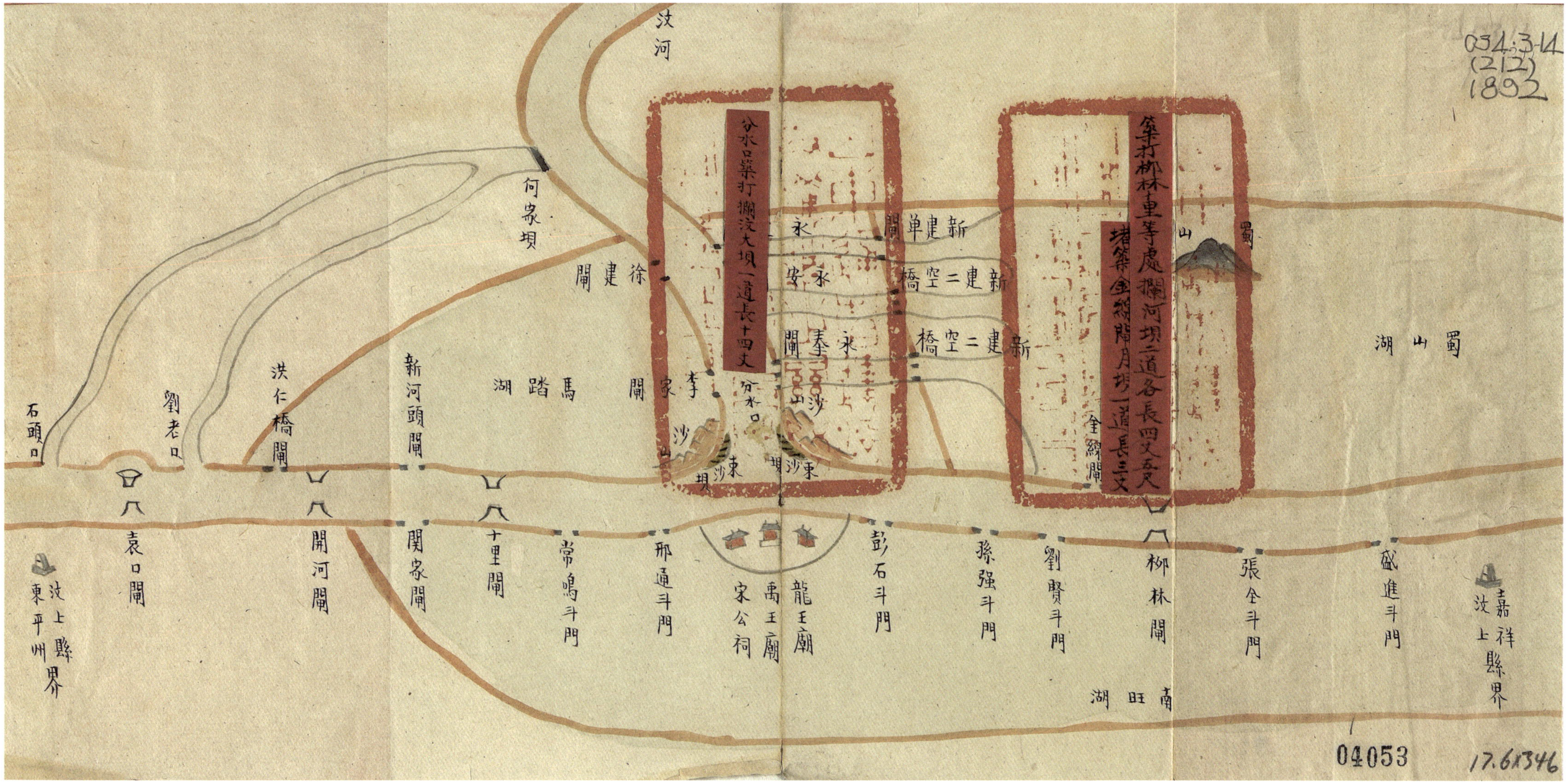

运河厅光绪十八年冬挑河筑坝需用桩=银两咨估图

1 幅；18 × 35cm

绘本

清光绪十八年（1892）

本图方位上东下西，绘制了山东汶上县境内运河河道、湖泊、堤坝、船闸、斗门、泄水闸、桥梁、庙宇等，对汶河济运的河道、河堤、引河、分水口束沙坝的描绘尤为详细。图中在河道施工地点盖“山东通省运河兵备道之关防”印，并贴红签说明挑河筑坝工程。

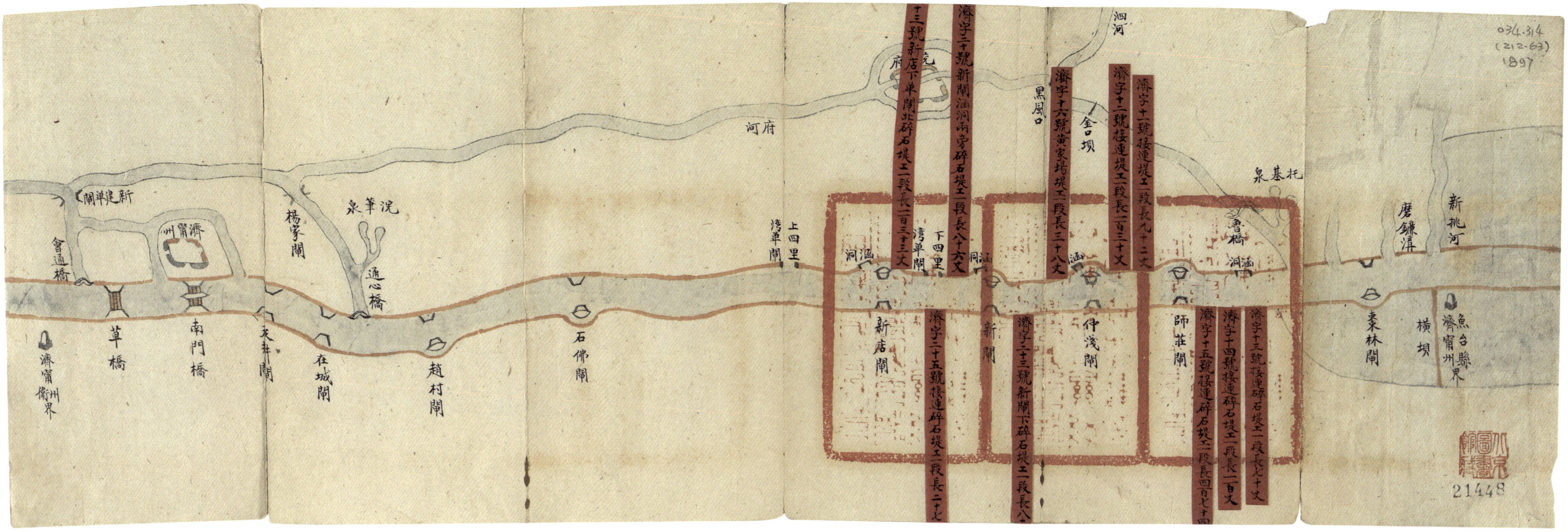

运河厅光绪二十三年修筑济宁州汛运河两岸残缺堤工题估图

1 幅；18 × 53cm

绘本

清光绪二十三年（1897）

本图方位上东下西，绘制了山东运河厅属济南州汛经管运河的河道、堤坝、船闸、桥涵等。在运河师庄闸至新店闸之间，盖“山东通省运河兵备道之关防”印，并贴签注明该段需要修筑运河坝工的地点、名目、长度，属于运河工程预算咨估图。

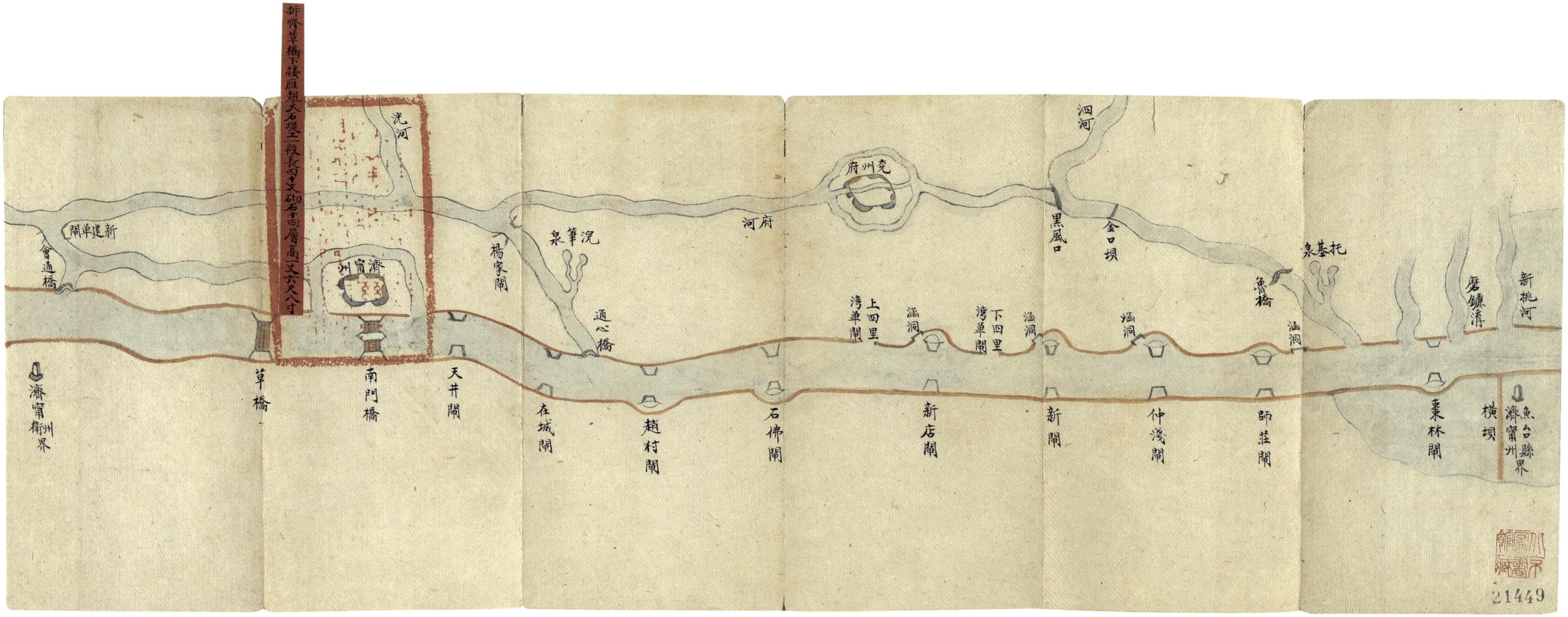

运河厅光绪二十三年拆修济宁州汛运河东岸草桥下大石堤工题估图

1 幅；18 × 53cm

绘本

清光绪二十三年（1897）

本图方位上东下西，绘制了山东运河厅属济南州汛经管运河的河道、堤坝、船闸、桥涵等。图中在济宁州城北运河草桥处盖“山东通省运河兵备道之关防”印，并贴签注出了拟修筑的雁翅大石堤工段长及砌石层高。

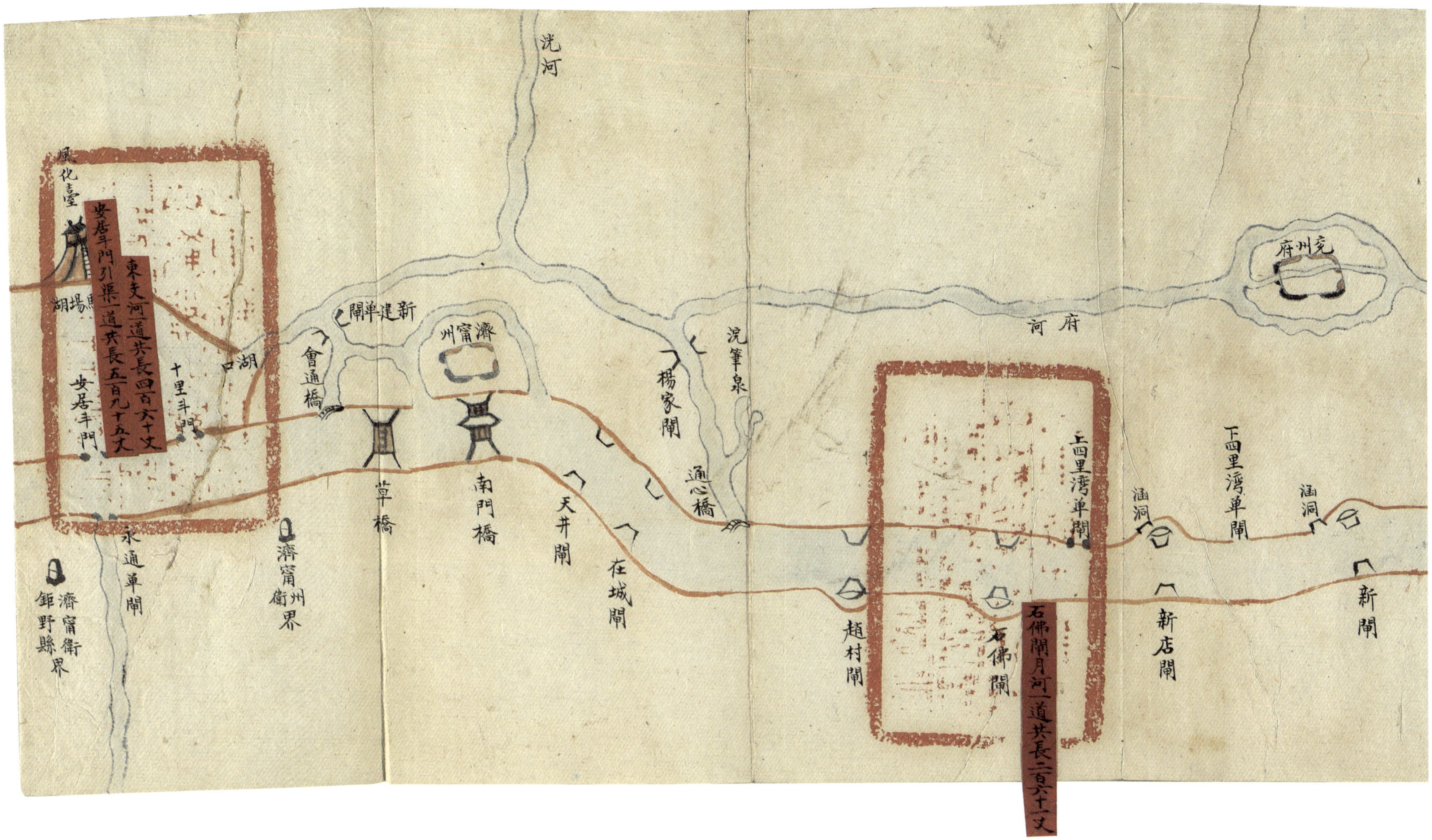

运河厅光绪二十三年咨案工程咨销图

1 幅；19×106cm

绘本

清光绪二十三年（1897）

本图所绘运河系山东济宁州与巨野县界至鱼台县沛县界河段。贴签标注了引渠段长。

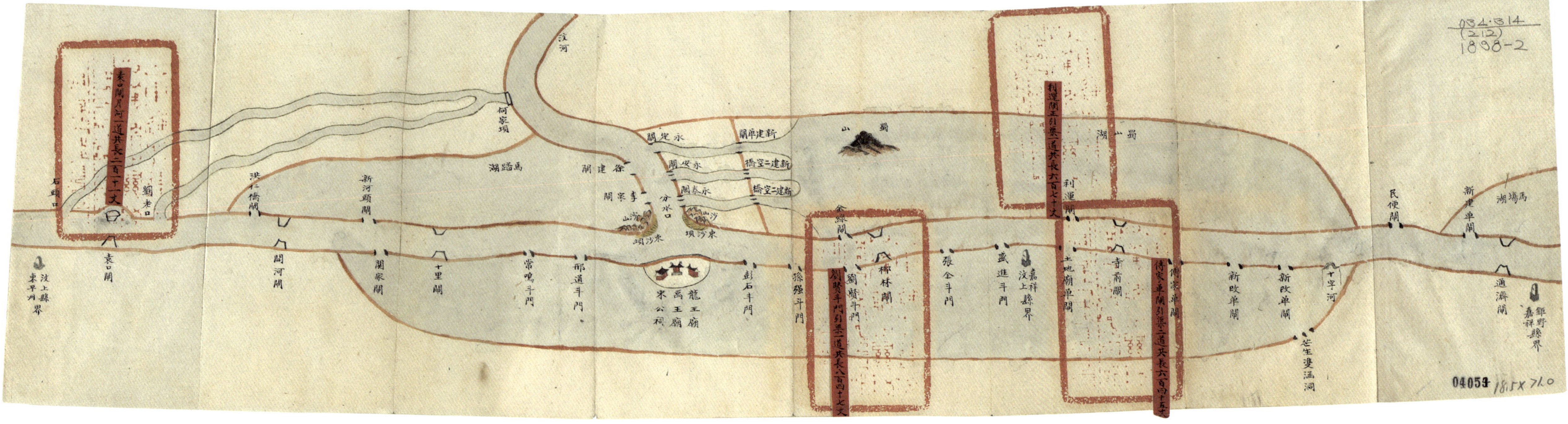

运河厅光绪二十四年咨案工程咨估图

1 幅；19 × 71cm

绘本

清光绪二十四年（1898）

本图所绘运河系山东汶上县东平州（今东平县）界至嘉祥巨野县界河段。贴签标注了引渠名称及其长度。

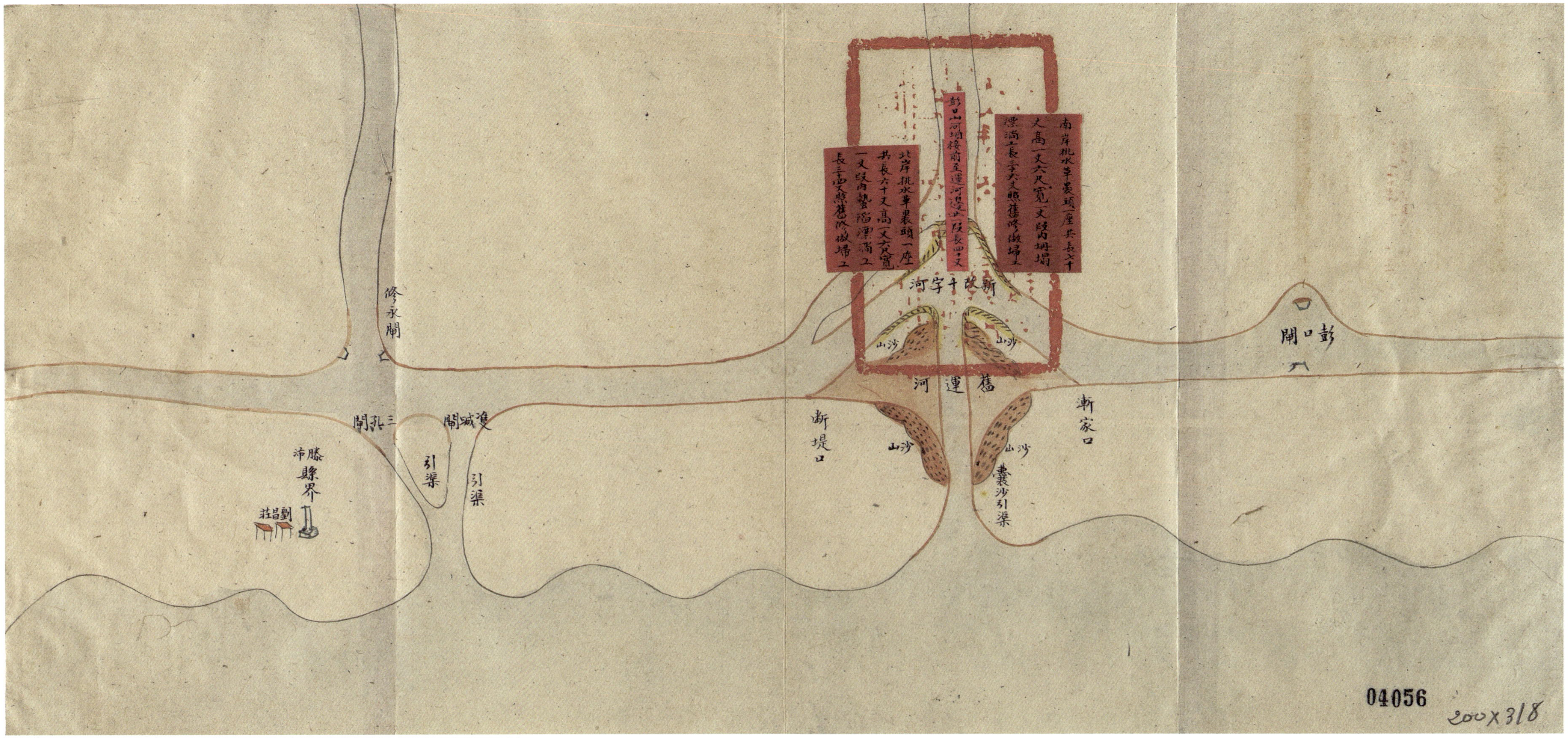

泇河厅光绪十七年岁修滕汛十字河防风裹头并挑挖坝下浮沙等工题估图

1 幅；20×32cm

绘本

［清光绪年间（1875—1908）］

本图方位上东下西，绘制了山东运河泇河厅属滕县境内运河河道及闸坝、引渠。图中十字河处盖“山东通省运河兵备道之关防”印，并贴签说明修筑十字河挑水防风裹头、挑挖浮沙等工程的名目、施工长度等。

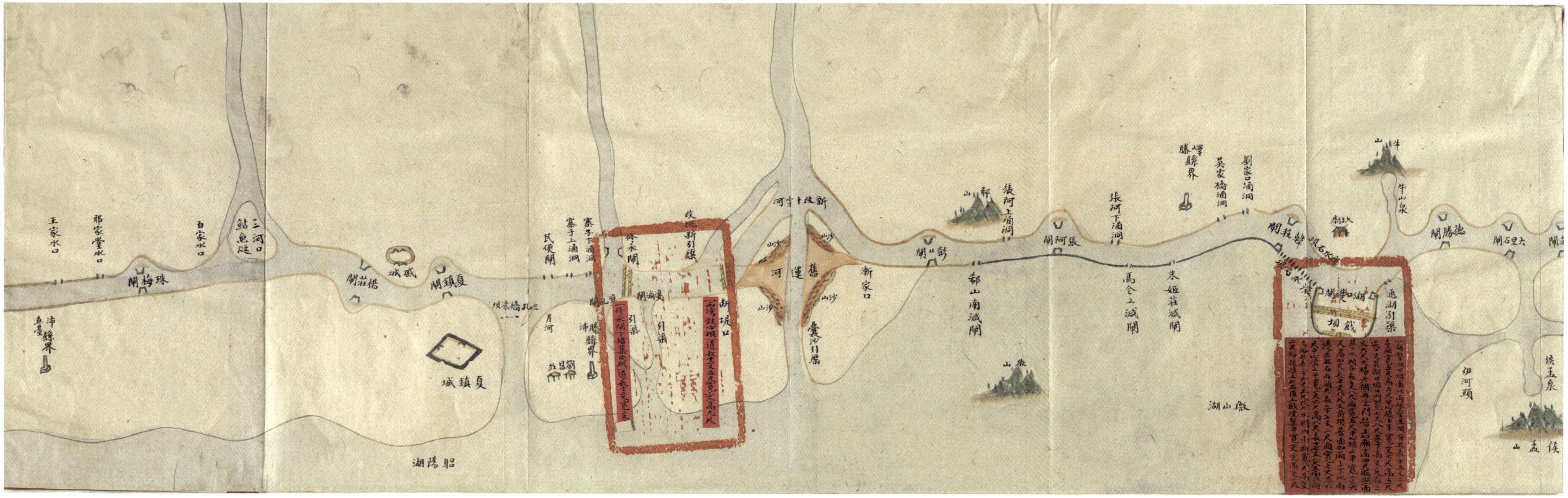

泇河厅光绪十七年冬挑河筑坝需用桩＝银两咨估图

1 幅；20×83cm

绘本

［清光绪年间（1875—1908）］

本图主要反映了山东鱼台至峄县（今枣庄市）运河河道修筑情况。

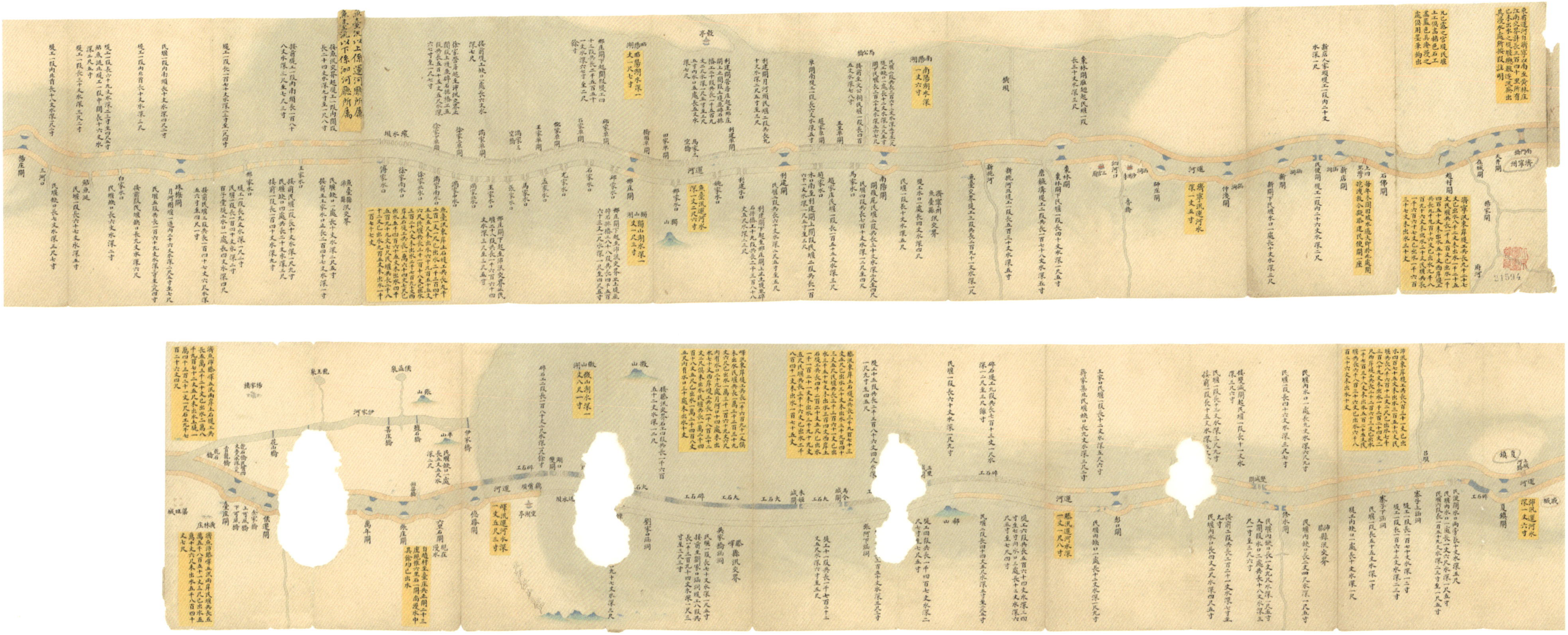

济宁以南两岸堤工已未出水情形图

1 幅；20 × 205cm

绘本

［清光绪年间（1875—1908）］

本图中绘有山东济宁州以南至黄林庄运河河段以及两岸官堤民堰，所有已未出水之堤堰总数逐汛贴签标注。各县汛运河堤工民堰段长、水深度等亦有注记。本图有残。

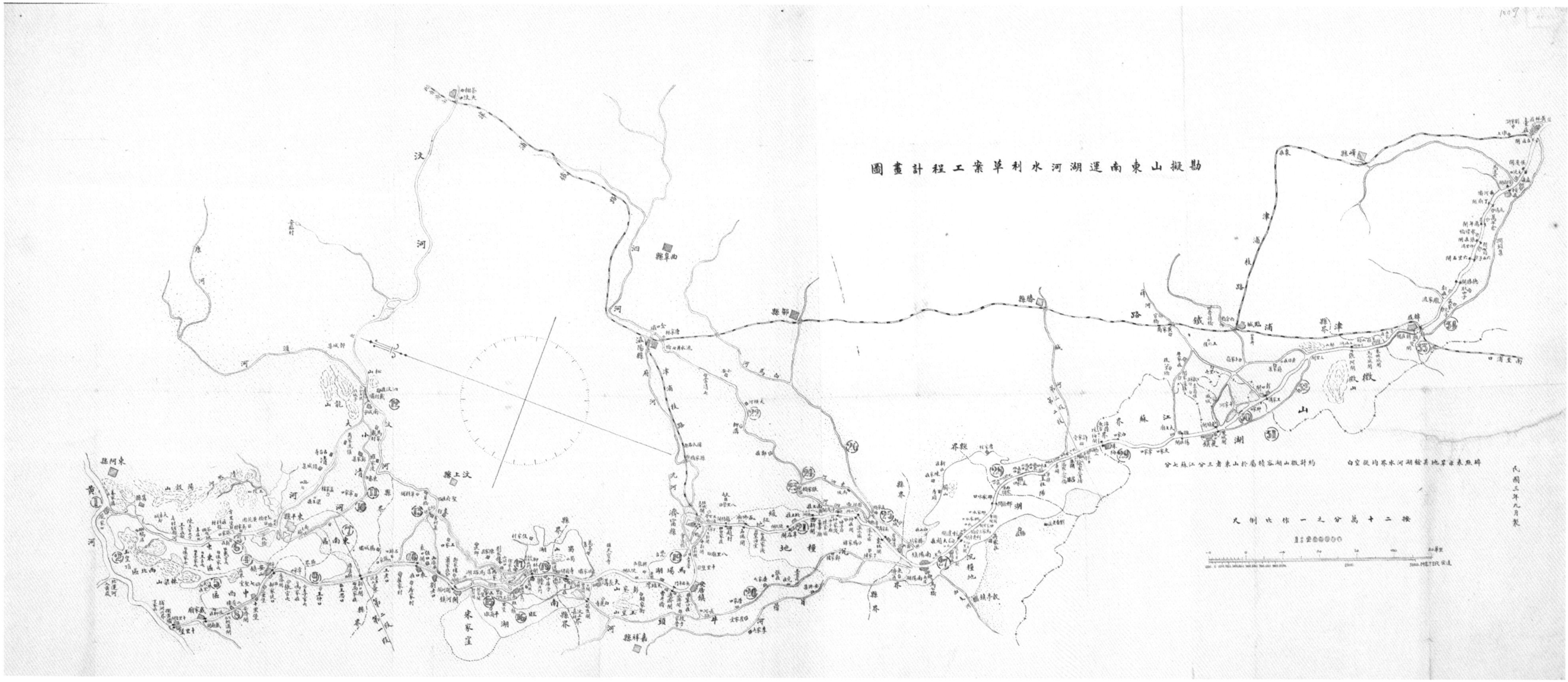

勘拟山东南运湖河水利草案工程计划图

1 幅；53×118cm

石印本

民国三年九月（1914.9）

本图方位大致上东下西，图中绘制了从黄林庄至东阿县的南运河干流支流河道、湖泊、闸坝、桥梁及沿线城镇、村庄、山脉、铁路。图中南运河被分为三段，并标注 34 处，疑为工程计划。

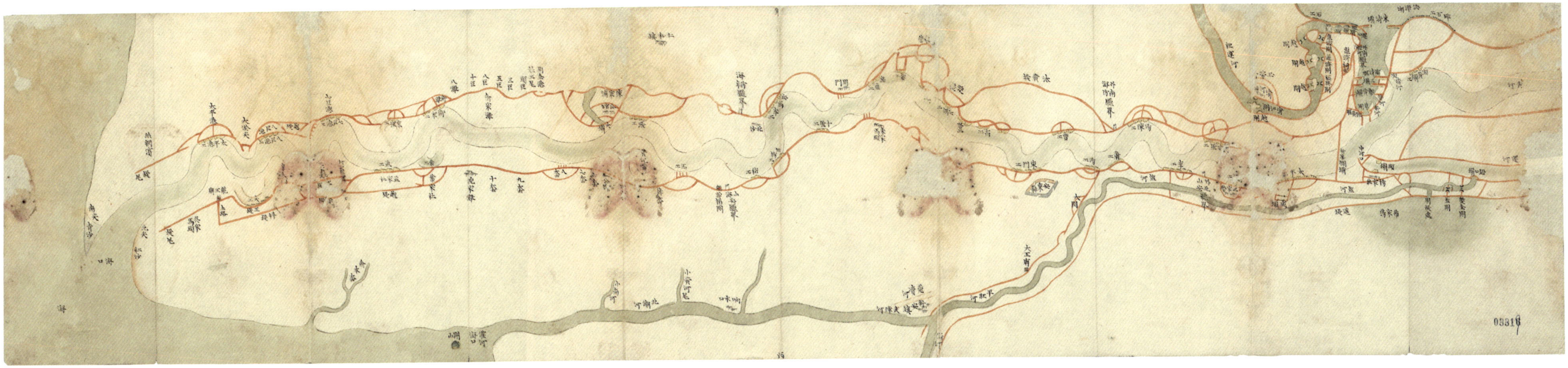

黄淮河河工情形图

4幅；图廓不等

绘本

[清道光年间（1821—1850）]

本图有4幅图，分别为《洪泽湖至海口堤工图》（1幅；22×94厘米）、《洪泽宝应等湖一带闸坝堤工图》（1幅；36×38厘米）、《接量孙民房起至萧工止丈尺情形草图》（1幅；22×39厘米）及《安东至桃源引河草式图》（1幅；22×58厘米）。

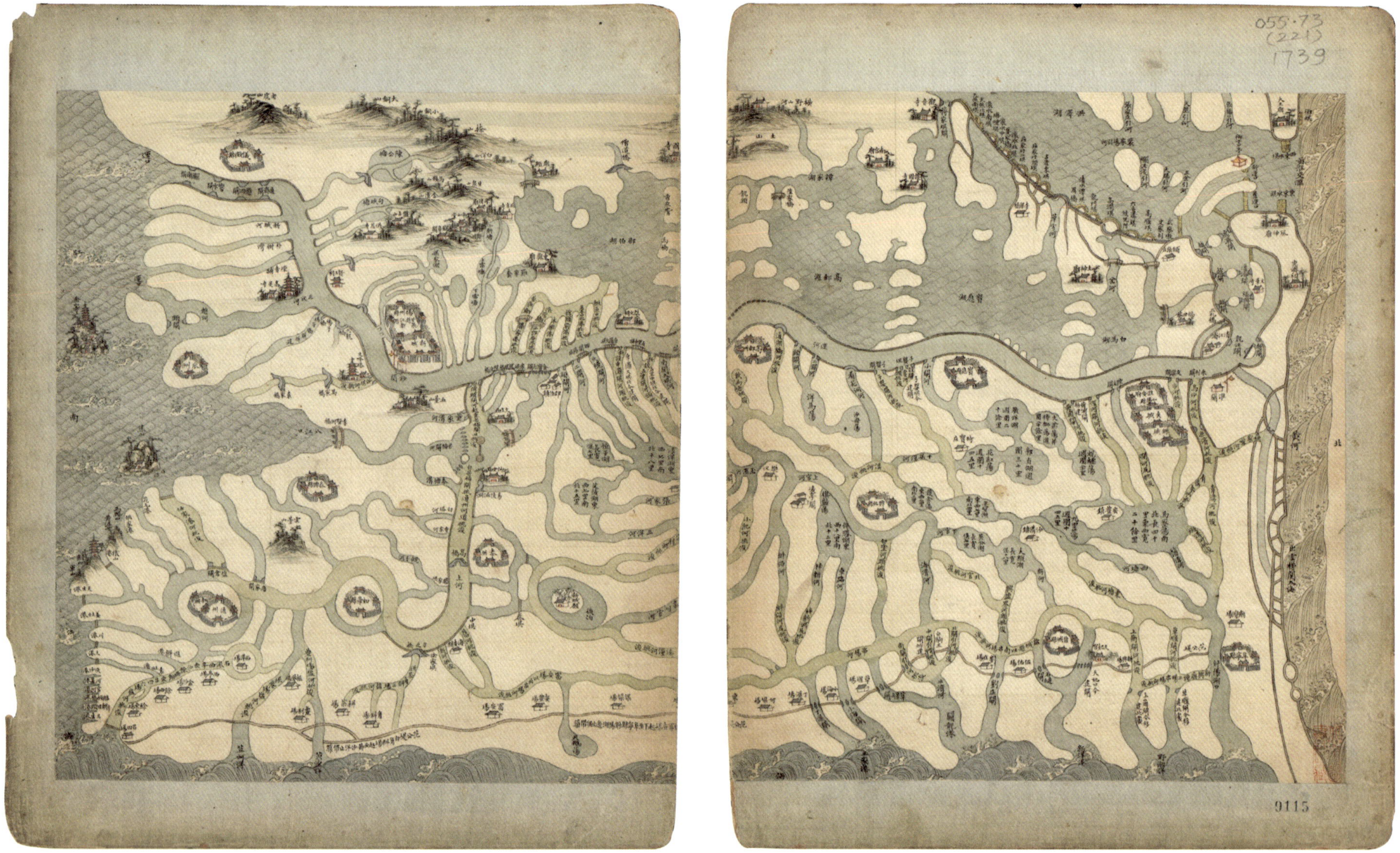

江南水利河道地形水势修防图说

（清）汪德编绘

1 册；35×27cm

［清乾隆四年（1739）］

本图说内有江南水利河道 1 幅，图说 22 页。图中淮安府以南、运河东西两岸河湖水系绘画较详细。图较精美。

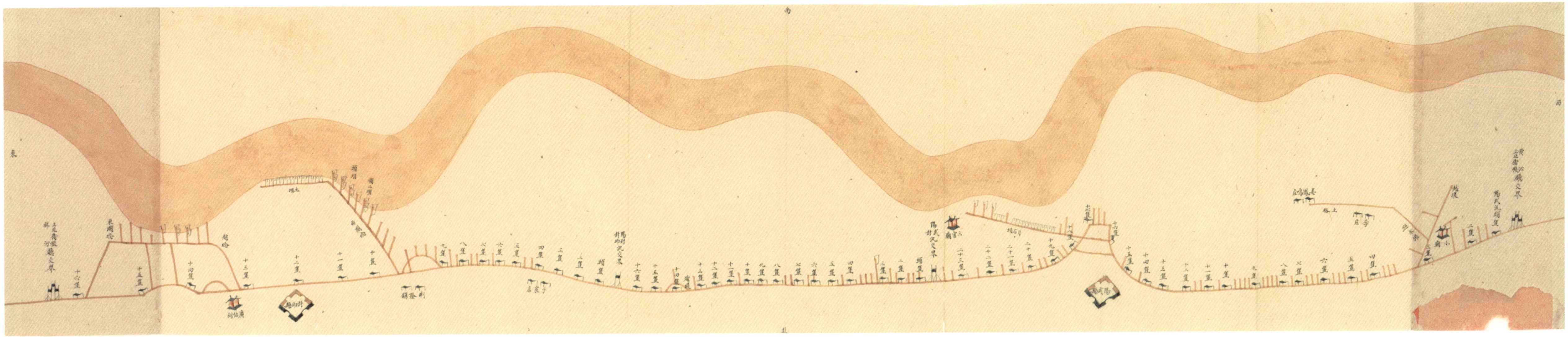

扬河扬粮二厅塌卸砖石各工情形图

1 幅；22×160cm

绘本

［清中期］

本图以上方为西。绘有江苏高邮州境运河及沿河大堤，并贴签注出扬河扬粮厅所属西岸大堤风损砖石旧工段长。

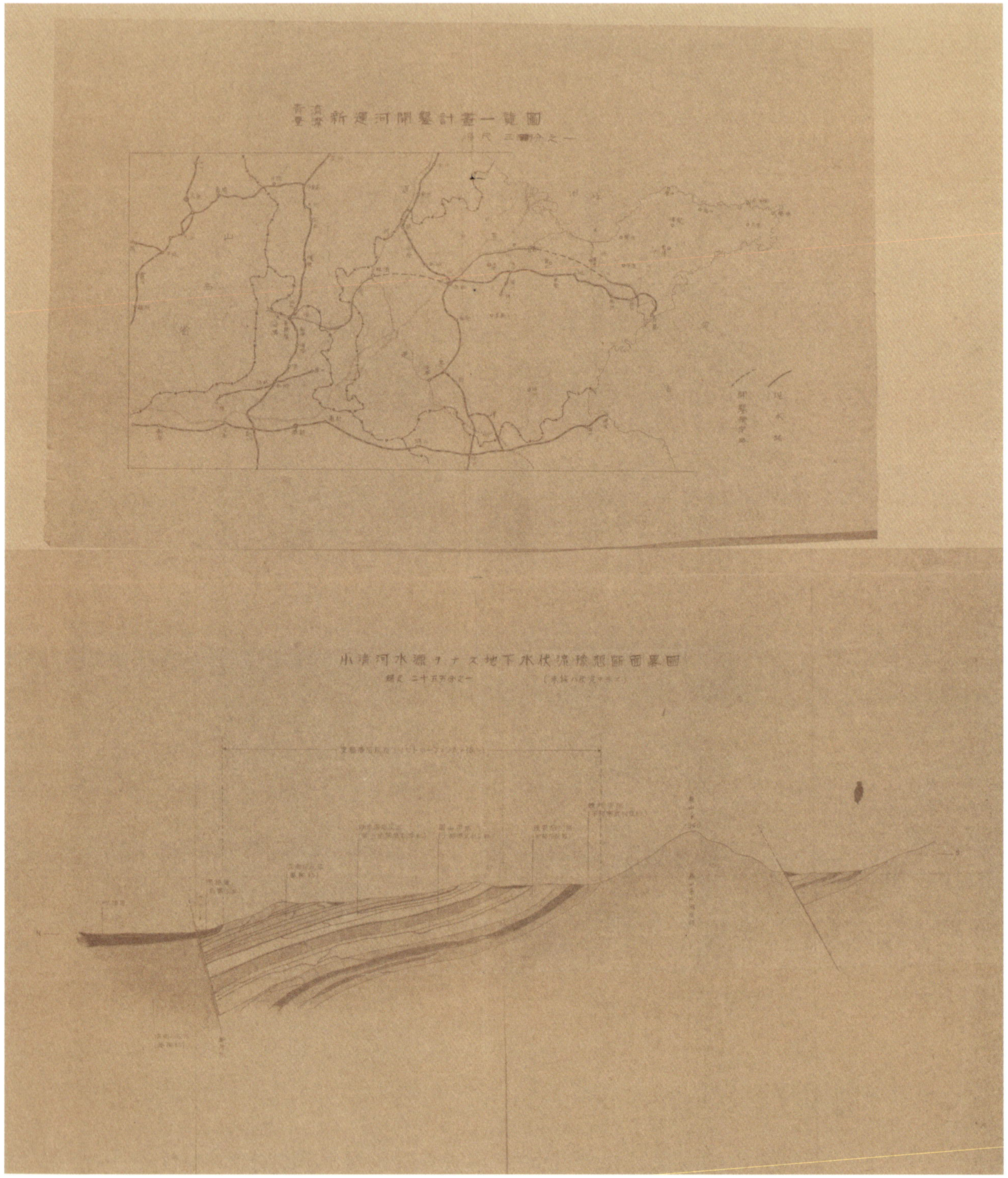

青济丰济新运河开凿计划一览图

1 幅；26 × 41cm

晒印本

［民国年间（1912—1949）］

本图绘出了自临清至济南和自济南至青岛新开凿运河预定线路。

安澜纪要

（清）徐端撰

2 册

刻本

清道光九年（1829）

本书分上下两卷，上卷主要记述当时河工所涉及的各种事项，包括签堤、水沟、浪窝、堵漫滩决口、堤漏、捕獾鼠及埽工、石工等；下卷为河工律例成案图，以图表形式记述有关河工的规章制度及处罚措施。

道光巳丑秋七月刊

安瀾紀要

本衙藏板

1

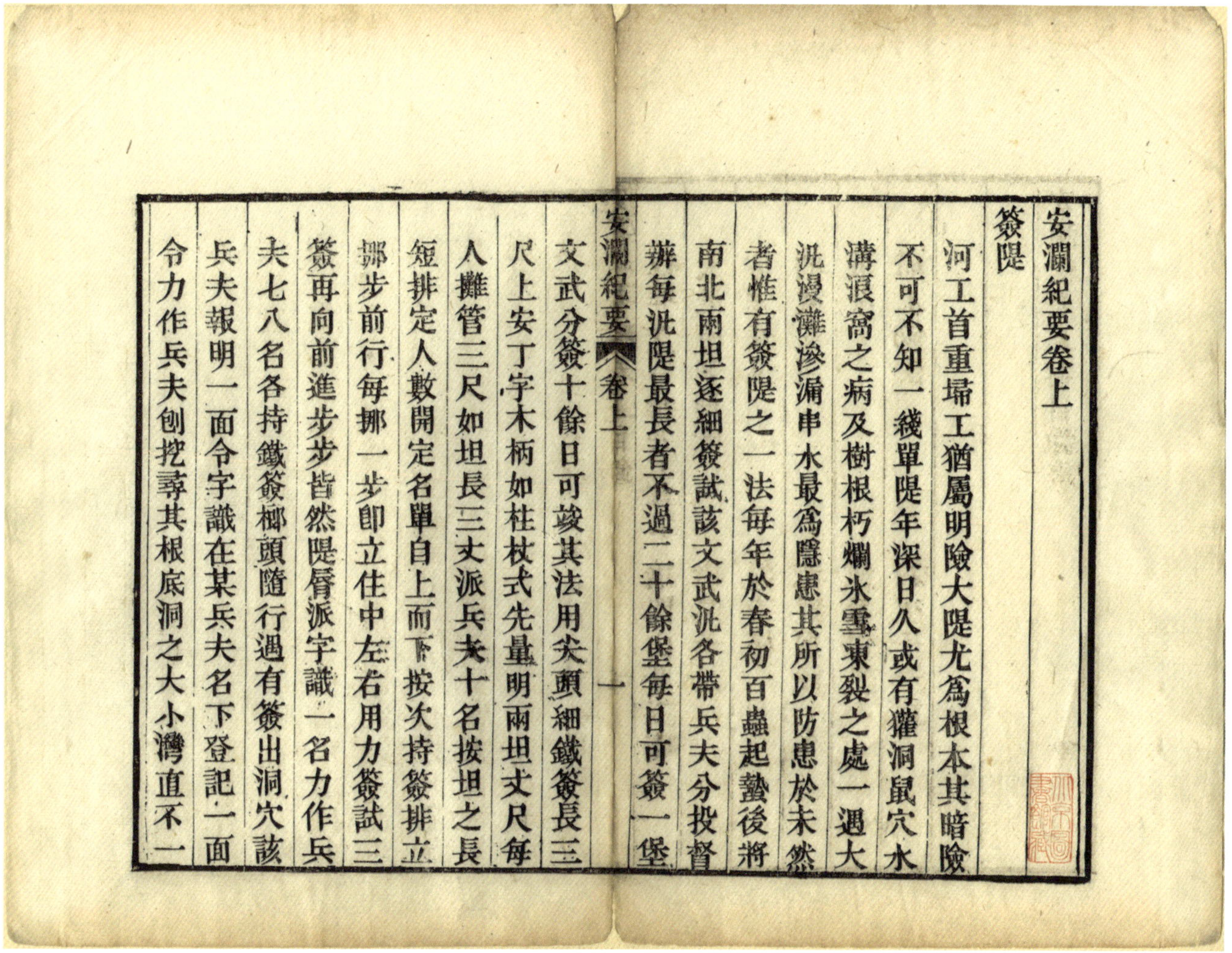

安瀾紀要卷上

簽隄

河工首重埽工猶屬明險大隄尤爲根本其暗險不可不知一綫單隄年深日久或有獾洞鼠穴水溝浪窩之病及樹根朽爛氷雪凍裂之處一遇大汛漫灘滲漏串水最爲隱患其所以防患於未然者惟有簽隄之一法每年於春初百蟲起蟄後將南北兩坦逐細簽試該文武汛各帶兵夫分投督辦每汛隄最長者不過二十餘堡每日可簽一堡

安瀾紀要 卷上 一

文武分簽十餘日可竣其法用尖頭細鐵簽長三尺上安丁字木柄如柱杖式先量明兩坦丈尺每人攤管三尺如坦長三丈派兵夫十名按坦之長短排定人數開定名單自上而下按次持簽排立挪步前行每挪一步即立住中左右用力簽試三簽再向前進步步皆然隄肩派字識一名力作兵夫七八名各持鐵簽榔頭隨行過有簽出洞穴該兵夫報明一面令字識在某兵夫名下登記一面令力作兵夫刨挖尋其根底洞之大小灣直不一

2

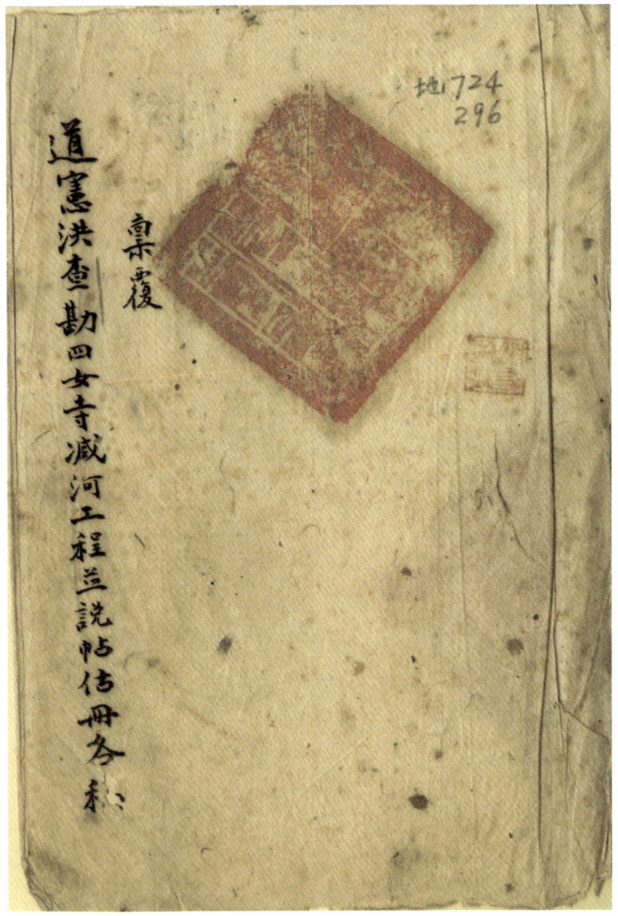

1

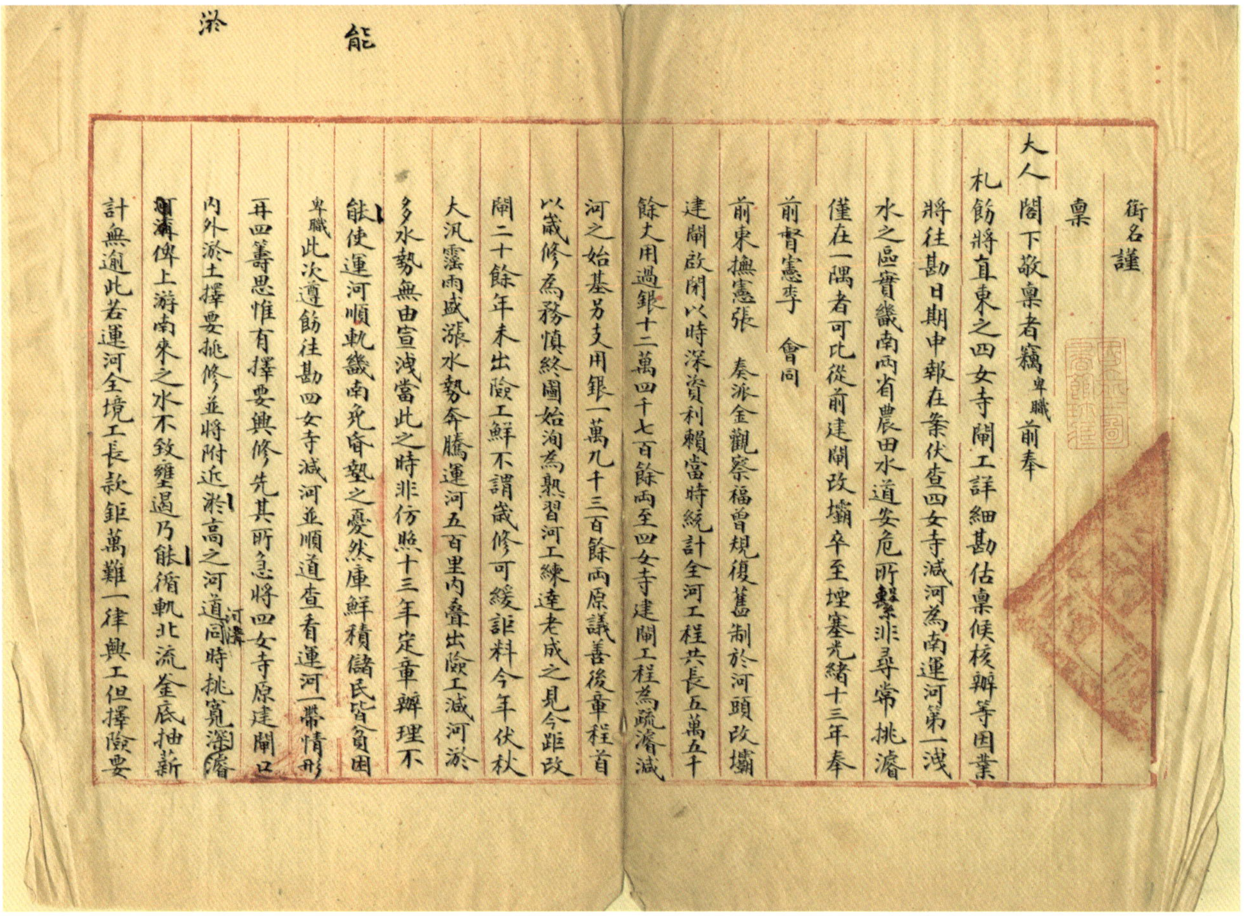

2

禀复道宪洪查勘四女寺减河工程并说贴估册各稿

（清）单晋铄等撰

1 幅

抄本

宣统二年（1910）

本书为清朱丝栏抄本，书名据书衣题。封面及内文均有钤印。全书分为二册，第一册为工程说帖，另有南运河源流考、上谕禀文等。第二册为南运河土埽工程草册。四女寺减河挖于明永乐十年（1412），最初河口在德州西北，开挖后河水泄入黄河故道，东北流经吴桥、宁津、乐陵、庆云、海丰，自大沽河口入海。明清两代曾多次维修，主要力量都集中在河头的滚水坝工程，清末民初，河道淤塞渐废。全稿系清末宣统年间关于四女寺减河与南运河险工的专门性奏稿，其内容以宣统二年（1910）对南运河的治理为主，详细介绍了工程规划与进展情况，对了解清末南运河河工具有重要意义。单晋铄系清末民初人，曾担任北洋工艺学堂董事、大同道尹等职。

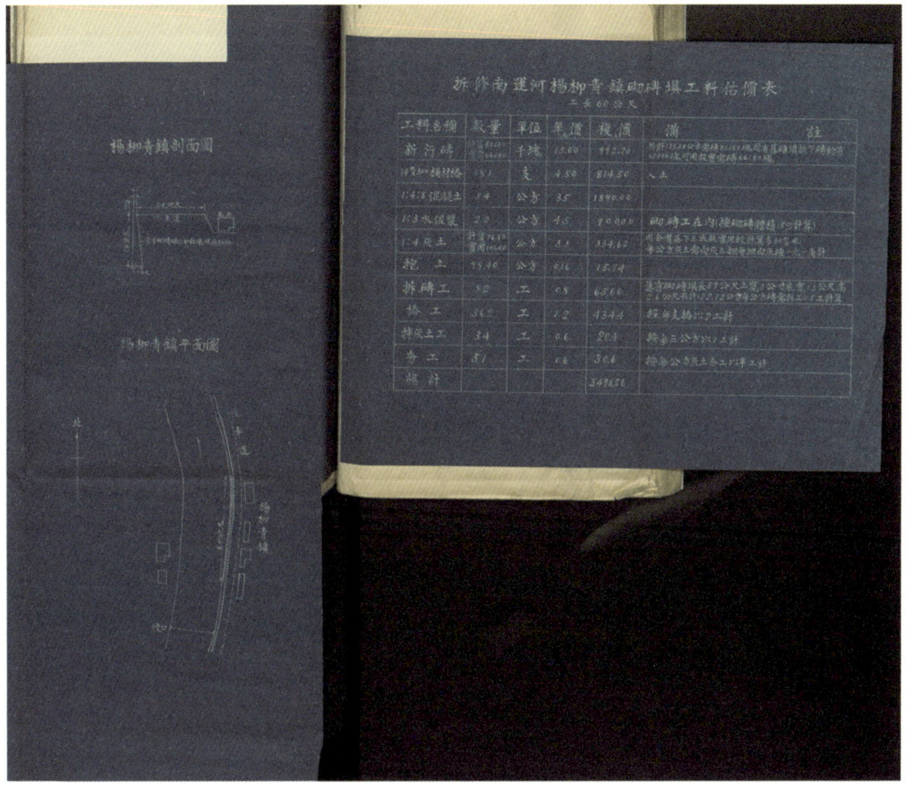

1

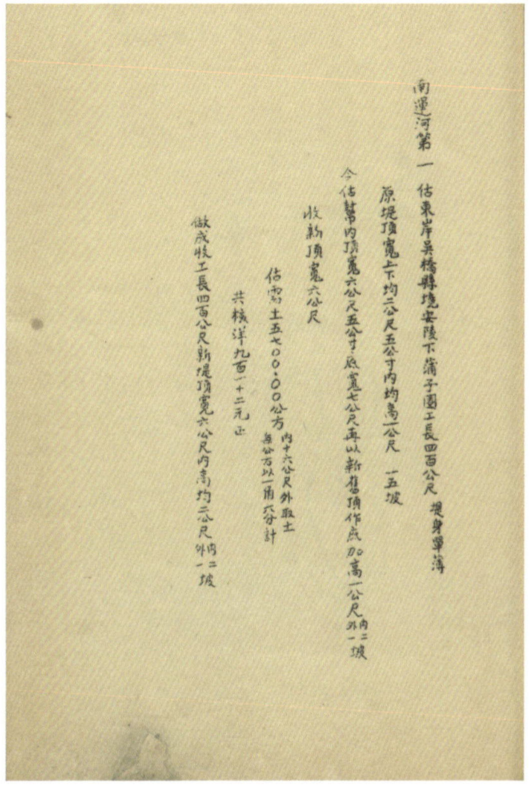

2

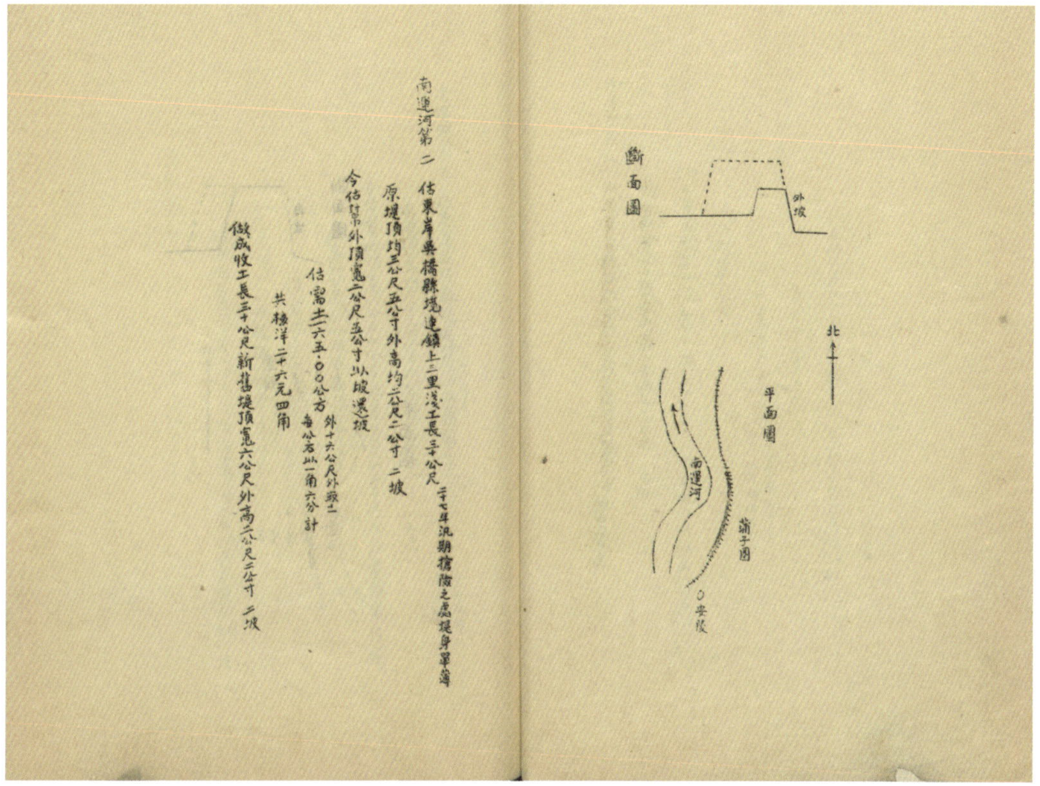

3

河北省南北运河民国二十八年应修土工土方价目预算总表

2 册

油印本

民国二十八年（1939）

本书为 1939 年大运河河北段河道工程维修资金预算统计表。

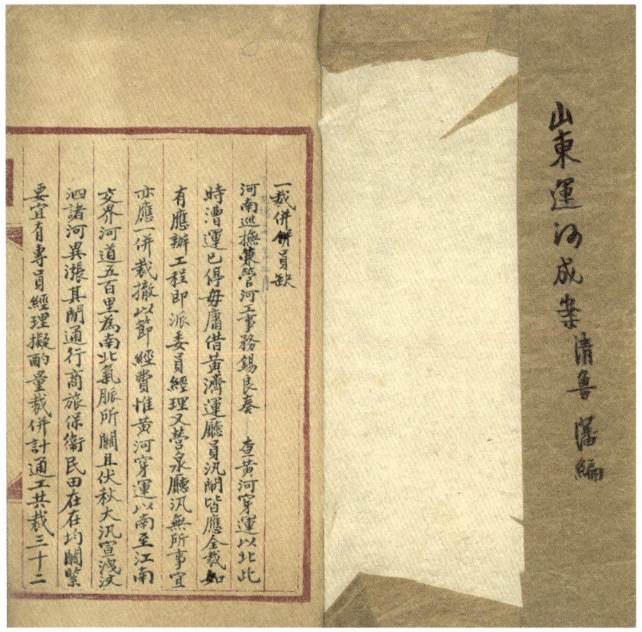

1

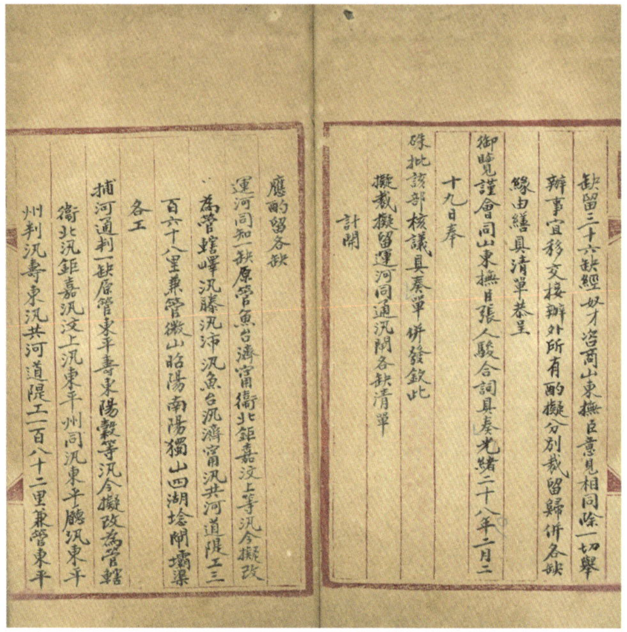

2

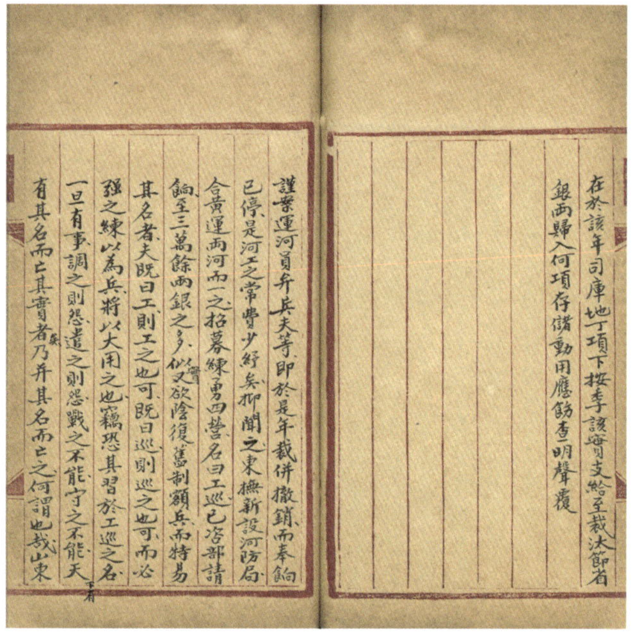

3

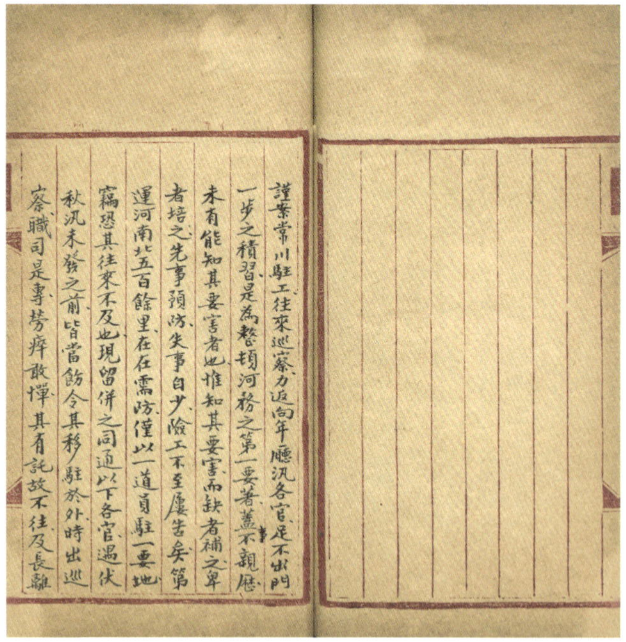

4

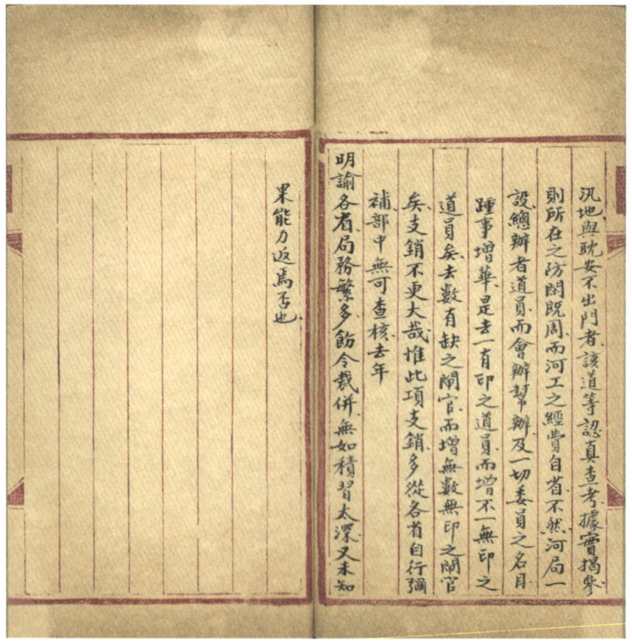

5

山东运河成案

（清）鲁藩编

1 册

抄本

［清末期］

本书是光绪年间记载山东运河河工事务以往奏议、朱批的成案，包括黄河穿运事宜，河官设置、裁撤、合并、官缺等内容，后有相关朱批答复。部分页有红、蓝铅笔标记。

1

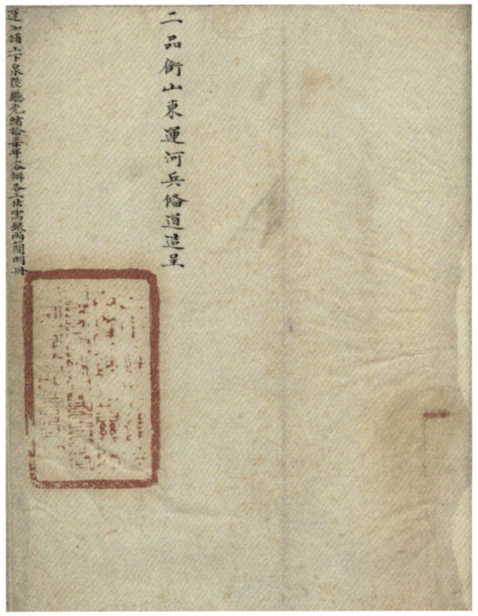

2

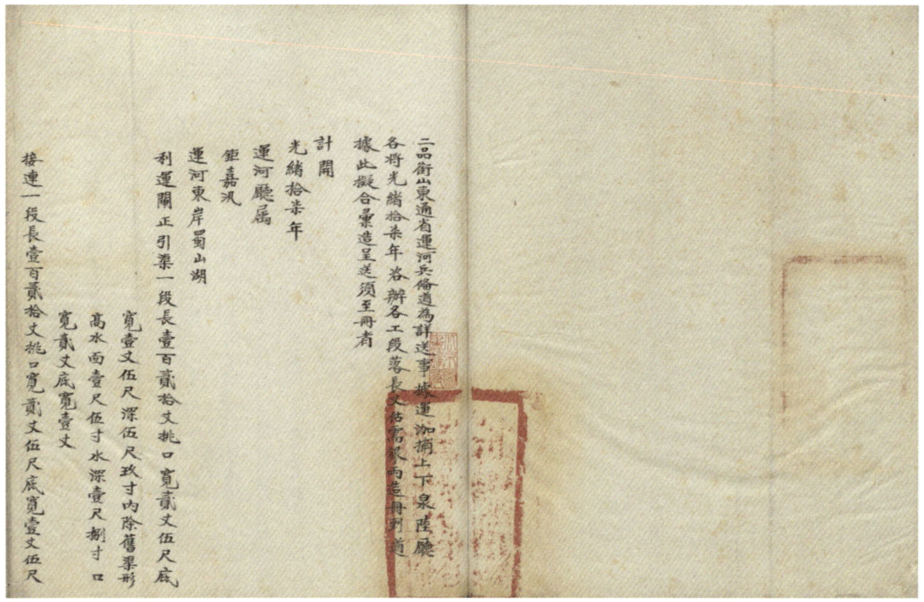

3

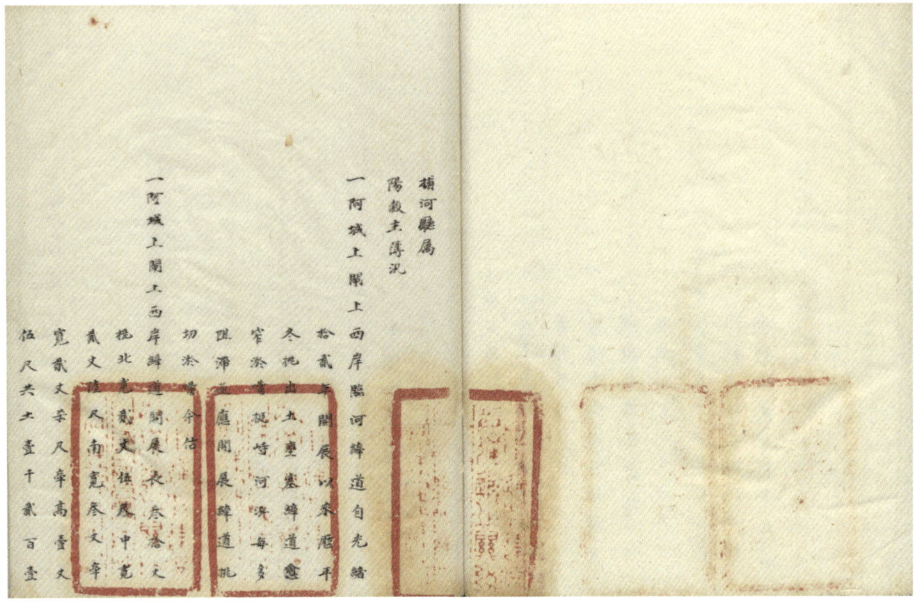

4

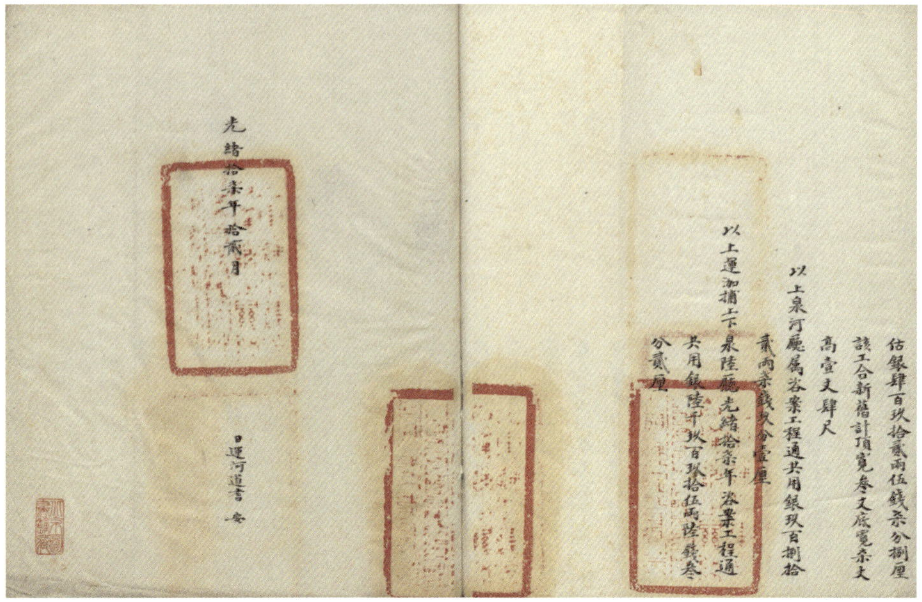

5

山东运河六厅修工册

（清）耆安［呈］

1 册

抄本

清光绪十七年（1891）

书名依书名页题。首页写《运迦捕上下泉陆厅光绪十七年咨办各工估需银两简明册》，二品衔山东运河兵备道造呈。每叶均钤盖官印。此书为光绪十七年，山东通省运河兵备道官方记录运迦捕上下泉陆厅咨办各工段落、丈量尺寸，预估所需银两后，整理造册。测量预估段落包括钜嘉汛、汶上汛、滕汛、阳谷主簿汛、堂博汛、甲马营巡检汛、下河厅总汛、东平州汛等。

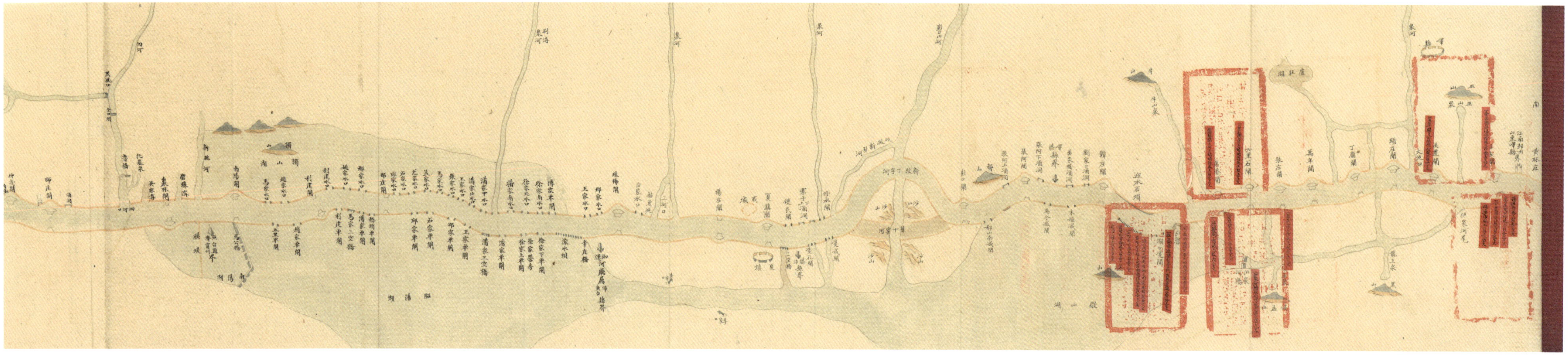

运泇捕上下泉陆厅光绪二十六年抢修各工咨估册

（清）崔永安撰

4 册

稿本

清光绪二十七年（1901）

本册由山东运河兵备道造呈，多处有关防钤印。内容是运泇捕上下泉陆厅光绪二十六年抢修各工险要的情形、段落、丈尺及预估工程量。

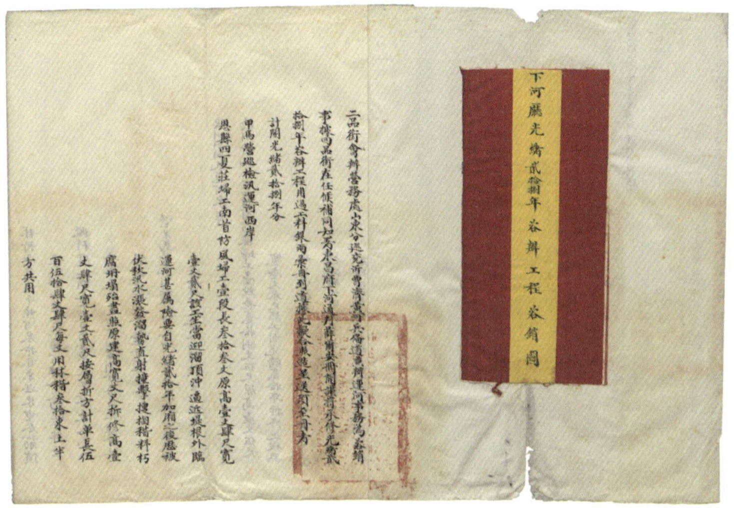

1

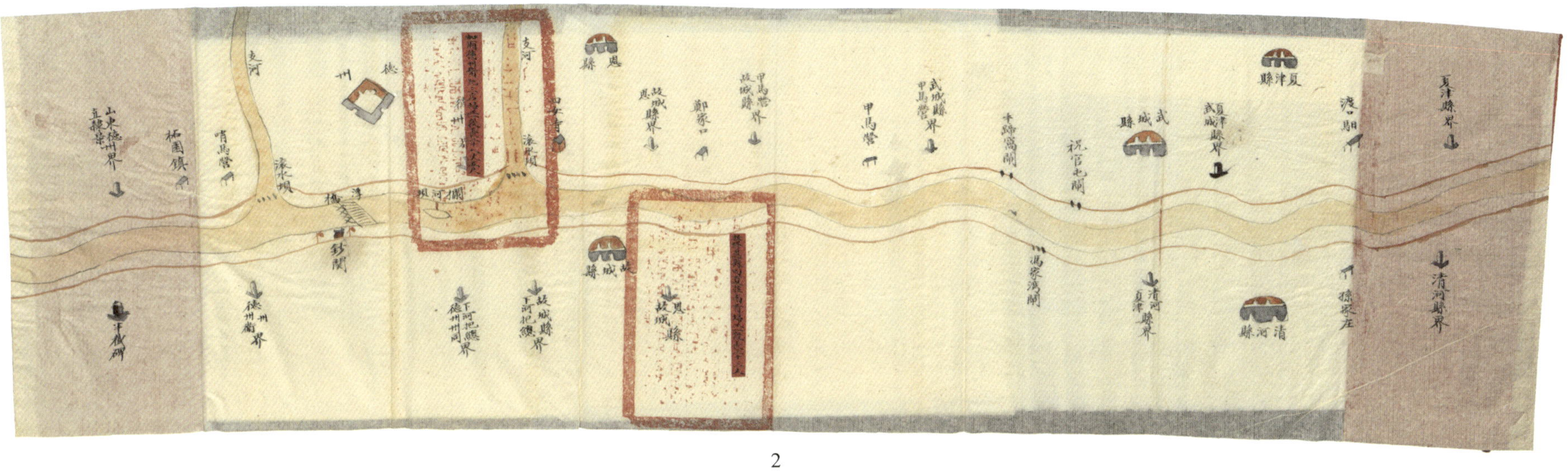

2

[运河厅等工料用过银两报销档案]

(清)山东兖沂曹济黄运河兵备道编

42 册

绘本

[清光绪宣统年间(1875—1908)]

本档案包括咨估册、图和咨销册、图,册图一一对应,另有散叶若干。档案由山东兖沂曹济黄运河兵备道造呈。每册均钤盖官印。档案包括运河厅光绪三十四年(1908)挑挖滕汛塘长河淤浅工段用过例津二价银两报销册,下河厅光绪二十八年(1902)咨办工程用过工料银两咨销册,下河厅光绪二十八年(1902)咨办工程需用工料银两咨估册,泉河厅光绪二十七年(1901)咨办各工用过银两咨销册等。

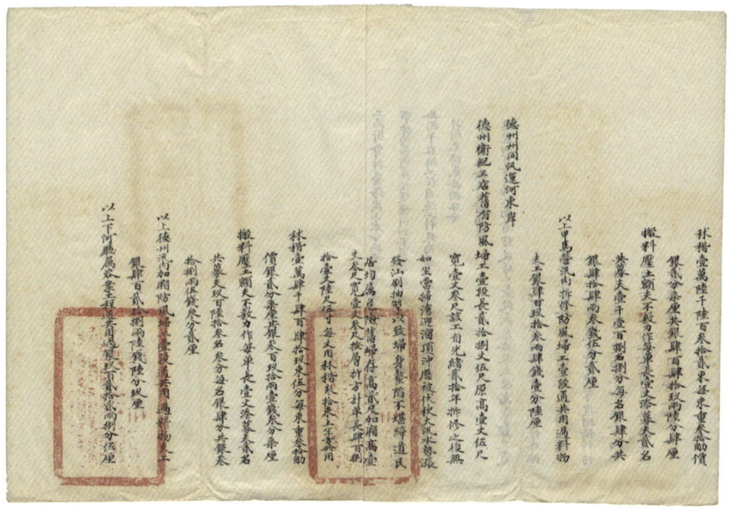

3

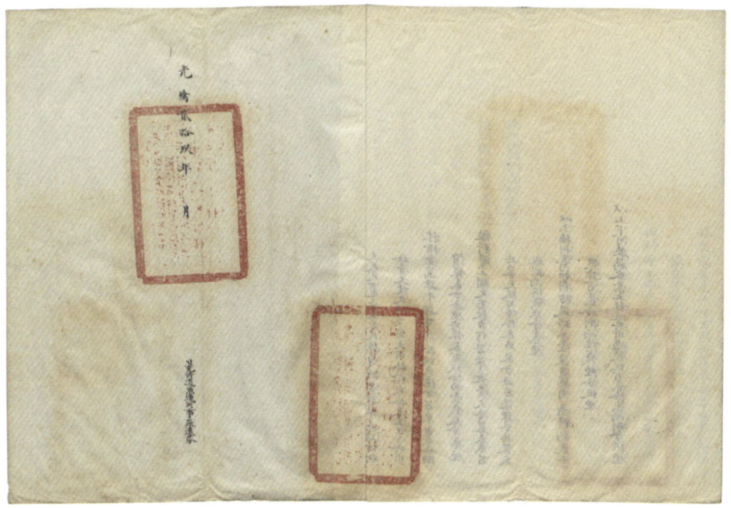

4

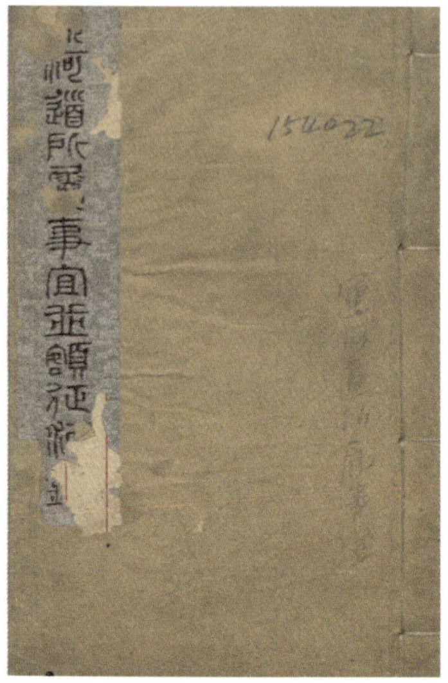

1

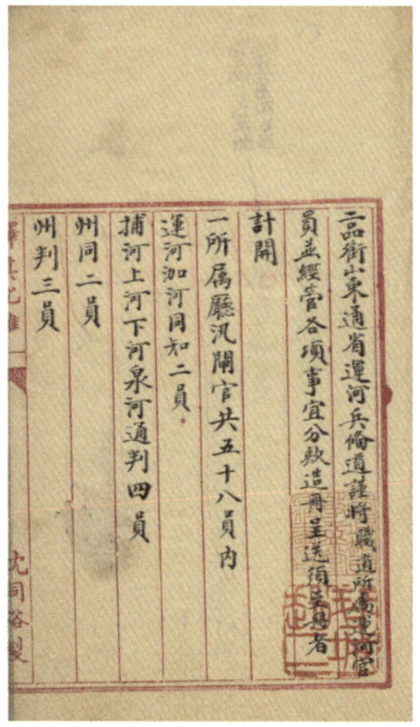

2

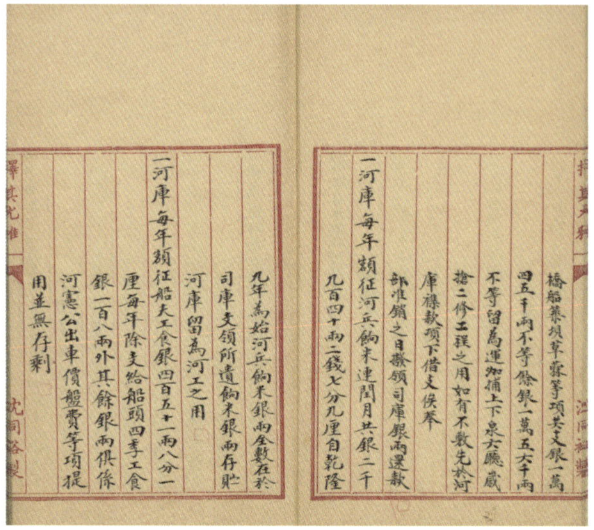

3

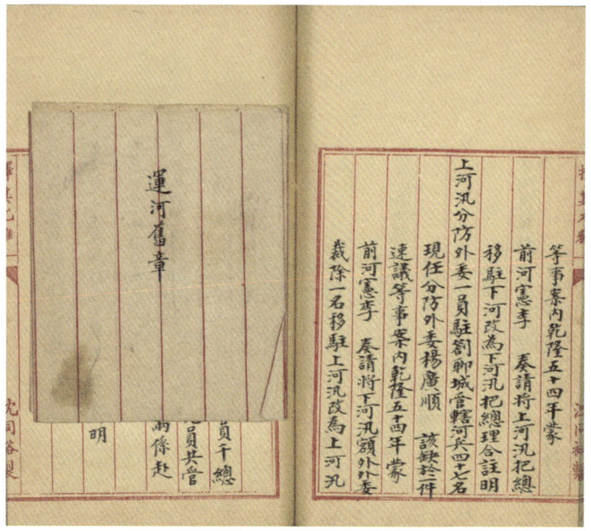

4

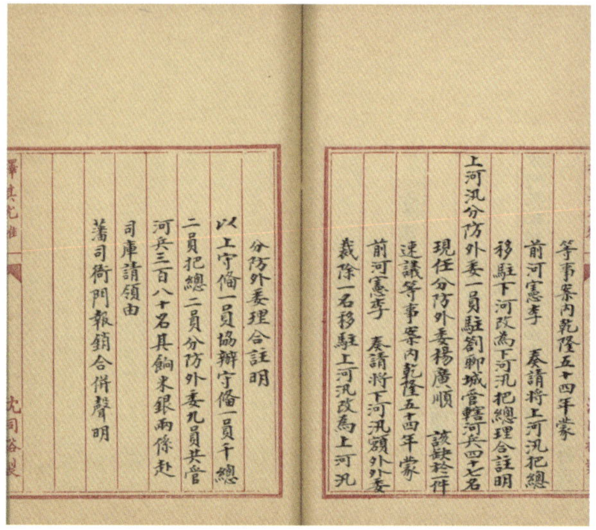

5

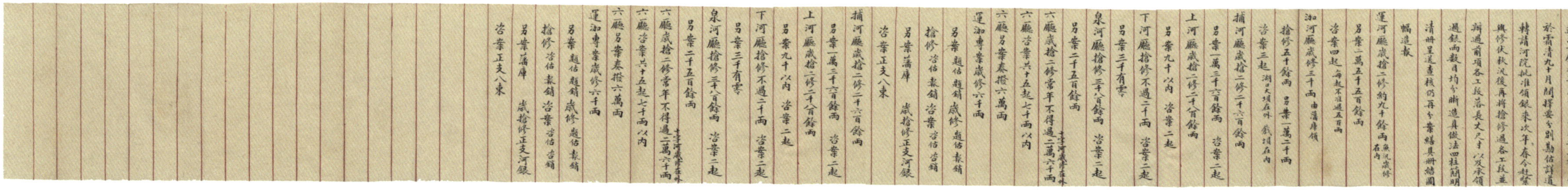

6

运河道所属事宜并额征河银册

1 册

抄本

清（1644—1911）

书名据书签题。书名页有虫蛀破损。此书为山东通省运河兵备道官方记录，记载所属运河官员经管事项，并分款造送呈册。内容包括官员人数、管理事项、用工人数、桥梁闸坝设施、额征河银数量。额征河银详记到州县。另有《运河旧章》字条夹页。

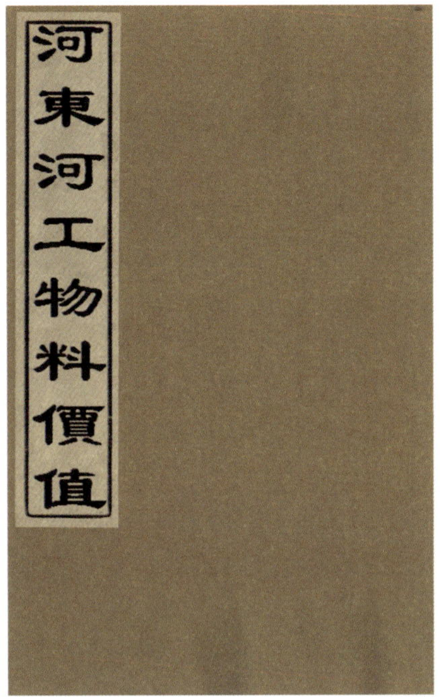

1

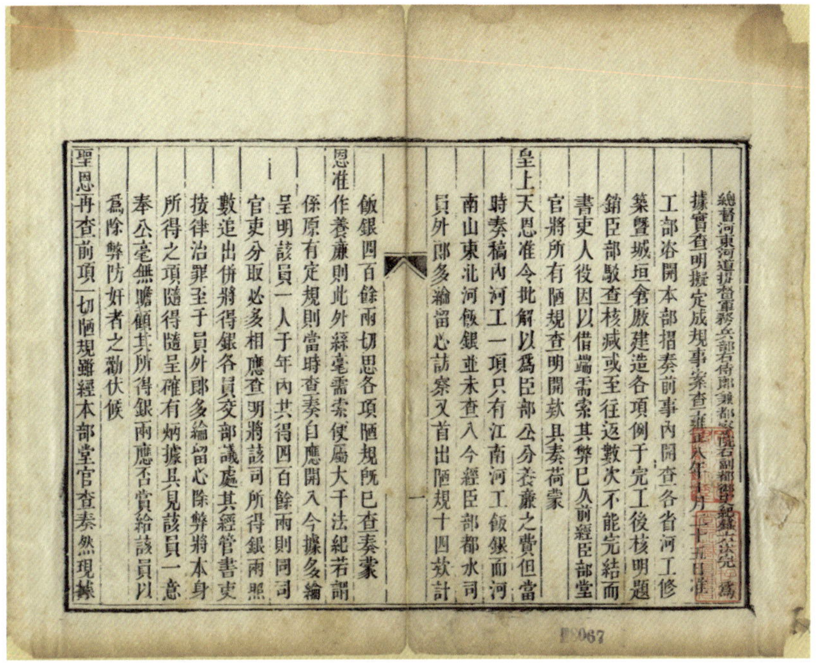

2

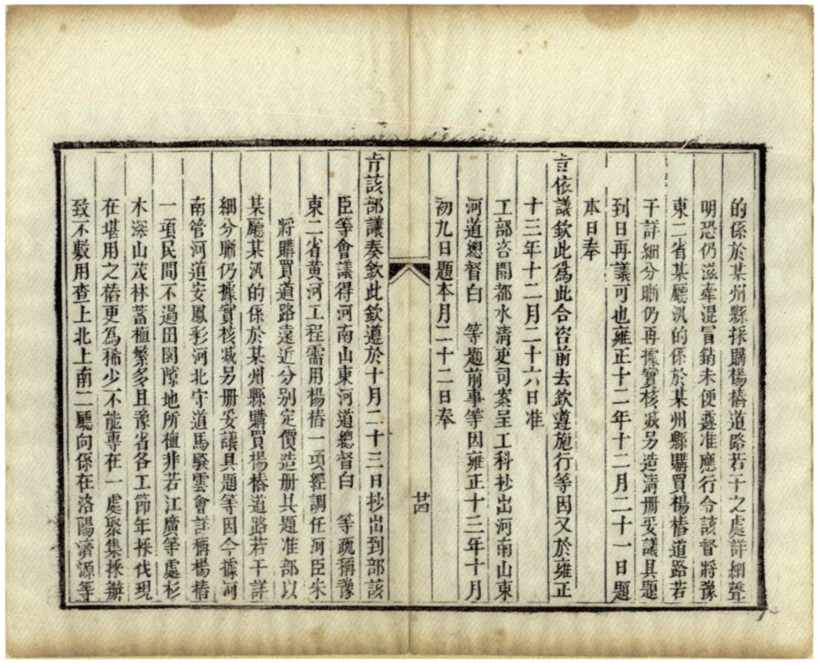

3

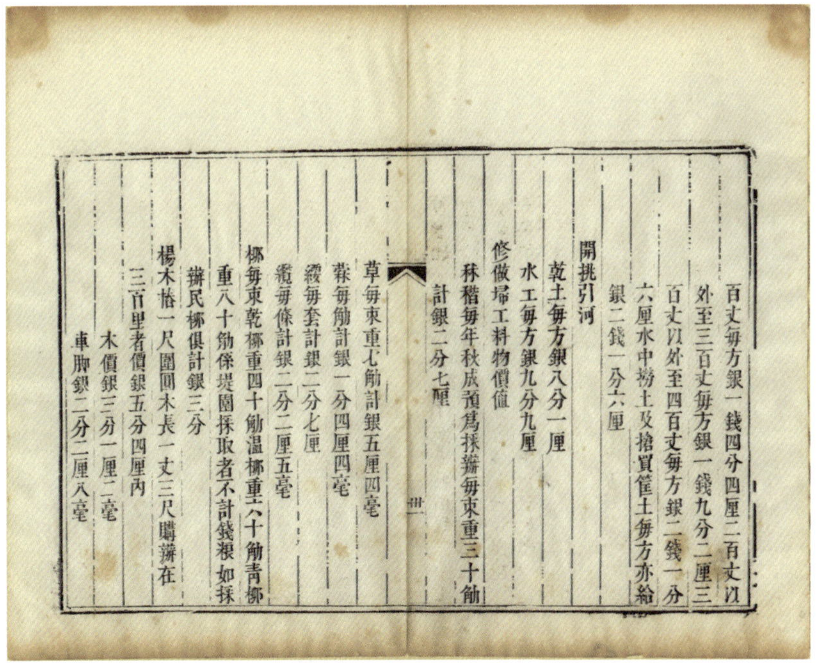

4

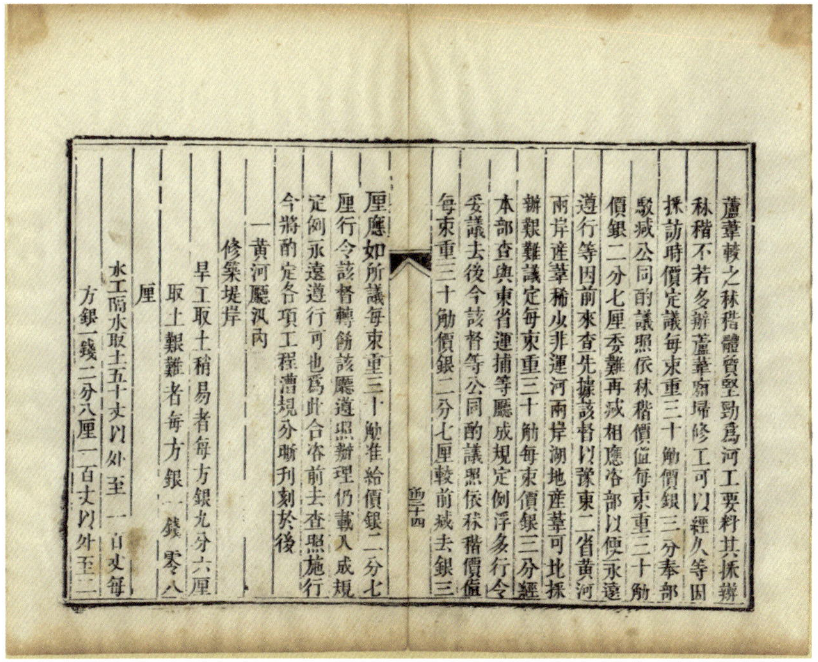

5

河东河工物料价值

（清）工部编

2 册

刻本

［清雍正十三年（1735）后］

本书主要记载了清代山东、河南两省黄、运两河各厅、汛关于物料采购、价格办理、河工修防、工食钱粮等事宜，也较为详细地记载了挑河、匠工、建闸、搭桥所需物料的规格、尺寸、数量等，是了解清代河东河工物料的重要资料。全书体例为河东河道总督及其属员的奏折与文移，所载谕旨等止于清雍正十三年（1735），故成书年代当在此后，版刻或在乾隆之初。书名据套签题。

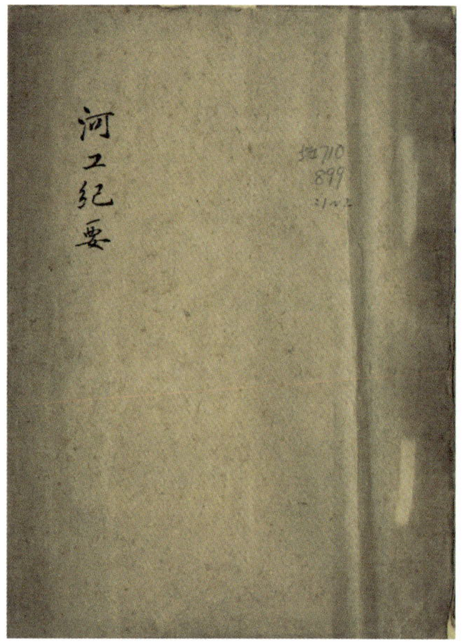
1

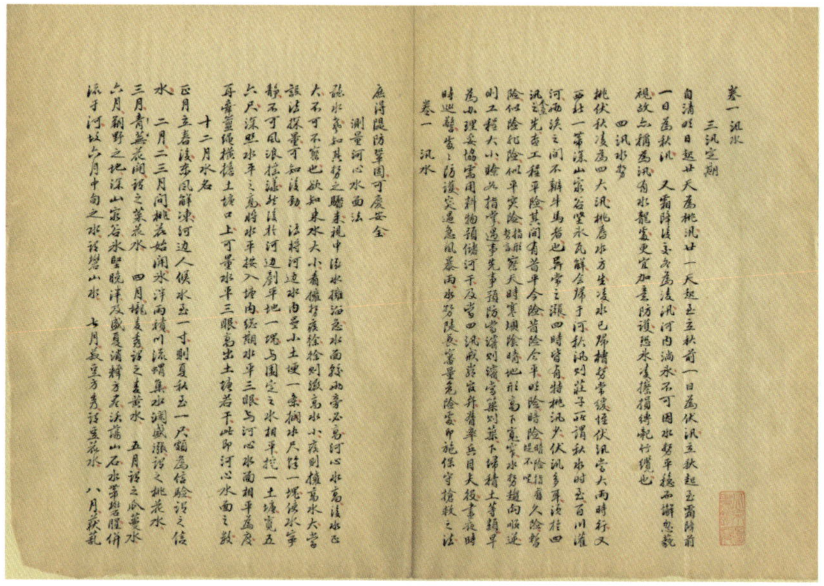
2

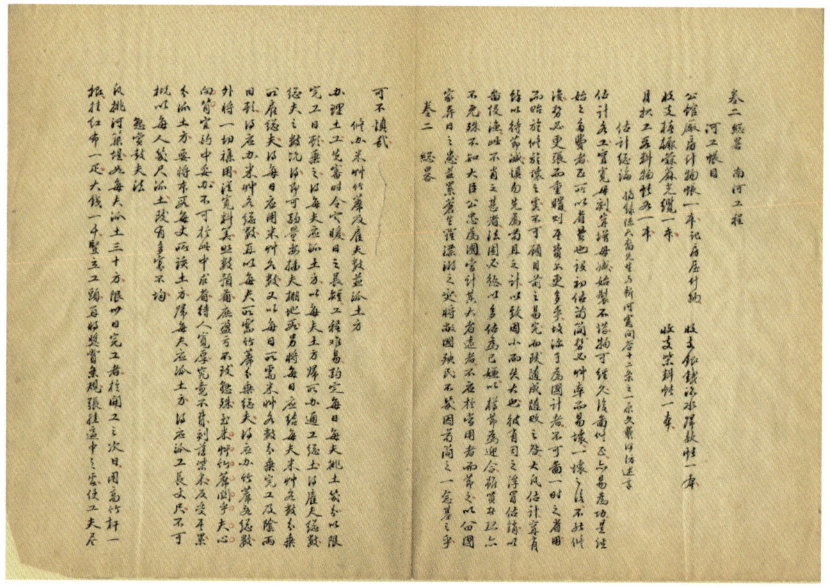
3

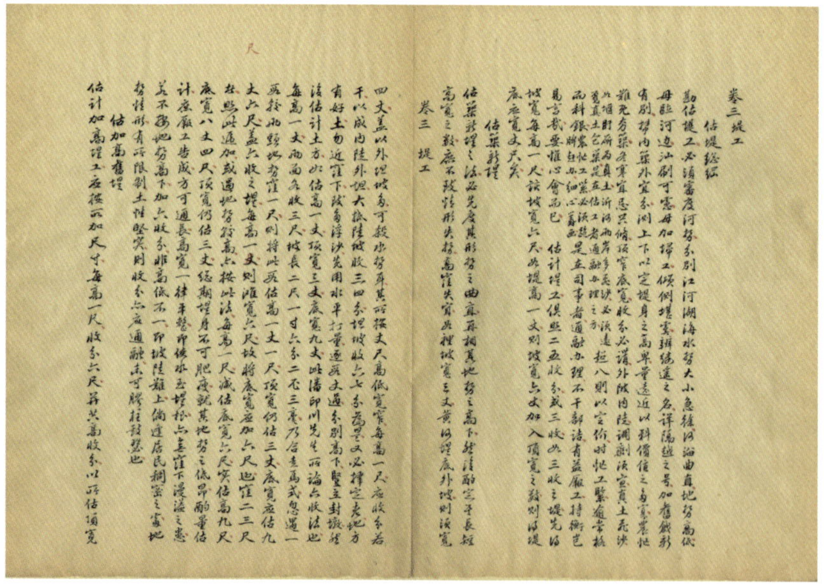
4

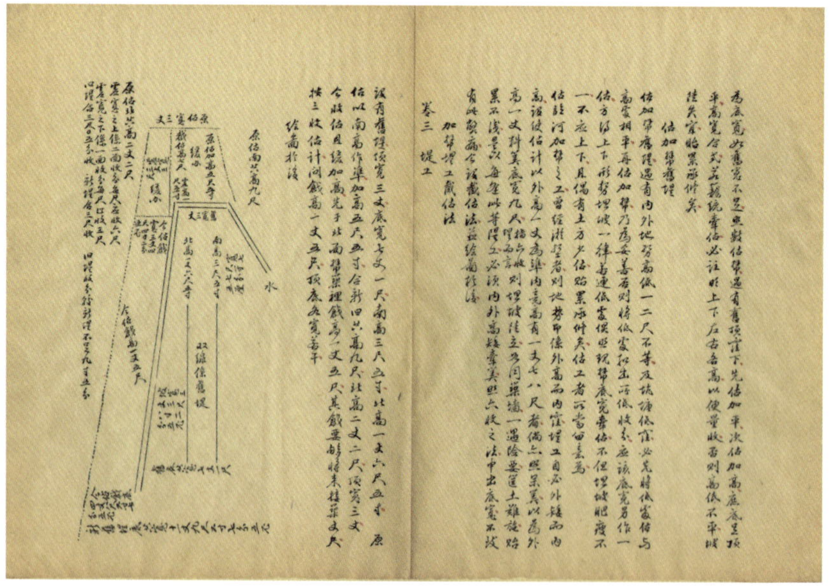
5

河工纪要

2 册

抄本

［清乾隆年间（1736—1796）］

书名据书衣题。本书卷一为汛水，卷二为经略南河工程，卷三为堤工，卷四为防守，卷五为抢险，卷六为塞决要论，卷七为挑河，卷八专述埽工，卷九专述坝工，卷十为闸工与砖工，卷十一为石工与水窑约言，卷十二为算法与报销。本书详细介绍了清代黄、运河工中的工程施建、物料价格、款项报销，对清代河工中的各种章程与规定进行了汇总，是了解清代河工方略的重要资料。

钦定河工实价则例章程

（清）工部编

1 册

刻本

［清中期］

嘉庆十三年（1808）四月“江南河库道衙门藏板”。本书按厅属分卷，主要记录报销岁修工程等，卷一到卷四记录江南徐州道属丰北和丰南厅、铜沛厅、邳睢南北厅、宿南与宿北厅的秸秆、杉木、石料、挑河土方、工匠、夫役之价格。除江南黄运各厅水利工程外，书中还收录大量江南河道官员奏折。总体而言，本书专述清代江南河工物料，且以嘉庆朝为主，对江南黄运两河修筑、河厅设置、物料价格变化作了较为详细的介绍，是了解清代江南河工的重要资料。

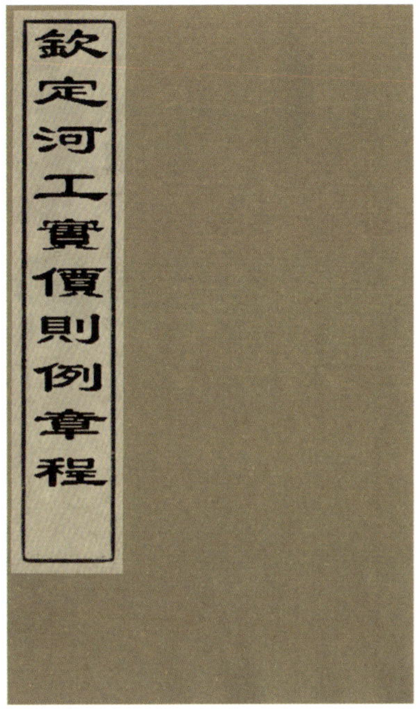

1

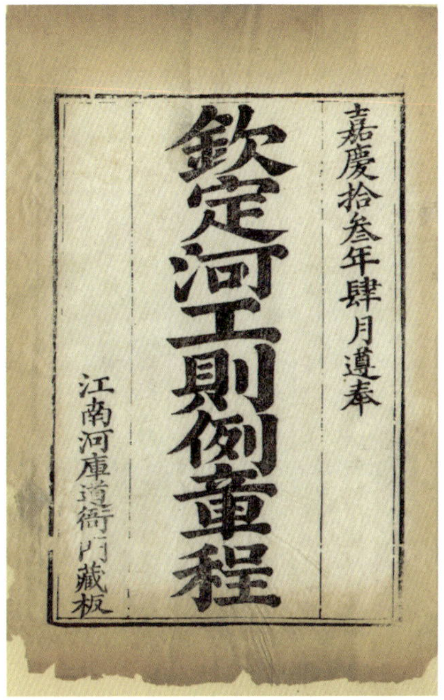

2

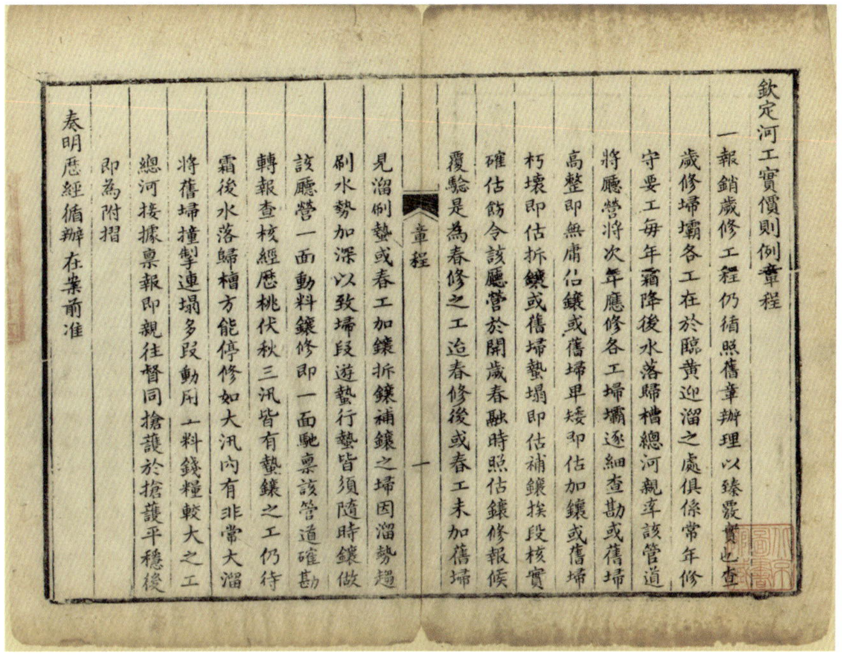

欽定河工實價則例章程
一報銷歲修工程仍循照舊章辦理以臻覈實也查
歲修埽壩各工在於臨黃迎溜之處俱係常年修
守要工每年霜降後水落歸槽總河親率該管道
將廳營將次年應修各工埽壩逐細查勘或舊埽
高整即無庸估鑲或舊埽卑矮即估加鑲或舊埽
朽壞即估拆鑲或舊埽蟄塌即估補鑲挨段核實
確估飭令該廳營於開歲春融時照估鑲修報候
覆驗是為春修之工迨春修後或春工未加舊埽
章程 一
見溜刷蟄或春工加鑲拆鑲補鑲之埽因溜勢趨
刷水勢加深以致埽段遊蟄行蟄皆須隨時鑲做
該廳營一面動料鑲修即一面馳稟該管道確勘
轉報查核經歷桃伏秋三汛皆有蟄鑲之工仍待
霜後水落歸槽方能停修如大汛內有非常大溜
將舊埽撞掣連塌多段動用一料錢糧較大之工
總河接據稟報即親往督同搶護於搶護平穩後
即為附摺
奏明歷經循辦在案前准

3

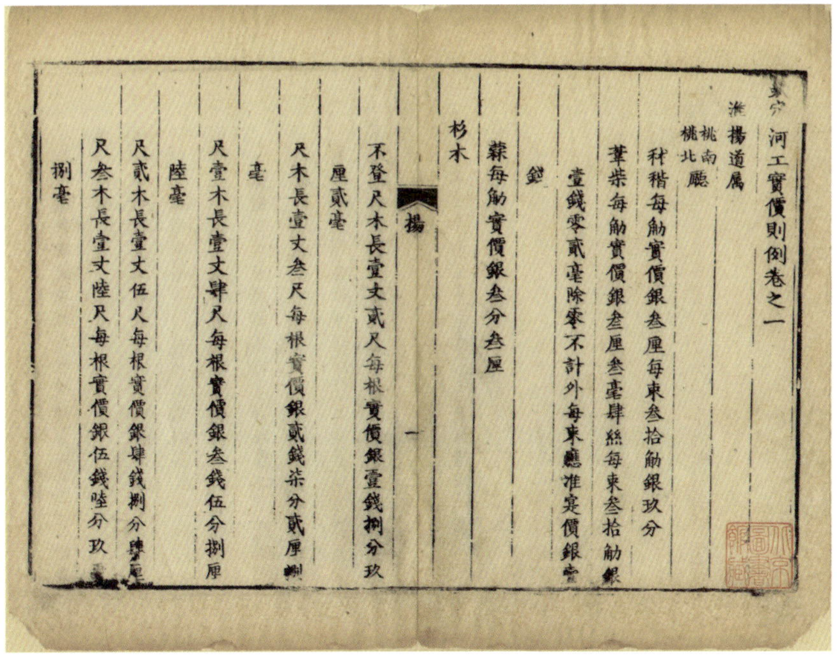

欽定河工實價則例卷之一
淮揚道屬
桃南 桃北 廳
秫稭每觔實價銀叁厘每束叁拾觔銀玖分
葦柴每觔實價銀叁厘叁毫肆絲每束叁拾觔銀
壹錢零貳毫除零不計外每束應准定價銀壹
錢
蔴每觔實價銀叁分叁厘
杉木
不登尺木長壹丈貳尺每根實價銀壹錢捌分玖
揚 一
厘貳毫
尺木長壹丈叁尺每根實價銀貳錢柒分貳厘捌
毫
尺壹木長壹丈肆尺每根實價銀叁錢伍分捌厘
陸毫
尺貳木長壹丈伍尺每根實價銀肆錢捌分肆厘
尺叁木長壹丈陸尺每根實價銀伍錢陸分玖
捌毫

4

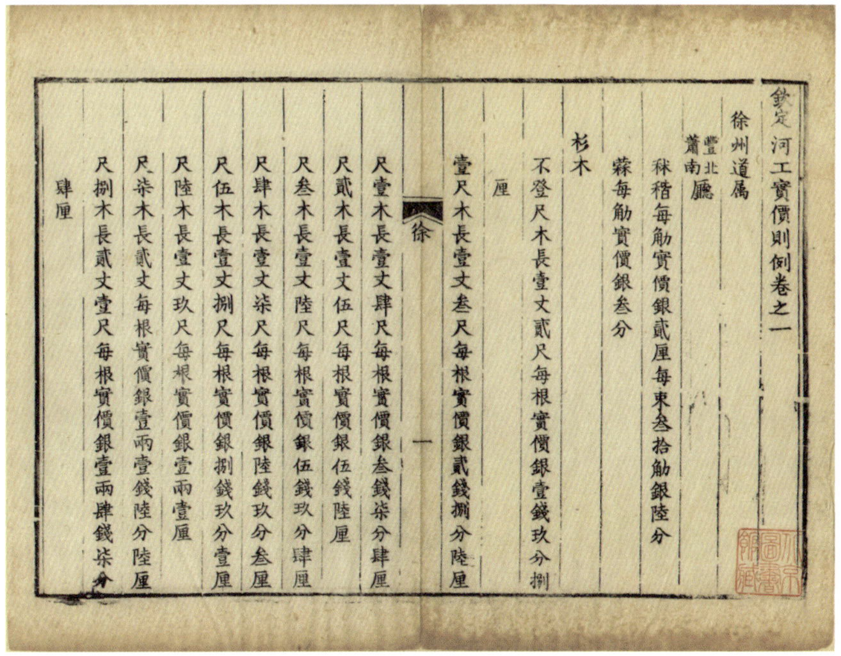

欽定河工實價則例卷之一
徐州道屬
豐北 蕭南 廳
秫稭每觔實價銀貳厘每束叁拾觔銀陸分
蔴每觔實價銀叁分
杉木
不登尺木長壹丈貳尺每根實價銀壹錢玖分捌
厘
壹尺木長壹丈叁尺每根實價銀貳錢捌分陸厘
徐 一
尺壹木長壹丈肆尺每根實價銀叁錢柒分肆厘
尺貳木長壹丈伍尺每根實價銀伍錢陸厘
尺叁木長壹丈陸尺每根實價銀伍錢玖分肆厘
尺肆木長壹丈柒尺每根實價銀陸錢玖分叁厘
尺伍木長壹丈捌尺每根實價銀捌錢玖分壹厘
尺陸木長壹丈玖尺每根實價銀壹兩壹厘
尺柒木長貳丈每根實價銀壹兩壹錢陸分陸厘
尺捌木長貳丈壹尺每根實價銀壹兩肆錢柒分
肆厘

5

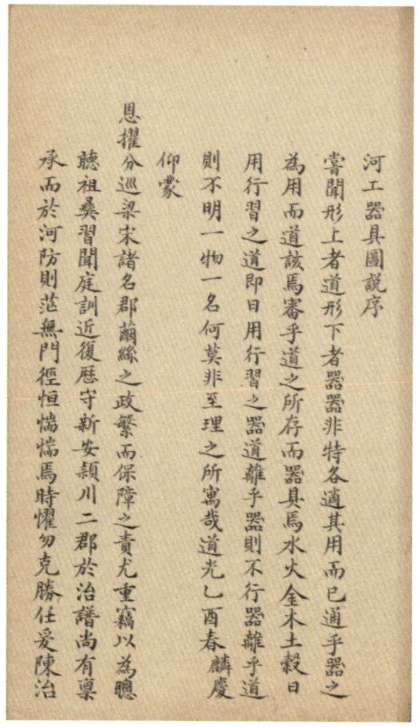
河工器具圖說序
嘗聞形上者道形下者器器非特各適其用而已道乎器之
為用而道該焉審乎道之所存而器具焉水火金木土穀日
用行習之道即日用行習之器道離乎器則不行器離乎道
則不明一物一名何莫非至理之所寓哉道光乙酉春麟慶
仰蒙
恩擢分巡梁宋諸名郡蒞綠之政繁而保障之責尤重竊以為聰
聽祖彝習聞庭訓近復歷守新安潁川二郡於治譜尚有稟
承而於河防則茫無門徑恒惴惴焉時懼勿克勝任爰陳治

1

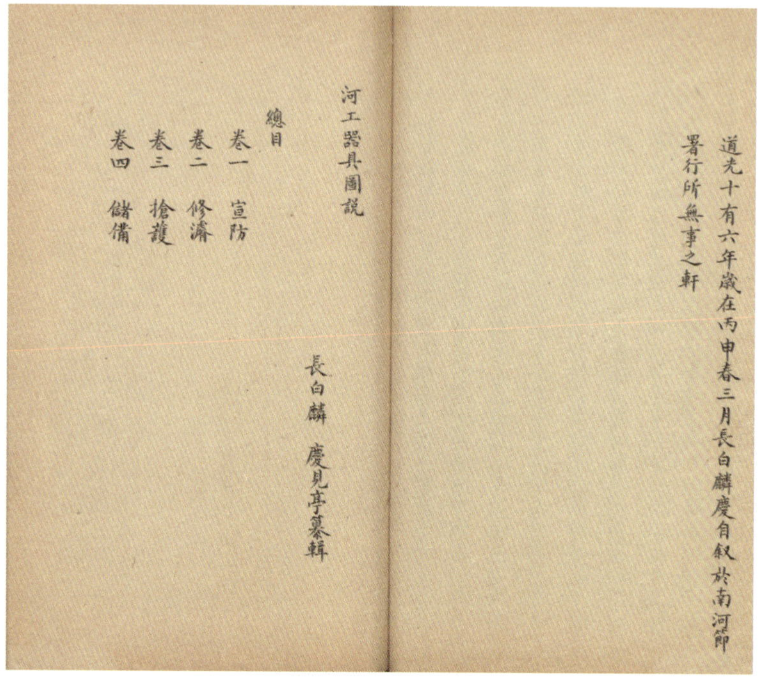
道光十有六年歲在丙申春三月長白麟慶自敘於南河節
署行所無事之軒

河工器具圖說
總目
卷一　宣防
卷二　修濬
卷三　搶護
卷四　儲備
長白麟　慶見亭纂輯

2

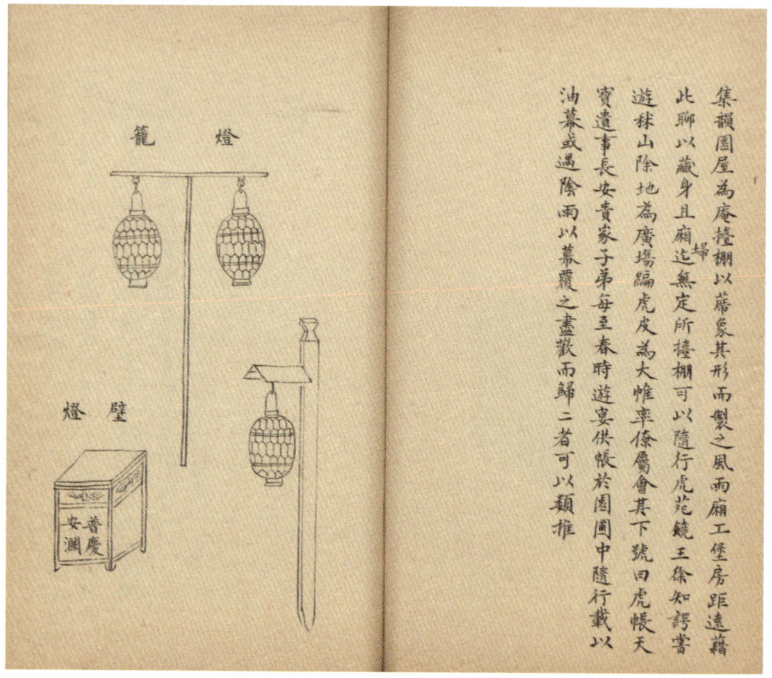
集韻園屋為庵㯖棚以蓆象其形而製之風雨廂工堡房距遠藉
此聊以藏身且廂埽迄無定所㯖棚可以隨行虎苑鏡王傢知誇嘗
遊秣山除地為廣場編虎皮為大帷率僚屬會其下號曰虎帳天
寶遺事長安貴家子弟每至春時遊宴供帳於園圃中隨行載以
油幕或遇陰雨以幕覆之盡歡而歸二者可以類推

3

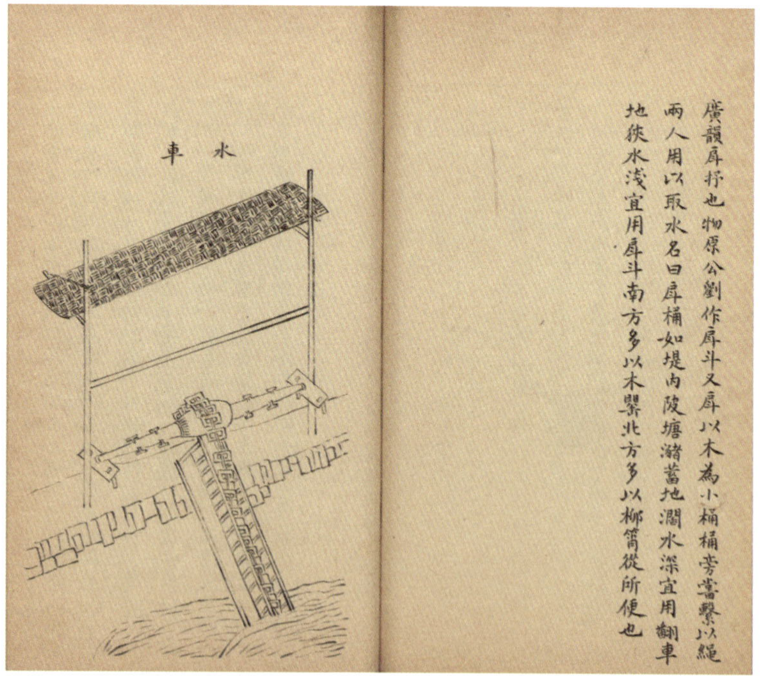
廣韻戽抒也物原公劉作戽斗又戽以木為小桶桶旁當繫以繩
兩人用以取水名曰戽桶如堤內陂塘瀦蓄地澗水深宜用翻車
地狹水淺宜用戽斗南方多以木𣗳北方多以柳筲從所便也

4

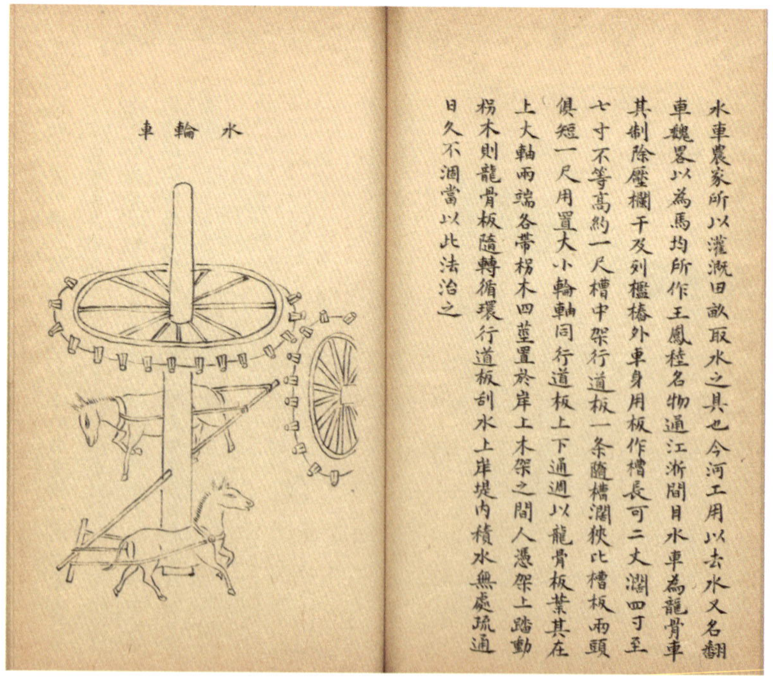
水車農家所以灌溉田畝取水之具也今河工用以去水又名翻
車魏畧以為馬均所作王鳳楷名物通江浙間目水車為龍骨車
其制除壓欄干及列檻樁外車身用板作槽長可二丈濶四寸至
七寸不等高約一尺槽中架行道板一條隨槽濶狹比槽板兩頭
俱短一尺用置大小輪軸同行道板上下通週以龍骨板葉其在
上大軸兩端各帶枴木四莖置於岸上木架之間人憑架上踏動
枴木則龍骨板隨轉循環行道板刮水上岸堤內積水無處疏通
日久不涸當以此法治之

5

河工器具图说

（清）完颜麟庆撰

4 册

抄本

［清中期］

本书以图谱形式详述治河工程器具的名义、沿革、构造、使用，卷一收宣防器具 65 种，卷二收修浚工具 86 种，卷三收抢护器具 63 种，卷四收储备器具 75 种，总计收录河工器具 289 种。本书以清乾隆年间郭成功《河工器具图》为基础，但内容之丰远胜后者，是中国古代最系统、最完善的一部介绍清代河工器具的书籍。道光十三年（1833），完颜麟庆任江南河道总督，此后巡视河务达十年之久，时称河帅，《河工器具图说》即其任内所成。

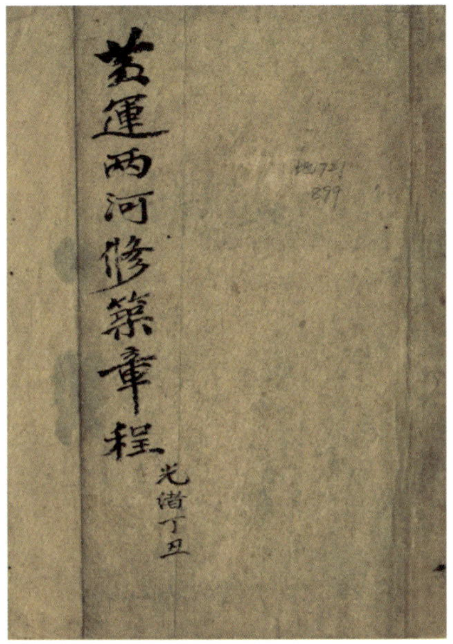

1

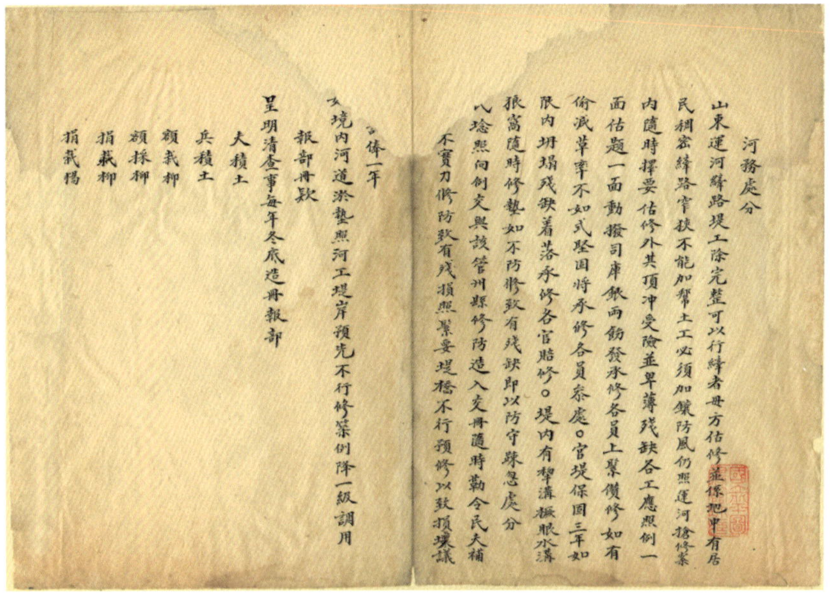

2

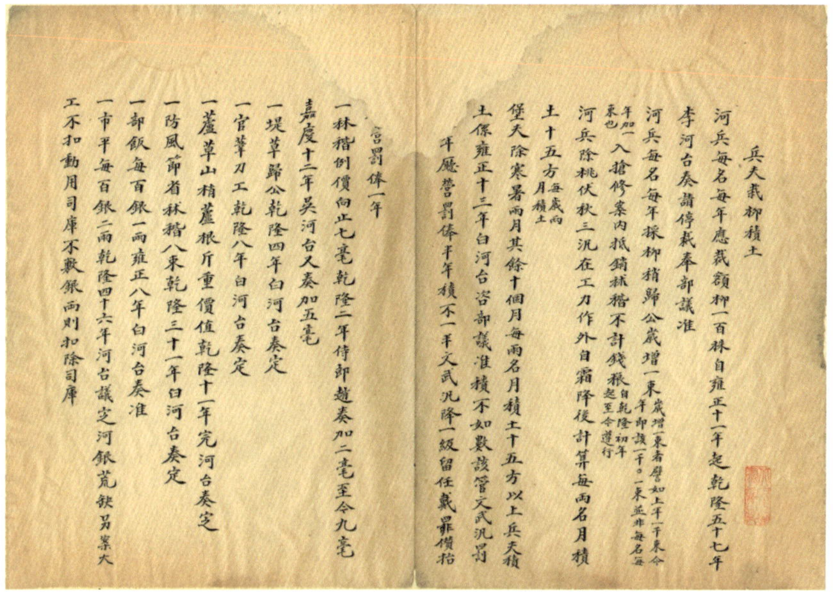

3

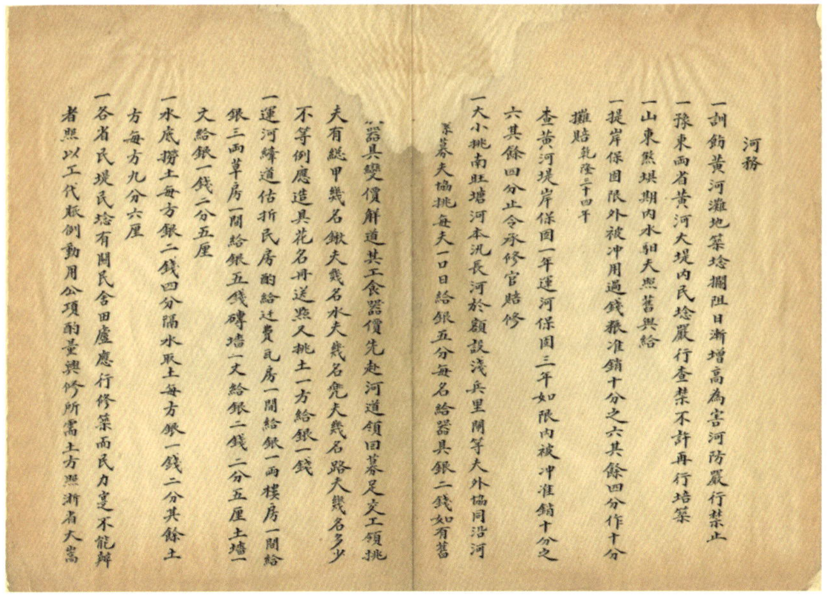

4

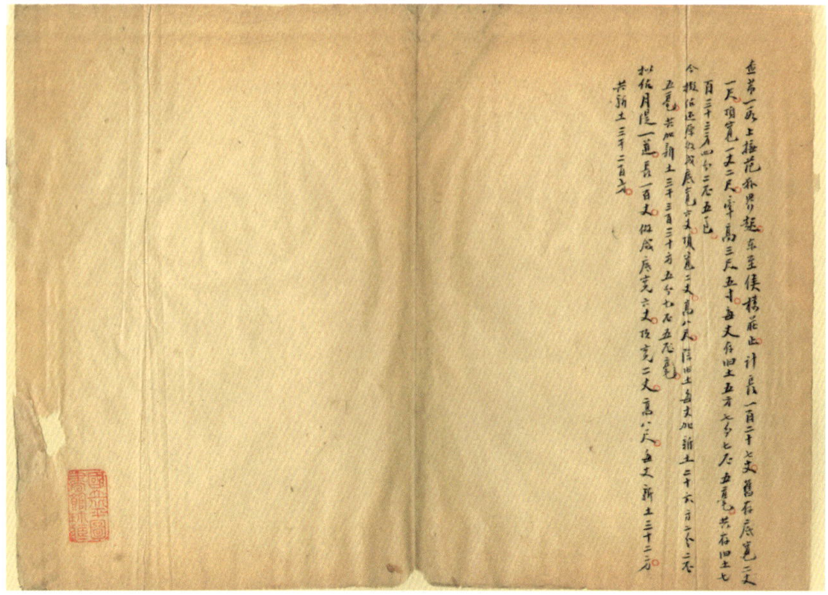

5

黄运两河修筑章程

1 册

抄本

清光绪三年（1877）

书名及年代据书衣题。本书首为河务处分；次为河工考语，即对厅、汛、营、典史等河官与兵丁的相关要求与章程；三为工程名目，即对埽的定义、制作、下埽程序、分类作了介绍；四为河工岁修、抢修、另案与别案。全书对清代河南、山东境内黄河、运河的修防、工程、管理、物料均有涉及，内容详尽。

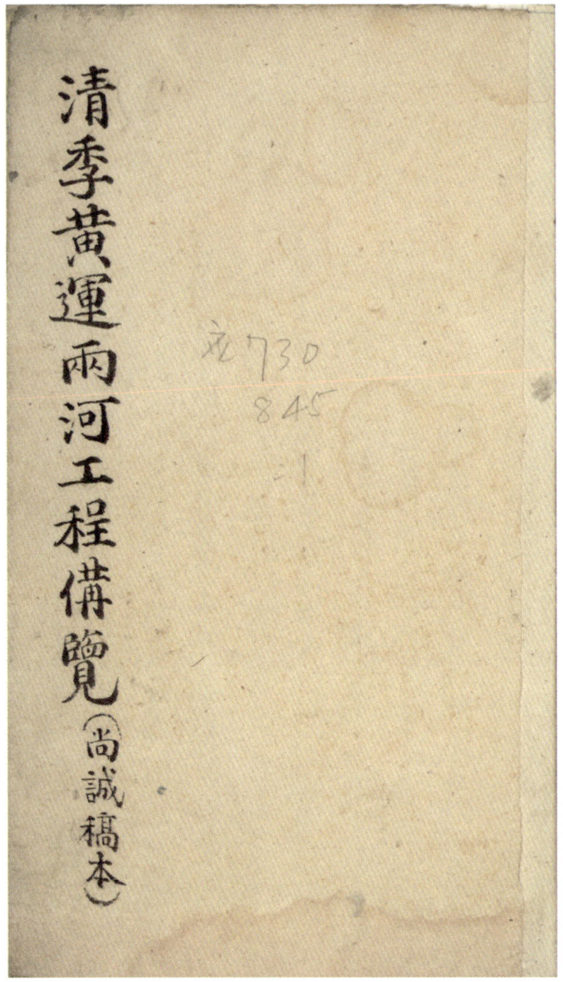
清季黃運兩河工程備覽（尚誠稿本）

1

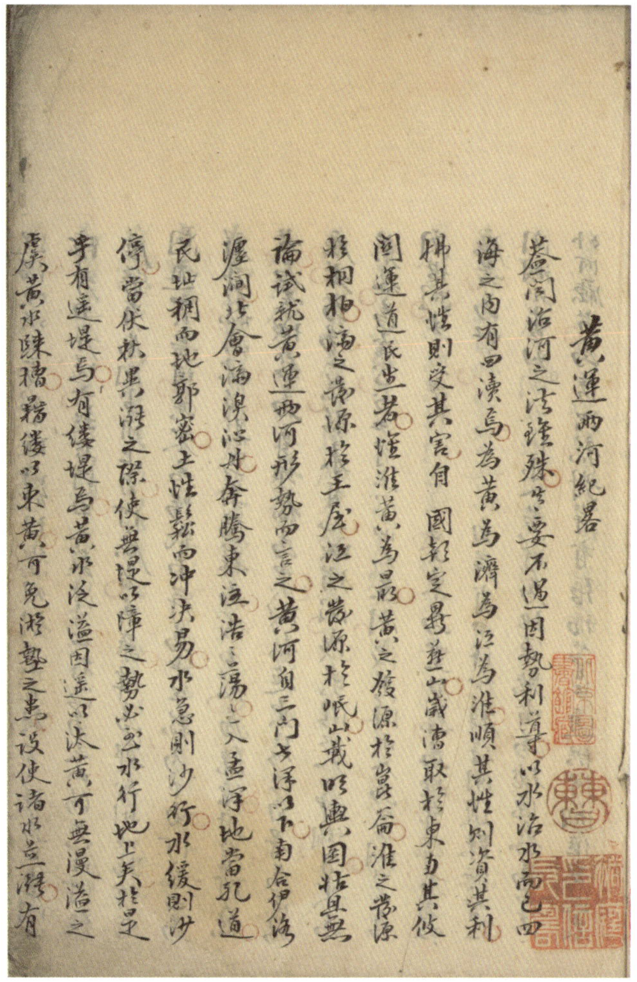
黃運兩河紀畧

2

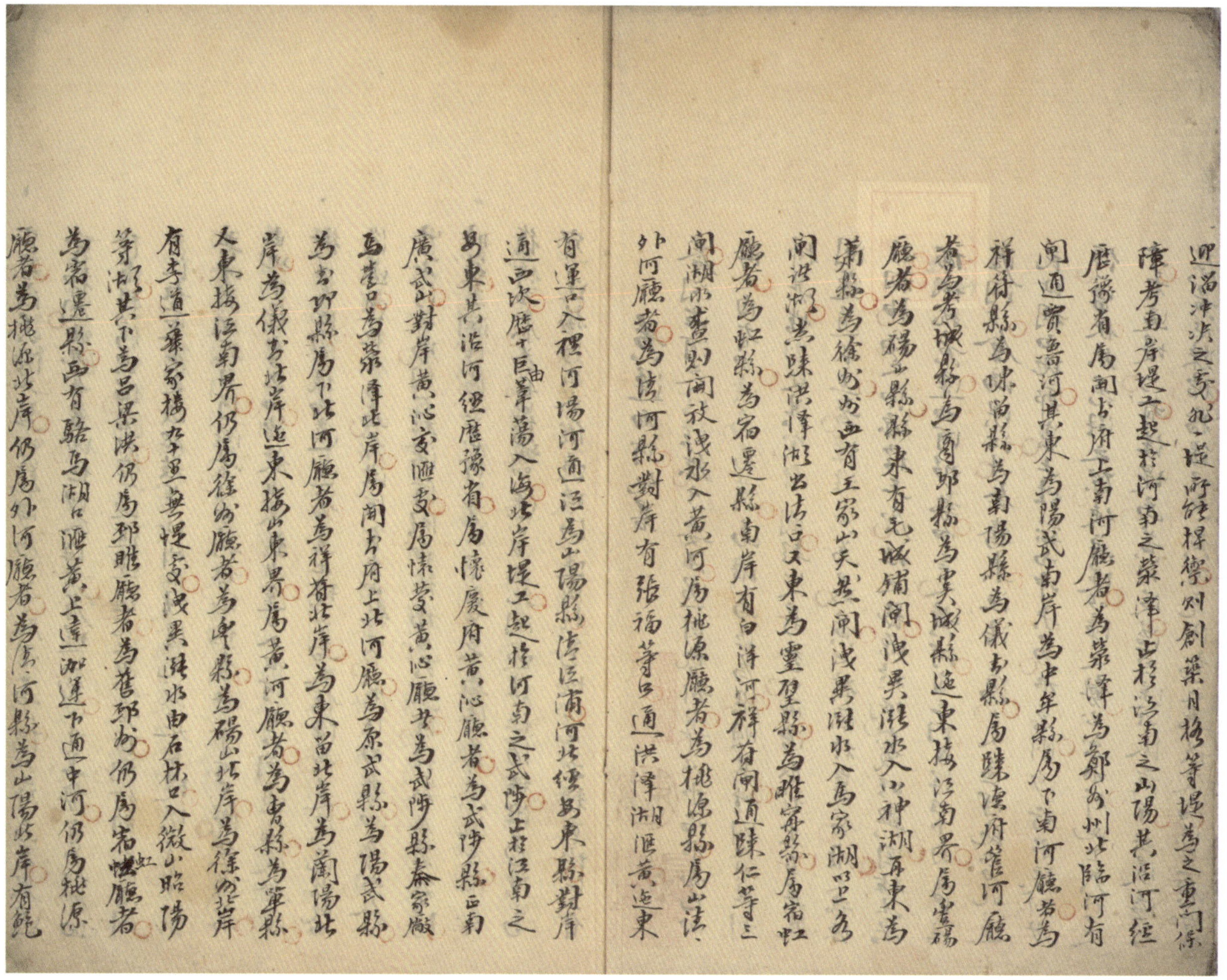

3

清季黄运两河工程备览

（清）尚诚撰

1 册

稿本

［清末期］

本书内容为清末黄河、运河工程，包括黄运两河纪略、黄河原委等。

办理扬属运河堤工总局造送各项银两报销清册

（清）沈瑜庆撰

20册

稿本

[清光绪年间（1875—1908）]

本册系扬属运河堤工总局负责运河工程维修期间的经费报销记录的详细账册。沈瑜庆，沈葆桢四子，光绪年间曾任苏淮扬道道员，护理漕运总督兼淮安关监督。光绪三年（1878），清廷在高邮设扬属堤工总局，负责历年运堤春修。至宣统三年该局裁撤，并归淮扬道兼办。

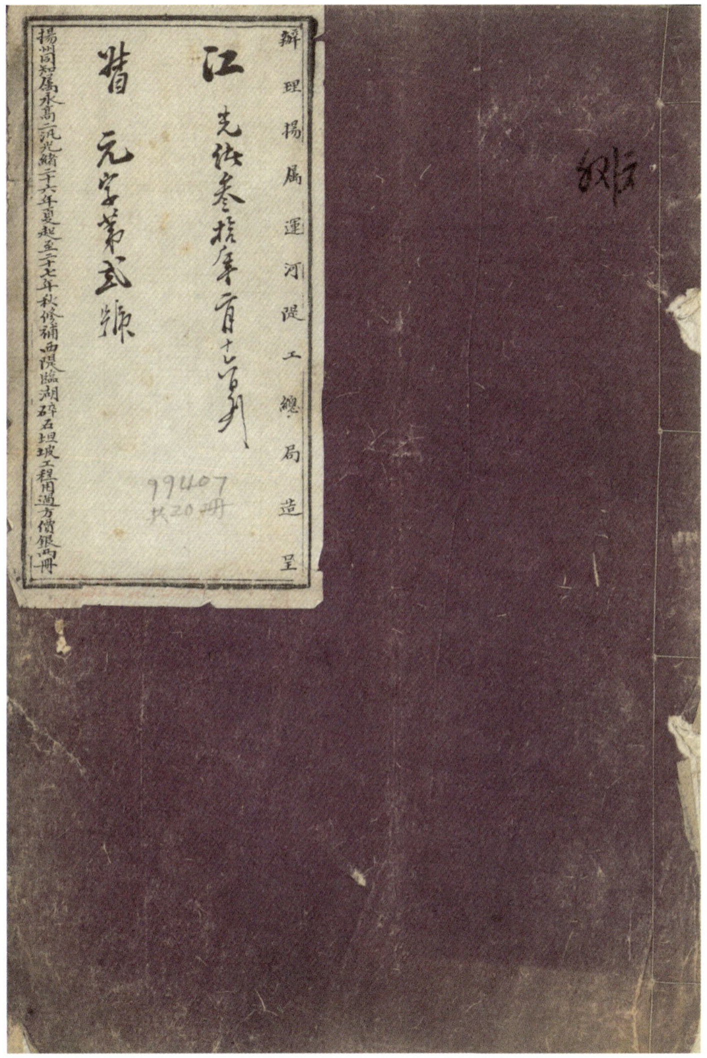

1

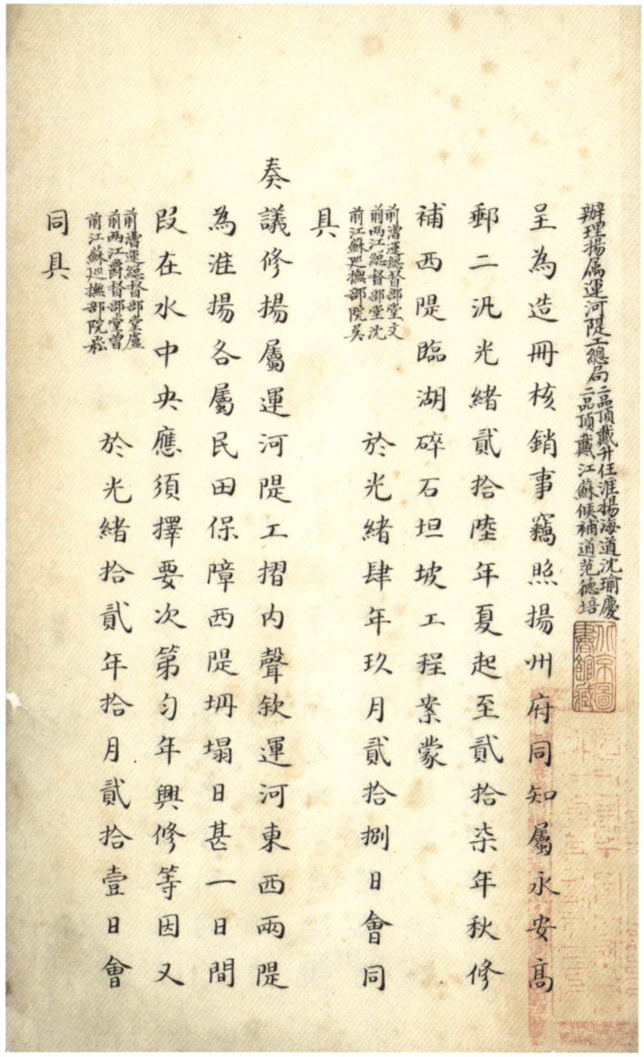

2

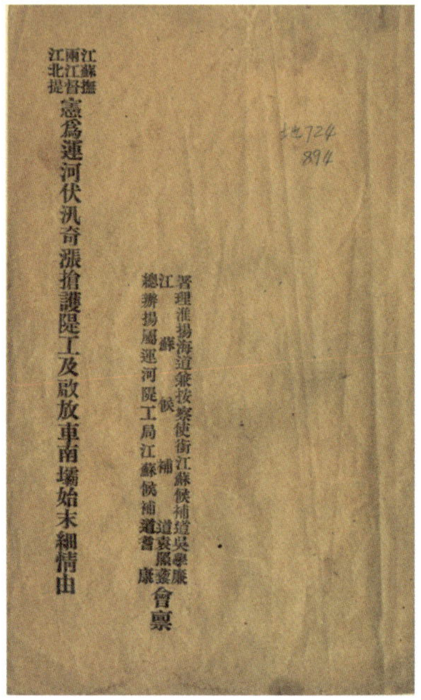

江蘇撫
兩江督
江北提
憲爲運河伏汛奇漲搶護隄工及啟放車南壩始末細情由
署理淮揚海道兼按察使銜江蘇候補道吳學廉
江蘇候補道袁照藜
總辦揚屬運河隄工局江蘇候補道耆康
會稟

1

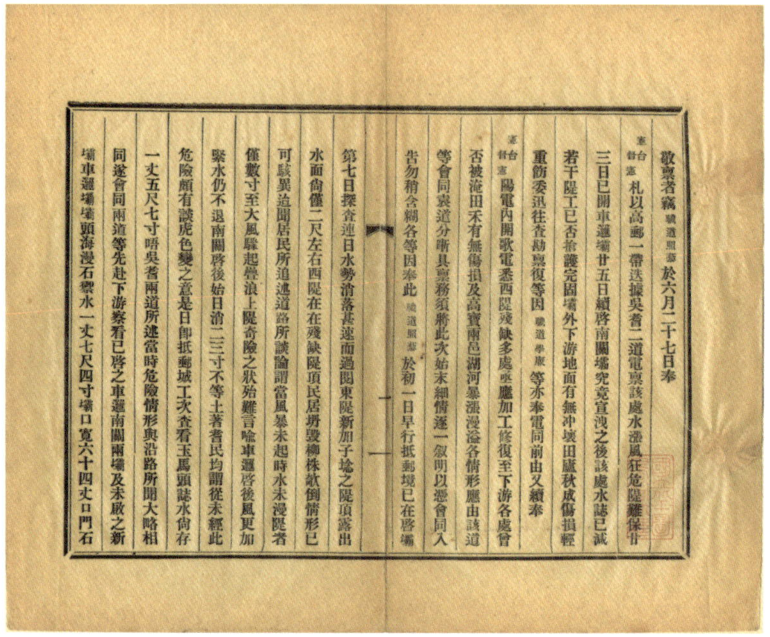

2

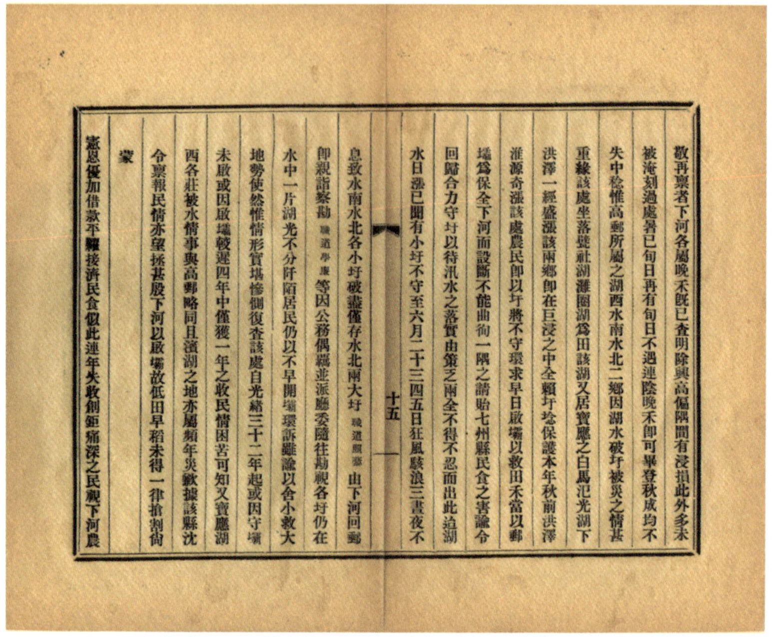

3

江苏抚两江督江北提宪为运河伏汛奇涨抢护堤工及启放车南坝始末细情由

（清）袁照藜撰

1 册

铅印本

［清宣统年间（1909—1910）］

书名据书衣题。9 行 29 字，白口，四周双边单鱼尾。此篇由吴学廉、袁照藜、耆康会禀。宣统年间，高邮洪水，下游多处受灾。此篇详细记录洪灾考察情形，抢险工程进展等情况，并将抢险电文、奏疏、批文抄录。袁照藜，清末文人，擅书法。

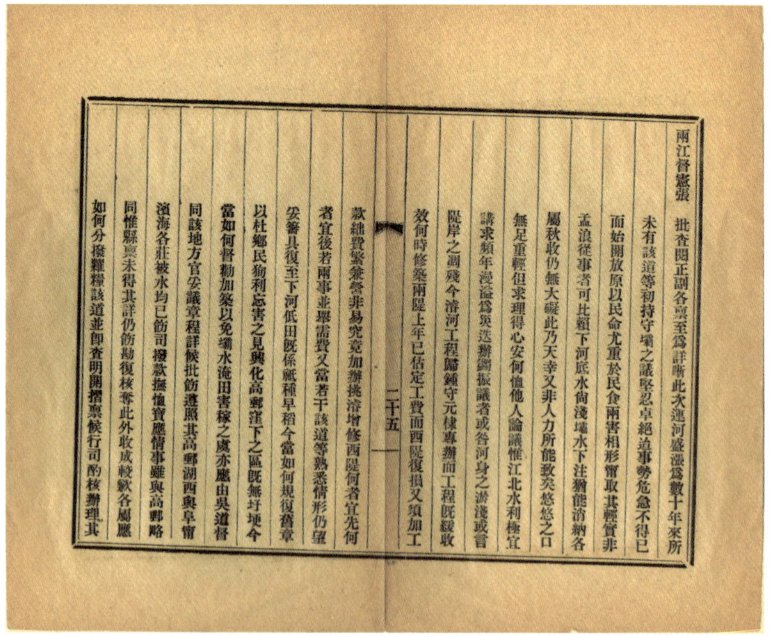

4

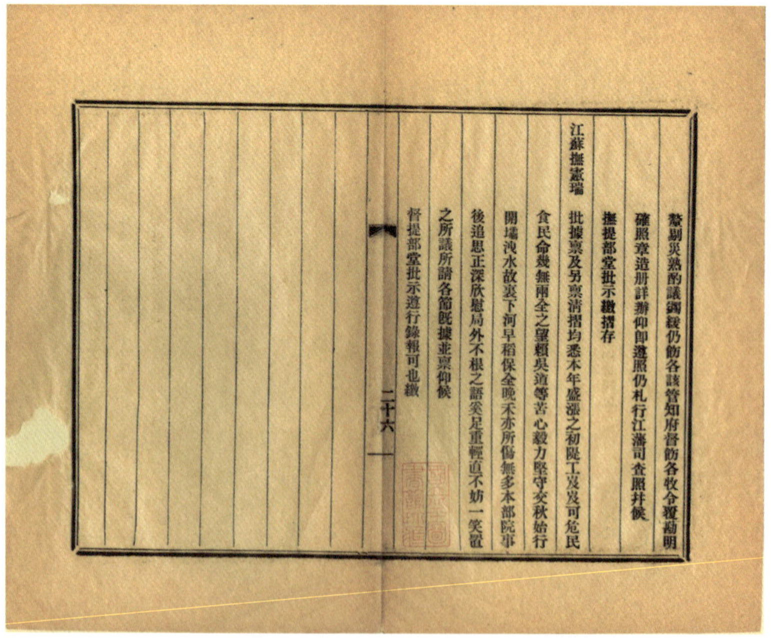

5

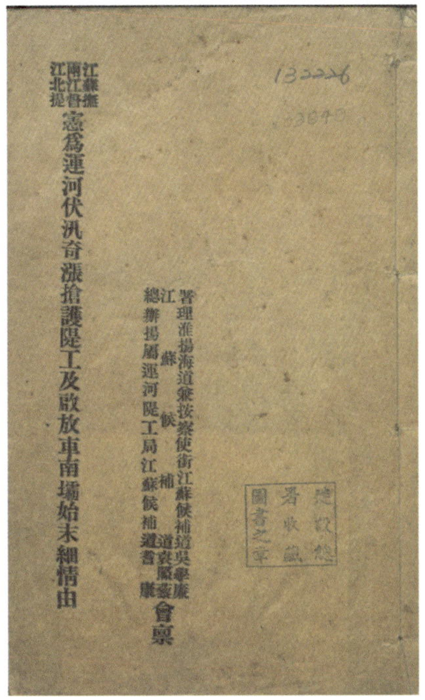
1

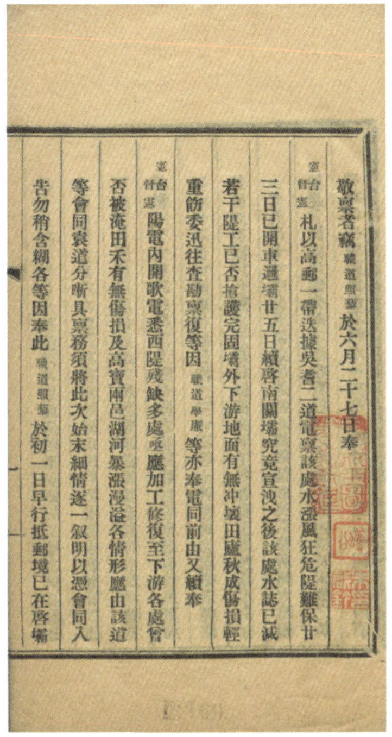
2

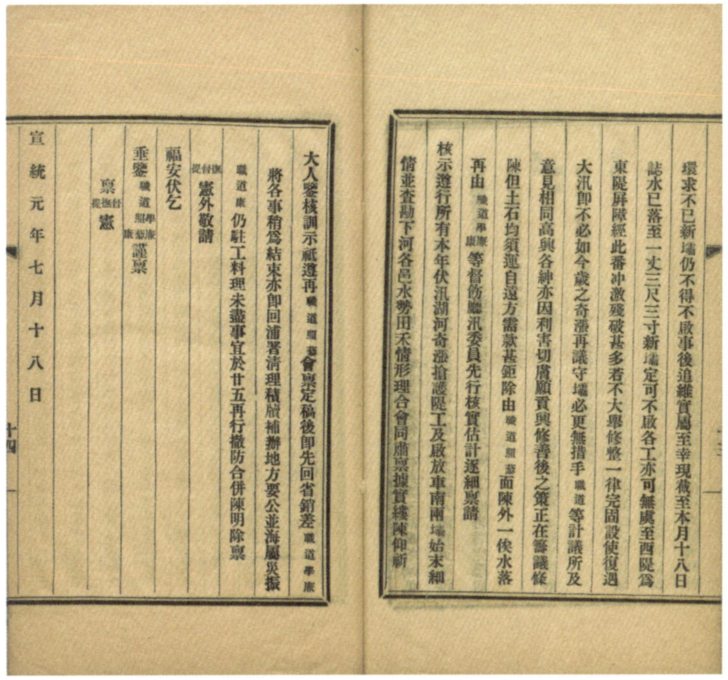
3

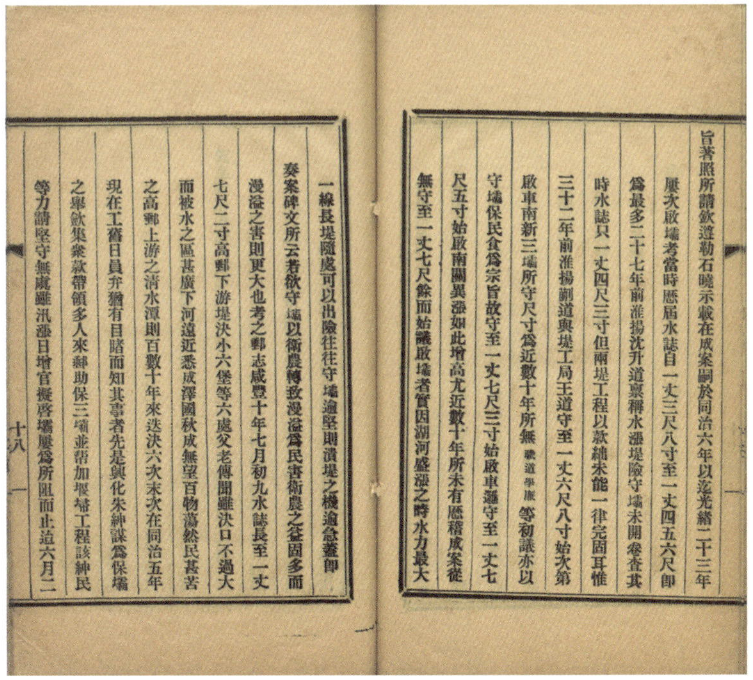
4

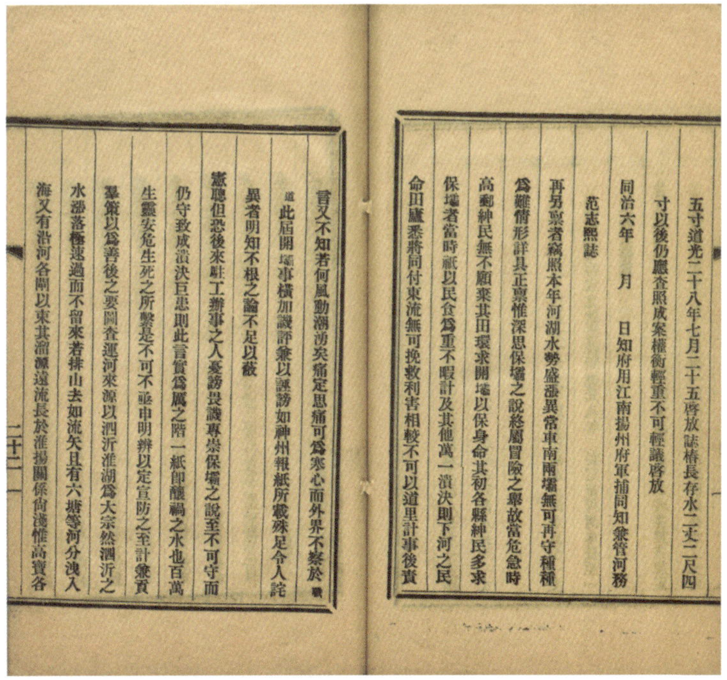
5

运河伏汛奇涨抢护堤工及启放车南坝始末细情由

（清）袁照藜撰

1 册

铅印本

［清宣统年间（1909—1910）］

本书 9 行 29 字，白口，四周双边单鱼尾。记录宣统年间高邮洪水灾情。

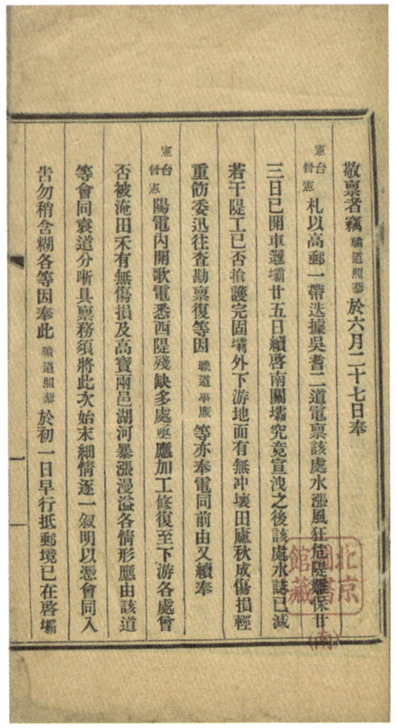

1

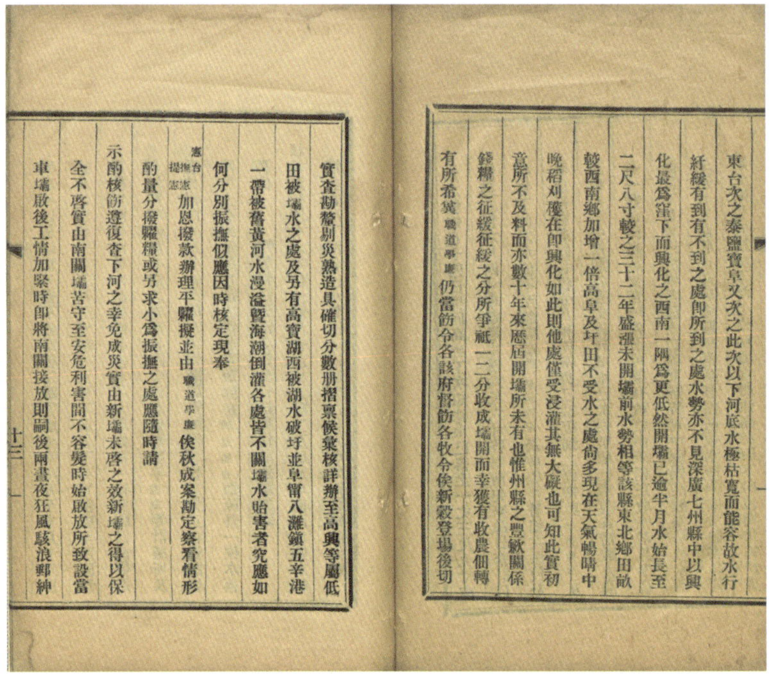

2

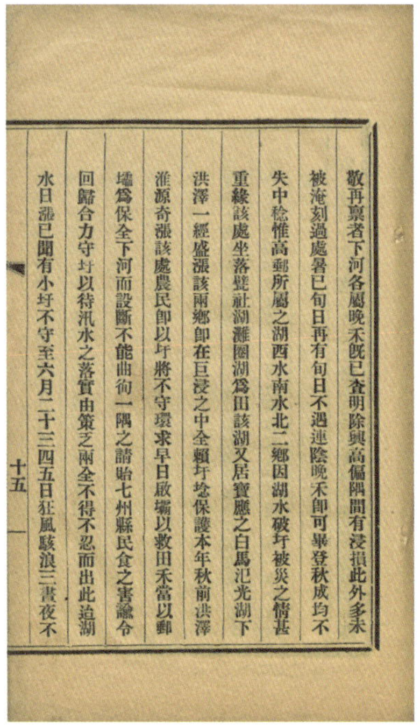

3

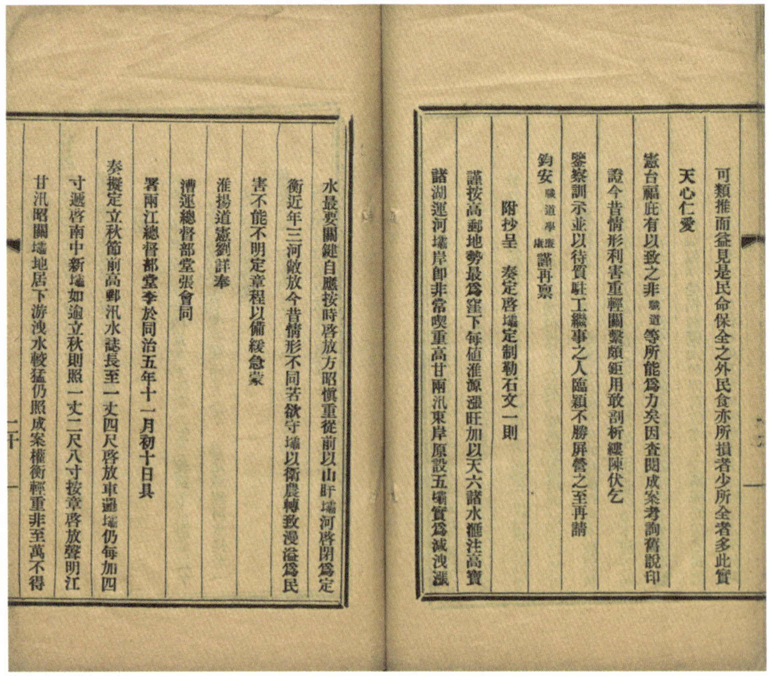

4

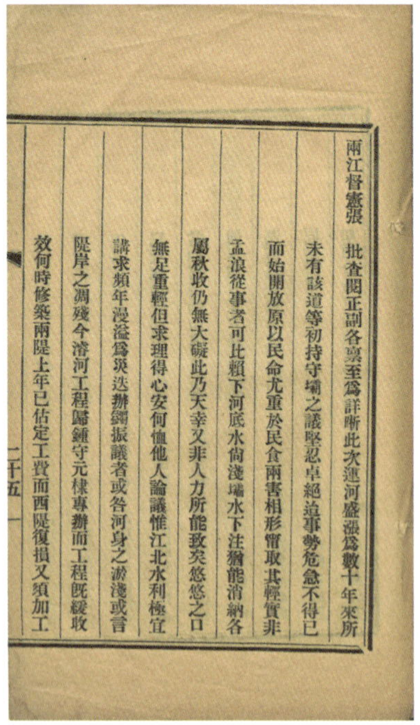

5

［运河伏汛奇涨抢护堤工及启放车南坝始末细情由］

吴学廉撰

1 册

铅印本

［清宣统年间（1909—1910）］

本书 9 行 29 字，白口，四周双边单鱼尾。此篇内容与上篇相同。

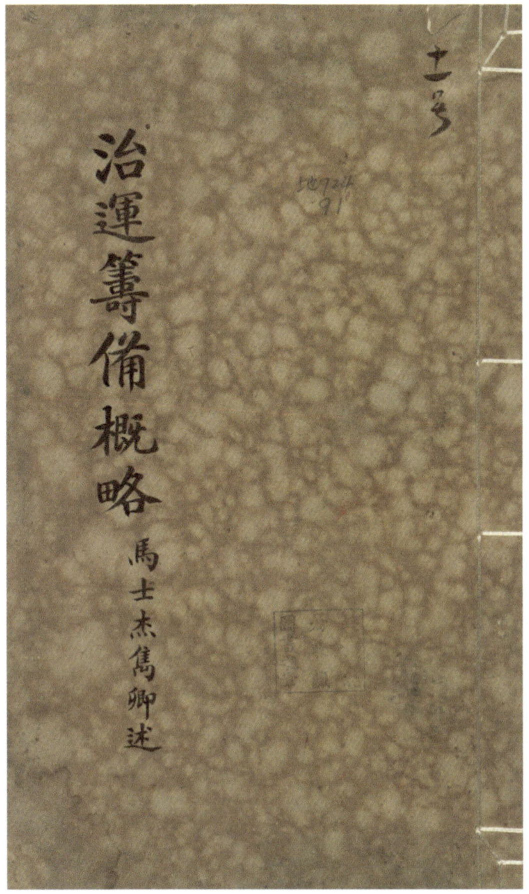

1

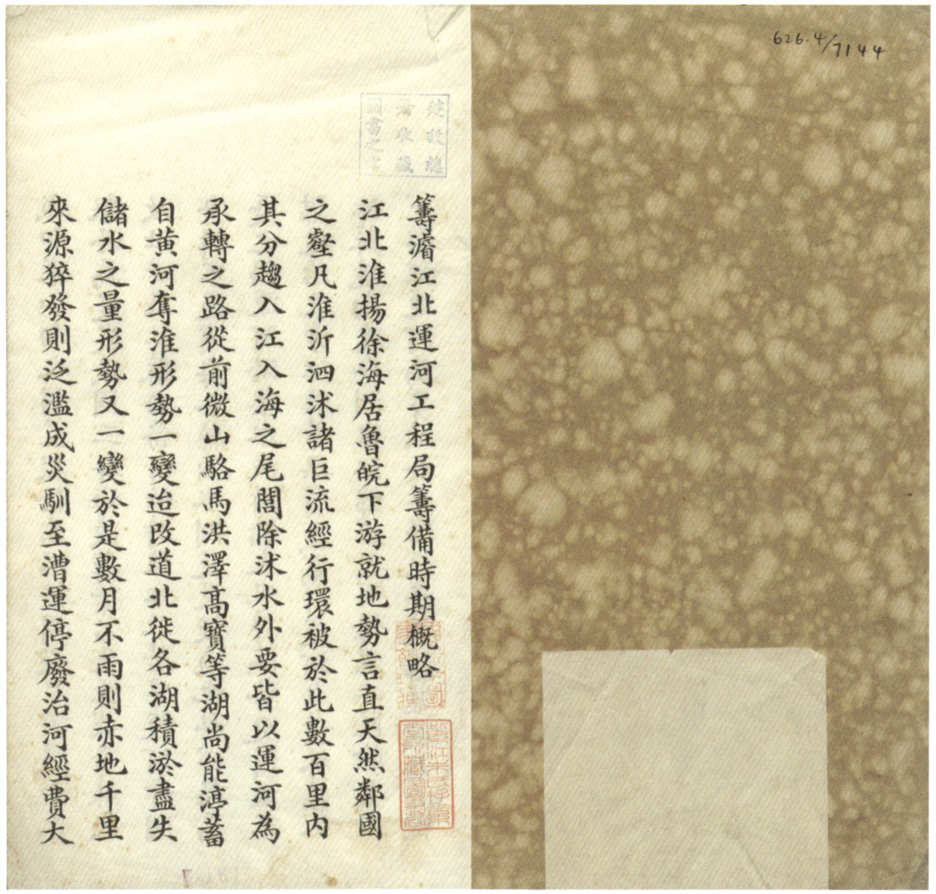

籌濬江北運河工程局籌備時期概略
江北淮揚徐海居魯皖下游就地勢言直天然鄰國之壑凡淮沂泗沭諸巨流經行環被於此數百里內其分趨入江入海之尾閭除沭水外要皆以運河為承轉之路從前微山駱馬洪澤高寶等湖尚能渟蓄自黄河奪淮形勢一變迨改道北徙各湖積淤盡失儲水之量形勢又一變於是數月不雨則赤地千里來源猝發則泛濫成災馴至漕運停廢治河經費大

2

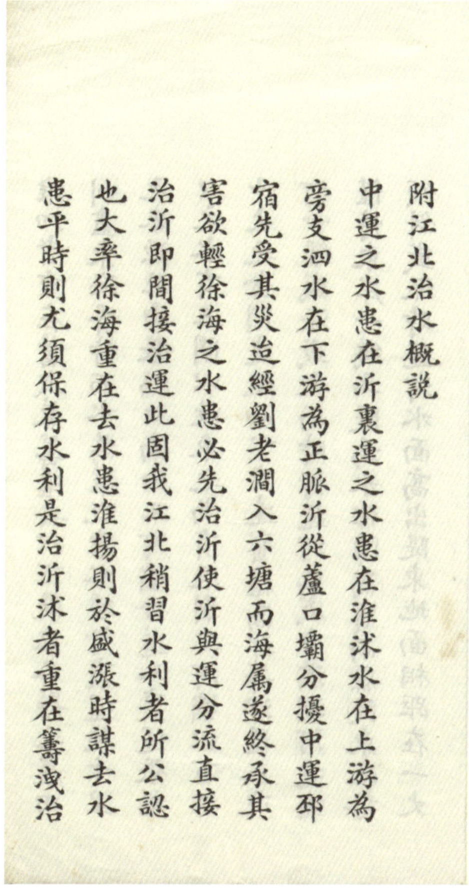

附江北治水概說
中運之水患在沂裏運之水患在淮沭水在上游為旁支泗水在下游為正脈沂從蘆口壩分擾中運邳宿先受其災迨經劉老澗入六塘而海屬遂終承其害欲輕徐海之水患必先治沂使沂與運分流直接治沂即間接治運此固我江北稍習水利者所公認也大率徐海重在去水患淮揚則於盛漲時謀去水患平時則尤須保存水利是治沂沭者重在籌浚治

3

筹浚江北运河工程局筹备时期概略

马士杰撰

1 册

抄本

民国年间（1912—1949）

本书附江北治水概略。1914 年 8 月，经江苏省民政长韩国钧奔走斡旋，全国水利局下设“筹浚江北运河工程局”，与运河上下游堤工事务所共同负责江北运河地区的水利治理工作，隶属于江苏省政府，办公地点设在扬州江都，负责人称总办，由高邮人马士杰担任总办，这标志着自晚清以来日渐淤塞的江北运河迈出了治理的第一步。马士杰，清末举人，曾任民国年间江苏都督府运河工程局总办、兴办实业。

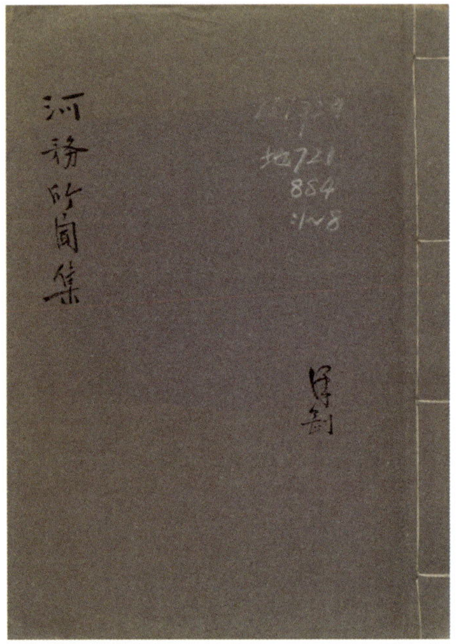

1

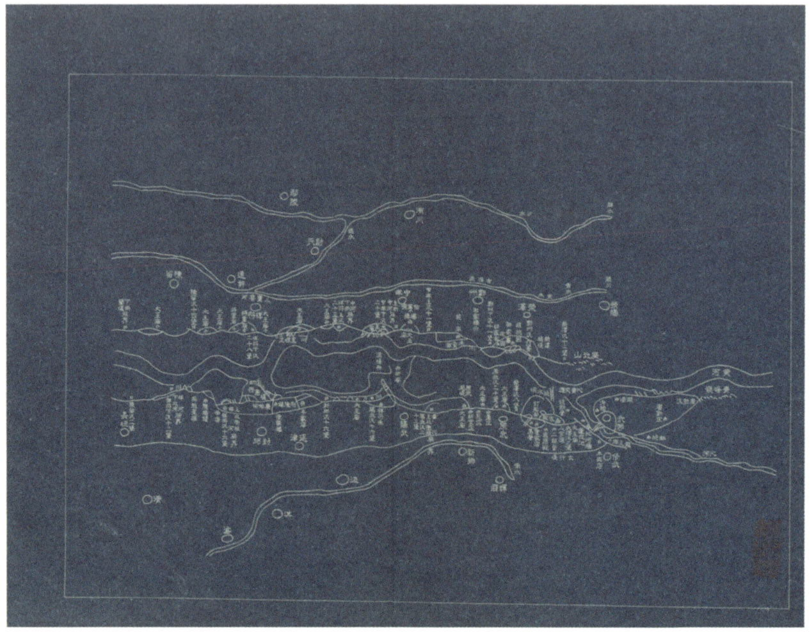

2

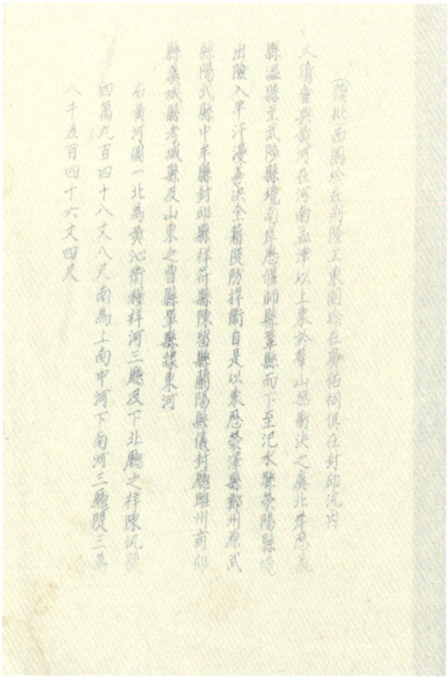

3

河务所闻集

（清）李大镛辑

8 册

晒印本

民国年间（1912—1949）

本书最初成书于同治十二年（1873），属辑录性著作。全书共六卷，卷一为《黄运两河图考》，卷二为《黄河堵口进占图说》，卷三为《侯工进占章程及预备器具》，卷四为《桃园大工辑略》，卷五为《河工随见录》，卷六为《东河文武职官录》。图文并茂，详细考证了黄、运两河，记录了河工修守等方面的诸多具体方法、工序等，大量考证了技术、用料等相关内容，此外对清代河工经济也有所介绍，是研究清代河工及运河经济的重要文献。李大镛于同治年间参与河工，因对河工诸事茫然不知，因此搜集前辈成篇，选精要分类抄录，附以图解，辑录成书。

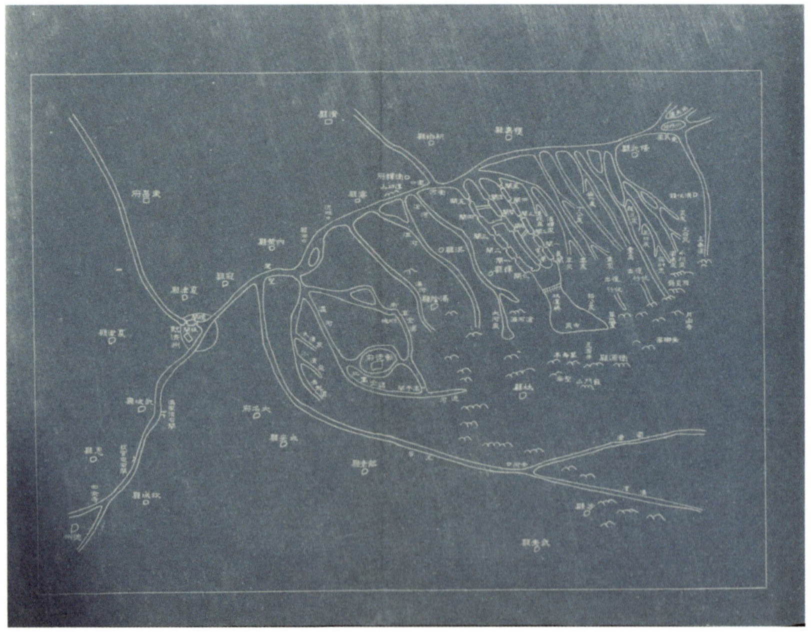

4

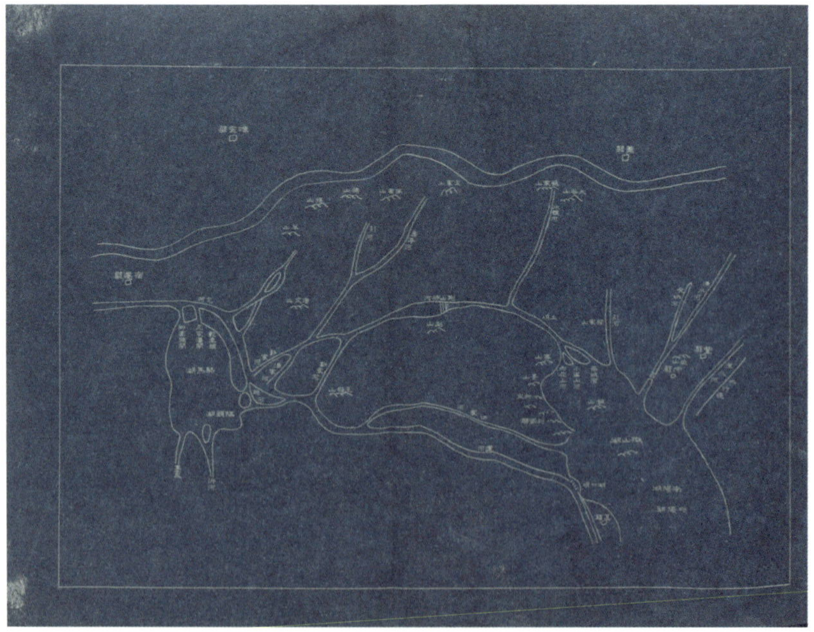

5

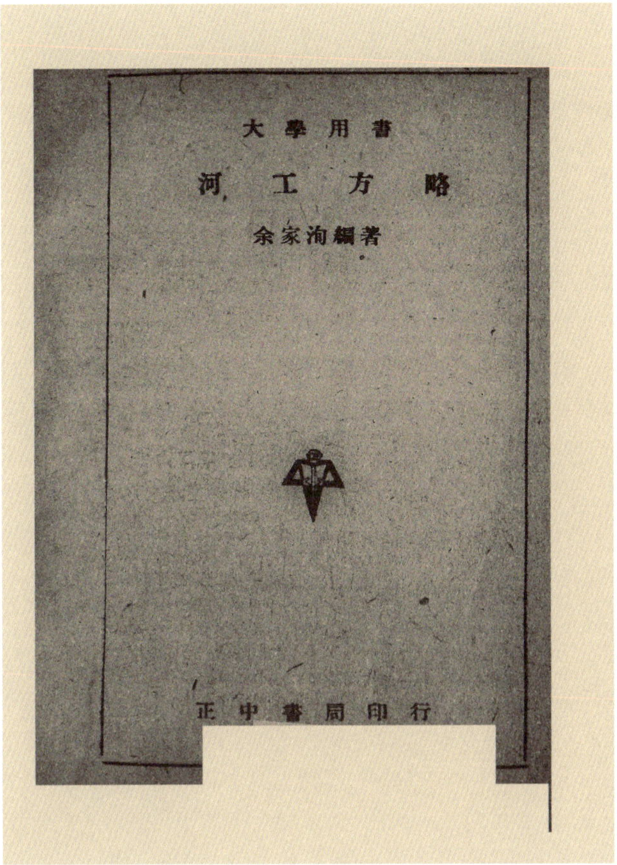
大學用書

河　工　方　略

余家洵編著

正　中　書　局　印　行

1

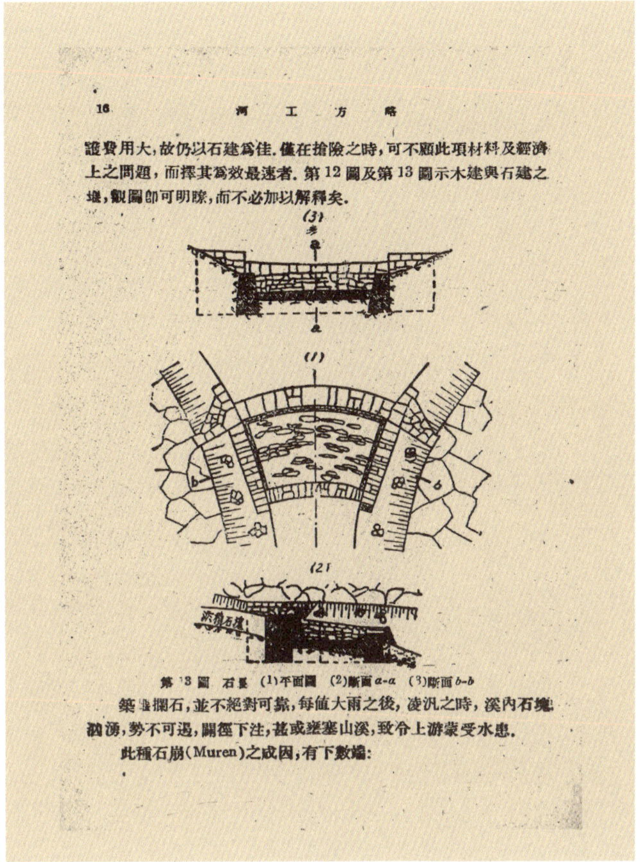
16　河　工　方　略

證費用大，故仍以石建爲佳．僅在搶險之時，可不顧此項材料及經濟上之問題，而擇其爲效最速者．第 12 圖及第 13 圖示木建與石建之壩，觀圖卽可明瞭，而不必加以解釋矣．

第 13 圖　石壩　(1)平面圖　(2)斷面 a-a　(3)斷面 b-b

築壩攔石，並不絕對可靠，每值大雨之後，凌汛之時，溪內石塊洶湧，勢不可遏，闖徑下注，甚或壅塞山溪，致令上游蒙受水患．

此種石崩(Muren)之成因，有下數端：

2

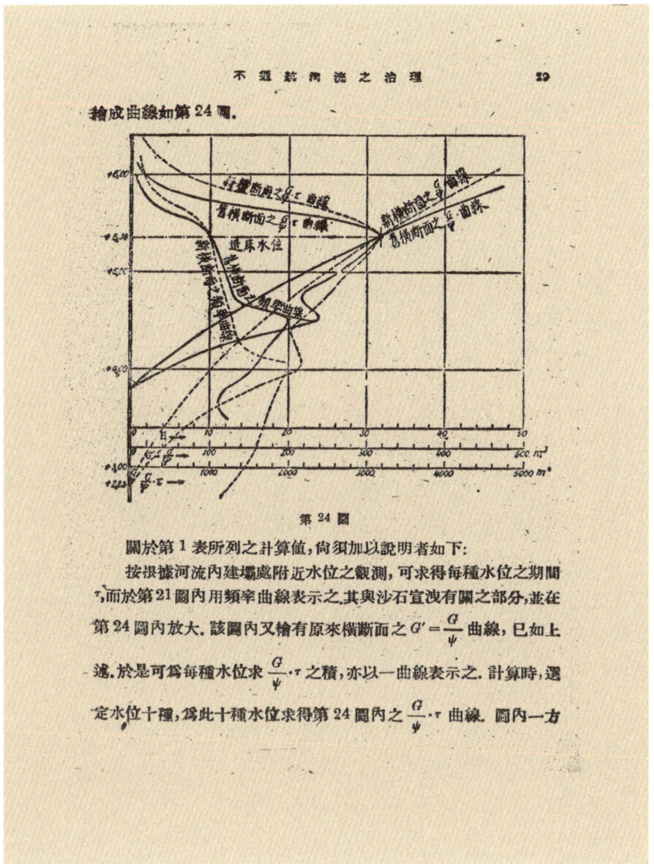
不通航河流之治理　29

繪成曲線如第 24 圖．

第 24 圖

關於第 1 表所列之計算值，尙須加以說明者如下：

按根據河流內建壩處附近水位之觀測，可求得每種水位之期間 τ，而於第 21 圖內用頻率曲線表示之．其與沙石宣洩有關之部分，並在第 24 圖內放大．該圖內又繪有原來橫斷面之 $G'=\frac{G}{\psi}$ 曲線，已如上述．於是可爲每種水位求 $\frac{G}{\psi}\cdot\tau$ 之積，亦以一曲線表示之．計算時，選定水位十種，爲此十種水位求得第 24 圖內之 $\frac{G}{\psi}\cdot\tau$ 曲線．圖內一方

3

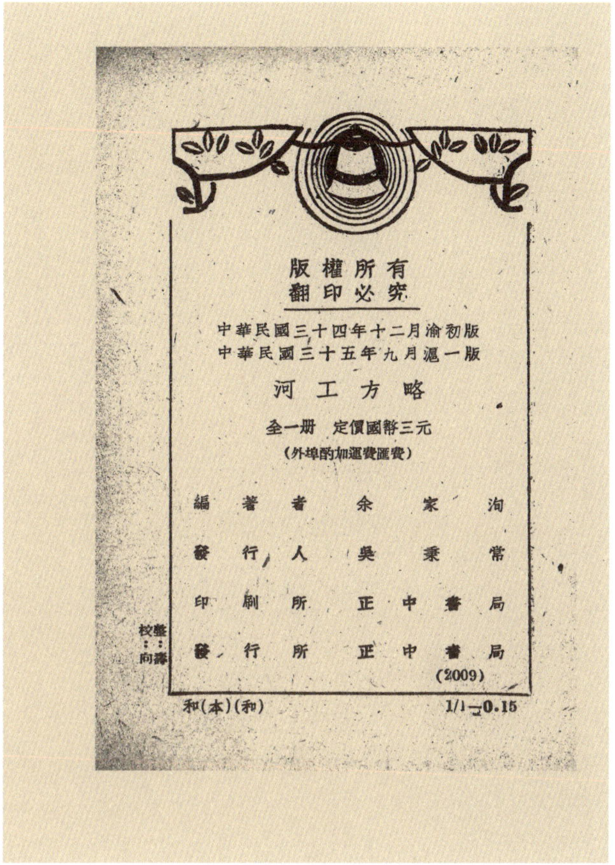
版權所有
翻印必究

中華民國三十四年十二月渝初版
中華民國三十五年九月滬一版

河　工　方　略

全一册　定價國幣三元
(外埠酌加運費匯費)

編著者　余家洵
發行人　吳秉常
印刷所　正中書局
發行所　正中書局
校整：向壽
(2009)

和(本)(和)　1/1—0.15

4

河工方略

余家洵编著

1 册

民国三十四年（1945）

本书将中国治河和欧洲河工记载汇集一处，相互参照，作为民国时期大学河工之学的参考资料和教材使用。内容包括治理河源之要义，不通航河流之治理，通航河流之治理，治河方略，河工材料及建筑物，河工建筑物之种类及构造，河口及其治理法，堤防工程。余家洵，民国年间国立同济大学工学院教授。

运河泉源闸坝图

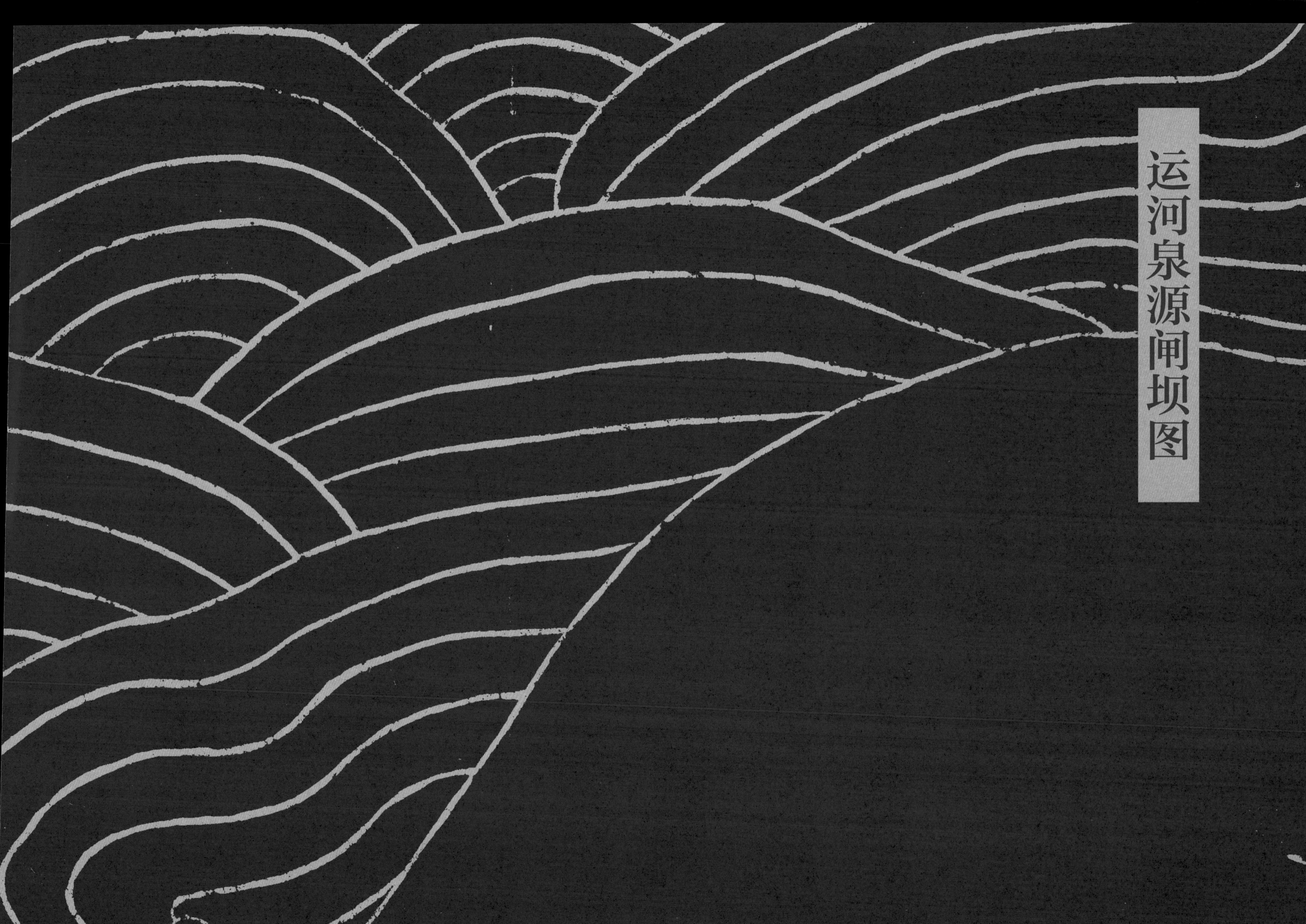

山东水泉图

1 册；32×27cm

绘本

［清乾隆年间（1736—1796）］

本图凡 17 幅。首列山东 17 州县泉源总图 1 幅，图以上方为东，计注出水泉 484 处；次为州、县泉源图 16 幅，图以上方为南，每图附泉说。采用工笔画法，绘出了各州、县城郭、祠庙、村舍及山川、林木等，绘画精美。图上注有“东平泉源四十七处，乾隆四十六年（1781）巡漕，臣德尔炳阿奏……”。是研究山东西南部历史地理和清初大运河水源及漕运的重要参考资料。

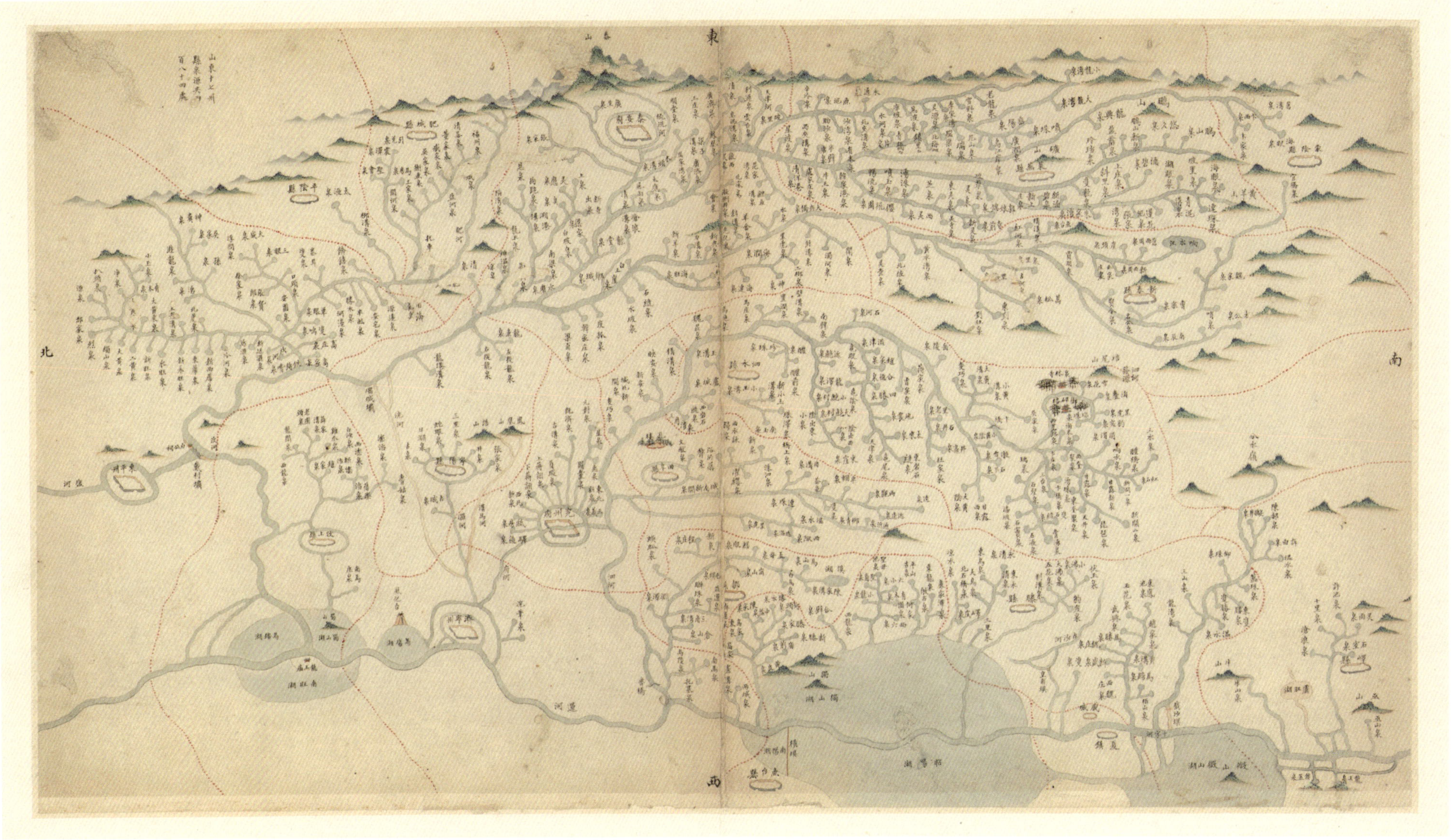

山东十七州县运河泉源总图

1 幅；32×29cm

绢制绘本

［清乾隆年间（1736—1796）］

本图凡 18 幅。与国家图书馆藏清乾隆年间彩绘“山东水泉图”相较，增峄县（今枣庄市峄城区）泉源图 1 幅；总图仅绘出州、县位置，未注水泉名称；河流绘画更加精细，各州、县境水泉名称注记及城郭、山脉、林木等绘法基本一致。

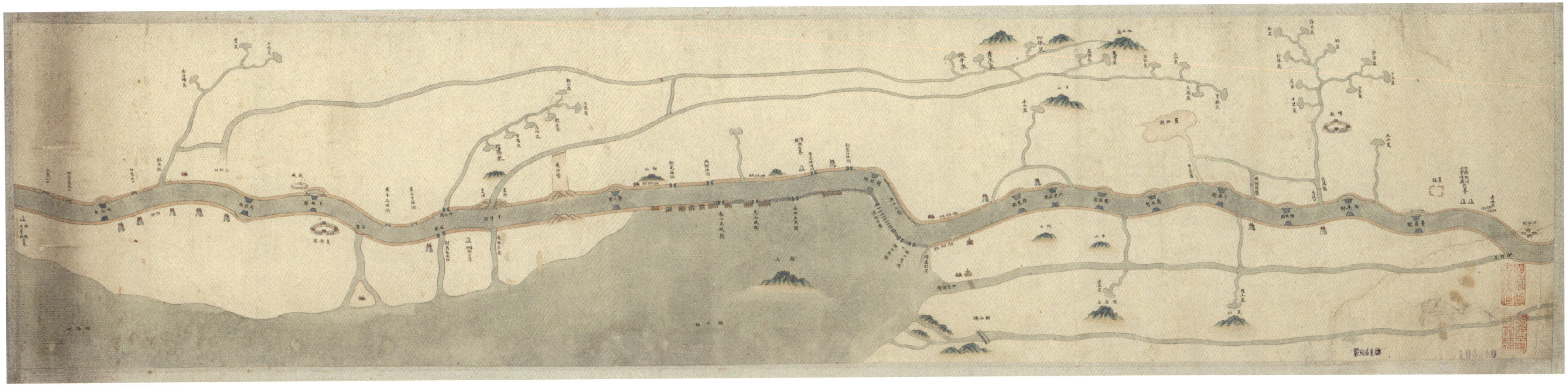

山东运河十三闸暨引河湖坝全图

1 幅；26×112cm

绘本

［清光绪年间（1875—1908）］

本图所绘运河系山东峄县（今枣庄市）江南邳州（今江苏邳县）界至江南沛县山东鱼台县界河段。

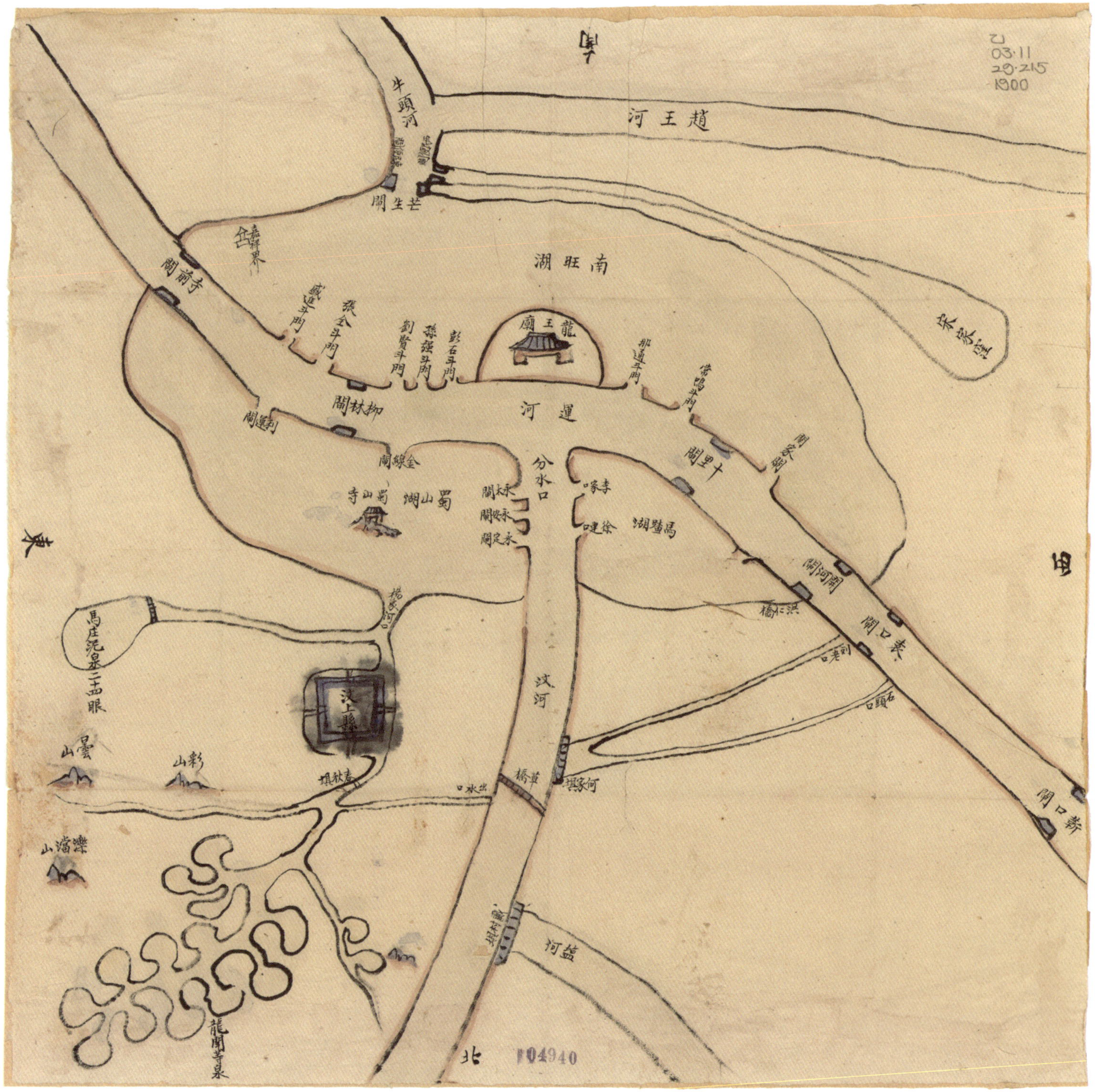

汶上县湖河泉源图

1 幅；47×46cm

绘本

［清光绪年间（1875—1908）］

本图上南下北，绘制了汶上县境内运河、汶河等河流、南旺湖、蜀山湖、马踏湖、马庄泥泉等，并详细标注运河、汶河上各水闸，汶上县泉水汇聚，通过汶河和蜀山湖济运。

峄县泉河图

1 幅；37×35cm

绘本

清光绪元年（1875）

本图贴签注出县境运河两岸各水泉座落方向、距城里数、发源地及入运情形。1960 年峄县撤销设立枣庄市。

峄县境内侯孟泉座落方向汇流济运情形图

1幅；35×35cm

绘本

［清光绪年间（1875—1908）］

本图内容与国家图书馆藏“峄县泉河图”基本相同。

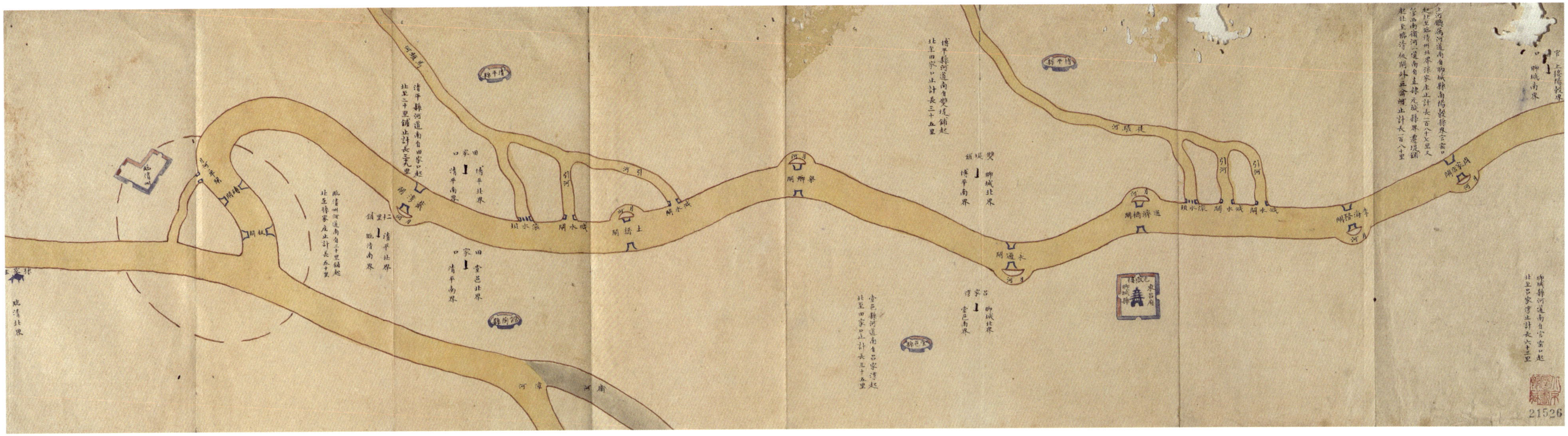

上河厅属经管河道里数闸坝桥洞界址图

1 幅；23 × 83cm

绘本

［清光绪年间（1875—1908）］

本图所绘厅属运河系聊城阳谷界官窑口至临清州北界孙家庄河段，标注了河沿岸各县河道起讫及长度。

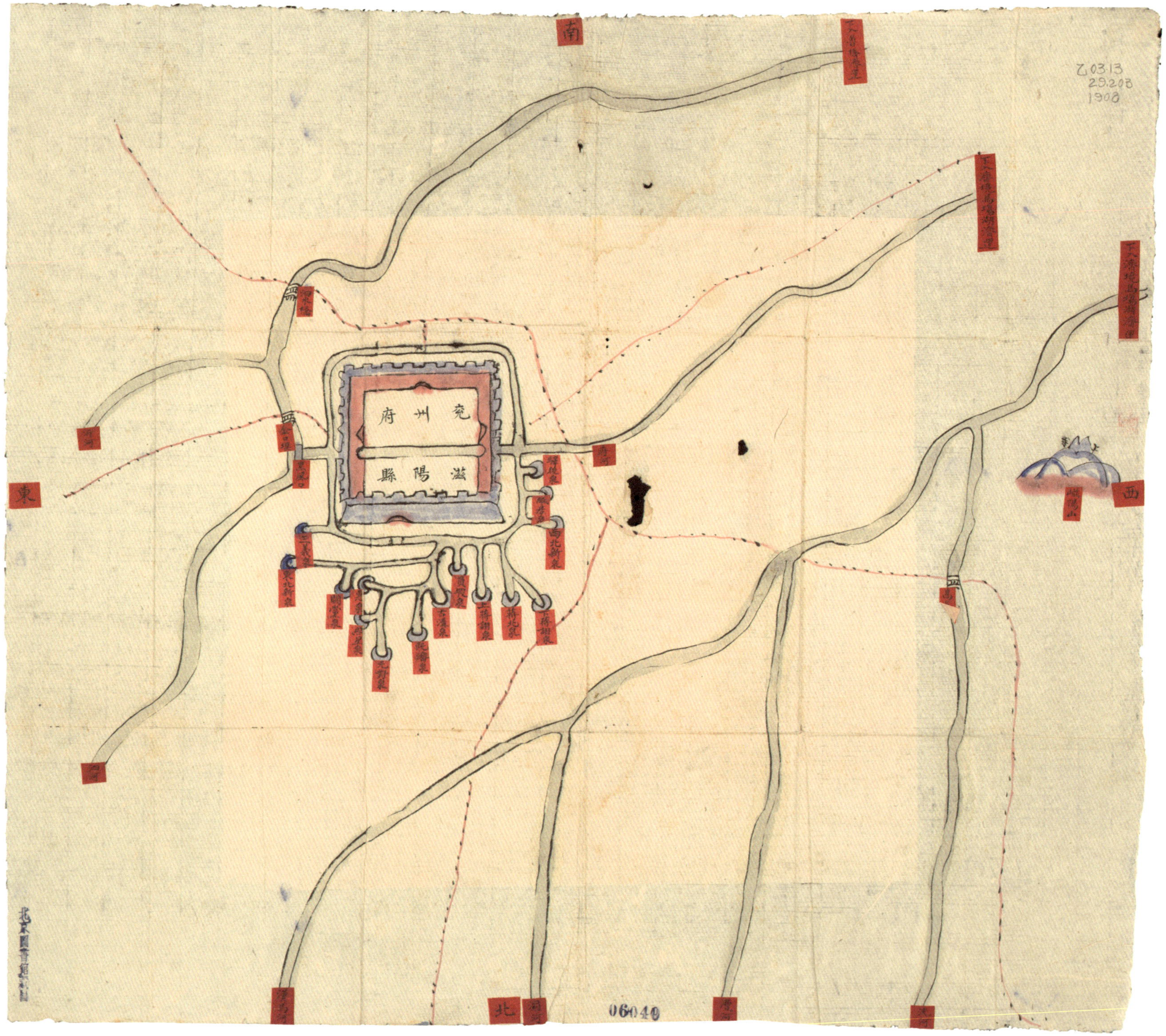

兖州府滋阳县泉河图

1 幅；44×47cm

绘本

［清光绪年间（1875—1908）］

本图绘制了滋阳县附近河道情形。1961 年滋阳县改名兖州县。

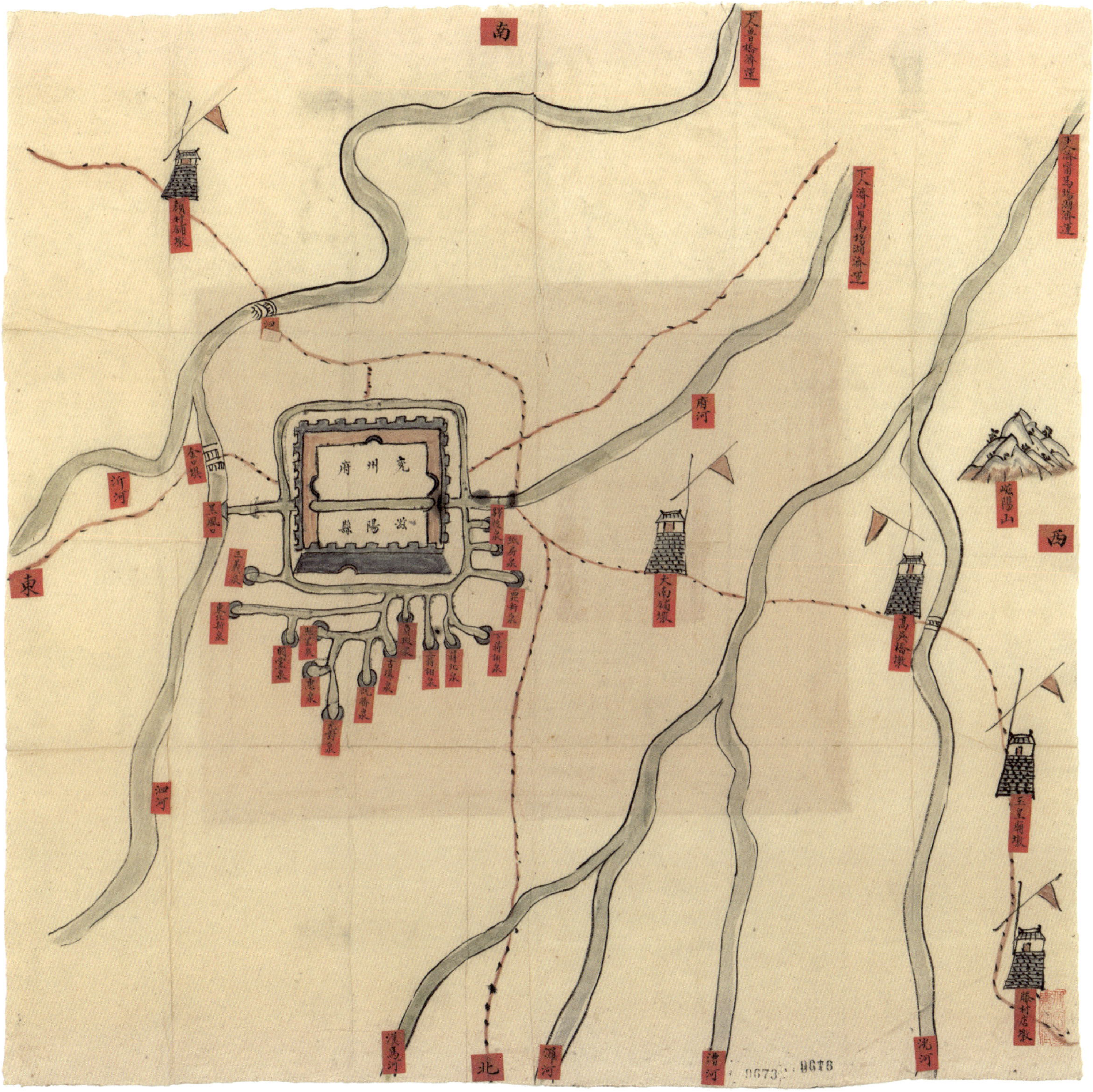

兖州府滋阳县城河图

1 幅；48 × 45cm

绘本

［清光绪年间（1875—1908）］

本图除增绘腾村店等 5 墩外，其余内容和绘法与国家图书馆藏“兖州府滋阳县泉河图”基本一致。

泗水县泉图

1 幅；41×62cm

绘本

［清光绪年间（1875—1908）］

本图绘制了泗水县境内泉源、河道、城郭、山脉。泗水县内泉源众多，各泉源汇聚流入泗河，由泗河入运。图上标记了县境 121 泉名称。

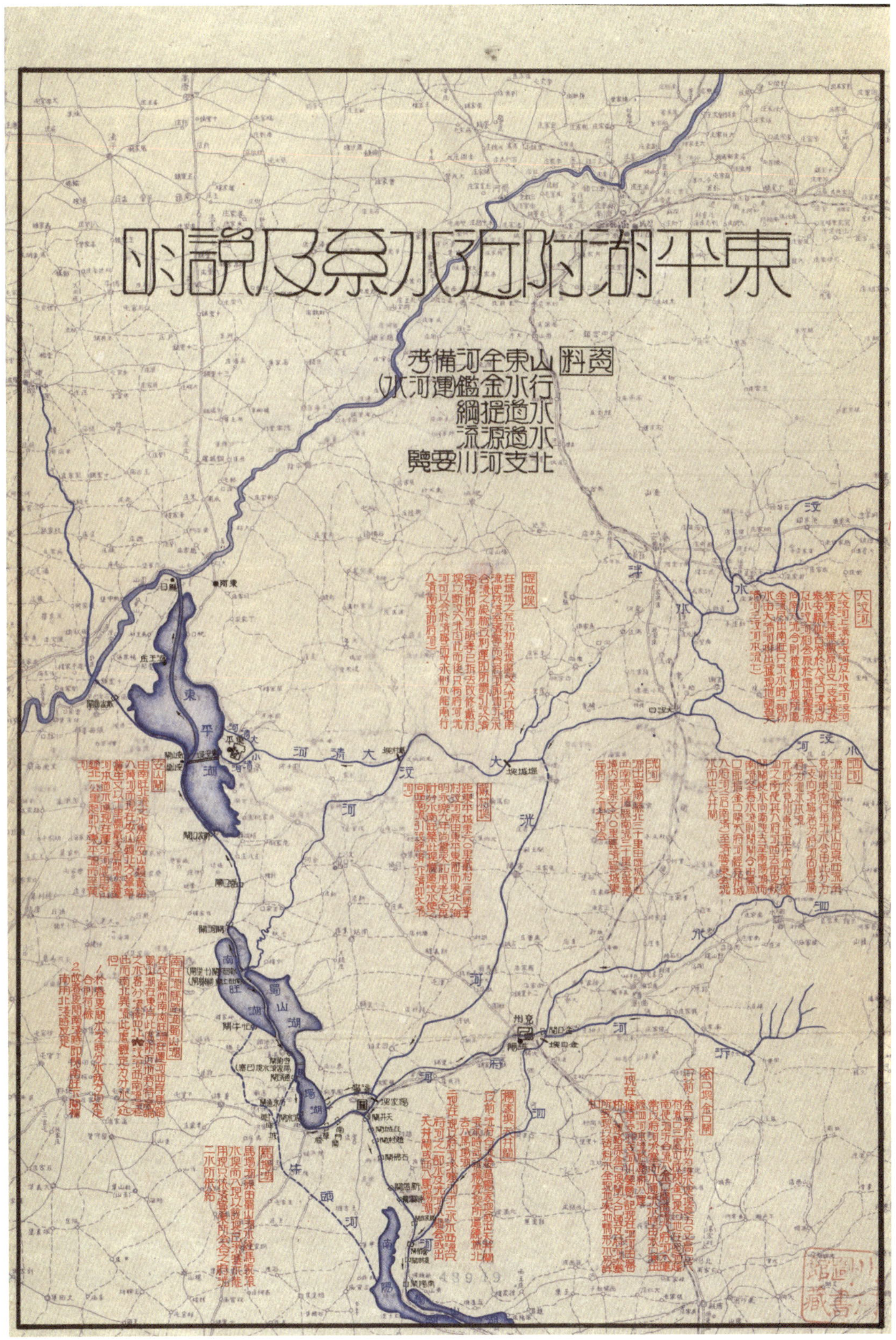

东平湖附近水系及说明

1 幅；41×28cm

绘本

［民国三十三年（1944）］

本图在晒印底图上绘出了东平、蜀山等湖附近水系，并根据《山东全河备考》《行水金鉴》《水道提纲》等资料详细注明河、湖、闸、坝历史及济运情况。

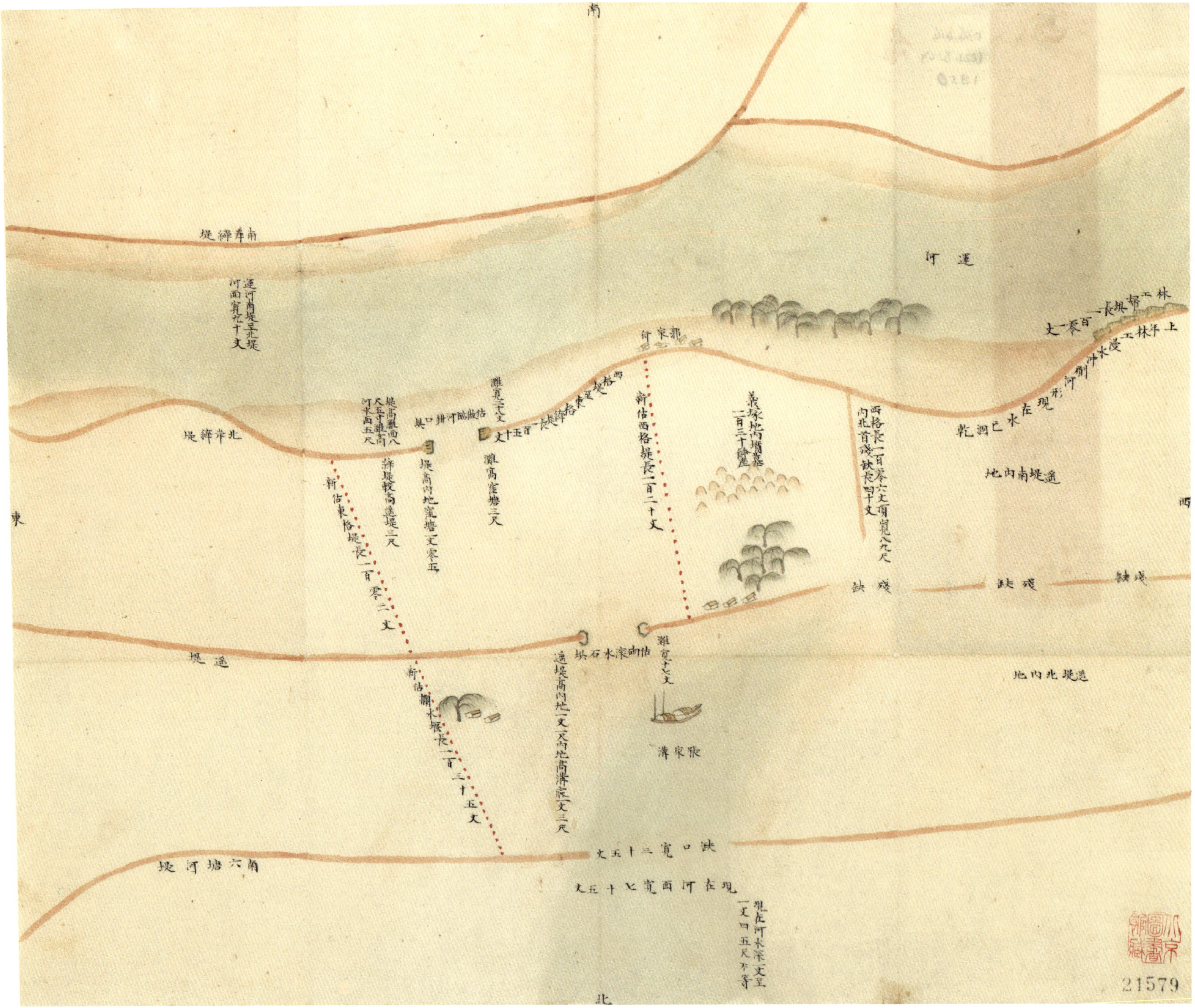

桃源汛郭家行拟估建造滚水石坝情形图式

1 幅；32 × 36cm

绘本

[清道光年间（1821—1850）]

本图上南下北，绘制了桃源汛管辖运河河道、南岸北岸纤堤、北岸遥堤、河堤，并用文字详细注记北岸各堤丈尺、残缺情况，以及拟修筑格堤、拦水堰长度等。桃源汛在泗阳县境内。

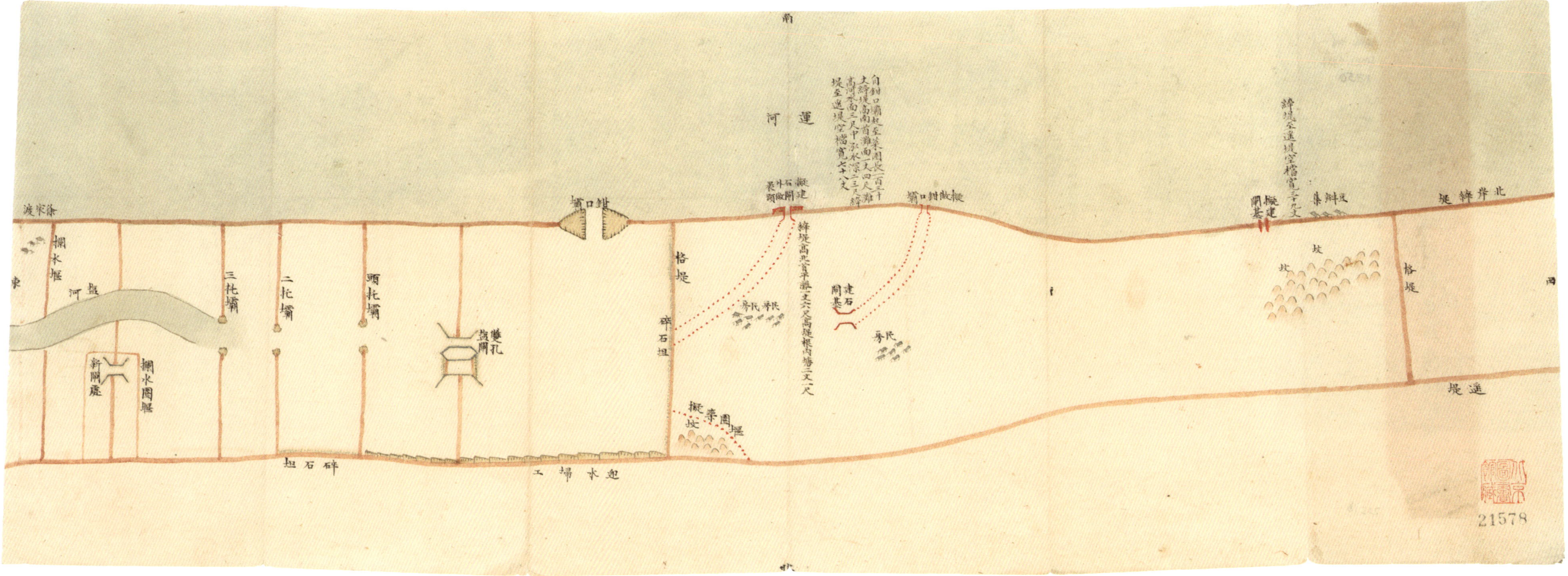

中河清汛北岸纤堤拟建石闸情形图

1幅；21×57cm

绘本

［清道光年间（1821—1850）］

本图上南下北，所绘运河系今淮阴县境河段，图中主要绘制了运河北岸纤堤、遥堤、格堤、闸坝，并用红线表示拟修筑钳口坝、石闸、圈堰等。

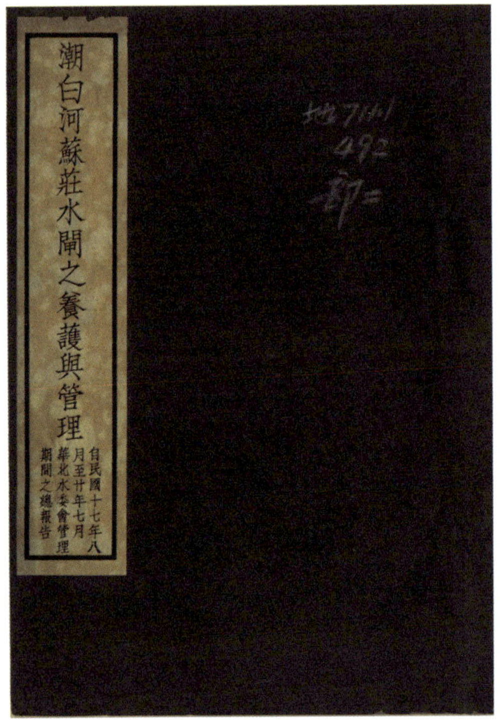

1

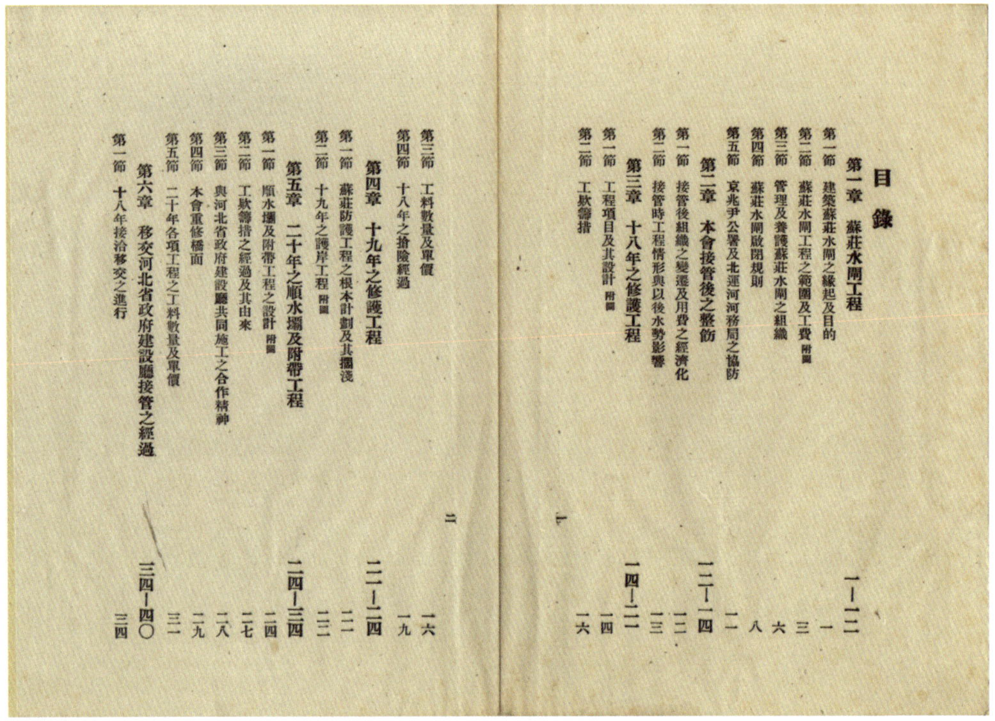

目錄

2

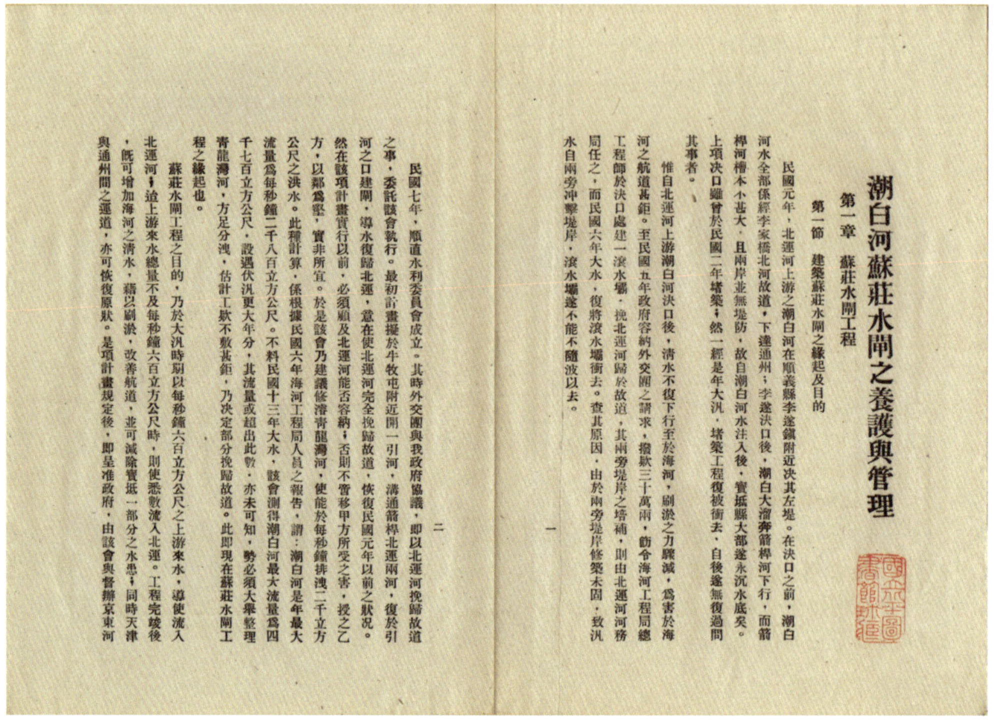

潮白河蘇莊水閘之養護與管理

第一章　蘇莊水閘工程

第一節　建築蘇莊水閘之緣起及目的

民國元年，北運河上游之潮白河在順義縣李遂鎮附近決其左堤。在決口之前，潮白河水全部係經李家橋北河故道，下達通州；李遂決口後，潮白大溜奔箭桿河下行，而箭桿河槽本小甚大，且兩岸並無堤防，故自潮白河水注入後，實坻縣大部遂永沉水底矣。上項決口雖曾於民國二年堵築；然一經是年大汛，堵築工程復被衝去，自後遂無復過問其事者。

惟自北運河上游潮白河決口後，清水不復下行至於海河，刷淤之力驟減，爲害於海河之航道甚鉅。至民國五年政府容納外交團之請求，撥款三十萬兩，飭令海河工程局總工程師於決口處建一滾水壩，挽北運河歸於故道，其兩旁堤岸之培補，則由北運河河務局任之，而民國六年大水，復將滾水壩衝去。查其原因，由於兩旁堤岸修築未固，致汛水自兩旁沖擊堤岸，滾水壩遂不能不隨波以去。

一

民國七年，順直水利委員會成立。其時外交團與我政府協議，即以北運河挽歸故道之事，委託該會執行。最初計畫擬於牛牧屯附近開一引河，溝通箭桿北運兩河，復於引河之口建閘，導水復歸北運，意在使北運河完全挽歸故道，恢復民國元年以前之狀況。然在該項計畫實行以前，必須顧及北運河能否容納；否則不啻移甲方所受之害，授之乙方，以鄰爲壑，實非所宜。於是該會乃建議修濬青龍灣河，使能於每秒鐘排洩二千立方公尺之洪水。此種計算，係根據民國六年海河工程局人員之報告，謂：潮白河是年最大流量爲每秒鐘二千八百立方公尺。不料民國十三年大水，該會測得潮白河最大流量爲四千七百立方公尺，設遇伏汛更大年分，其流量或超出此數，亦未可知，勢必須大舉整理青龍灣河，方足分洩，估計工款不敷甚鉅，乃決定部分挽歸故道。此即現在蘇莊水閘工程之緣起也。

蘇莊水閘工程之目的，乃於大汛時期以每秒鐘六百立方公尺之上游來水，導使流入北運河；迨上游來水總量不及每秒鐘六百立方公尺時，則使悉數流入北運。工程完竣後，既可增加海河之清水，藉以刷淤，改善航道，並可減除實坻一部分之水患；同時天津與通州間之運道，亦可恢復原狀。是項計畫規定後，即呈准政府，由該會與督辦京東河

二

3

潮白河苏庄水闸之养护与管理

华北水利委员会编

1 册

铅印本

民国二十一年（1932）

本书封面列副标题《自民国十七年八月至廿年七月 华北水利委员会管理期间之总报告》，华北水利委员会编，铅印本。此书系民国三十六年（1947）华北水利委员会捐赠到国家图书馆。全书为民国初年潮白河北运河在京郊顺义发生水患之后的水利修建工程记录。全书分为七章，第一章苏庄水闸工程，第二章本会接管后之整饬，第三章十八年之修护工程，第四章十九年之修护工程，第五章二十年之顺水坝及附带工程，第六章移交河北省政府建设厅接管之经过，第七章结论。分别记录分排洪工程计划、航运工程计划、灌溉工程计划、继续进行之测量设计工作。华北水利委员会是南京国民政府在华北地区特设的水利机关，是华北水利建设的主导力量。1928 年，南京国民政府改组顺直水利委员会，成立华北水利委员会，负责华北地区水利建设。华北水利委员会是以科学方法进行水利建设的新式水利行政机构。其在华北的水利事业主要体现在水利测量与查勘、水利工程计划、水利工程实施三个方面，对华北河道、地形、水文、气象进行了测量，编制了大量水利工程计划，兴建了一批新式水利工程。

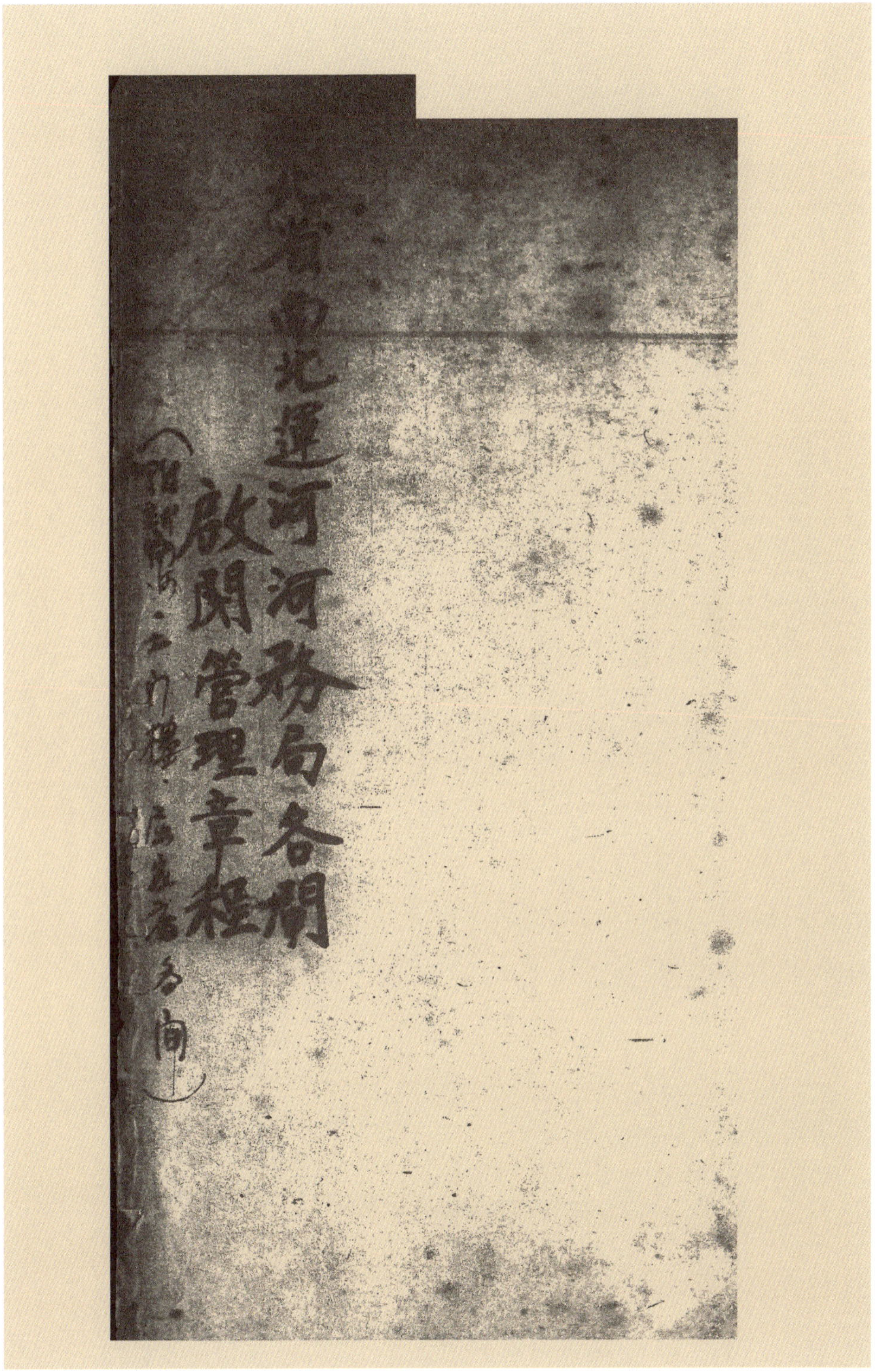

河北省南北运河河务局各闸启闭管理章程

河北省南北运河河务局编

1 册

民国二十九年（1940）

本文本是河北省南北运河河务局制定的运河减河闸口日常管理章程，以保障航运和灌溉民田用水。内容包括河北省南运河河务局靳官屯减河宣闸启闭暂行章程、捷地减河进水闸管理章程、筐儿港减河泄水闸管理章程、苏庄调节水量水闸启闭章程、河北省天津新开河泄水闸及耳闸管理章程、土门楼泄水闸启闭章程、屈家店各闸启闭章程。

运河漕运航路图

江西挽运图［漕河挽运图］

1 幅；26×1391cm

绘本

清乾隆年间（1736—1796）

本图采用山水画法，绘出了自江西经水路运粮入京之路线。

［南巡临幸胜迹图］

1 册；24×30cm

刻本

清（1616—1911）

原题名《江南名胜图》，系清乾隆下江南时所绘。绘制了乾隆南巡途经的江南风景名胜。

漕运通志

（明）杨宏 谢纯撰

8 册

刻本

明嘉靖七年（1528）

本书 8 行 22 字，白口，左右双边。主要采取了详今略古的手法，记述了从先秦至明朝嘉靖年间，特别是明代中期以前的江、淮、河、济泉、湖、塘、沟与漕运息息相关的变迁，洪、坝、闸、浅的修治及疏浚，岸程、驿递的延伸，同时以大量篇幅记载了历代漕政的实施，志中还特别记述了自永乐十二年（1414）到嘉靖三年（1524）各种漕运实例，对自汉至明有关漕运实施的各种建议都有重点介绍。书的后半部分还收录了大量有关漕运的大臣奏议、序记以及碑文等。《漕运通志》按照内容共划分为十卷，每一卷或者两卷包括一个主题。这种体例划分使全书显得层次分明，简明扼要。在卷前有一段 1600 多字的导论，主要介绍了从先秦到明朝嘉靖初年历代漕运的概况。导言下为漕渠图，绘制了从江苏扬州到北京的漕运路线图，这些地图绘制得十分详细，就连运河上的闸坝、庙宇、湖塘都有标记。杨宏，曾任指挥使署都督同知，曾管理漕运。谢纯，曾任海州知州。

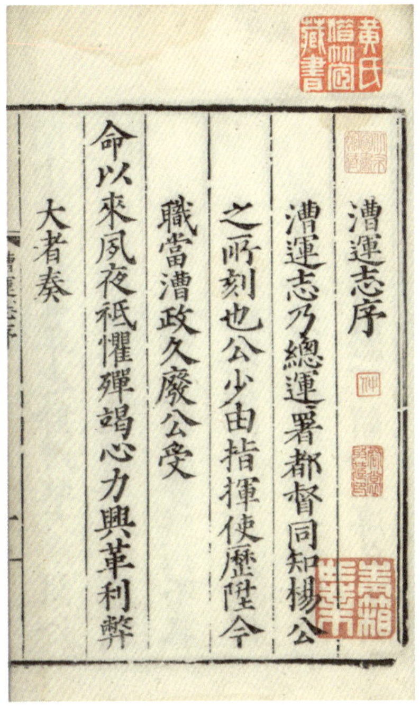
漕運志序
漕運志乃總運署都督同知楊公
之所刻也公少由指揮使歷陞今
職當漕政久廢公受
命以來夙夜祇懼殫竭心力興革利弊
大者奏

1

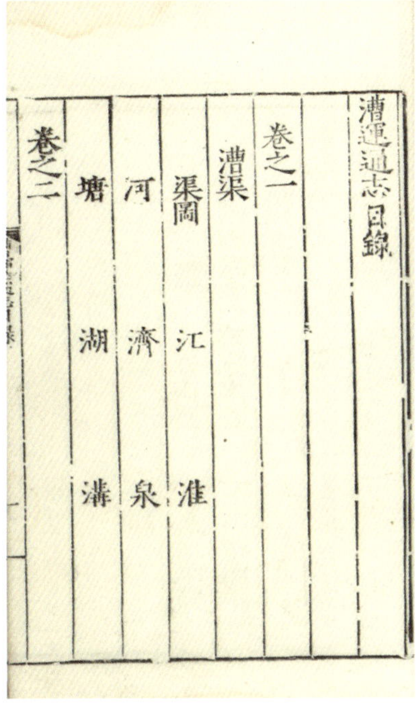
漕運通志目錄
卷之一
漕渠
渠圖 江 淮
河 濟 泉
塘 湖 溝
卷之二

2

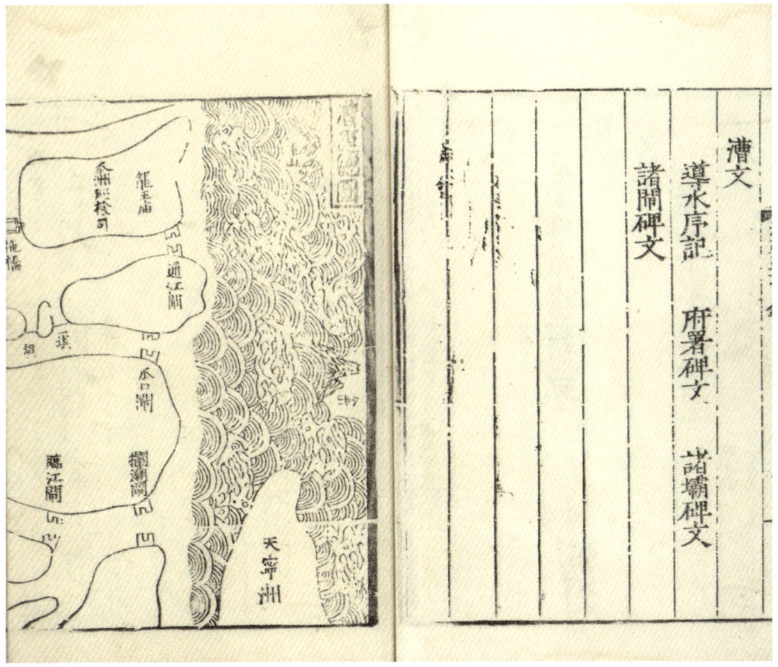
漕文
導水序記 府署碑文
諸閘碑文 諸壩碑文

3

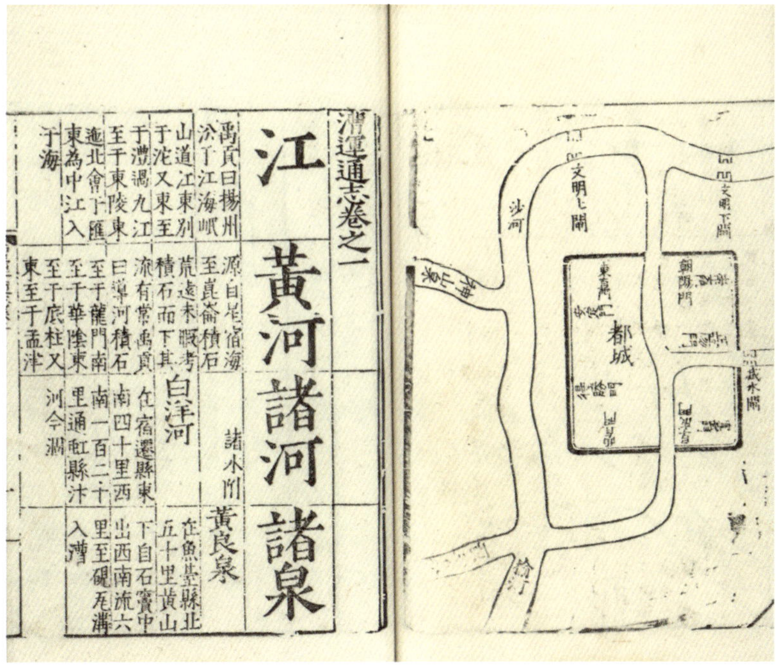
漕運通志卷之一
江 黄河 諸河 諸泉

4

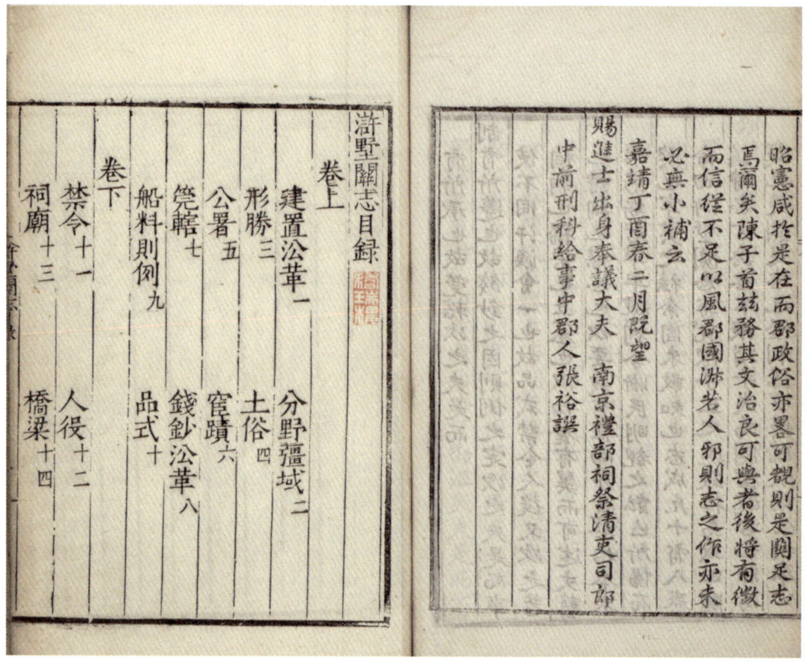

滸墅關志目錄

卷上

建置沿革一　分野疆域二

形勝三　土俗四

公署五　官蹟六

筦轄七　錢鈔沿革八

船料則例九　品式十

卷下

禁令十一　人役十二

祠廟十三　橋梁十四

昭憲咸於是在兩郡政俗亦畧可覩則是關足志焉爾矣陳子首茲務其文治良可與者後將有徵而信徑不足以風郡國游若人鄧則志之作亦未必無小補云

嘉靖丁酉春二月既望

賜進士出身奉議大夫南京禮部祠祭清吏司郎中前刑科給事中郡人張裕謹識

1

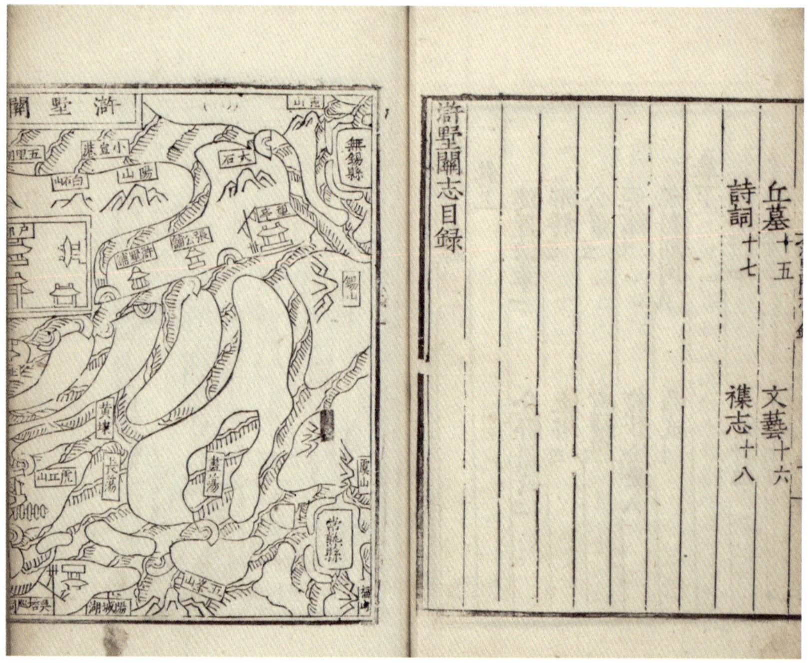

滸墅關志目錄

丘墓十五　文藝十六

詩詞十七　襍志十八

2

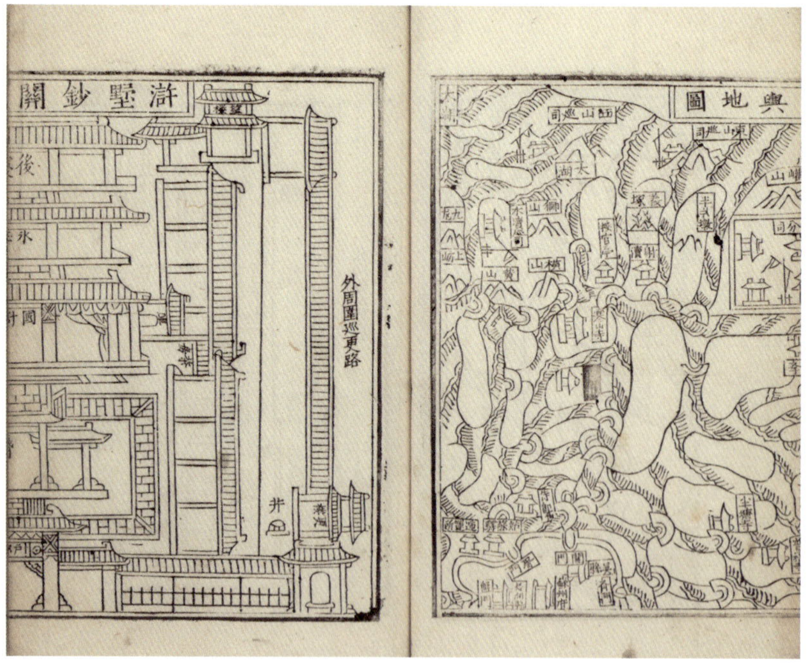

3

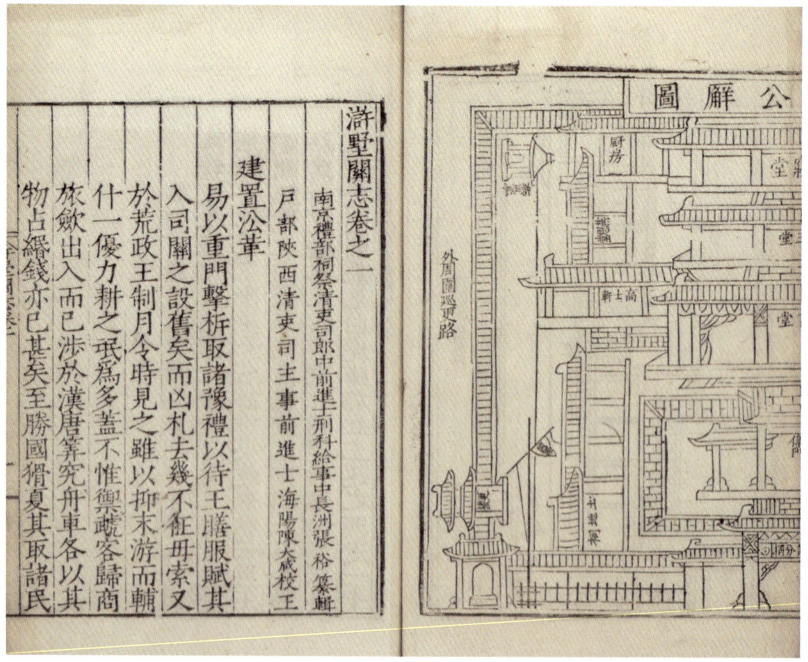

滸墅關志卷之一

南京禮部祠祭清吏司郎中前刑科給事中長洲張裕纂輯

戶部陝西清吏司主事前進士海陽陳大成校正

建置沿革

易以重門擊柝取諸豫禮以待王膳服賦其入司關之設舊矣而凶札去幾不征毋索又於荒政王制月令時見之雖以抑末游而輔什一優力耕之意為多蓋不惟禦暴戒客歸商旅歛出入而已涉於漢唐茶究舟車各以其物占緡錢亦已甚矣至勝國猶倚其取諸民

4

道光浒墅关志

（明）张裕撰

2 册

刻本

明嘉靖年间（1522—1566）

本书十八卷二册，10 行 20 字，白口，左右双边。浒墅关，现今隶属于江苏省苏州市虎丘区，具有两千多年的历史。明代建镇，为长洲县下辖。时明政府在此设关征税，因镇濒临运河，“上接瓜埠，中通大江，下汇吴会巨浸，以入于海”，为“十四省通衢之地”，地理位置十分重要。《嘉靖浒墅关志》首列张裕嘉靖十六年自序，卷一建置沿革，卷二分野疆域，卷三形胜，卷四土俗，卷五公署，卷六宦迹，卷七管辖，卷八钱钞沿革，卷九船料则例，卷十品式，卷十一禁令，卷十二人役，卷十三祠庙，卷十四桥梁，卷十五丘墓，卷十六文艺，卷十七诗词，卷十八集志。目次后附地图两幅，为浒墅关舆地图、浒墅钞关公廨图。此志涉及内容甚广，是研究明代运河及地方史的重要参考文献。张裕，字士宏，先祖为苏州府长洲县人。嘉靖八年（1529）中进士。嘉靖九年（1530），授刑科给事中。嘉靖十五年（1536），时任浒墅关主事聘时任给事中的张裕撰写关志。嘉靖十六年（1537）纂辑成《浒墅关志》二卷。张裕后曾任南京礼部郎中，官至湖北襄阳府知府。

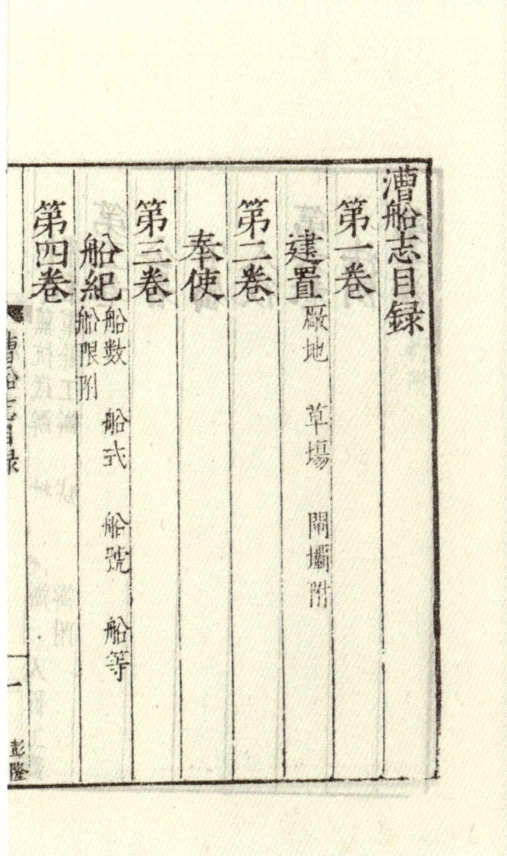
漕船志目録

第一卷

建置 厰地 草場 閘壩附

第二卷

奉使

第三卷

船紀 船數 船式 船號 船等 船限附

第四卷

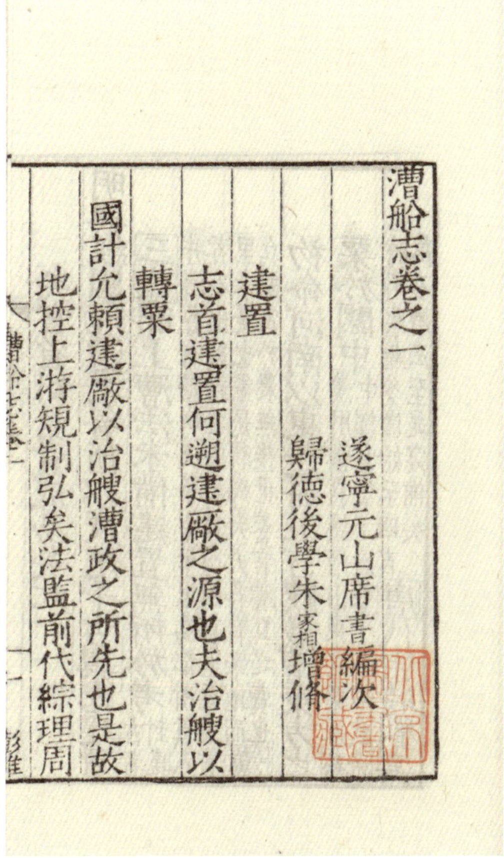
漕船志卷之一

遂寧元山席書編次

歸德後學朱家相增修

建置

志首建置何遡建廠之源也夫治艘以轉粟

國計允賴建廠以治艘漕政之所先也是故地控上游規制弘矣法監前代綜理周

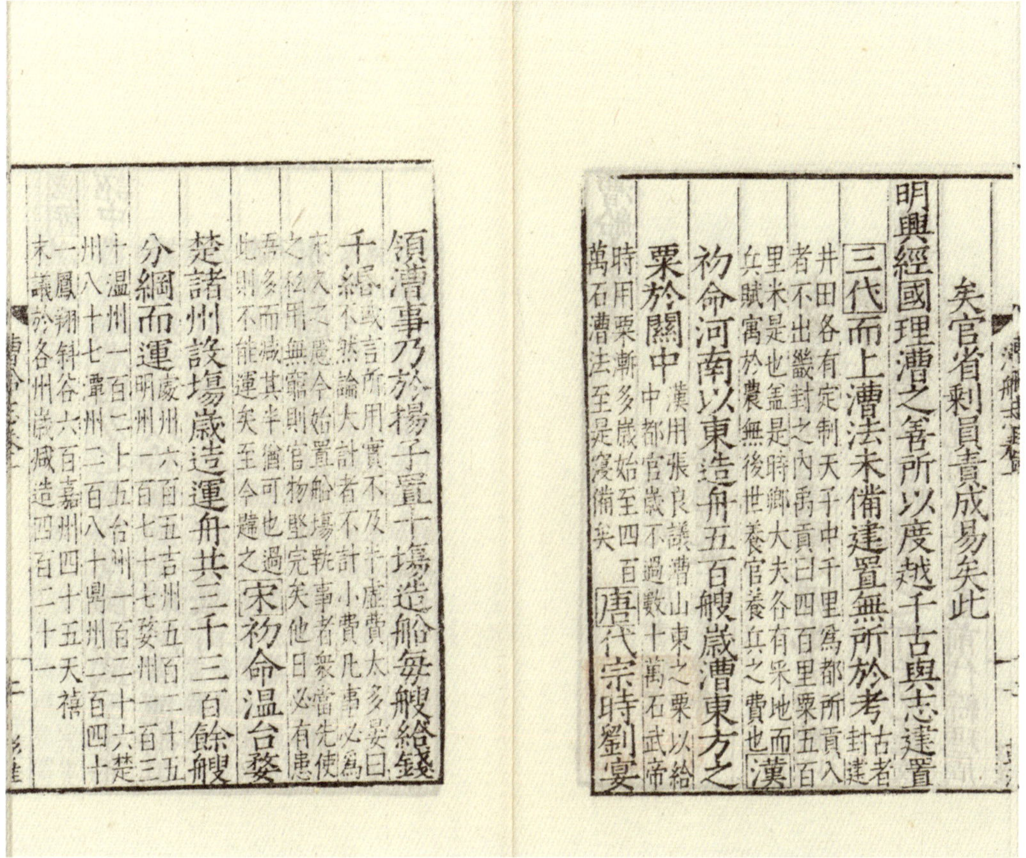

1　　2　　3

漕船志

（明）席书编 （明）朱家相增修

8 卷

玄览堂丛书影印本

民国三十年（1941）

本书八卷，8 行 18 字，小字双行同，白口，四周单边单鱼尾。序题增修清江漕船志，《漕船志》是记载明代漕船的一部专志。因所记以清江船厂为主，所以又名《清江漕船志》。国家图书馆藏民国三十年（1941）上海玄览居士辑《玄览堂丛书》本，是根据明嘉靖甲辰（二十三年）席书编次、朱家相增修刊本影印。全书有增修《漕船志》叙多篇，后列凡例，卷目为卷一建置，厂地、草场、闸坝附。卷二奉使。卷三船纪、船数、船式、船号、船等、船限附。卷四料额、芜杭岁办、抽分税办、人匠工办、军余工办、减存料办附。卷五公署、官属、人役。卷六法例。卷七兴革，条约附。卷八艺文。《漕船志》是研究明代漕运史的重要文献。

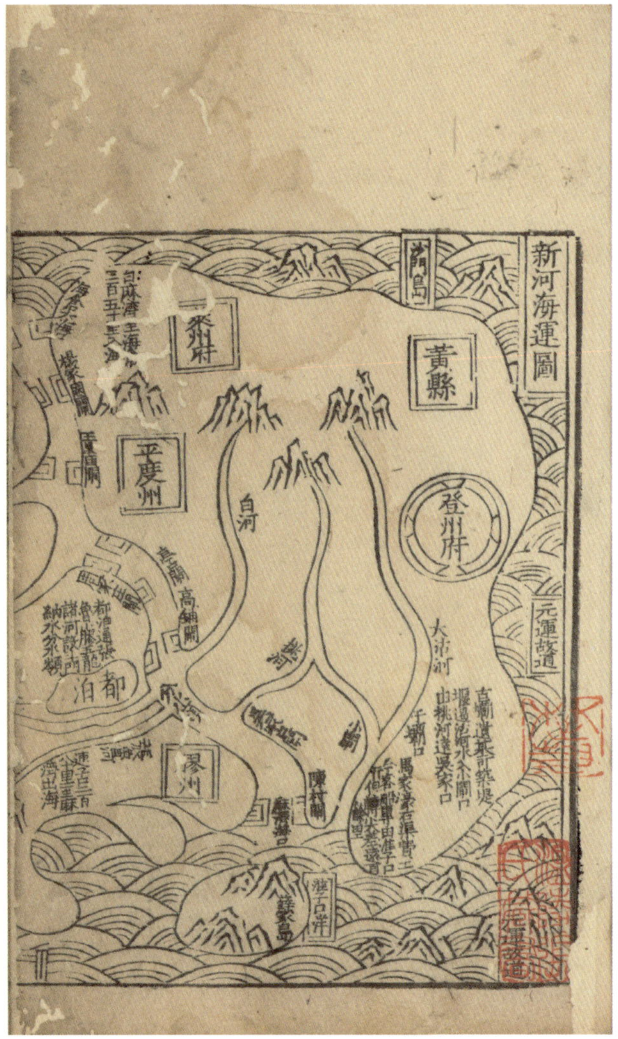

1

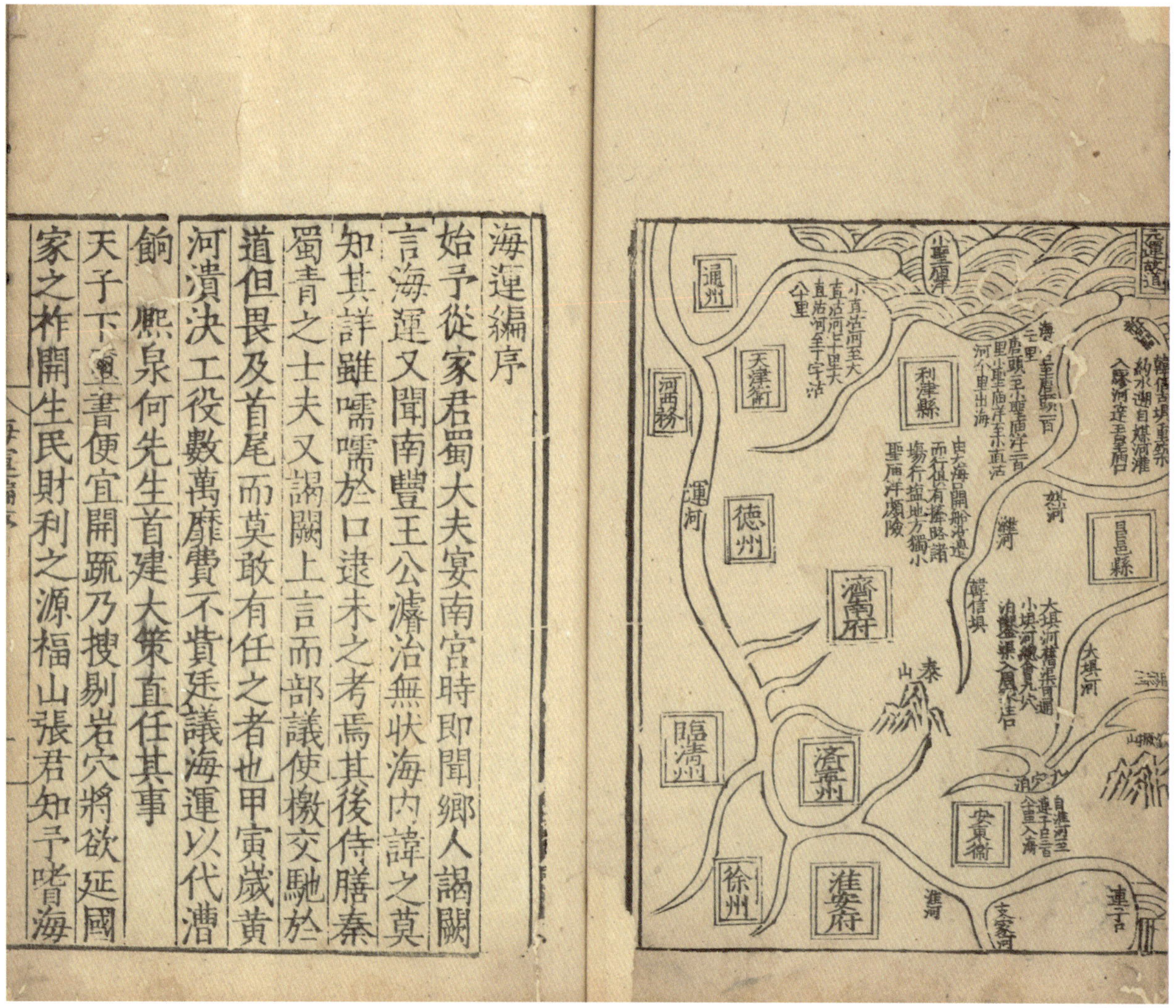

2

江浙行省兴复海道漕运记

1 卷

袁氏嘉趣堂刻本

明嘉靖二十九年至三十年（1550—1551）

本书 10 行 18 字，白口，左右双边。元代为节约运输成本，保证漕粮北上，逐渐形成南粮北运以海运为主、漕运为辅的运输方式。本书记载了元代江浙行省有关海运、漕运的治理方式和相关历史。

漕书

（明）张鸣凤撰

1卷

抄本

清（1616—1911）

本书专论漕运利弊，并提出一些改革漕运的建议，分八篇，曰漕政、漕司、漕军、漕河、漕海、漕船、漕仓、漕刑，力主海运之利。张鸣凤，字羽王，桂林人，嘉靖三十一年（1552）举人，曾任应天府（今江苏南京市）通判，后来谪迁四川利州保宁府（今四川阆中县），晚年回到家乡，著述以终。博学能文，著有《西迁注》《桂胜》《桂故》等。张鸣凤在官时，极关心漕运，如在应天府任通判时，他考察当地河流以及运输情况，写成此书。

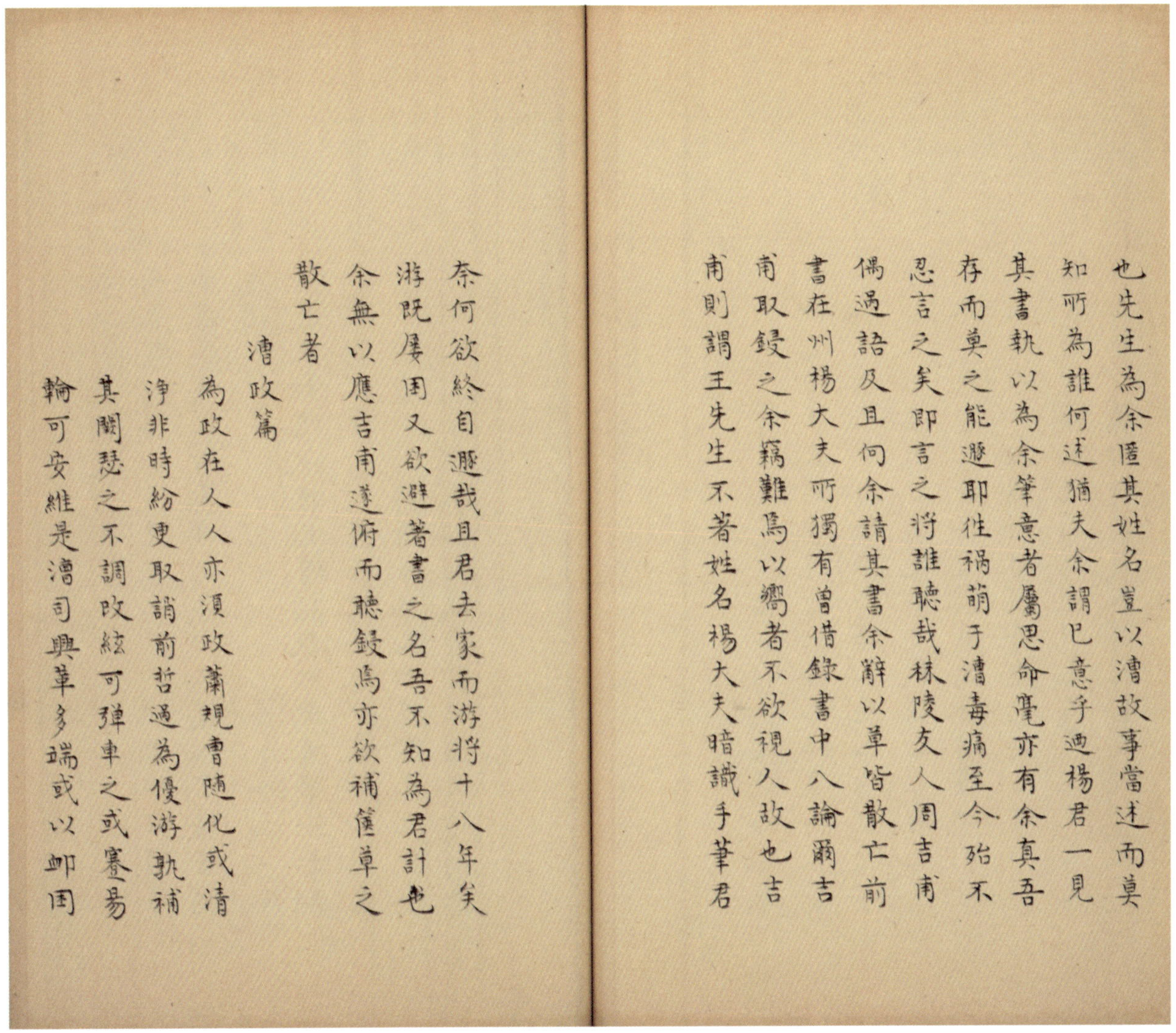

也先生為余匿其姓名豈以漕故事當述而莫知所為誰何述猶夫余謂已意乎適楊君一見其書執以為余筆意者屬思命毫亦有余真吾存而莫之能遁耶往禍萌于漕毒病至今殆不忍言之矣即言之將誰聽哉秣陵友人周吉甫偶過語及且問余請其書余辭以草皆散亡前書在州楊大夫所獨有曾借錄書中八論爾吉甫取錄之余竊難焉以嚮者不欲視人故也吉甫則謂王先生不著姓名楊大夫暗識手筆君奈何欲終自遁哉且君去家而游將十八年矣游既屢困又欲遁著書之名吾不知為君計也余無以應吉甫遂俯而聽錄焉亦欲補僅草之散亡者

漕政篇

為政在人人亦須政蕭規曹隨化或清淨非時紛更取誚前哲過為優游孰補其闕瑟之不調改絃可彈車之或蹇易輪可安維是漕司興革多端或以卹困

1

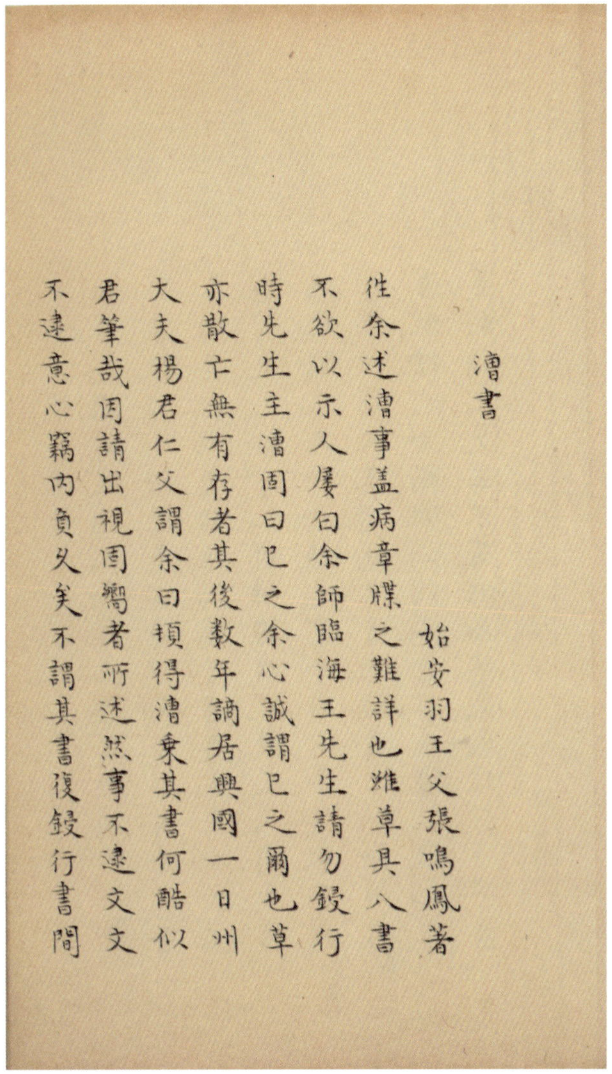

漕書

始安羽王父張鳴鳳著

往余述漕事蓋病章牒之難詳也雖草具八書不欲以示人屢白余師臨海王先生請勿錄行時先生主漕固曰已之余心誠謂已之爾也草亦散亡無有存者其後數年謫居興國一日州大夫楊君仁父謂余曰頃得漕史其書何酷似君筆哉因請出視固嚮者所述然事不逮文文不逮意心竊內負久矣不謂其書復錄行書間

2

太仓考

（明）刘斯洁撰

10 册

刻本

明万历八年（1580）

本书十卷，10 行 20 字，白口，四周单边。首列书序，卷一圣训、职官，卷二公署，卷三岁入，卷四、卷五岁支，卷六仓场，卷七边储，卷八水次仓，卷九银库事例，卷十供应。太仓库作为明代户部的仓廪府库机构，在维持京师、北边军镇的正常运转乃至维护地方安定等方面具有重大作用。《太仓考》记载了太仓职官公署设置，每年基本运营情况等方面，是研究明代财政经济的重要史料。刘斯洁，字莪山，顺天府昌平人，入易州籍。嘉靖二十六年（1547）进士。历任祠祭郎中、光禄寺卿。隆庆四年擢右副都御史、巡抚四川，平九丝蛮。万历六年（1578），巡抚江西。官至南京礼部尚书。

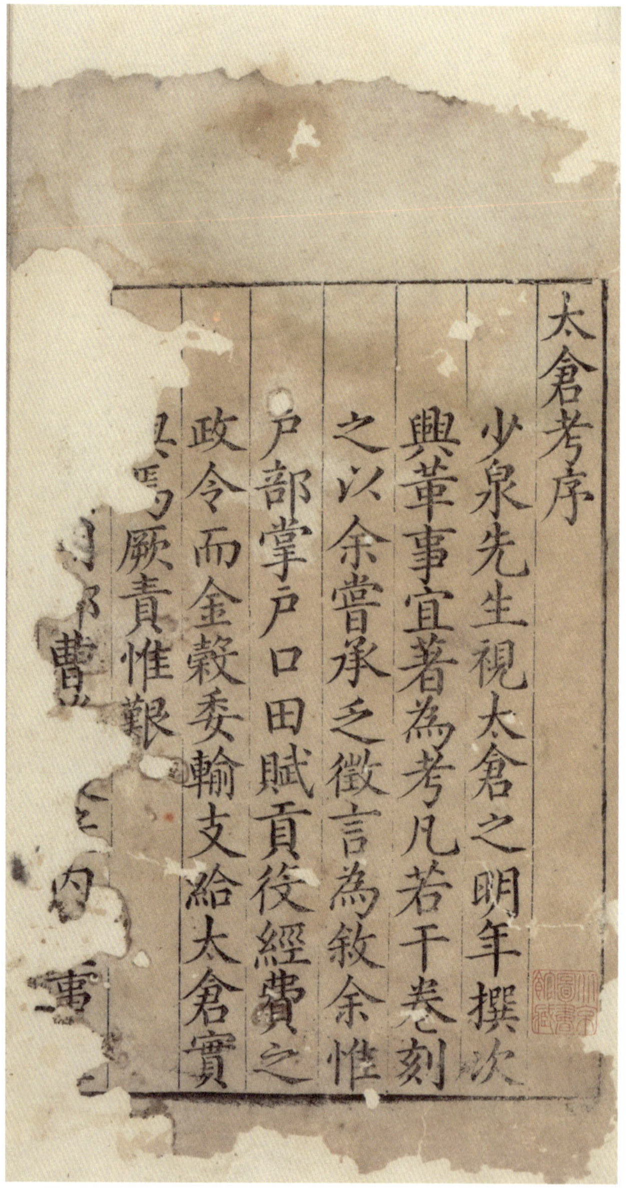
太倉考序
少泉先生視太倉之明年撰次
興革事宜著為考凡若干卷刻
之以余嘗承乏徵言為敘余惟
戶部掌戶口田賦貢役經費之
政令而金穀委輸支給太倉實
焉厥責惟艱

1

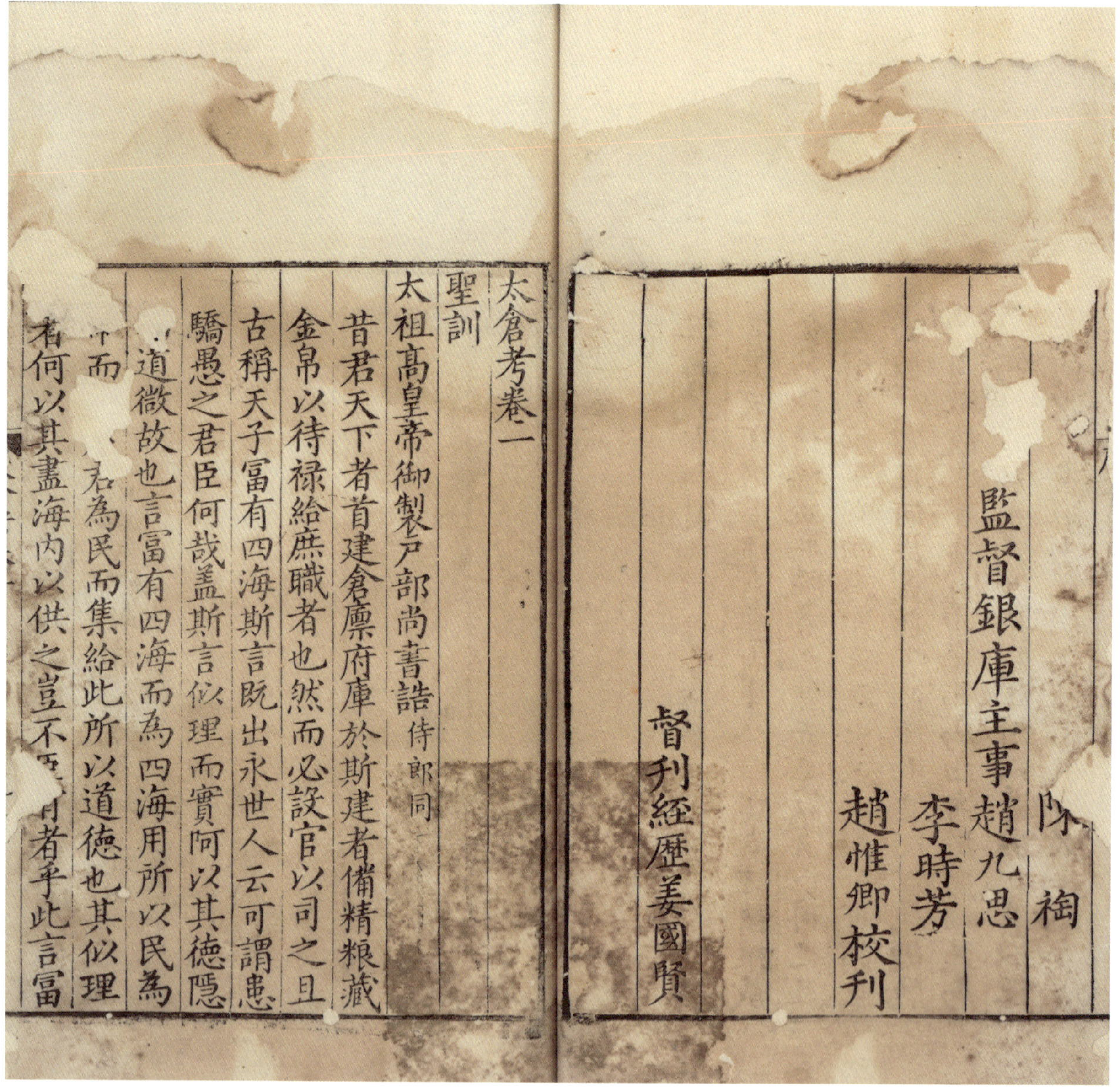
監督銀庫主事趙九思
李時芳
趙惟卿校刊
督刊經歷姜國賢

太倉考卷一
聖訓
太祖高皇帝御製戶部尚書誥侍郎同
昔君天下者首建倉廩府庫於斯建者備精粮藏
金帛以待祿給庶職者也然而必設官以司之且
古稱天子富有四海斯言既出永世人云可謂愚
驕愚之君臣何哉蓋斯言似理而實何以其德隱
道微故也言富有四海而為四海用所以民為
君為民而集給此所以道德也其似理
者何以其盡海內以供之豈不
者乎此言富

2

漕黄要览

（明）高捷撰

1 册

刻本

明（1368—1644）

本书二卷，是明代运河、黄河治水文献。高捷，万历四十一年（1613）进士，官至御史。《明史·艺文志》有载此书，今存卷二。

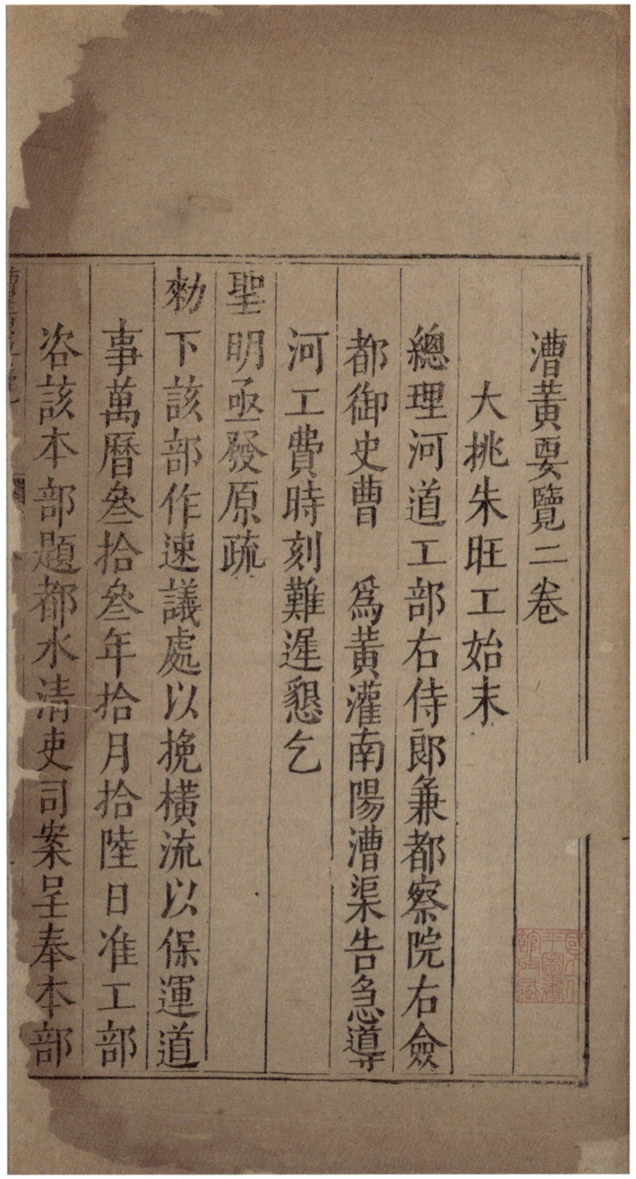
漕黃要覽二卷
大挑朱旺工始末
總理河道工部右侍郎兼都察院右僉
都御史曹　爲黃灌南陽漕渠告急導
河工費時刻難遲懇乞
聖明亟發原疏
勑下該部作速議處以挽横流以保運道
事萬曆叁拾叁年拾月拾陸日准工部
咨該本部題都水清吏司案呈奉本部

1

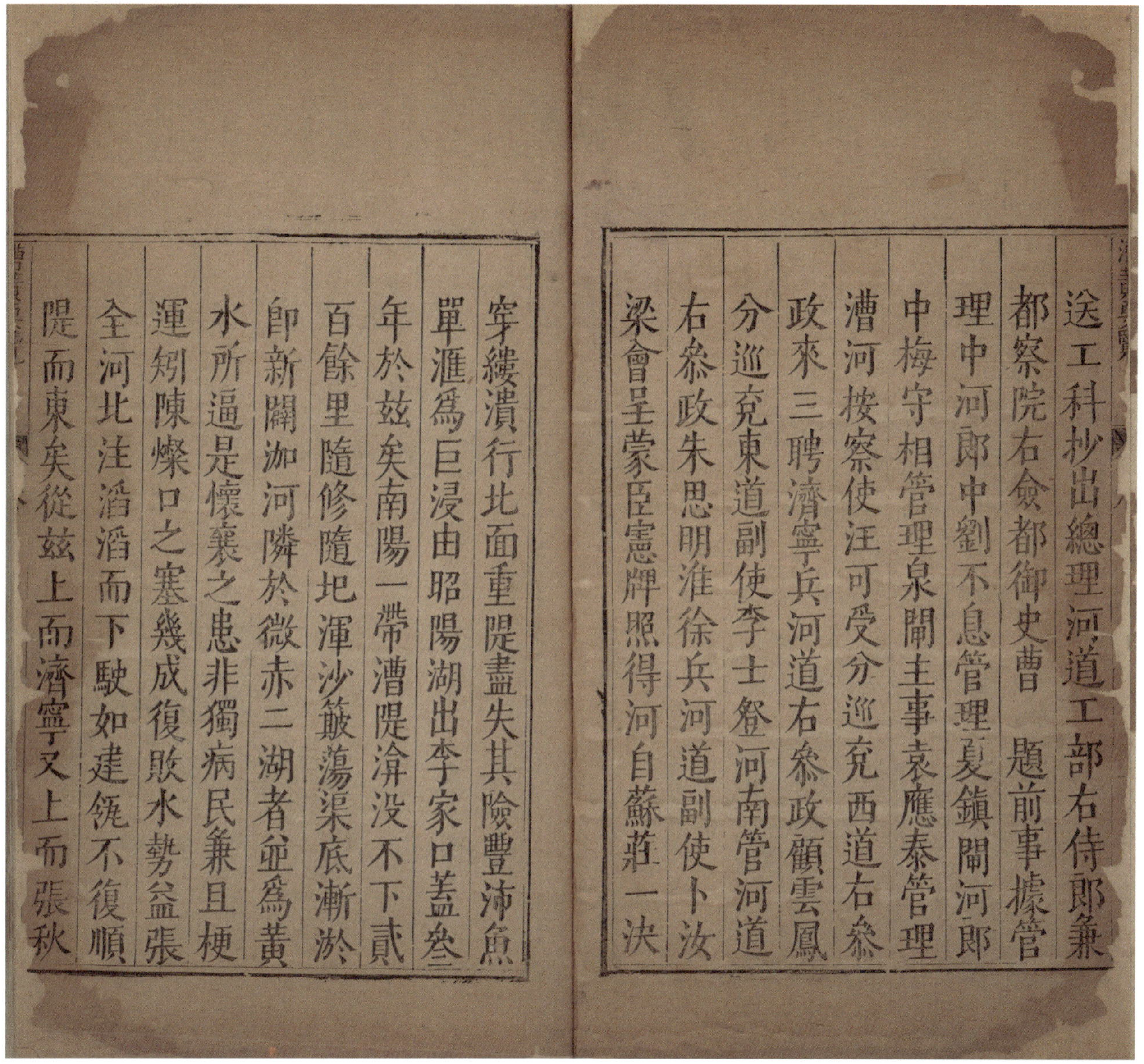
送工科抄出總理河道工部右侍郎兼
都察院右僉都御史曹　題前事據管
理中河郎中劉不息管理夏鎮閘河郎
中梅守相管理泉閘主事袁應泰管理
漕河按察使汪可受分巡兗西道右參
政來三聘濟寧兵河道右參政顧雲鳳
分巡兗東道副使李士登河南管河道
右參政朱思明淮徐兵河道副使卜汝
梁會呈蒙臣憲牌照得河自蘇莊一決
穿縷濆行北面重隄盡失其險豐沛魚
單淮爲巨浸由昭陽湖出李家口蓋叁
年於兹矣南陽一帶漕隄淤没不下貳
百餘里隨修隨圮渾沙蔽蕩渠底漸淤
即新闢泇河隣於微赤二湖者並爲黄
水所逼是懷襄之患非獨病民兼且梗
運矧陳燦口之塞幾成復敗水勢益張
全河北注滔滔而下駛如建瓴不復順
隄而東矣從兹上而濟寧又上而張秋

2

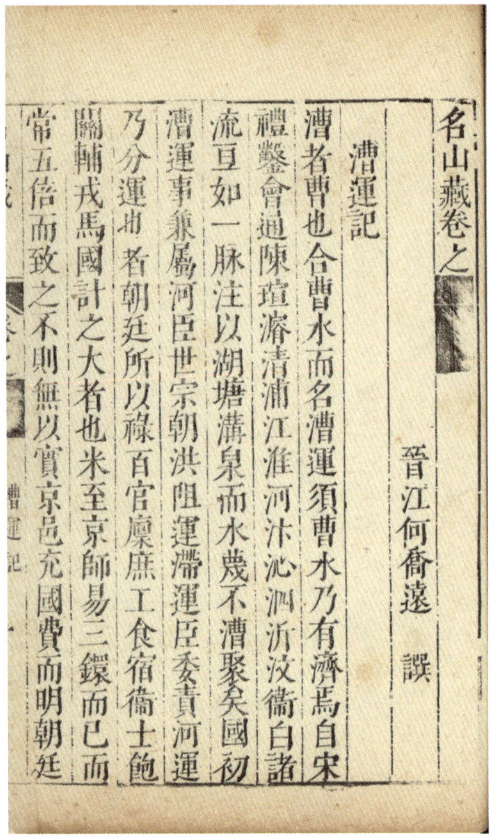

名山藏卷之
晉江何喬遠　譔
漕運記
漕者曹也合曹水而名漕運須曹水乃有濟焉自宋
禮鑿會通陳瑄濬清浦江淮河汴沁泗沂汶衛白諸
流亘如一脉注以湖塘溝泉而水幾不漕聚矣國初
漕運事兼屬河臣世宗朝洪阻運滯運臣委責河運
乃分運由者朝廷所以禄百官廩庶工食宿衞士飽
關輔戎馬國計之大者也米至京師易三鏹而已而
常五倍而致之不則無以實京邑充國費而明朝廷
名山藏　漕運記　一

1

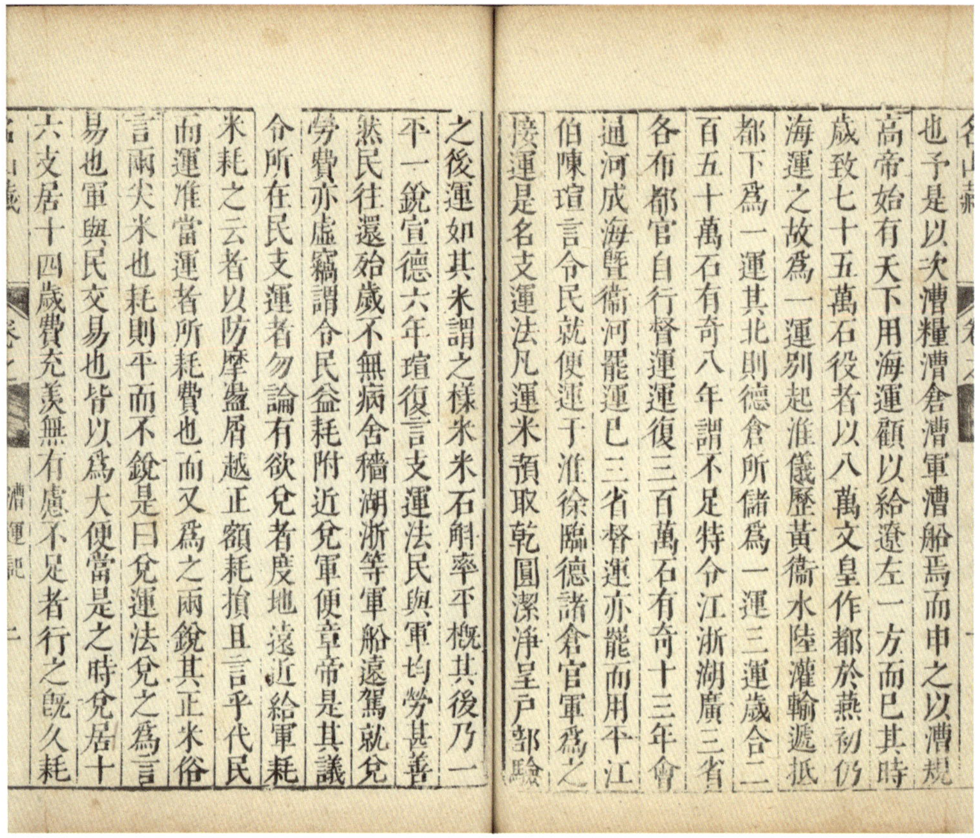

名山藏　漕運記　二
也予是以次漕糧漕倉漕軍漕船焉而申之以漕規
高帝始有天下用海運顧以給遼左一方而已其時
歲致七十五萬石役者以八萬文皇作都於燕初仍
海運之故爲一運别起淮儀歷黄衛水陸灌輸遞抵
都下爲一運其北則德倉所儲爲一運三運歲合二
百五十萬石有奇八年謂不足特令江浙湖廣三省
各布都官自行督運運復三百萬石有奇十三年會
通河成海暨衛河罷運已三省督運亦罷而用平江
伯陳瑄言令民就便運于淮徐臨德諸倉官軍爲之
遞運是名支運法凡運米預取乾圓潔淨呈戶部驗
之後運如其米謂之樣米米石斛率平槪其後乃一
平一銳宣德六年瑄復言支運法民與軍均勞甚善
然民往還殆歲不無病舍稽湖浙等軍船遠駕就兌
勞費亦虚竊謂令民益耗附近兌軍便章帝是其議
令所在民支運者勿論有欲兌者度地遠近給軍耗
米耗之云者以防摩蟲屑越正額耗損且言乎代民
而運准當運者所耗費也而又爲之兩銳其正米俗
言兩尖米也耗則平而不銳是曰兌運法兌之爲言
易也軍與民交易也皆以爲大便當是之時兌居十
六支居十四歲費充羨無有虞不足者行之既久耗

2

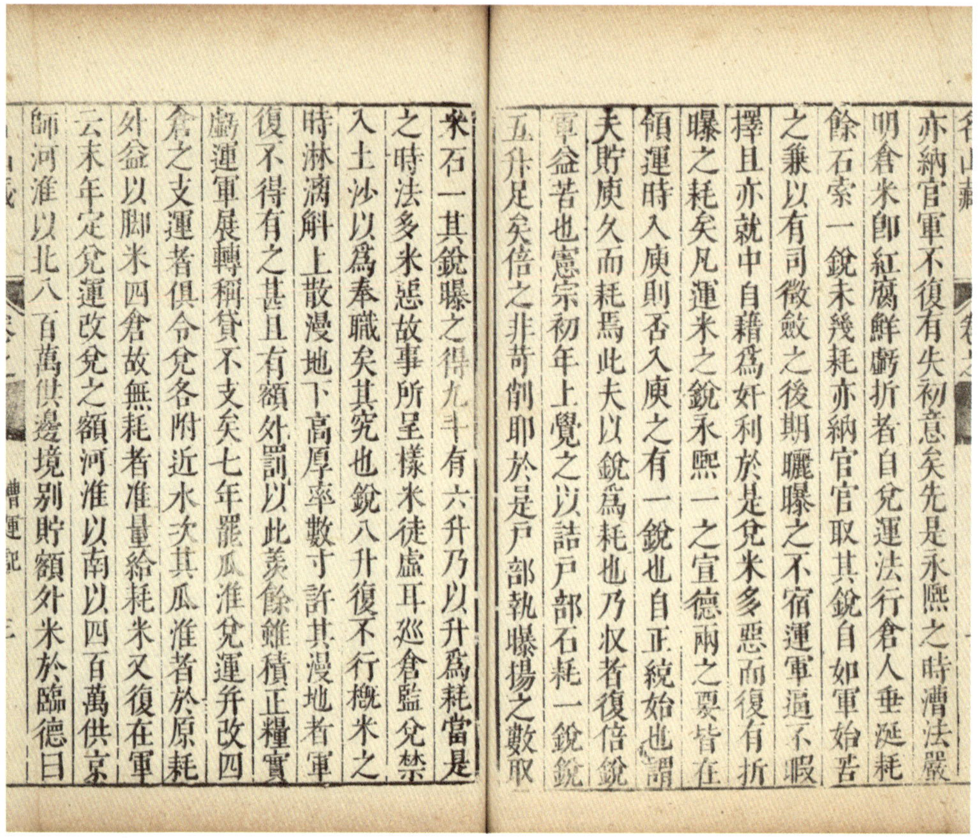

名山藏　漕運記　三
米石一其銳曝之得九斗有六升乃以升爲耗當是
之時法多米惡故事所呈樣米徒虚耳巡倉監兌禁
入土沙以爲奉職矣其究也銳八升復不行槪米之
時淋漓斛上散漫地下高厚率數寸許其漫地者軍
復不得有之甚且有額外罰以此羨餘雖積正糧實
虧運軍展轉稱貸不支矣七年罷瓜淮兌運并改四
倉之支運者俱令兌各附近水次其瓜淮者於原耗
外益以脚米四倉故無耗者准量給耗米又復在軍
云末年定兌運改兌之額河淮以南以四百萬供京
師河淮以北八百萬供邊境别貯額外米於臨德曰
亦納官軍不復有失初意矣先是永熙之時漕法嚴
明倉米即紅腐鮮虧折者自兌運法行倉人垂涎耗
餘石索一銳未幾耗亦納官官取其銳自如軍始苦
之兼以有司徵斂之後期饟曝之不宿運軍過不暇
擇且亦就中自藉爲奸利於是兌米多惡而復有折
曝之耗矣凡運米之銳永熙一之宣德兩之要皆在
領運時入廒則否入廒之有一銳也自正統始也謂
夫貯廒久而耗焉此夫以銳爲耗也乃收者復倍銳
軍益苦也憲宗初年上覺之以詰戶部石耗一銳銳
五升足矣倍之非苛削耶於是戶部執曝揚之數取

3

漕运记

（明）何乔远撰

1 卷

刻本

明崇祯年间（1628—1644）

本书 10 行 20 字，白口，四周单边，单鱼尾。属名山藏一百九卷之第 50 卷，第 31 册。分门别类编排梳理明代漕粮、漕仓、漕军、漕船等方面的史料。何乔远是明代著名方志史学家，治史敢于秉笔直书，发表自己独特见解。

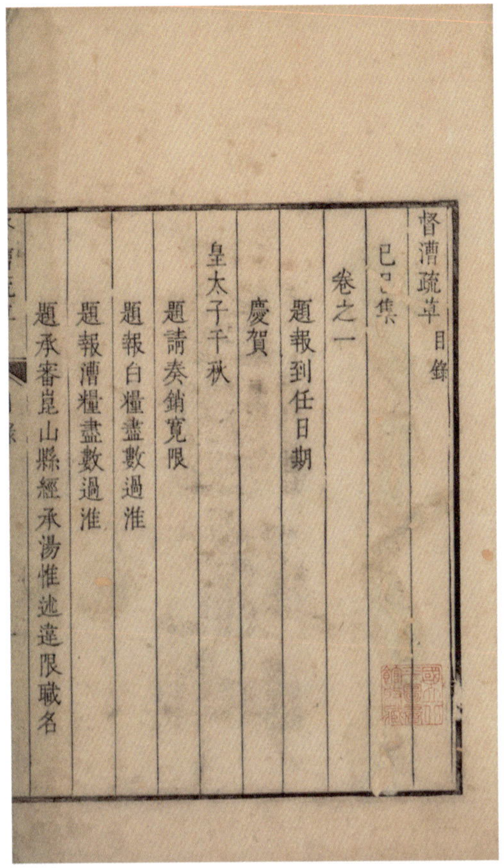

1

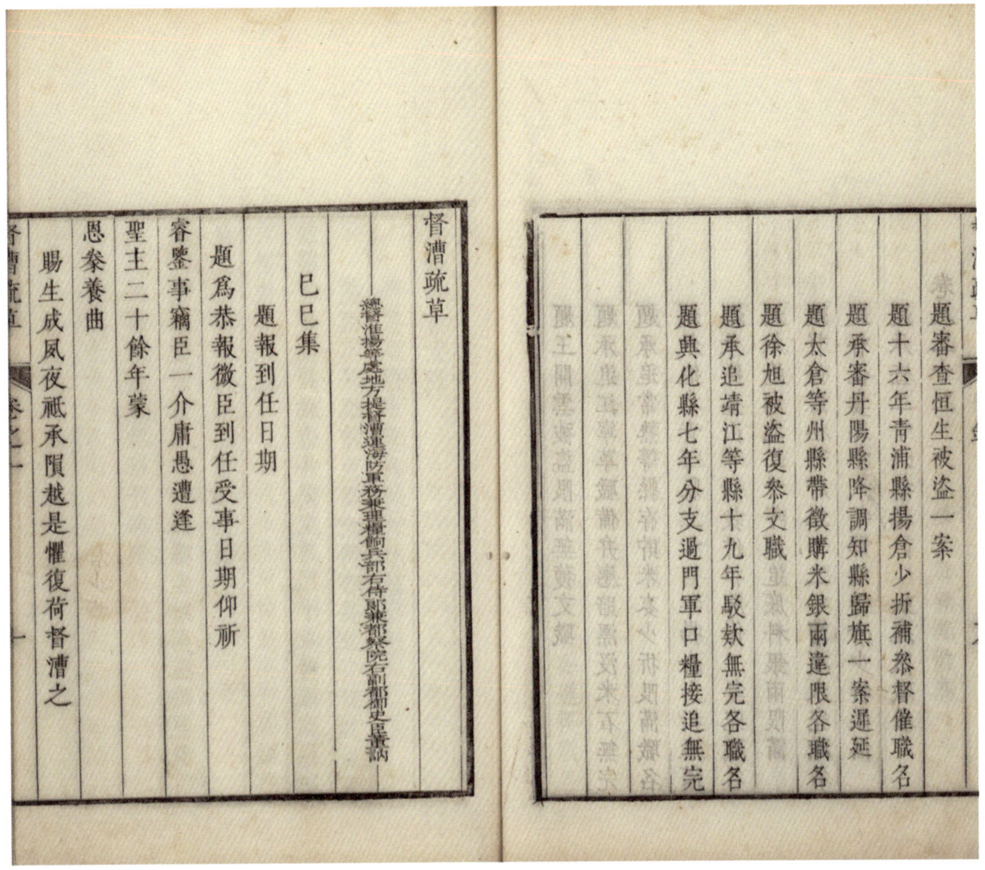

2

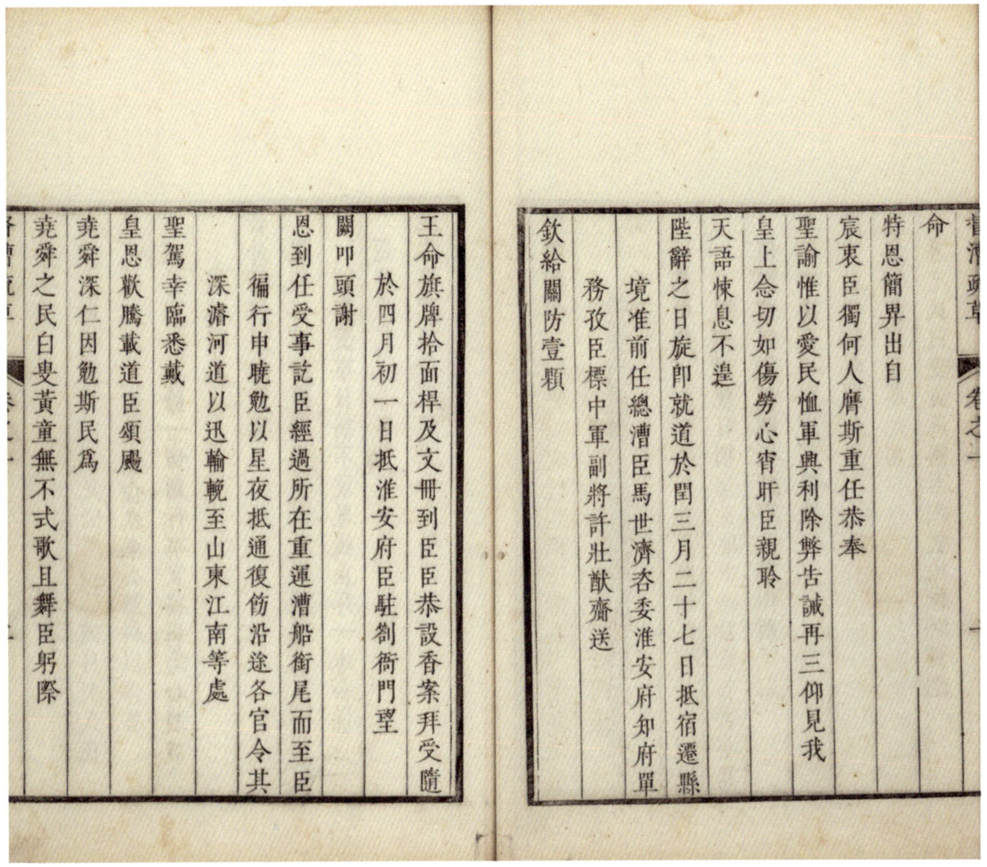

3

督漕疏草

（清）董讷撰

22 册

刻本

清康熙年间（1662—1722）

本书 10 行 20 字，白口，左右双边。全书收录董讷任漕运总督时的奏疏，《四库全书总目》评之为“皆吏牍之文”。按时间顺序记载自康熙二十八年（1689）四月至康熙三十年（1690）十二月，共二十二卷，三百二十一篇。《督漕疏草》全面记录了董讷作为漕运总督三年的工作状况，系统地反映了当年漕政的基本情形，基本反映董讷治漕的理念、思想和为政主张。该书也是一部系统的记载清代漕政全程的资料集，对于漕运总督职责、职权和漕务运作的各个方面，及漕项征收、追欠、漕船督造、起运及奏销等各个环节，均有详细的反映，是研究清代康熙年间漕运制度的重要参考资料。董讷，字兹重，号默庵，山东平原人。清康熙六年（1667）进士，官至两江总督。《清史稿》评价“为政持大体，有惠于民”，著有《柳村诗集》《华管集》等。

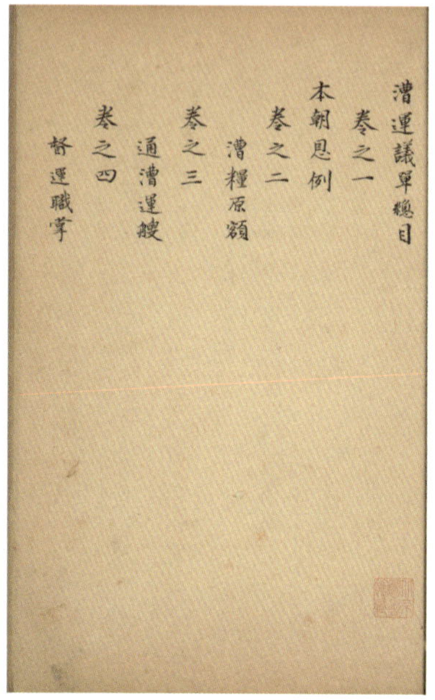

1

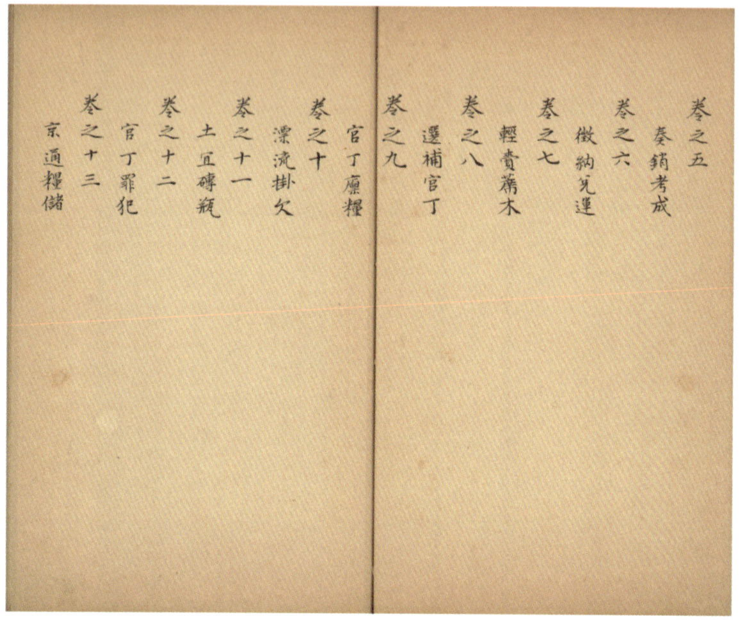

2

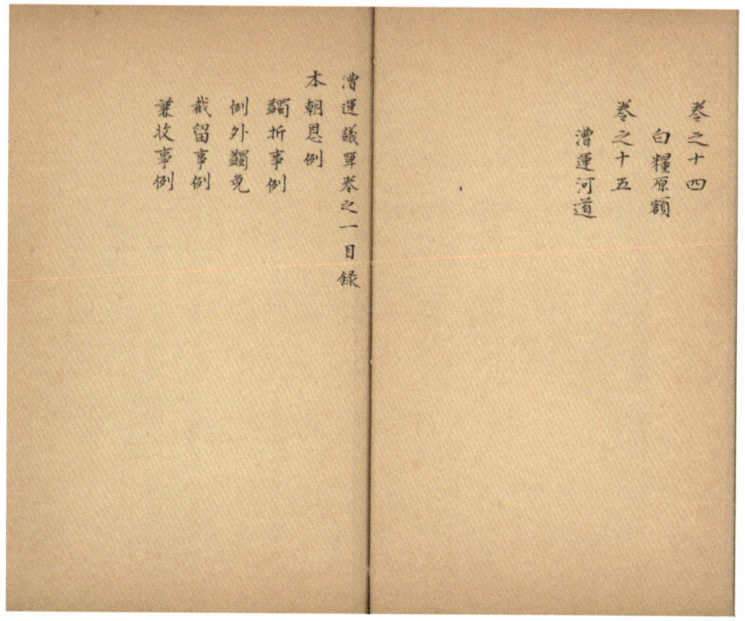

3

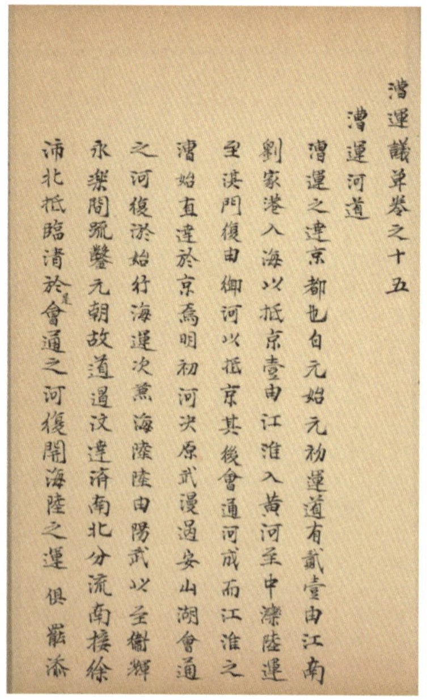

4

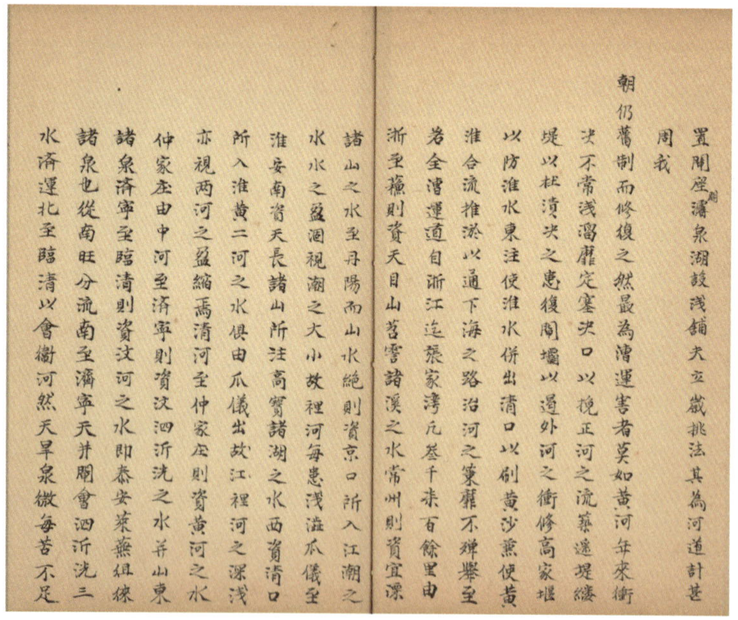

5

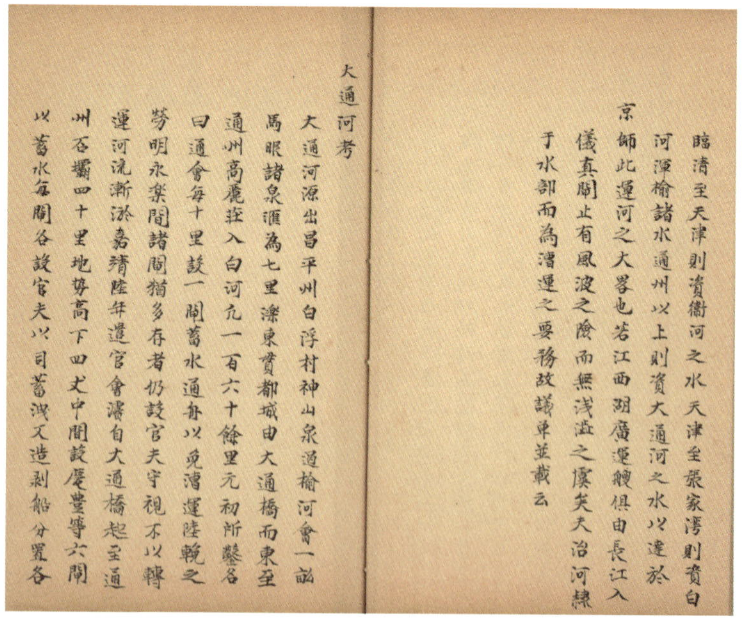

6

漕运议单

10 册

抄本

清（1644—1911）

本书 9 行 22 字，无格。清代户部所存，作者不详。所记漕运状况主要集中在顺治康熙两朝。共分为十五卷，内容涉及国家漕运诏令、漕粮、漕军、漕仓、漕船、漕费等诸多方面，是了解清代前期国家漕运政策的重要著作，具有较高的史料价值。

北新关志

（清）许梦闳纂修

6 册

抄本

清雍正九年（1731）

本书为清雍正九年（1731）抄本，十六卷，卷首一卷，六册。卷首为凡例、公署图、四境图、四境图说。卷一建置，卷二命遣，卷三禁令，卷四课额，卷五法制，卷六利弊，卷七钤辖，卷八公署，卷九宦迹，卷十人役，卷十一季钞，卷十二备考，卷十三税则，卷十四船则，卷十五记、碑、序、赋、诗、对联。卷十六告示、旧序。北新关是运河南端的关口，也是清代户部税关。因为北新关是杭州城连接运河的主要港口，具有“南通闽粤，西跨豫章，北连吴会，为往来孔道”的地理优势，所以为北新关纂修专志，是研究雍正年间运河河道、经济赋税、杭州城史等方面的一手资料。许梦闳雍正七年（1729），以织造管北新关监督。本书即为作者在任时，对原有关志重新修订而成。

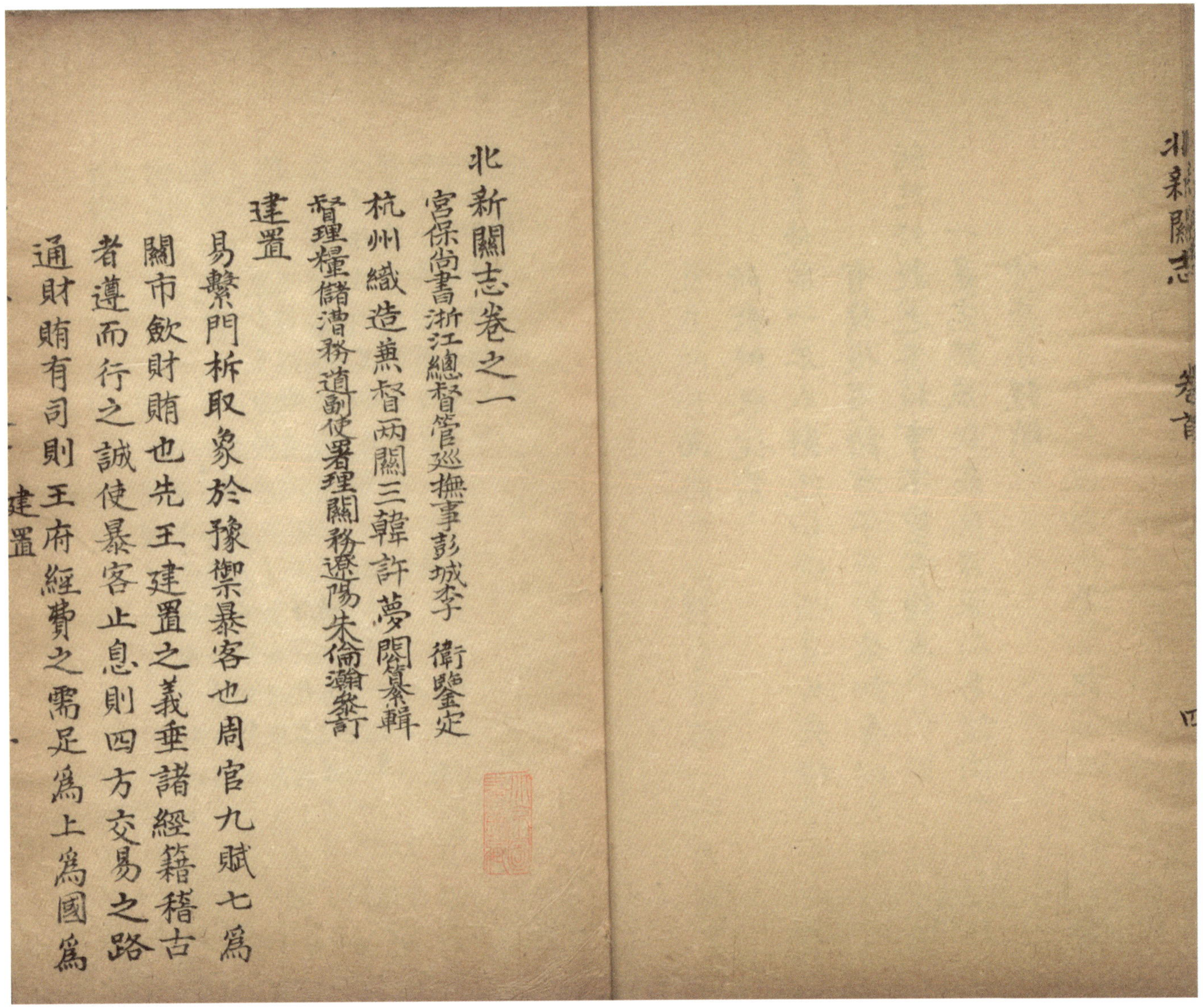
北新關志卷之一
宮保尚書浙江總督管巡撫事彭城李 衛鑒定
杭州織造兼督兩關三韓許 夢閎纂輯
督理糧儲漕務道副使署理關務遼陽朱倫瀚參訂
建置
易繫門柝取象於豫禦暴客也周官九賦七爲
關市斂財賄也先王建置之義垂諸經籍稽古
者遵而行之誠使暴客止息則四方交易之路
通財賄有司則王府經費之需足爲上爲國爲

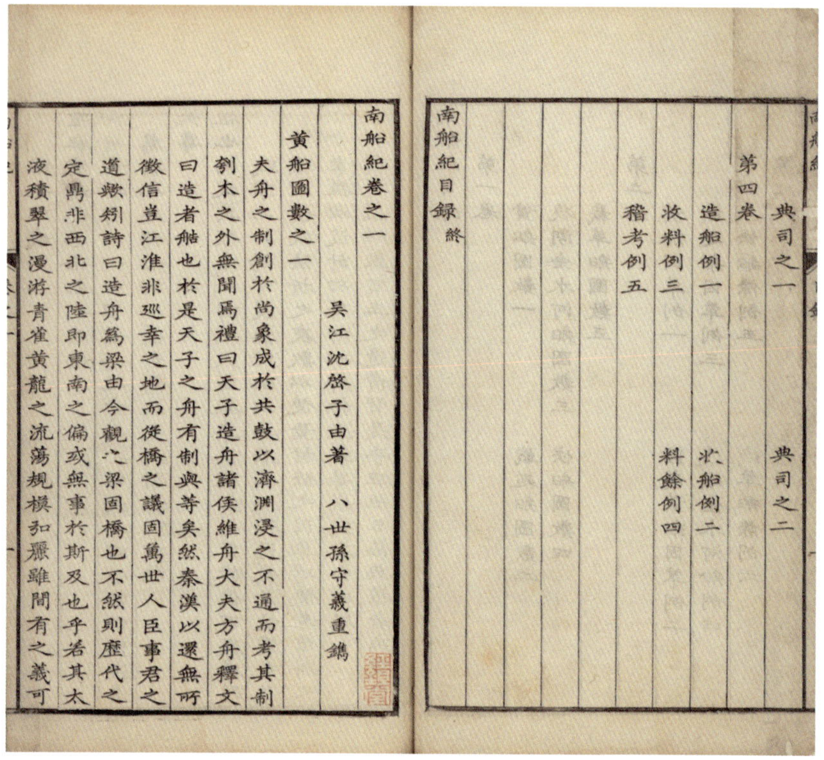
典司之一　典司之二
第四卷
造船例一　收船例二
收料例三　料餘例四
稽考例五
南船紀目錄終

南船紀卷之一
吳江沈啓子由著　八世孫守義重鐫
黃船圖數之一
夫舟之制創於尚象成於共鼓以濟澗浸之不通而考其制
刳木之外無聞焉禮曰天子造舟諸侯維舟大夫方舟釋文
曰造者船也於是天子之舟有制與等矣然秦漢以還無所
徵信豈江淮非巡幸之地而從橋之議固萬世人臣事君之
道歟劉詩曰造舟爲梁由今觀之梁固橋也不然則歷代之
定鼎非西北之陸即東南之偏或無事於斯及也乎若其太
液積翠之漫游青雀黃龍之流蕩規模知廢雖間有之義可

1

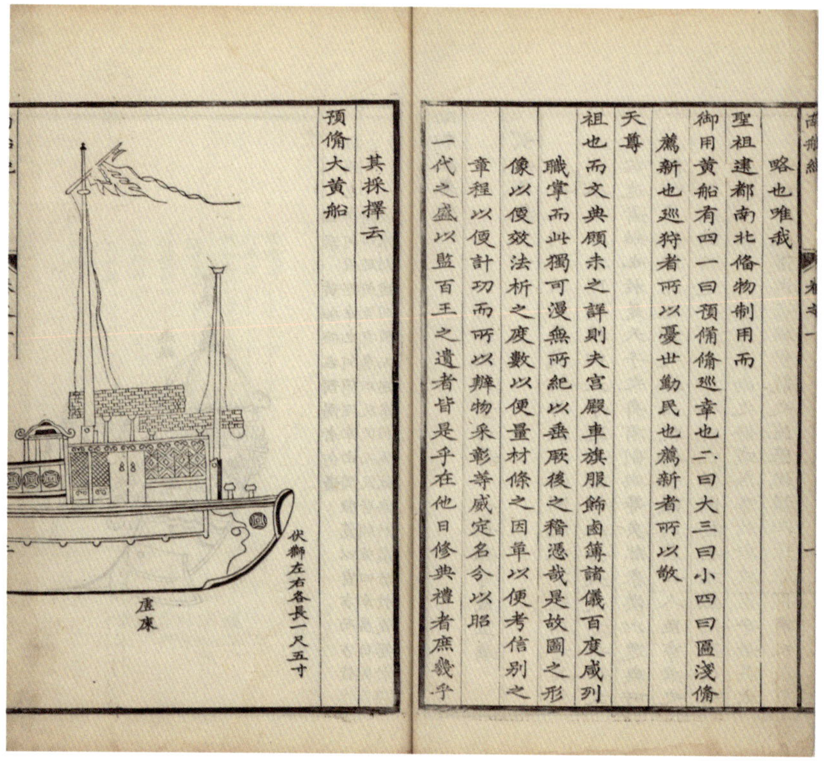
略也唯我
聖祖建都南北備物制用而
御用黃船有四一曰預備備巡幸也二曰大三曰小四曰匾淺備
薦新也巡狩者所以憂世勤民也薦新者所以敬
天尊
祖也而文典顧未之詳則夫宮殿車旗服飾鹵簿諸儀百度咸列
職掌而此獨可漫無所紀以垂厥後之稽憑哉是故圖之形
像以便效法析之度數以便量材條之因革以便考信別之
章程以便計功而所以辨物采彰等威定名令以昭
一代之盛以監百王之遺者皆是乎在他日修典禮者庶幾乎

其採擇云
預備大黃船

2

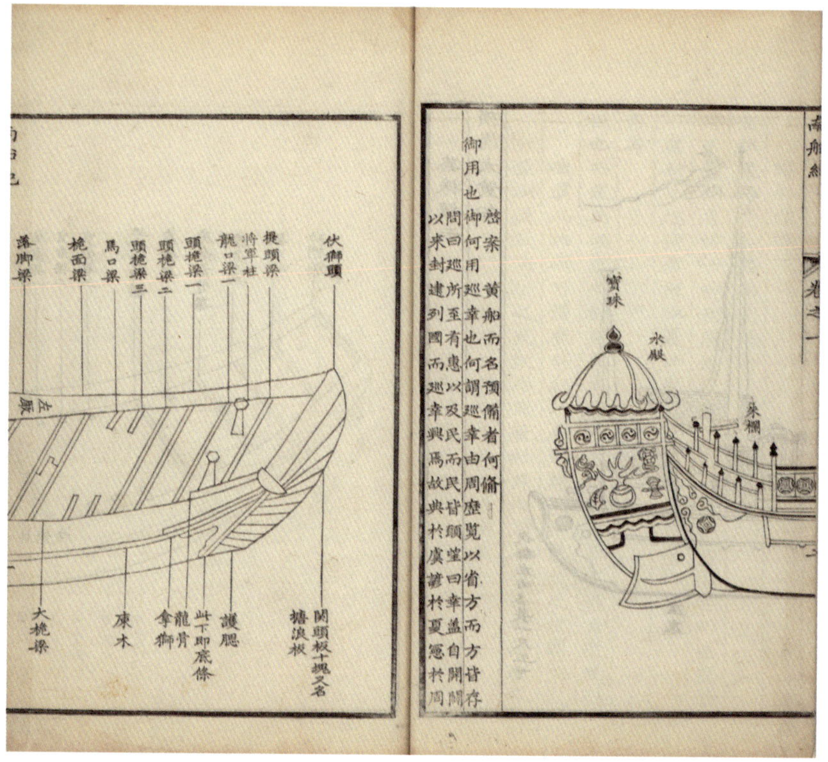

啓案黃船而名預備者何備
御用也御何用巡幸也何謂巡幸由周歷覽以省方而方皆存
問曰巡所至有惠以及民而民皆願望曰幸蓋自開闢
以來封建列國而巡幸興焉故典於虞謨於夏憲於周

3

南船纪

（明）沈啓撰

2 册

刻本

清乾隆六年（1741）

本书为（明）沈啓撰，八世孙沈守义据家藏本重刻本，四卷二册，10 行 25 字，白口，四周单边。本书主要记载明朝的造船工料定额，内容详尽。全书分为四卷，卷一为黄船图数、载巡船图数、后湖金水河船图数、快船图数、裁革船图数，即各类型造船构造说明。卷二为黄船因革例、匾浅黄船因革例、载巡船因革例、后湖金水河船例、马快船条例、裁革船条例，即各类型船的规制及沿革情况。卷三为典司，即造船职官设置。卷四为造船例、收船例、收料例、料余例、稽考例，即造船用料做法等。本书是记录明代造船技术和水运观念的重要文献。沈啓，江苏吴江人，明代政治家、水利和造船专家。嘉靖年间进士，曾任南京工部营缮司主事。学问渊博，精于《易》，一生著作丰富，著有《南船纪》《吴江水利考》等。

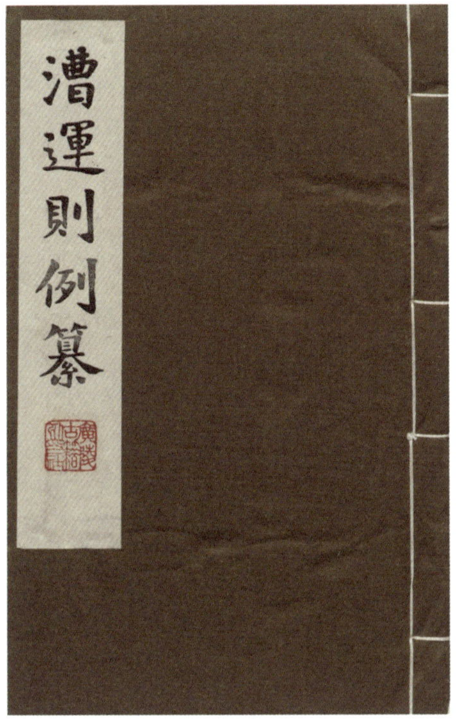

1

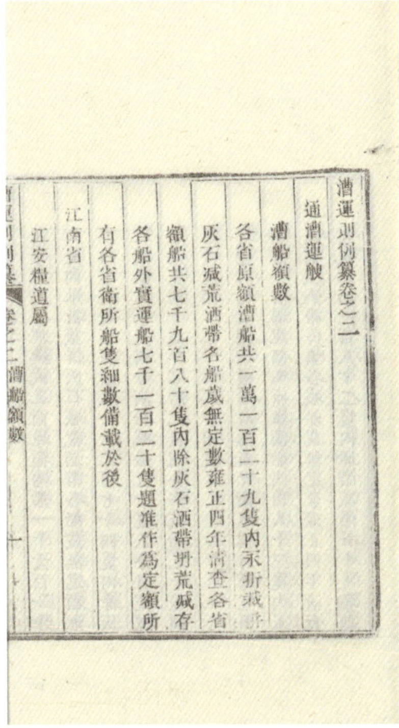

2

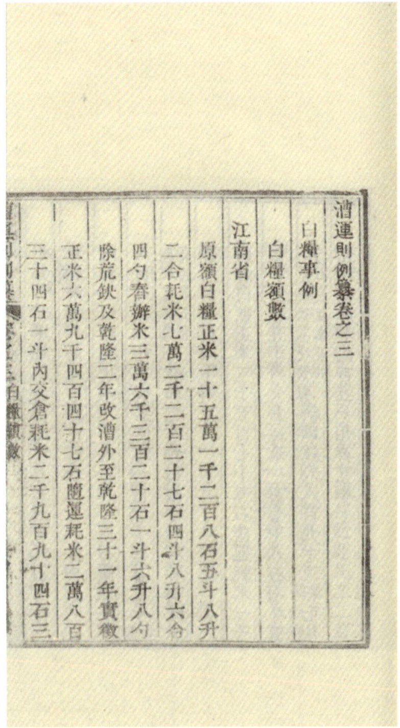

3

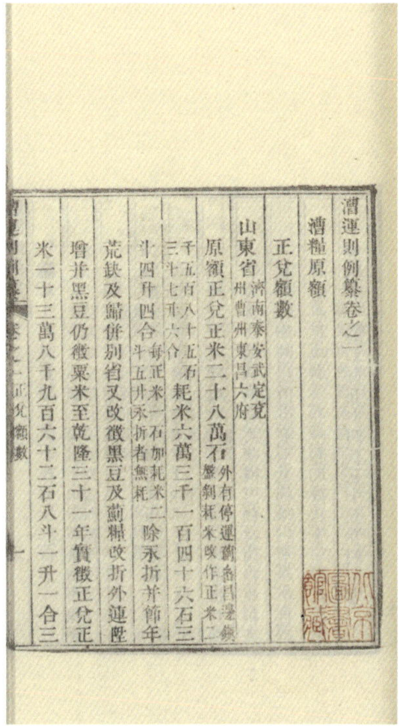

4

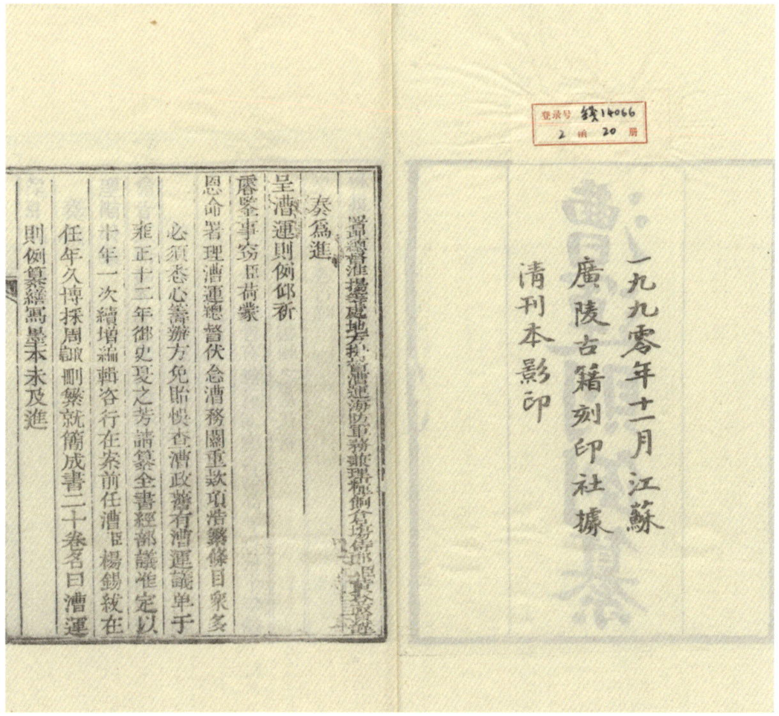

5

漕运则例纂

（清）杨锡绂纂

20 册

影印本

1990 年

本书以《漕运全书》为蓝本，并兼采《会典》及吏兵二部则例与本人任内奏请准行之件，共 20 卷，是清代漕运方面之典制、规则汇编。该书分类列款编排事例，仍沿《漕运全书》体例，计分 17 类、113 款。杨锡绂，字方来，号兰畹，江西清江（今樟树市）人。雍正五年（1727）进士，授吏部主事，累迁郎中、贵州道监察御史、广西巡抚、湖南巡抚。

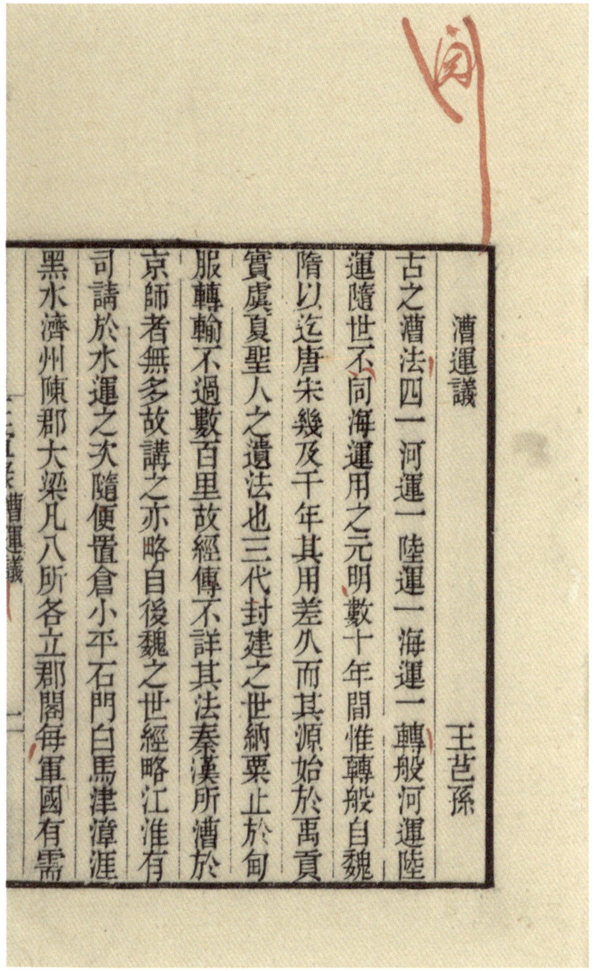
漕運議　　王芑孫
古之漕法四一河運一陸運一海運一轉般河運陸
運隨世不同海運用之元明數十年間惟轉般自魏
隋以迄唐宋幾及千年其用差久而其源始於禹貢
實虞夏聖人之遺法也三代封建之世納粟止於甸
服轉輸不過數百里故經傳不詳其法秦漢所漕於
京師者無多故講之亦略自後魏之世經略江淮有
司請於水運之次隨便置倉小平石門白馬津漳涯
黑水濟州陳郡大梁凡八所各立郡閣每軍國有需
王芑孫漕運議　一

1

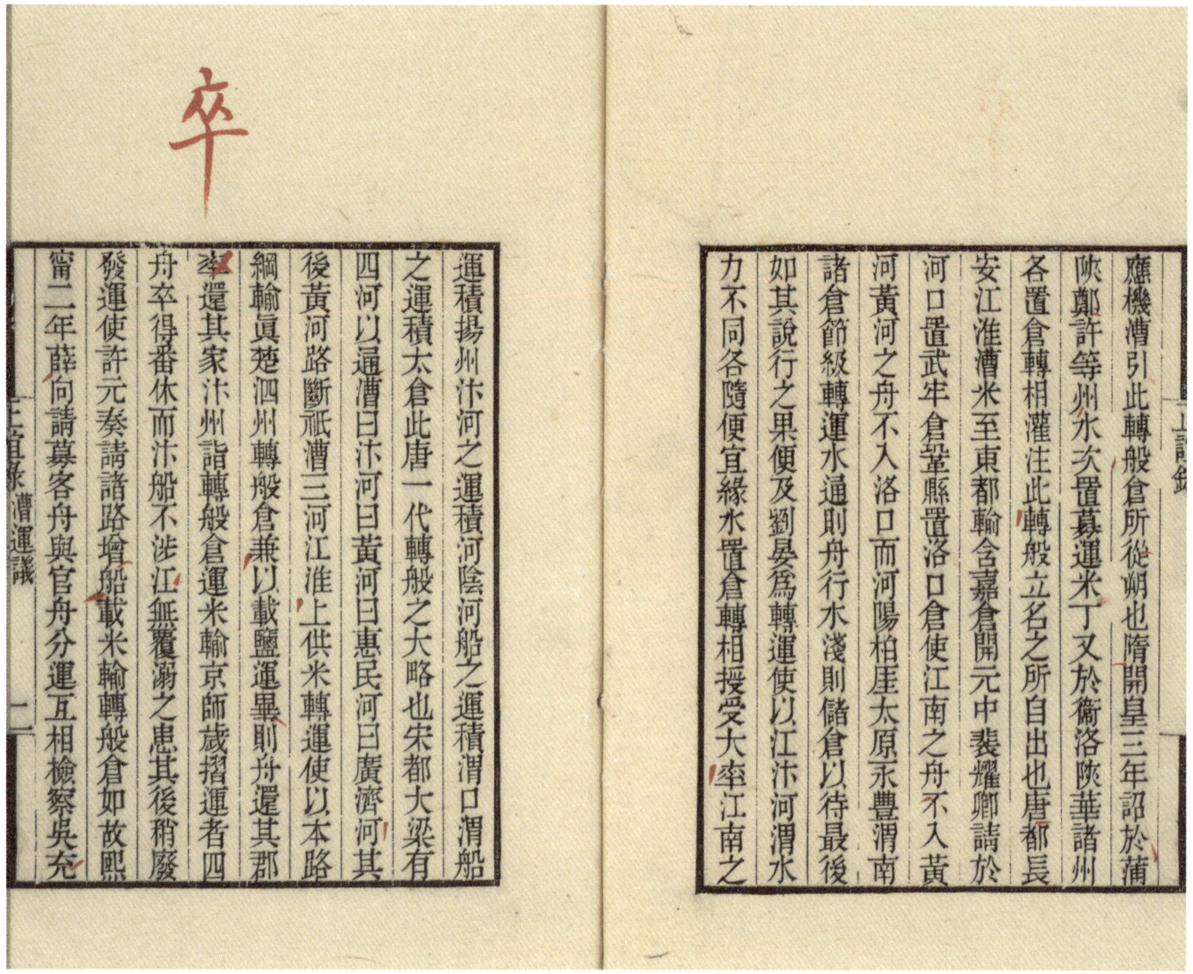
應機漕引此轉般倉所從剏也隋開皇三年詔於蒲
陝虢許等州水次置募運米丁又於衛洛陝華諸州
各置倉轉相灌注此轉般立名之所自出也唐都長
安江淮漕米至東都輸含嘉倉開元中裴耀卿請於
河口置武牢倉鞏縣置洛口倉使江南之舟不入黃
河黃河之舟不入洛口而河陽柏崖太原永豐渭南
諸倉節級轉運水通則舟行水淺則儲倉以待最後
如其說行之果便及劉晏爲轉運使以江汴河渭水
力不同各隨便宜緣水置倉轉相授受大率江南之
運積揚州汴河之運積河陰河船之運積渭口渭船
之運積太倉此唐一代轉般之大略也宋都大梁有
四河以通漕曰汴河曰黃河曰惠民河曰廣濟河其
後黃河路斷祇漕三河江淮上供米轉運使以本路
綱輸眞楚泗州轉般倉兼以載鹽運畢則舟還其郡
卒還其家汴州詣轉般倉運米輸京師歲摺運者四
舟卒得番休而汴船不涉江無覆溺之患其後稍廢
發運使許元奏請諸路增船載米輸轉般倉如故熙
甯二年薛向請募客舟與官舟分運互相檢察吳充
王芑孫漕運議　二

2

漕运议

（清）王芑孙撰

1 卷

刻本

清（1644—1911）

本书 9 行 22 字，无格。清代户部所存，所记漕运状况主要集中在顺治康熙两朝。共分为十五卷，内容涉及国家漕运诏令、漕粮、漕军、漕仓、漕船、漕费等诸多方面，是了解清代前期国家漕运政策的重要著作，具有较高的史料价值。

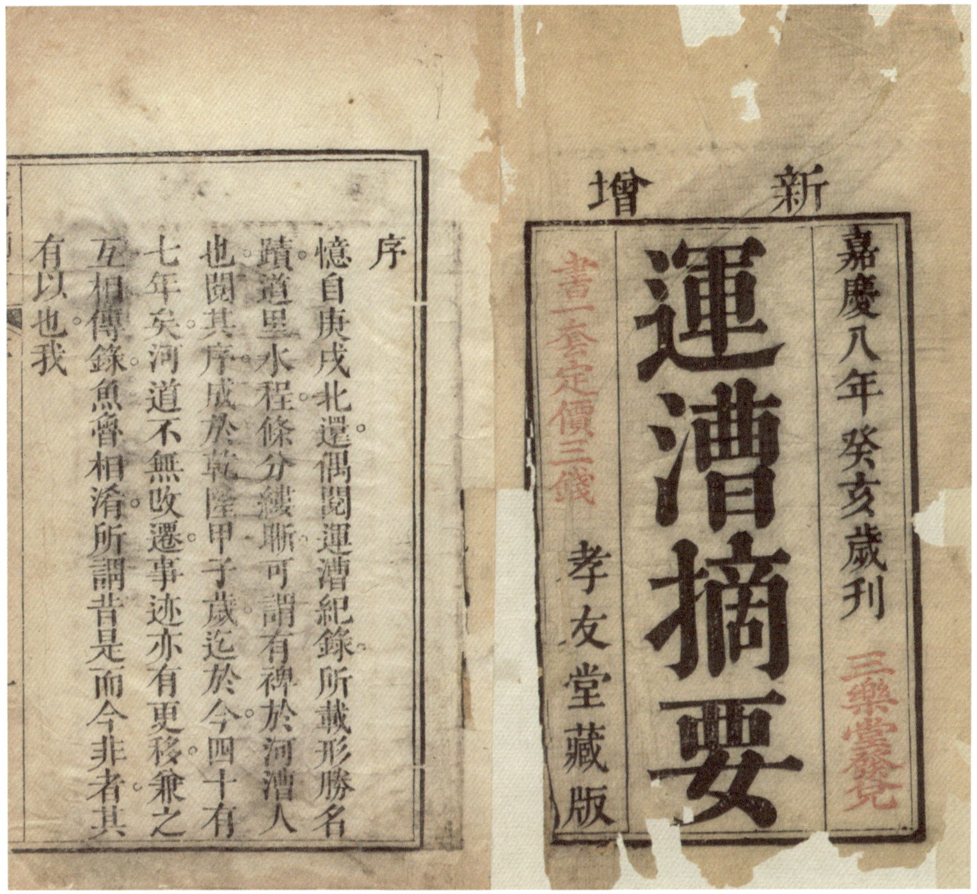
序
憶自庚戌北還偶閱運漕紀錄所載形勝名蹟道里水程條分縷晰可謂有裨於河漕人也閱其序成於乾隆甲子歲迄於今四十有七年矣河道不無改遷事迹亦有更移兼之互相傳錄魚魯相淆所謂昔是而今非者其有以也我

新增
嘉慶八年癸亥歲刊
運漕摘要
孝友堂藏版
書一套定價三錢
三樂堂發兌

1

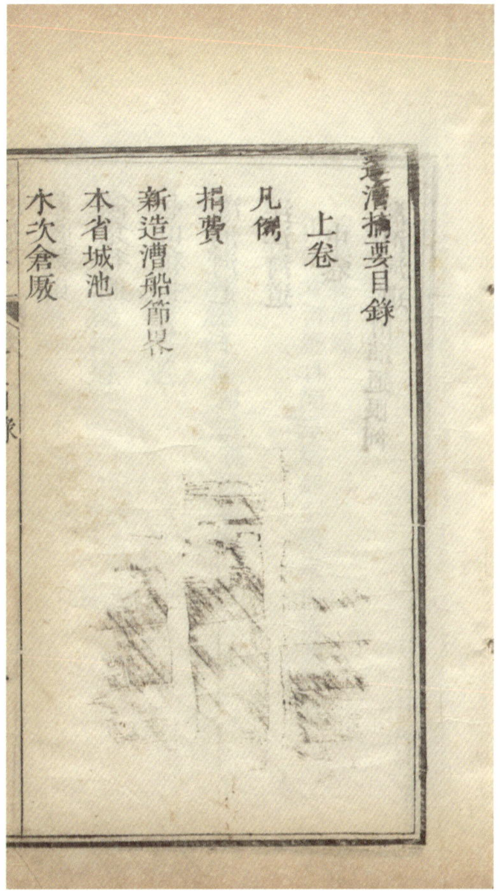
運漕摘要目錄
上卷
凡例
捐費
新造漕船節界
本省城池
水次倉廒

2

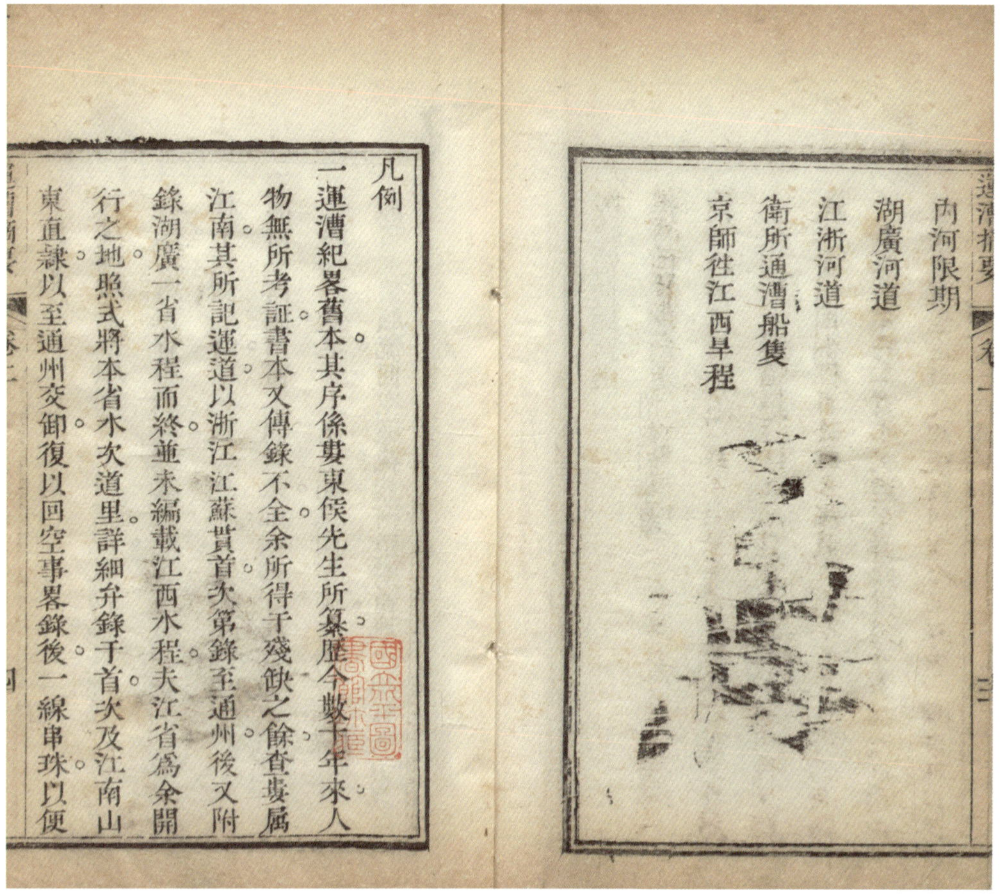
凡例
一運漕紀畧舊本其序係婁東侯先生所纂歷今數十年來人物無所考証書本又傳錄不全余所得于殘缺之餘查婁屬江南其所記運道以浙江江蘇貫首次第錄至通州後又附錄湖廣一省水程而終董未編載江西水程夫江省爲余開行之地照式將本省水次道里詳細弁錄于首次及江南山東直隸以至通州交卸復以回空事畧錄後一線串珠以便

內河限期
湖廣河道
江浙河道
衛所通漕船隻
京師往江西旱程

3

运漕摘要

（清）张光华编

3 册

刻本

清嘉庆八年（1803）

本书共三卷，记述了雍正二年（1724）江西新造粮船的形制变化。

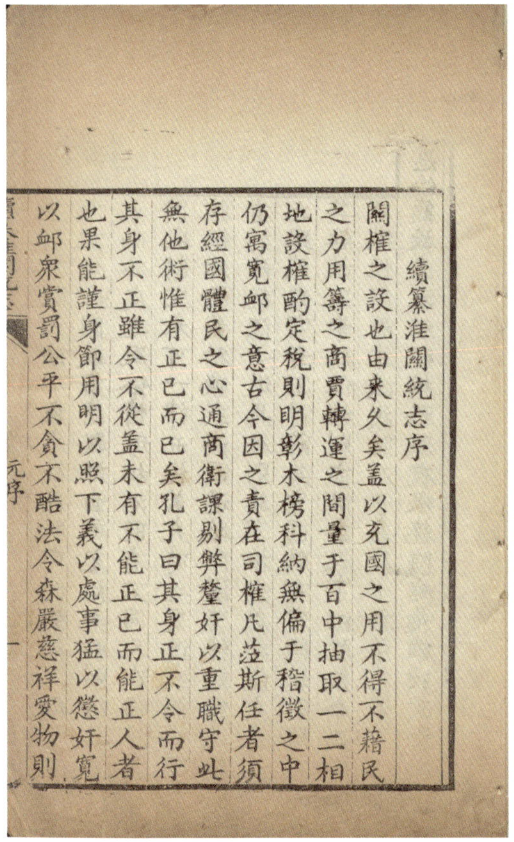

1

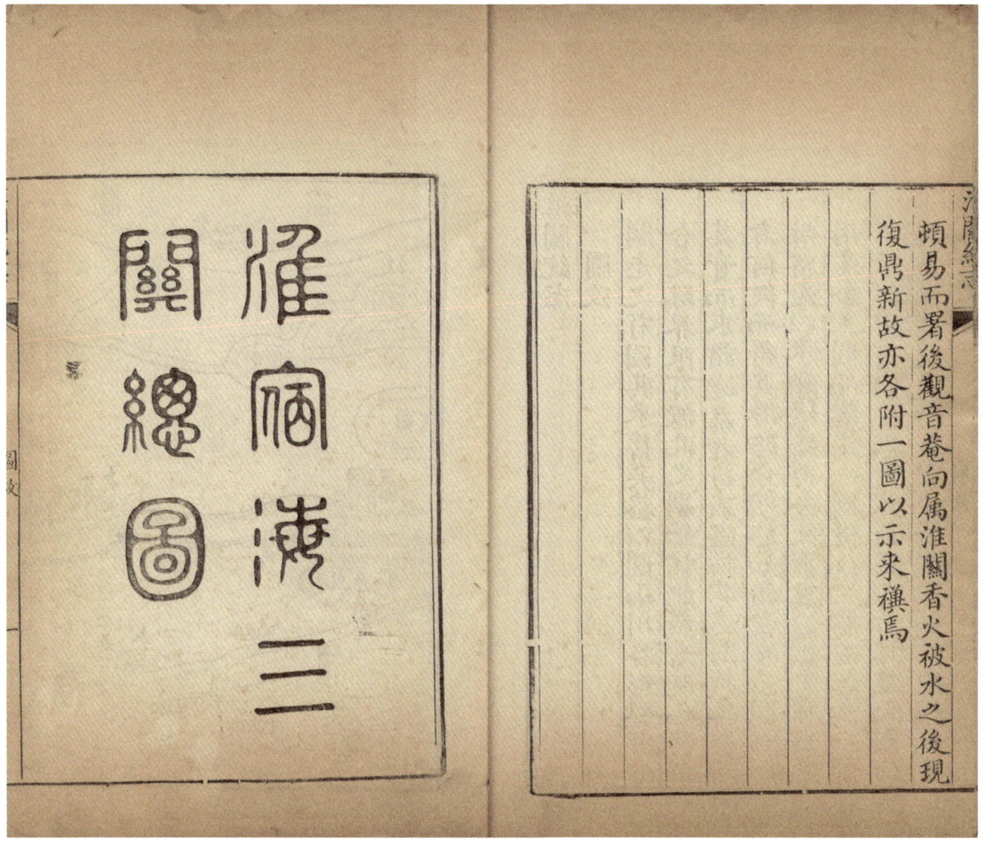

2

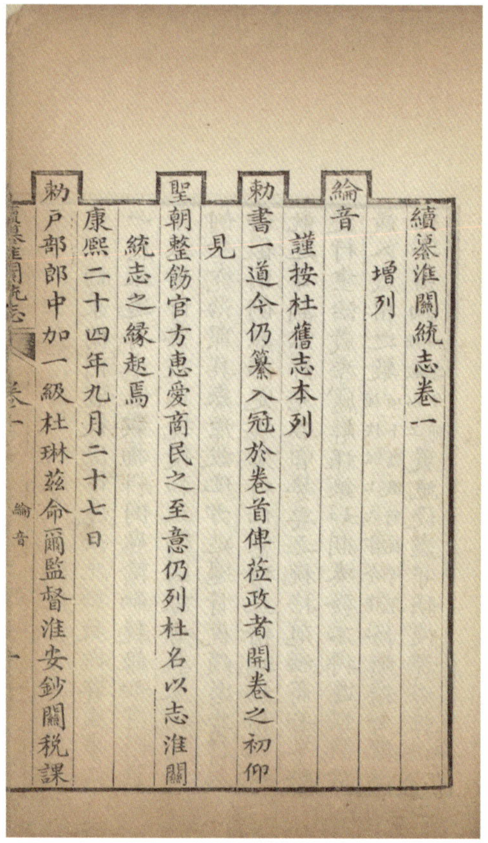

3

续纂淮关统志

（清）元成撰

6 册

刻本

清嘉庆年间（1796—1820）

本书10行21字，小字双行同，白口，左右双边单鱼尾。此书为嘉庆年间运河各河河道图说，采用图说在前、地图在后的体例。首篇为运河图考和运河总图，之后从京师自北向南，运河各段为大通河、白河、卫河、汇通河、新河、泇河、中河皂河、淮安运河、高宝运河、瓜仪运河、丹阳运河、苏州运河、浙江运河、上江运河、江西运道、湖北运道、湖南运道。另有附录为相关奏议公文汇编。

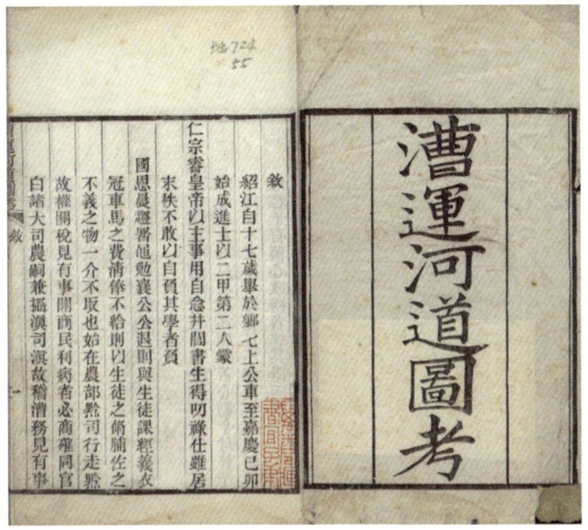

1

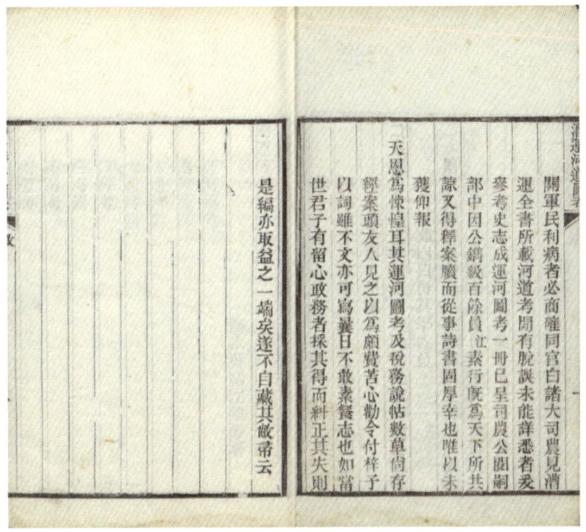

2

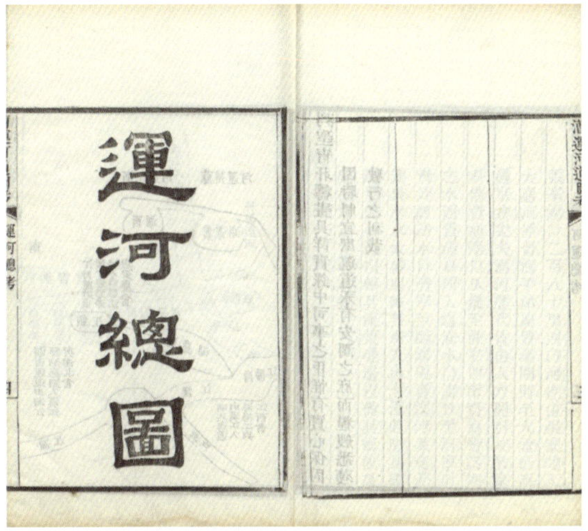

3

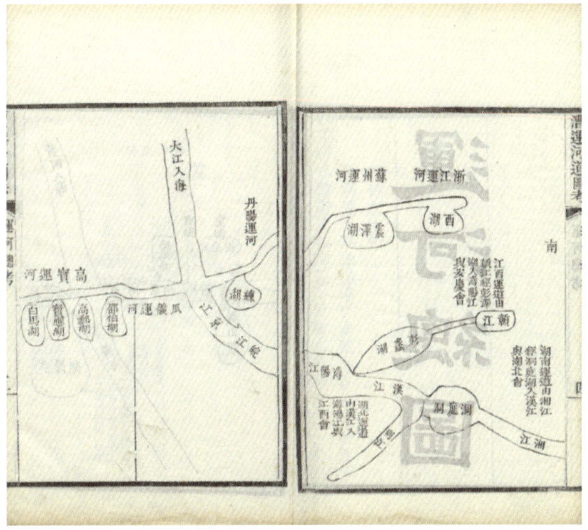

4

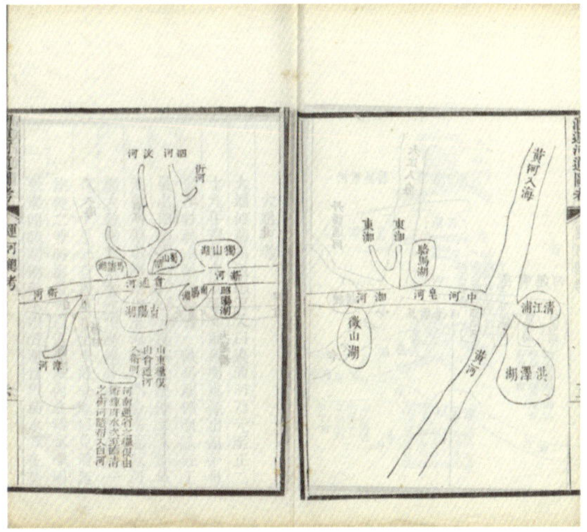

5

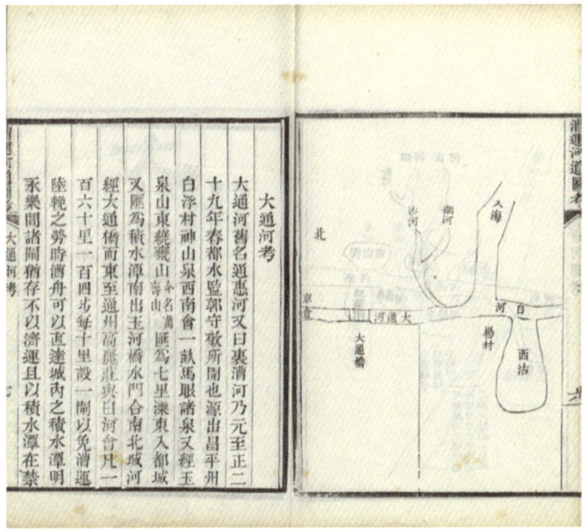

6

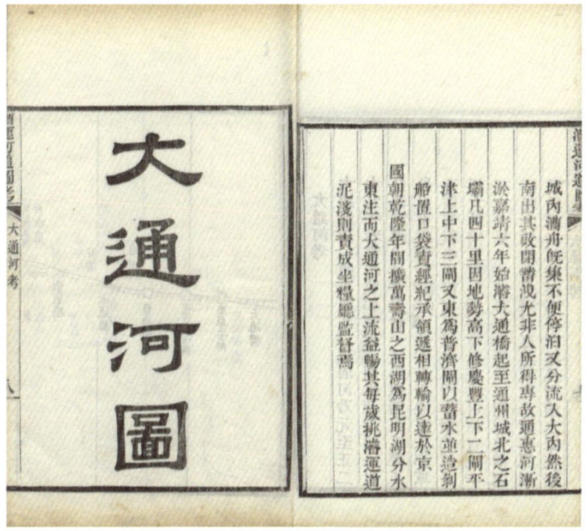

7

漕运河道图考

（清）蔡绍江撰

1 册

刻本

清嘉庆年间（1796—1820）

本书 10 行 21 字，小字双行同，白口，左右双边单鱼尾。为嘉庆年间运河各河河道图说，采用图说在前、地图在后的体例。详细介绍了运河各段河流的源出、流向及水利工程等。首篇为运河图考和运河总图，之后从京师自北向南，运河各段为大通河、白河、卫河、汇通河、新河、泇河、中河皂河、淮安运河、高宝运河、瓜仪运河、丹阳运河、苏州运河、浙江运河、上江运河、江西运道、湖北运道、湖南运道。另附相关奏议公文汇编。蔡绍江，十七岁中举，七上公车，嘉庆二十四年进士。

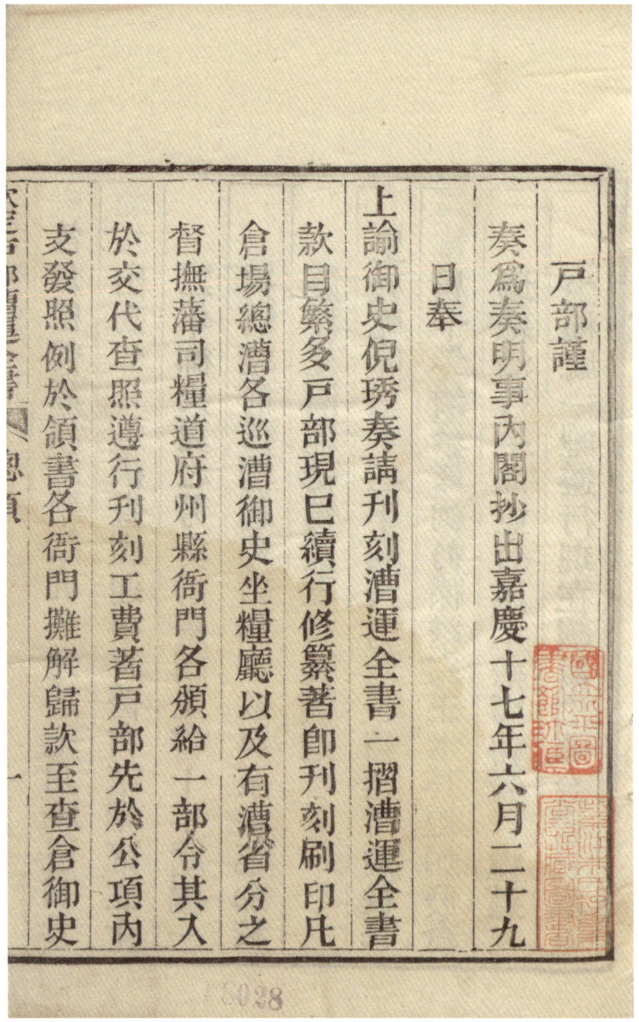

1

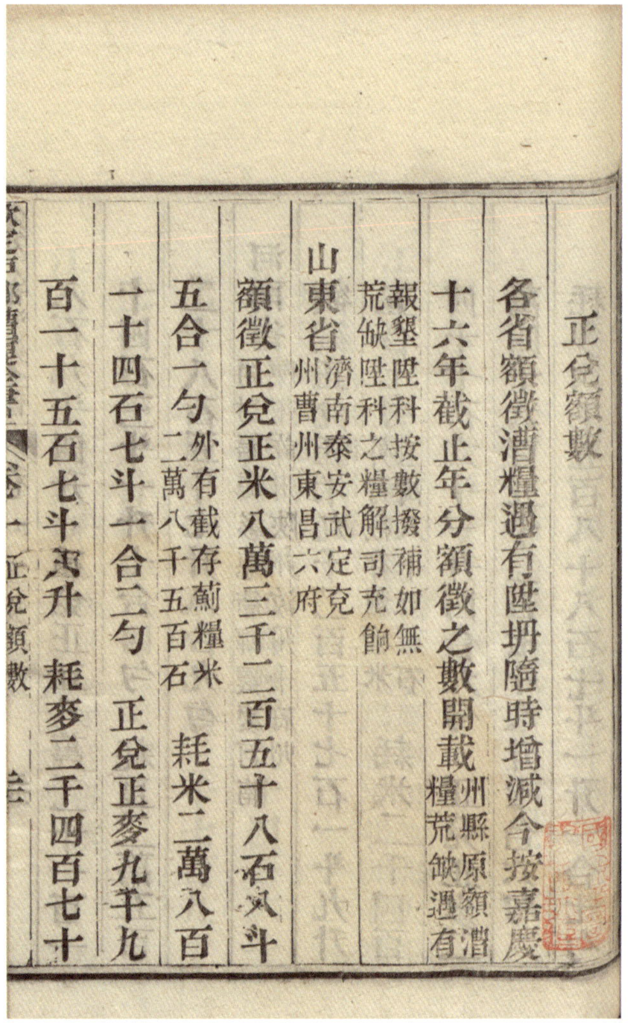

2

钦定户部漕运全书

（清）托津等纂

24 册

刻本

清嘉庆年间（1796—1820）

本书八十八卷二十四册，钤“建设总署收藏图书之章”印，9 行 20 字，小字双行同，白口，四周双边单鱼尾。此书为清代官修漕运全书，雍正十二年（1734）始纂，后每 10 年续编一次，多系抄写。嘉庆十七年（1812）始刊刻印刷。全书对漕粮额征，征收事例、兑运事例，河道、粮储，及通漕禁令等规定甚详，是记载清代漕粮征收及水道运输制度的总汇。道光、光绪年间，此书曾两次增修。

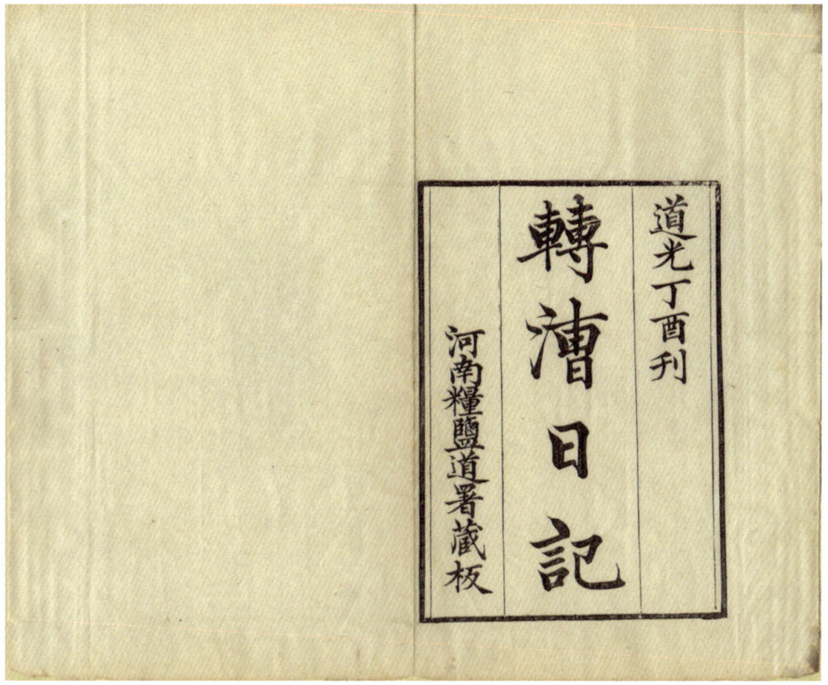

1

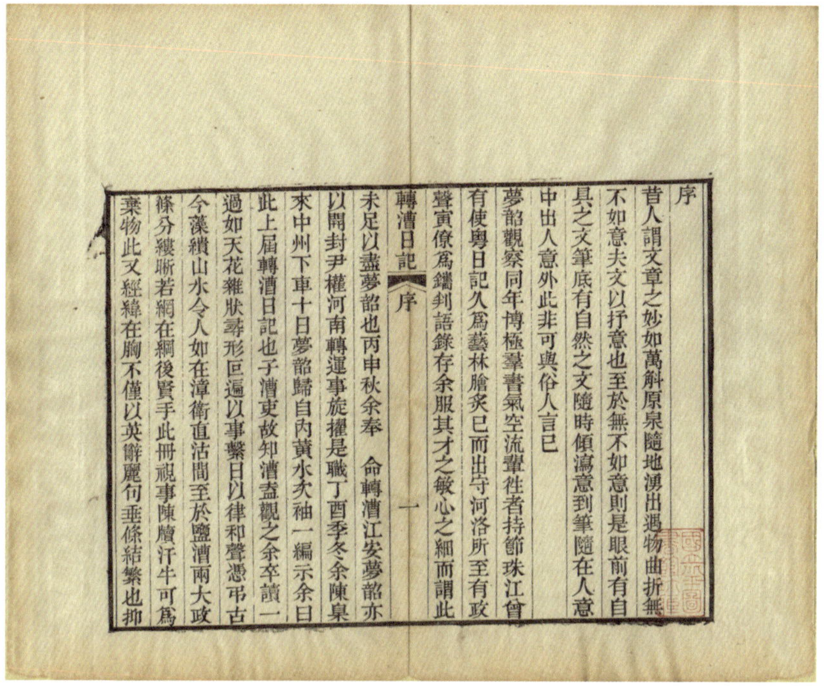

2

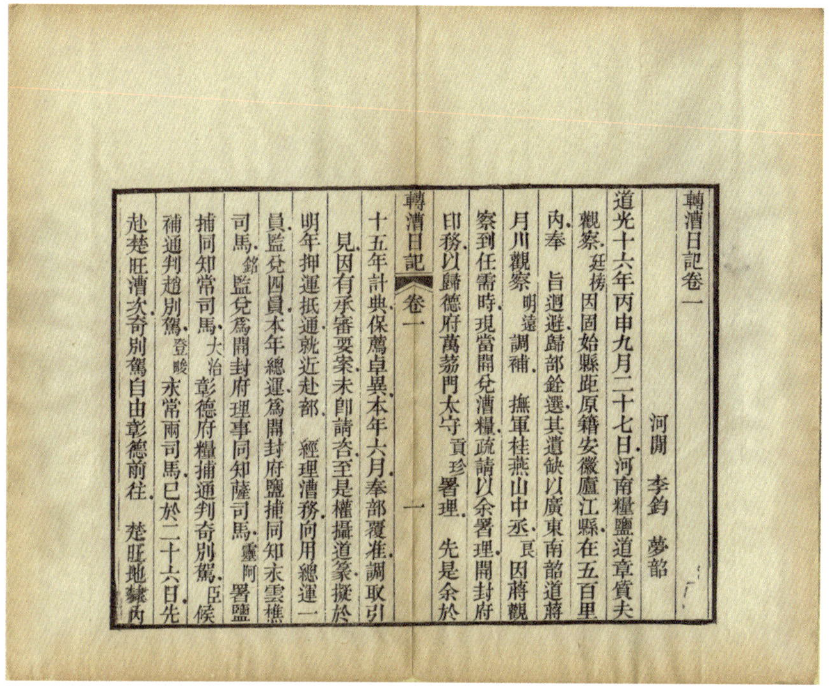

3

转漕日记

（清）李钧撰

2 册

刻本

［清道光年间（1821—1850）］

河南粮盐道署藏板，四卷二册，8 行 21 字，小字双行同，白口，左右双边单鱼尾。此书是李钧于道光十六年（1836）九月至十七年（1837）六月间督运河南漕粮往返河南、通州时所记，记录了道光十六年李钧督运河南漕粮事宜。全书内容包括漕粮征收、兑运、交仓的全过程，涉及漕粮征收数额、官员配置、押运漕船、漕粮运道等多个方面。此外，此书还记载了河南漕粮经运道北上京畿交仓沿途的风物景致、古今胜迹、各地历史沿革等内容。此书是研究道光年间漕粮转运制度的重要史料，也是研究河南至北京沿途漕运粮道史地的重要参考。李钧（1792—1859），字伯蘅，又字梦韶、夔韶，号春帆，河间人。嘉庆二十二年（1817）进士。历官翰林院编修、国史馆总纂修、河南府知府、河南督粮道、陕西贵州按察使、顺天府尹、河东河道总督、都察院右都御史等职。李钧在开封府知府任上时，奉命负责河南转漕事。

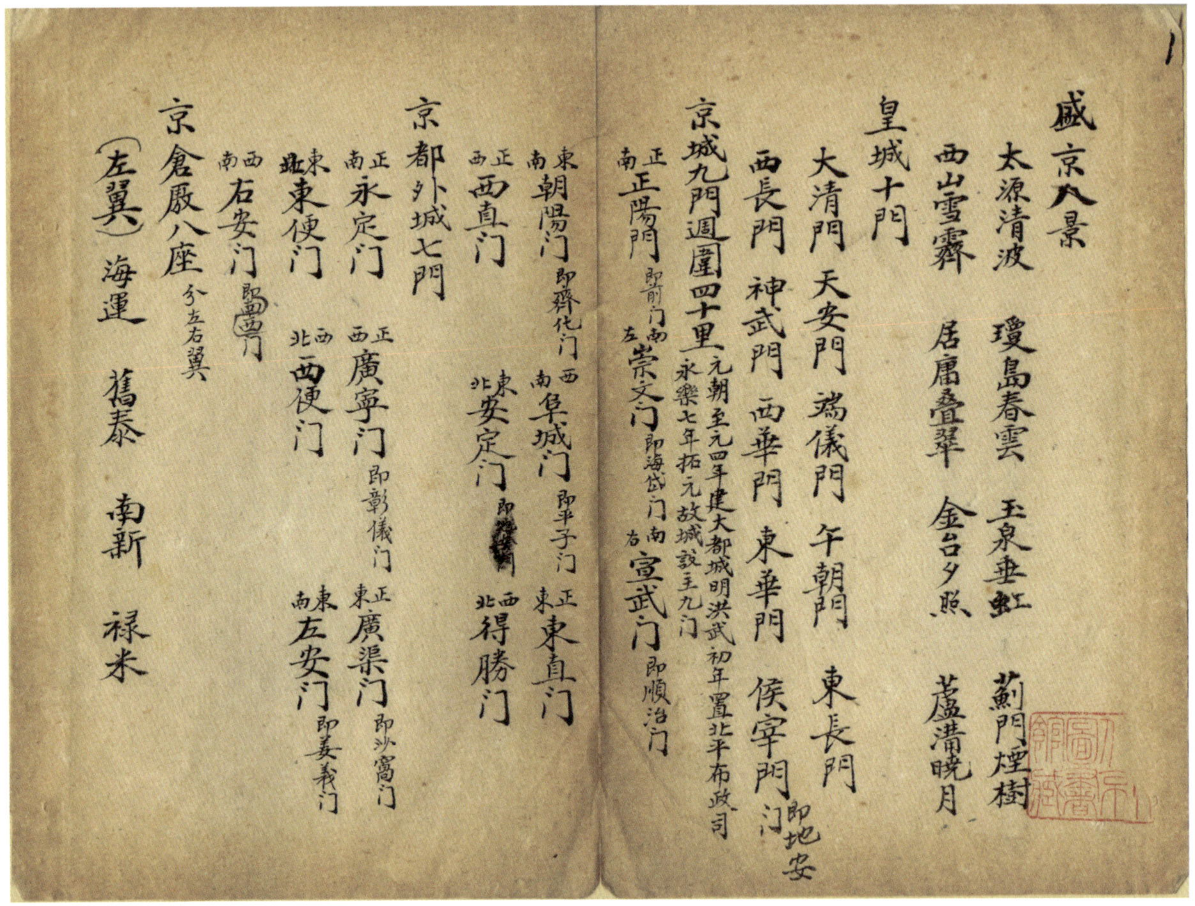

盛京八景
太源清波　瓊島春雲　玉泉垂虹　薊門煙樹
西山雪霽　居庸疊翠　金台夕照　蘆溝曉月
皇城十門
大清門　天安門　端儀門　午朝門　東長門
西長門　神武門　西華門　東華門　俟宰門 即地安門
京城九門週圍四十里 元朝至元四年建大都城明洪武初年置北平布政司 永樂七年拓元故城設立九门
正南正陽門 即前门　南左崇文门 即海岱门　南右宣武门 即顺治门
東南朝陽门 即齊化门　西南阜城门 即平子门　正東東直门
正西西直门　西北安定门　西北得勝门
京都外城七門
正南永定门　正西廣寧门 即彰儀门　正東廣渠门 即沙窩门
東北東便门　西北西便门　東南左安门 即姜義门
西南右安门
京倉廠八座 分左右冀
（左冀）海運　舊泰　南新　祿米

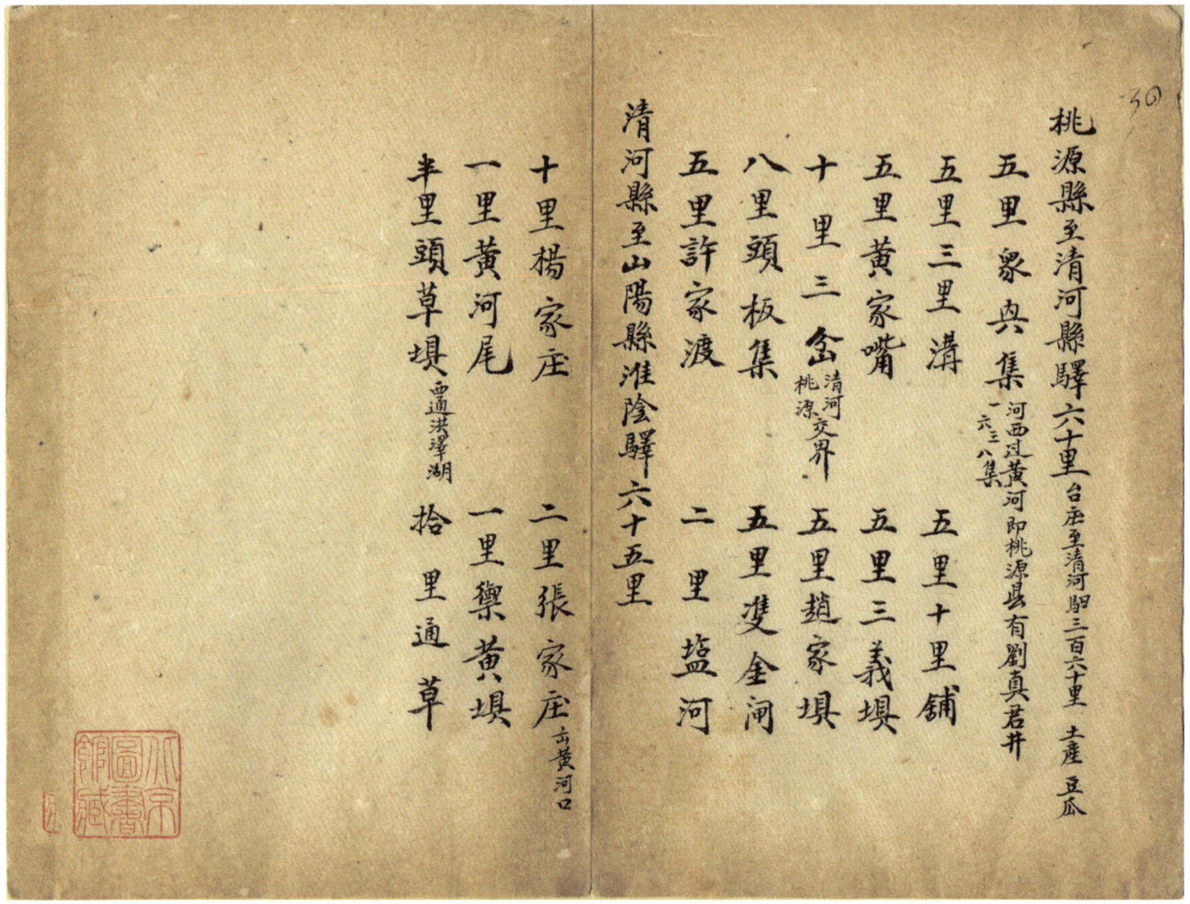

桃源縣至清河縣驛六十里 台庄至清河驛三百六十里 土產 豆瓜
五里眾興集 河西过黄河即桃源县有劉真君井 一云三八集
五里三里溝　五里十里舖
五里黃家嘴　五里三義垻
十里三岔 清河桃源交界　五里趙家垻
八里頭板集　五里斐金闸
五里許家渡　二里鹽河
清河縣至山陽縣淮陰驛六十五里
十里楊家庄　二里張家庄 古黄河口
一里黃河尾　一里欒黃垻
半里頭草垻 西通洪澤湖　拾里通草

1　　　　2

河运须知

1 册

抄本

［清晚期（1845—1911）］

书名据书衣题。书衣右下题“王光亭记”。本书记载沿运河自北京至淮阴驿沿途各驿站名称。书中出现“道光二十五年（1845）三月”字样，故成书时间在此之后。

江北运程

（清）董恂辑

41 册

刻本

清咸丰十年（1860）

本书为空青水碧斋刻本，四十卷，卷首一卷，9行24字，小字双行同，白口，四周双边单鱼尾。是一部记载京杭运河北段的大型资料汇编，内容涉及京师至长江北岸的瓜洲镇，体量近百万字。卷首内容包括自序一篇，后为地图二幅。所绘地图采取一图一说的形式，地图在前，图说在后。计有江北运程并有漕诸省图、江北运程河湖闸坝全图。后接“总略”和“纲汇”两部分。总略介绍了每一卷所记述的运河起讫地点及这一区间河道的长度。全书所记运河历经顺天、直隶、山东、江苏等地的45个州县。纲汇相当于“总略”的子目，分卷介绍各河段的行政机构设置、仓储数目及每年入仓漕粮数额、闸坝及桥梁名称、交汇河流等内容。董恂，字韫卿，江苏甘泉人，清道光年间进士，咸丰、同治、光绪三朝先后担任顺天府尹、户部右侍郎、都察院左都御史、兵部尚书和户部尚书等职。咸丰八年（1858）至十一年（1861）任顺天府尹期间，着手编辑历代有关运河的资料，于咸丰十年（1860）刻印成书，上呈朝廷，即《江北运程》。

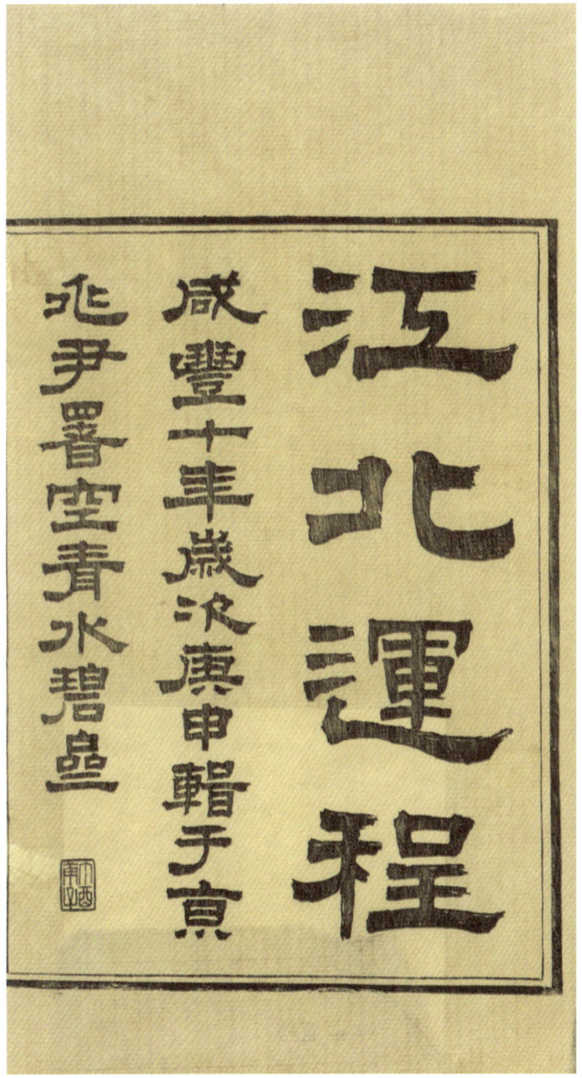

1

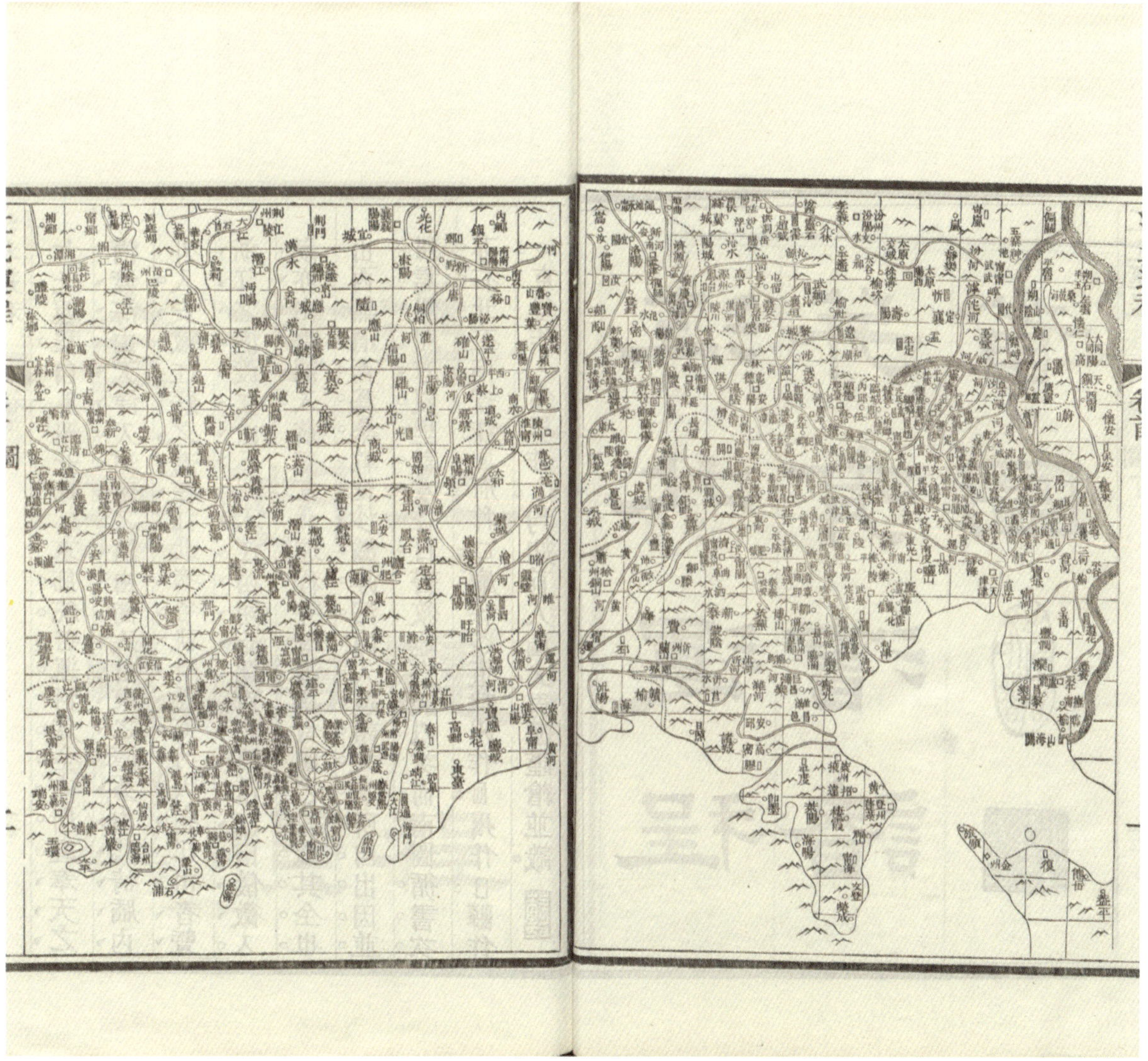

2

1

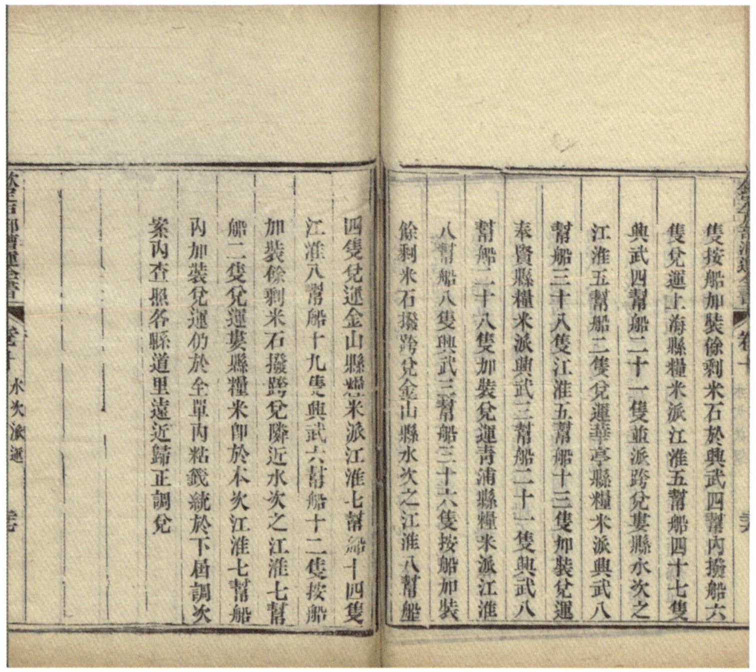
2

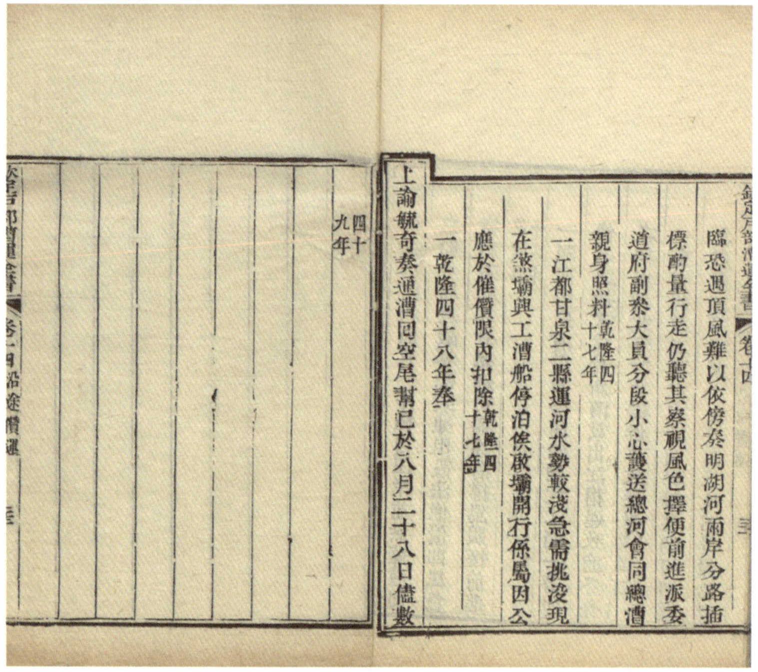
3

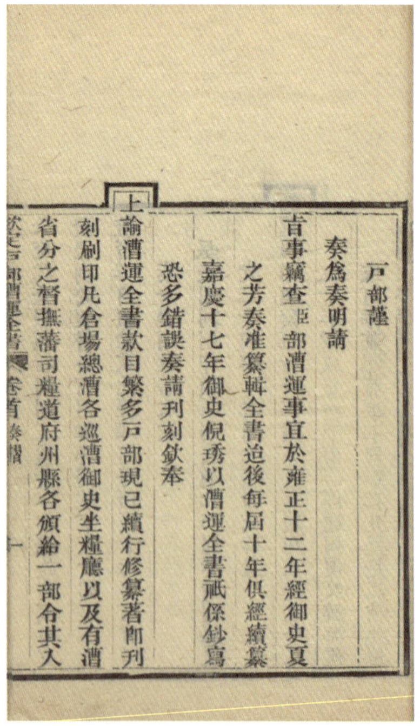
4

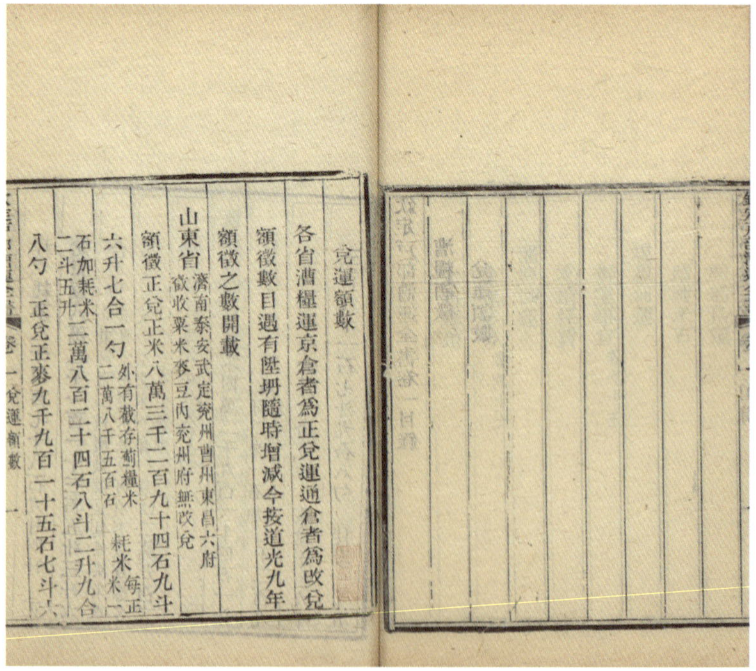
5

钦定户部漕运全书

48 册

刻本

[清光绪年间（1875—1908）]

本书是在道光朝《钦定户部漕运全书》的基础上修订而成。本书汇集了清同治以前历代漕运的公文档案，分类记载了漕运中各个环节及各种规制，包括漕粮税制、漕粮的征收、兑运和交仓、漕运官制与船制、运丁和屯田、漕粮运道的修浚与管理、清后期漕运改制等。

漕运全书

40 册

抄本

清（1644—1911）

本书 8 行 20 字，小字双行同，无格。此书是清代官修漕运政书，内容包括漕粮额征、征收事例、兑运事例、白粮事例、通漕运艘、选补官丁、官丁廪粮、贴费杂款、计屯起运、漕运河道、随漕解款、京通粮储、截拨事例、奏销考成、挽运设防、通漕禁令、盘坝接运、海运事宜、规复河运、灌塘渡运等 23 类。

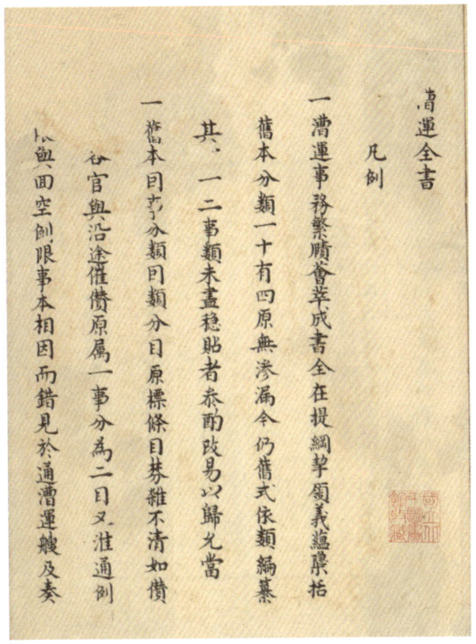

漕運全書

凡例

一漕運事務繁賾會萃成書全在提綱挈領義蘊賅括

舊本分類一十有四原無滲漏今仍舊式依類編纂

共一二第類未盡穩貼者亦酌改易以歸允當

一舊本目亦分類目類分目原標條目棼雜不清如價

各官與沿途催儧原屬一事分為二目又灌通例

以與回空例限事本相因而錯見於通漕運艘及奏

1

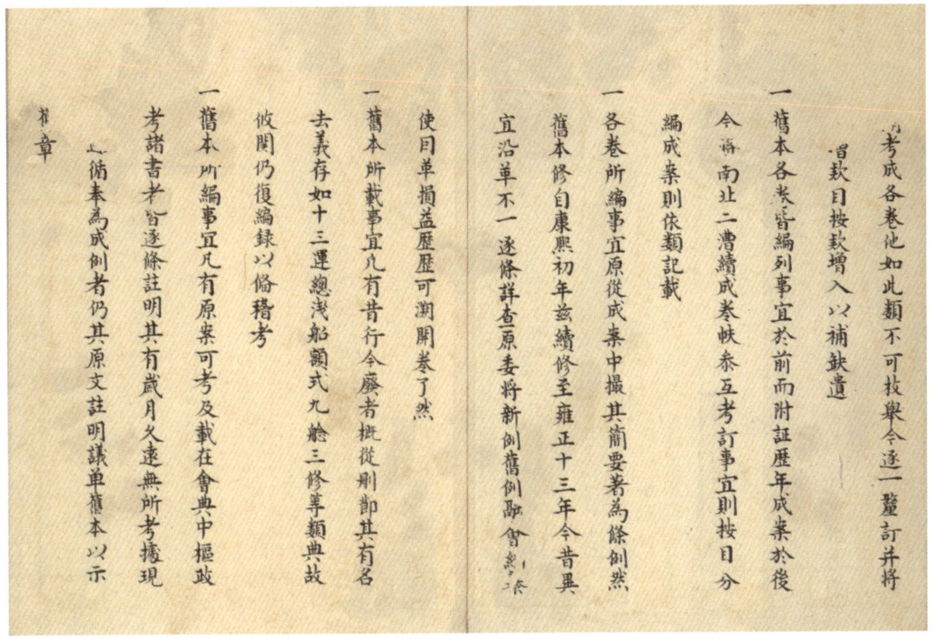

考成各卷他如此類不可枚舉今逐一釐訂并將

…款目按款增入以補缺遺

一舊本各卷皆編列事宜於前而附註歷年成案於後

今將南北二漕續成卷帙亦互考訂事宜則按日分

編成案則依類記載

一各卷所編事宜原從成案中撮其簡要著為條例然

舊本修自康熙初年茲續修至雍正十三年今昔異

宜沿革不一逐條詳查原委將新例舊例部會議…

使同單摘並歷歷可溯開卷了然

一舊本所載事宜凡有昔行今廢者概從刪節其有名

去義存如十三運總淺船額式九號三修等類典故

攸關仍復編錄以備稽考

一舊本所編事宜凡有原案可考及載在會典中摘取

考諸書者皆逐條註明其有歲月久遠無所考據現

…備奉為成例者仍其原文註明議單舊本以示

有章

2

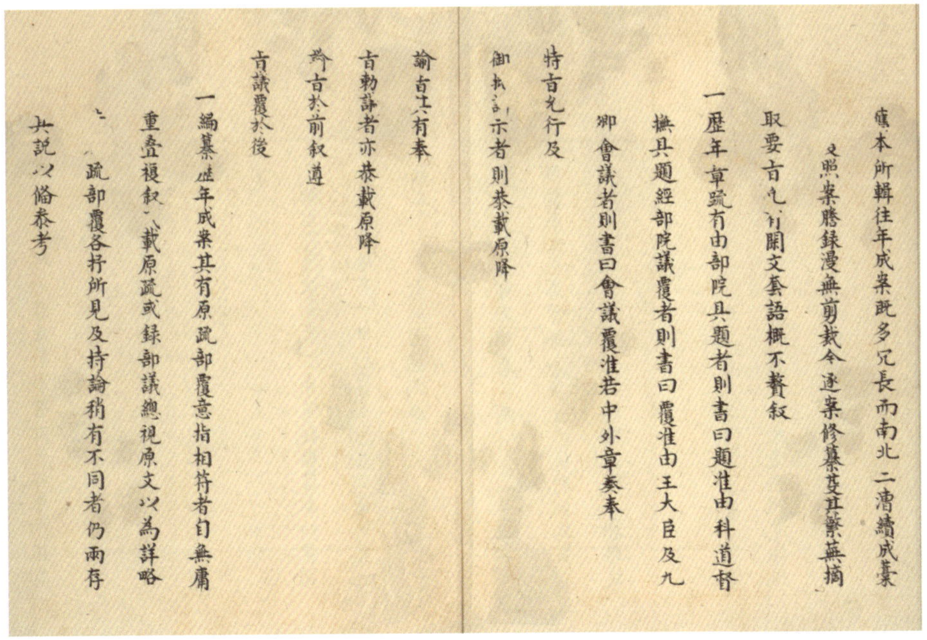

舊本所輯往年成案既多冗長而南北二漕續成纂

…照案謄錄漫無剪裁今逐案修纂芟蕪摘

取要旨凡冗文套語概不贅敘

一歷年章疏有由部院具題者則書曰題准由科道督

撫具題經部院議覆者則書曰覆准由王大臣及九

卿會議者則書曰會議覆准若中外章奏奉

特旨允行及

御批示者則恭載原降

諭旨亦有奉

旨勅部者亦恭載原降

諭旨於前叙道

旨議覆於後

一編纂歷年成案其有原疏部覆意指相符者自無庸

重叠複叙載原疏或錄部議總視原文以為詳略

疏部覆各持所見及持論稍有不同者仍兩存

共說以備參考

3

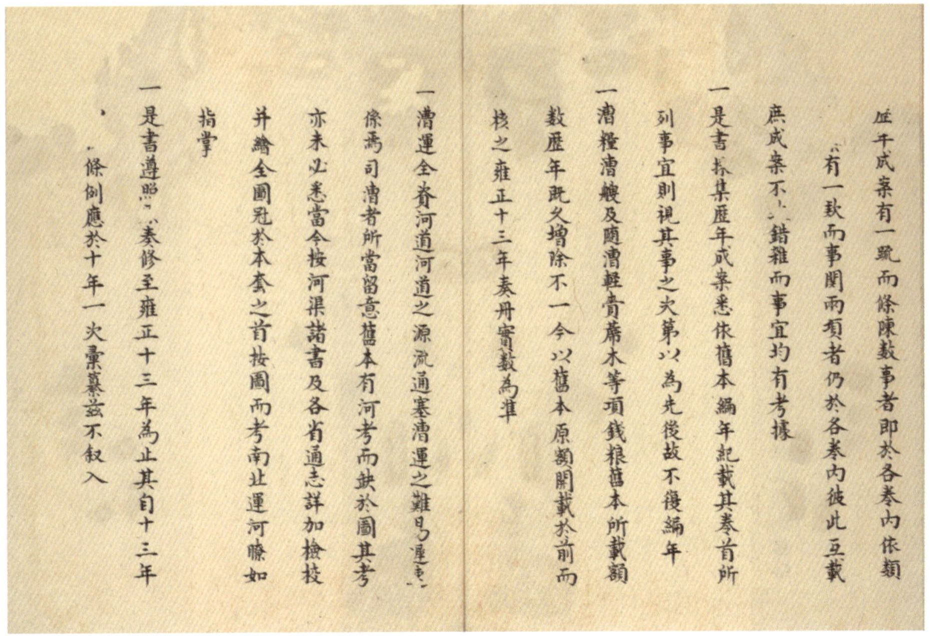

歷年成案有一疏而條陳數事者即於各卷內依類

…有一款而事關兩類者仍於各卷內彼此互載

庶成案不…錯雜而事宜均有考據

一是書於某歷年成案悉依舊本編年紀載其卷首所

列事宜則視其事之次第以為先後故不復編年

一漕糧漕艘及隨漕輕賫蓆木等項錢糧舊本所載額

數歷年既久增除不一今以舊本原額開載於前而

核之雍正十三年奏冊實數為準

一漕運全資河道河道之源流通塞漕運之難易連之

條為司漕者所當留意舊本有河考而缺於圖其考

亦未必悉當今按河渠諸書及各省通志詳加檢校

并繪全圖冠於本套之首按圖而考南北運河瞭如

指掌

一是書遵照…奏修至雍正十三年為止其自十三年

…條例應於十年一次彙纂茲不叙入

4

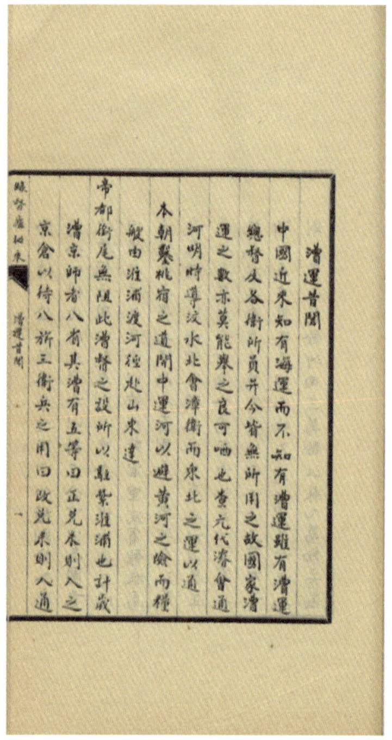

1

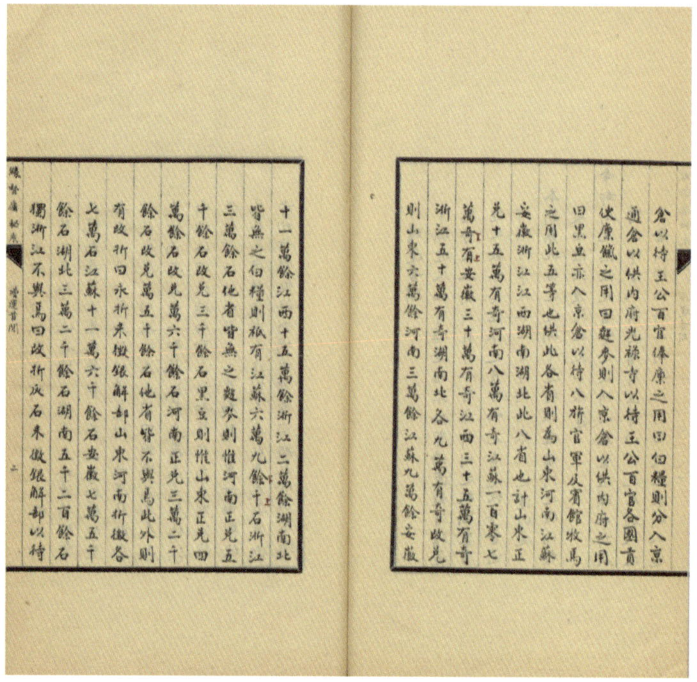

2

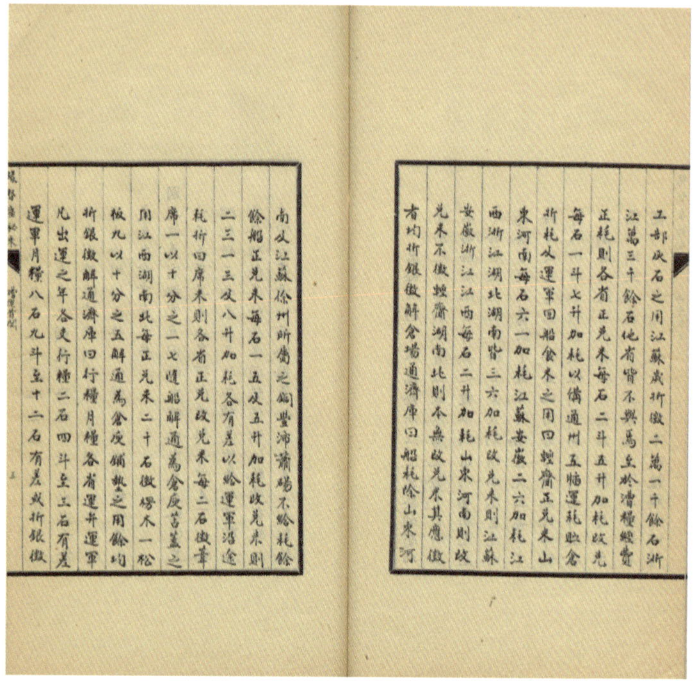

3

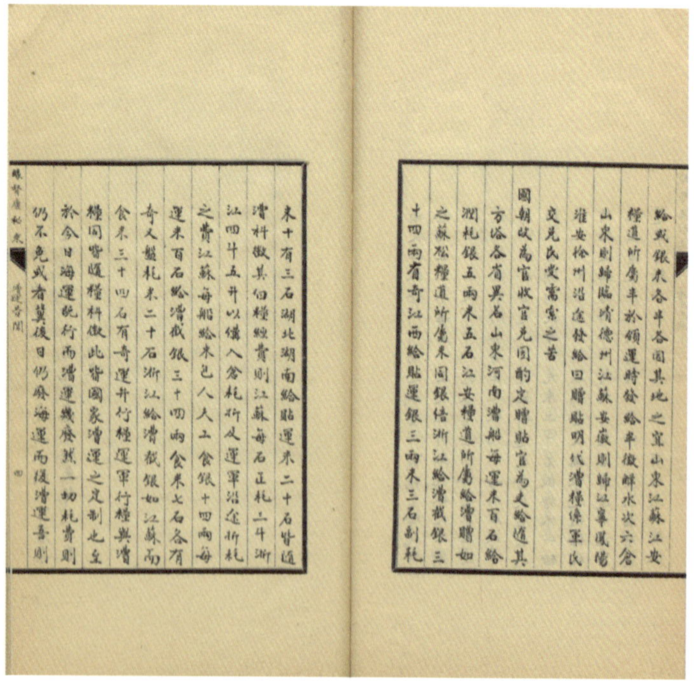

4

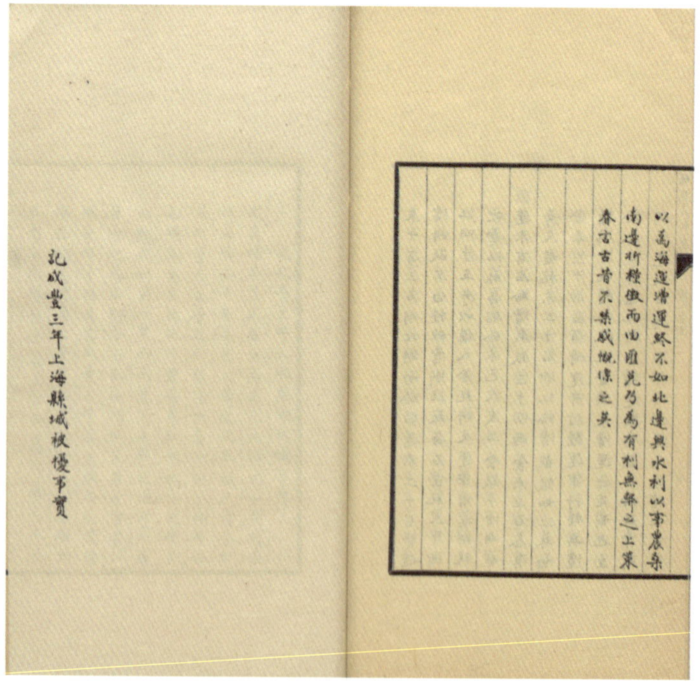

5

漕运昔闻

1 册

抄本

1984

本书为硬抄本《缘督庐秘乘十五种》之一，记载漕运旧事。缘督庐为叶昌炽书斋。叶昌炽，光绪年间进士，晚清民国时期著名的金石学家、文献学家，是晚清政坛上具有一定影响的史官。

漕运碑残石

1 幅

拓本

清光绪三十一年十一月（1906.11）

原碑为光绪三十一年立石，石碑下半部分残缺。拓片为 20 世纪 80 年代旧拓本。

漕运真传

1 册

抄本

［清—民国（1644—1949）］

本书为晚清民国年间详细记载运河船帮家族宗派历史、帮船运行章程规矩及相关内容的文献。内容分为 20 章，记载十分详细。目次包括立帮原始、帮务兴废、宗派继传、祖爷家庙、三祖神堂、三祖之出身事务所及管理香火船只、帮头、关于数目字之名称、帮船额数、水次派运、各省银费及兑米数目、京都储蓄仓厫及号房座落地点、船只、运河总考、淮安运河考、安庆进门说、香堂规矩、训言、诗词、问答、真经口传。

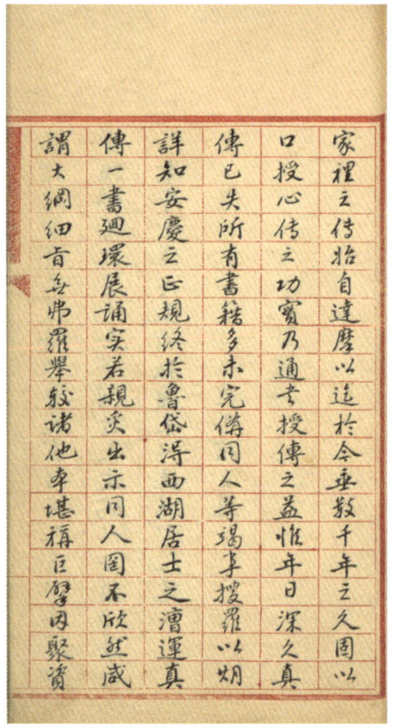

1

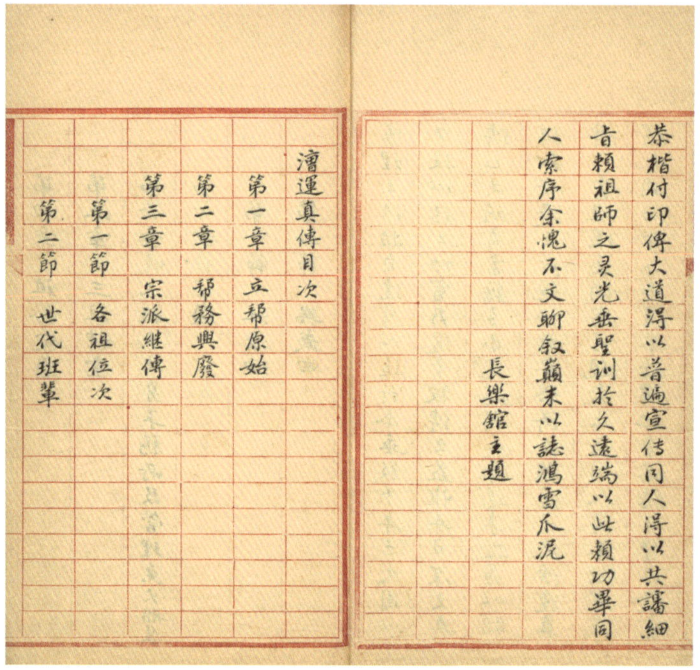

恭楷付印傳大道得以普遍宣傳同人得以共識細旨賴祖師之靈光垂聖訓於久遠端以此賴功畢同人索序余愧不文聊叙顛末以誌鴻雪爪泥

長樂館主題

漕運真傳目次

第一章 立帮原始

第二章 帮務興廢

第三章 宗派繼傳

第一節 各祖位次

第二節 世代班輩

2

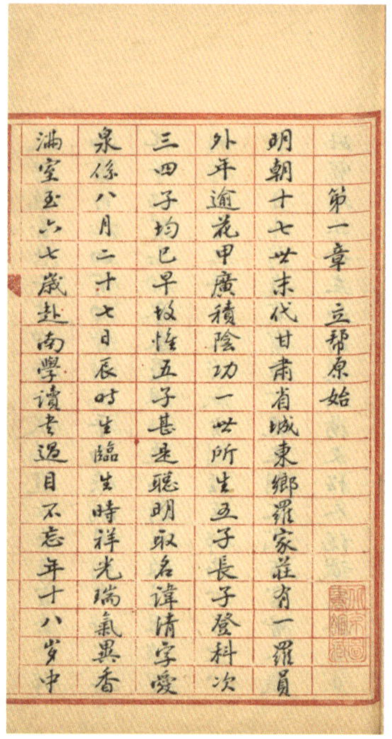

3

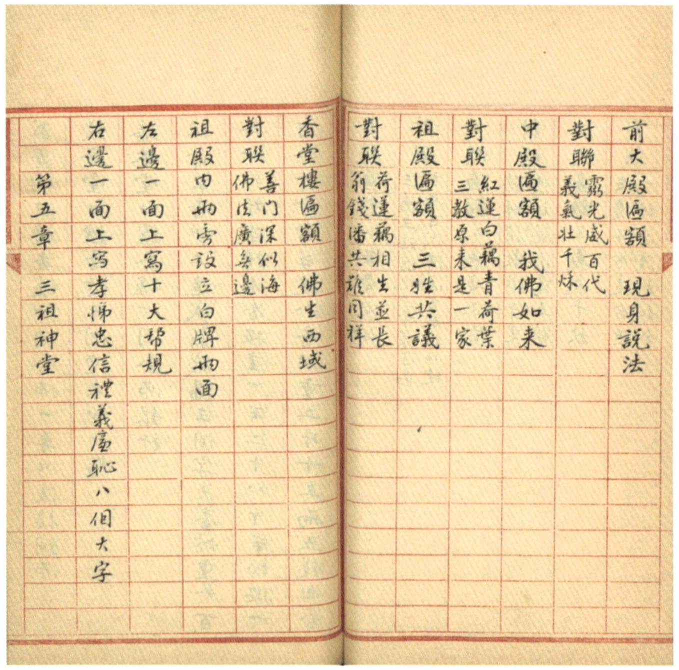

4

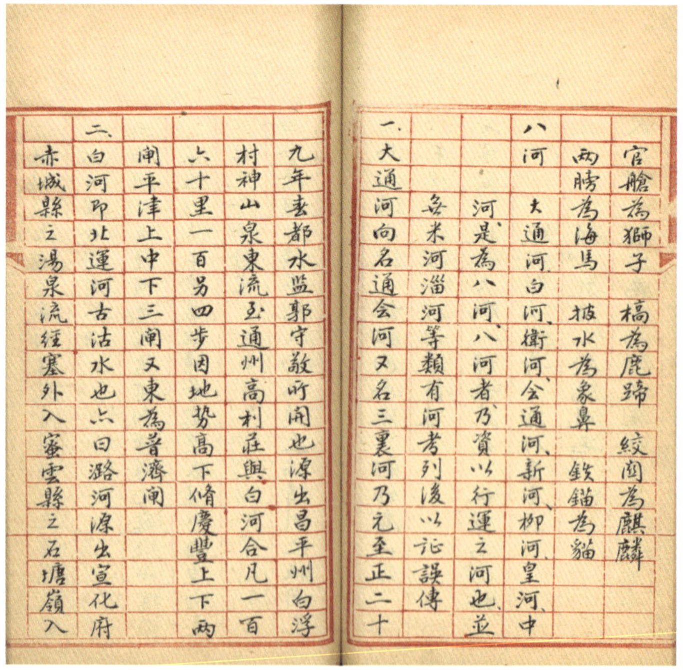

5

丹徒漕赋说明书

陈凤章撰

1 册

稿本

民国年间（1912—1949）

本书朱格稿本，钤丹徒陈凤章，10 行 25 字，小字双行同，白口，四周单边单鱼尾。书名页有墨笔题丹徒史料陈公沂清在京协同减赋案三十年后十三老人敦典订，版心上镌试卷，版心下镌蒙藏学校，有墨笔眉批，中间夹有财政部朱丝栏稿纸三页。丹徒乃江南古邑，运河历史可追溯至秦以前之丹徒水道，至京杭大运河有“五口通江”“长江水道的咽喉”之称。运河丹徒河段由长江入河口始，至辛丰段止。明清时期就是国家征集漕粮赋税的重镇。本书系民国年间记载丹徒一地漕粮赋税情况的说明，是研究民国运河经济史的一手资料。

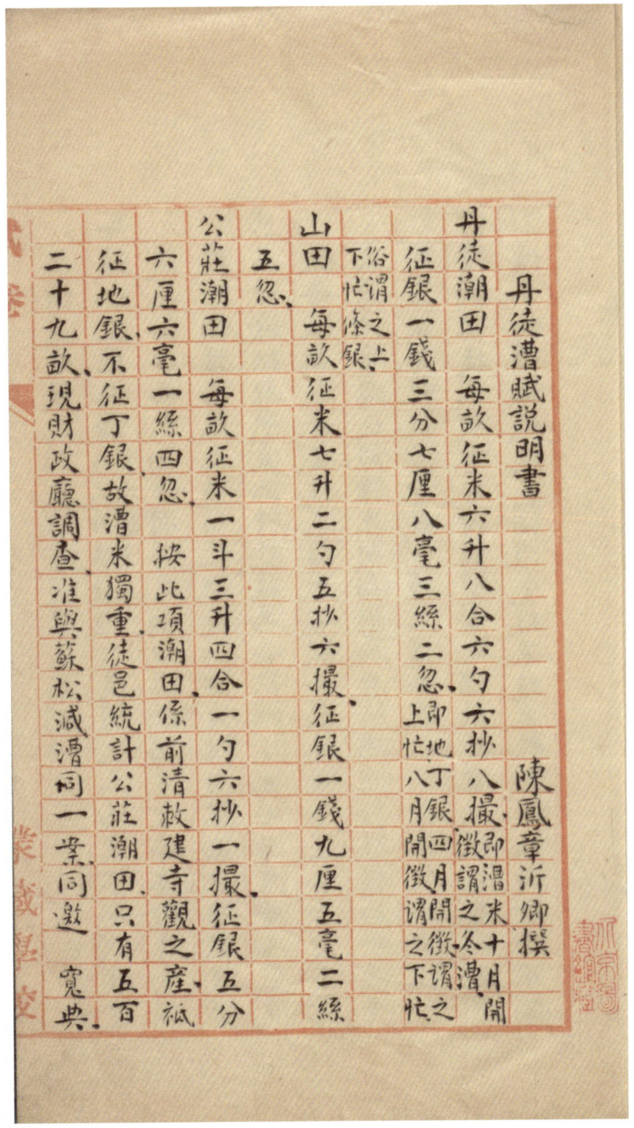

丹徒漕賦說明書

陳鳳章沂卿撰

丹徒潮田　每畝征米六升八合六勺六抄八撮、即漕米十月開徵謂之冬漕征銀一錢三分七厘八毫三絲二忽、即地丁銀四月開徵謂之上忙八月開徵謂之下忙俗謂之上下忙條銀

山田　每畝征米七升二勺五抄六撮、征銀一錢九厘五毫二絲五忽、

公莊潮田　每畝征米一斗三升四合一勺六抄一撮、征銀五分六厘六毫一絲四忽、按此項潮田、係前清敕建寺觀之産、祇征地銀、不征丁銀、故漕米獨重、徒邑統計公莊潮田、只有五百二十九畝、現財政廳調查、准與蘇松減漕同一案同邀寬典、

1

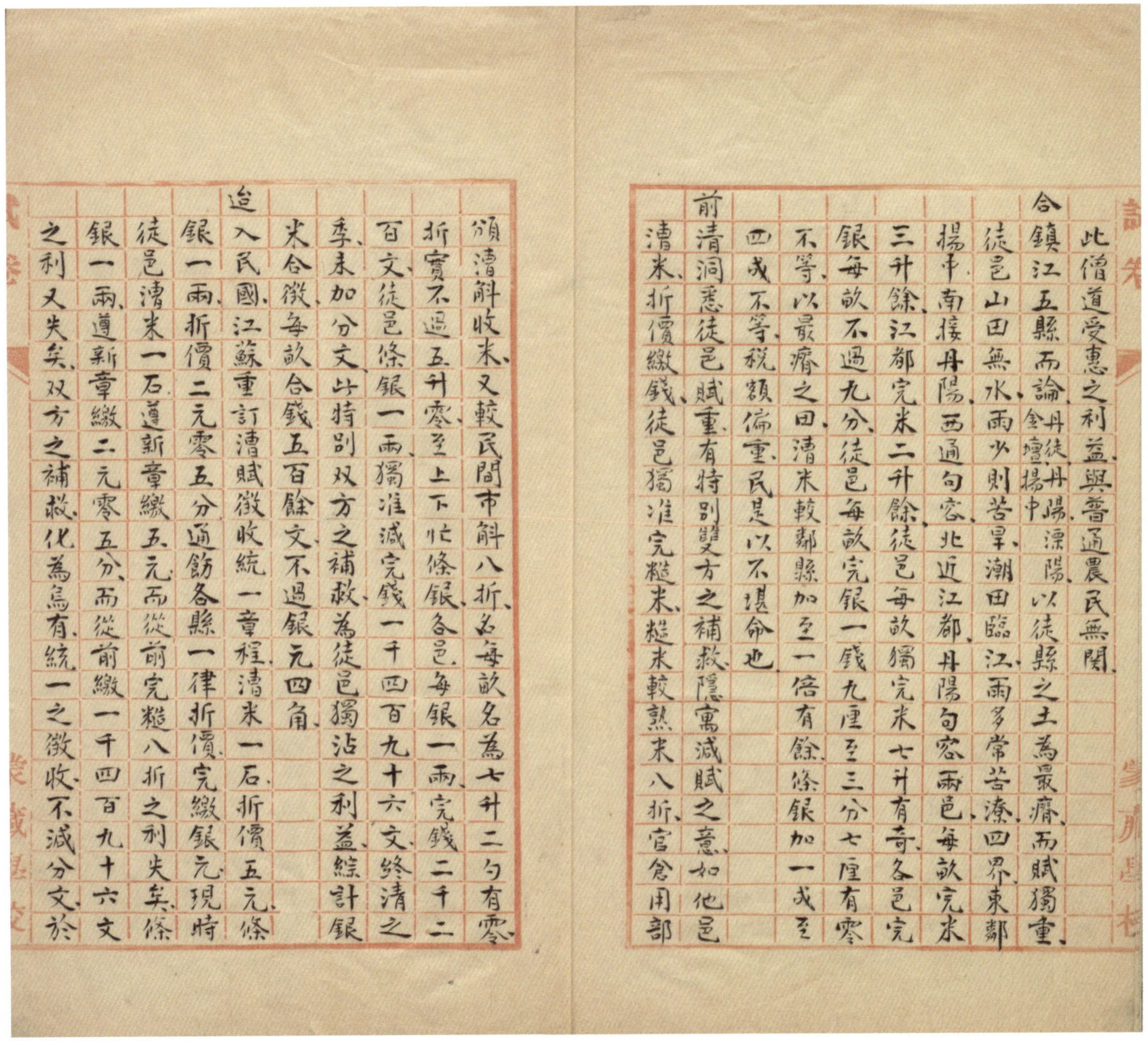

此僧道受惠之利益、與普通農民無關、

合鎮江五縣而論、丹徒丹陽金壇揚中、溧陽、以徒縣之土為最瘠、而賦獨重、徒邑山田無水、雨少則苦旱、潮田臨江、雨多常苦潦、四界東鄰揚中、南接丹陽、西通句容、北近江都、丹陽句容兩邑每畝完米三升餘、江都完米二升餘、徒邑每畝獨完米七升有奇、各邑完銀每畝不過九分、徒邑每畝完銀一錢九厘至三分七厘有零不等、以最瘠之田、漕米較鄰縣加至一倍有餘、條銀加一成至四成不等、稅額偏重、民是以不堪命也、

前清洞悉徒邑賦重、有特別雙方之補救、隱寓減賦之意、如他邑漕米、折價繳錢、徒邑獨准完糙米、糙米較熟米八折、官倉用部頒漕斛收米、又較民間市斛八折、名為每畝七升二勺有零、折實不過五升零、至上下忙條銀、各邑每銀一兩、完錢二千二百文、徒邑條銀一兩、獨准減完錢一千四百九十六文、終清之季、未加分文、此特別双方之補救、為徒邑獨沾之利益、綜計銀米合徵、每畝合錢五百餘文、不過銀元四角、

迨入民國、江蘇重訂漕賦徵收統一章程、漕米一石、折價五元、條銀一兩、折價二元零五分、通飭各縣一律折價、完繳銀元、現時徒邑漕米一石、遵新章繳五元、而從前完糙八折之利失矣、條銀一兩、遵新章繳二元零五分、而從前繳一千四百九十六文之利又失矣、双方之補救、化為烏有、統一之徵收、不減分文、於

2

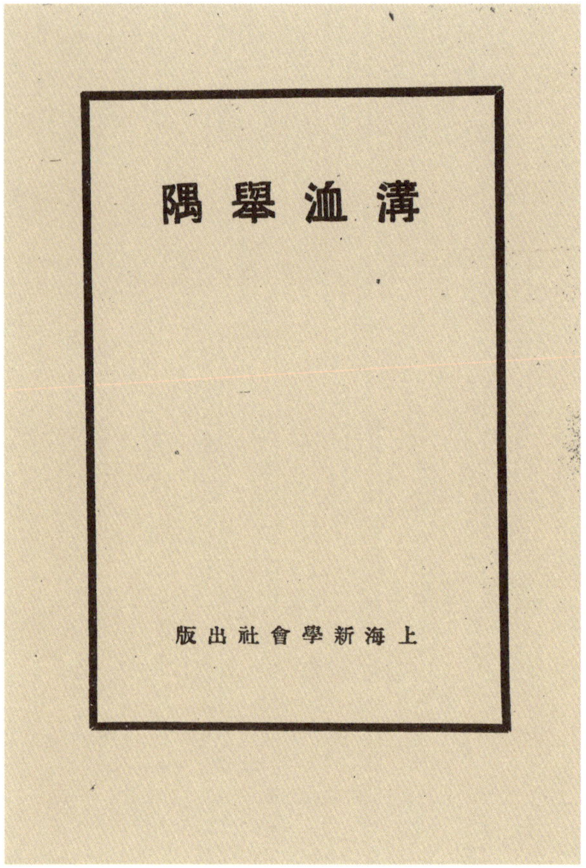
溝洫舉隅

上海新學會社出版

1

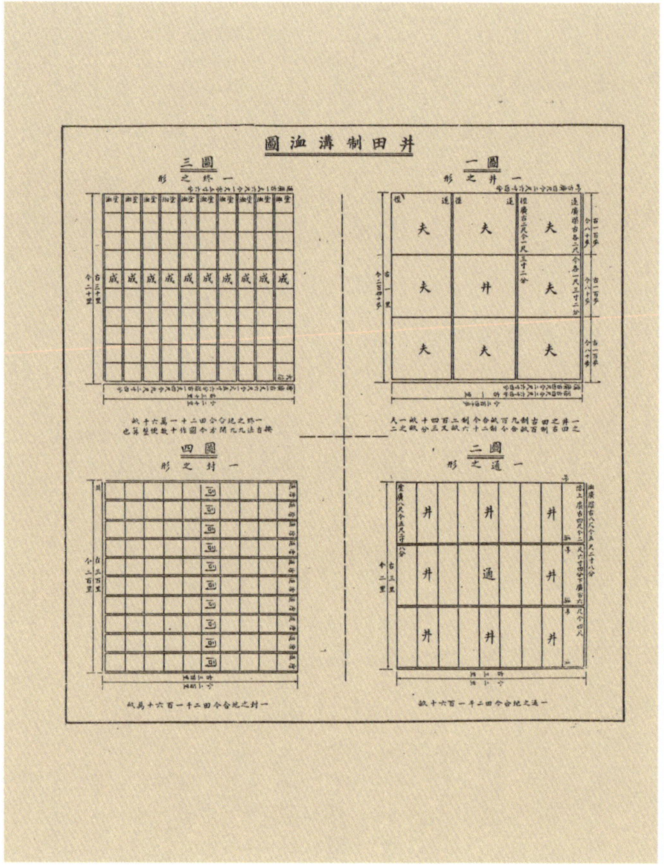

2

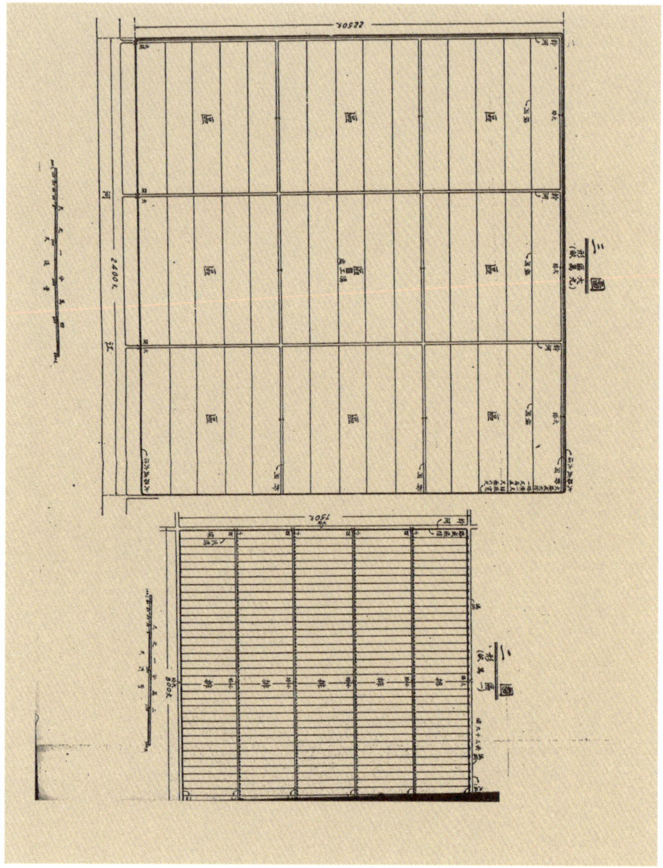

3

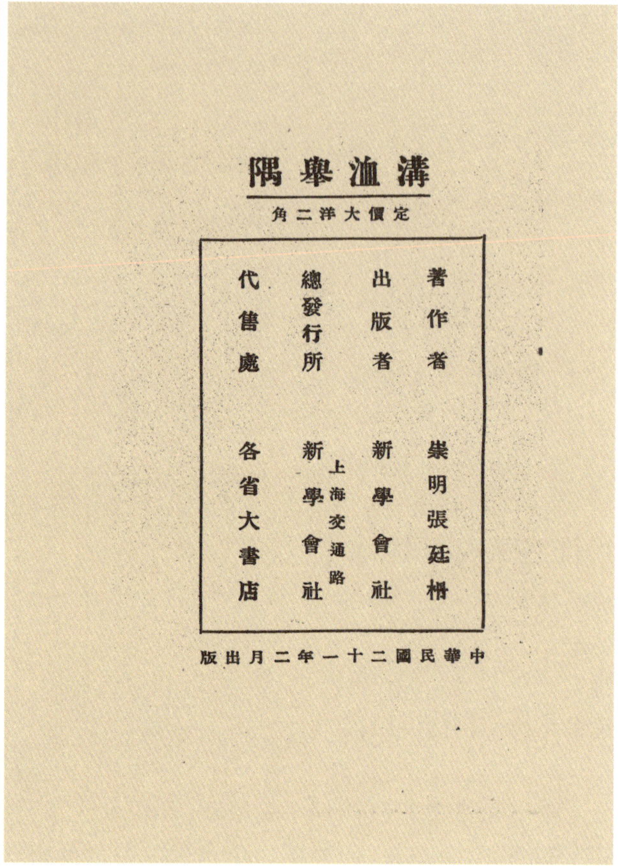
溝洫舉隅

定價大洋二角

著作者 崇明張廷栴
出版者 新學會社
總發行所 上海交通路新學會社
代售處 各省大書店

中華民國二十一年二月出版

4

沟洫举隅

张廷枏著

1 册

民国二十一年（1932）

本书收入《井田沟洫制之系统及其治迹》《沟洫废后之灾象与复兴之迫切》《新制沟洫之规划》等研究沟渠、农田水利的文章六篇。附庄崧甫“淮河吟”。

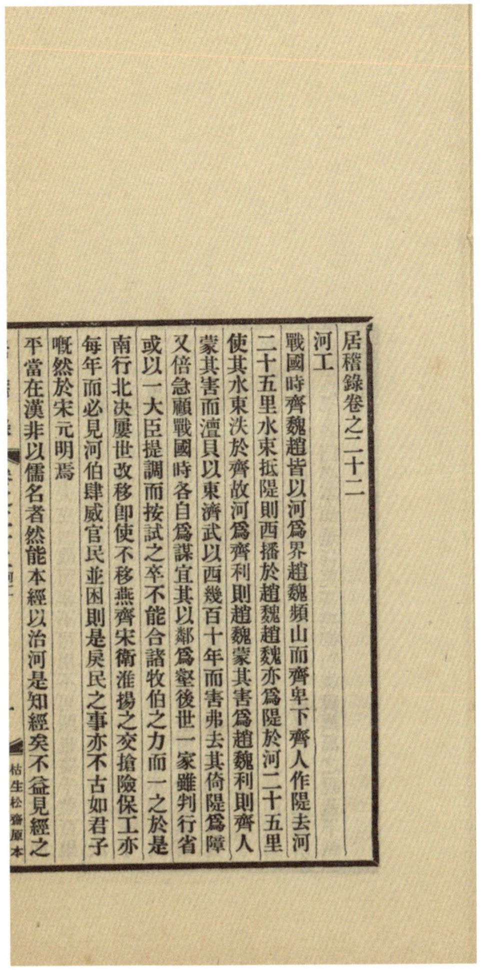
居稽錄卷之二十二
河工
戰國時齊魏趙皆以河爲界趙魏頻山而齊卑下齊人作隄去河二十五里水東抵隄則西播於趙魏趙魏亦爲隄於河二十五里使其水東泆於齊故河爲齊利則趙魏蒙其害爲趙魏利則齊人蒙其害而瀆貝以東濟武以西幾百十年而害弗去其倚隄爲障又倍急顧戰國時各自爲謀宜其以鄰爲壑後世一家雖判行省或以一大臣提調而按試之卒不能合諸牧伯之力而一之於是南行北決屢世改移即使不移燕齊宋衛淮揚之交搶險保工亦每年而必見河伯肆威官民並困則是戾民之事亦不古如君子喟然於宋元明焉
平當在漢非以儒名者然能本經以治河是知經矣不益見經之

1

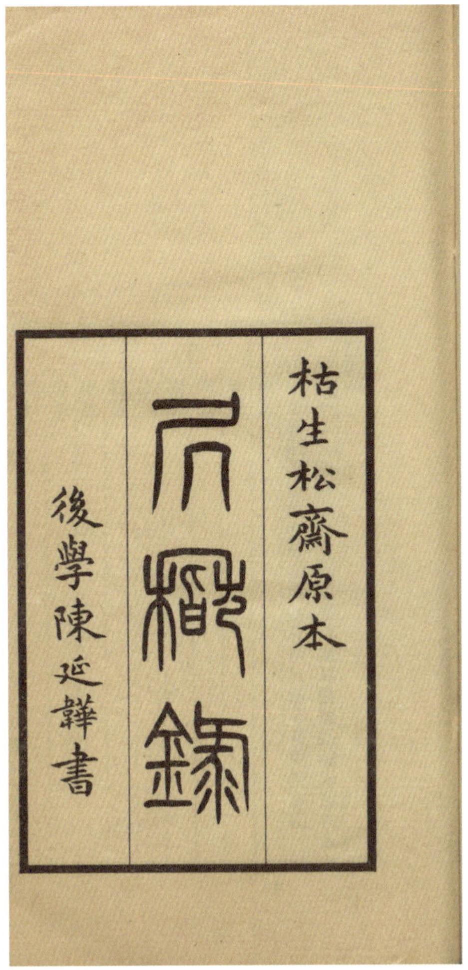
枯生松齋原本
居稽錄
後學陳延韡書

2

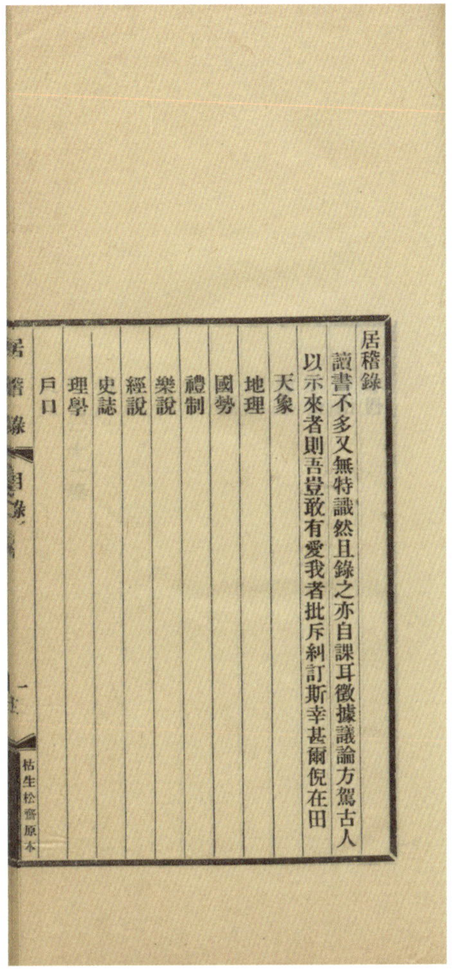
居稽錄
讀書不多又無特識然且錄之亦自課耳徵據議論方駕古人以示來者則吾豈敢有愛我者批斥糾訂斯幸甚爾倪在田
天象
地理
國勢
禮制
樂說
經說
史誌
戶口
理學

3

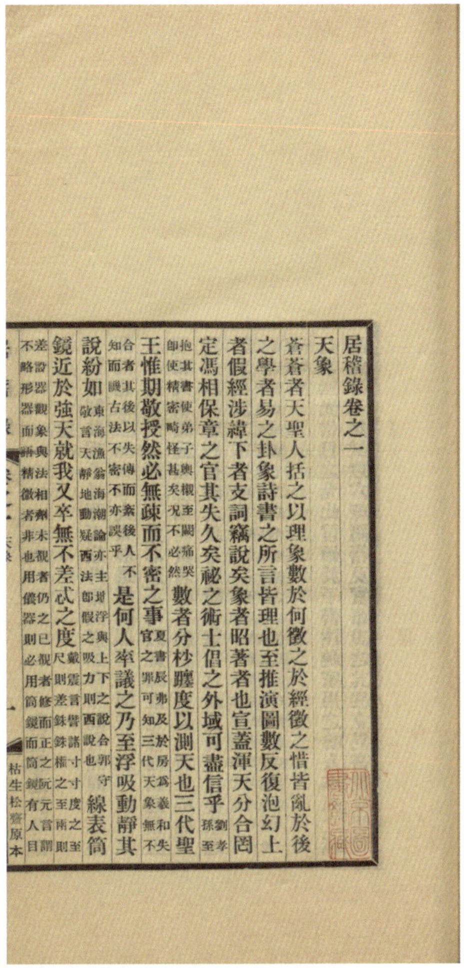

4

漕运

（清）倪在田

1 册

铅印本

民国二十四年（1935）

本篇为倪在田所撰类书《居稽录》中一类，记录漕运有关论述。倪在田，清代学者。

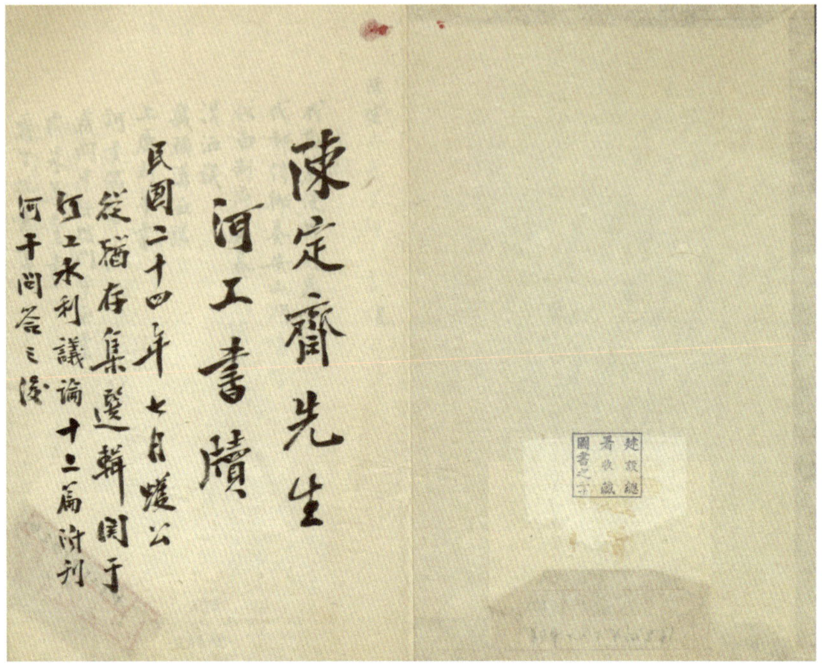

1

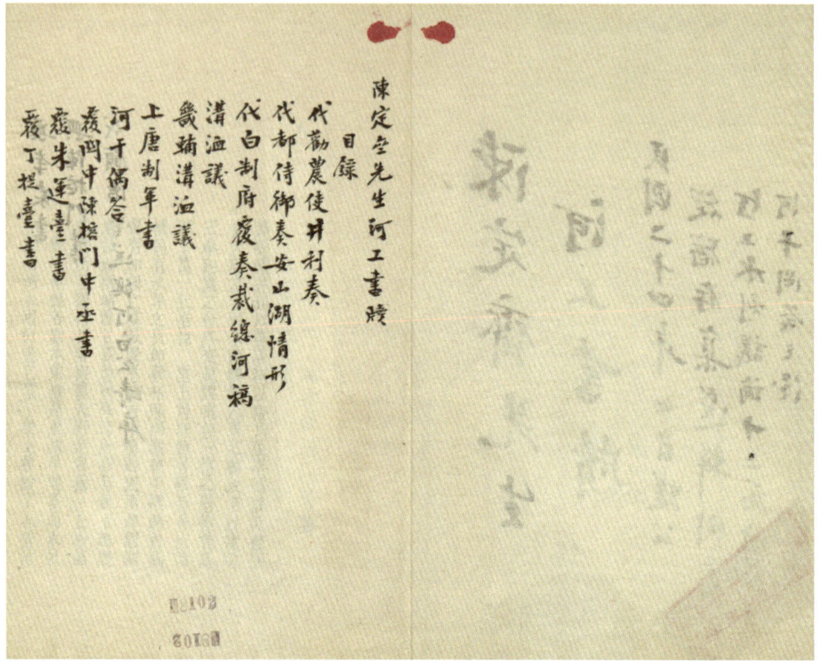

2

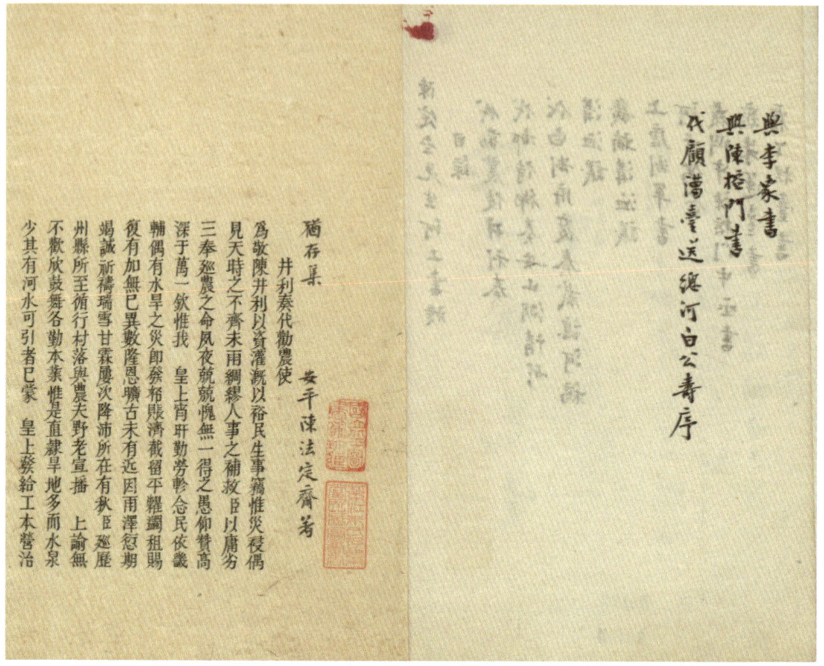

3

定斋河工书牍

（清）陈法著

1 册

刻本

紫江朱氏存素堂刻本

民国二十四年（1935）

本书为朱启钤于20世纪30年代辑自陈法《犹存集》一书，主要为陈法与友人探讨河工之书札。本书有《黔南丛书别集》本。《漕运议单》十五卷，清康熙初年所编有关漕运之法规汇编，为《漕运全书》之雏形。《漕运议单》又称《漕单》《议单》，是漕运各有关部门官员必须遵守的规则，具有漕运法规性质。《运河水道编》一卷，清齐召南撰。齐召南（1703—1768），字次风，号琼台，又号息园，浙江天台人。官至内阁学士、礼部右侍郎。曾参修《大清一统志》《明鉴纲目》《清会典》《续文献通考》，另著有《水道提纲》《史汉功臣侯第考》等。该书节录自齐召南所著《水道提纲》卷四“北运河”、卷七“淮南运河”、卷十五“江南运河”，系统叙述了清初运河的源流分合、坝闸围堰的分布情况，纵贯南北，源委了然。书中以运河之发源汶水为纲，其纳受支流为目，事关诸河流径，水系分合的记载尤为详细。历代史书均志地理，而水道自《水经》外别无专书，况郦道元所注详于北而略于南，而《运河水道编》恰以运河在江苏境内水道为最详述，占全文一半以上篇幅。自邳州、沛县起，至扬州府、镇江府，达于无锡县、苏州府。每至一地，记述河流走向、城池与水道相对位置、附近所设闸坝等，甚是详尽。有《扬州丛刻》本。

运河被灾图

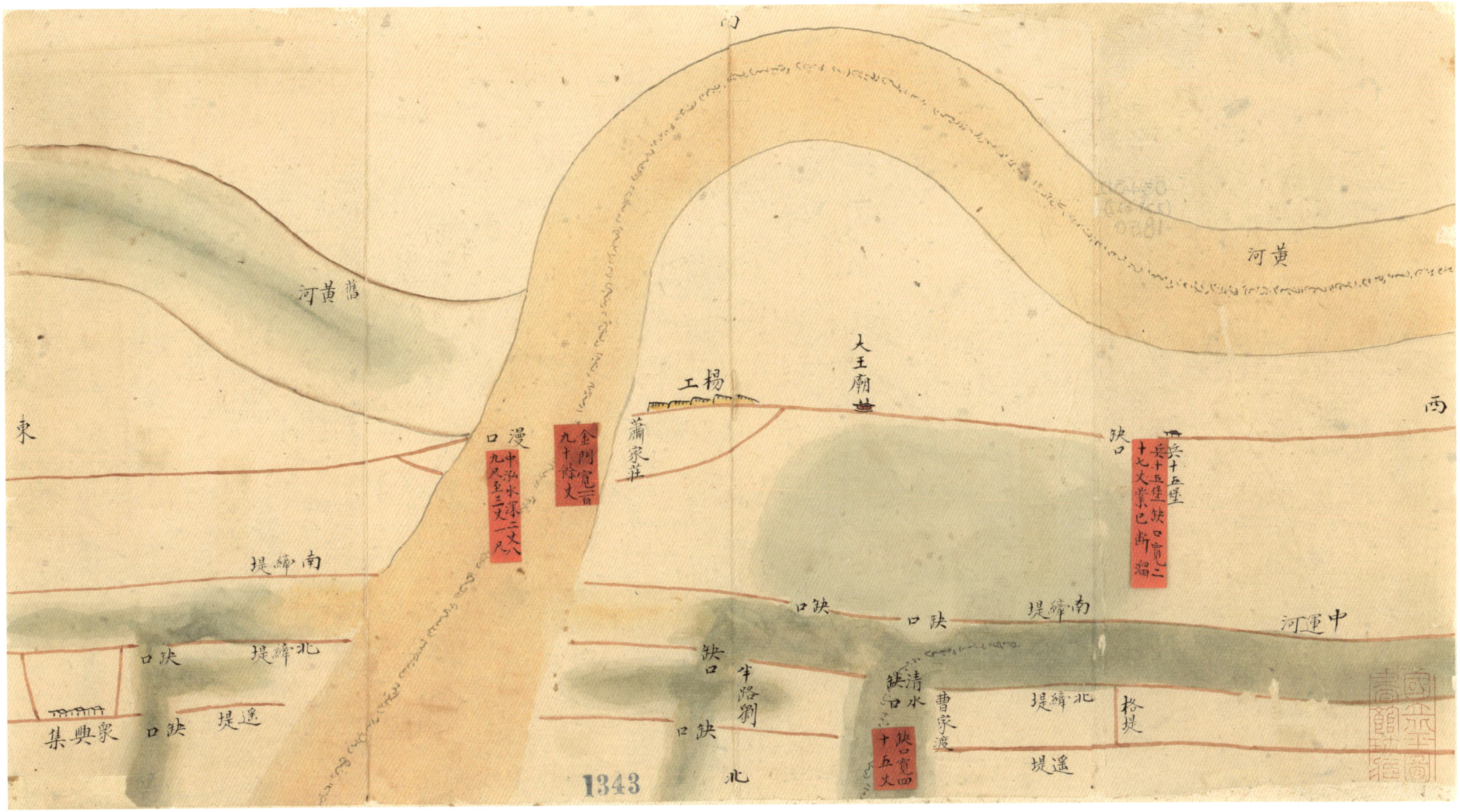

桃北厅属萧家庄黄水漫口情形图

1 幅；22×39cm

绘本

［清道光二十二年（1842）］

本图以形象画法详绘萧家庄附近黄运交汇情形及沿岸堤坝、兵堡情况。

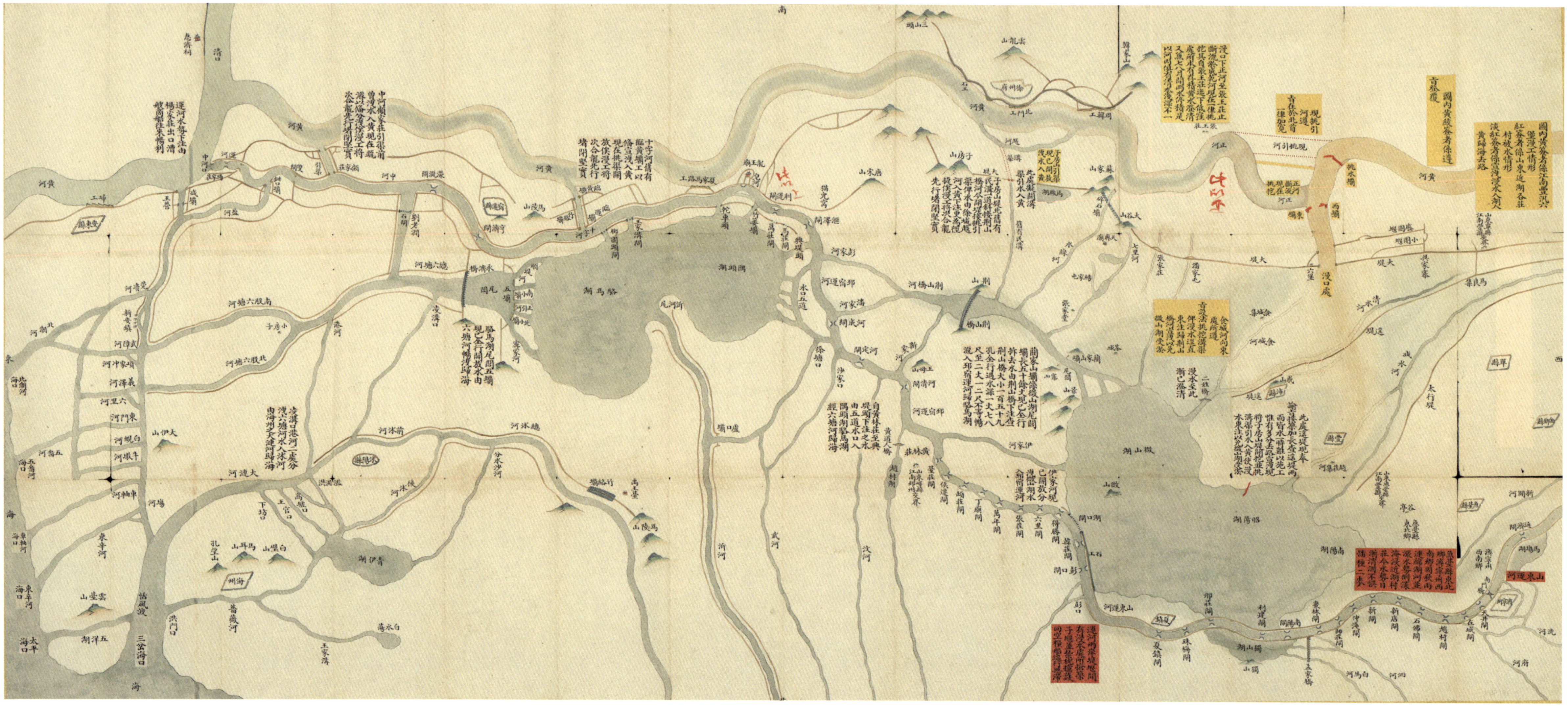

江南山东两省湖河分泄漫水归海去路情形全图

1 幅；62×136cm

绘本

[清道光年间（1821—1850）]

本图主要反映了1855年黄河改道前两省黄河、运河河工闸坝情况，黄签注江南（今江苏）丰汛六堡漫工，红签、淡红签注山东近湖各庄村水灾情形及宣泄漫水入湖入黄归海去路。

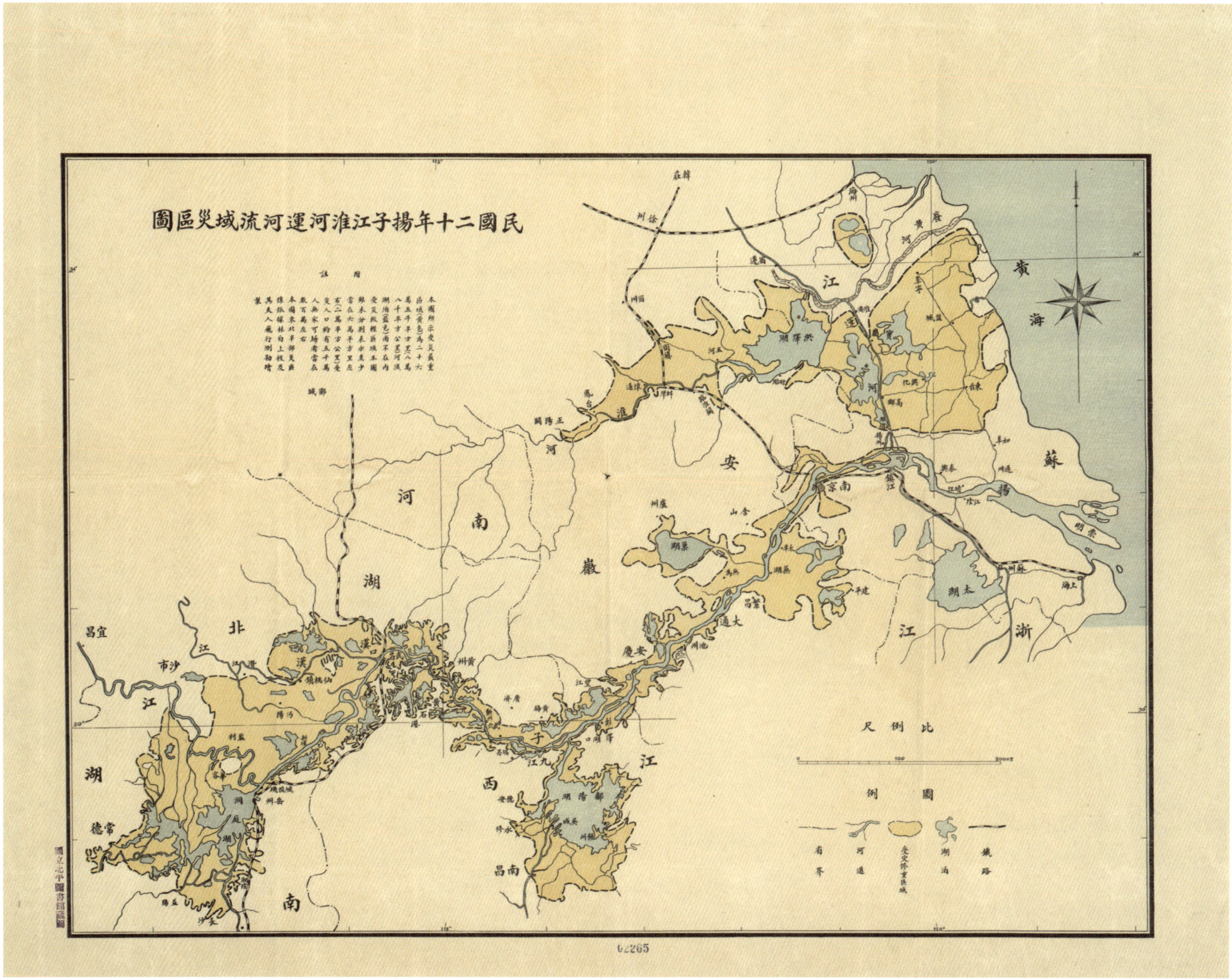

民国二十年扬子江淮河运河流域灾区图

［内政部土地司制］

1 幅；40 × 56cm

石印本

民国二十一年（1932）

本图绘制了扬子江、淮河、运河河道、附近湖泊及沿途受灾区域。图中受灾惨重区域用黄色表示，并附文字说明受灾情况。钤“民国二二年九月内政部土地司赠国立北平图书馆”印。

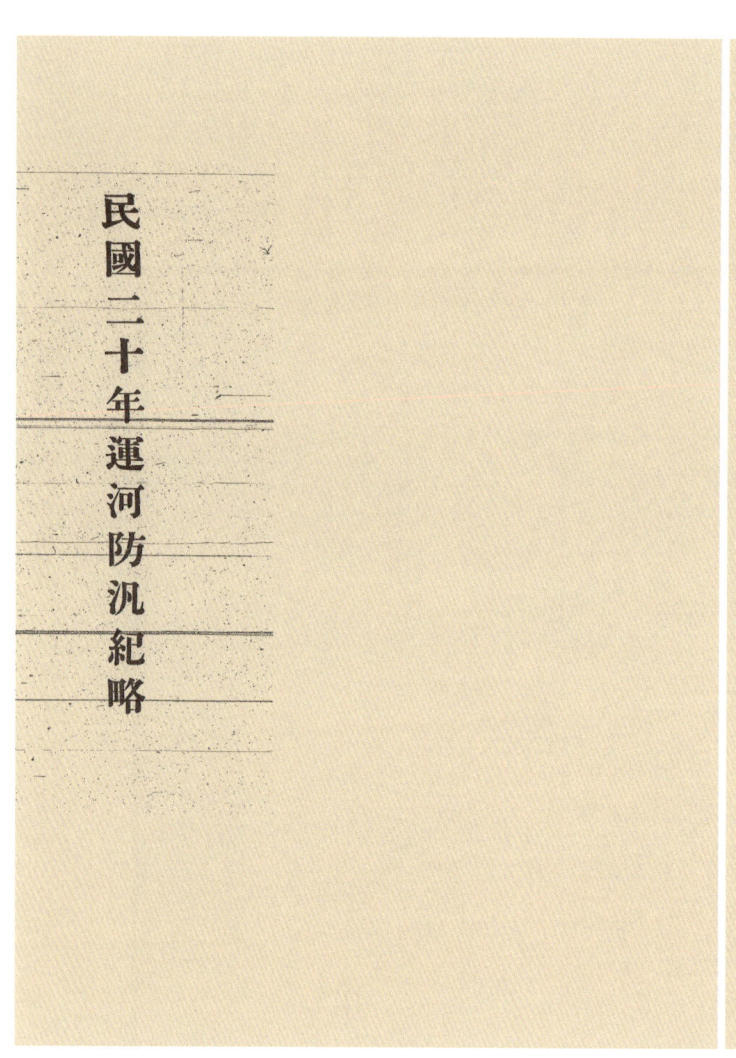

民國二十年運河防汛紀略

1

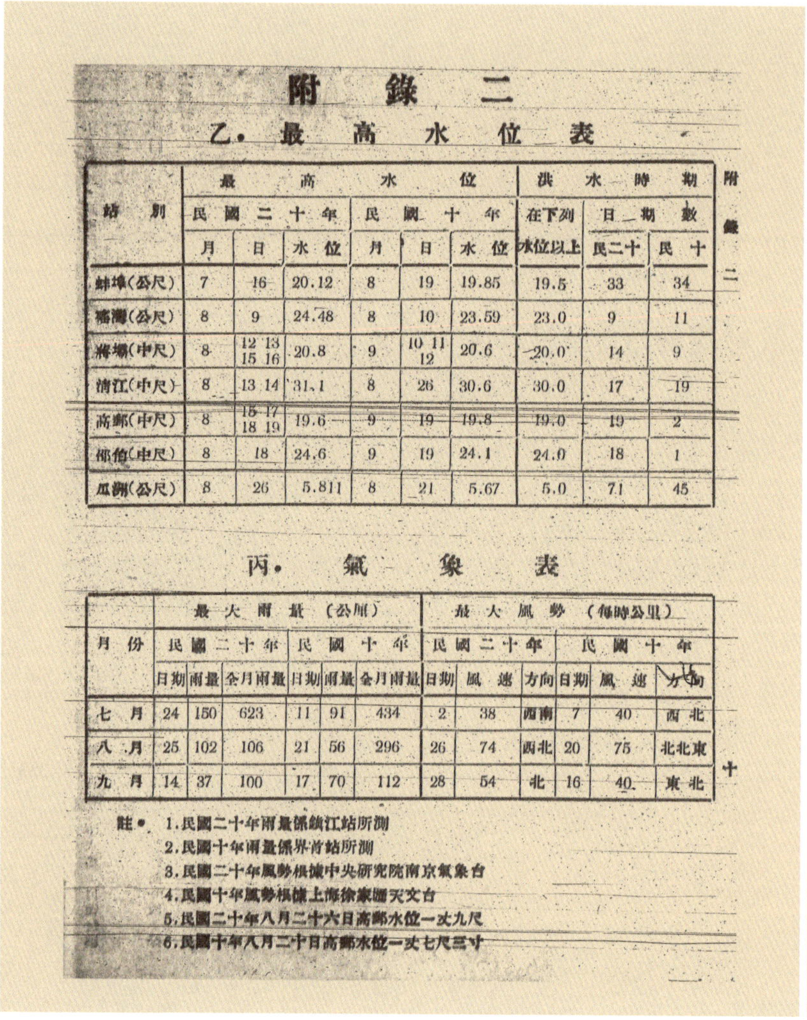

附錄二

乙. 最高水位表

站別	最高水位						洪水時期		
	民國二十年			民國十年			在下列水位以上	日期數	
	月	日	水位	月	日	水位		民二十	民十
蚌埠(公尺)	7	16	20.12	8	19	19.85	19.5	33	34
臨淮(公尺)	8	9	24.48	8	10	23.59	23.0	9	11
蔣壩(中尺)	8	12 13 15 16	20.8	9	10 11 12	20.6	20.0	14	9
清江(中尺)	8	13 14	31.1	8	26	30.6	30.0	17	19
高郵(中尺)	8	15 17 18 19	19.6	9	19	19.8	19.0	19	2
邵伯(中尺)	8	18	24.6	9	19	24.1	24.0	18	1
瓜洲(公尺)	8	26	5.811	8	21	5.67	5.0	71	45

丙. 氣象表

月份	最大雨量(公厘)						最大風勢(每時公里)					
	民國二十年			民國十年			民國二十年			民國十年		
	日期	雨量	全月雨量	日期	雨量	全月雨量	日期	風速	方向	日期	風速	方向
七月	24	150	623	11	91	434	2	38	西南	7	40	西北
八月	25	102	106	21	56	296	26	74	西北	20	75	北北東
九月	14	37	100	17	70	112	28	54	北	16	40	東北

註. 1.民國二十年雨量係鎮江站所測
2.民國十年雨量係界首站所測
3.民國二十年風勢根據中央研究院南京氣象台
4.民國十年風勢根據上海徐家匯天文台
5.民國二十年八月二十六日高郵水位一丈九尺
6.民國十年八月二十日高郵水位一丈七尺三寸

附錄二 十

2

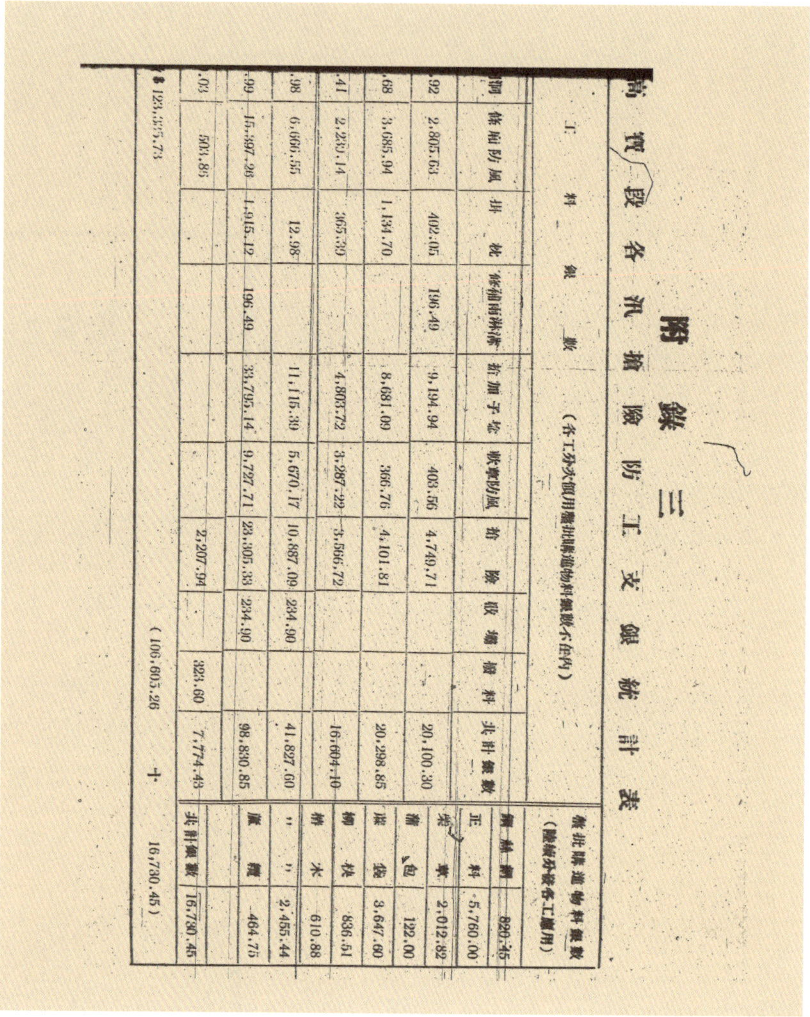

附錄三

高寶段各汛搶險防工支銀統計表

工料銀數(各工分次領用暨批購進物料銀數不在內)

…硐	條廂防風	掛枕	修補雨淋溝	搶加子埝	軟草防風	搶險	做壩	擡料	共計銀數
.92	2,805.63	402.05	196.49	9,194.94	403.56	4,749.71			20,100.30
.68	3,685.94	1,134.70		8,681.09	366.76	4,101.81			20,298.85
.41	2,239.14	365.39		4,803.72	3,287.22	3,566.72			16,604.10
.98	6,666.55	12.98		11,115.39	5,670.17	10,887.09	234.90		41,827.60
.99	15,397.26	1,915.12	196.49	33,795.14	9,727.71	23,305.33	234.90		98,830.85
.03	503.86					2,207.94		323.60	7,774.43

$123,335.73 (106,605.26 十 16,730.45)

暨批購進物料銀數(除檢分發各工應用)

鋼絲網	820.45
正料	5,760.00
柴草	2,012.82
蒲包	122.00
蔴袋	3,647.60
柳杸	836.51
椿木	610.88
" "	2,455.44
麻繩	464.75
共計銀數	16,730.45

3

民国二十年运河防汛纪略

茅以昇著

1 册

民国二十一年（1932）

本书包括附录“二十年运河防汛工作简报”“省政府议决开坝标准案”等 30 种。

治黄保运图

黄河图说

（明）刘天和制

1 幅；119 × 93cm

拓本

明嘉靖十四年（1535）立石

图碑现存西安碑林。图采用传统形象画法，绘出明代中叶黄河、运河大致流向，突出反映了嘉靖十四年黄河分道入淮出海的情景。图上“国朝黄河凡五入运”“古今治河要略”“治河意见”等治理黄河的文字资料颇有史料价值。刘天和，明中期官员，进士及第，为官治理河道、改进兵器、巩固边防。

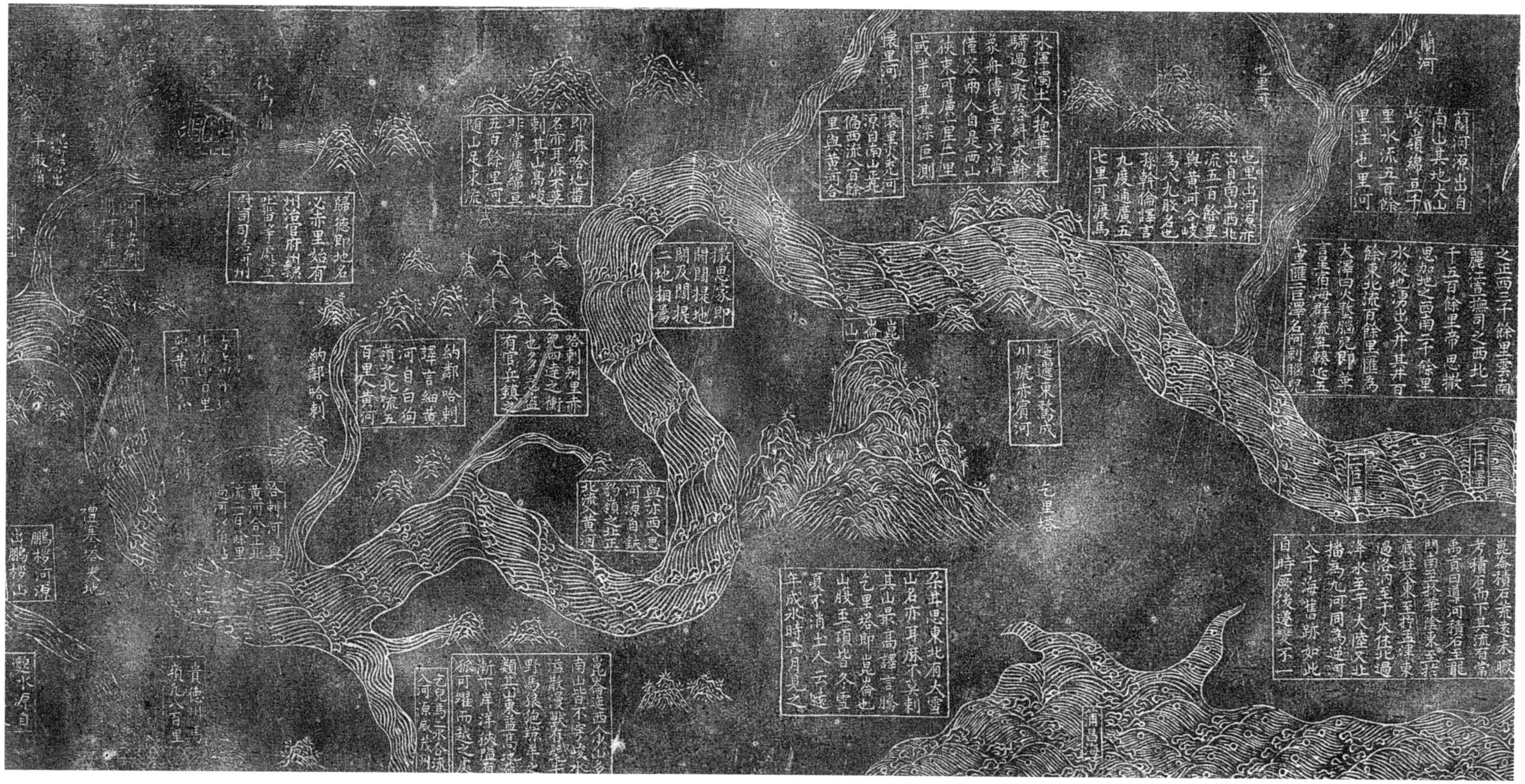

河防一览图

（明）潘季驯编绘

1 幅；43×2010cm

拓本

明万历十九年（1591）立石

本图以黄河为主，并行绘出黄河与运河，图前附“祖陵图说”“皇陵图说”“全河图说”。所绘黄河起自发源地星宿海，直至江苏云梯关入海；所绘运河北起北京，中与淮河、黄河交汇，直至浙江杭州。图中府、州、县等用不同符号表示，名胜古迹形象逼真，黄、运两河的主要支流在图上也有反映。黄河两岸堤、坝、闸等防护工程标注醒目，筑堤时间和堤长等也有记载，河流险要处标注决溢的具体时间和地点。图上有“万历十九年□月□日总理河道兼理军务都察院右都御史潘季驯谨识”字样。《河防一览图》是我国现存篇幅最大、最具代表性的一幅古代黄河和运河工程图，对其后河渠图的绘制产生了深远影响，在黄运河水利史和古代地图史上占有重要地位。该图曾被清代皇室及多位知名收藏家收藏鉴赏，具有重大的文物价值和艺术价值。《河防一览图》有数个版本，此版据明万历十九年（1591）立石拓印。原立石地点在山东济宁河道总督衙门院内，现已无存。此图与潘季驯《河防一览》书中的《两河全图》大体相同。国家博物馆收藏有两幅绢底彩绘本《河防一览图》，其中一幅为残本。潘季驯是明代治河名臣，从嘉靖四十四年（1565）到万历二十年（1592），奉三朝简命，先后四次出任总理河道都御史，主持治理黄河与运河。他一改明代前期“下游分流杀势，多开支河”的治河方略，重点针对黄河多沙的特点，提出“束水攻沙”“蓄清刷黄”的理论，并相应规划了一套包括缕堤、遥堤、格堤等在内的黄河防洪工程体系，以及“四防二守”的防汛抢险修守制度，以期达到“以水治水”“以沙治沙”，综合解决黄、淮、运问题，这也成为清代奉行的治河方略，一定程度上也发挥了显著功效。

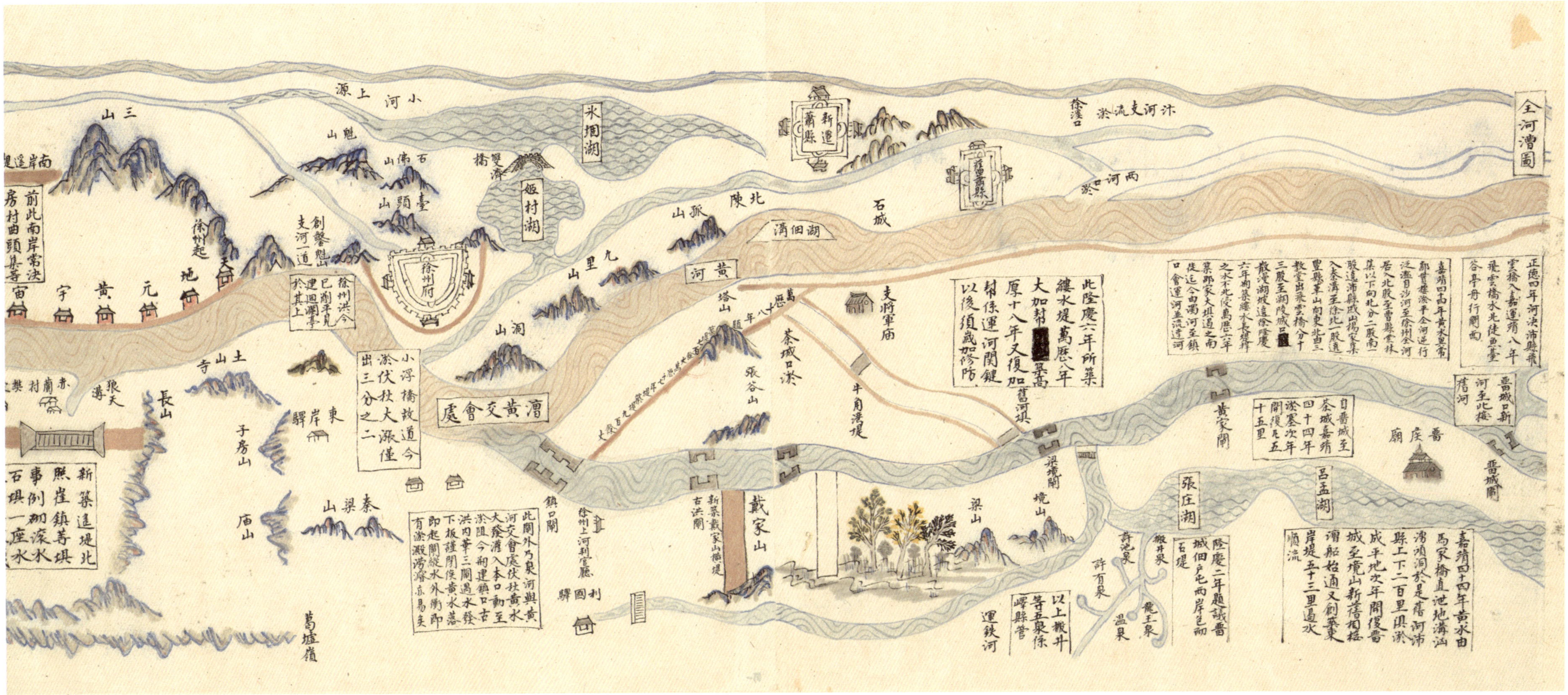

明治河图

（明）潘季驯原绘

1 幅；25×27cm

绘本

［清康熙年间（1662—1722）］

本图系清康熙中期根据明潘季驯《河防一览》书中的《两河全图》摹绘而成。图首有题名《全河漕图》。

黄河图

1 幅；49×726cm

绘本

［清道光五年（1825）前］

本图绘出黄河自河源至苏北入海口之全程，详细反映两岸支流、水系形势。图中开封府兰阳县尚未改名为兰仪县，故当绘于清道光五年（1825）前。此图绘制较为粗糙，且缺角。

黄河发源归海全图

1 幅；22×502cm

绘本

［清道光五年（1825）前］

本图绘出黄河自星宿海至江苏云梯关入海口之全程，详细标绘出黄河下游河工堤坝位置。图中开封府兰阳县尚未改名为兰仪县，故此图当绘于清道光五年（1825）前。

黄河发源归海全图

1 幅；22×502cm

绘本

［清道光五年（1825）前］

本图绘出黄河自星宿海至江苏云梯关入海口之全程，并详细标绘出河南武陟县以下河工堤坝位置。图中开封府兰阳县尚未改名为兰仪县，故此图当绘于清道光五年（1825）前。此图与国家图书馆藏同名图（上条）内容一致。

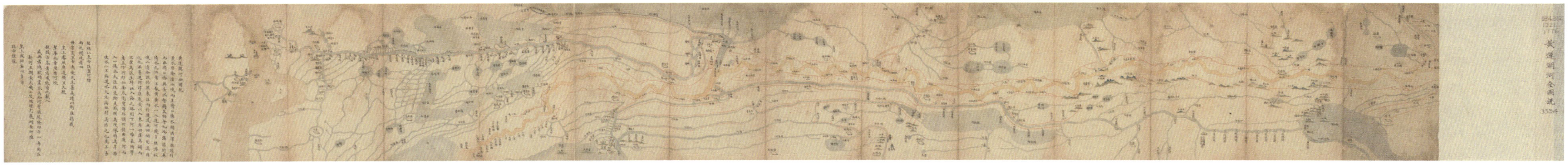

黄运湖河全图说

1 册；26×15cm

绘本

［清乾隆年间（1736—1796）］

本图说系河署绘呈本，国家图书馆此藏本有残，图前部缺损。现存图所绘黄河起自徐州府沛县，至云梯关入海。地图描述了黄河、大运河及附近河、湖等，绘出两岸堤工。图后有黄运湖河全图说。此图或因乾隆四十一年（1776）陶庄新河并拦黄大坝工竣工而作。

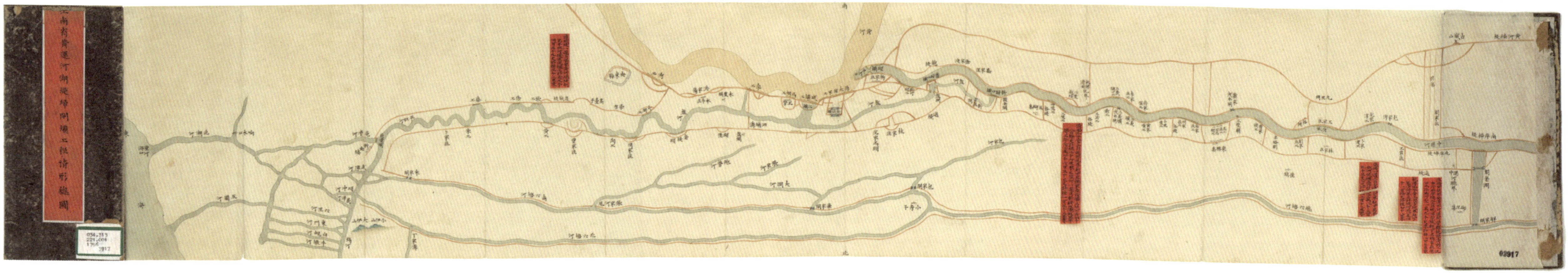

［江南省黄运图］

24 幅；图廓不等

绘本

［清嘉庆年间（1796—1820）］

本图首为《江南省黄运河湖堤埽闸坝工程情形总图》，所绘河段自淮安府桃源县中运河至入海口，图中黄河、运河等水系绘画详细。余为各厅事宜图，各图均有签注，包括《里河厅属事宜图说》《丰北厅属事宜图说》《宿南厅属事宜图说》《睢南厅属事宜图说》《中河厅属事宜图说》《邳北厅属事宜图说》《外北厅属事宜图说》《桃北厅属事宜图说》《铜沛厅属事宜图说》《宿北厅属事宜图说》《外南厅属事宜图说》《海阜厅属事宜图说》《运河厅属事宜图说》《扬粮厅属事宜图说》《海安厅属事宜图说》《山盱厅属事宜图说》《山安厅属事宜图说》《海防厅属事宜图说》《萧南厅属事宜图说》《高堰厅属事宜图说》《扬河厅属事宜图说》《桃南厅属事宜图说》《江防厅属事宜图说》。国家图书馆藏有另一套 24 幅《江南省黄运图》，其中总图绘出外南厅河段，其余各厅事宜图与此套基本相同。

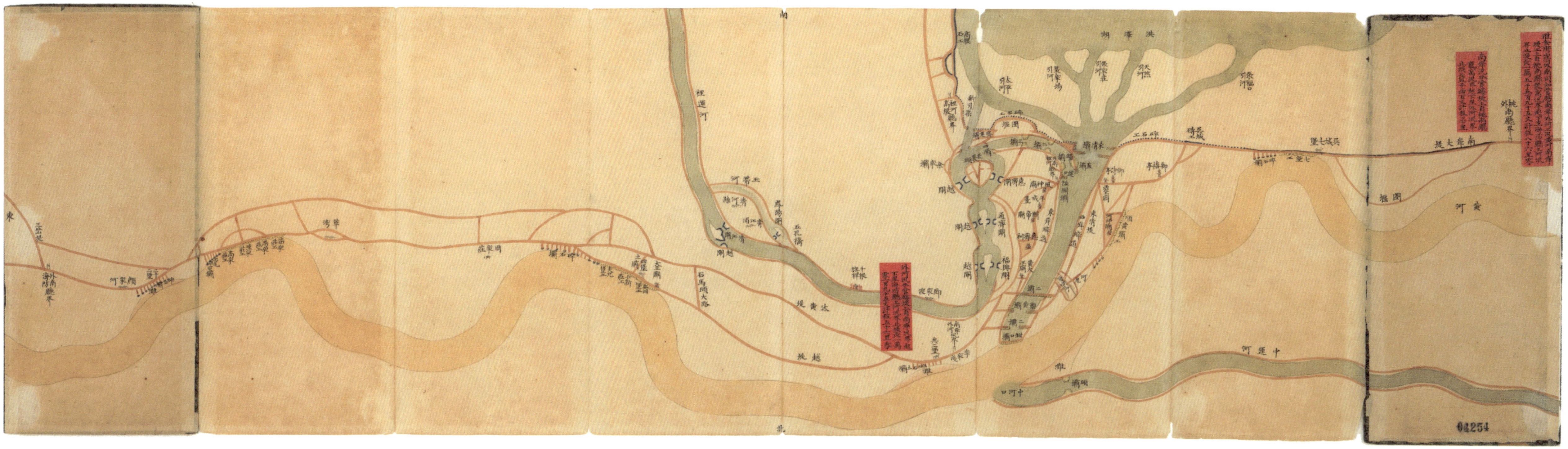

[**江南省黄运图**]

24 幅；图廓不等

绘本

[清嘉庆年间（1796—1820）]

本图首为“江南省黄运河湖堤埽闸坝工程情形总图”，黄河、运河等水系绘画详细；余为各厅事宜图，各图均有签注。

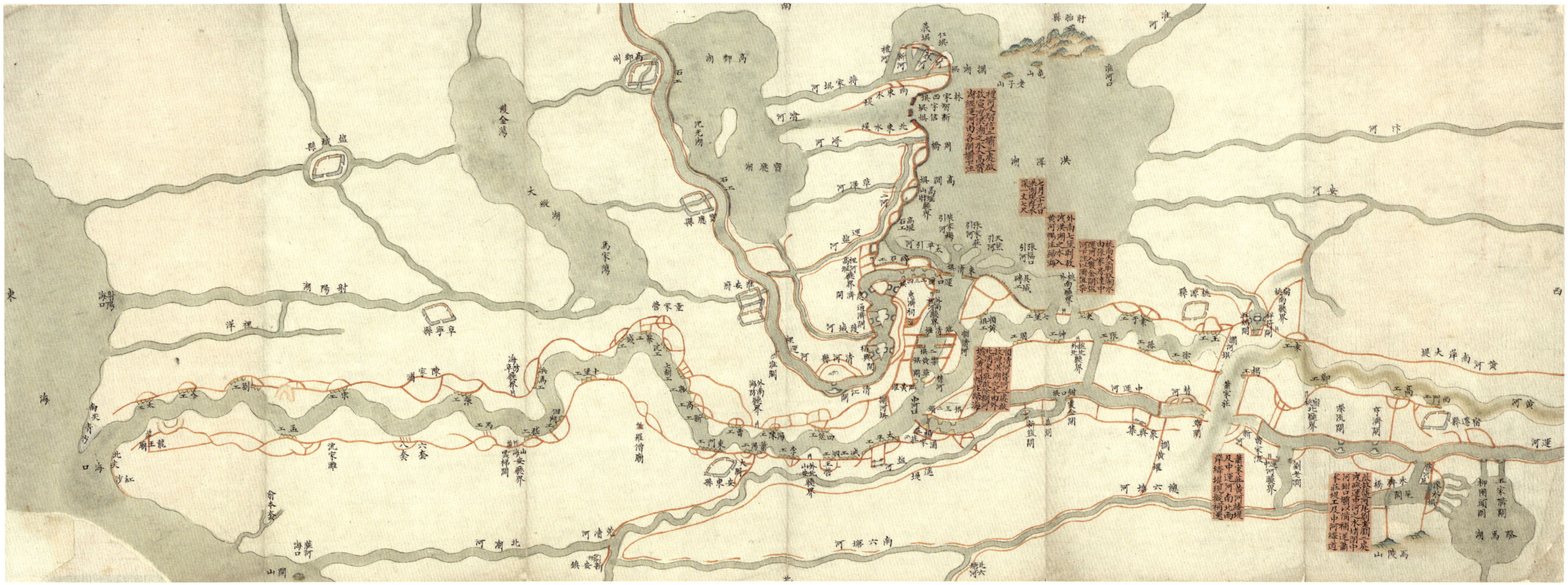

[江南省黄运图]

24 幅；图廓不等

绘本

[清嘉庆年间（1796—1820）]

本图首为“江南省黄运河湖堤埽闸坝工程情形总图”，黄河、运河等水系绘画详细；余为各厅事宜图，各图均有签注。除全图外，其余与国家图书馆藏同名图内容基本相同。

江南省黄运河湖堤埽闸坝工程情形总图

1 幅；65 × 115cm

绘本

［清中期］

本图范围、内容及绘法均与国家图书馆藏彩绘同名图基本一致，仅无签注，图幅略小，据图上内容判断，此图系同名图不同摹绘本。

江南省黄运湖堤埽闸坝工程情形总图

1 幅；101×168cm

绘本

［清乾隆三十三年至咸丰五年（1768—1855）］

本图以上方为南，其范围包括江南（今江苏）长江以北和河南、安徽部分地区。所绘黄河系西自江南砀山县（今河南辖县）西界东至海口河段；运河系南自长江运口北至微山湖畔河段。沿河大堤、埽、坝、水系及府、州、县等绘制、注记详细，并贴签标注抢修、岁修堤工名称及其段长。据图上泰州境东台县设置黄河走向判断，此图当绘于清乾隆三十三年（1768）后至咸丰五年（1855）黄河改道前。

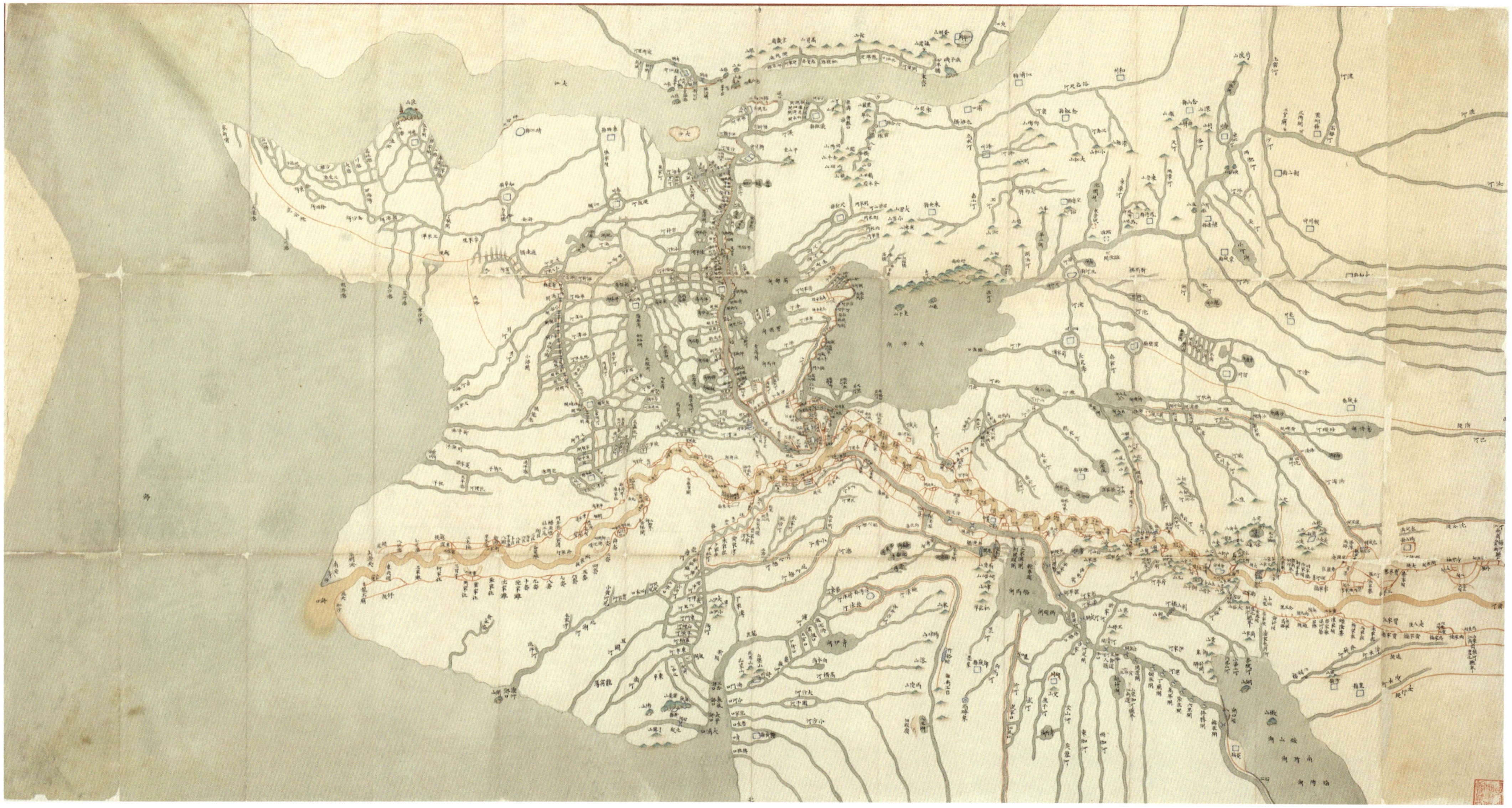

黄河夺淮穿运入海及湖河堤坝形势图

1 幅；65 × 120cm

绘本

清嘉庆年间（1796—1820）

本图主要反映清嘉庆年间，黄河下游苏北地区，以洪泽湖为中心的大片区域，重点绘出黄河、运河、淮河等数十条河流和湖泊及府、州、县分布状况并详绘黄河堤坝工程。系中国古代地图形象画法的代表作。

绘造江南清黄河道各工事宜全图

1 幅；63×108cm

绘本

［清嘉庆年间（1796—1820）］

本图详细绘出江苏徐州府砀山县以东、长江以北黄运河交汇区域各大小河流及两岸堤坝工程等，标出各堡、坝、滩、堤、工名称。图中所绘黄河从江南河南交界处及江南山东交界处起，直至丝网口入海。

长江黄河淮运形势全图

1 幅；101×142cm

绘本

［清咸丰年间（1851—1855）］

本图水系绘制、标注详细，主要展现长江、黄河、淮河、大运河水系，包括其干河与汇入河流诸泉等。地图所绘黄河起自江南、山东交界，止于丝网滨入海口。

[黄淮两河沿河地方道里图]

1 幅；67×58cm

绘本

[清光绪年间（1875—1908）]

本图范围东至大海，西至河南西华县，南至安徽庐江县，北至山东阳谷县。主要绘出黄、淮两河水系与沿线府、州、县治位置及其间道路、里程。地图所绘黄河自铜瓦厢至大清河汇入处，也绘出了原至安东入海的“旧黄河形”。

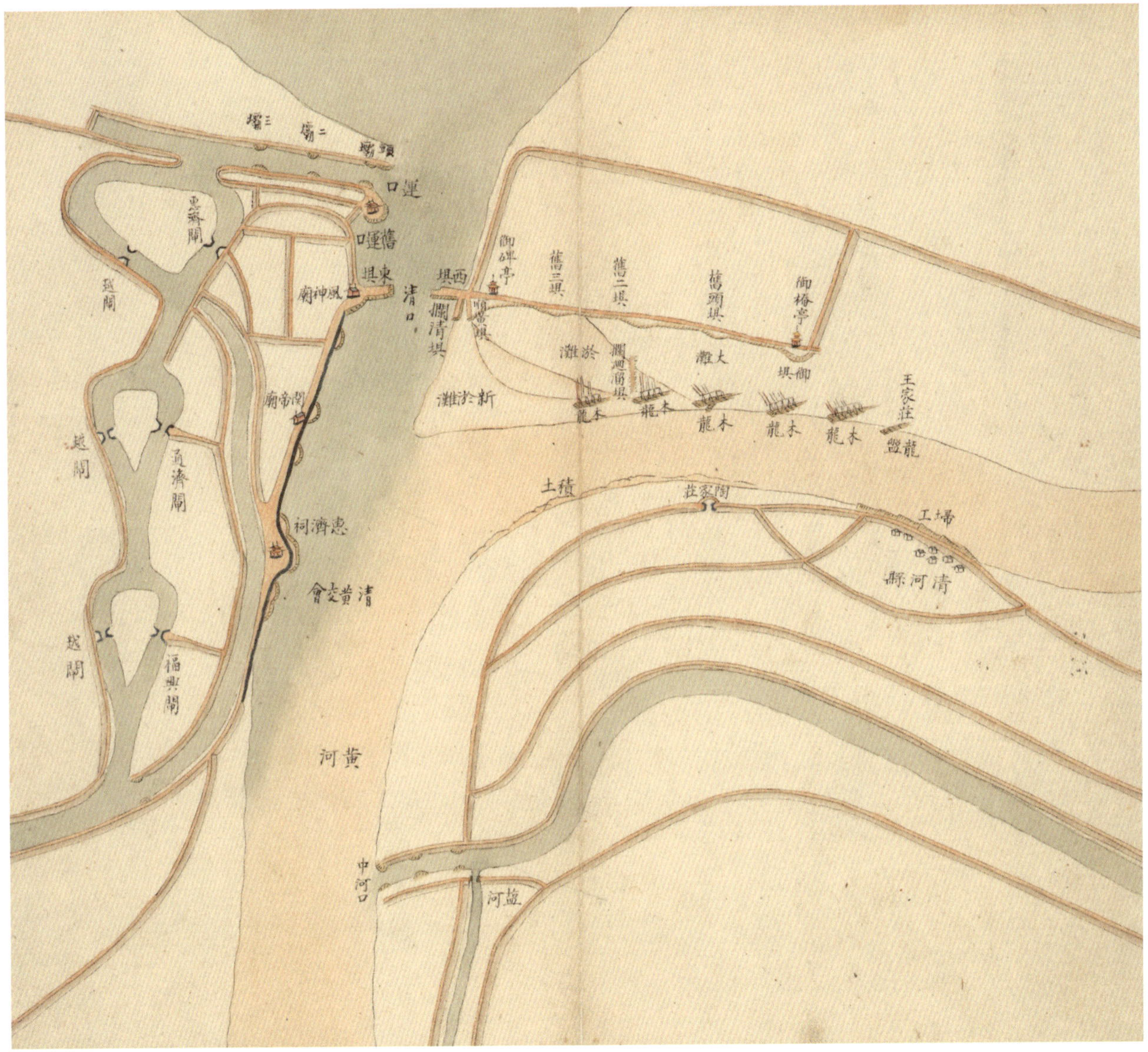

清口爲淮黄交會實河防第一緊要之關鍵康熙三十八年恭逢
聖祖仁皇帝南巡
特授方畧
親臨指釘一樁建設
御壩挑令黄溜北趨陶庄俾黄淮順行而交會誠千古不易之章程也嗣因陶
庄引河未成
御壩迤下之頭二三壩俱有險工清口每有黄流倒灌之虞乾隆五年臣高斌
奏請添設木龍數架以挑黄溜欽奉
硃批且試行之俟再有效則甚美事也欽此欽遵查自設木龍以來挑溜北
趨將頭二三壩險工盡行淤閉其陶庄積土漸次刷去歷有成效乾隆
十四年臣復細察情形清水出口迴溜北趨木龍以下黄流間有沙淤
旋被刷去不能停留必須將清水迴溜攔隔不令由南岸上行其木龍
之下再添挑溜木龍使黄河大溜直逼陶庄冲刷積土方爲有益隨經
奏明添築順黄攔清壩今清水迴溜已遠而黄水迴溜漸漫漸淤其陶
庄積土漸次衝刷此現在之情形也臣等謹按黄水自清河縣而下必
須大溜北趨將陶庄積土衝刷淨盡始能順軌直行其西壩外灘必須
將迤上之木龍與壩工再加並進方能淤灘日益寛長挺出沙嘴使黄
水遠趨清水暢出清黄劃然分界直至惠濟祠後方行交會並行合流
則黄水永無倒灌之患庶與
聖祖仁皇帝建設
御壩挑溜順行之本意始相符合謹備陳原委繪圖貼說伏祈
皇上訓示

［江苏黄淮运河水利图说］

1 册；25 × 14cm

绘本

［清晚期（1851—1911）］

本图上有题名《抄绘水利图》，似为清末抄绘康熙、雍正、乾隆年间江苏省呈报的水利情形图说。先图后说，共有 19 幅图，涉及山东、江苏境内黄河、淮河、运河情形，例如清河县清黄交汇、黄河归潮河入海等内容，其中有乾隆年间治河大臣高斌奏稿。

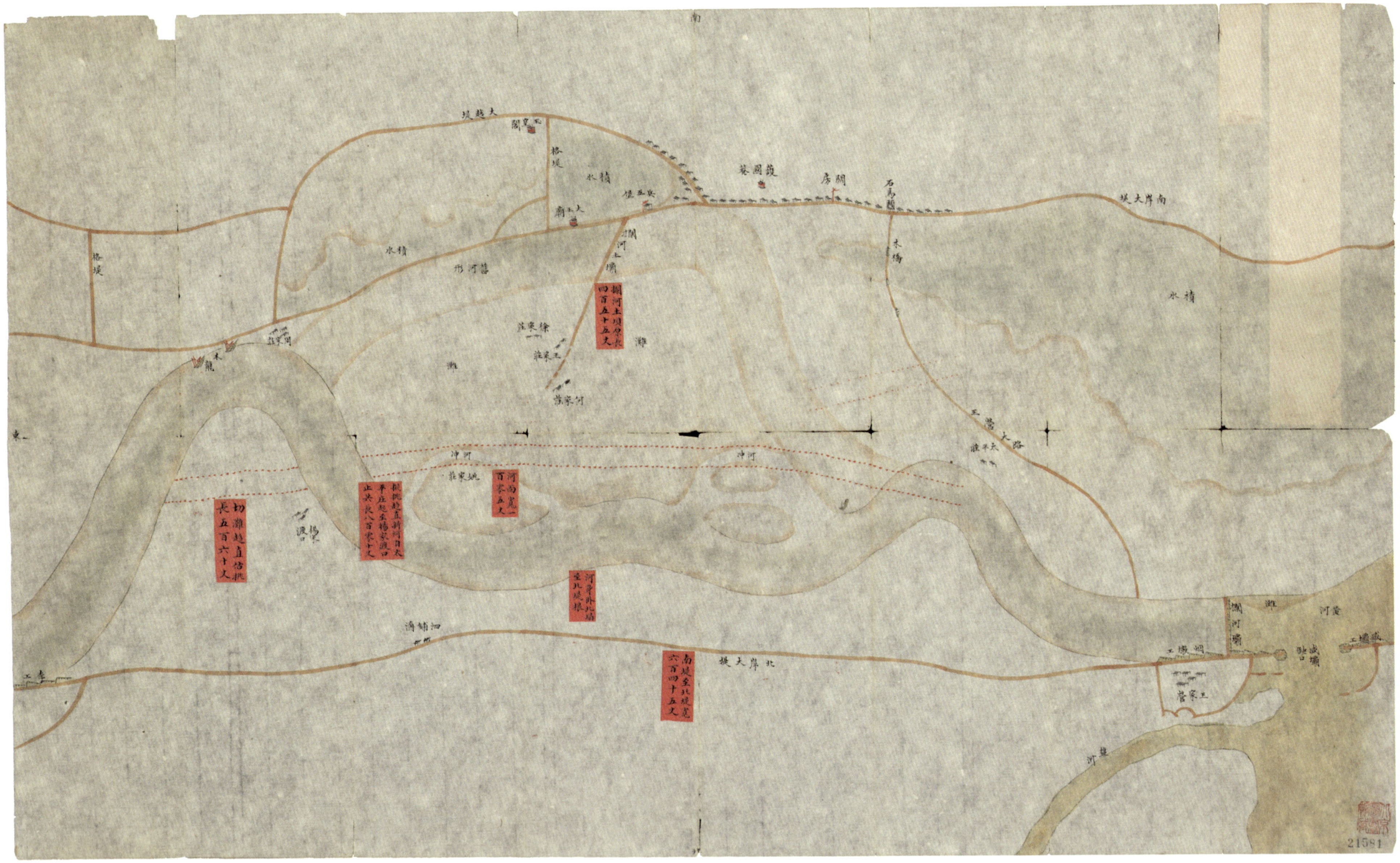

外河厅属老坝工拦黄土坝上下淤滩图

1 幅；44 × 70cm

绘本

［清嘉庆十六年至嘉庆末年（1811—1820）］

本图所涉范围大致在今江苏淮安市境内。图背面贴签注“嘉庆十六年曾将减坝下估挑取直旧图尚存”。

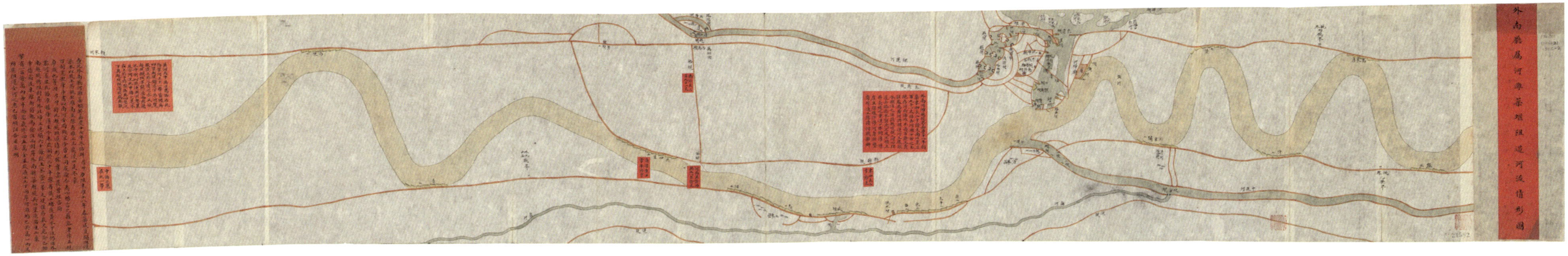

外南厅属河滩筑堰阻遏河流情形图

1 幅；26×157cm

绘本

［清嘉庆二十年至嘉庆末年（1815—1820）］

本图绘出自桃北厅、外北厅界至外北厅、山安厅界外之黄河，重点描绘黄河与洪泽湖口闸坝修建情况，图中贴签详细注出清嘉庆十八年（1813）修筑越堤后的情形。

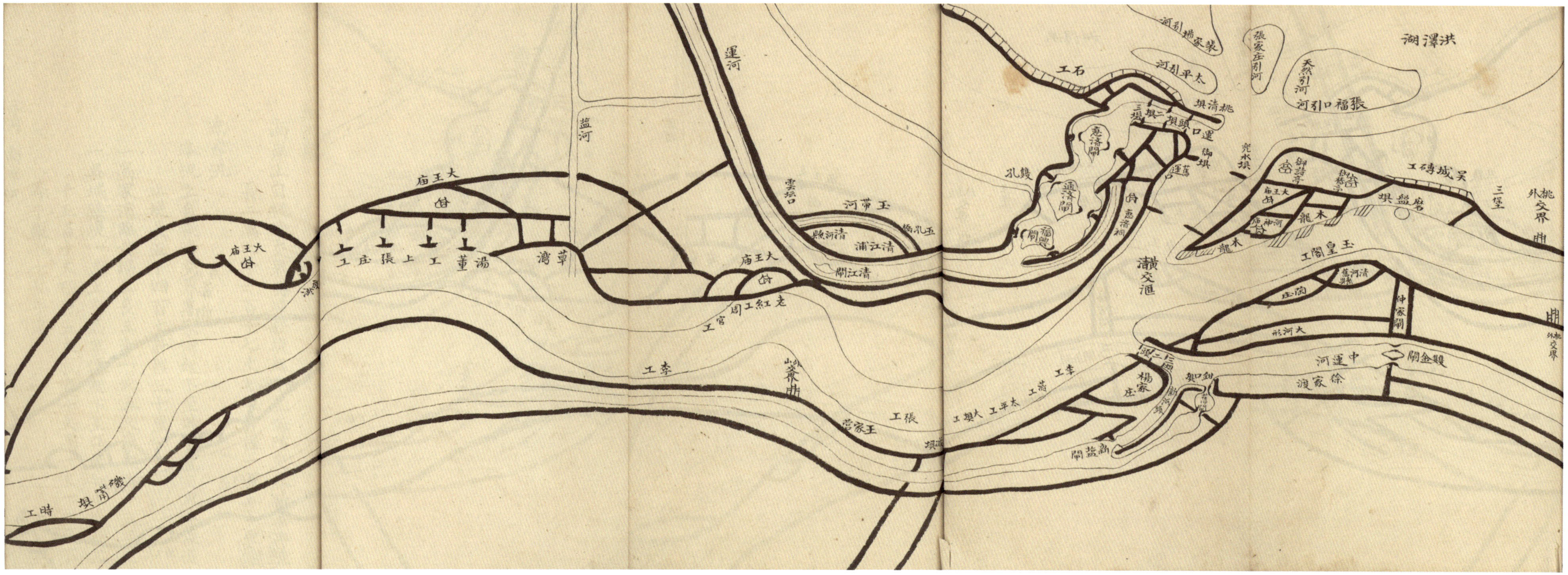

江南各厅全河图说

1 册；17.8 × 11.4cm

绘本

［清嘉庆年间（1796—1820）］

此非全本，仅为卷二，先图后说，描述了淮徐道属的桃源厅以及淮阳道属的外河厅、海防厅和山安厅，介绍各厅河堤起讫里程及修筑年代，并附重要碑文。

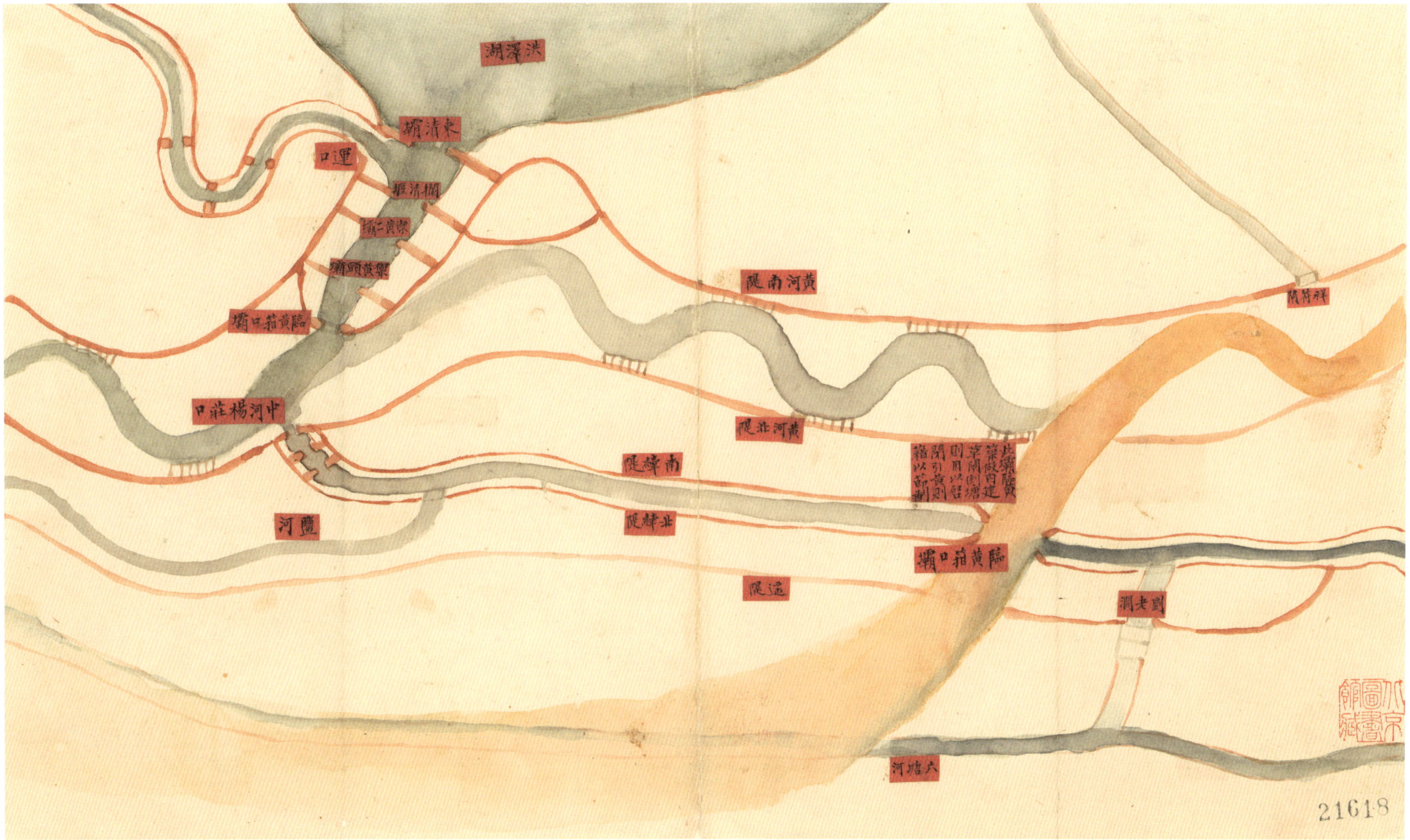

[洪泽湖口北部黄河堤工图]

1 幅；22 × 36cm

绘本

[清嘉庆年间（1796—1820）]

本图中绘有洪泽湖北口附近黄河大堤、纤堤及御黄坝等，贴签注出其名称。

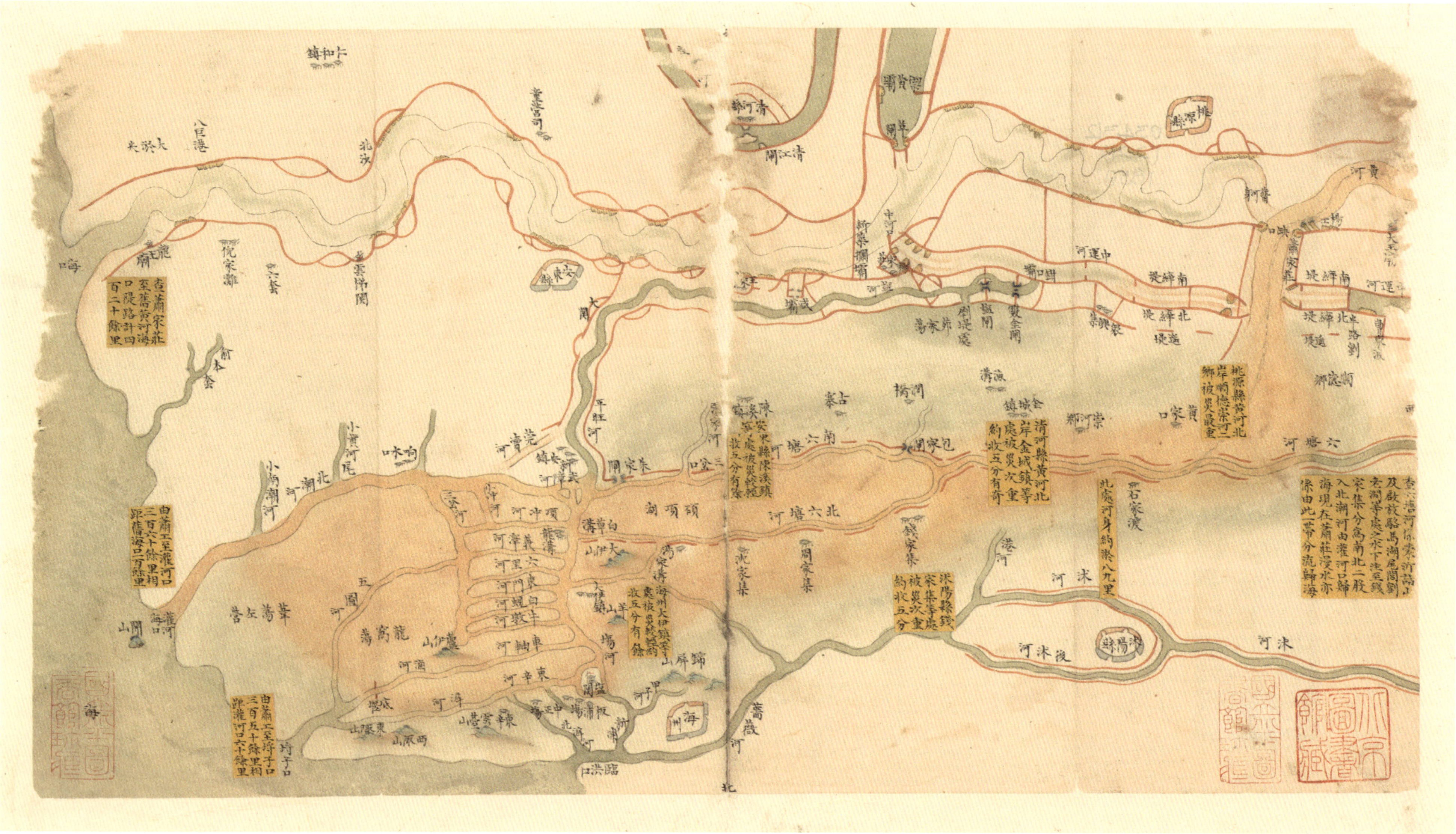

桃北厅属萧庄黄河漫口与旧道入海里数并五州县被灾轻重情形图

1 幅；22×39cm

绘本

［清道光二十二年（1842）］

本图绘出自桃源县至入海口处之黄河河段。较详细地绘出江苏桃源县萧家庄黄河决口后的河道以及沿河受灾区，贴签注明各地之间距离及各地被灾轻重程度等。

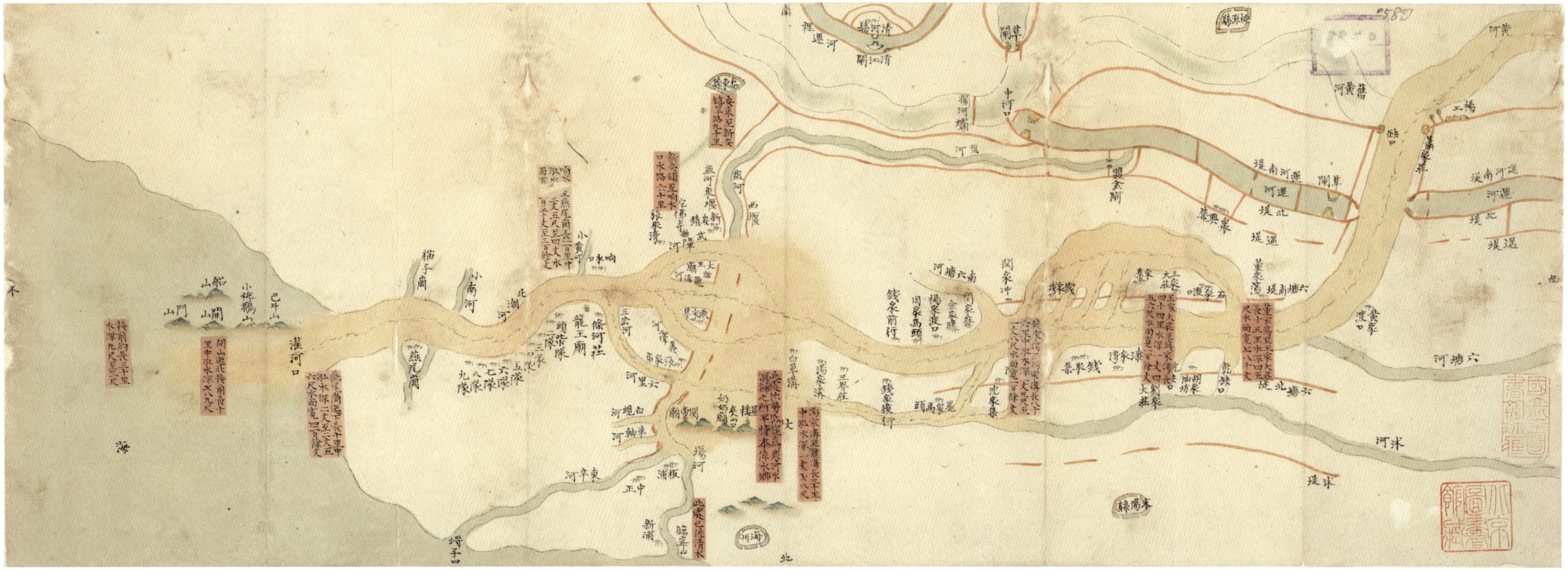

专委查探桃北漫口以下河道水势实在情形图

1 幅；21×58cm

绘本

［清道光二十二年（1842）］

本图绘出自桃源县至入海口处之黄河河段。反映了江苏桃源县北部萧家庄黄河决口改道经董家荡、钱家湾、汤家沟、新安镇、响水口、燕尾岗归潮河入海之情形，贴签注明各地之间里程丈尺等。

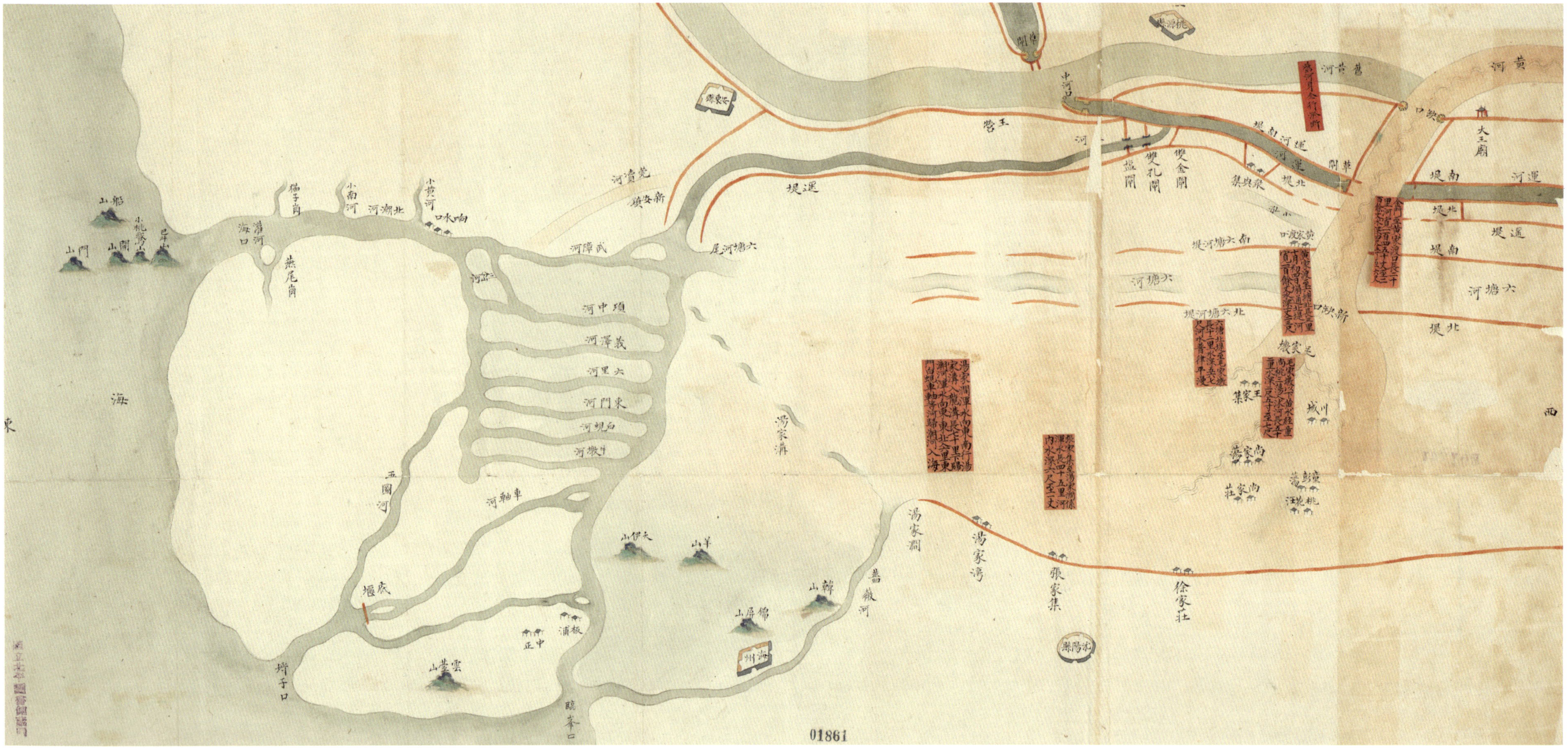

江南萧工以下黄水归海现在情形图

1 幅；32 × 67cm

绘本

［清道光二十二年（1842）］

本图详绘江苏桃源县黄运交汇处至黄河入海口段黄河水势及沿岸堤防、县城，贴签注明工程详情。

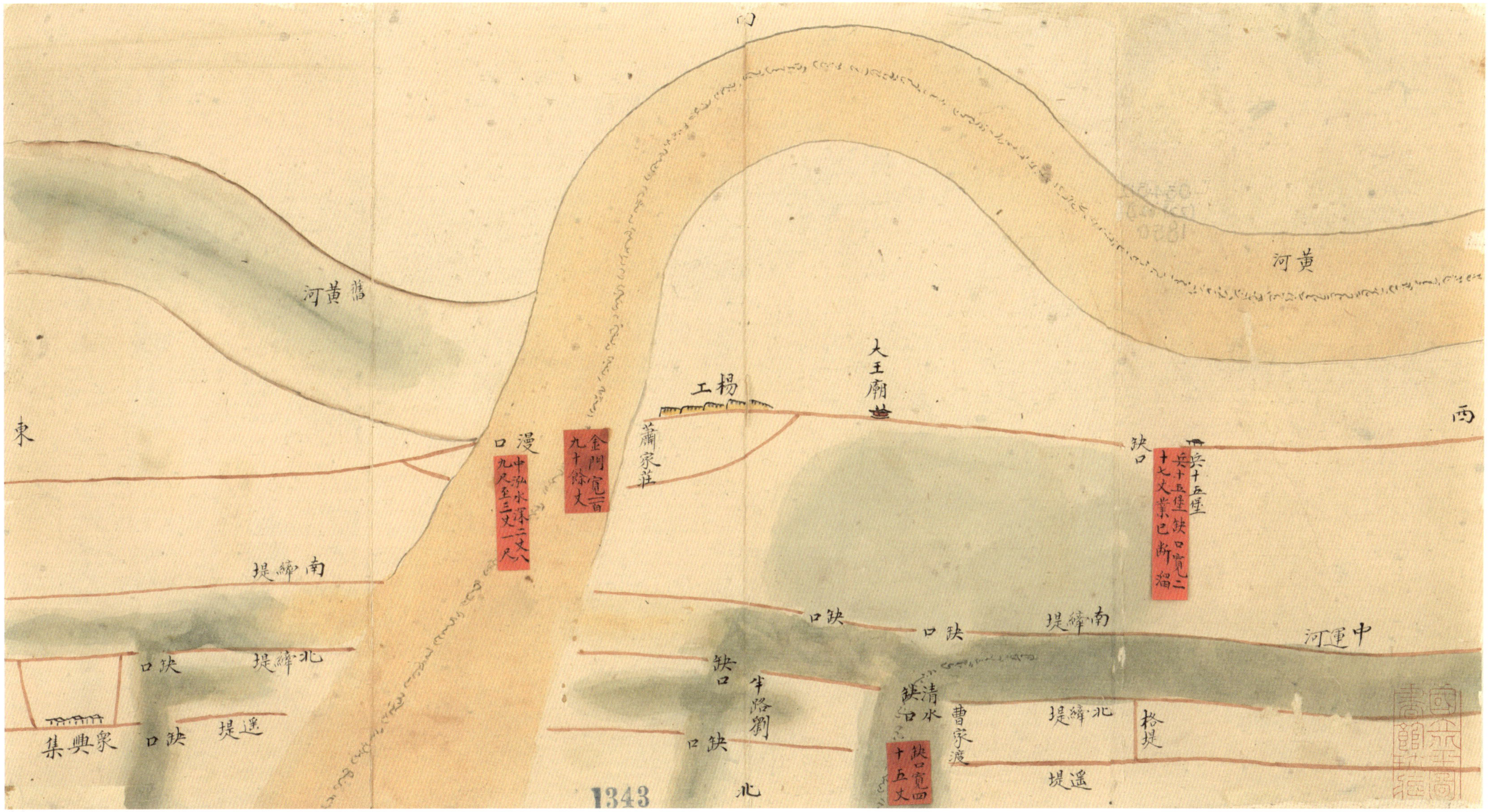

桃北厅属崔镇汛萧家庄黄水漫口情形图

1 幅；22 × 39cm

绘本

［清道光二十二年（1842）］

本图详绘江苏桃源县萧家庄附近黄运交汇情形及沿岸堤坝、兵堡情况，贴签标注缺口、水深丈尺等。

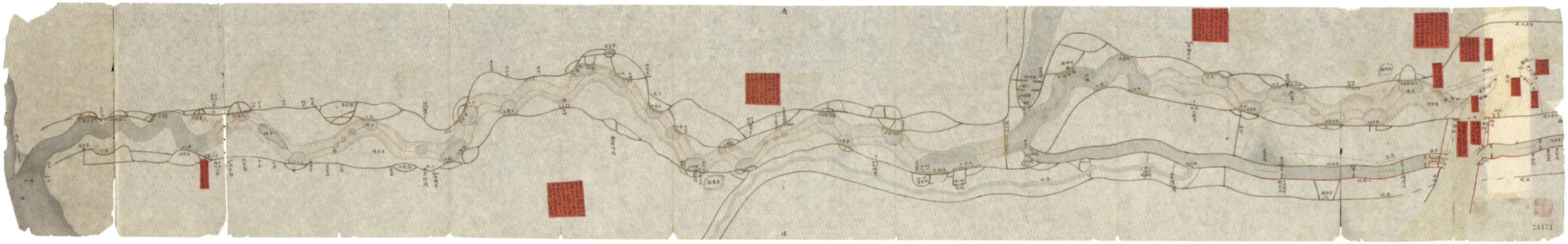

桃北厅属萧家庄漫口拟定坝基引河情形图

1 幅；22×140cm

绘本

［清道光二十二年（1842）］

本图所绘黄河从江苏桃源县北部萧家庄处决口至云梯关入海口处的旧黄河。反映了萧家庄黄河决口并拟开引河使黄河水回归故道入海之情形，贴签注出水深、面宽、坝长等。

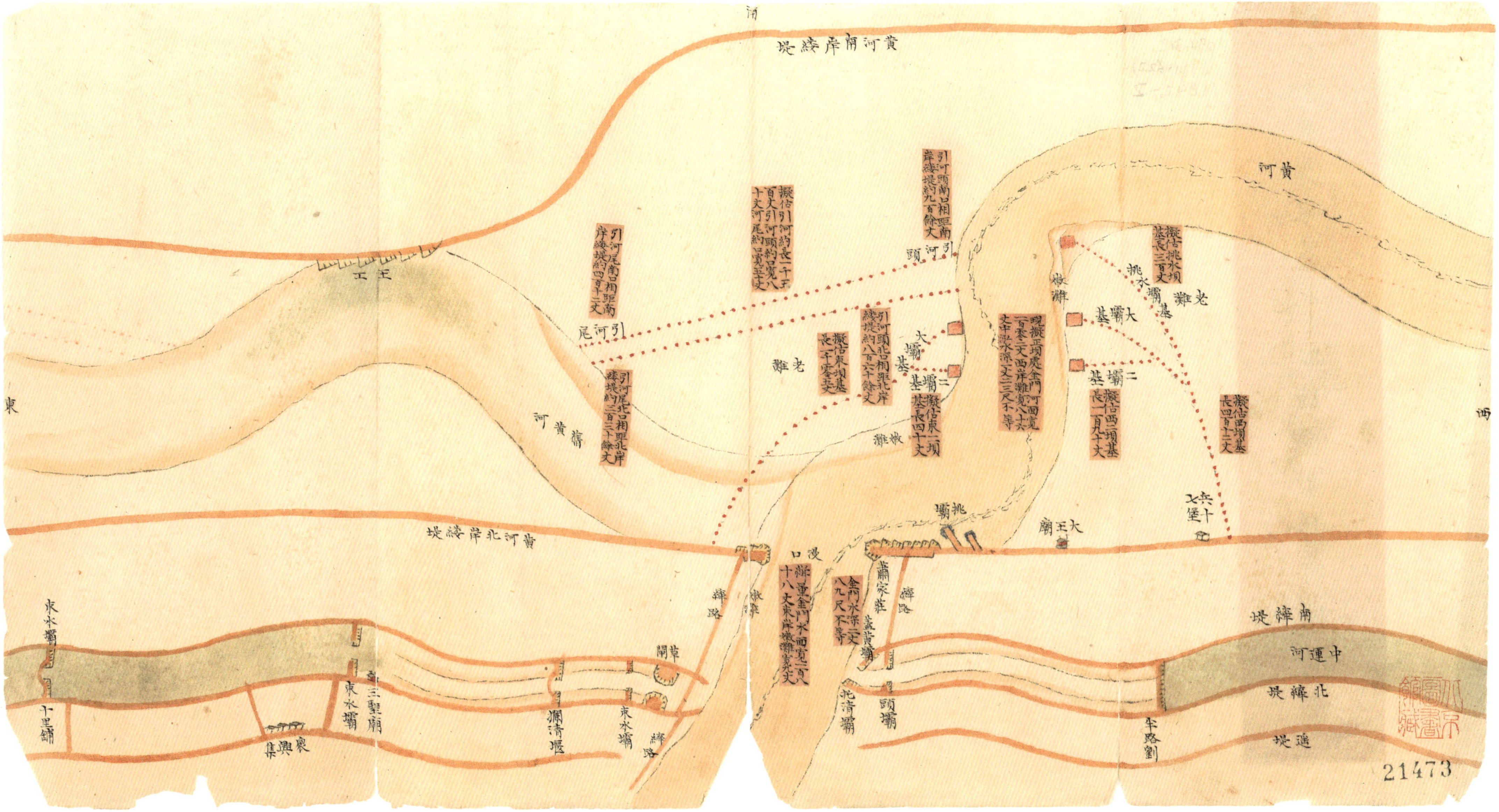

桃北厅属萧家庄漫口拟请坝基引河情形图

1 幅；21 × 39cm

绘本

［清道光二十二年（1842）］

本图系《桃北厅属萧家庄漫口拟定坝基引河情形图》（上条）之小幅草图片段。

桃北萧家庄漫口以下间段估挑引河形势图

1 幅；21 × 59cm

绘本

［清道光二十二年（1842）］

本图绘出在江苏桃源县北部萧家庄决口的黄河，尤其详细绘出萧家庄漫口以下河段河工以及附近河道水系、堤防工程，同时也绘出至原安东县云梯关入海的旧黄河。图中标出地名及堤防工程，贴签注明堤防工程丈尺等。

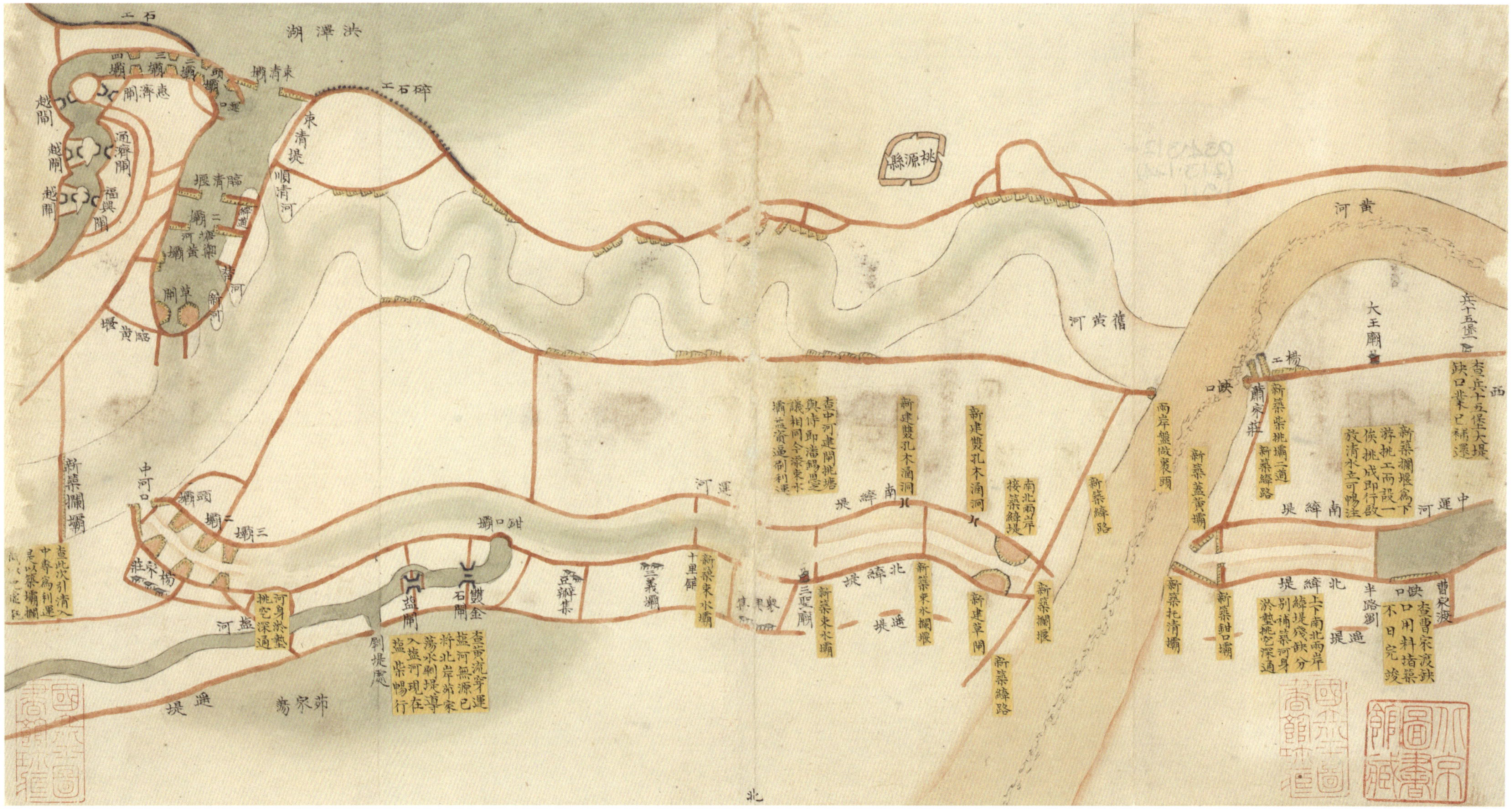

中河厅属补还纤堤并做草闸挑河筑坝情形图

1 幅；21 × 39cm

绘本

［清道光二十二年（1842）］

本图绘出江苏桃源县萧家庄黄河决口并挑河筑坝等情况，贴签注明新建闸坝堤堰及河势现情等。

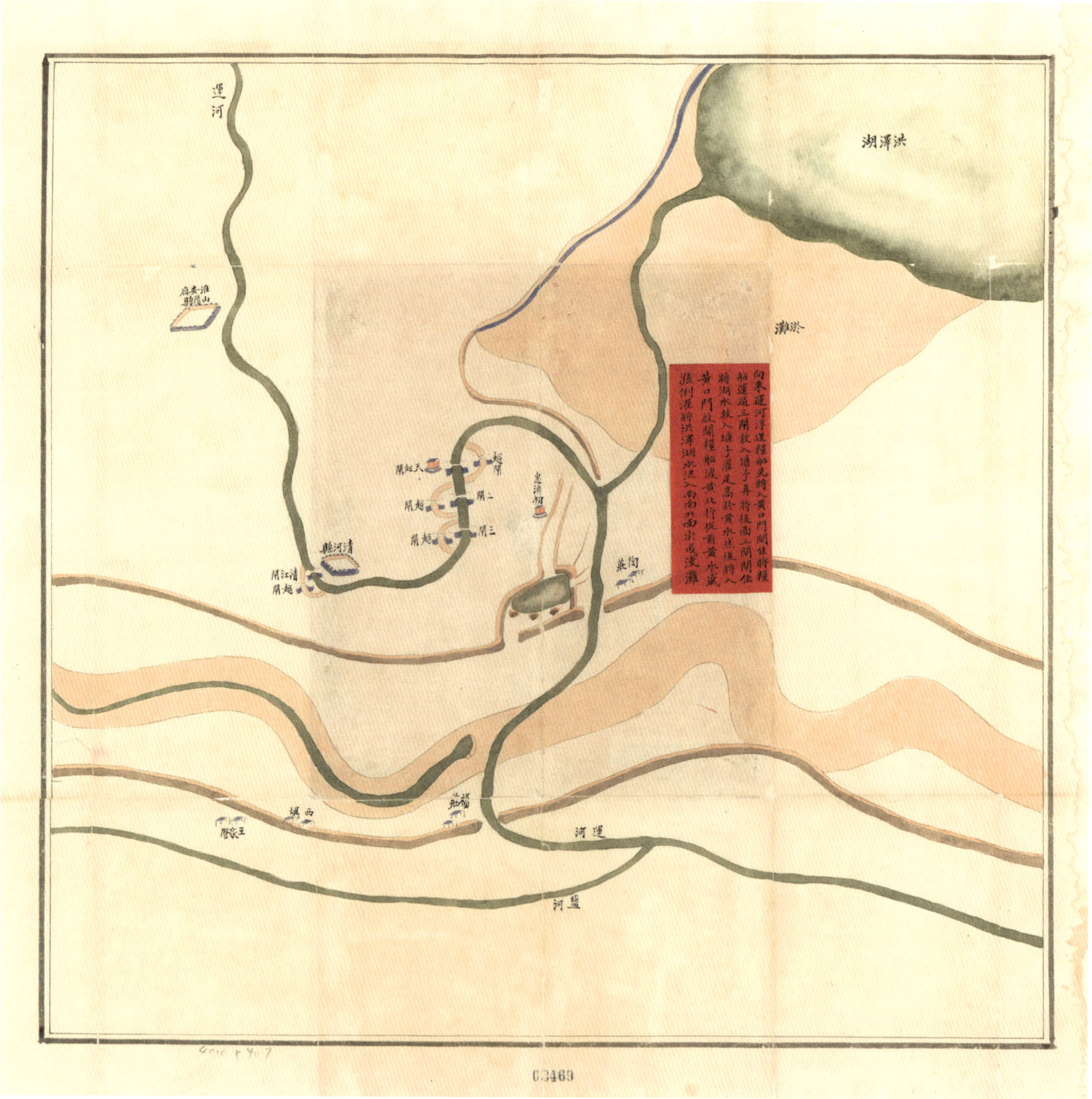

黄运交汇图

1 幅；40×41cm

绘本

［清咸丰年间（1851—1855）］

本图中描绘了黄河、运河交汇于江苏清河县（今淮阴县）清口之大致形势，并贴签说明运河粮船穿越黄河之法。

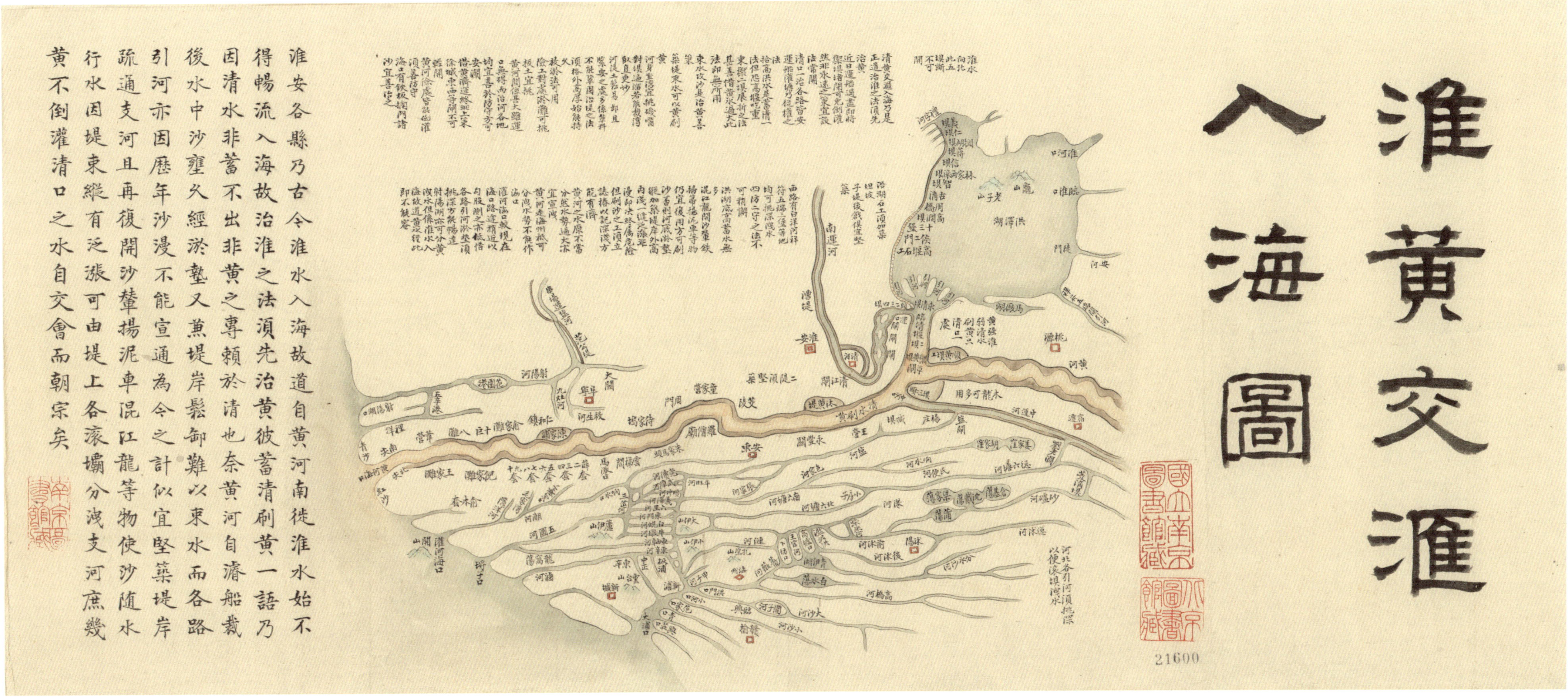

淮黄交汇入海图

（清）祝补斋编绘

1 幅；29×65cm

绘本

［清咸丰年间（1851—1861）］

本图绘制精美，详细绘出黄河、淮河交汇入海的情形。本图与《淮扬水利全图》等另七幅图合裱于同一长卷轴上。

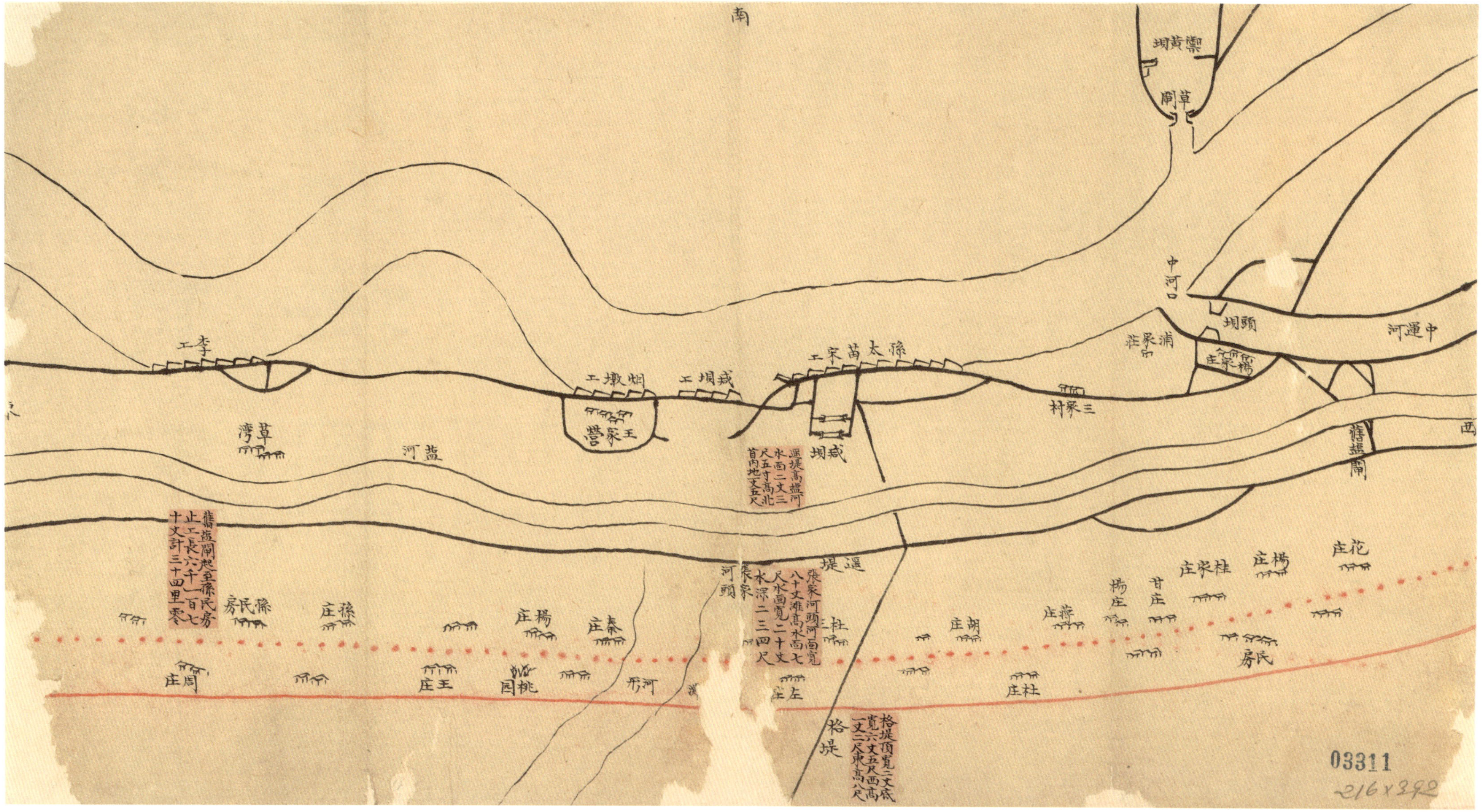

自花庄至孙民房丈尺情形草图

1 幅；21.6 × 39.2cm

绘本

［约清咸丰二年（1852）］

本图以墨线勾画花庄至孙民房段黄运河道及沿岸堤防、村庄，并贴签注明工程长高情形。

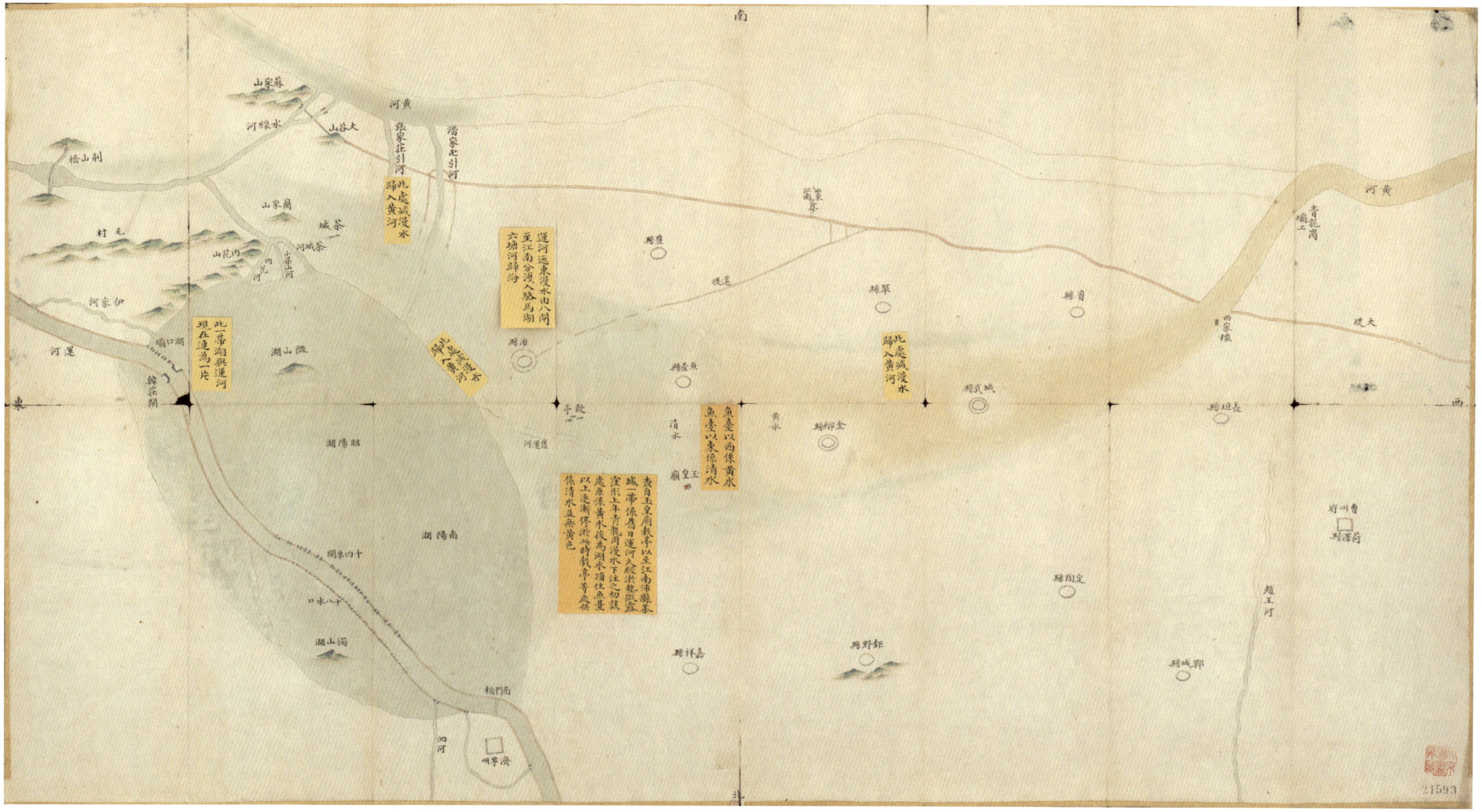

青龙冈漫水汇归三湖经由谷亭旧运河情形图

1 幅；43 × 78cm

绘本

［清中期］

本图绘出黄河从青龙冈坝工处漫水经旧运河汇归南阳、昭阳和微山三湖之情形，贴签注明黄河漫水情形等。

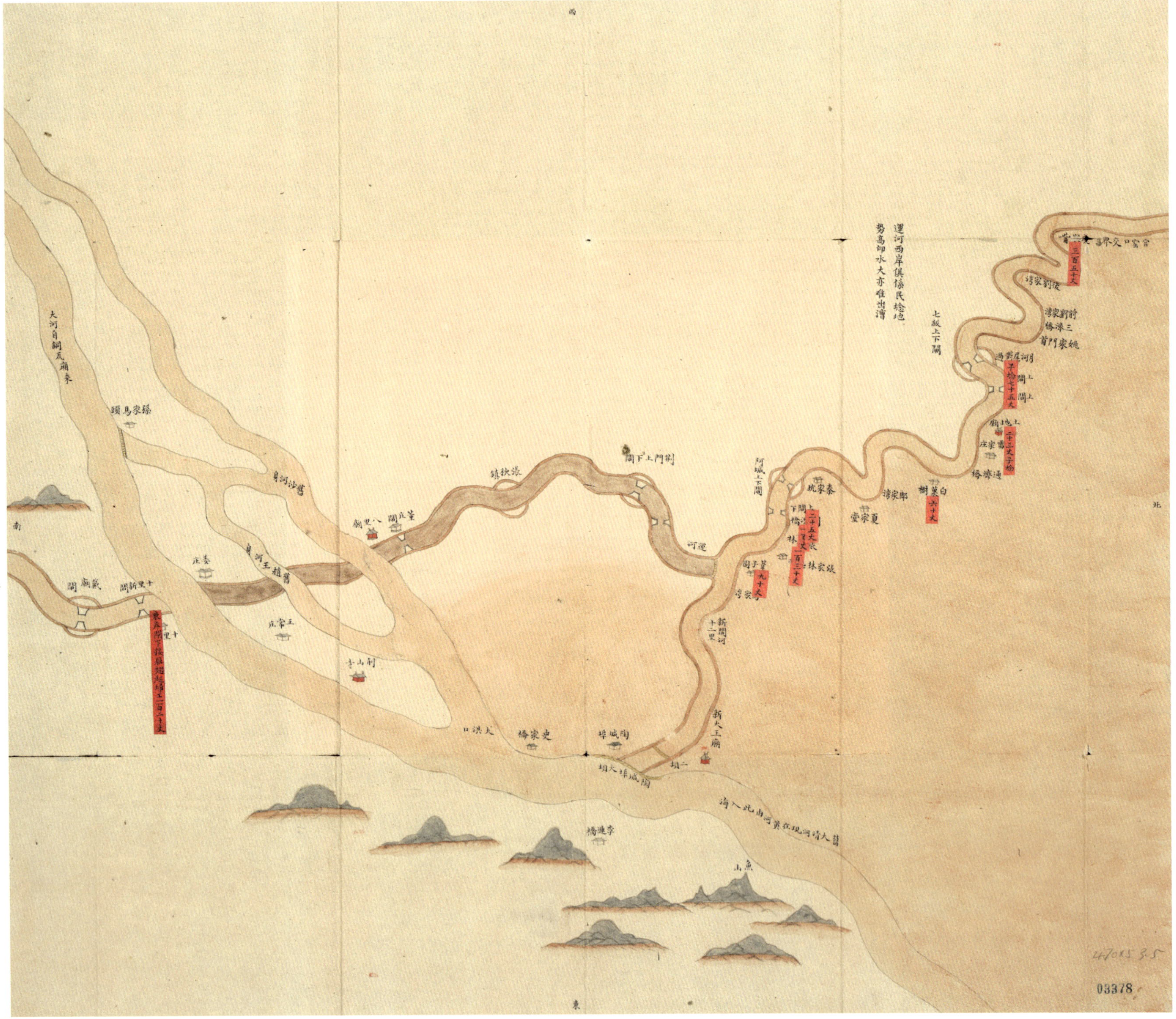

黄河穿运图

1 幅；47 × 54cm

绘本

［清光绪年间（1875—1908）］

本图绘出自铜瓦厢决口过陶城埠入大清河入海之黄河，贴签注出各段民埝长度及埽工丈尺等，主要反映山东张秋镇附近黄河穿越运河的情况。

［黄运河南北运口河形图］

1 幅；39×62cm

绘本

［清光绪年间（1875—1908）］

本图内容接近《黄运河南北运口河形新图》，但本图中未绘制堤工情形，图说也不及后者详细。

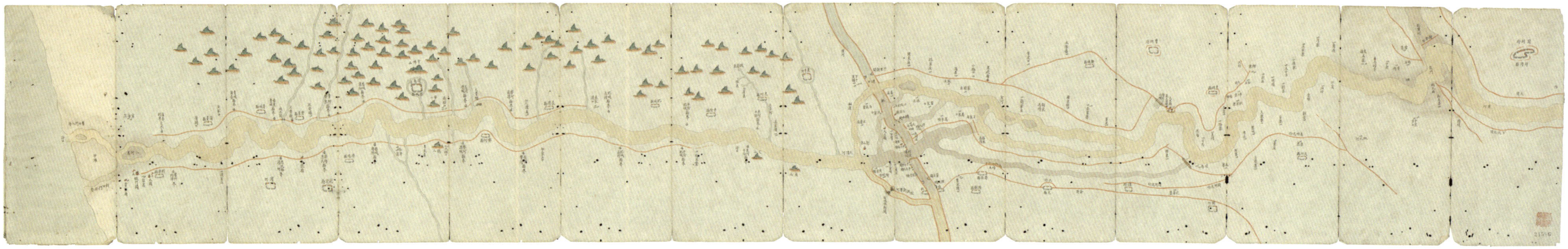

下北厅属铜瓦厢漫溢由张秋穿运入大清河至铁门关归海图

1幅；27×275cm

绘本

［清光绪年间（1875—1908）］

本图绘出自河南开封府祥符县至山东利津县铁门关入海口处之黄河，尤其详细绘出黄河穿运情形。图中两岸堤工、村落等标注详细、清晰。

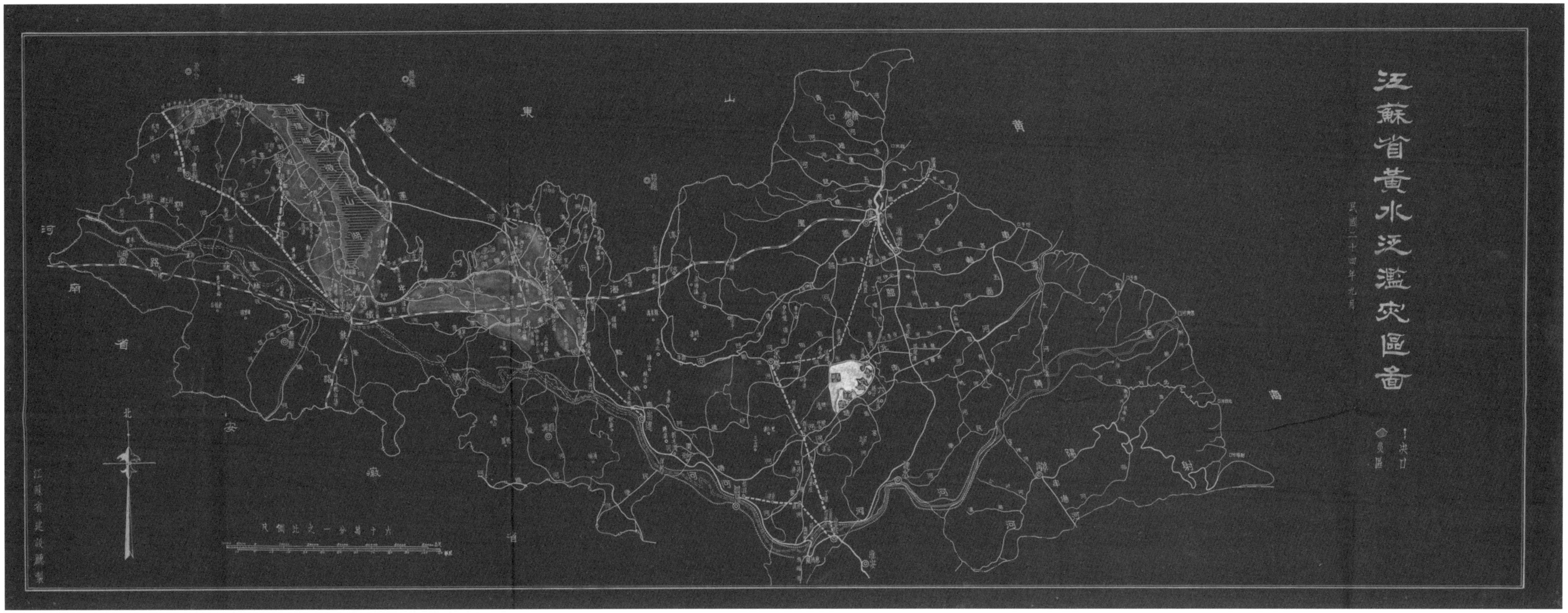

江苏省黄水泛滥灾区图

江苏省建设厅制

1 幅；31×85cm

晒印本

民国二十四年九月（1935.9）

本地图所示灾区主要集中在微山湖和黄运交汇处一带，图中标出旧黄河，重点标出决口和灾区。图比例尺为六十万分之一。

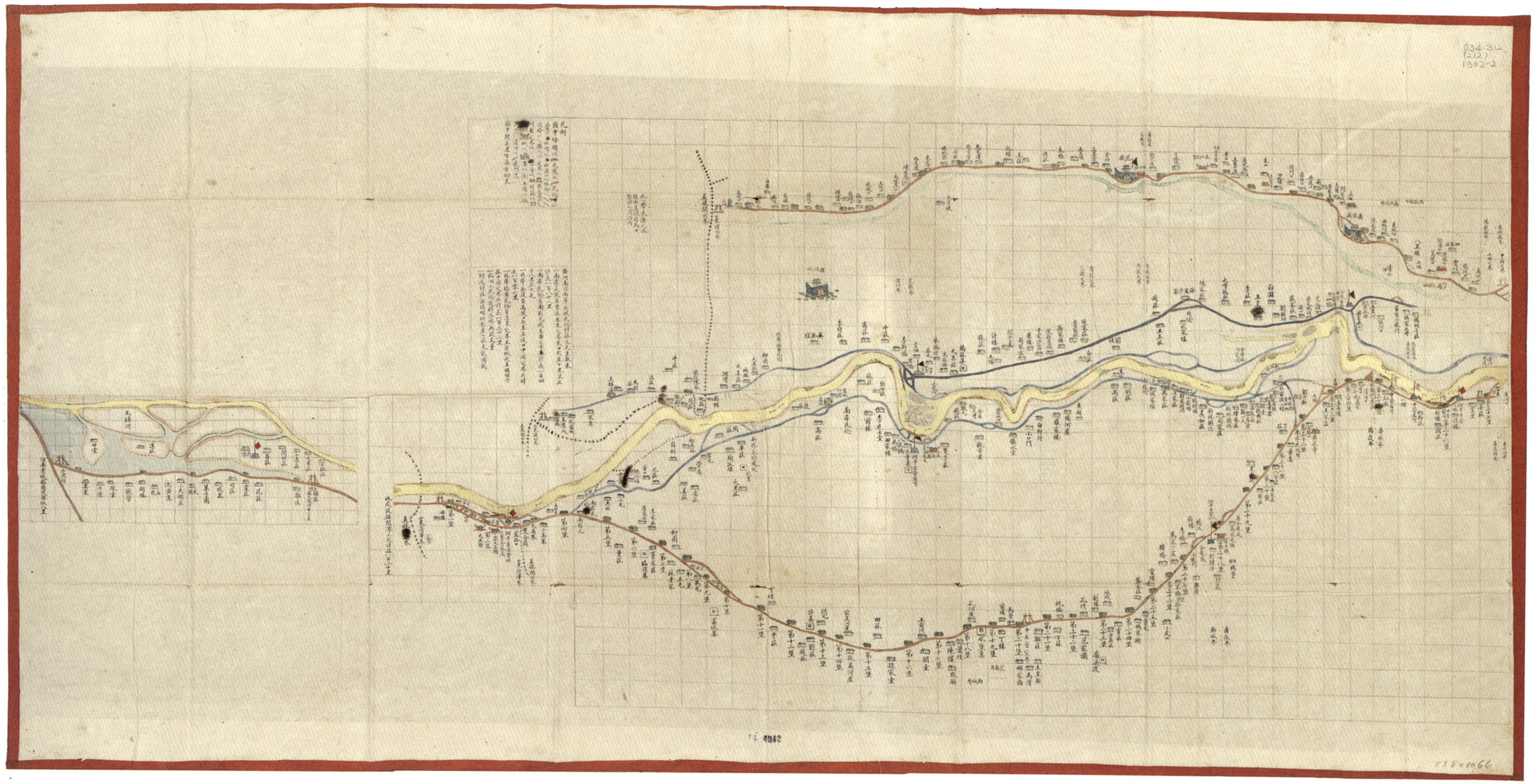

黄河上游南北两岸大堤民埝村庄里数并阎潭河全图

1 幅；43 × 107cm

绘本

［清光绪年间（1875—1908）］

本图所绘黄河系直隶东明与山东菏泽交界至运河故道河段。绘出了南岸大堤民埝和北岸金堤、临黄民埝起讫地点并标注其里程。

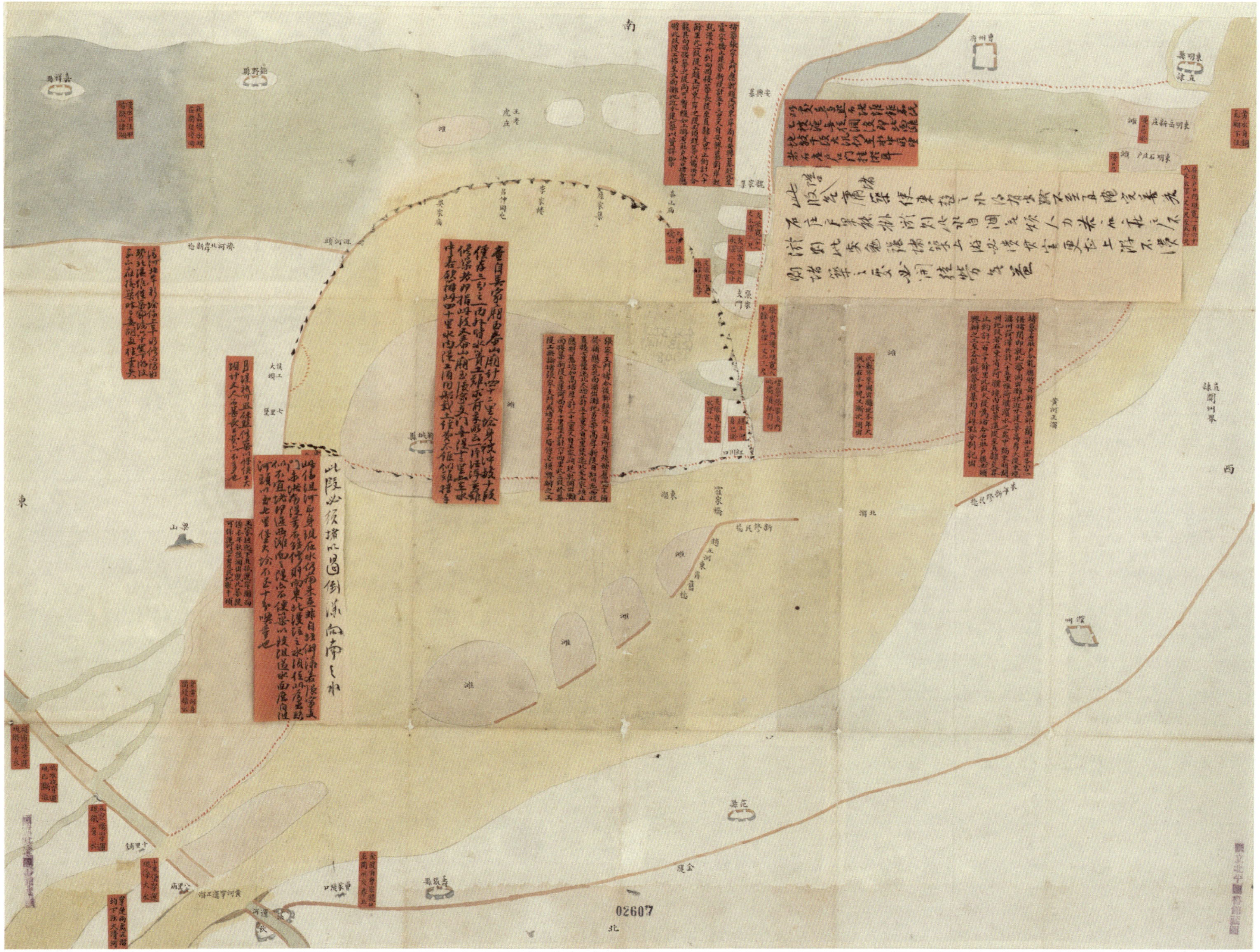

东明漫水下注东境酌议堵口筑堤图说

1 幅；44 × 58cm

绘本

［清咸丰年间（1851—1861）］

本图反映了黄河在河南铜瓦厢决口改道初期，黄河水经直隶东明入山东大清河之情形。附图说。

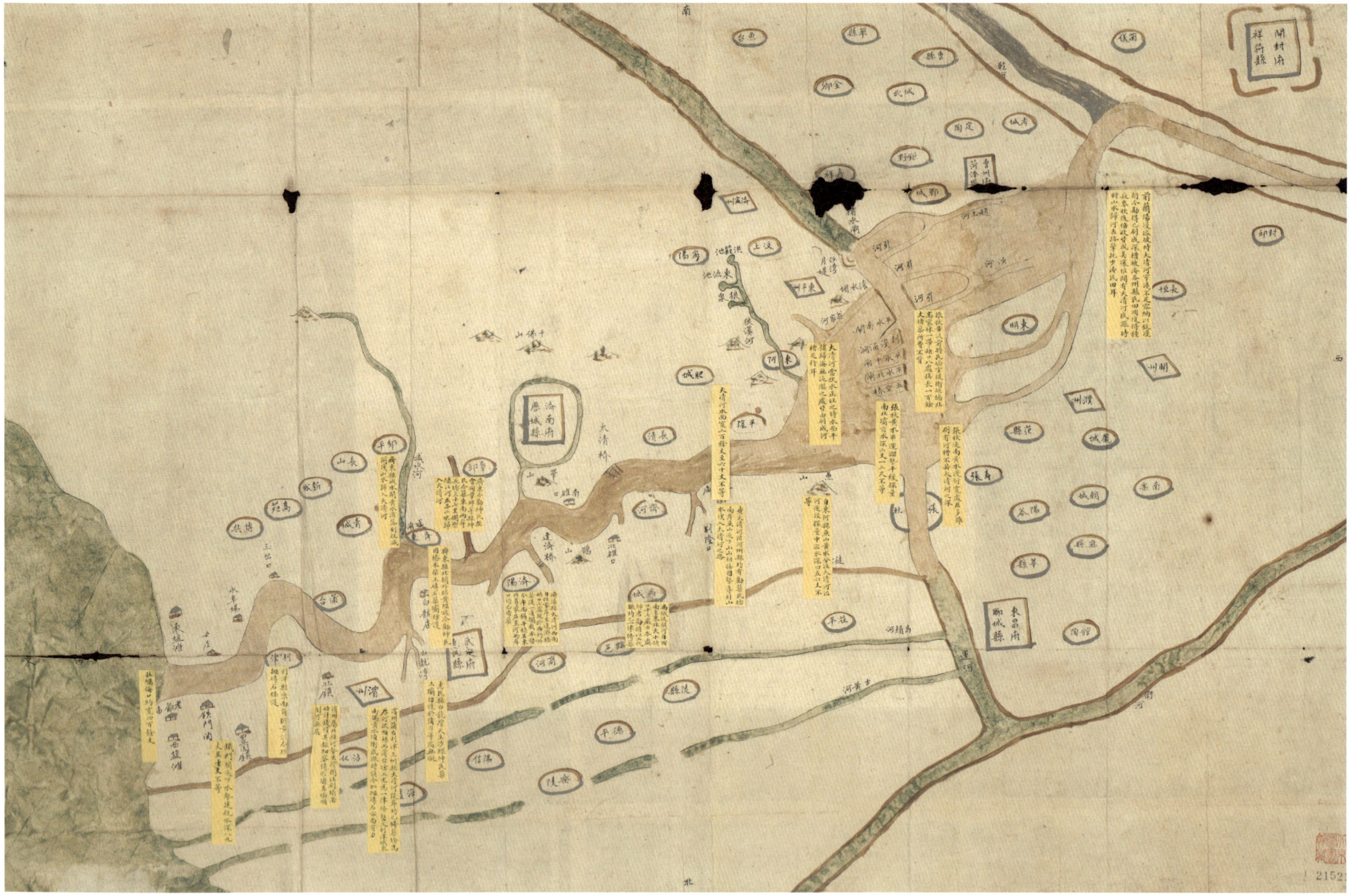

黄水穿运及大清河一带现在情形图说

1 幅；48×73cm

绘本

［清咸丰末期（1851—1861）］

本图所绘黄河自河南开封府祥符县至山东利津铁门关入海，在张秋镇漫溢穿运。本图反映了黄河自铜瓦厢决口后在山东夺大清河入海之情形。图上贴签详细注明河水面宽、水深、决口、引水及筑修堤埝等。

黄运河南北运口河形新图

1 幅；43 × 46cm

绘本

［清光绪年间（1875—1908）］

本图描绘了清光绪七年（1881）山东陶城埠附近黄河北运口改道下水入运之情形，标注了险口、漕船入口等。图上有“光绪七年黄河北运口改道下水三十里至陶城埠入运之图”字样。与《黄运河南北运口河形旧图》（下条）相比，此时黄河已有决口，图中注出了“黄水入坡”和淤积地。

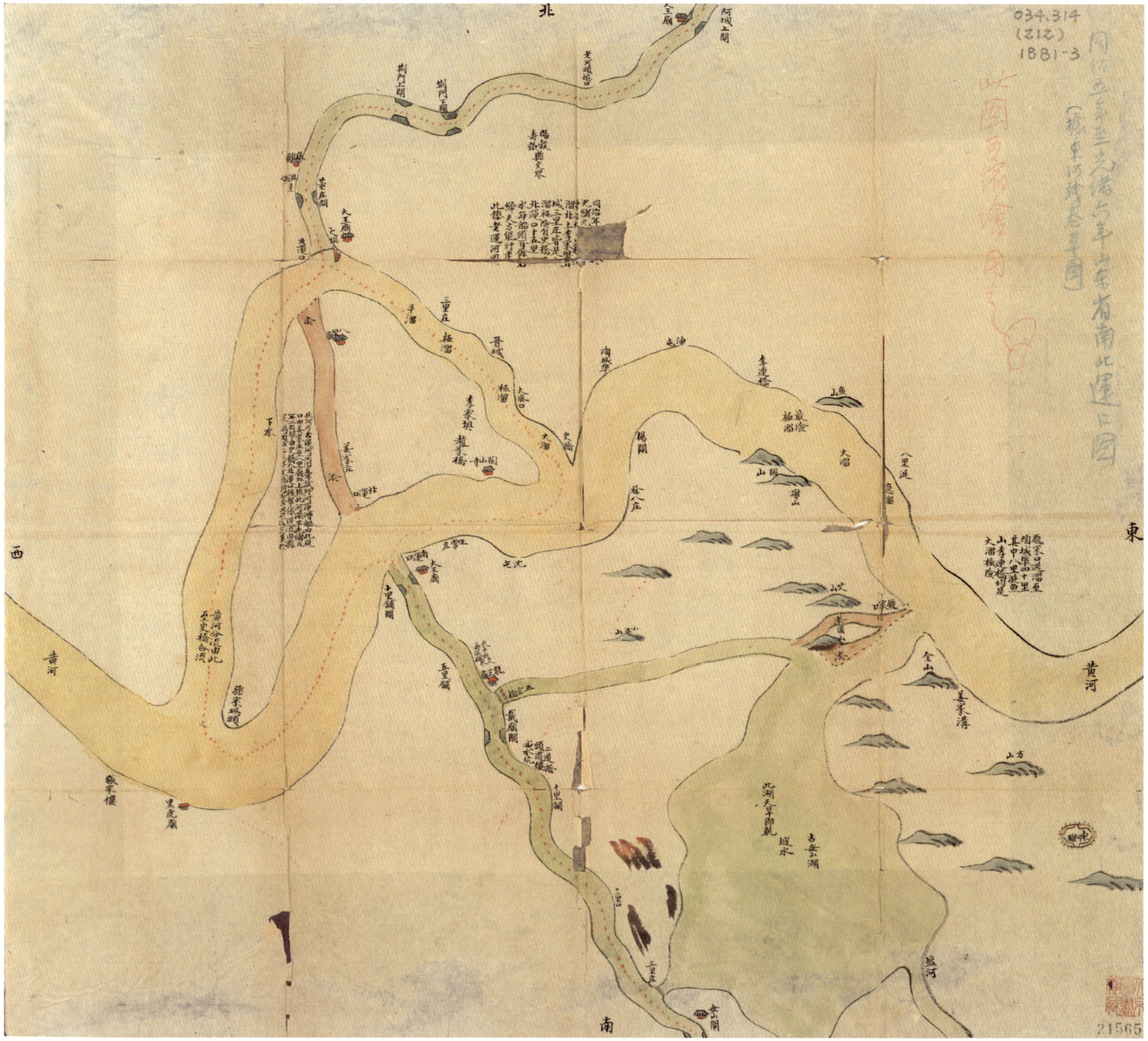

黄运河南北运口河形旧图

1 幅；43×46cm

绘本

［清光绪年间（1875—1908）］

本图是清同治五年至光绪六年间（1866—1880）山东省南北运口图，描绘了黄河、运河流向和漕船运行情形。图上有“此系老运河图”字样。

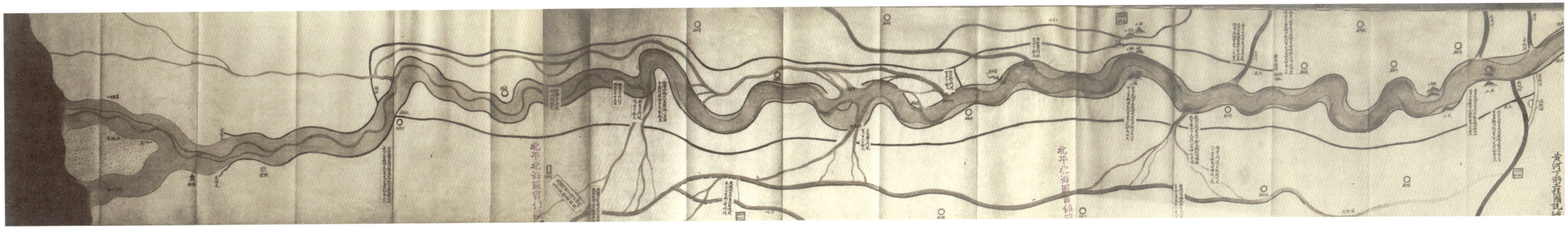

黄河下游工程图说

3 幅；图廓不等

绘本

［清光绪年间（1875—1908）］

本图中绘出了自山东张秋镇至牡蛎嘴海口之黄河南北大堤、民埝走向，并贴签标注了各段堤埝里程及拟顶底帮宽加高丈尺数。图前有王亮题签。

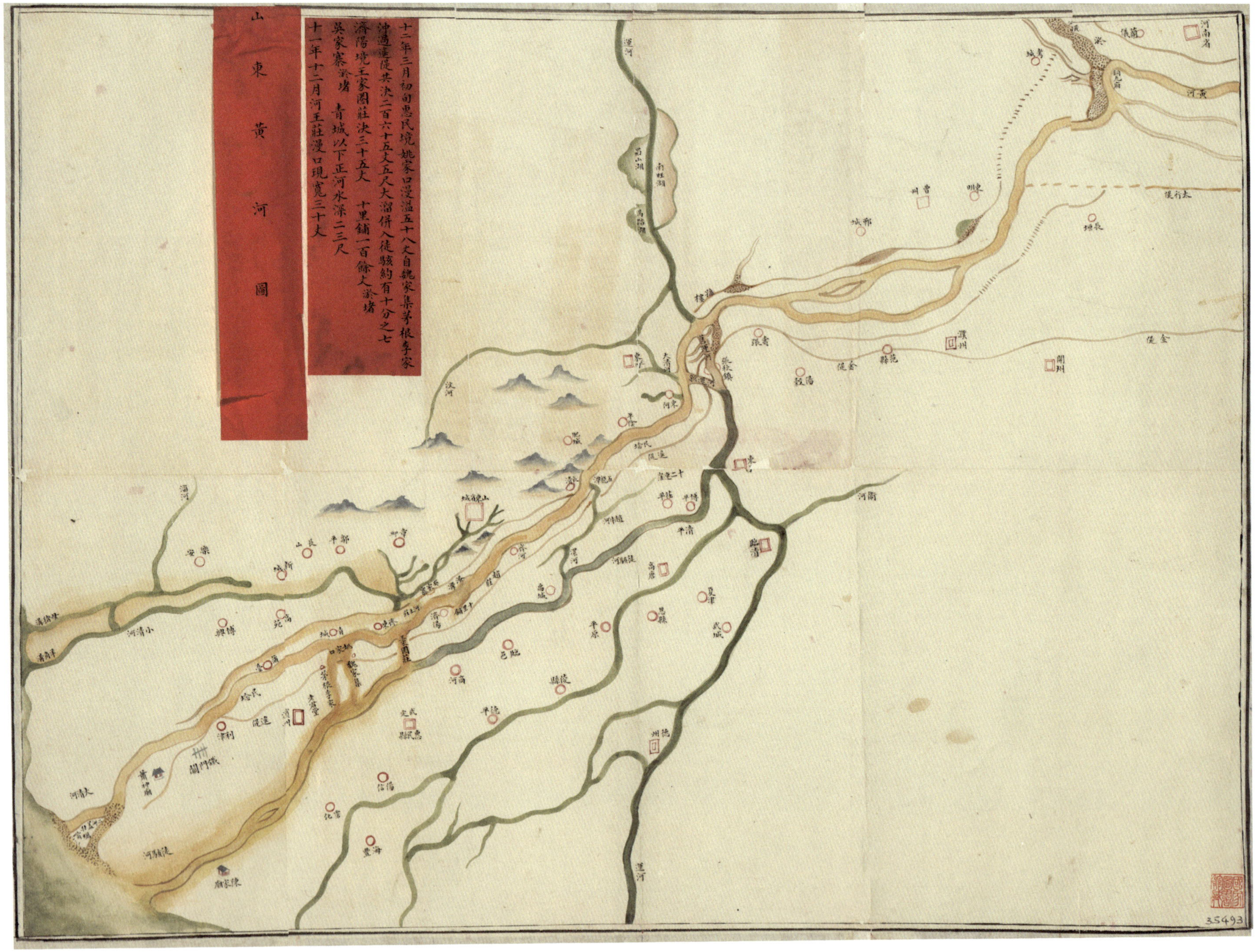

山东黄河图

1 幅；44×58cm

绘本

清光绪十二年三月（1886.4）

本图详细绘出黄河从河南铜瓦厢改道进入山东的全部流程及其他河流的情形，以及山东各府、州、县分布状况，并以文字记述黄河漫道时间与地点。另附奏稿9册，均是当年筹划治理山东黄河的实物史料。

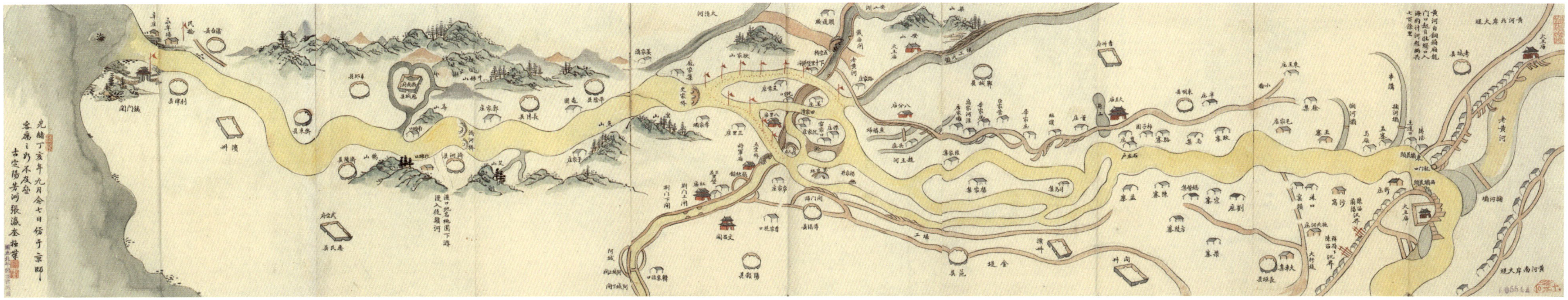

铜瓦厢金门以下黄河串运入海情形图

（清）张瀛奎摹绘

1 幅；26×135cm

清光绪十三年（1887）

本图系张瀛奎“从游汇东侍郎处抄得，当是光绪九、十年间情形”。地图绘出自河南考城县至山东利津县铁门关入海口处之黄河河段及两岸堤防、村镇等，主要反映清光绪九年至十年间（1883—1884）黄河穿运入海之情形。

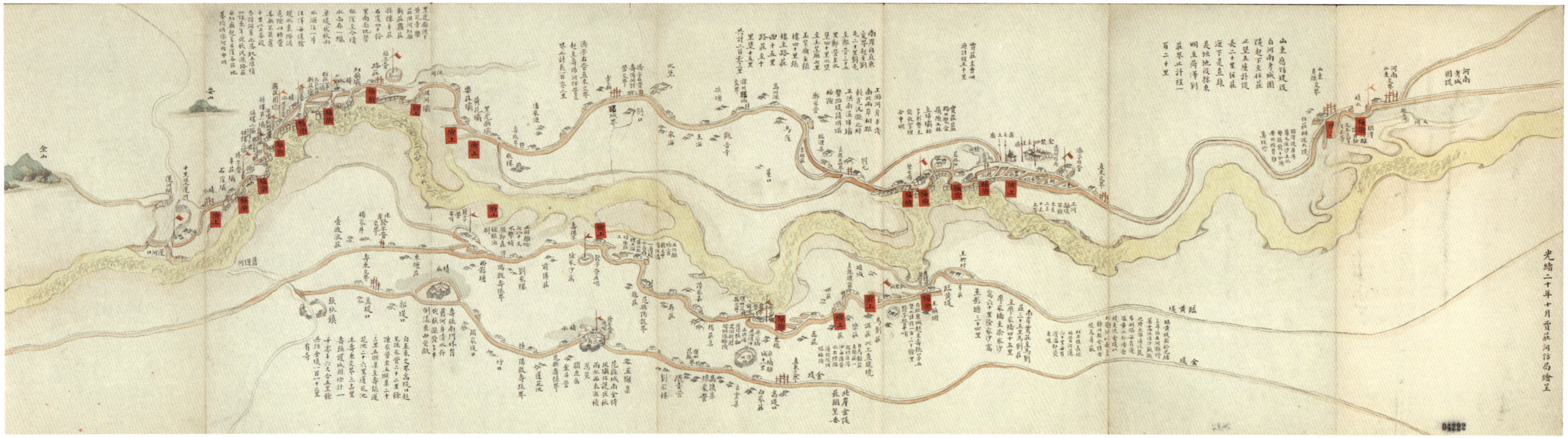

上游黄河两岸金堤临黄险工村庄里分贴说全图

（清）贾庄河防局绘

1 幅；31×112cm

清光绪十七年（1891）

本图绘出山东、河南界至山东寿张县张秋镇黄河、运河交汇处之黄河河段及两岸堤工、府州县等，图空白处有文字说明金堤、临黄堤各段起讫里程等内容，贴签注出极险、险工位置。

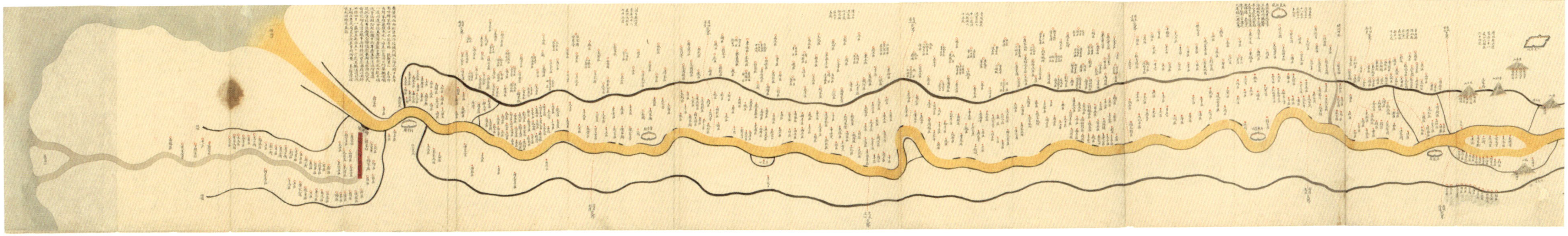

山东黄河南岸自东平州起至利津海口止十三州县滨河村庄新旧迁民总图说

（清）黄玑绘

1 幅；25×336cm

绘本

［清光绪二十年（1894）］

本图绘出自山东张秋镇至利津县入海口处之黄河及沿途汇入河流、山峰等，标注了村庄、山脉、汇入河流等。首附图说。图中也有文字说明各县迁出旧庄及迁入新庄数量。本图与光绪二十二年（1896）石印本《山东黄河南岸十三州县迁民图说》（下条）中的地图内容相同。

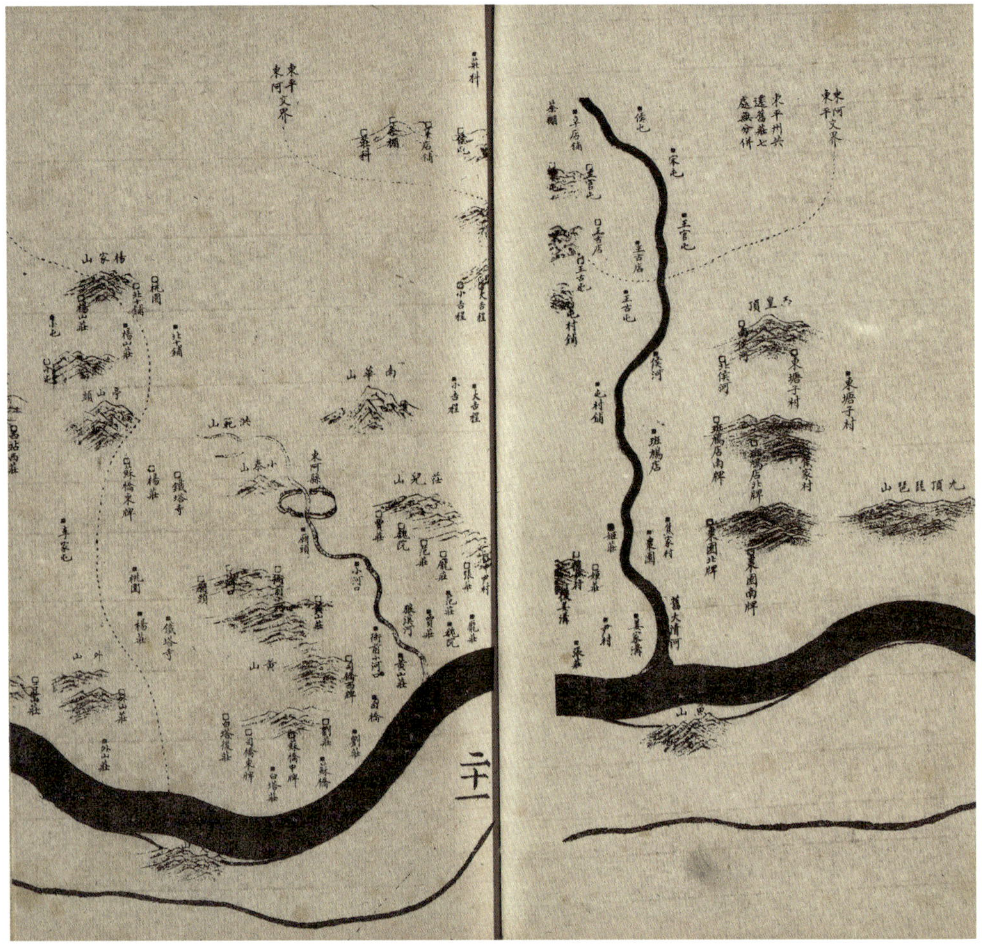

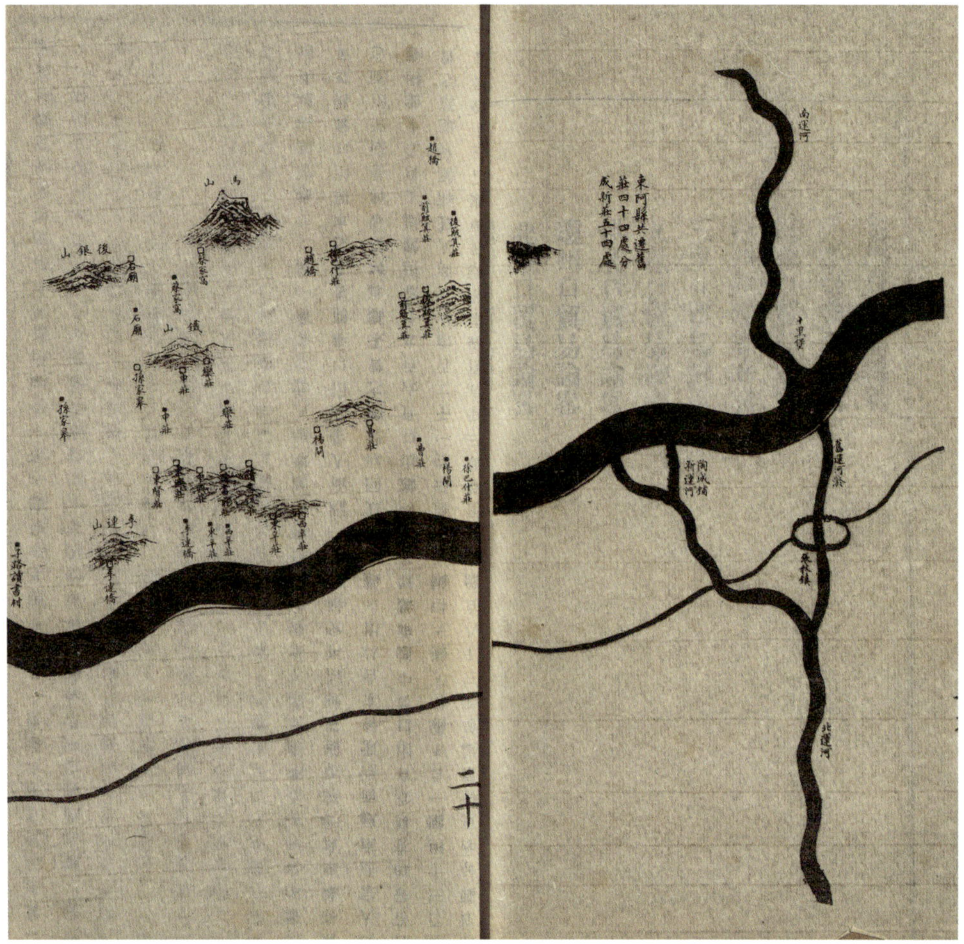

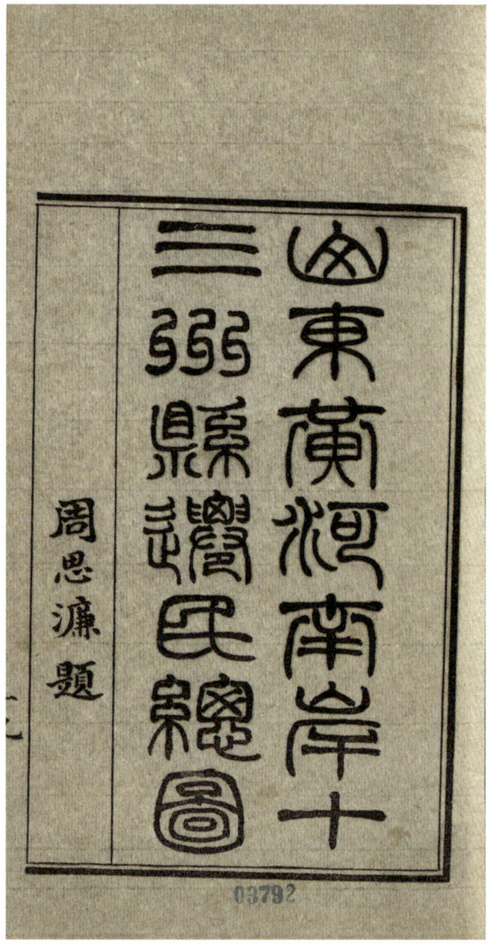

山东黄河南岸十三州县迁民图说

（清）黄玑编绘

2 册；18×11cm

石印本

清光绪二十二年（1896）

本图绘出自山东张秋镇至利津县入海口处之黄河及沿途汇入河流、山峰等。先图后说。图说内容丰富，详细介绍了迁民相关情形。清咸丰五年（1855），黄河在河南铜瓦厢决口。从此，黄河水在铜瓦厢口门以下特别是山东境内，不时为害乡里，严重影响正常的生产生活，导致人口流徙不断发生。其中官方组织的移民以光绪中叶山东黄河南岸十三州县居民后撤为代表。十三州县分别为历城、章丘、济阳、齐东、青城、滨州、蒲台、利津、东阿、东平、平阴、肥城和长清。

黄运交汇图

1 幅；66 × 62cm

绘本

［清光绪年间（1875—1908）］

本图描绘了清代光绪年间，黄河与运河交汇处周边的河道情形。咸丰年间黄河改道后北上，与运河在东昌府（今聊城市）辖境交汇。图中清晰绘制黄河从寿张至利津入海口的河道，以及运河从天津至寿张段的河道。

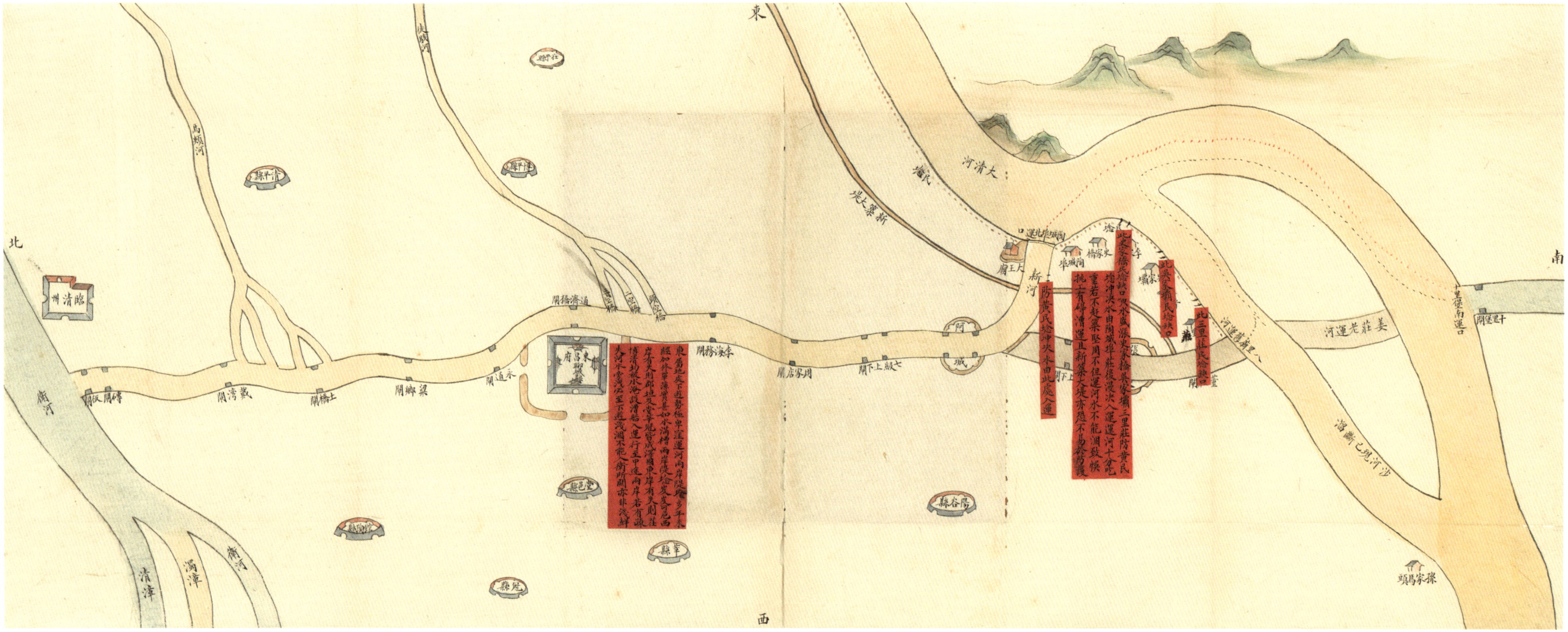

黄汛盛涨埝冲决漫入运渠情形图

1 幅；27 × 67cm

绘本

［清光绪年间（1875—1908）］

本图绘制了山东张秋镇附近黄运交汇河道情形，并用红签标注因黄河水涨造成的运河堤埝决口情况。图中张秋镇运河河道已废，漕船从陶城埠运口经新河道至阿城。

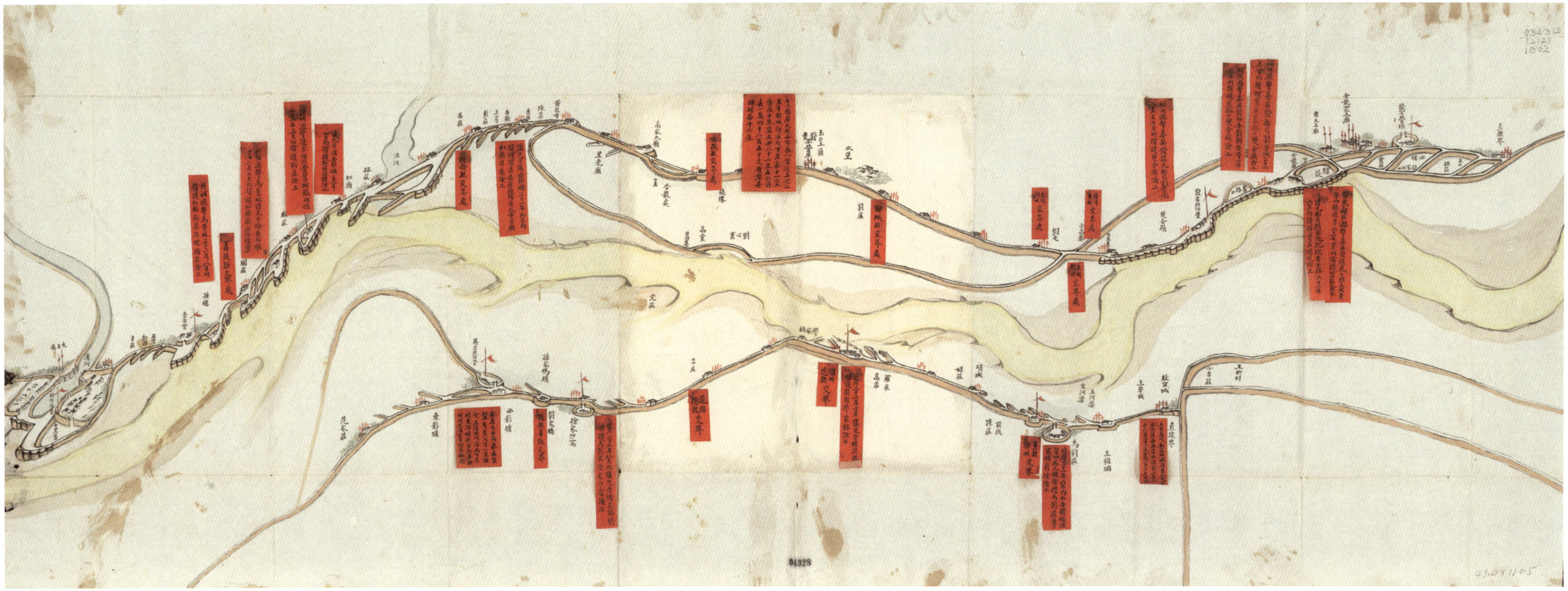

上游南北两岸文武衔名抢险图说

1 幅；43×111cm

绘本

清光绪十七年（1891）

本图所绘黄河系直东交界至黄运河交汇处河段，贴签注出抢护各地大堤文武职官衔名及时间。大堤采用立体画法绘画。

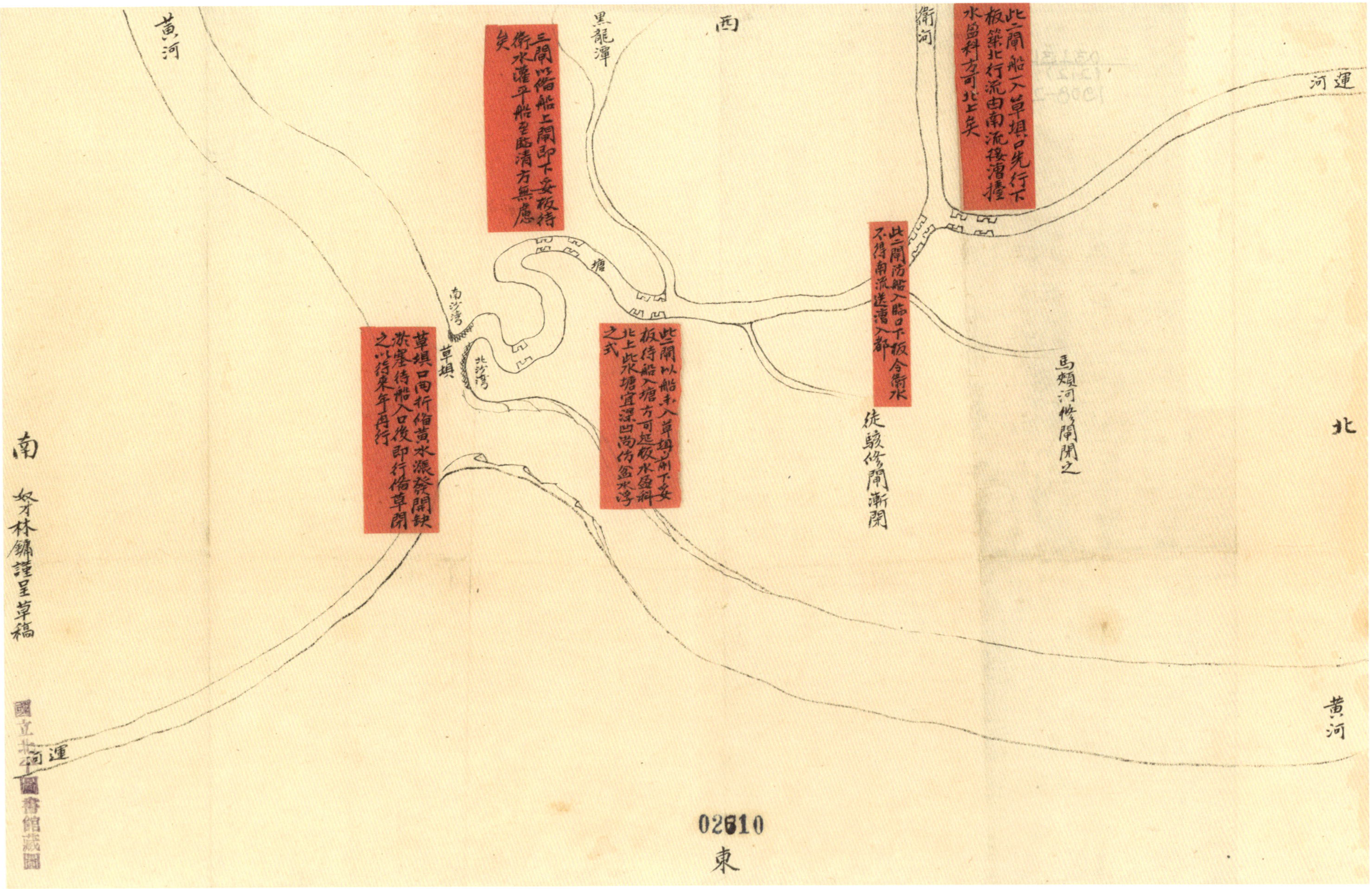

黄运台串图

（清）林镛绘

1 幅；22×34cm

绘本

［清同治年间（1862—1874）］

本图简要绘出山东张秋镇附近黄河、运河交汇附近闸坝位置，贴签标注过往船只穿越闸坝情形。此图绘制较为粗糙。

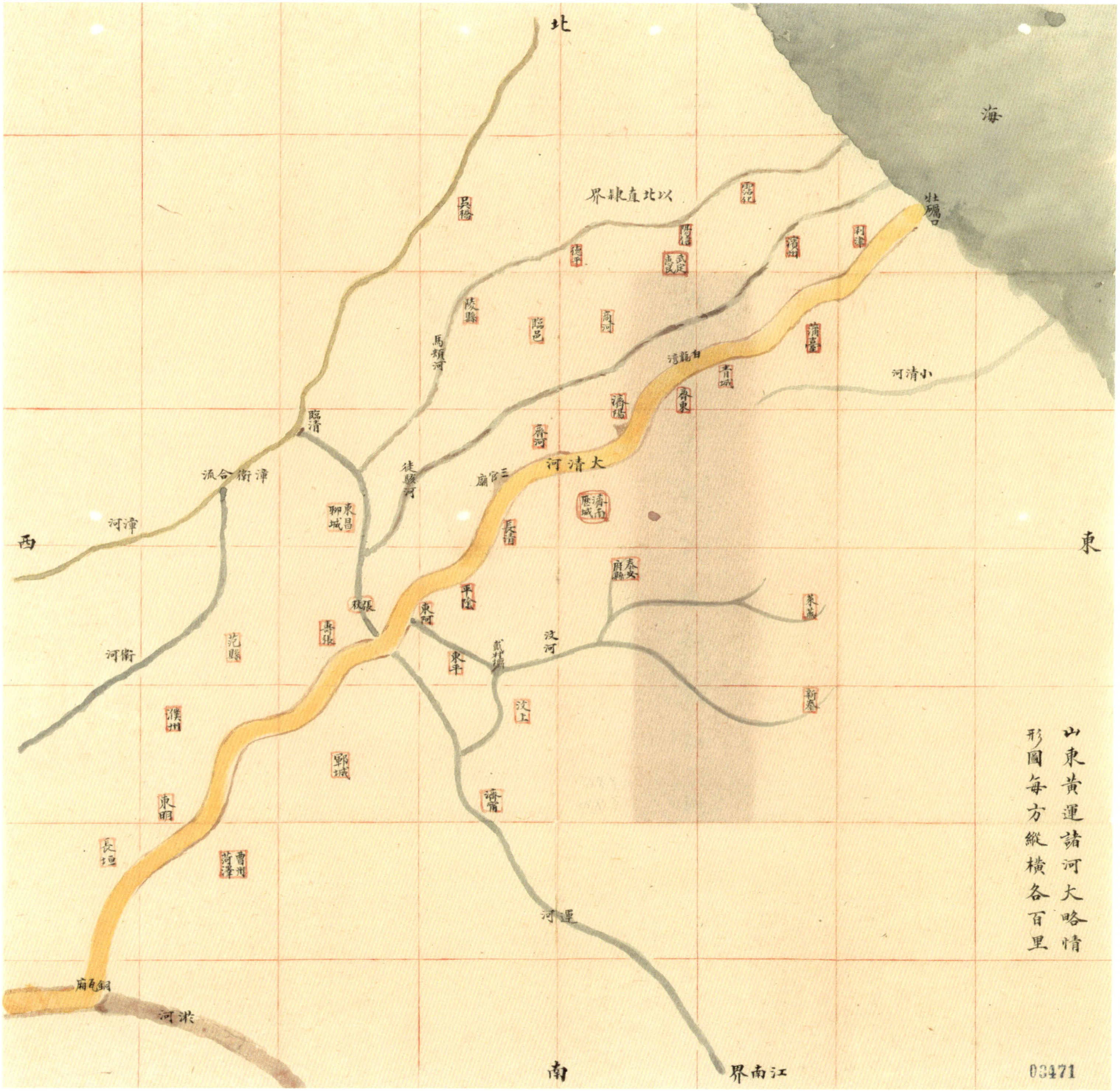

山东黄运诸河大略情形图

1 幅；39×39cm

绘本

［清光绪年间（1875—1908）］

本图主要绘出黄河、运河、马颊河、徒骇河、小清河、汶河、卫河等的大致流向，重点绘出自河南铜瓦厢至山东牡蛎嘴入海的黄河。图上有计里画方，每方百里。

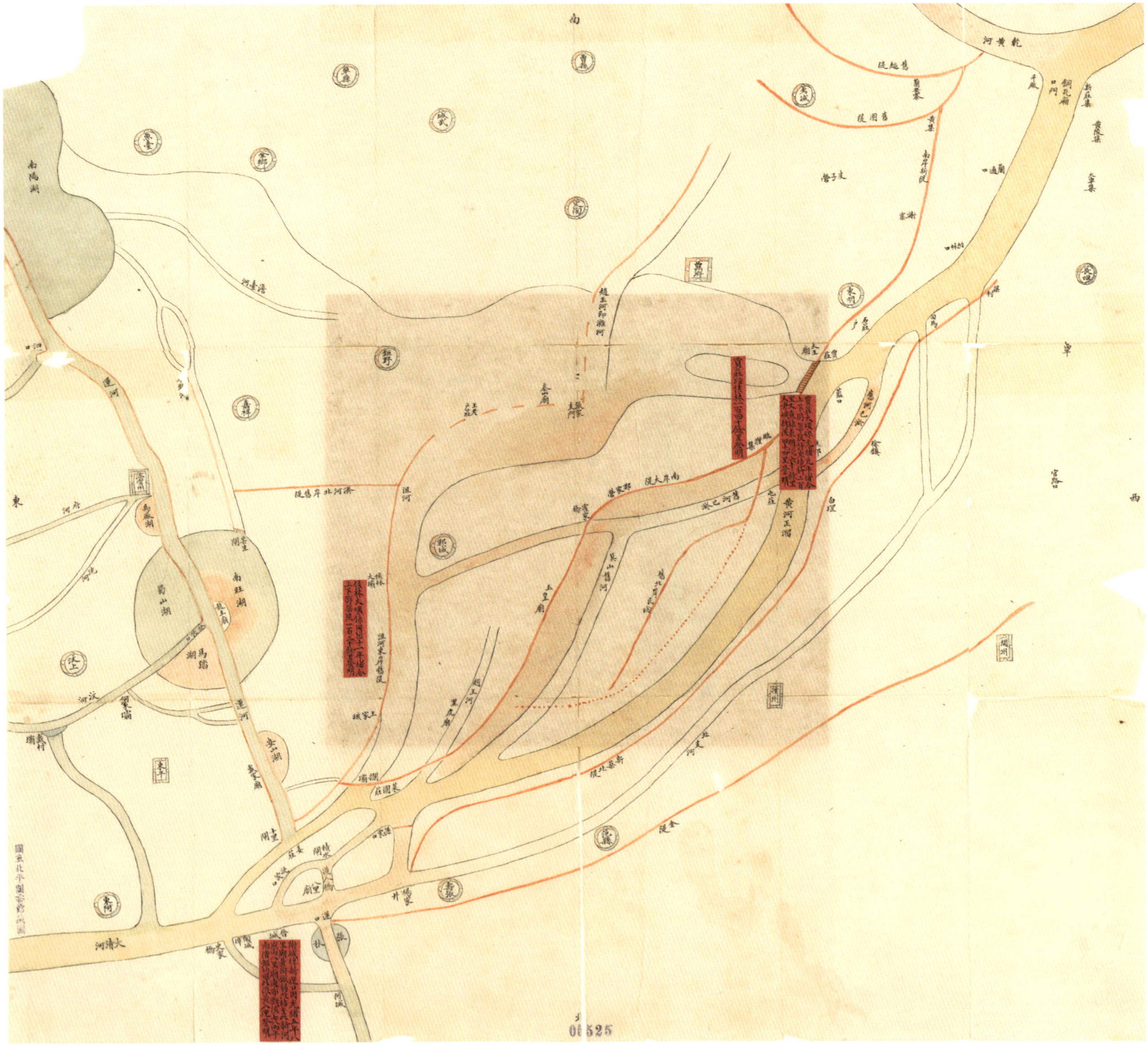

山东黄水穿运并节次堵口筑堤现在情形图

1 幅；52×57cm

绘本

[清光绪年间（1875—1908）]

本图绘出河南铜瓦厢至山东张秋段黄河，重点绘出张秋附近黄运交汇处黄河两岸各段新旧大堤位置，并贴签注出侯林、贾庄大坝修筑时间、里程以及南漕船渡黄由陶城埠新运口入运情形。

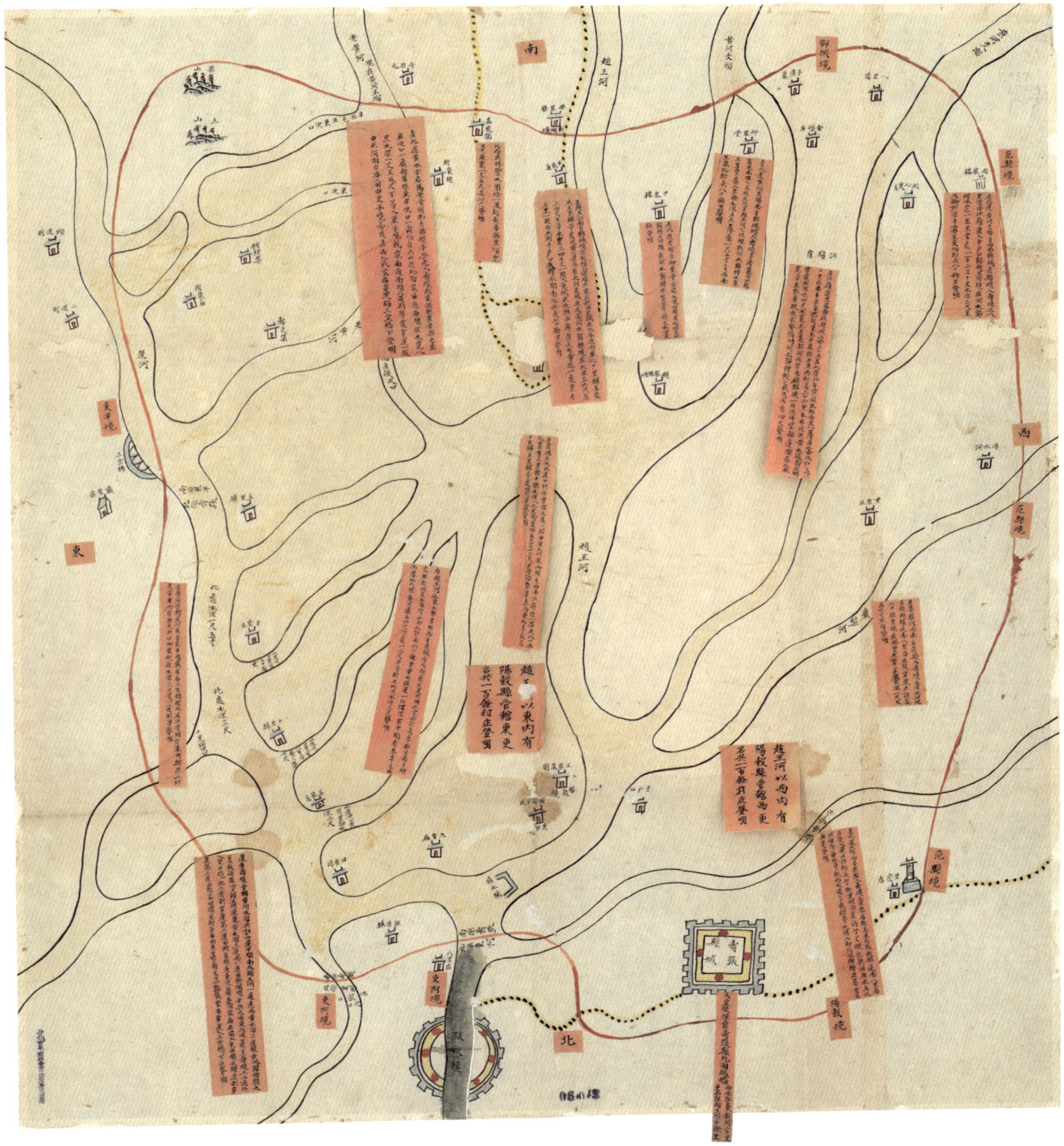

寿张县管辖河道黄溜股数现在水势情形图

1 幅；61×57cm

绘本

［清光绪年间（1875—1908）］

本图中水系绘制详细，反映了黄河漫水情形，贴签细致说明山东寿张县辖境内各处溜股数及当前水势情形等。

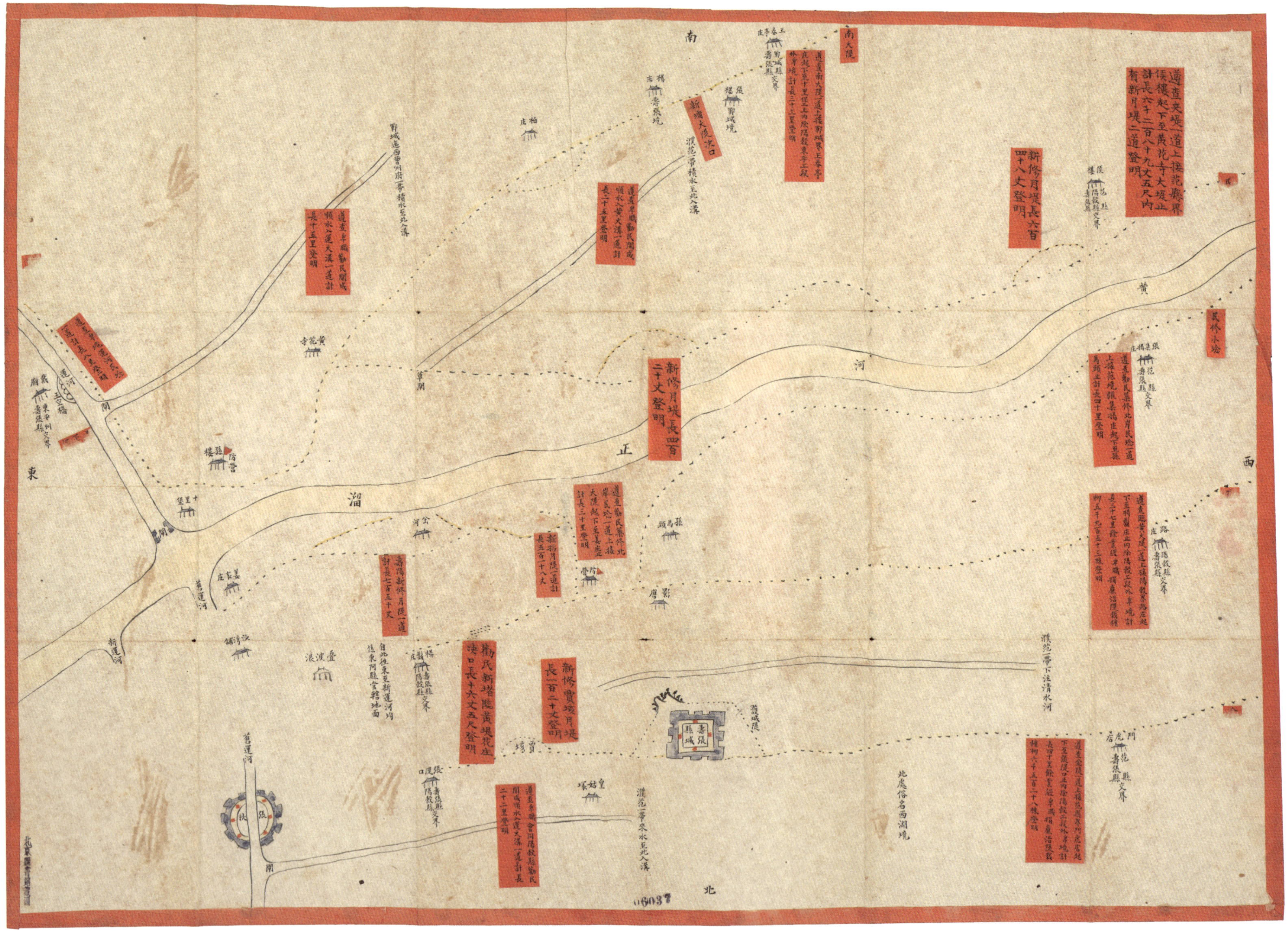

寿张县黄运河堤埝沟洫图

1 幅；52 × 72cm

绘本

［清光绪年间（1875—1908）］

本图绘出黄河及两岸堤埝沟洫等，贴签详细说明山东寿张县辖境内新修各堤丈尺、沿堤工程如植柳等情形。1964 年撤销寿张县，分别划归山东阳谷和河南范县。

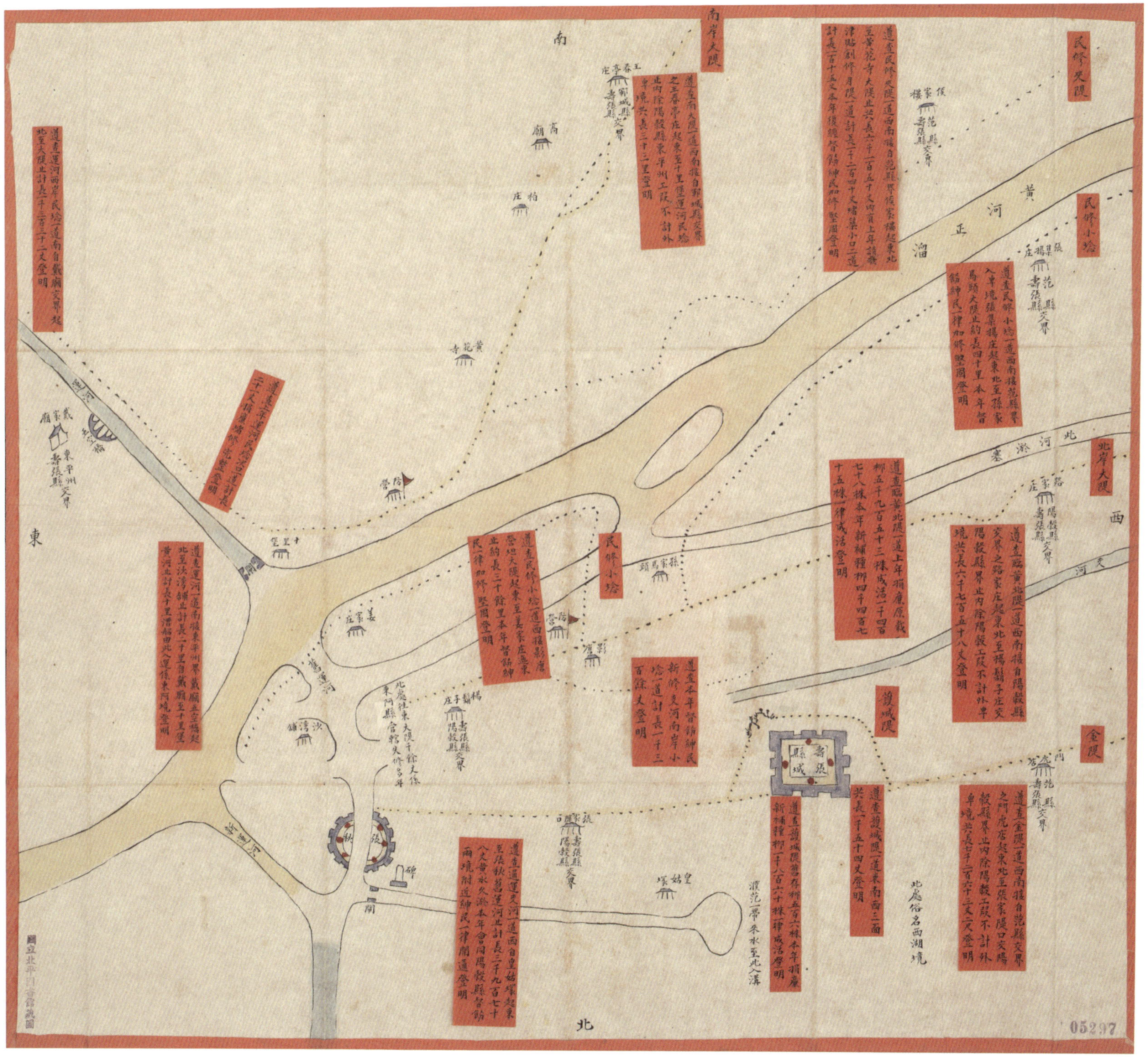

寿张县黄运河堤民埝图

1 幅；49×53cm

绘本

［清光绪年间（1875—1908）］

本图绘出山东寿张附近黄河正溜及相交的运河、新运河、旧运河、淤塞河等，贴签标注南北岸大堤、民修小埝等，图说详细说明堤埝起讫、丈尺、修建情形等。1964 年撤销寿张县，划归山东阳谷县和河南范县。

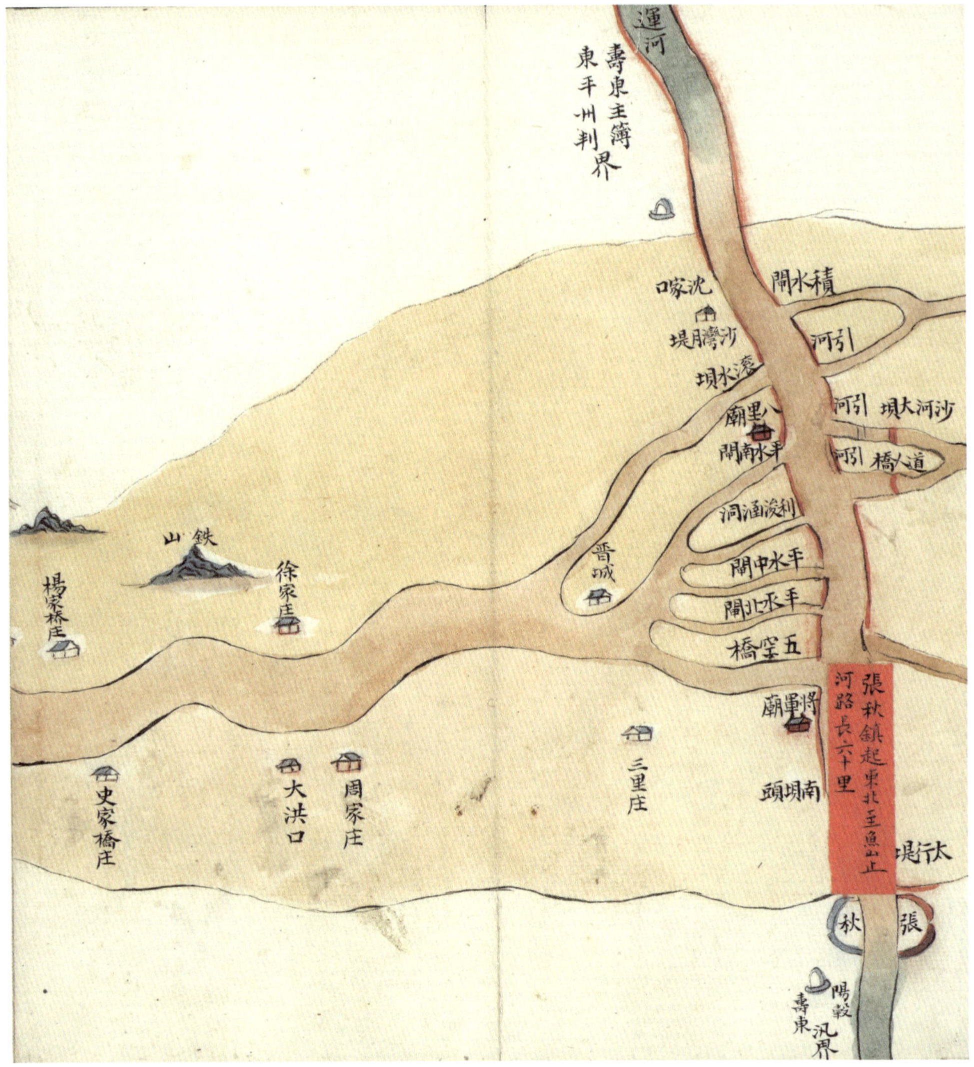

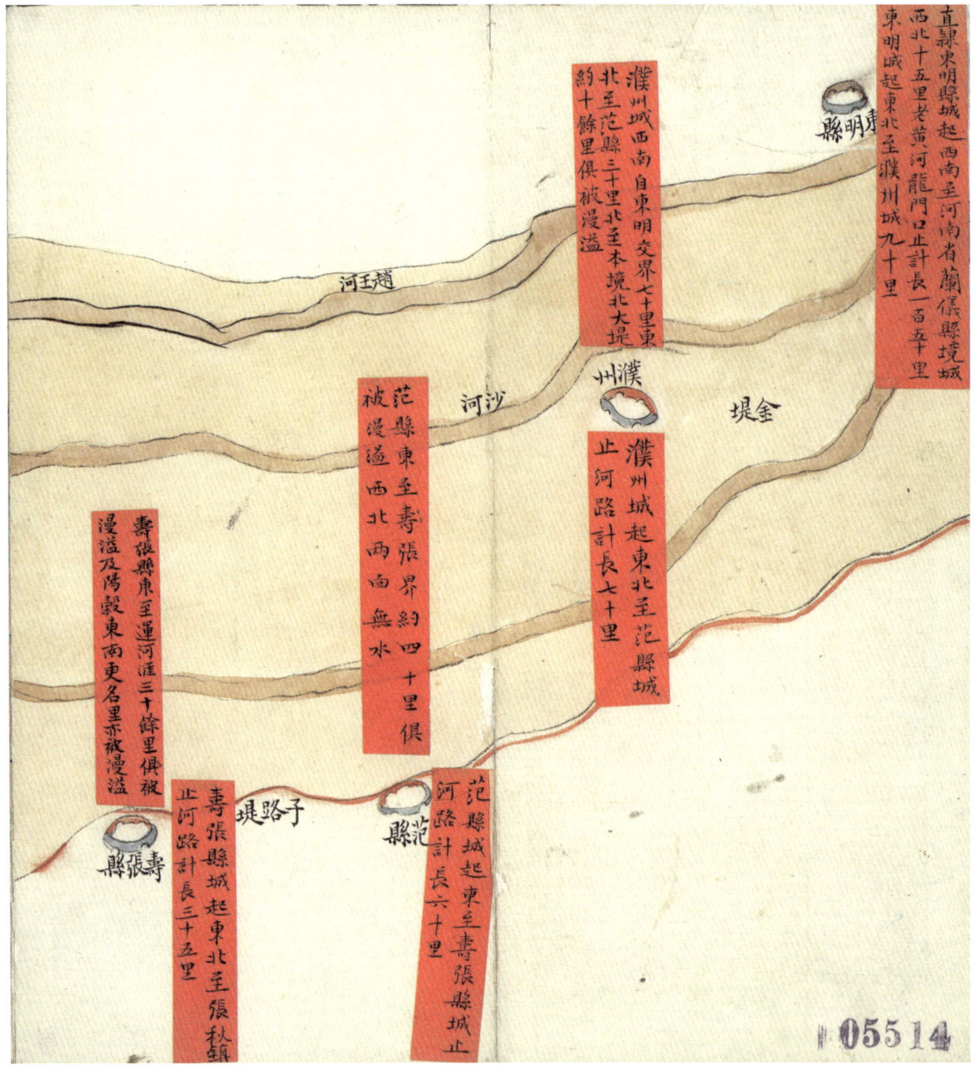

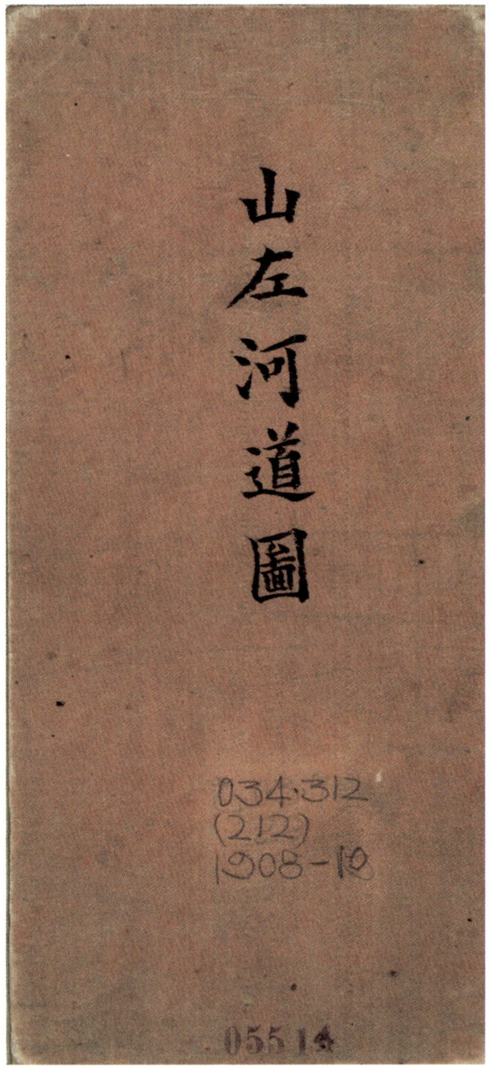

山左河道图

1 幅；21 × 303cm

绘本

［清光绪年间（1875—1908）］

本图绘出上自直隶东明县、下至山东利津县牡蛎嘴出海口之黄河河道，绘出两岸汇入水系、沿岸府州县等，详细标注了沿河两岸村庄及决口处所，贴签标注各段河路里程数等。

黄河决口泛滥区域图

全国经济委员会水利处制

1 幅；20×59cm

石印本

民国二十四年（1935）

本图主要反映了山东鄄城县董庄黄河决口后黄水沿运河两岸泛滥之情景。

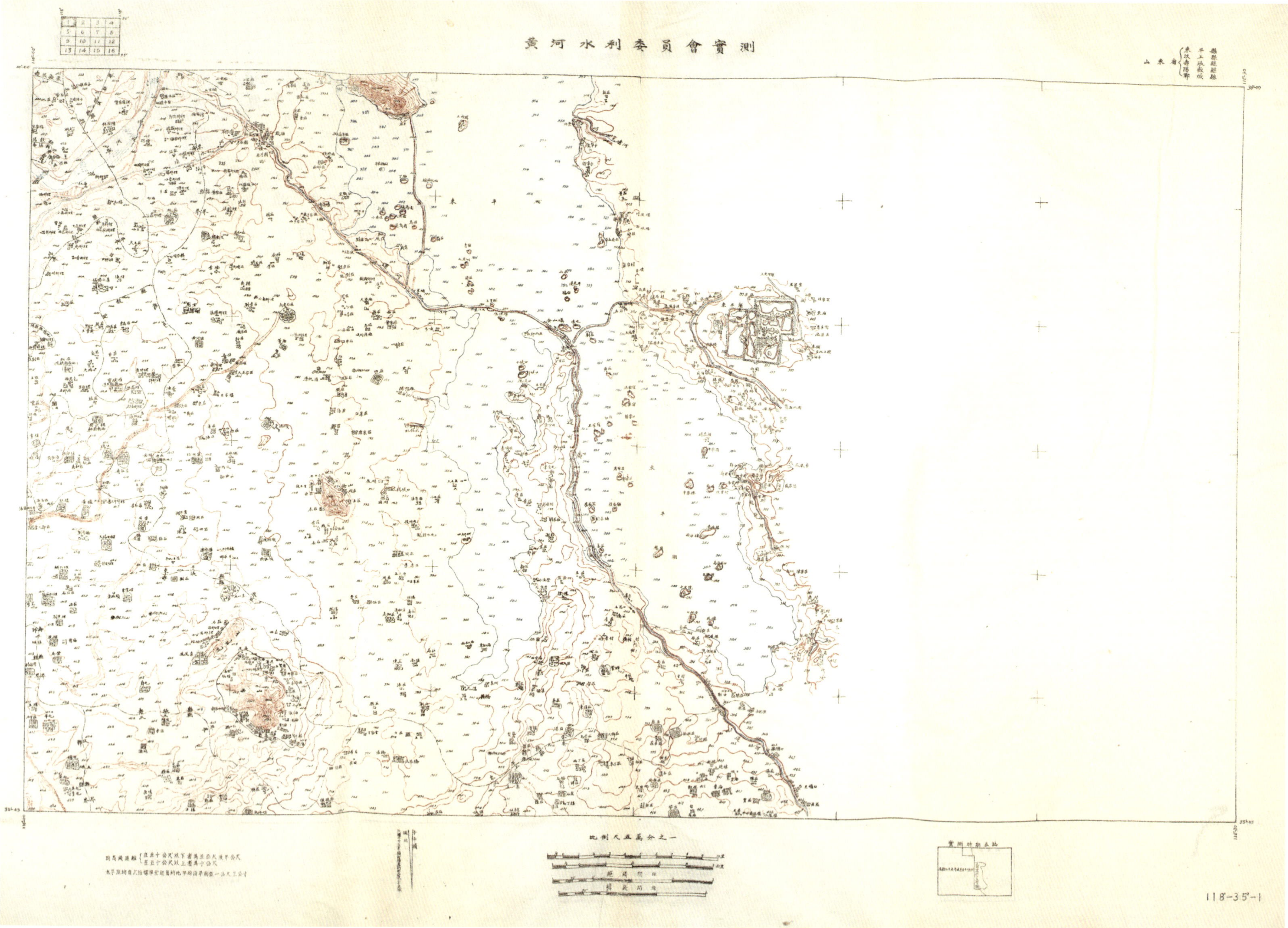

黄河下游地形图

黄河水利委员会编绘

1 册；76×102cm

绘本

民国三十四年（1945）

本图 47 幅，系自山西省平陆县至山东省利津县入海口黄河流域各县之地形图。

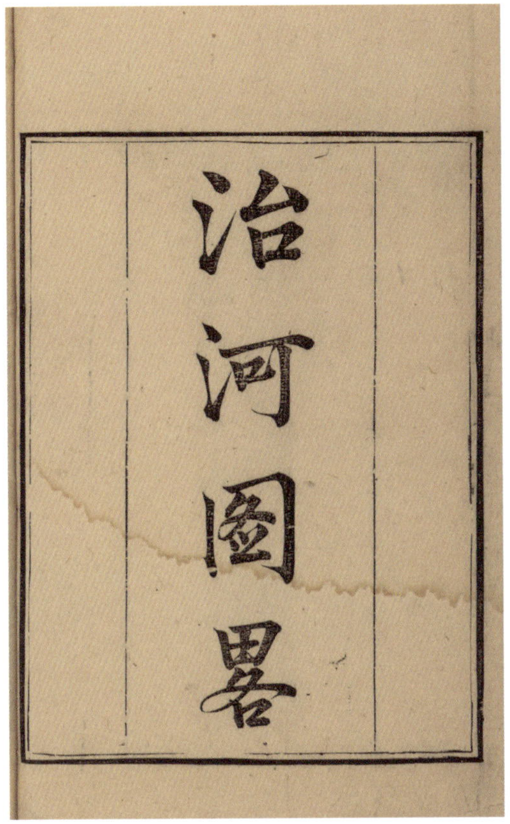
治河圖畧

1

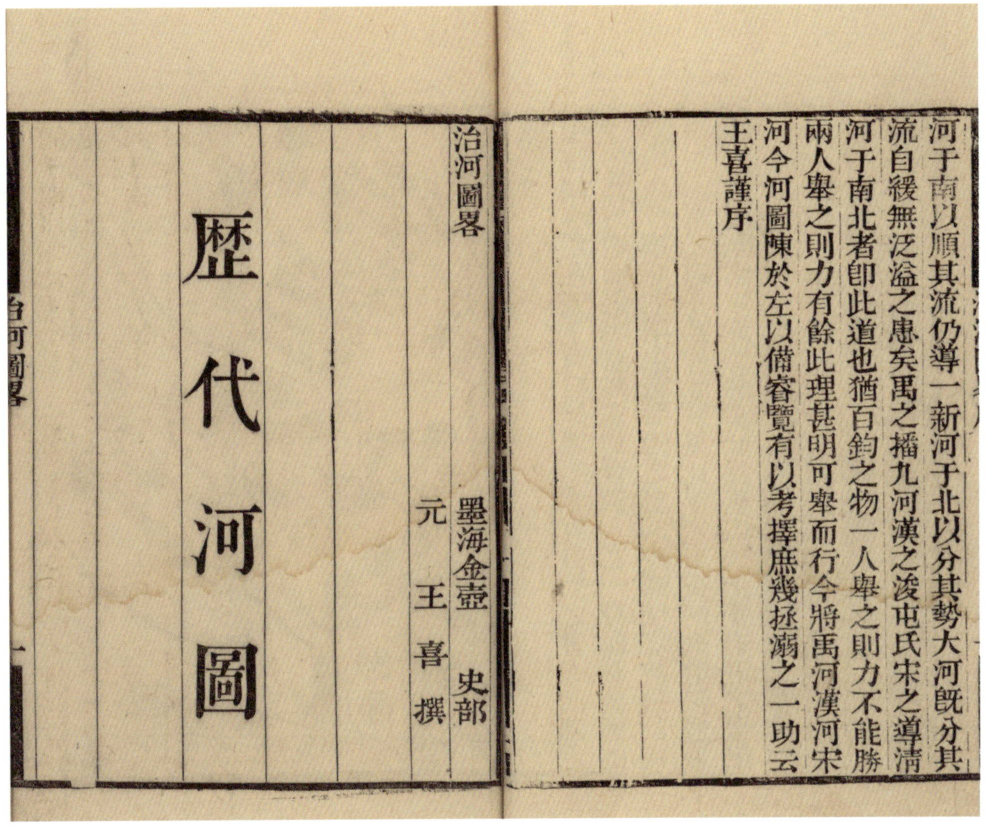
河于南以順其流仍導一新河于北以分其勢大河既分其
流自緩無泛溢之患矣禹之播九河漢之浚屯氏宋之導清
河于南北者卽此道也猶百鈞之物一人舉之則力不能勝
兩人舉之則力有餘此理甚明可舉而行今將禹河漢河宋
河今河圖陳於左以備睿覽有以考擇庶幾拯溺之一助云
王喜謹序

治河圖畧
墨海金壺　史部
元　王喜撰
歷代河圖

2

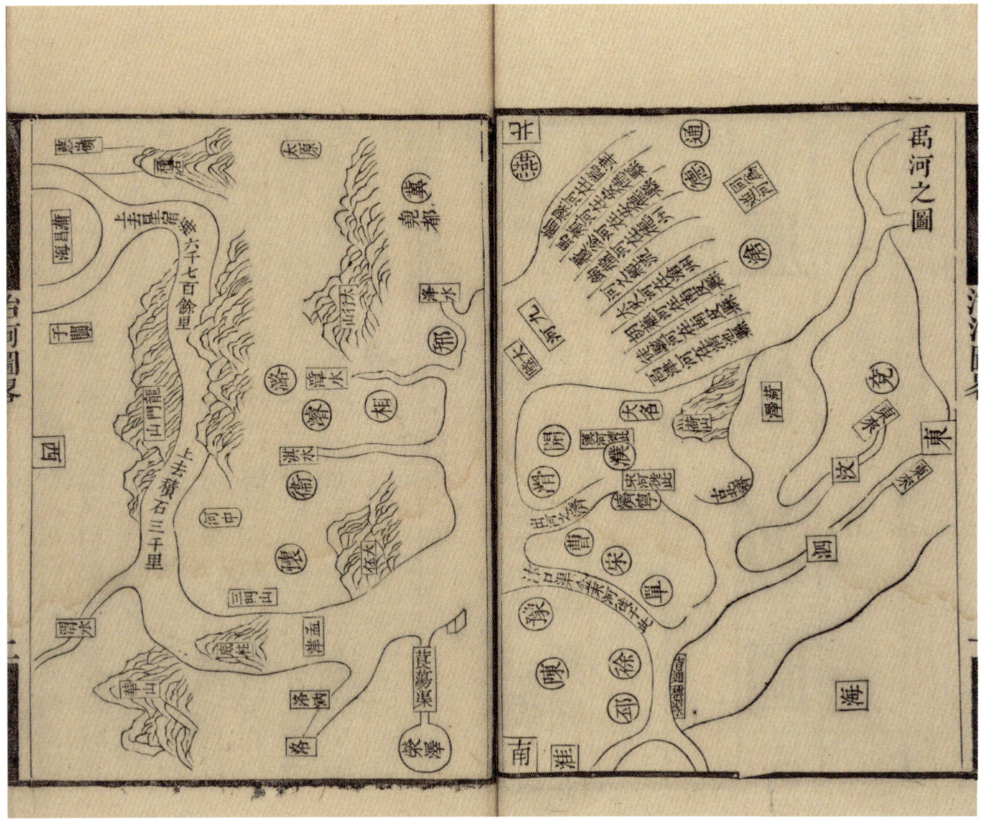

3

治河图略

（元）王喜撰

1卷

刻本

[清嘉庆十三年至十六年（1808—1811）]

至正四年（1344），黄河决堤，元廷访求治河方略，本书可能作于此时。王喜曾任河工，继都实、潘昂霄之后据实绘图。全书八千多字。书中首列禹、汉、宋、元时代的黄河图和治河、河源之图十二幅，每幅河图之下附以说明，前有作者自序，末附“治河方略”和“历代决河总论”二篇，论述元至正四年黄河白茅决口后的治理方策。王喜提出浚新河、导旧河，主张分流：一川从北清河入梁山泊合御河入海，又分一道从南清河合泗水入淮，达到治黄利运的目的。书中持论与贾鲁“疏塞并举，挽河东行，以复故道”之策相合。此书原本久已佚失，有辑录自《永乐大典》的《四库全书》本和清嘉庆十六年（1811）《墨海金壶》本等传世。本书主要治水思路在于疏浚河流、分泄水流，是研究元代认识黄河、治理黄河情况的重要史料，也是我国现存第一部治河工程图说。《元史·顺帝本纪》《河渠志》所载治河理论均与本书吻合，可知本书策略已被朝廷采纳，用于实践。王喜，元代河官，曾提出黄河治理主张。

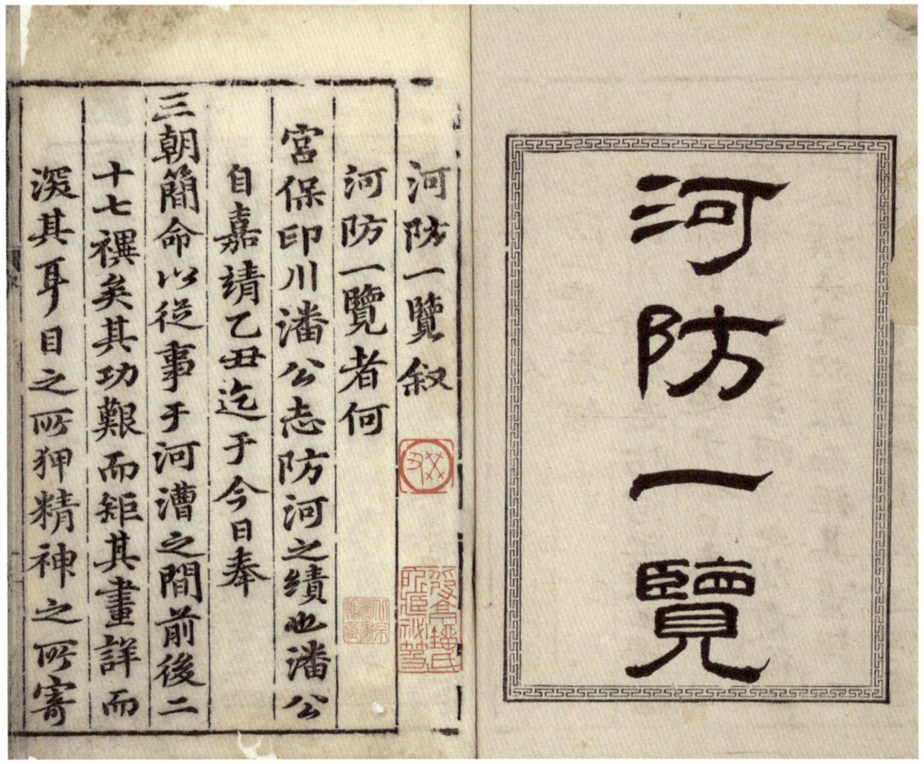

1

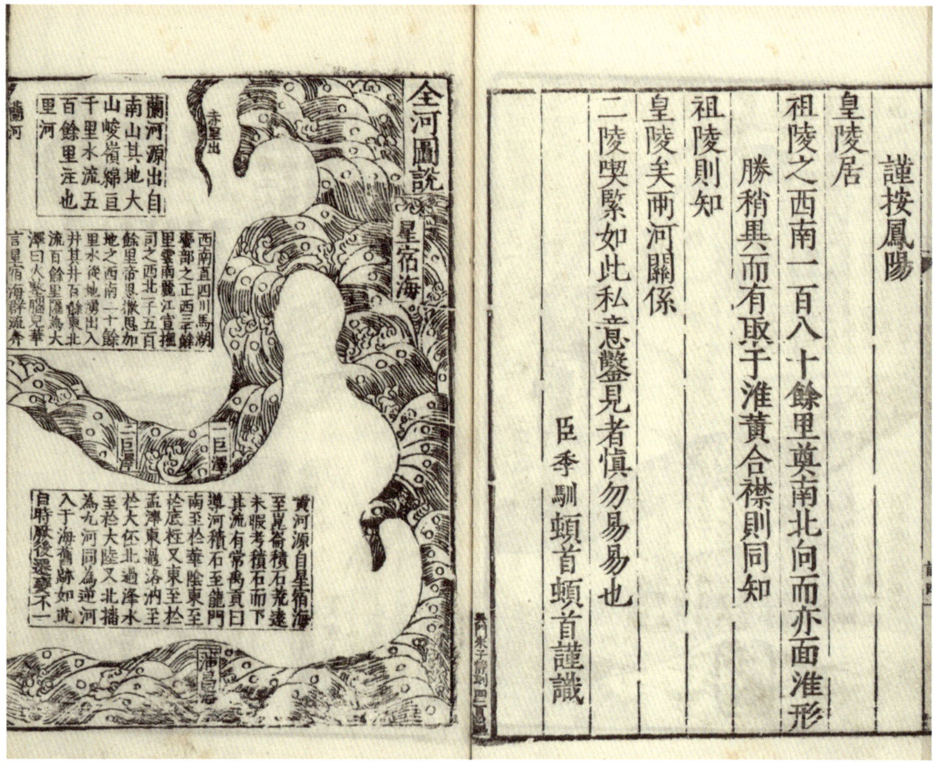

2

河防一览

（明）潘季驯著，（明）王完命、（明）曹时聘校订，（明）陈冒言编次

8 册

刻本

明万历十八年（1590）

潘季驯将《宸断大工录》整理、增删之后，编成《河防一览》，记录其治理黄河、淮河、运河的基本思想和主要措施。此书卷一包括敕谕和祖陵图说、皇陵图说、全河图说，反映了当时治河的历史背景，黄、淮、运三河的总体形势和工程总体布置；卷二《河议辩惑》以问答形式阐述了潘氏“以河治河，以水攻沙”的治河主张；卷三《河防险要》全面指出黄河、淮河、运河的要害部位、主要问题及应采取的措施；卷四《修守事宜》系统规定了堤、闸、坝等工程的修筑技术以及堤防岁修、防守制度；卷五《河源河决考》是前人研究黄河源头、黄河河道演变以及黄河历史决口相关资料的收集和整理；卷六汇集了宋、元、明代有关治河的议论；卷七至十二为潘氏治河奏疏精选；卷十三、十四为潘氏引证的古人及同时代人的著述、奏疏、奏议、明记、碑文等。《全河图说》先绘黄河，再绘运河，后附图说，所绘黄河源出星宿海，至云梯关入海。潘季驯的治河理论是继西汉贾让“治河三策”之后最有代表性的治河理论之一。此书是“束水攻沙论”的主要代表作，也是 16 世纪中国河工水平、水利科学技术和治理水平的重要标志。

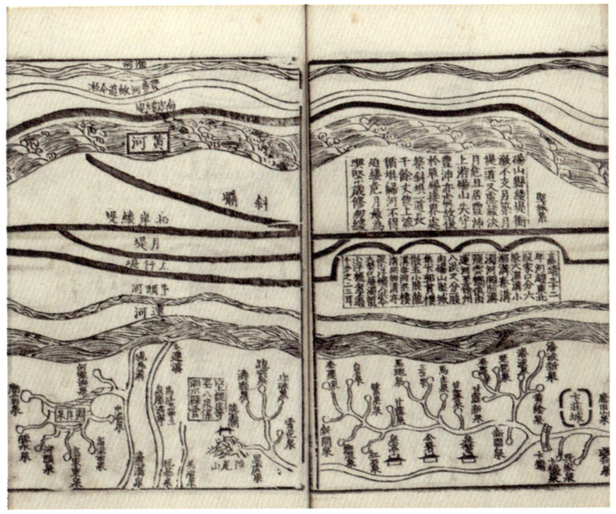

1

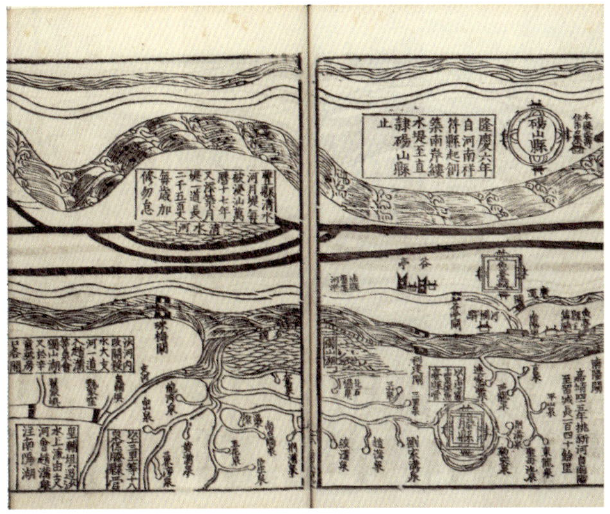

2

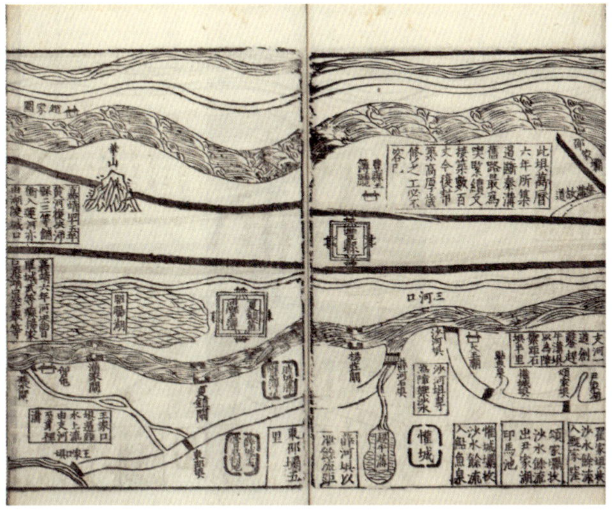

3

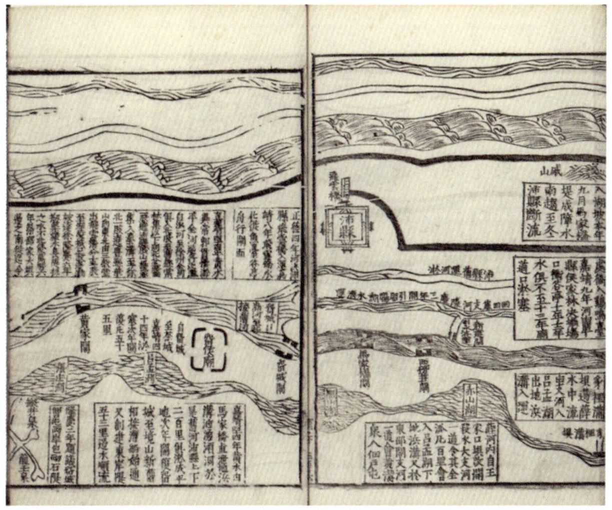

4

河防一览

（明）潘季驯撰

8 册

刻本

明万历十八年（1590）

本书是我国古代重要的河工著作，是潘季驯毕生治河的经验总结，共十四卷。卷一为敕谕图说，卷二为河议辩惑，卷三为河防险要，卷四为修守事宜，卷五为河源河决考，卷六为宋代以来的治河议论，卷七至卷十二为治河奏疏，卷十三、十四为阐明观点引证前任的著作、奏疏、题记、碑文。

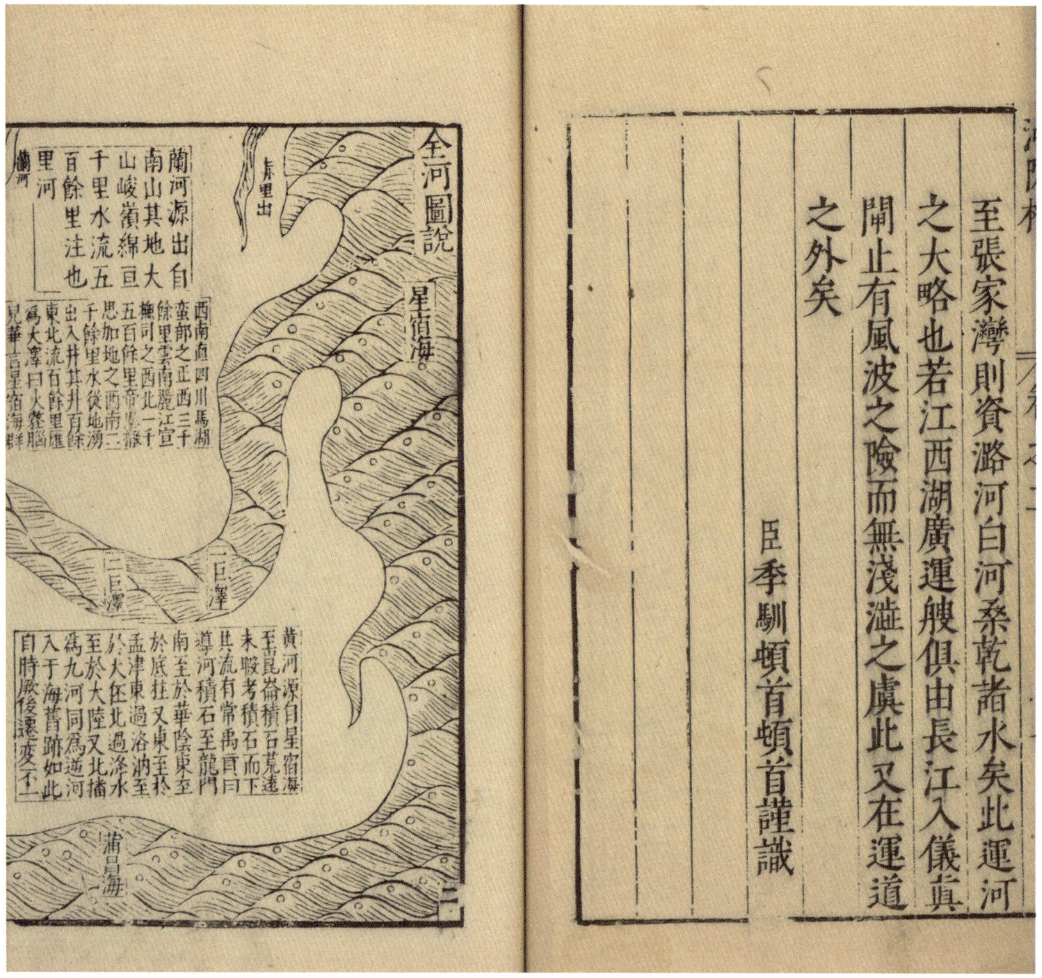

至張家灣則資潞河白河桑乾諸水矣此運河
之大略也若江西湖廣運艘俱由長江入儀真
閘止有風波之險而無淺澁之虞此又在運道
之外矣
臣季馴頓首頓首謹識

1

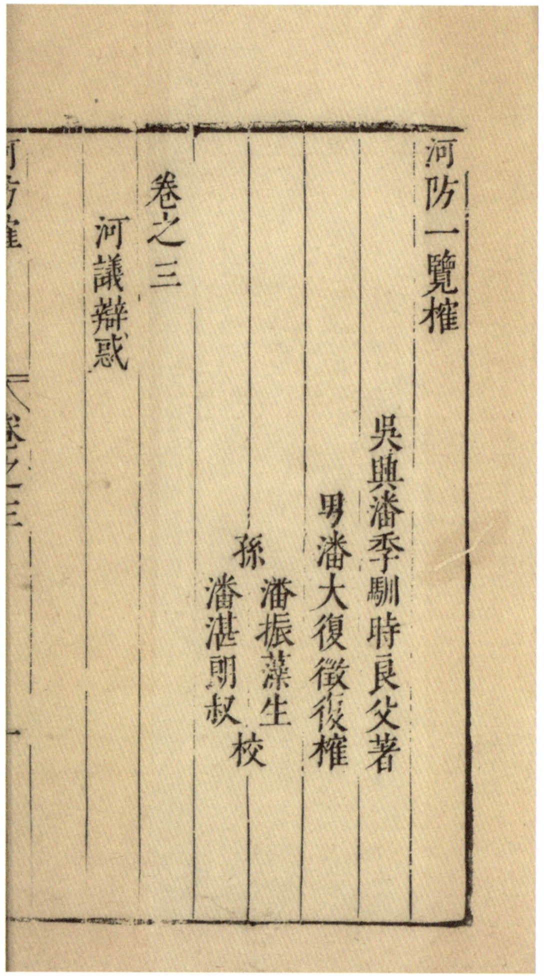
河防一覽權
吳興潘季馴時良父著
男潘大復徵復權
潘振藻生
孫潘湛朗叔 校
卷之三
河議辯惑

2

河防一览権

（明）潘季驯著 （明）潘大复権 （明）潘振 （明）潘湛校

6 册

刻本

明万历四十七年（1619）

潘季驯之子潘大复将十四卷本《河防一览》删减为十二卷本《河防一览権》，简称《河防権》。其序中称，原《河防一览》集多家之言，读之繁杂冗余，因此删减，使之便于观览。此书卷一为敕谕、史书纪绩、河源河决考，卷二为图说一通，卷三为辩惑，卷四为险要、事宜，卷五为稽证，卷六至十二均为疏。其中卷二为《全河图说》，仍是先绘黄河，再绘运河，后附图说，所绘黄河源出星宿海，至云梯关入海。国家图书馆此藏本封面贴签题《潘宫保治河全书》，题名页题《治河全书》，有“报功祠藏板”字样。

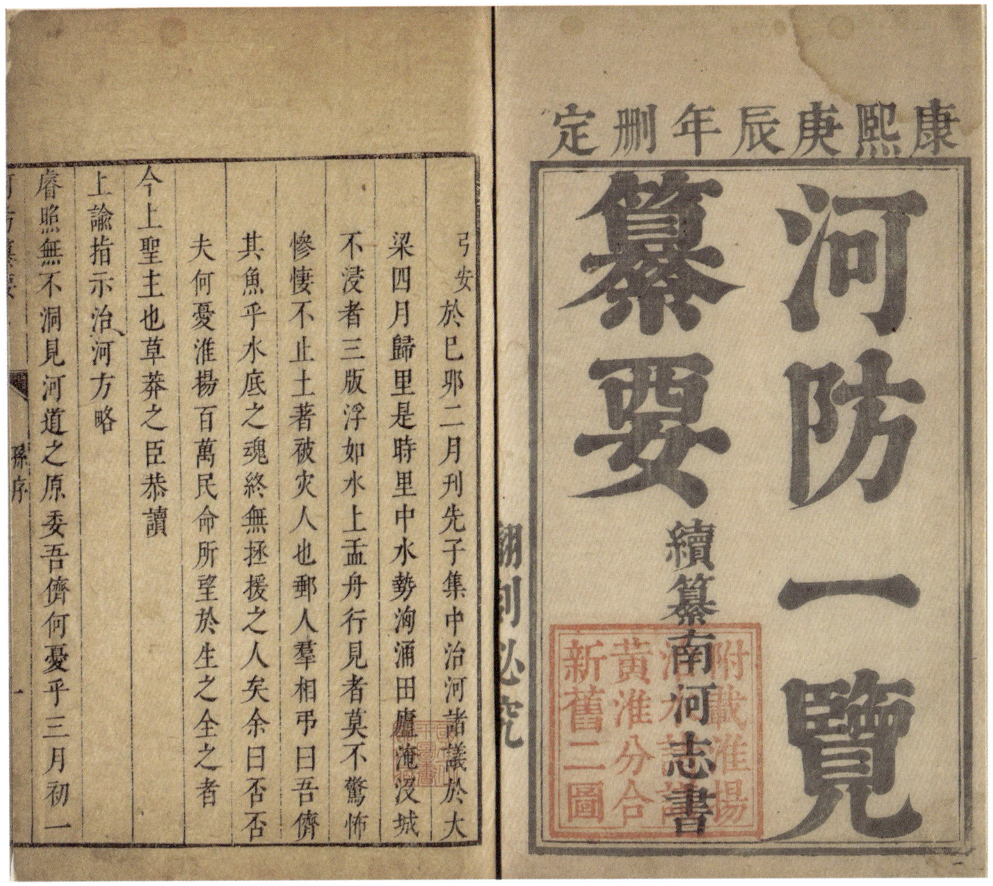

1

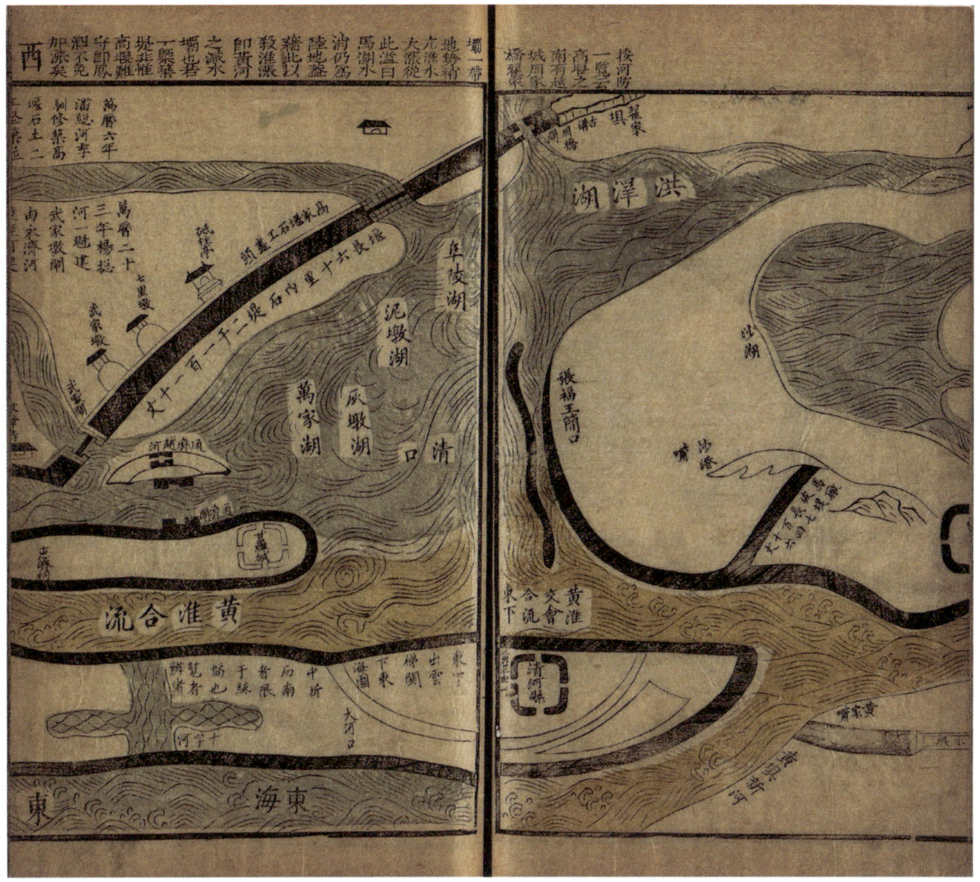

2

河防一览纂要

（清）陈于豫撰，孙弓安刻绘

6 册

四色套印刻本

清康熙三十九年（1700）

本书是对明朝潘季驯《河防一览》一书的继承和辑要。卷首有《黄淮合流故道入海图》《淮黄不循故道海口淤垫图》，两图连成一幅，黑、黄、蓝、绿四色套印，是现存仅见的四色套印地图。两图均参照潘季驯《河防一览图》的绘法，且相互对照，反映了明万历年间到清康熙初年黄河的变迁过程。内页题“续纂南河志书”。陈于豫，康熙年间进士，著有《河防辑要》。

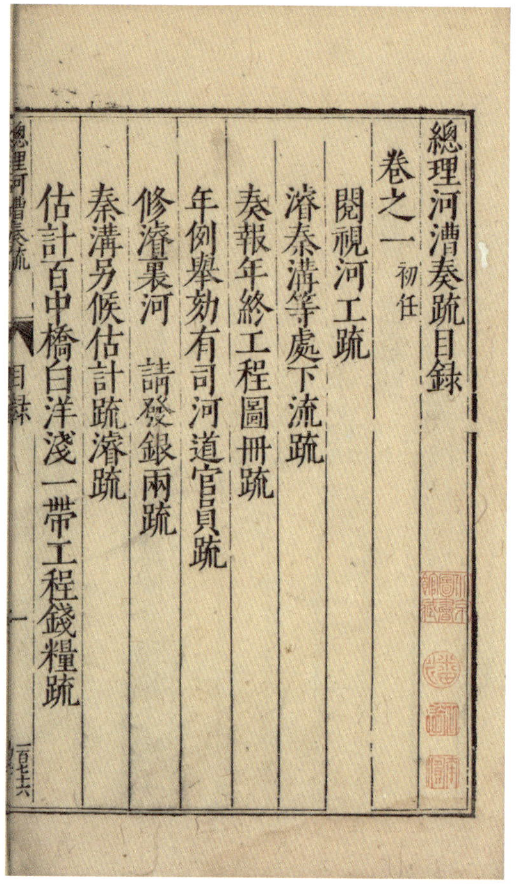

1

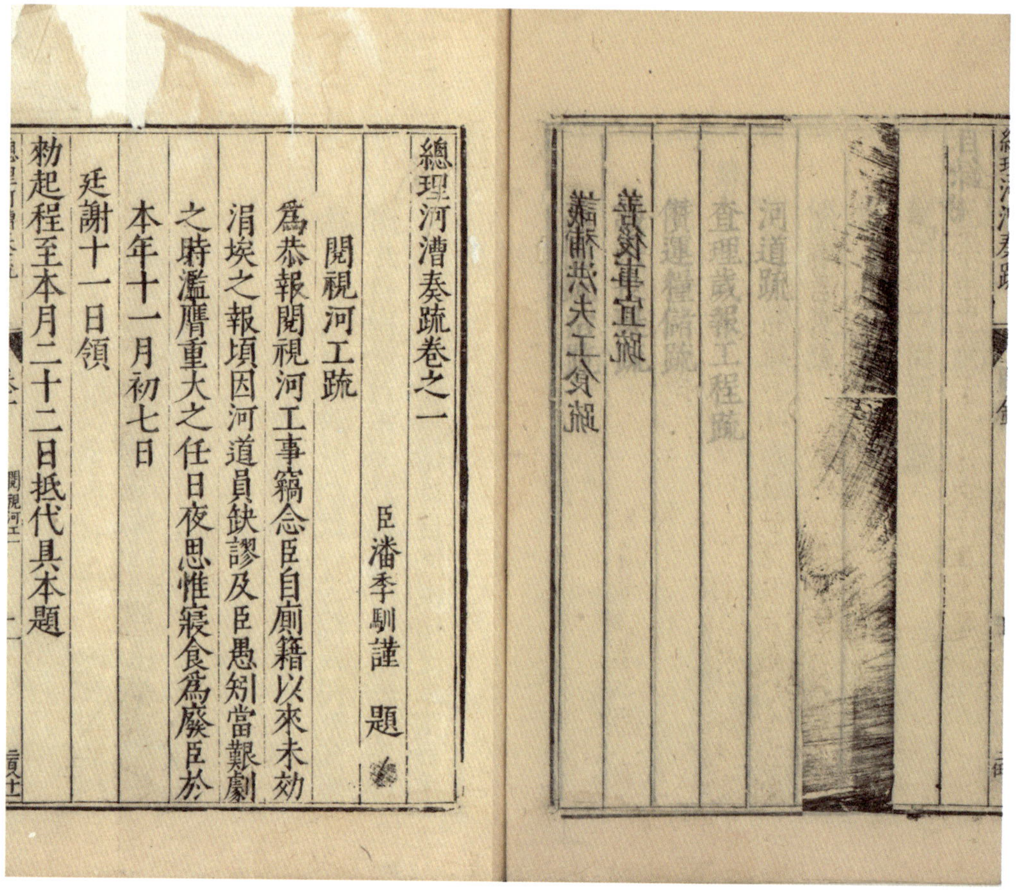

2

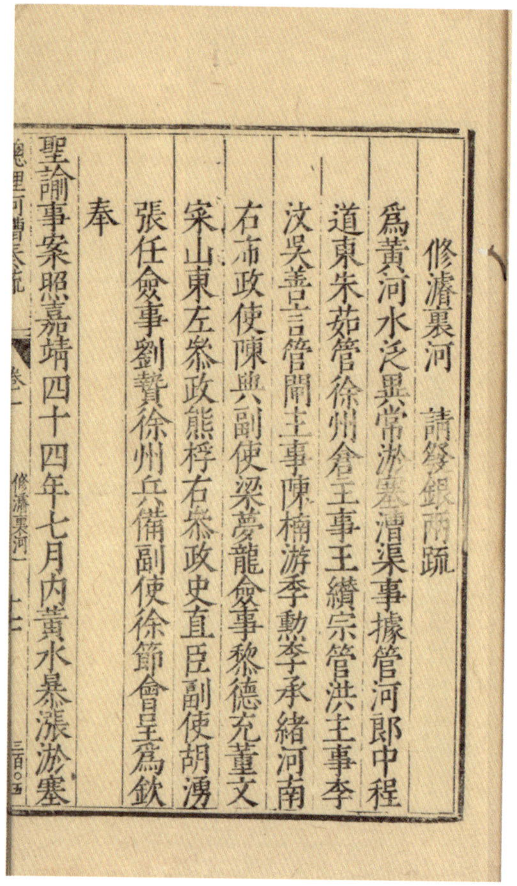

3

总理河漕奏疏

（明）潘季驯撰

14 册

刻本

明万历二十年至明末（1592—1644）

本书汇集了潘季驯主要的治河奏章，集中体现了他的治河思想，尤其详细记载了当时一些河道工程与水利科技。这是潘季驯嘉靖、隆庆、万历年间四次任上治理黄、淮、运等河工程事宜的总结，涉及明代河工、漕运、营田、水利等，记载全面，具有重要的史料价值。

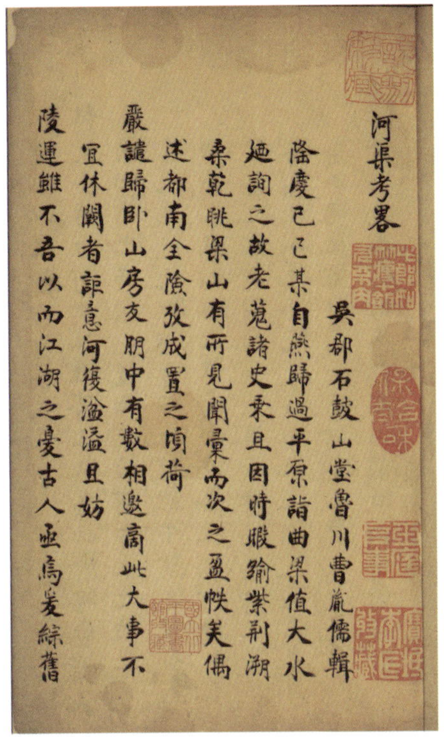

1

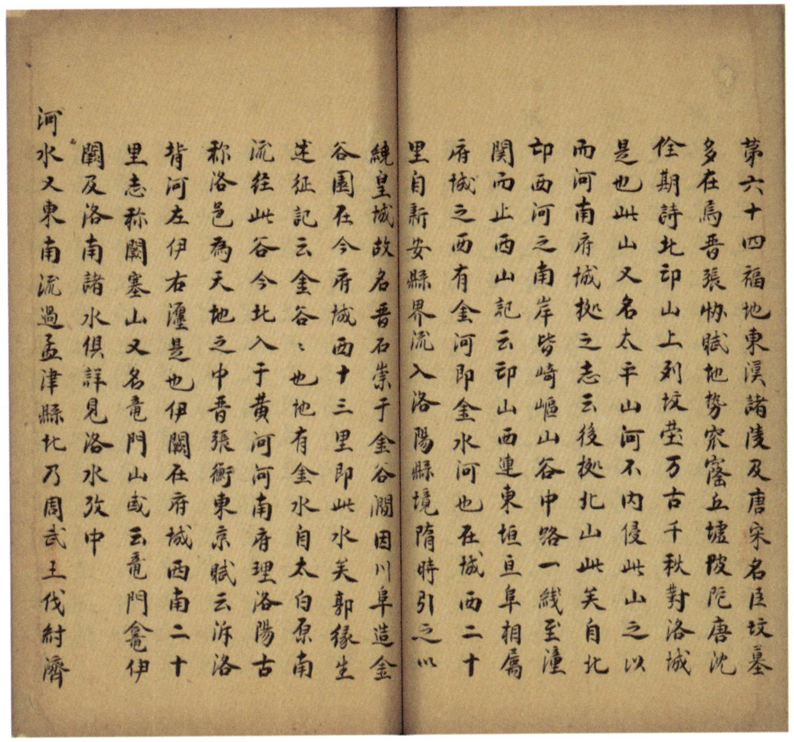

2

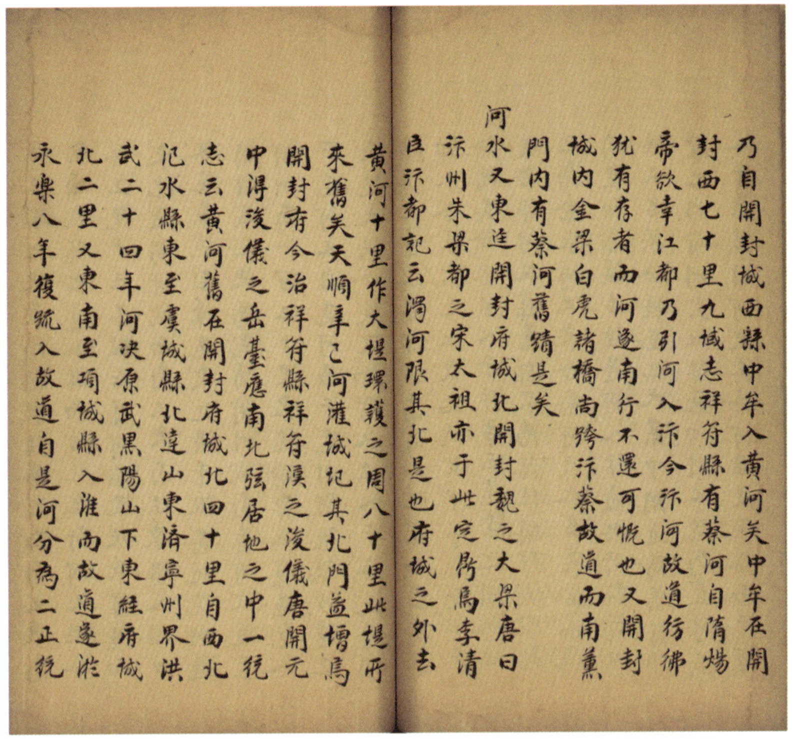

3

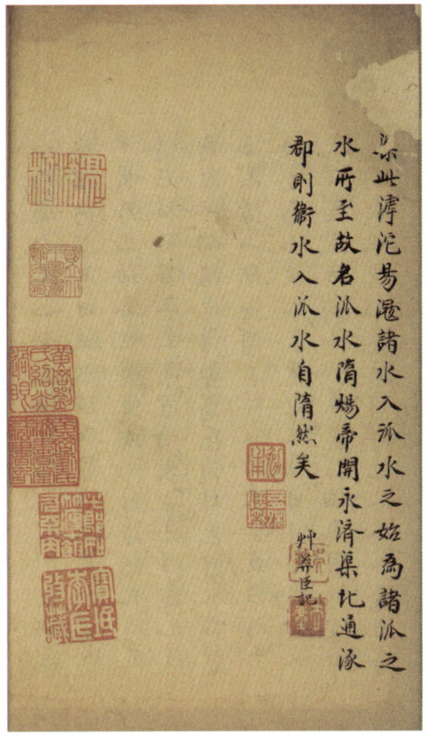

4

河渠考略

（明）曹胤儒辑

1 册

抄本

明（1368—1644）

本书不分卷。为明代黄河考查史料。曹胤儒，《四库全书总目》作允儒，字鲁川，太仓（今江苏太仓）人，生卒年不详。与唐顺之、戚继光相善。曾任太仓知县。为罗汝芳入室弟子。著有《罗近溪师行实》《盱坛直诠》《握机经纬》《海塘考》《东南水利议》《水利论》。隆庆三年（1569），曹胤儒自北而南，路过黄河，正值黄河水患，颇有感慨。于是沿途寻访故老，搜诸史乘，并将沿途见闻记成此书。此书今存明抄本。

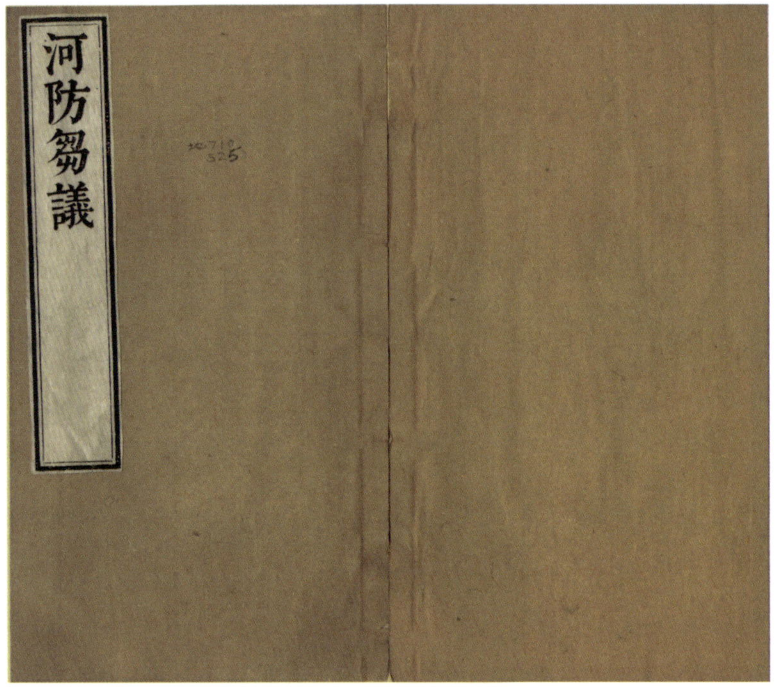

1

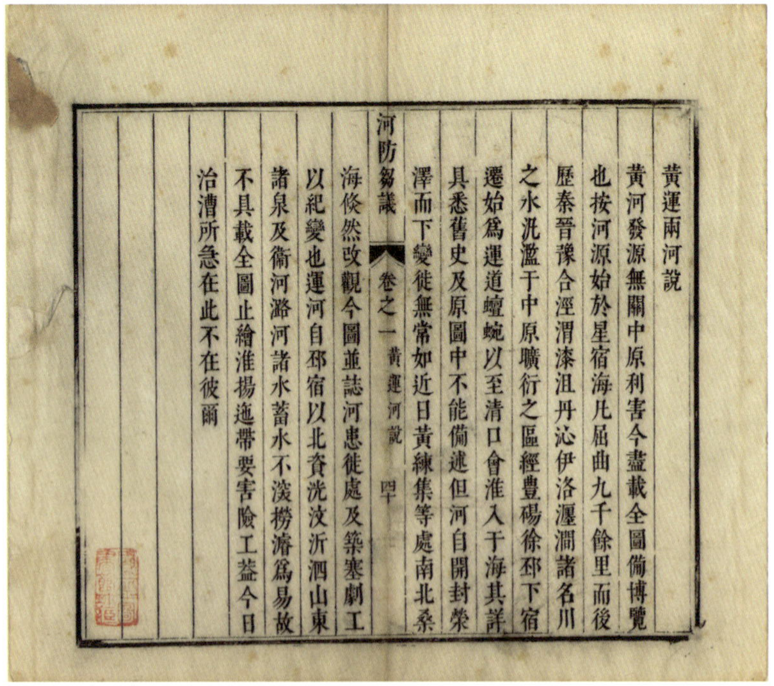

黃運兩河說
黃河發源無關中原利害今盡載全圖備博覽
也按河源始於星宿海凡屈曲九千餘里而後
歷秦晉豫合涇渭漆沮丹沁伊洛瀍澗諸名川
之水汎濫于中原曠衍之區經豐碭徐邳下宿
遷始爲運道蟺蜿以至清口會淮入于海其詳
具悉舊史及原圖中不能備述但河自開封滎
澤而下變徙無常如近日黃練集等處南北紊
河防芻議 卷之一 黃運河說 四十
海倏然改觀今圖並誌河患徙處及築塞剩工
以紀變也運河自邳宿以北賫洸汶沂泗山東
諸泉及衛河潞河諸水蓄水不淺撈濬爲易故
不具載全圖止繪淮揚迤帶要害險工益今日
治漕所急在此不在彼爾

2

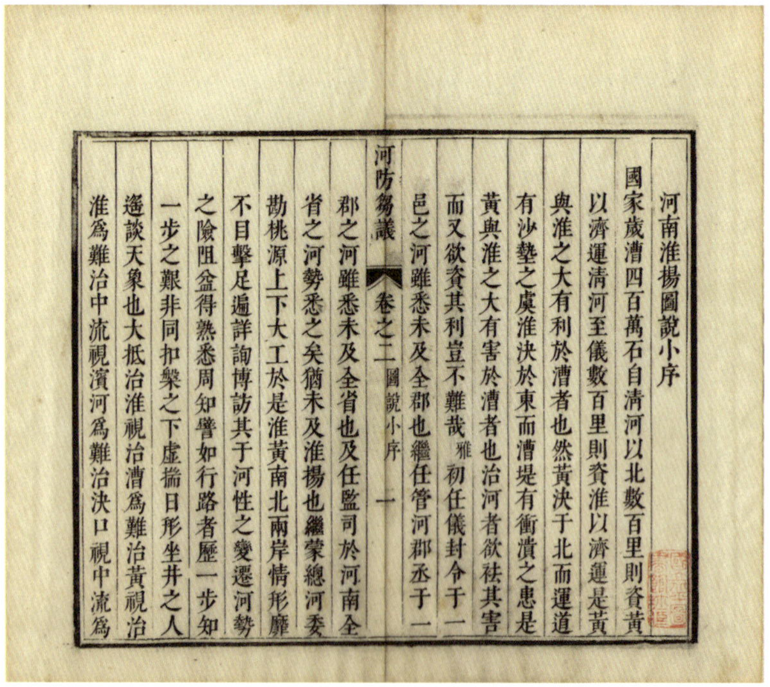

河南淮揚圖說小序
國家歲漕四百萬石自清河以北數百里則賫黃
以濟運清河至儀數百里則賫淮以濟運是黃
與淮之大有利於漕者也然黃決于北而運道
有沙墊之虞淮決於東而漕堤有衝潰之患是
黃與淮之大有害於漕者也治河者欲袪其害
而又欲賫其利豈不難哉 雅 初任儀封令于一
邑之河雖悉未及全郡也繼任管河郡丞于一
河防芻議 卷之二 圖說小序 一
郡之河雖悉未及全省也及任監司於河南全
省之河勢悉之矣猶未及淮揚也繼蒙總河委
勘桃源上下大工於是淮黃南北兩岸情形靡
不目擊足遍詳詢博訪其于河性之變遷河勢
之險阻金得熟悉周知譬如行路者歷一步知
一步之艱非同扣槃之下虛揣日形坐井之人
遙談天象也大抵治淮視治漕爲難治黃視治
淮爲難治中流視濱河爲難治決口視中流爲

3

河防刍议

（清）崔维雅撰

6 册

刻本

清（1644—1911）

本书系崔维雅任江苏按察使时奏上所著，提供了作者很多具体的成功治河案例，系统全面地阐述了作者的治河主张。卷一为总河图，包括《黄河总图》《淮扬运河全图》以及黄运两河说。河图除注明沿河县镇外，对险工处都予以标出。卷二、卷三为分图，介绍了河南至淮扬间十五个县府的二十五处险工河患。图各有说，以明其工程原委。卷四、卷五为条议五十通，主要就治河过程中的各种问题提出解决办法，既有具体工程的治理方法，也有适合治理全河的管理建议。卷六为或问辨惑二十五则。本书是考察清初治河实践和理论的重要著作，对之后的治河也提供了很多借鉴。崔维雅，顺治年间举人，主张治河，主疏导引河。

1

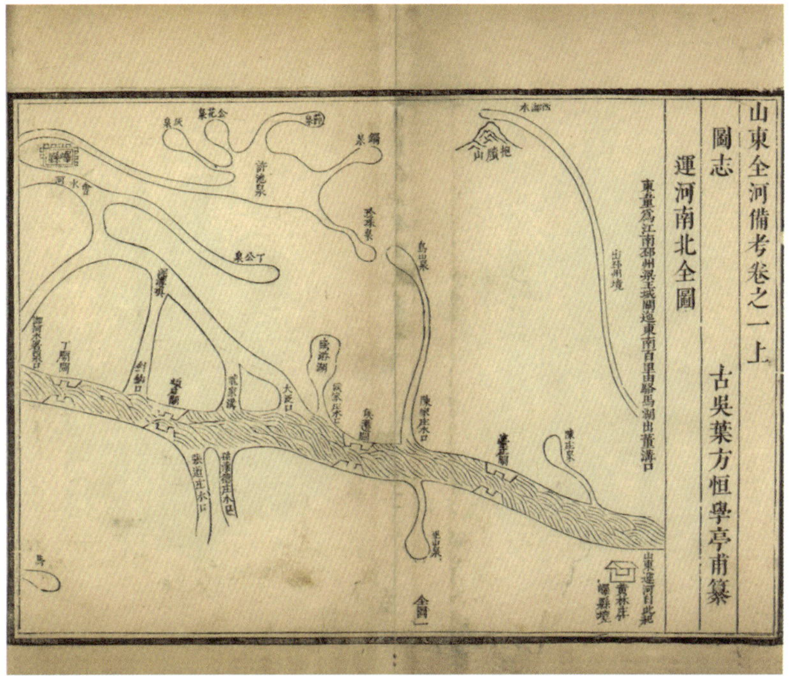

2

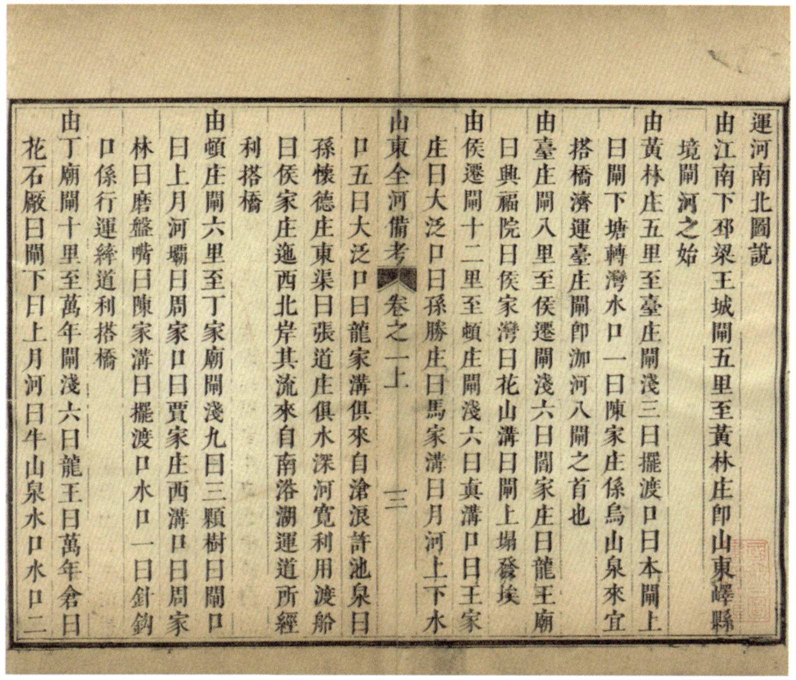

3

山东全河备考

（清）叶方恒纂

12 册

刻本

清康熙十九年（1680）

本书四卷十二册，10行20字，白口，四周双边单鱼尾。本书是记录山东运河的专志。清代山东运河“自峄县黄林起，底德州桑园驿止，凡一千二百里”。全书记载内容的时间上自元代，下至康熙十七年（1678），为山东济宁道叶方恒在任上时所纂。该志史料主要取自王琼《漕河图志》、车尔《漕河通考》及潘季驯《河防一览》等书，新补入了明末清初运河工程兴建、修复和管理方面的资料。全书分为四卷，卷一图志，分上下两部，采用一图一说的形式。卷二河渠志，分上下两部。上有运道兴废略、泉源诸派考、诸湖蓄泄要害等三篇，下有闸坝建置事宜、黄河河防考、黄运相关始末等三篇。卷三职制志，列职官沿革、分理属员、职官题名、公署建置、夫役定制等。卷四人文志，含河漕名臣、漕河名疏、修建议文。此书保留了大量清初山东运河史料，是研究山东运河史的重要文献。叶方恒，字学亭，江苏昆山人，顺治十五年（1658）进士，由贵阳推官任莱芜令，官至山东济宁道，曾主持编纂康熙《莱芜县志》十卷，《山东全河备考》四卷，文章诗词俱佳。

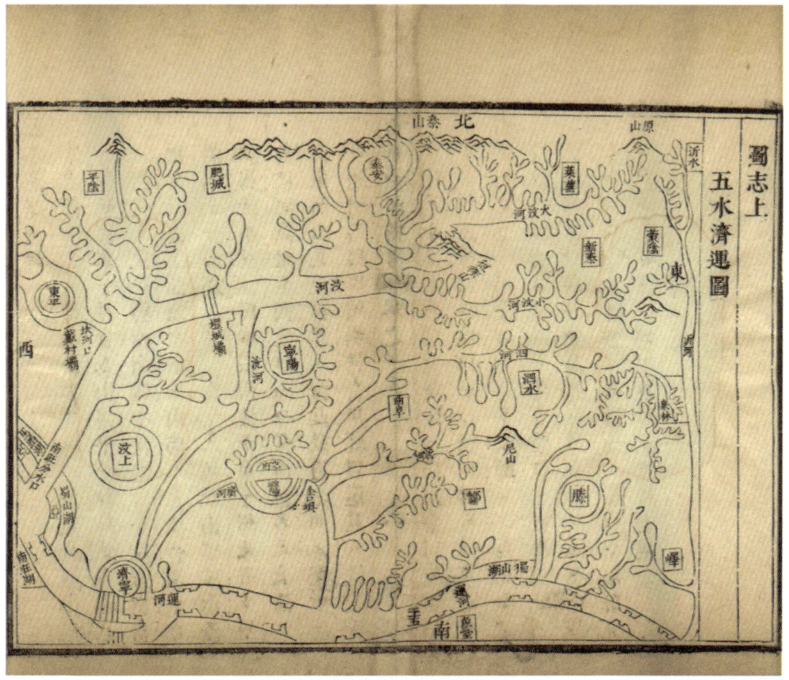

4

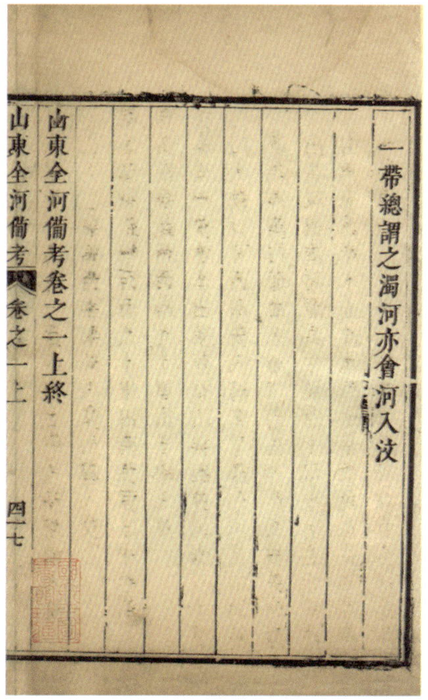

5

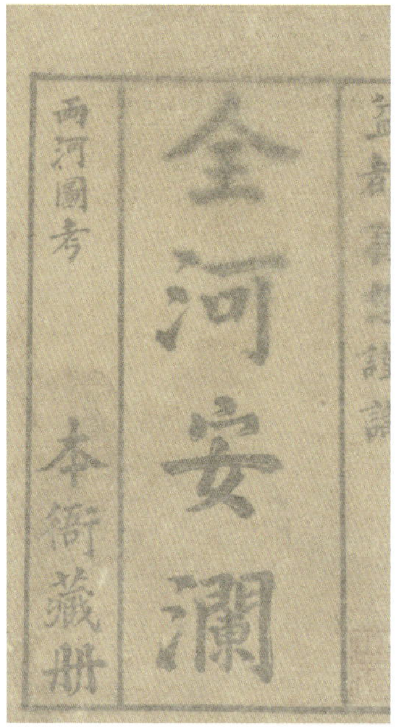

1

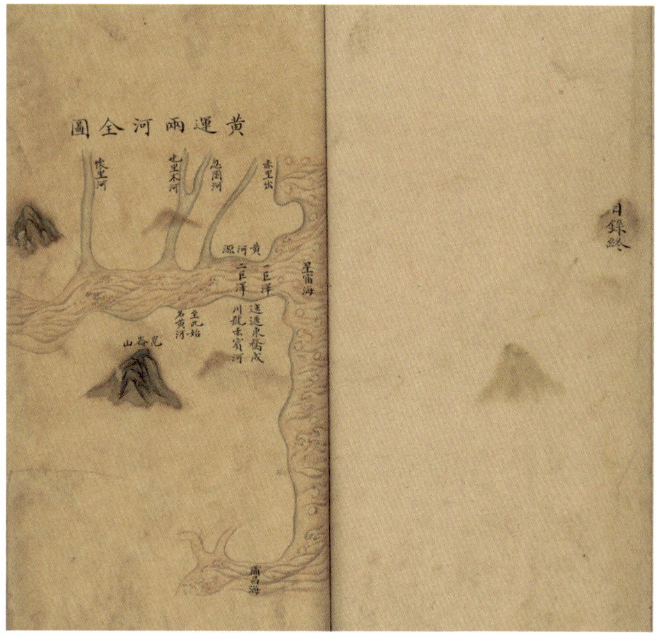

2

3

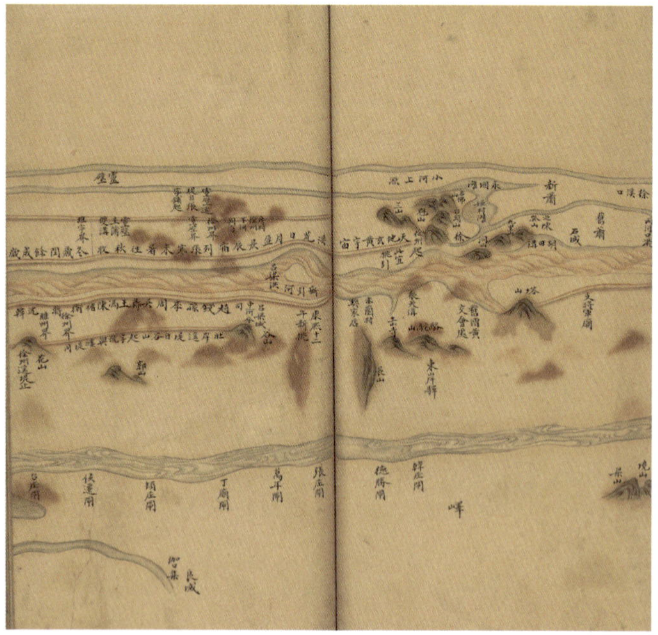

4

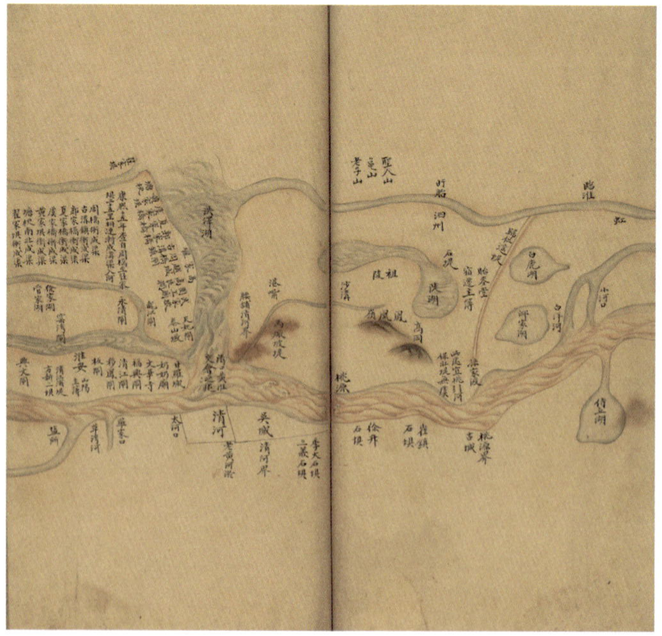

5

两河清汇易览

（清）薛凤祚著

6 册

抄本

［清康熙十五年之后（1676—1911）］

薛凤祚是明末清初天文学家、数学家。康熙十五年（1676），河道总督王光裕慕名聘请薛氏佐治黄、运两河。薛氏考察河漕利弊，撰成本书。本书首列《黄运两河全图》，对两河流经地域、沿岸山峰、沿河支流及河上水闸、渡口等均有著录。正文分运河、黄河两部分，卷五至八有关黄河。卷五、六专记黄河职官、夫役、道里数及历代至本朝黄河水患及治河成绩。其中卷六将黄河分为北岸与南岸加以叙说，更为细致。“历代治河”篇记录了汉武帝元光三年至清康熙十二年间历次治理黄河的情况。卷七辑录明潘季驯《河防一览》之《河议辩惑》及清初崔维雅《刍议》《或问》二书。卷八系作者自著，分刍论、修守事宜、河防绪言、河防永赖四篇，所言治河策论皆从实际调研而来，颇为可取。

治下河水论

（清）张鹏翮著

1卷

刻本

［民国年间（1912—1949）］

本书一卷，专论治理下河水之策。有民国扬州陈恒和书林《扬州丛刻》本。张鹏翮（1649—1725），字运青，号宽宇。四川遂宁人。清康熙九年（1670）进士，曾任江南苏州知府、浙江巡抚、江南江西总督。康熙三十九年任河道总督，主持治理黄河十年。后擢刑部尚书。雍正时，累官武英殿大学士。治理黄河期间，专意于疏浚下河，宣泄积水，颇有成效。有《张文端公全集》。

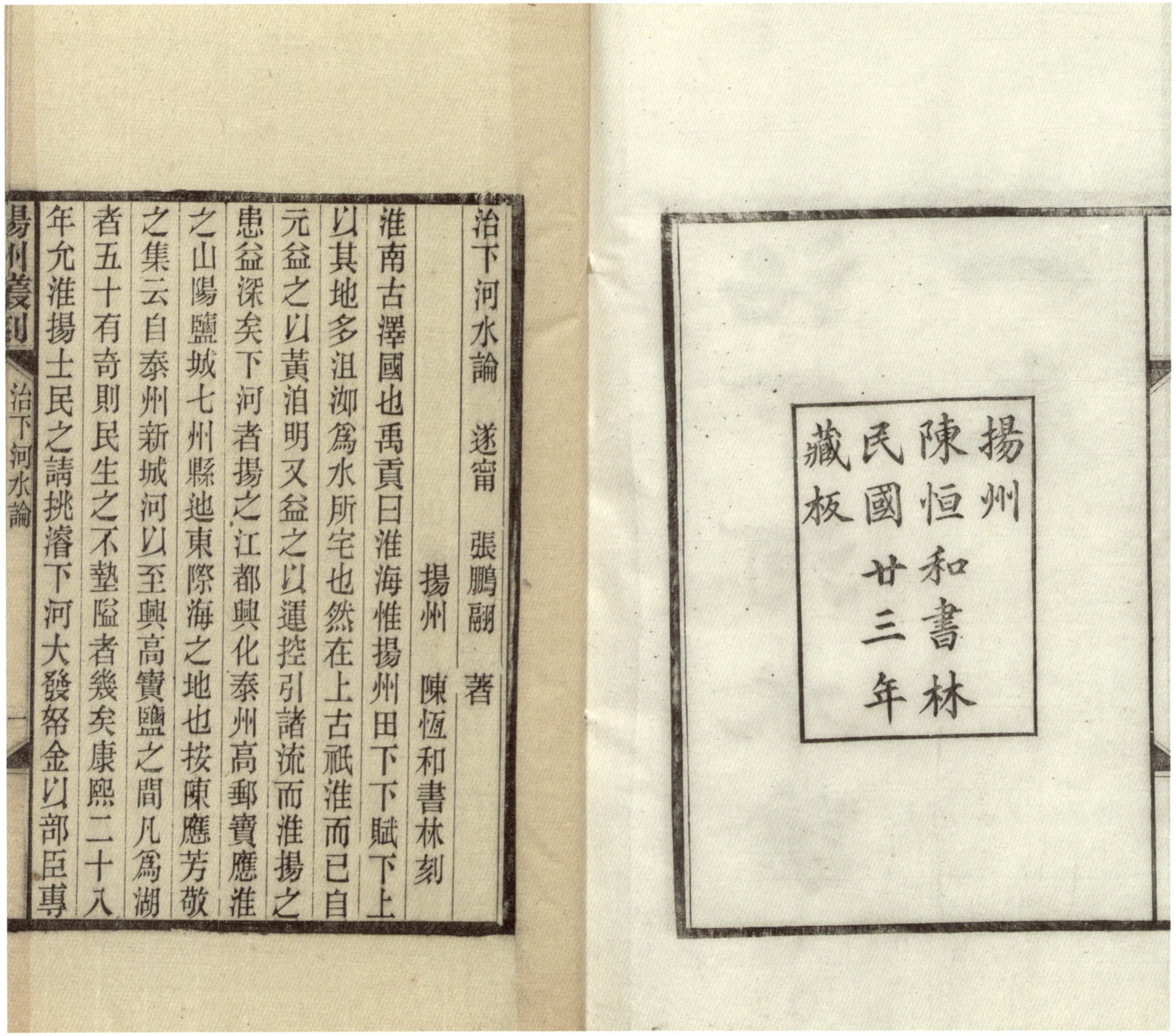

河防述言

（清）陈潢原论 （清）张霭生编述

10册

抄本

［清康熙四十四年之后（1705—1911）］

本书系张霭生追述其友陈潢之论，记录陈潢在黄河、运河、淮河综合治理领域的看法，成书于康熙四十四年（1705）。全书首冠《黄河全图引》，次为《黄河全图》，详细绘制源头至入海口处的黄河，标注了沿岸山形地貌、支流湖泊、州城府县等；正文以问答形式探讨河性、审势、估计、任人、源流、堤防、疏浚、工料、因革、善守、杂志、辨惑十二个治河问题；后附《靳大司马奏请推恩分恤疏稿》，详述陈潢一生治河经历。陈潢（也作陈璜）是清代康熙年间治河名臣，作为幕僚辅佐靳辅治河，主张黄、淮、运并重，因河性而利导，且继承明代潘季驯“束水刷沙”法，尤其重视减水坝，创造了开引河法、放淤法、测水法。此书对明清治河思想及主要成果多有继承和阐述，推崇潘季驯“以堤束水，以水刷沙”之说，详细介绍做堤法，是对清代有重要影响的一部治河著作。陈潢，清代治河名臣，发明“测水法”，著有《河防摘要》《河防述言》。

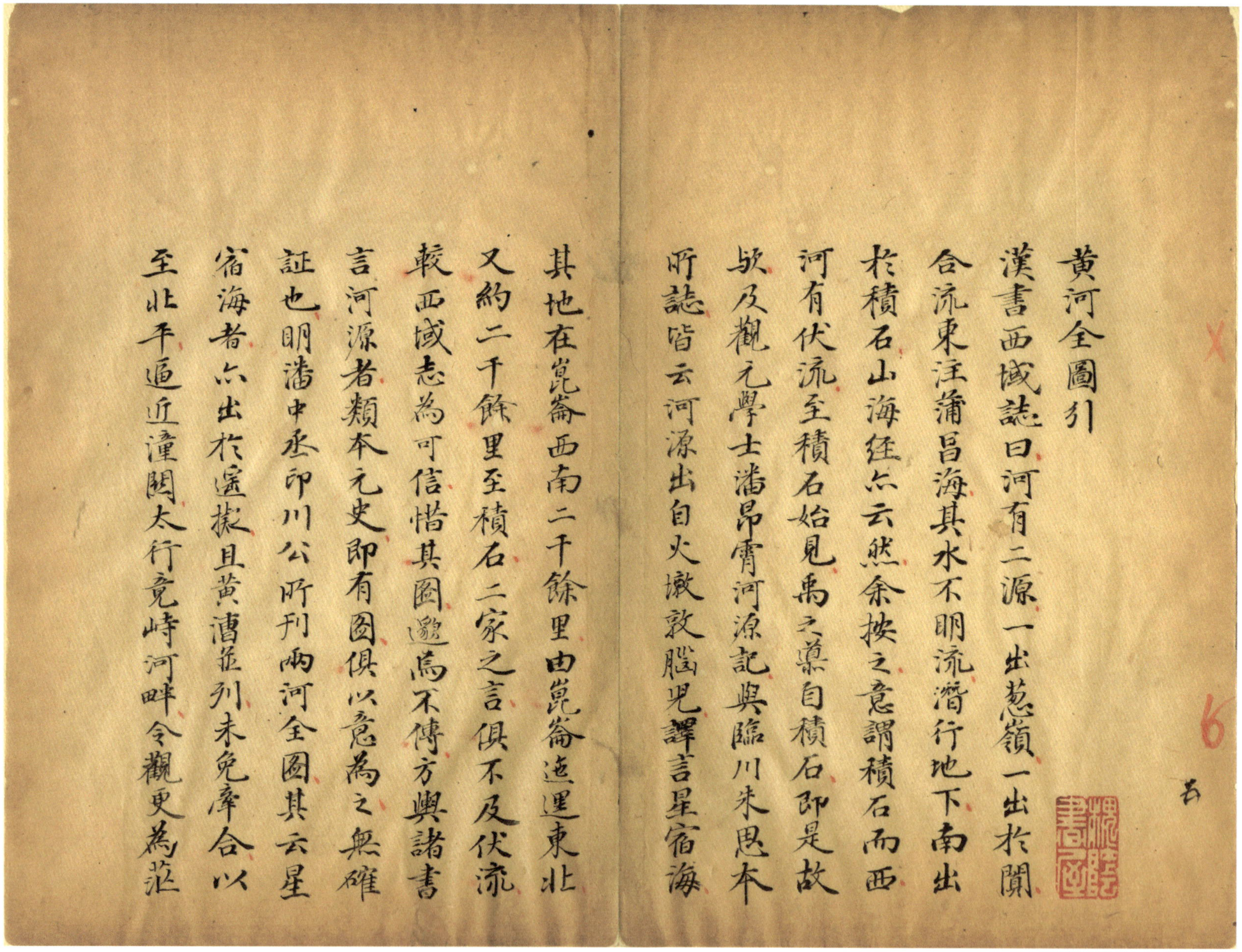

黄河全圖引

漢書西域誌曰河有二源一出葱嶺一出於闐合流東注蒲昌海其水不明流潛行地下南出於積石山海經亦云然余按之意謂積石而西河有伏流至積石始見禹之導自積石即是故跡及觀元學士潘昂霄河源記與臨川朱思本所誌皆云河源出自火墩敦腦兒譯言星宿海其地在崑崙西南二千餘里由崑崙迤邐東北又約二千餘里至積石二家之言俱不及伏流較西域志為可信惜其圖邈焉不傳方輿諸書言河源者類本元史即有圖俱以意為之無確証也明潘中丞印川公所刊兩河全圖其云星宿海者亦出於虛擬且黃漕並列未免牽合以至北平逼近潼關太行竟峙河畔令觀更為茫

河纪

（清）孙承泽撰

2 册

刻本

［清康熙年间（1662—1722）］

本书是一部史料汇辑性著述，不仅归纳梳理了相关史料，更表述了作者的河运治理理念，其主旨和目标均是治河以保漕。本书开篇录明人徐问《黄河考》，对黄河源流、历代河患水灾及改道情况作了系统考述，然后按编年体形式，将明代正统十三年（1448）至崇祯十五年（1642）之间影响较大的黄河决口、水患或重大河事及相关情况诸如治理情况、责任官员等加以简要介绍，然后选录与此相关的重要奏疏等相附。孙承泽，明末清初官员，收藏家，著有《春明梦余录》《天府广记》等。

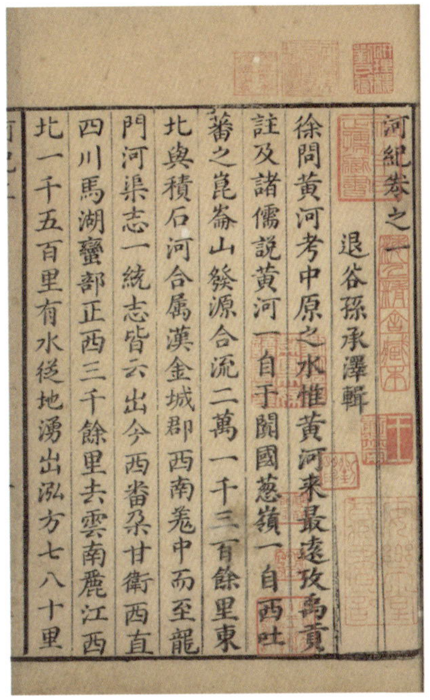

1

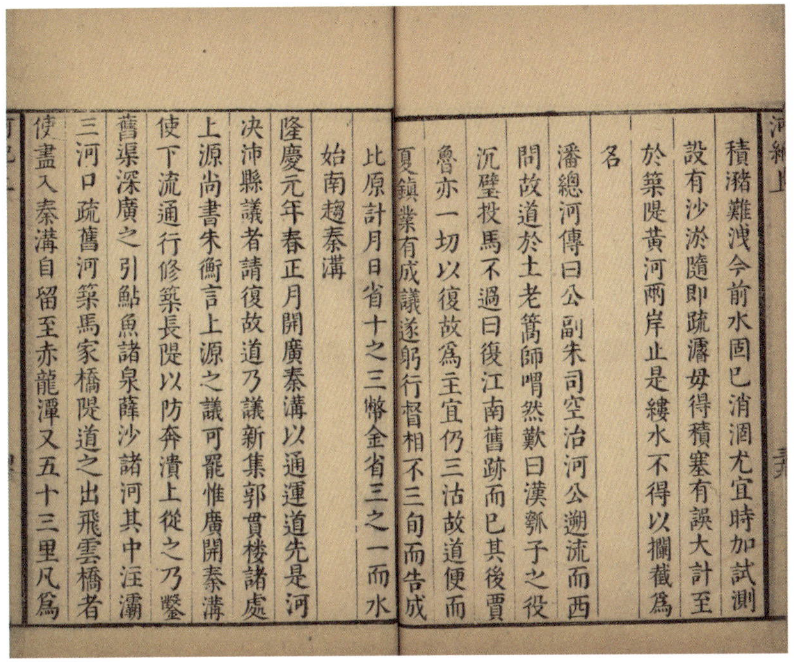

2

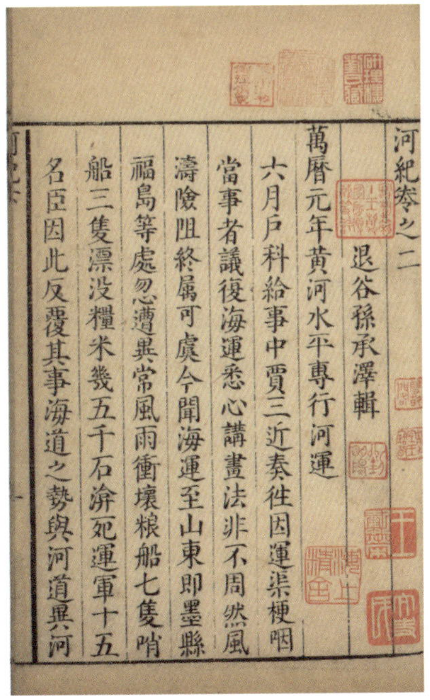

3

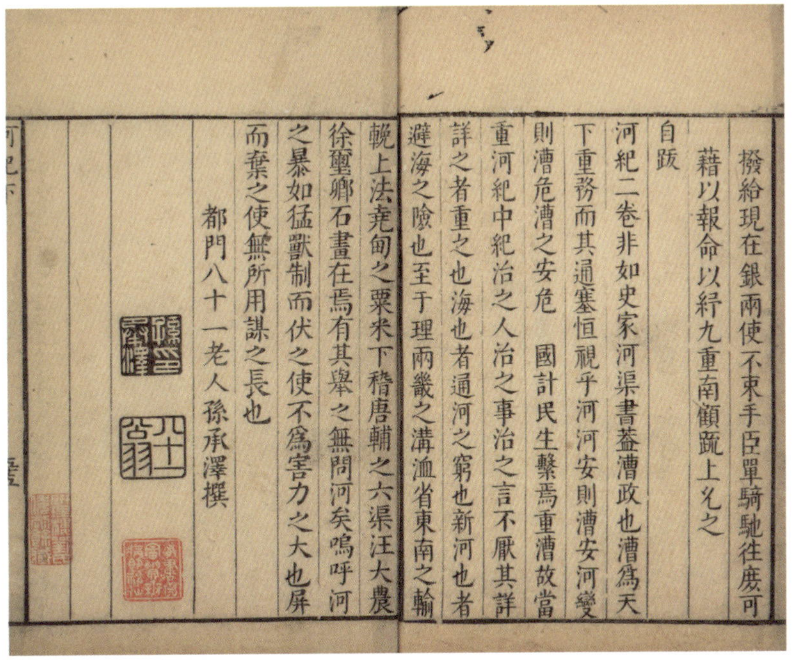

4

1

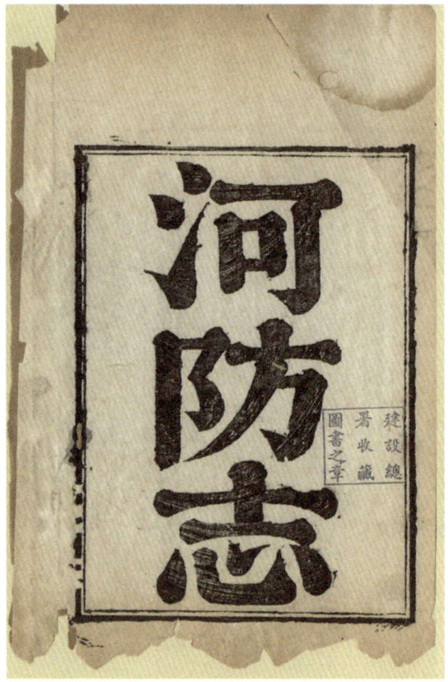

2

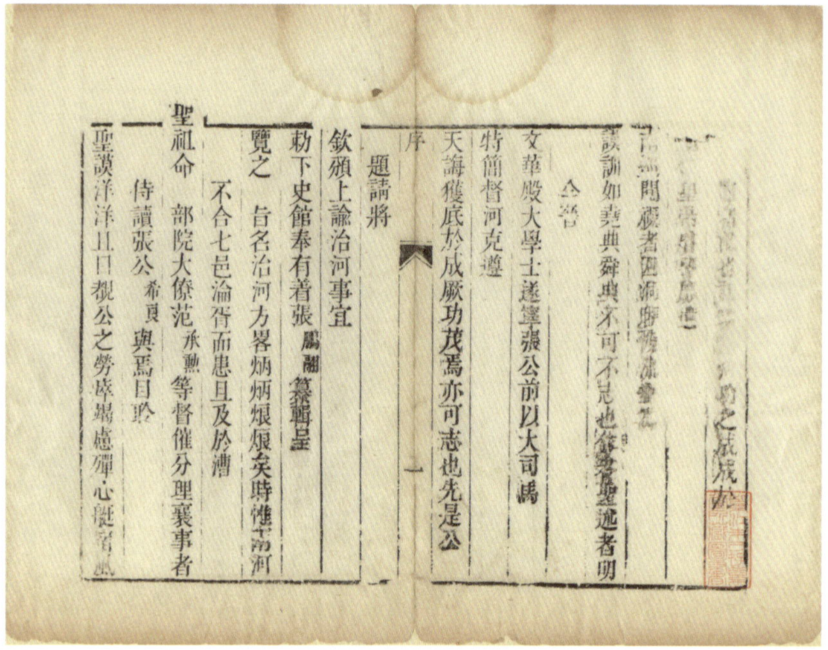

3

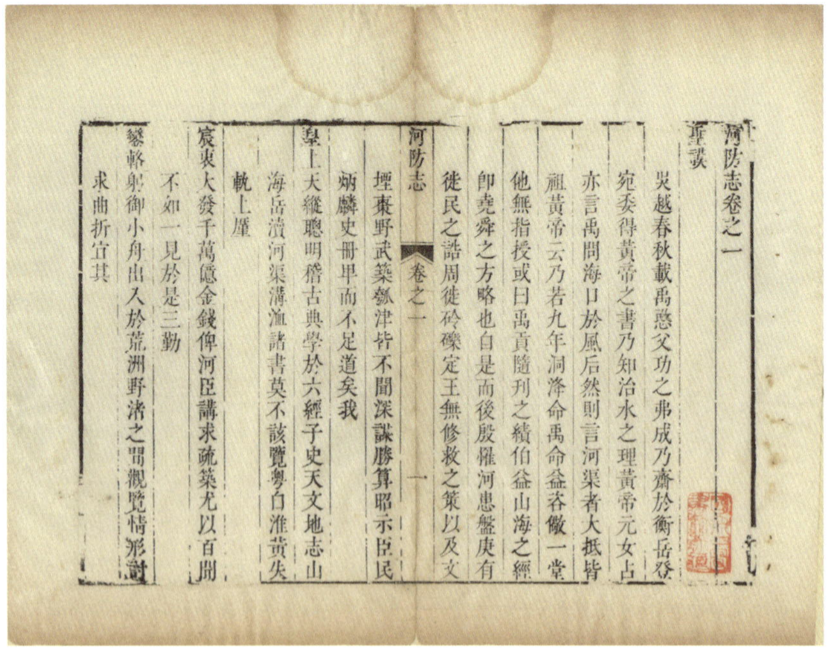

4

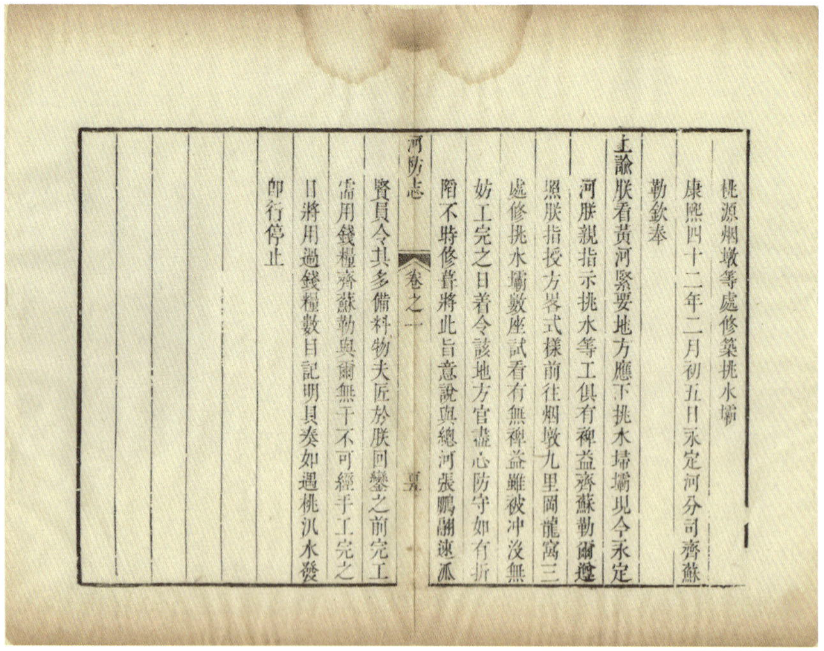

5

河防志

（清）张希良纂

11 册

刻本

［清雍正年间（1723—1735）］

本书记录了张希良随张鹏翮治河的一段历史。卷一为上谕，辑录康熙二十三年至四十一年（1684—1702）皇帝有关河工的指示，卷二为考订，考证黄淮两河及河运诸水的源流、沿革。卷三、四、五为经画，卷六、七为奏章，卷八、九、十为艺文，卷十一为历代治河名臣列传，卷十二为杂志。张希良，清初文人，康熙年间进士。

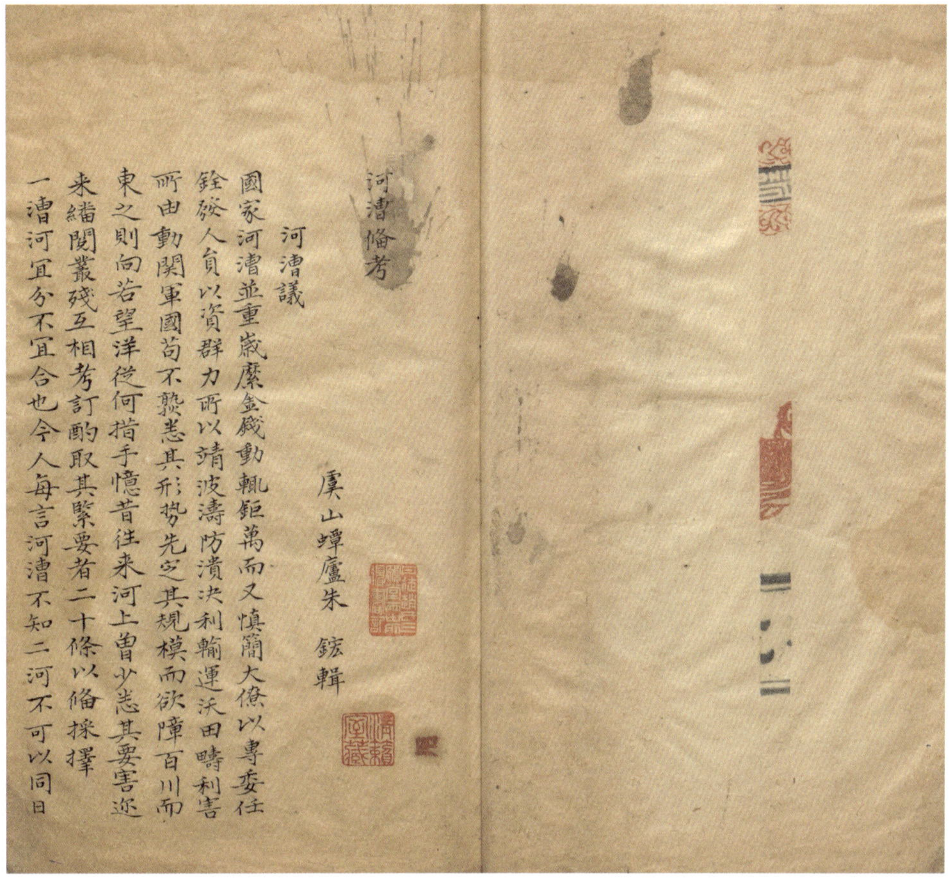

1

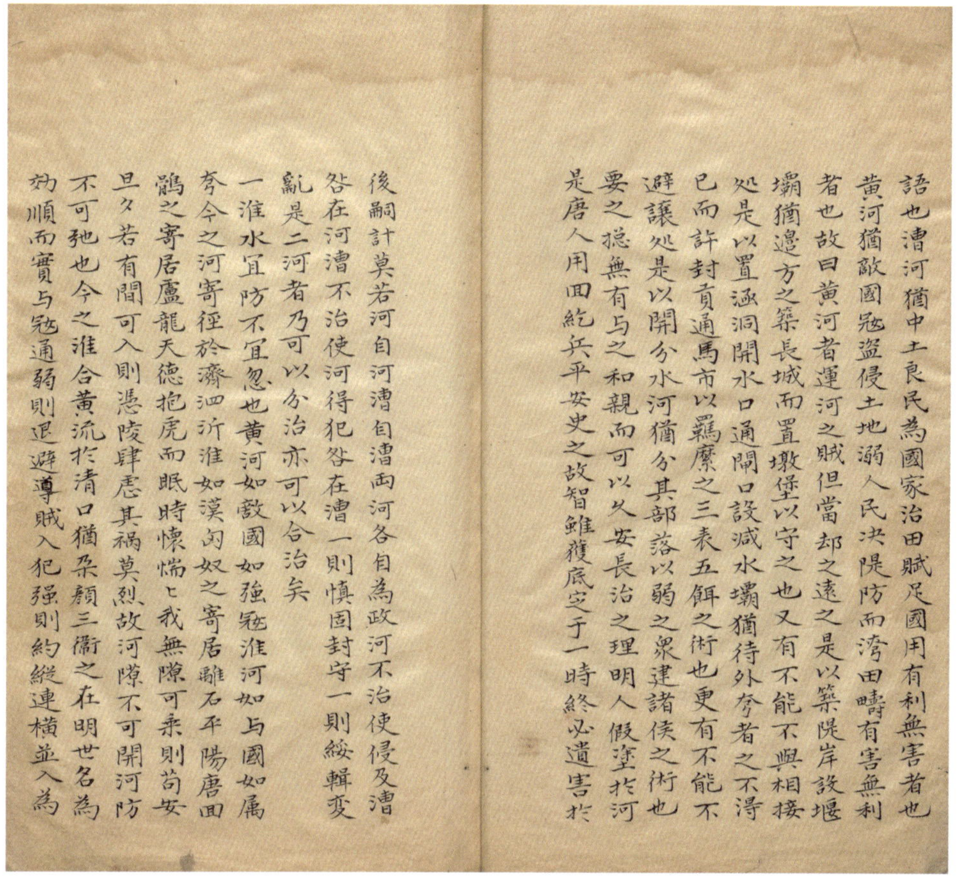

2

河漕备考

（清）朱铉撰

6 册

抄本

［清雍正三年（1725）］

本书成书于雍正三年（1725），系辑录性著作，综合了河漕相关历史问题与现实需要，涉及河漕事务各个方面，内容详尽。根据《河漕备考》序可知，此书为应时之需，搜集整理历史资料，为治河者提供借鉴方略而成。全书共四卷，卷一为河漕议，包括河漕总议及黄河、漕河分段考，黄河考又包括阳武至徐州黄河考和徐州至清河黄河考两部分；卷二为淮河考，其中涉及黄河的有历代河淮交汇考与历代河决考；卷三是有关历代治河、漕运及河性、河身、地形的考察；卷四为治河实际方略与实用措施，包括防守、塞决、各堤、各坝、闸工、治埽、挑浚、土方、石工及物料十考。朱铉采用由总到分、由大到小、先问题后方略的顺序，将河漕相关的考察、分析、历史问题及现实需要一一阐述，内容丰富，涉及河漕事务的各个方面。朱铉，清代治水专家。

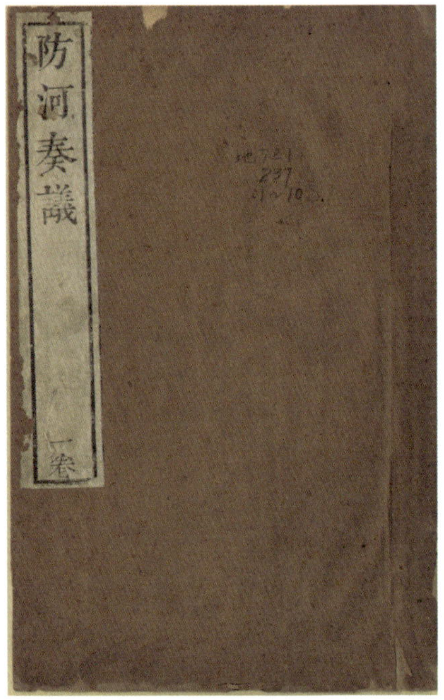

1

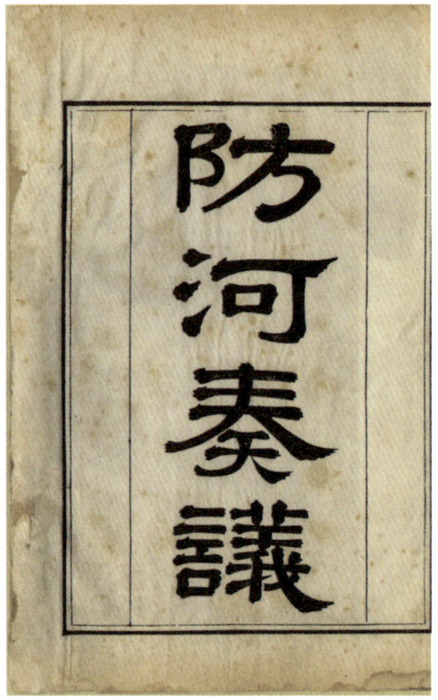

2

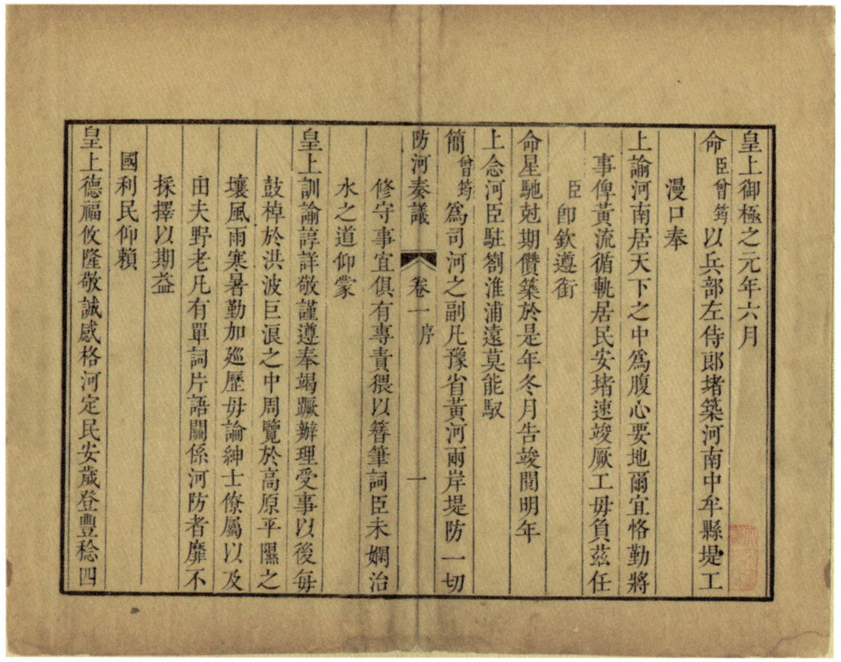
皇上御極之元年六月
命臣曾筠以兵部左侍郎堵築河南中牟縣堤工
漫口奉
上諭河南居天下之中爲腹心要地爾宜恪勤將
事俾黃流循軌居民安堵速竣厥工毋負玆任
臣卬欽遵銜
命星馳赴期儹築於是年冬月告竣閱明年
上念河臣駐劄淮浦遼遠莫能馭
簡曾筠爲司河之副凡豫省黃河兩岸堤防一切
防河奏議　卷一序　一
修守事宜俱有專責猥以簪筆詞臣未嫺治
水之道仰蒙
皇上訓諭諄詳敬謹遵奉竭蹶辦理受事以後每
鼓棹於洪波巨浪之中周覽於高原平隰之
壤風雨寒暑勤加巡歷毋論紳士僚屬以及
田夫野老凡有單詞片語關係河防者靡不
採擇以期益
國利民仰賴
皇上德福攸隆敬誠感格河定民安歲登豐稔四

3

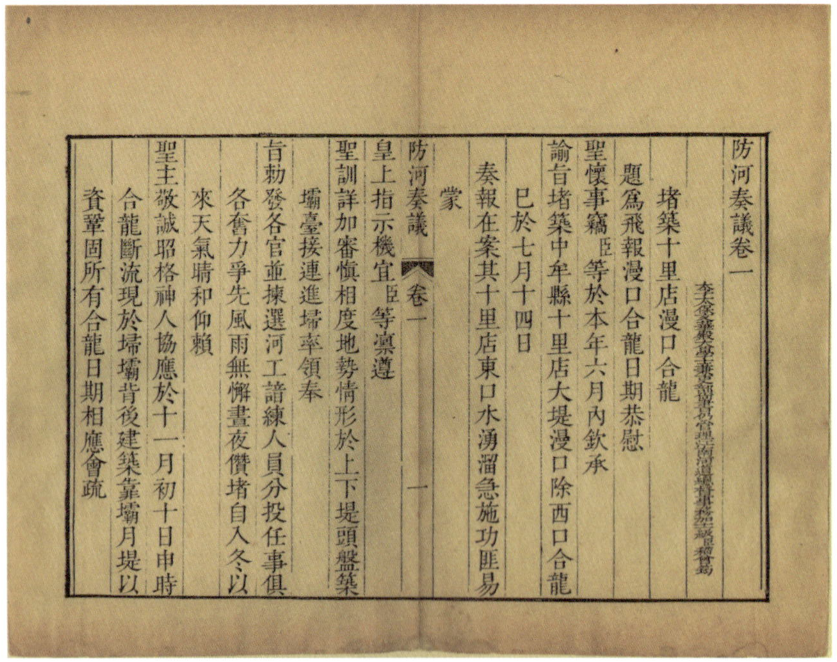
防河奏議卷一
堵築十里店漫口合龍
題爲飛報漫口合龍日期恭慰
聖懷事竊臣等於本年六月內欽承
諭旨堵築中牟縣十里店大堤漫口除西口合龍
已於七月十四日
奏報在案其十里店東口水湧溜急施功匪易
蒙
防河奏議　卷一　一
皇上指示機宜臣等稟遵
聖訓詳加審慎相度地勢情形於上下堤頭盤築
埽臺接連進埽率領奉
旨勅發各官並揀選河工諳練人員分投任事俱
各奮力爭先風雨無懈晝夜儹堵自入冬以
來天氣晴和仰賴
聖主敬誠昭格神人協應於十一月初十日申時
合龍斷流現於埽壩背後建築葦壩月堤以
資鞏固所有合龍日期相應會疏

4

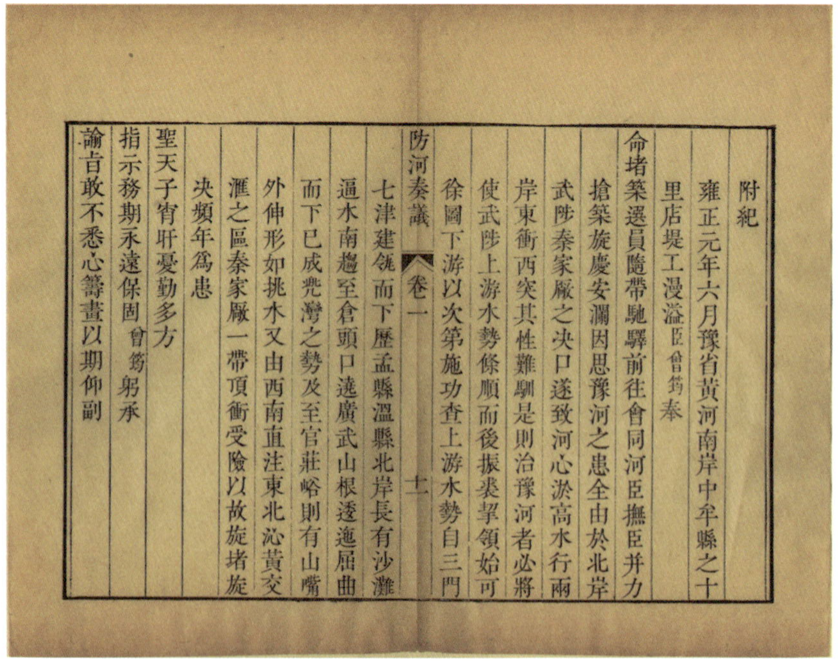
附紀
雍正元年六月豫省黃河南岸中牟縣之十
里店堤工漫溢臣曾筠奉
命堵築選員隨帶馳驛前往會同河臣撫臣并力
搶築旋慶安瀾因思豫河之患全由於北岸
武陟秦家廠之決口遂致河心淤高水行兩
岸東衝西突其性難馴是則治豫河者必將
使武陟上游水勢條順而後振裘挈領始可
徐圖下游以次第施功查上游水勢自三門
防河奏議　卷一　十一
七津建瓴而下歷孟縣溫縣北岸長有沙灘
逼水南趨至倉頭口遶廣武山根透迤屈曲
而下已成兜灣之勢及至官莊峪則有山嘴
外伸形如挑水又由西南直注東北沁黃交
滙之區秦家廠一帶頂衝受險以故旋堵旋
決頻年爲患
聖天子宵旰憂勤多方
指示務期永遠保固曾筠勗承
諭旨敢不悉心籌畫以期仰副

5

防河奏议

（清）嵇曾筠撰

10 册

刻本

清雍正十一年（1733）

本书辑录了嵇曾筠关于治理黄河、运河的奏疏及治河议论上百篇。其中卷一至卷六为雍正元年（1723）至雍正十一年（1733）奏请修河、治河及河道管理方面的奏章；卷七为恭贺各地出现祥瑞的奏章；卷八卷九为恭谢皇帝对自己嘉奖的奏章；卷十为水工诸说，是嵇曾筠多年治水经验的总结。本书书前有雍正十一年（1733）自序，后有范昌治、徐志岩跋。嵇曾筠，江南长洲人，康熙四十五年（1706）进士，雍正年间主管河务。

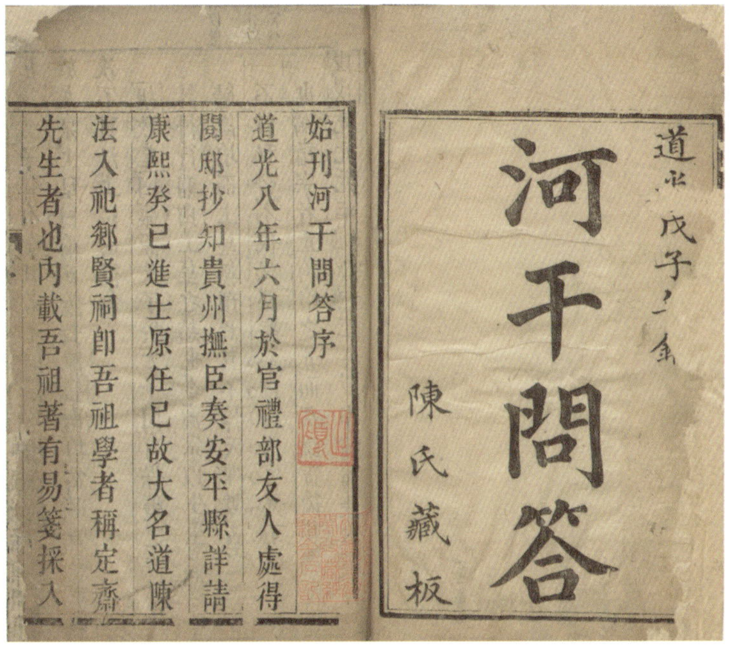

1

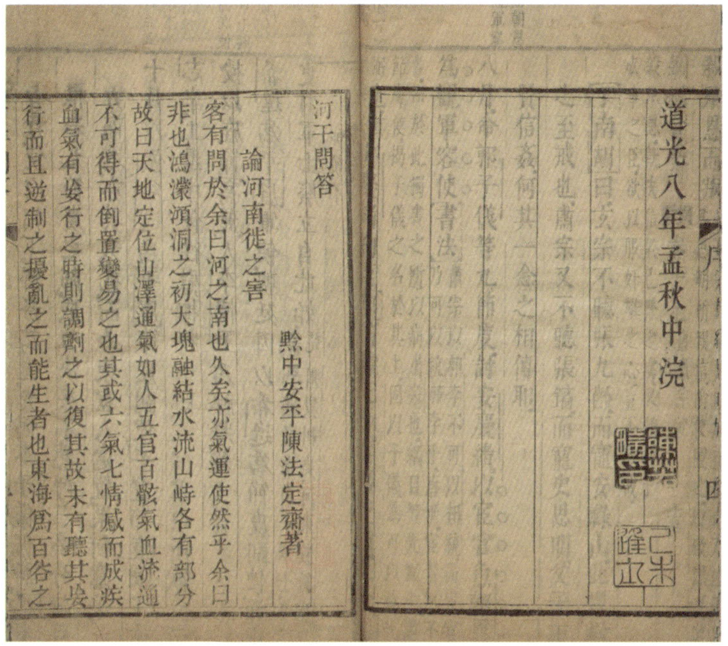

2

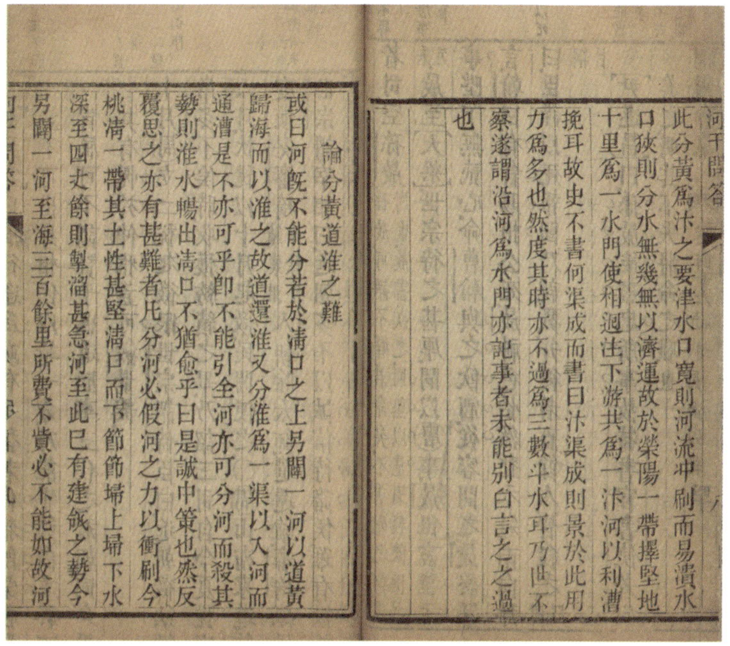

3

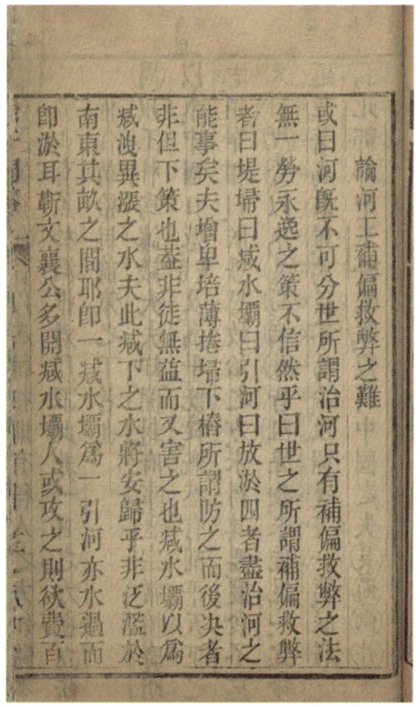

4

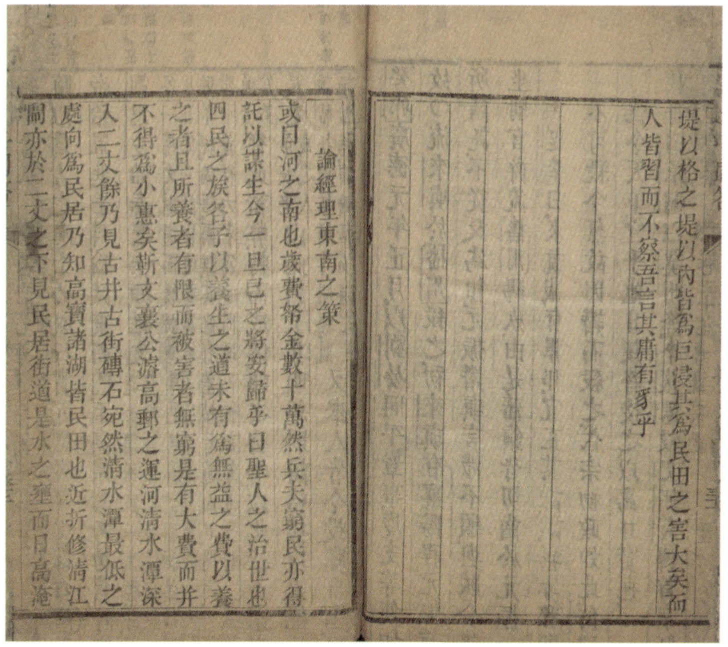

5

河干问答

（清）陈法著

1 册

抄本

［清后期］

本书不分卷，约成书于乾隆七年（1742）。全书分十二篇，首论黄河南徙二渎交流之害，次论河不能分及分黄导淮之难，又论河决之由及河工补偏救弊不易，论述河道宜变通，有二十二利；又认为开河不宜筑堤，主张变漕运为海运。陈氏力反潘季驯束水攻沙之说，在当时实为少见。首先提出“沙见清水而沉”的论点，对黄河高浓度含沙水流特性有独创性认识。这是清代治河中非主流派的著名代表作。陈法（1696—1766），字世垂，一字圣泉，号定斋，清贵州安平（今贵州平坝）人。康熙五十二年（1713）进士，改翰林院庶吉士，授检讨。1717—1718 年，受命充顺天乡试、会试同考官。雍正间，授刑部郎中、直隶顺德府知府等职，后以疾归。乾隆初，授山东登州府知府，擢任运河道、江南庐凤道、淮阳道。乾隆十年（1745），调直隶大名道，因替河督白钟山辩被革职发军台效力。居官期间，勤于政事，兴处利弊，力挽颓风，尤其注重兴办教育，主持贵阳贵山书院十八年，讲朱子之学。著有《明辨录》《内心斋诗稿》《易笺》《河干问答》等。

1

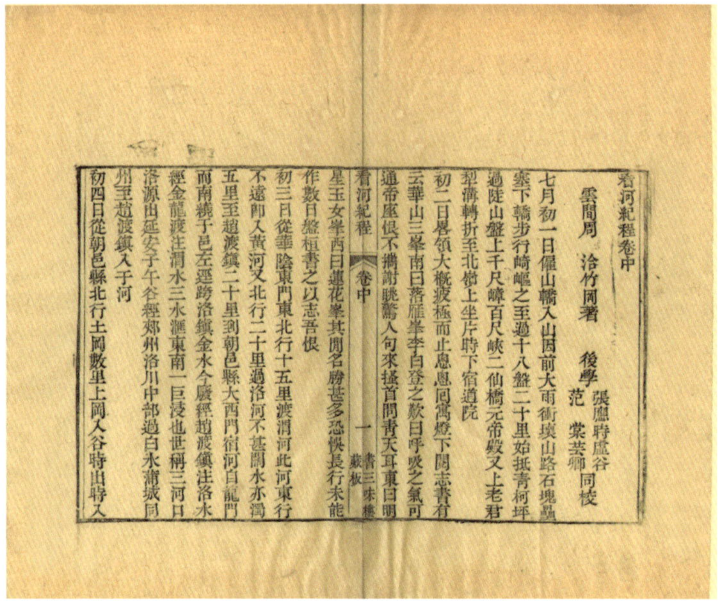

2

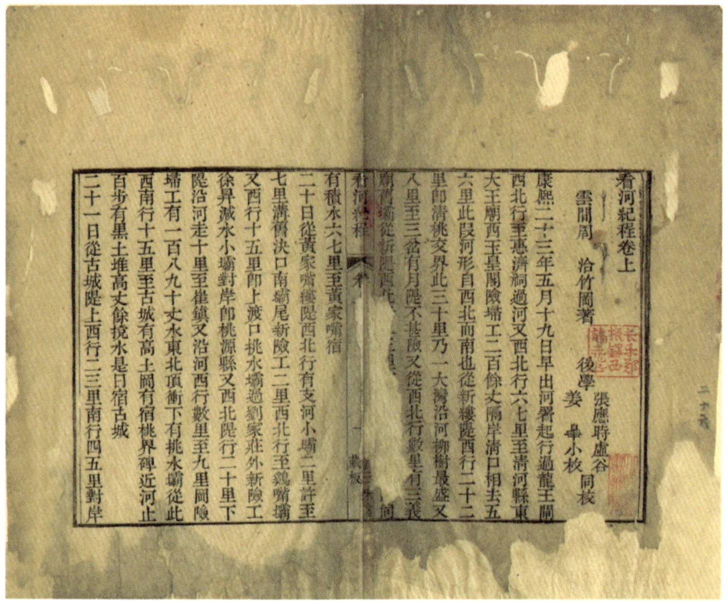

3

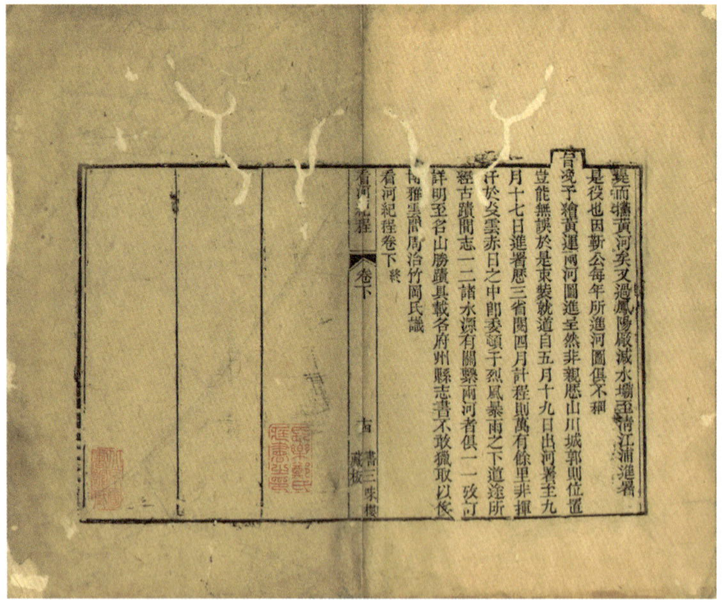

4

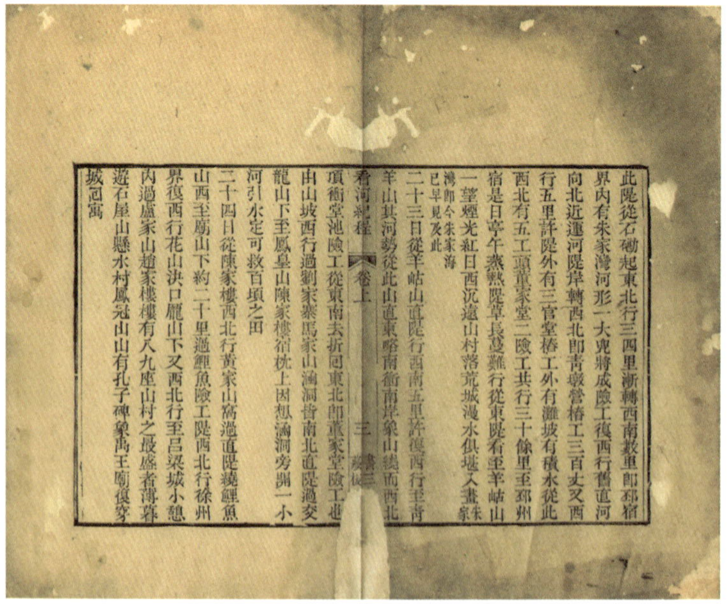

5

看河纪程

（清）周洽著 （清）张应时 （清）姜皋等校

1 册

刻本

［清嘉庆十年至道光五年（1805—1825）］

靳辅治河期间，曾多次应康熙皇帝的要求绘呈河图。康熙二十二年（1683），皇帝命靳辅绘制更为精准的黄、运河图。周洽时任靳辅幕僚，擅长绘画，因此奉旨绘制黄、运两河图。为此，他在康熙二十三年（1684）五月十九日至九月十七日间从位于淮安清江浦的江南河道总督衙门出发，徒步考察两河，途经江苏、山东、直隶、河南、陕西等地，行程一万余里，记录河势迂直缓急、堤闸要害之处等，逐一考订途经古迹、水源等，撰成此书。周洽实地考察结束后，与李含渼等山水画家一起绘制黄、运河图。两河分开绘制，单独成图，最终有稿本和定本两套四幅。定本黄、运河图于康熙二十六年（1687）九月由靳辅进呈朝廷，属内务府造办处舆图房舆图，初归故宫博物院收藏，现存于中国第一历史档案馆；稿本黄、运河图存于河道总督衙署，于 1929—1932 年间由北平图书馆舆图部购得，在 1948 年底运往台湾，现存台北故宫博物院。此书题名页有“书三味楼藏板”字样。国家图书馆此藏本为“西谛藏书”。周洽，清代文人，擅画工。

1

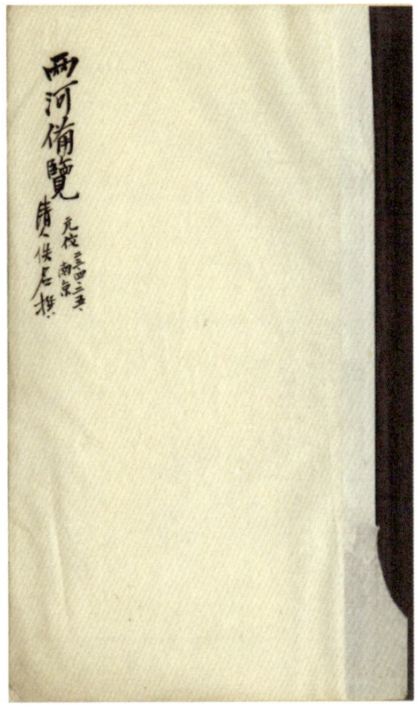

2

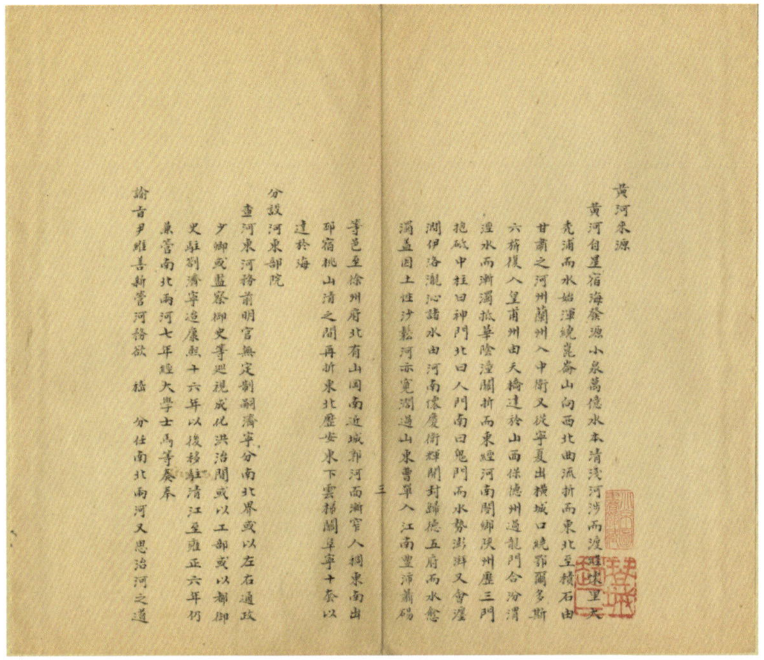

3

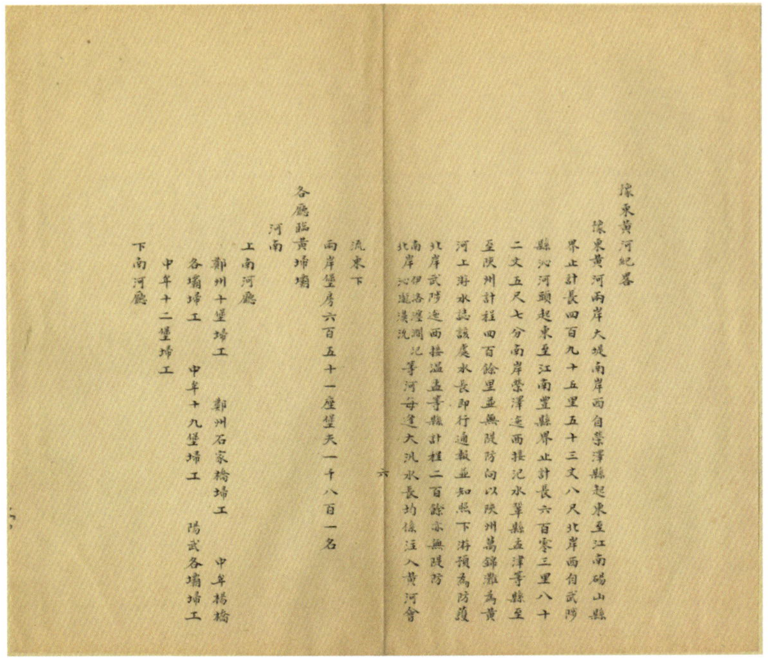

4

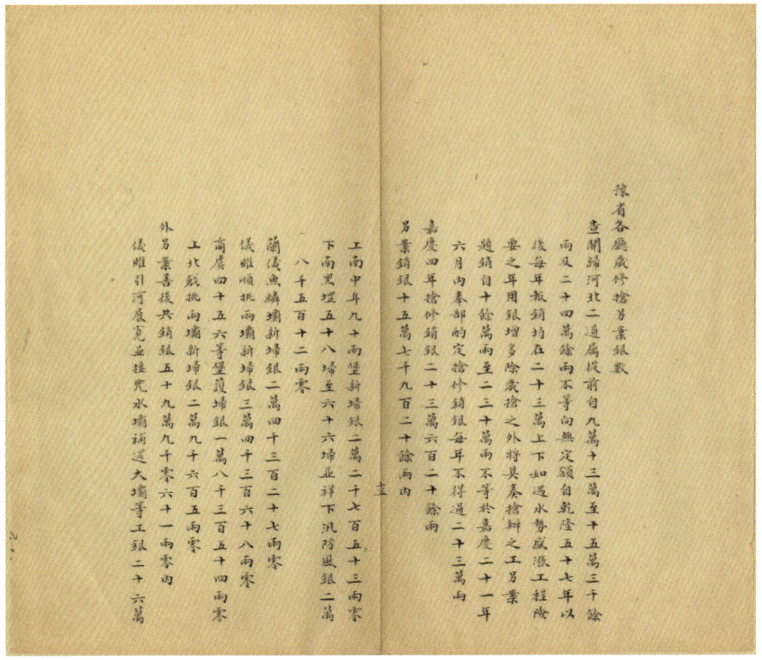

5

两河备览

2 卷

抄本

[清嘉庆二十二年至清末（1817—1911）]

原书无封面，书名据书名页题。全书分为上下两册，上册分为豫东黄河和山东运河两部分，内容涉及黄运源流、河工职官设置、河规漕政、岁修估料用银等事宜。下册为东省运河纪略，主要记载大运河山东段河道事宜，包括济运诸水、运河东西两岸进水、泄水湖河，河官设置，河工丈尺，估料用银等方面。全书详细介绍了黄河的河道管理、河神庙分布、修防工程以及运河的分段、河政建置、物料采购、济运水源，是了解清代山东、河南两省黄、运两河的重要资料。书中记事止于嘉庆二十二年（1817），成书当于此年代之后。

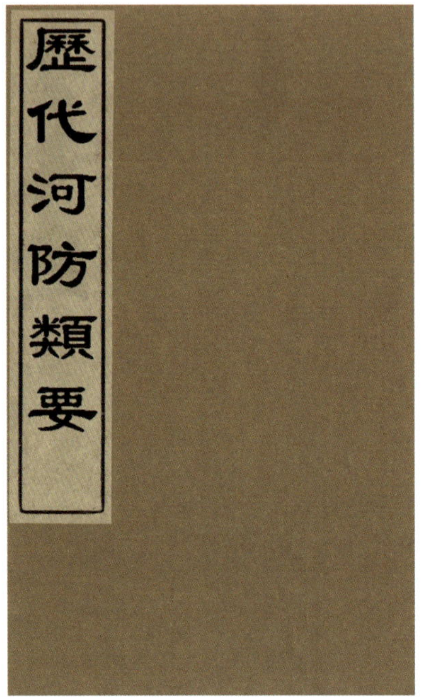

1

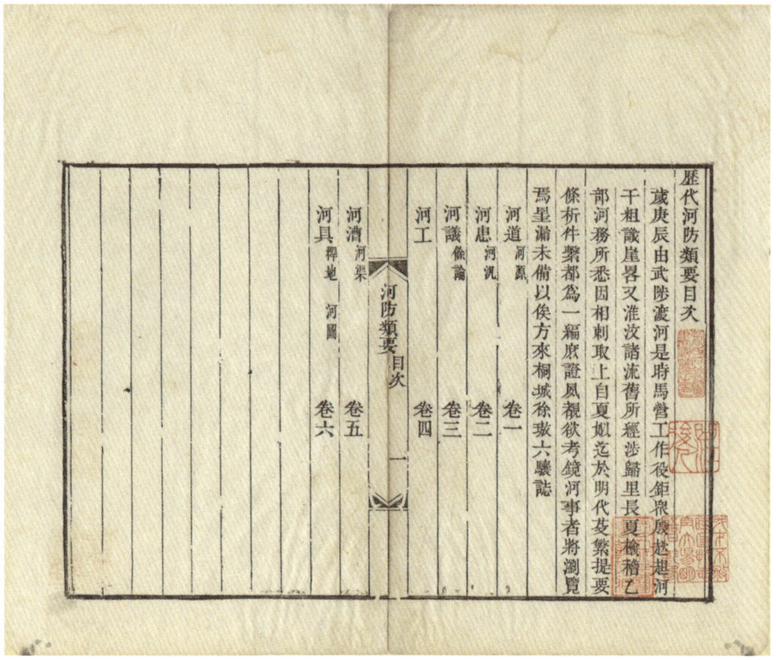

2

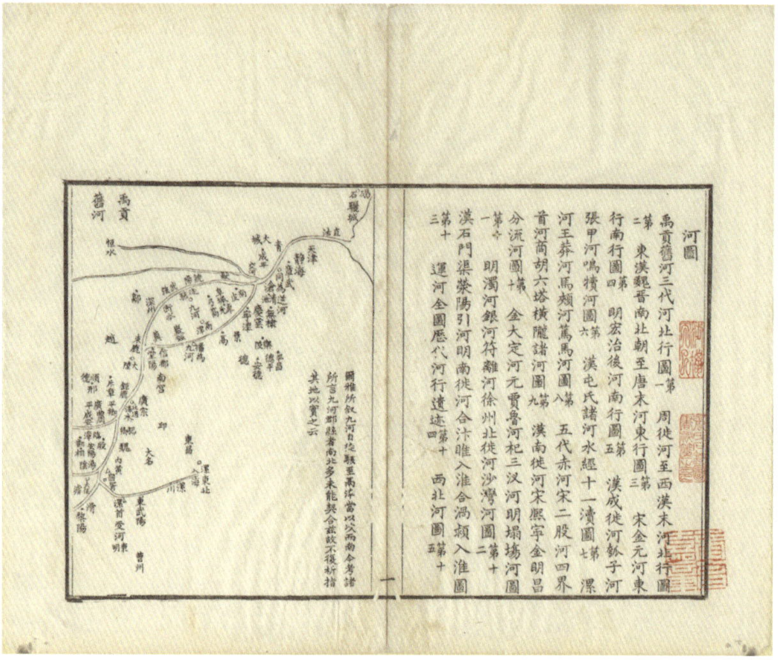

3

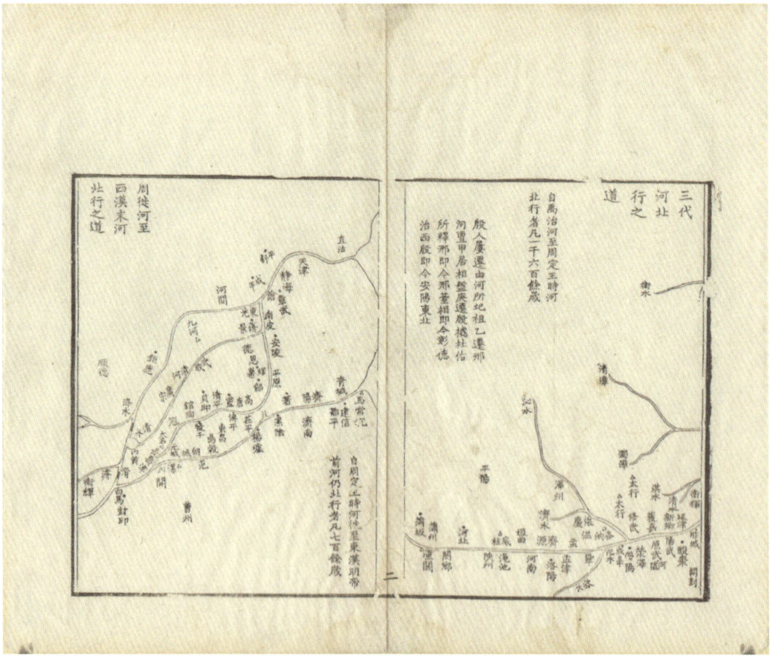

4

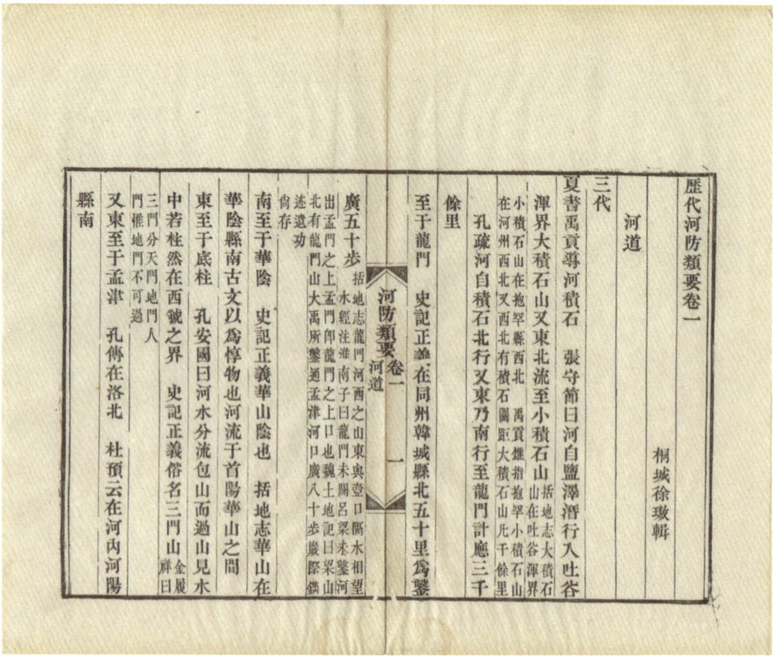

5

历代河防类要

（清）徐璈辑

1 册

刻本

清道光元年（1821）

本书考证了历代河道源流沿革变迁及堤工水患诸事，以黄河为主，兼顾其他河道。卷首冠图十五幅，起自禹贡三代，止于元明开运河之后。正文包括河道（河源）、河患（河汛）、河议（余论）、河工、河漕（河渠）、河具（释地、河图）六卷。全书以摘抄汇集文献资料为主，所引文献主要为正史如《史记》《汉书》《宋史》等，其他诸书如《水经注》等间有引述。书中有作者按语，正误或抒己见。“卧云书屋藏板”。徐璈，清代文人，通晓经史，重经世之学，著有《桐旧集》。

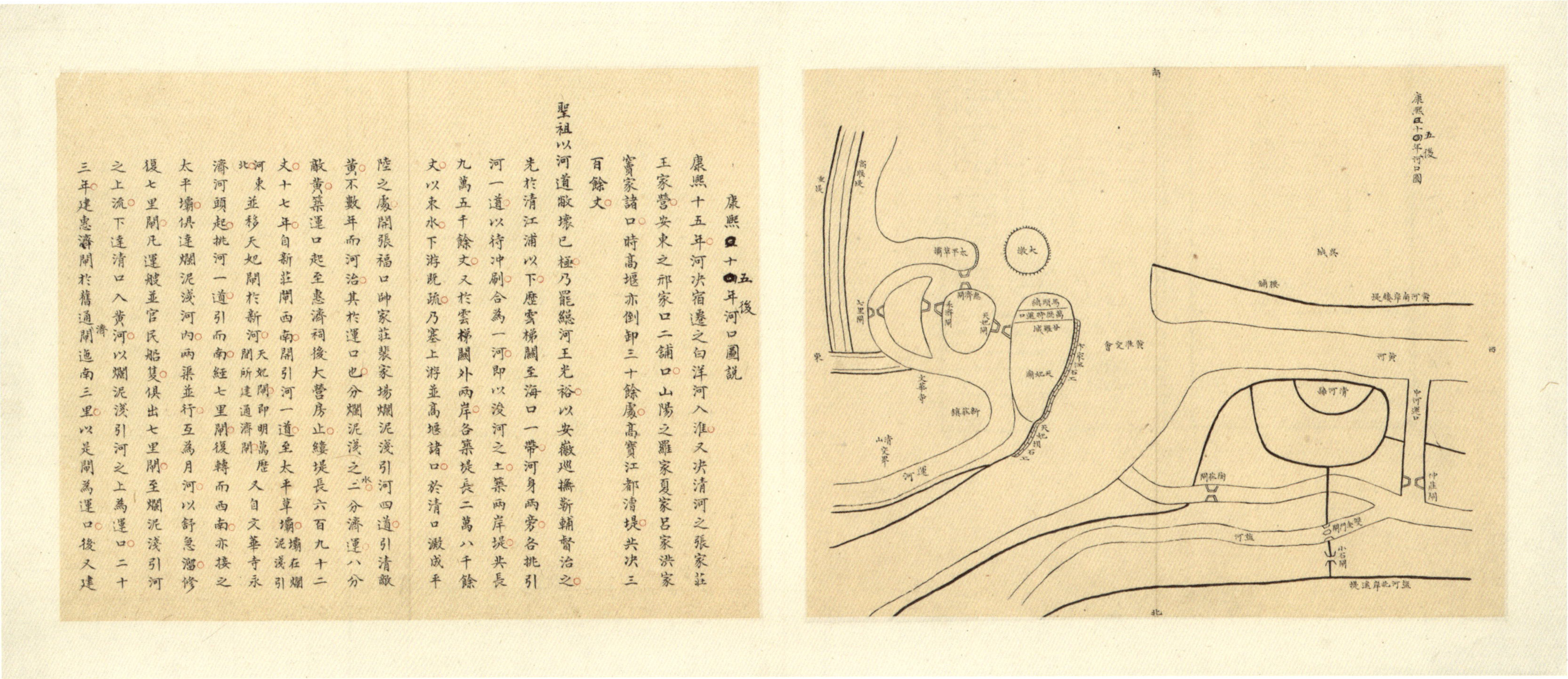

［黄运河口古今图说］

（清）完颜麟庆 编绘

1 册；32×37 厘米

绘本

清道光二十年（1840）

黄运河口即黄、淮、运河交汇处，位于江苏省清河县（今江苏省淮安市清江浦区）。此处三河彼此牵制，治理极为复杂。完颜麟庆在亲自考证明嘉靖年间至道光十八年（1838）间黄运河口沿革及损益情况的基础上进行实地考察，于道光二十年（1840）完成此图说。书中有明嘉靖年间、康熙十一年、康熙十五年后、康熙三十四年后、乾隆三十年前、乾隆四十一年、乾隆五十年、嘉庆十三年、道光七年、道光十八年河口图 10 幅及对应图说 10 篇。地图绘出当时新旧河道及运河开凿、建闸新旧址，标记堤坝单重、黄淮交汇、桥涵位置等；图说详细记载历年河工规划、措施、施工过程、工程规模等，考证河口之沿革，论述其得失。书末附《徐仰庭河口灌塘渡运说》《沈香城河口说》。此为绘本，书前有作者序，图说文字有修改，偶有贴页修改，有红圈句读，系道光二十一年刻本之底本。完颜麟庆，嘉庆年间进士，道光年间江南河道总督。

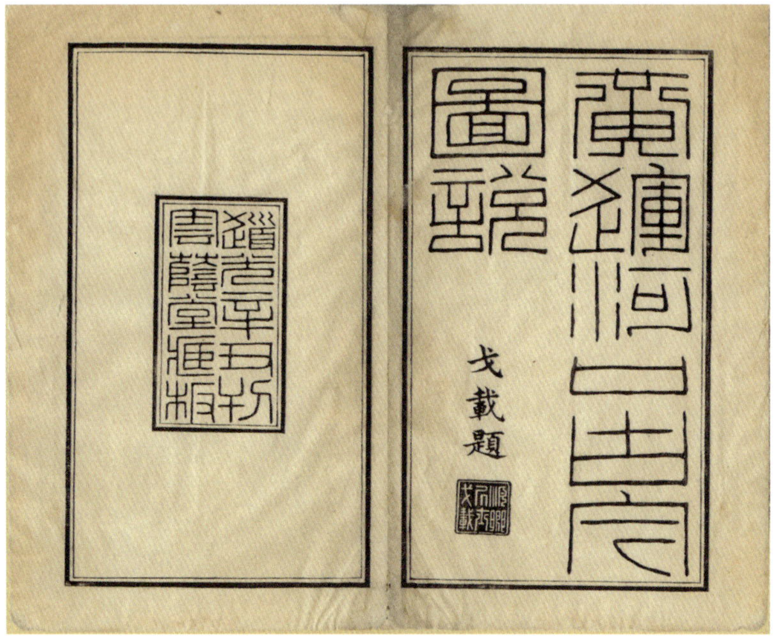

1

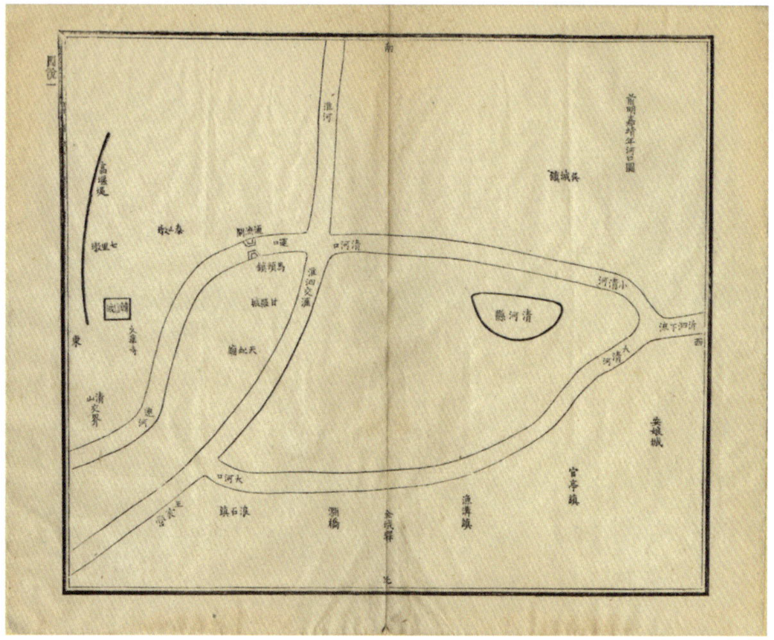

2

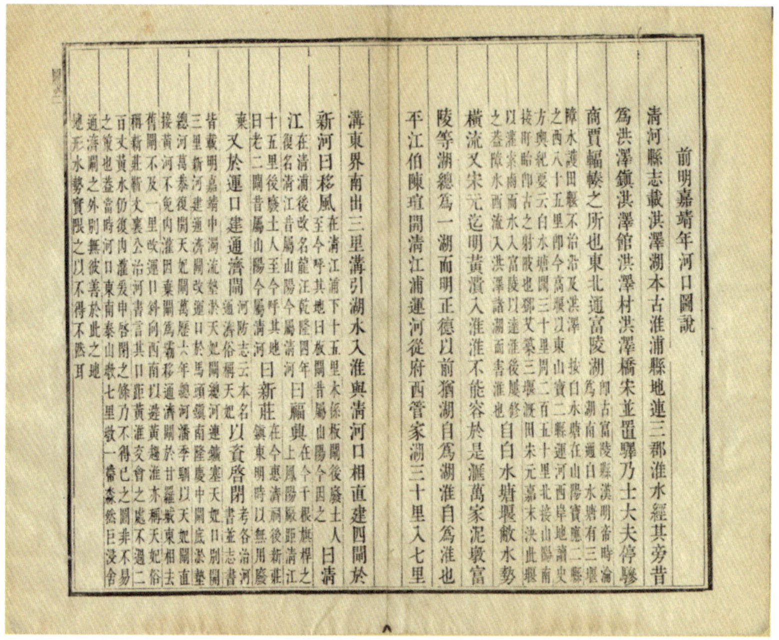

3

黄运河口古今图说

（清）完颜麟庆撰

2 册

刻本

清道光二十一年（1841）

本书内容同清道光二十年（1840）彩绘本（上条）。书前有“道光辛丑初云荫堂藏板”字样。10行26字，白口，四周双边无鱼尾。云荫堂藏版。明清时期黄河、运河交汇的清口地区，是治河保运的重中之重。目前该地区仍旧是水利史的重要研究内容。清代东南漕运，河口（今江苏淮阴西南）为水陆扎道，扼漕运咽喉。完颜氏曾亲泅地势高下，详询古今情况，并搜集资料，以解决河口设计与施工。因将明嘉靖间至清道光间河口沿革损益，绘为“明嘉靖河口图”“清康熙十一年河口图”“嘉庆十三年河口图”等十图，各系以说。又得徐仰庭《河口灌塘渡运说》、沈香城《河口说》，二书于此事均有发明，故附于书后。书中资料较为准确，可资考证河口古貌。

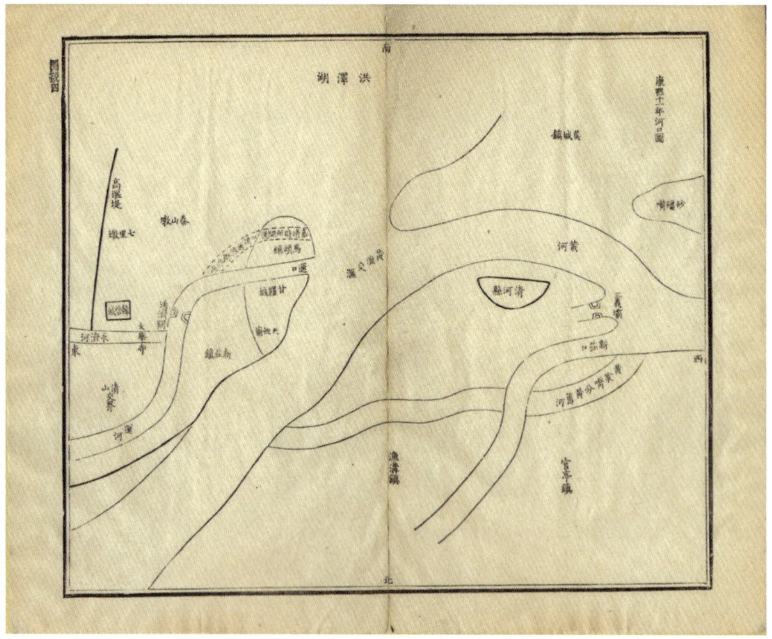

4

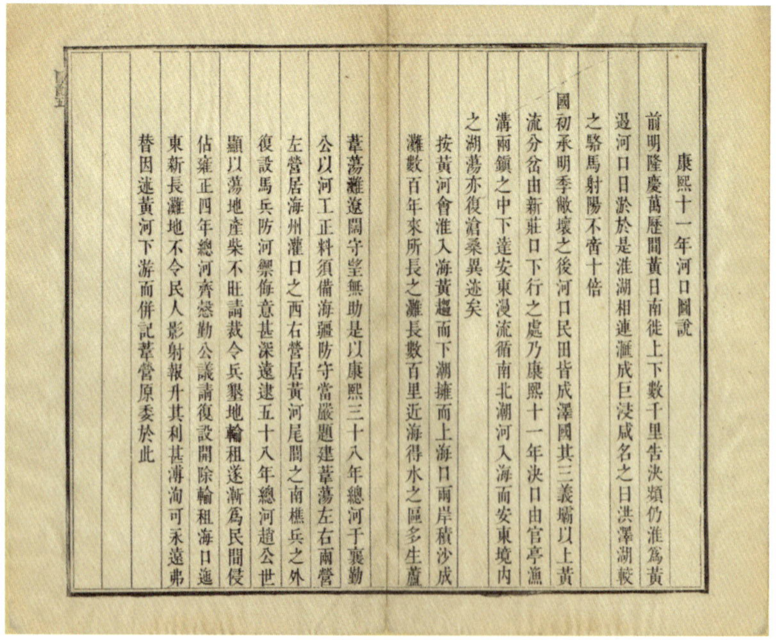

5

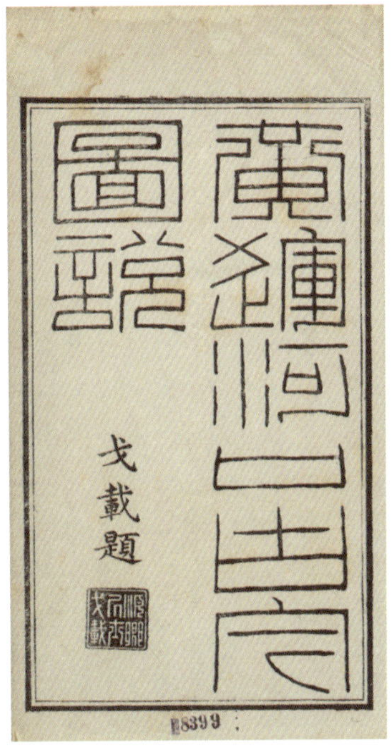

1

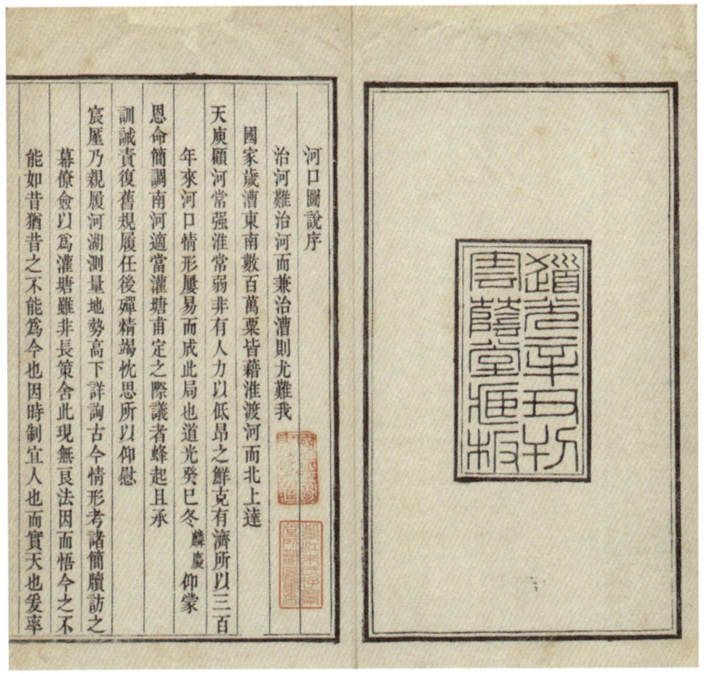

2

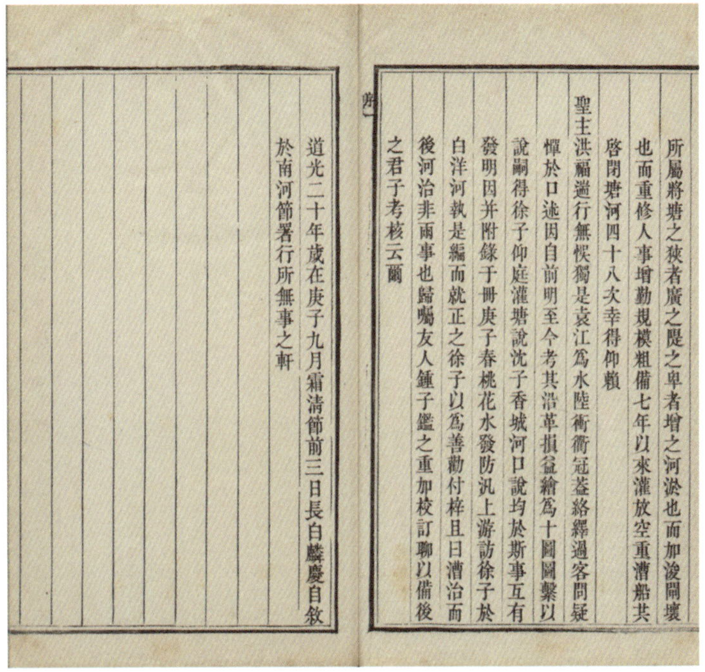

3

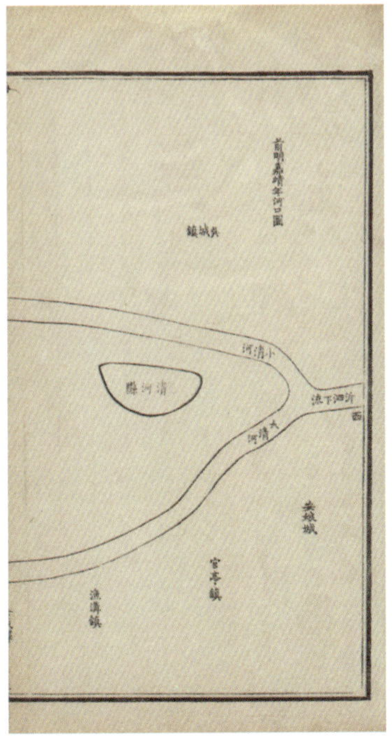

4

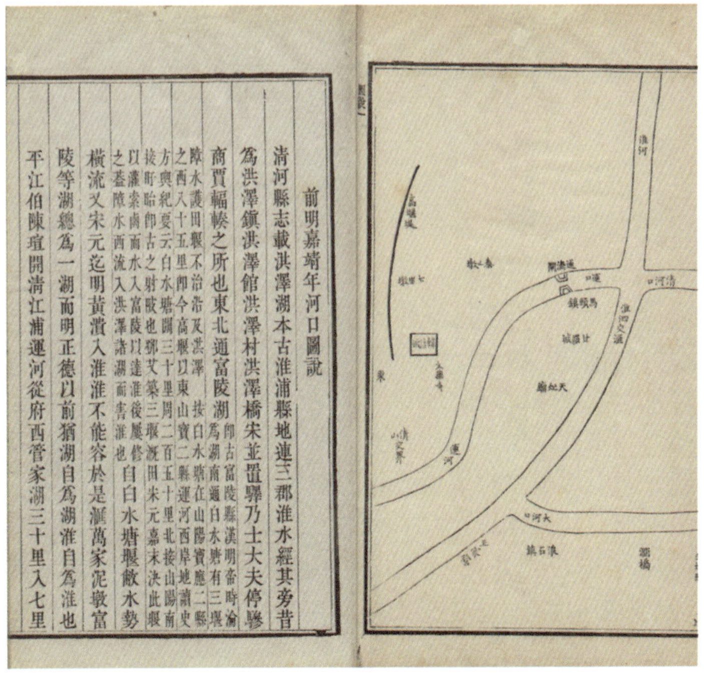

5

黄运河口古今图说

（清）完颜麟庆撰

1 册

刻本

清道光二十一年（1841）

本书10行26字，白口，四周双边无鱼尾。云荫堂藏版。明清时期黄河、运河交汇的清口地区，是治河保运的重中之重。目前该地区仍旧是水利史的重要研究内容。清代东南漕运，河口（今江苏淮阴西南）为水陆扎道，扼漕运咽喉。完颜氏曾亲泅地势高下，详询古今情况，并搜集资料，以解决河口设计与施工。因将明嘉靖间至清道光间河口沿革损益，绘为“明嘉靖河口图”“清康熙十一年河口图”“嘉庆十三年河口图”等十图，各附图说。又得徐仰庭《河口灌塘渡运说》、沈香城《河口说》，二书于此事均有发明，故附于书后。书中资料较为准确，可资考证河口古貌。

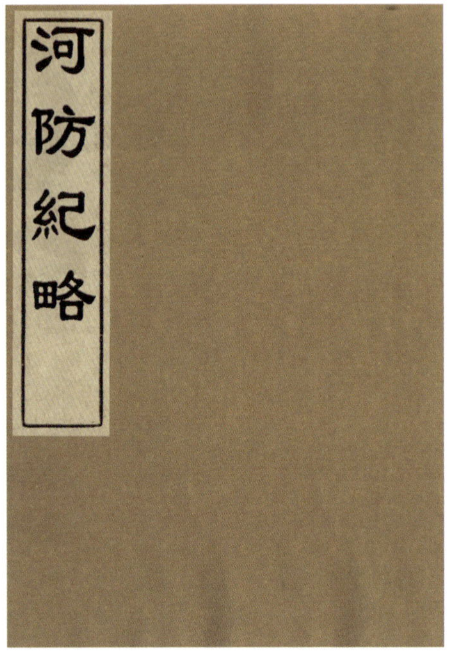

1

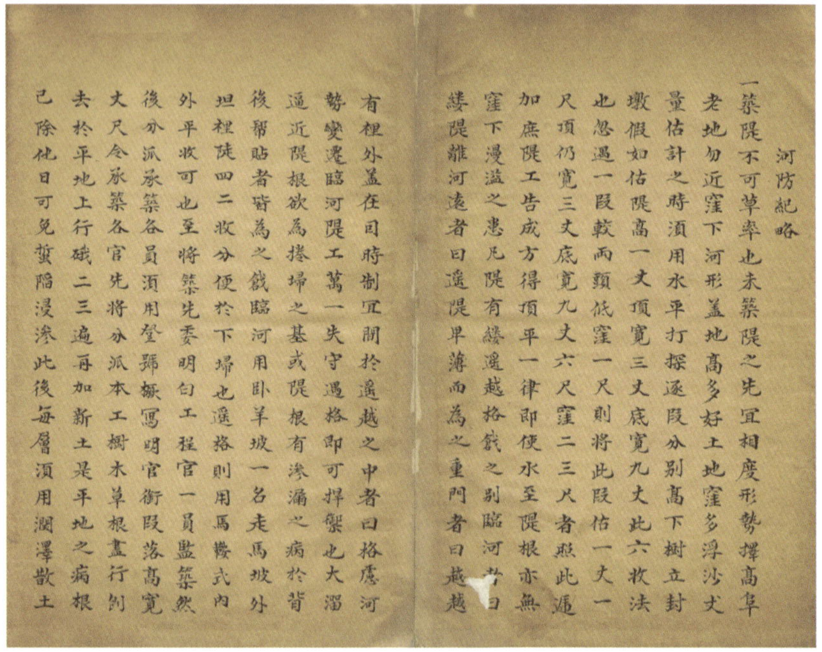

2

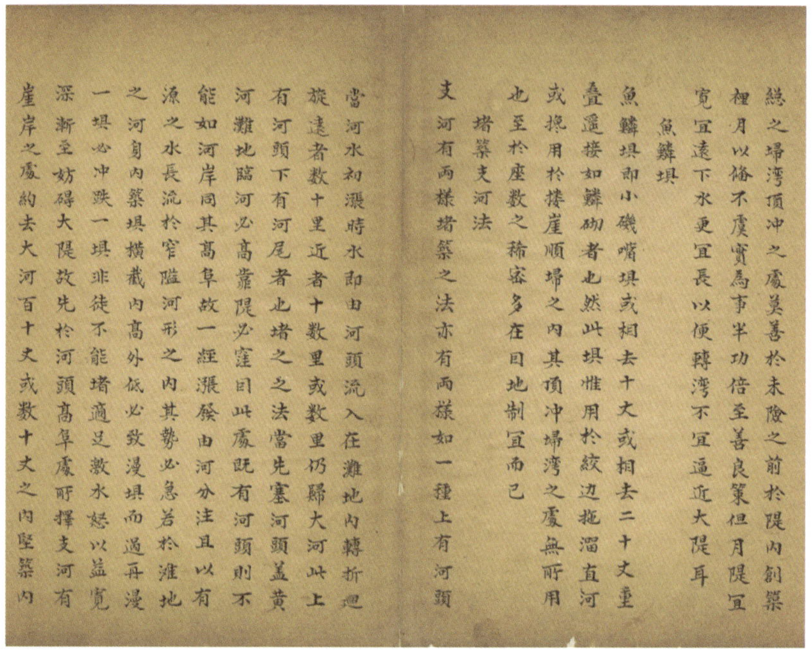

3

河防纪略

（清）孙鼎臣撰

1 册

抄本

清咸丰八年（1858）

孙鼎臣曾参与编纂《清宣宗实录》，因此他将有关河事摘录汇集，并参考史志诸书，撰成此书。《河防纪略》共四卷，主要记述清初至咸丰大约 200 年间的主要治河大事、重要治河议论、河工耗费、河臣、河制、河弊等，并有相关的考证分析，尤以清初到道光年间的河决与治理为详。卷一指出黄河为患由来已久，治河要因地制宜，参考多种因素，将黄、运综合治理；卷二讲述雍正到乾隆中期国家对黄、运的治理与管理；卷三记载乾隆中期到嘉庆中期河工及河务的相关状况；卷四是道光时期国家对黄、淮、运的治理。清嘉庆、道光以来，沿河之事未有专书记载，此书出则足以补其阙。全书是了解清初到道光时期黄、淮、运河工的重要史料。孙鼎臣，清代官员。

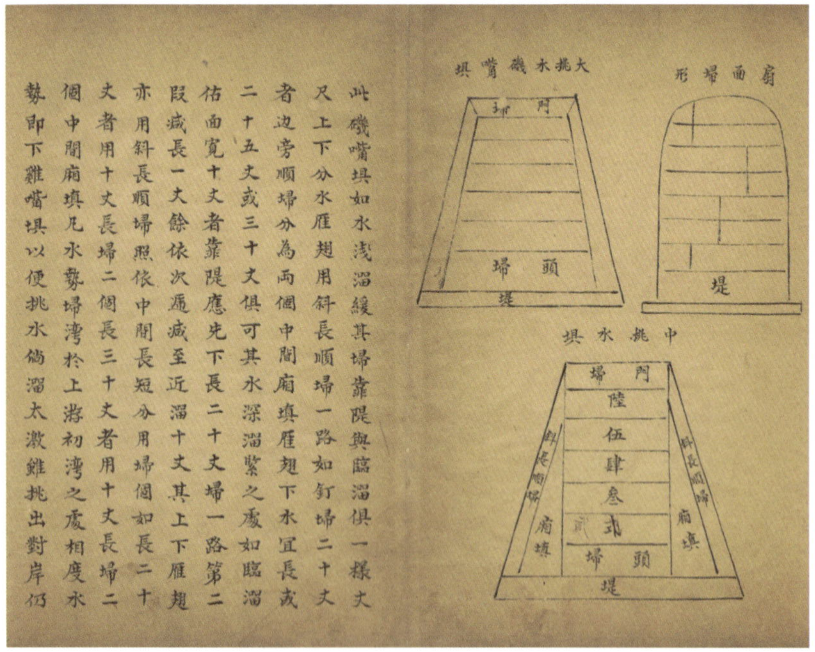

4

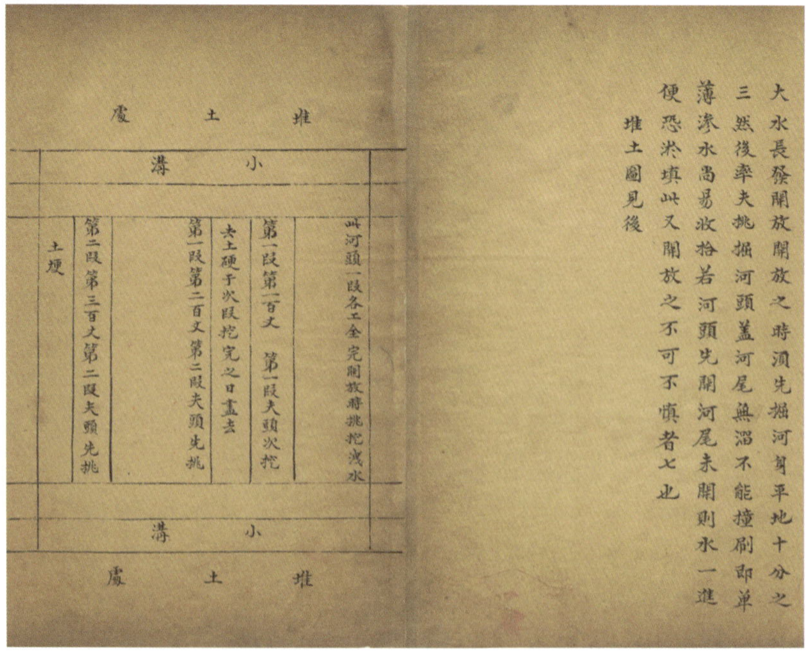

5

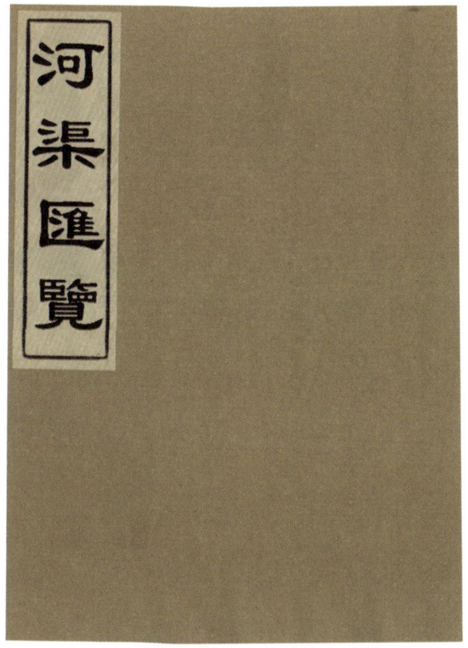

1

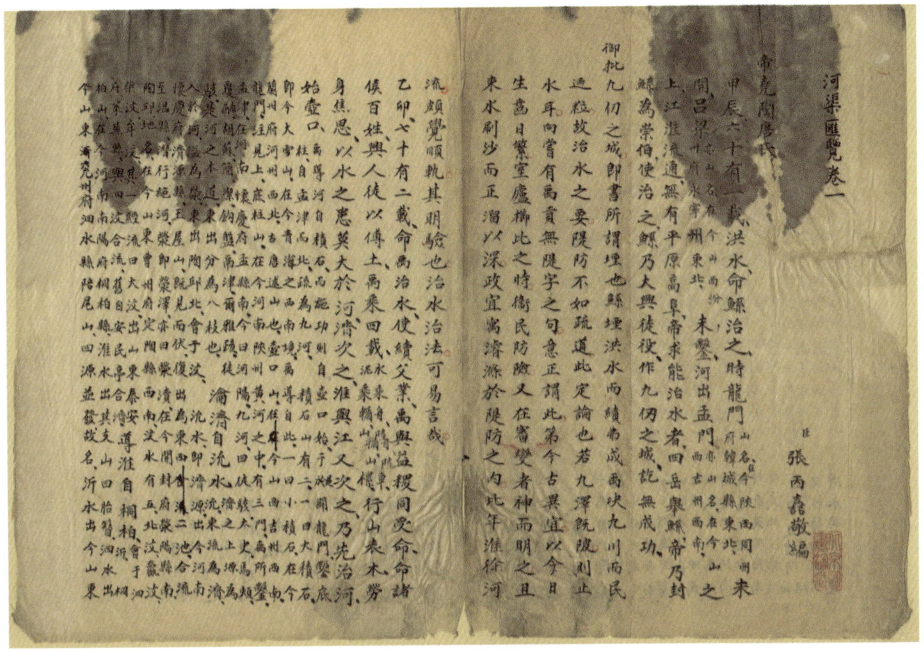

2

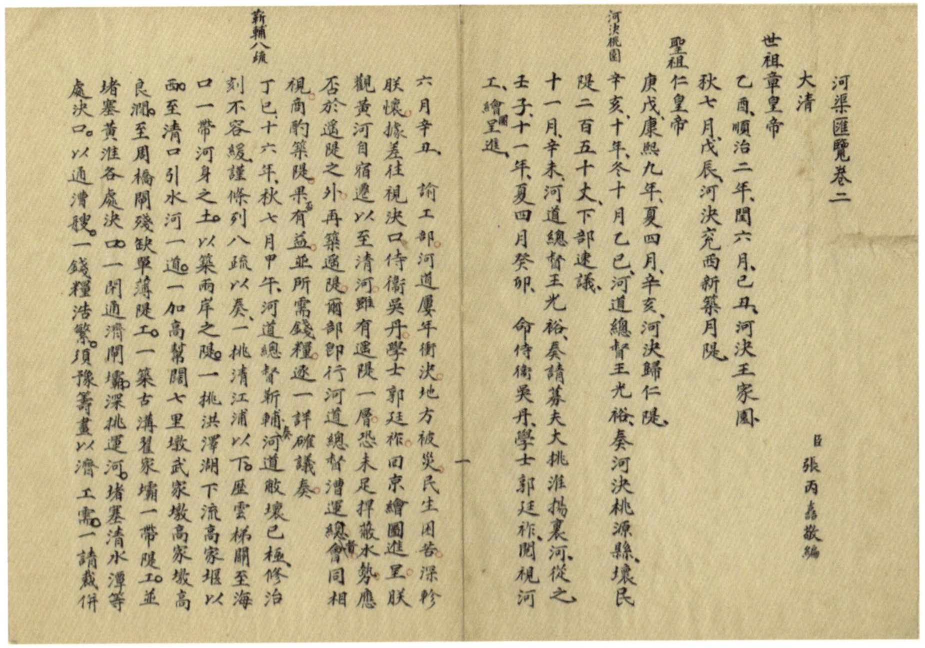

3

河渠汇览

（清）张丙嘉编

8 册

抄本

清（1644—1911）

本书为抄本十六卷，八册。本书为编年体，按照年代记录河渠水利有关的历史事迹。卷一上起帝尧，下至明熹宗。卷二至卷十四为清顺治至同治年间治水记录。卷十五、十六为相关奏疏、论说、传记，并附集说。全书页码用苏州码子标注。张丙嘉（1840—1902），莱阳市高格庄镇西鲍村人。原名继先，字汇吉，号龙西，晚号塞翁，生于道光二十年（1840），光绪乙亥恩科（1875）中顺天府副榜，诰授朝议大夫，历任新疆绥来县、直隶肥乡、宣化县、望都、高阳、新城、灵寿、清苑知县，蔚州知州。直隶总督奉上谕传旨嘉奖。著作有《周易卦象》《河渠汇览》等十三部五十二卷。卒于光绪二十八年（1902）。

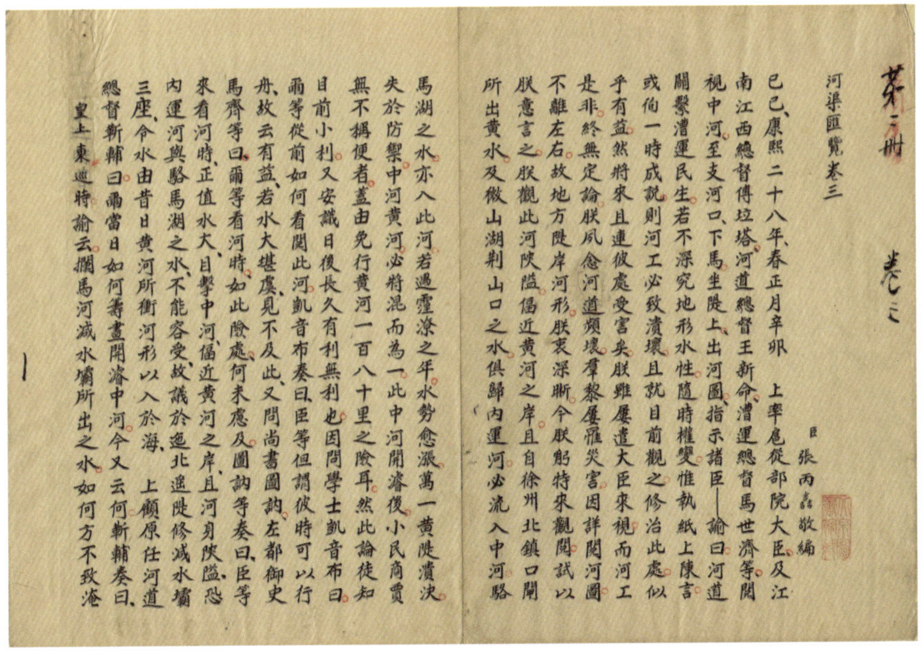

4

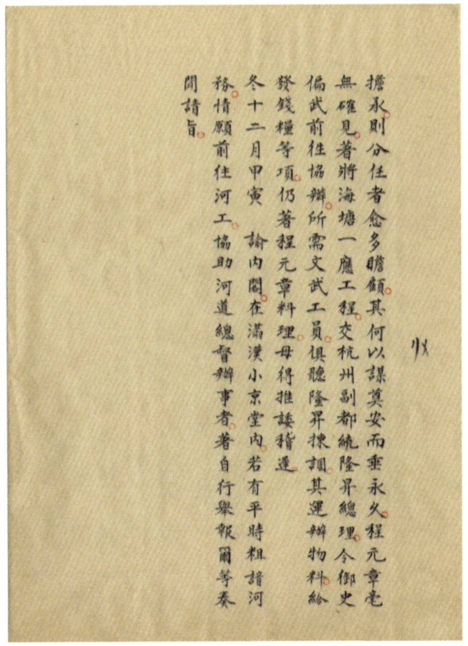

5

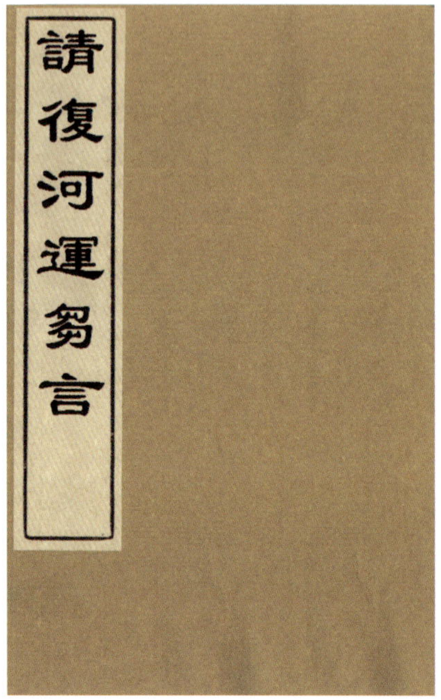

1

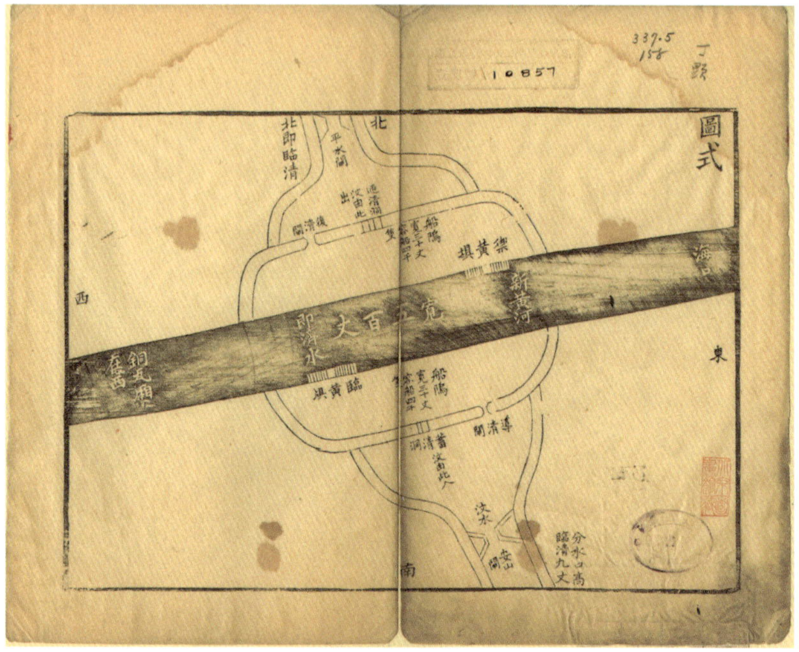

2

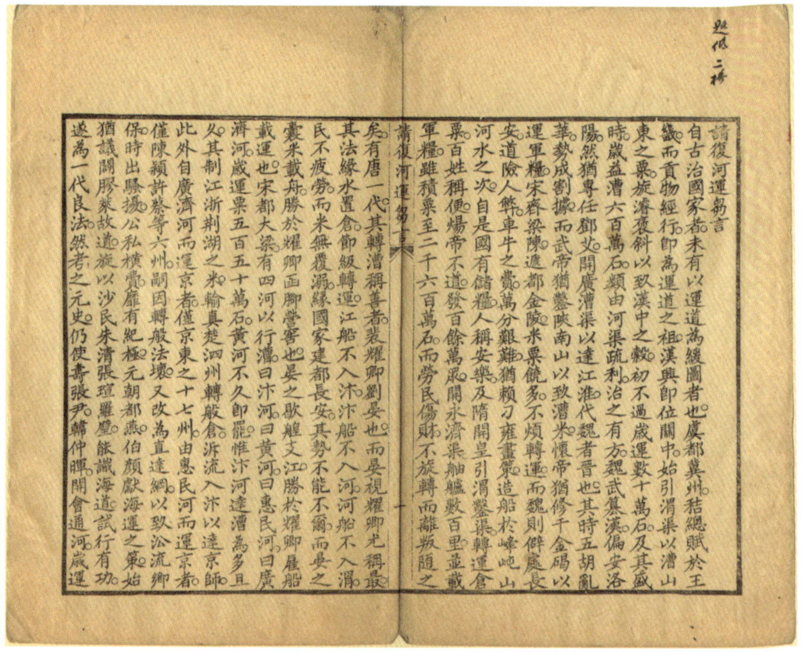

3

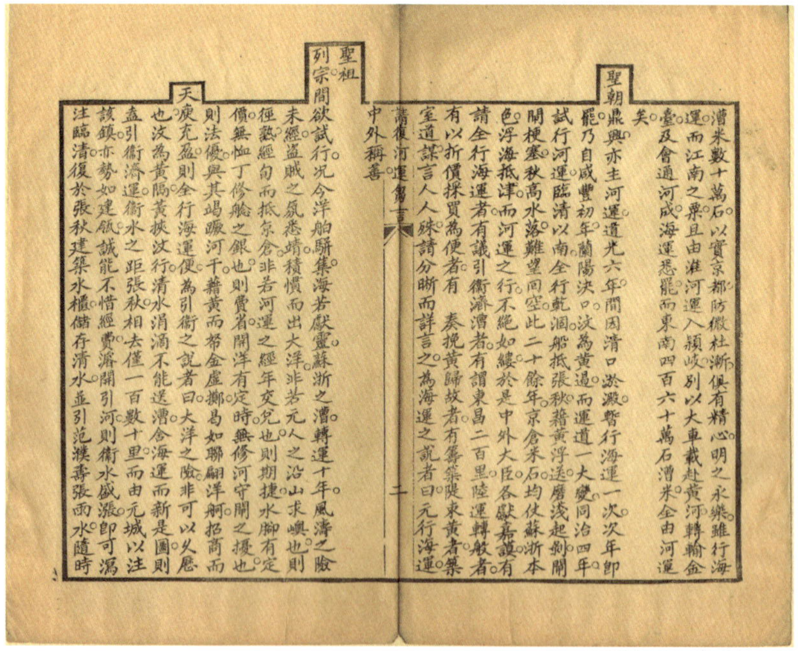

4

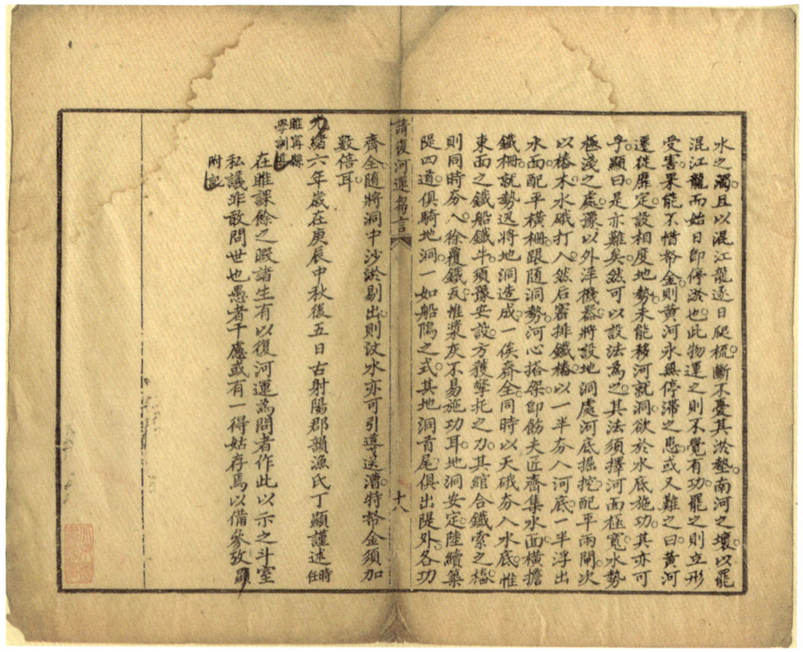

5

请复河运刍言

（清）丁显撰

1 册

刻本

［清光绪六年至光绪末年（1880—1908）］

本书系丁显光绪六年（1880）有感而论，主要论述漕运及晚清黄河水患等。丁显，清末淮安绅士。

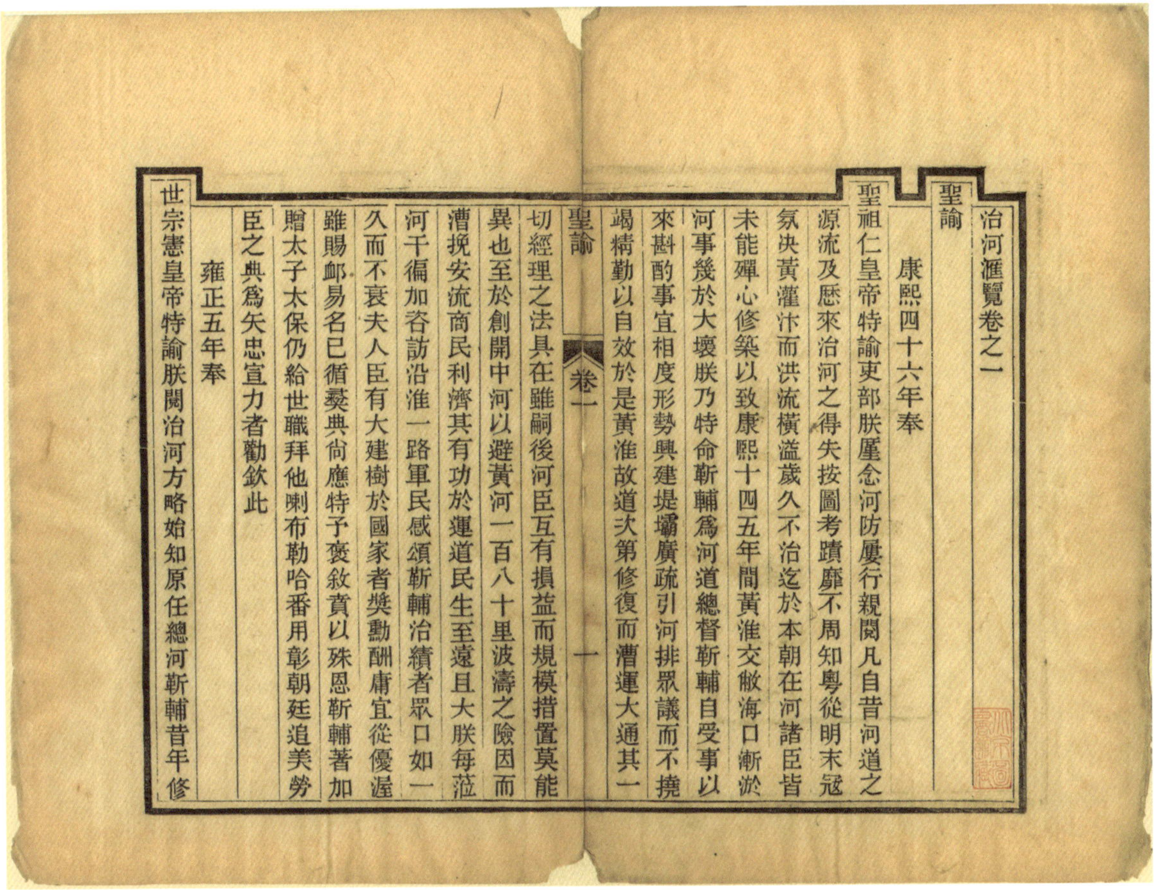

治河滙覽卷之一

聖諭

康熙四十六年奉

聖祖仁皇帝特諭吏部朕屢念河防屢行親閱凡自昔河道之源流及歷來治河之得失按圖考蹟靡不周知粵從明末冦氛決黃灌汴而洪流橫溢歲久不治迄於本朝在河諸臣皆未能殫心修築以致康熙十四五年間黃淮交敝海口漸淤河事幾於大壞朕乃特命靳輔爲河道總督靳輔自受事以來斟酌事宜相度形勢興建堤壩廣疏引河排衆議而不撓竭精勤以自效於是黃淮故道次第修復而漕運大通其一

聖諭 卷一 一

切經理之法具在雖嗣後河臣互有損益而規模措置莫能異也至於創開中河以避黃河一百八十里波濤之險因而漕挽安流商民利濟其有功於運道民生至遠且大朕每巡河干徧加咨訪沿淮一路軍民感頌靳輔治績者衆口如一久而不衰夫人臣有大建樹於國家者奬勸酬庸宜從優渥雖賜卹易名已循彝典尚應特予褒敘賁以殊恩靳輔著加贈太子太保仍給世職拜他喇布勒哈番用彰朝廷追美勞臣之典爲矢忠宣力者勸欽此

雍正五年奉

世宗憲皇帝特諭朕閱治河方略始知原任總河靳輔昔年修

1

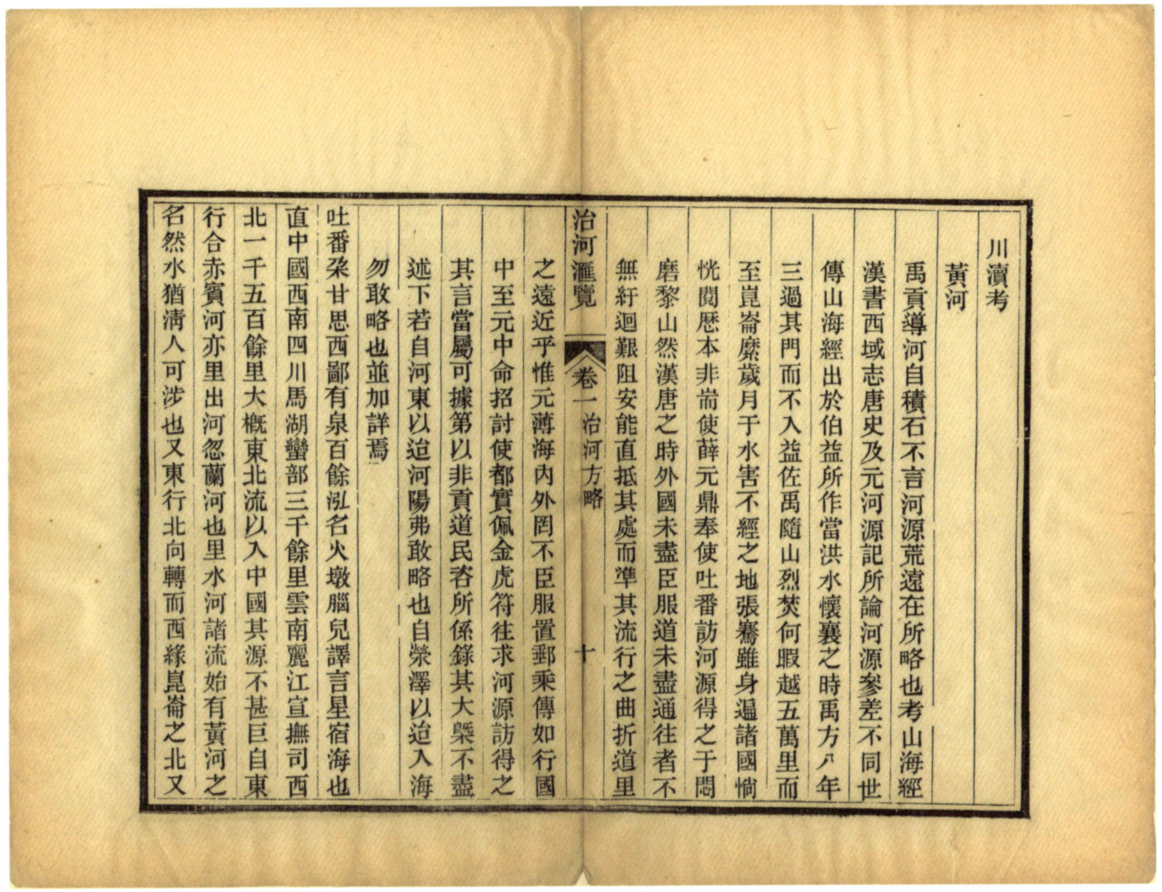

川瀆考

黃河

禹貢導河自積石不言河源荒遠在所略也考山海經漢書西域志唐史及元河源記所論河源參差不同世傳山海經出於伯益所作當洪水懷襄之時禹方八年三過其門而不入益佐禹隨山烈焚何暇越五萬里而至崑崙糜歲月于水害不經之地張騫雖身遍諸國惝怳閱歷本非耑使薛元鼎奉使吐番訪河源得之于悶磨黎山然漢唐之時外國未盡臣服道未盡通往者不無紆迴艱阻安能直抵其處而準其流行之曲折道里

治河滙覽 卷一治河方略 十

之遠近乎惟元薄海內外罔不臣服置郵乘傳如行國中至元中命招討使都實佩金虎符往求河源訪得之其言當屬可據第以非貢道民居所係錄其大槩不盡述下若自河東以迨河陽弗敢略也自滎澤以迨入海勿敢略也並加詳焉

吐番朶甘思西鄙有泉百餘泓名火敦腦兒譯言星宿海也直中國西南四川馬湖蠻部三千餘里雲南麗江宣撫司西北一千五百餘里大概東北流以入中國其源不甚巨自東行合赤賓河亦里出河忽蘭河也里水河諸流始有黃河之名然水猶清人可涉也又東行北向轉而西緣崑崙之北又

2

治河汇览

（清）靳辅撰

8 册

刻本

清光绪十一年（1885）

本书系光绪年间辑汇刻印的靳辅治水相关论述。卷一至卷五出自《治河方略》，卷一为圣谕和川渎考，卷二为奏疏，卷三为《治纪》，卷四为陈潢原论、张霭生编纂的《河防述言》，卷五为名论，包括贾让《治河三策》、欧阳元《至正河防记》、徐有贞《沙湾治河三策》等，卷六至卷七讲述河工，卷六为《安澜纪要》，卷七为《回澜纪要》，卷八为河防文编，包括张鹏翮《河防志略》、丁恺曾《治河要语》、张伯行《治河杂论》、胡渭《禹贡锥指论河》等篇。国家图书馆此藏本卷末缺页。靳辅，清康熙年间治河名臣，著有《治河方略》。

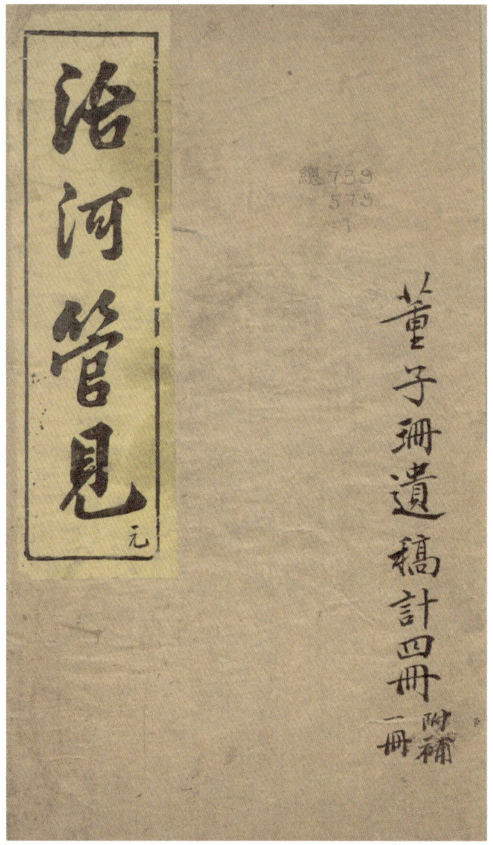

1

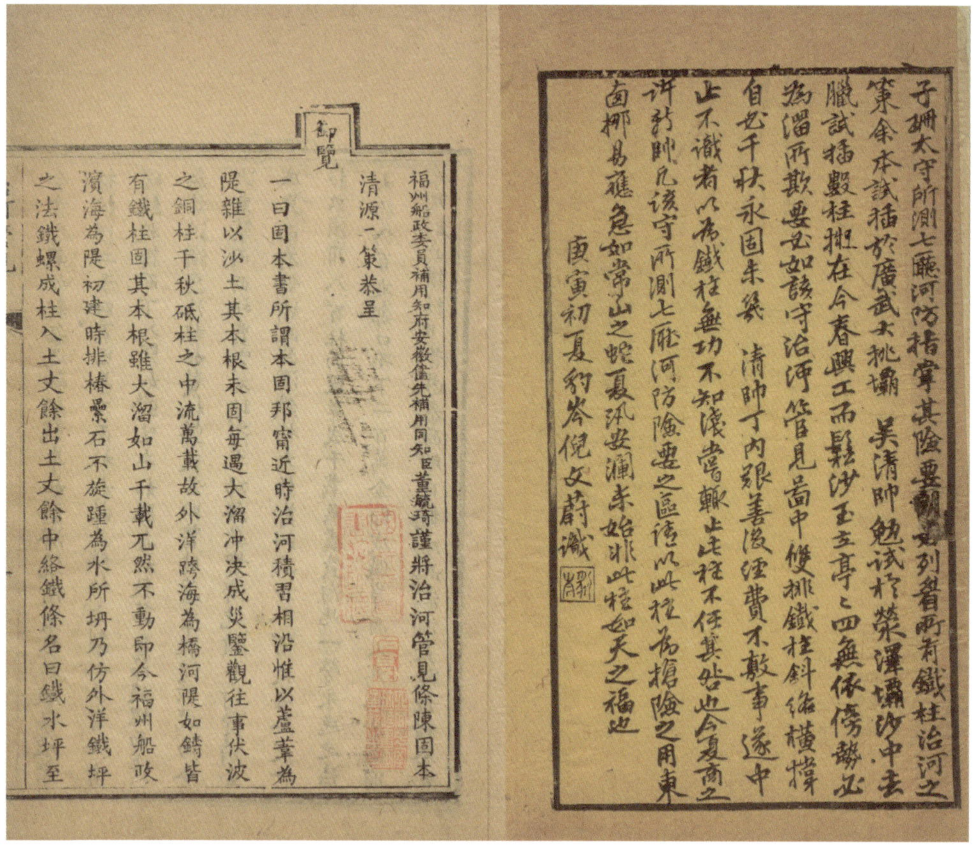

2

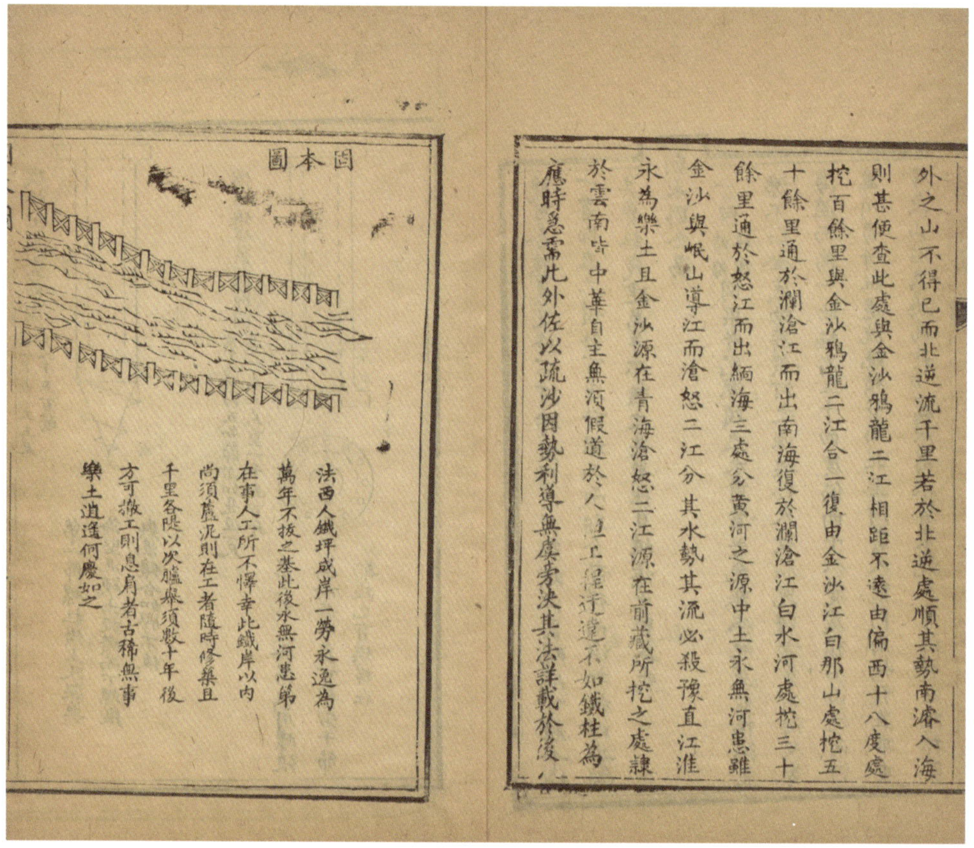

3

治河管见

（清）董毓琦撰

1卷

［清光绪年间（1875—1908）］

本书卷一为黄河图、浚河策、浚河疏草三部分，卷二为疏浚方法，卷三采用图谱说明治河应借助天时、地利，卷四为“治河左祖”“附聘勘河书札”等。董毓琦，清光绪年间船政绘事院测算、设计，清末洋务派文人。

历代河防统纂

（清）陈璜辑

4 册

石印本

清光绪十四年（1888）

著者在襄助靳辅治河之余，采辑列朝言河诸书，上述国史之文，下搜诸家之集，综核源流之异同，参考政治之得失，以成是书。全书分六门，讨论了黄河河源、河道、河患、河政、河议、杂志，上自姚姒，下迄天崇，尽收稗官野史，四千年事包罗略尽。以“河源”为例，书中收录“山海经言河源”“尔雅言河源”“史记言河源”“班固汉书言河源”“水经言河源”“唐书言河源”等，可见辑录资料之详尽。此书系“鸿宝斋石印”。

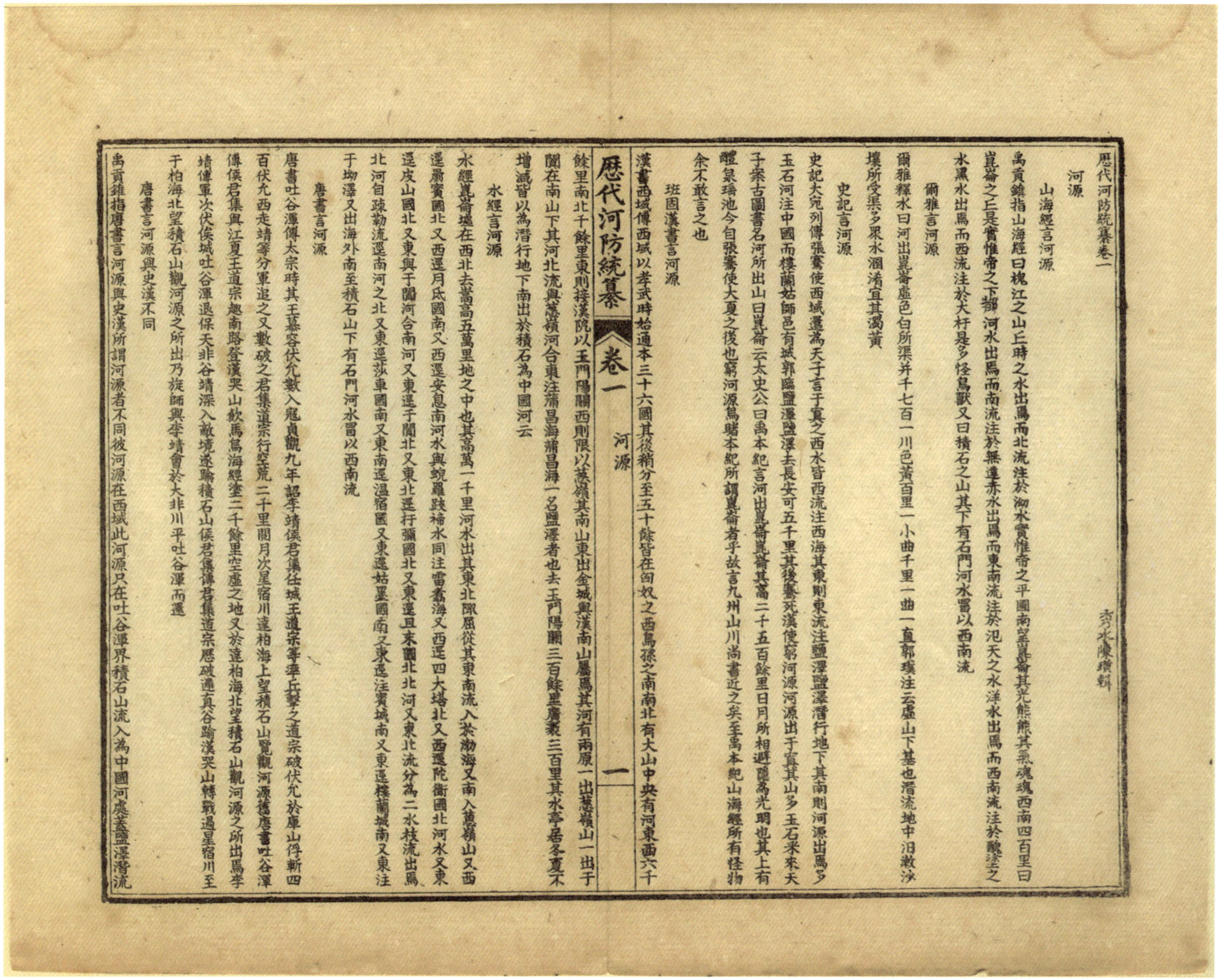
歷代河防統纂卷一

秀水陳璜輯

河源

山海經言河源

禹貢錐指山海經曰槐江之山丘時之水出焉而北流注於泑水實惟帝之平圃南望崑崙其光熊熊其氣魂魂西南四百里曰崑崙之丘是實惟帝之下都河水出焉而南流注於無達赤水出焉而東南流注於汜天之水洋水出焉而西南流注於醜塗之水黑水出焉而西流注於大杅是多怪鳥獸又曰積石之山其下有石門河水冒以西南流

爾雅言河源

爾雅釋水曰河出崑崙虛色白所渠并千七百一川色黃百里一小曲千里一曲一直郭璞注云虛山下基也潛流地中汨漱沙壤所受渠多衆水溷淆宜其濁黃

史記言河源

史記大宛列傳張騫使西域還為天子言于寘之西水皆西流注西海其東則東流注鹽澤鹽澤潛行地下其南則河源出焉多玉石河注中國而樓蘭姑師邑有城郭臨鹽澤鹽澤去長安可五千里其後騫死漢使窮河源河源出于寘其山多玉石采來天子案古圖書名河所出山曰崑崙云太史公曰禹本紀言河出崑崙崑崙其高二千五百餘里日月所相避隱為光明也其上有醴泉瑤池今自張騫使大夏之後也窮河源惡睹本紀所謂崑崙者乎故言九州山川尚書近之矣至禹本紀山海經所有怪物余不敢言之也

班固漢書言河源

漢書西域傳西域以孝武時始通本三十六國其後稍分至五十餘皆在匈奴之西烏孫之南南北有大山中央有河東西六千

歷代河防統纂 卷一 河源 一

餘里南北千餘里東則接漢阸以玉門陽關西則限以葱嶺其南山東出金城與漢南山屬焉其河有兩原一出葱嶺山一出于闐在南山下其河北流與葱嶺河合東注蒲昌海蒲昌海一名鹽澤者也去玉門陽關三百餘里廣袤三百里其水亭居冬夏不增減皆以為潛行地下南出於積石為中國河云

水經言河源

水經崑崙墟在西北去嵩高五萬里地之中也其高萬一千里河水出其東北陬屈從其東南流入于渤海又南入葱嶺山又西逕罽賓國北又西逕月氏國南又西逕安息南河水與蜺羅跂禘水同注雷翥海又西逕四大塔北又西逕陀衛國北河水又東逕皮山國北又東與于闐河合南河又東逕于闐北又東北逕扜彌國北又東逕且末國北北河又東北流分為二水枝流出焉北河自疏勒逕南河之北又東逕莎車國南又東南逕溫宿國又東逕姑墨國南又東逕注賓城南又東逕樓蘭城南又東注于泑澤又出海外南至積石山下有石門河水冒以西南流

唐書言河源

唐書吐谷渾傳太宗時其王慕容伏允數入寇貞觀九年詔李靖侯君集任城王道宗等率兵擊之道宗破伏允於庫山俘斬四百伏允西走靖等分軍追之又數破之君集道宗行空荒二千里閱月次星宿川達柏海上望積石山覽觀河源舊唐書吐谷渾傳侯君集與江夏王道宗趣南路登漢哭山飲馬烏海經塗二千餘里空虛之地又於達柏海北望積石山觀河源之所出焉李靖傳軍次伏俟城吐谷渾退保天非谷靖深入敵境遂踰積石山侯君集傳君集道宗歷破邏真谷踰漢哭山轉戰過星宿川至于柏海北望積石山觀河源之所出乃旋師與李靖會於大非川平吐谷渾而還

唐書言河源與史漢不同

禹貢錐指唐書言河源與史漢所謂河源者不同彼河源在西域此河源只在吐谷渾界積石山流入為中國河處蓋鹽澤潛流

1

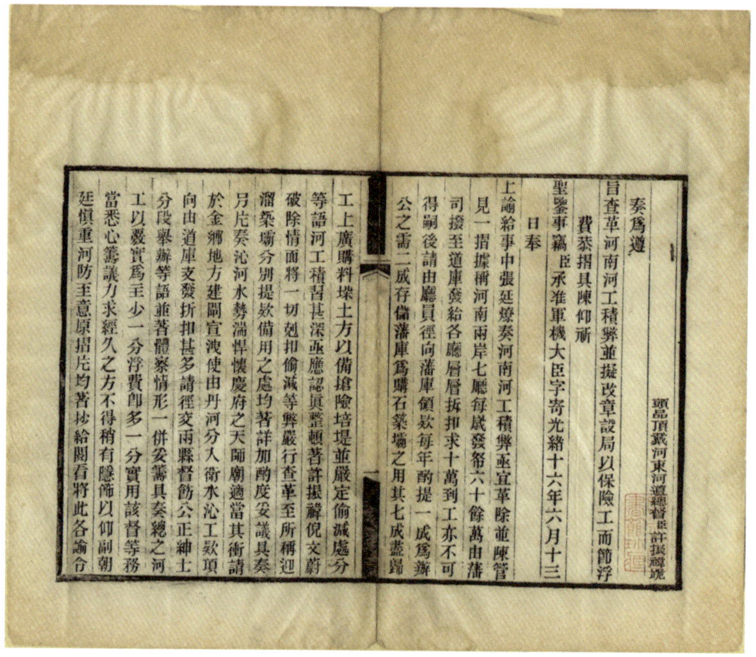

2

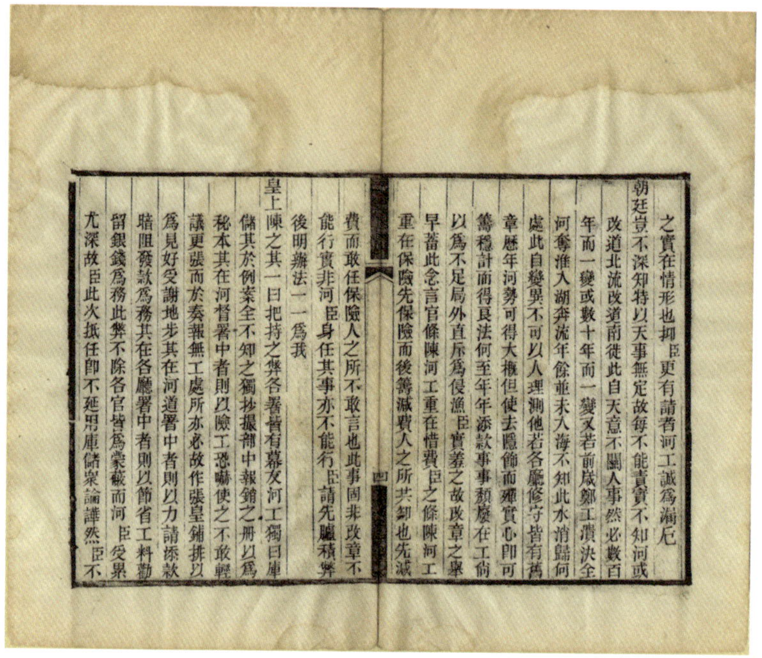

3

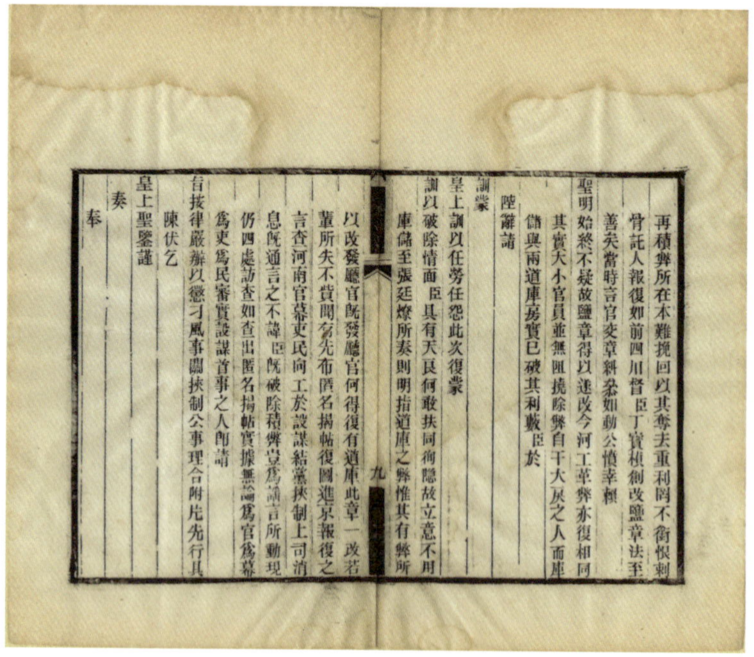

4

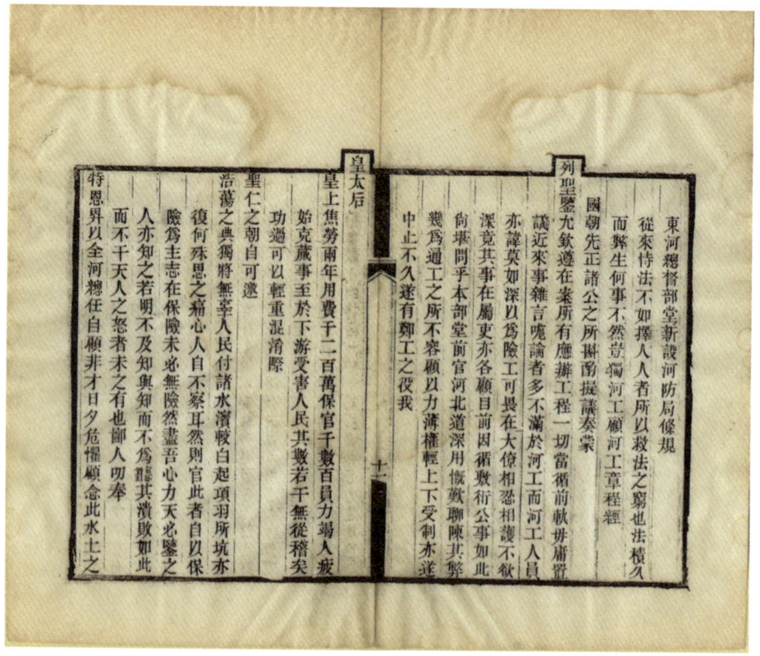

5

奏定东河新设河防局章程

（清）许振祎 撰

1 册

刻本

［清光绪年间（1875—1908）］

本书是光绪年间许振祎任东河总督时的奏疏及公牍汇编，记载清末针对河务积弊提出的关于改革河政与河务的措施。东河总督专管防治河南、山东境内的黄河与运河。本书主要内容为陈述河工积弊，提出改革措施，对于研究清末河政具有重要史料价值。许振祎，清光绪年间官员，曾任河东河道总督。

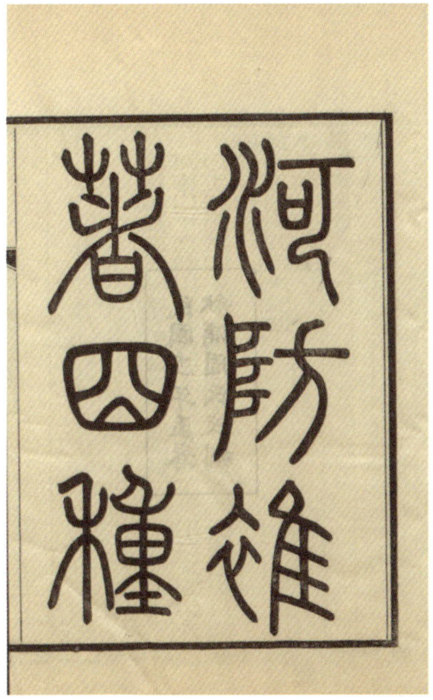

1

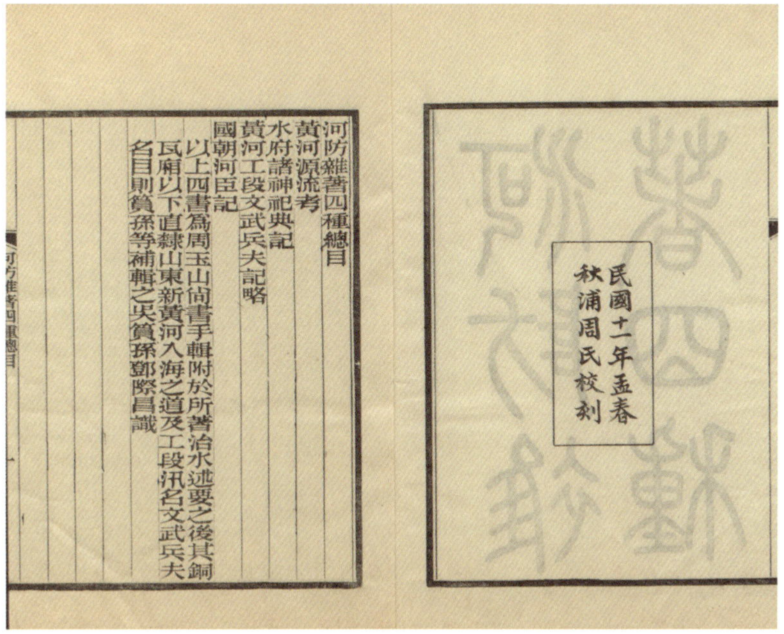

2

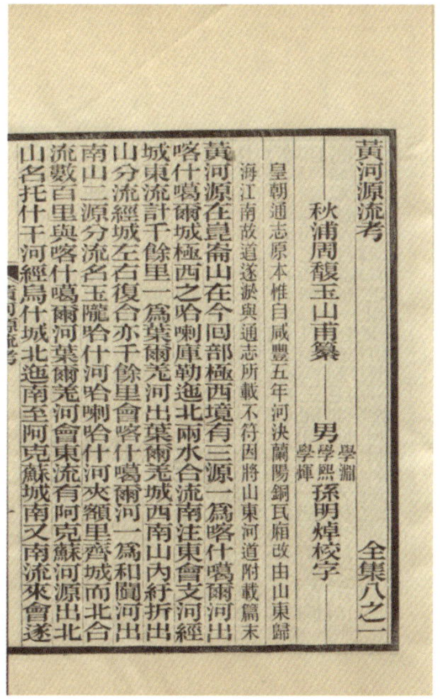

3

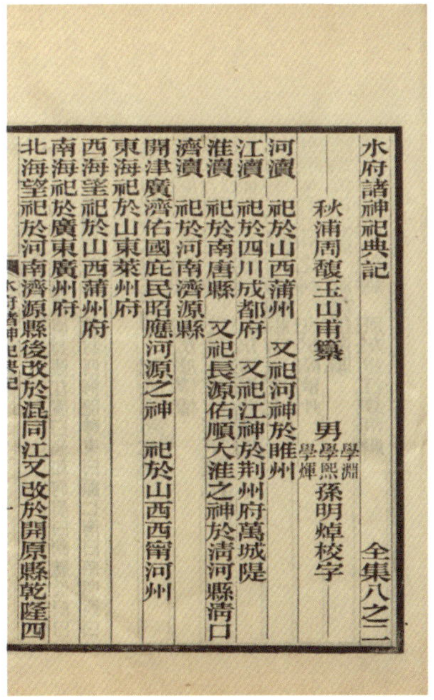

4

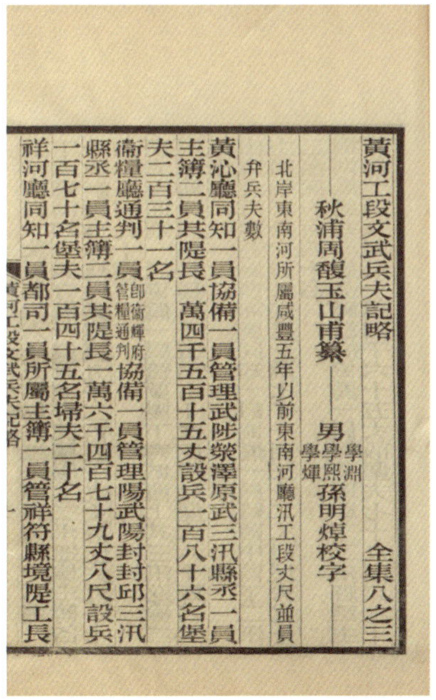

5

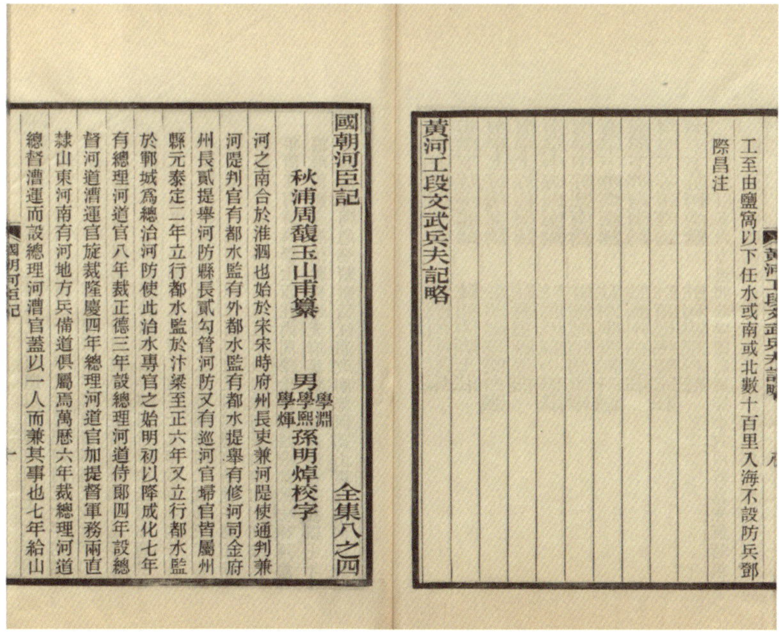

6

河防杂著

（清）周馥撰

1 册

刻本

民国十一年（1922）

本书四卷。卷一为黄河源流考，内容录自《皇朝通志》，并补叙咸丰五年改道以后的情况；卷二为祀典，辑录有清一代受封号的河神，并注以受祀地点，录有小传；卷三为黄河工段文武兵夫记略，依据《行水金鉴》；卷四为清朝河臣记，录自俞理初《河臣编年纪略》，有所补充。周馥（1837—1921），字玉山。安徽建德（今东至）人。初为李鸿章文牍，后协助李办洋务三十多年，历任永定河道、津海关道、直隶总督兼北洋通商大臣、山东巡抚、西江、两广总督等官。关心河防水利建设，曾多次组织官民治理黄河。著有《治水述要》等水利著作。他认为历代治水唯治河法最多，而清代治河技术尤精。

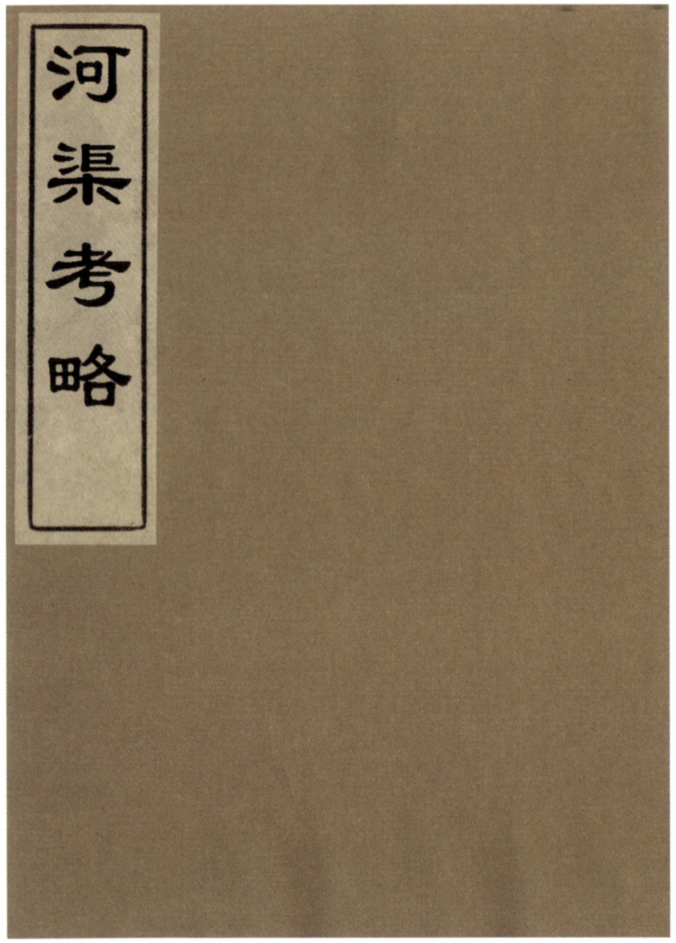

1

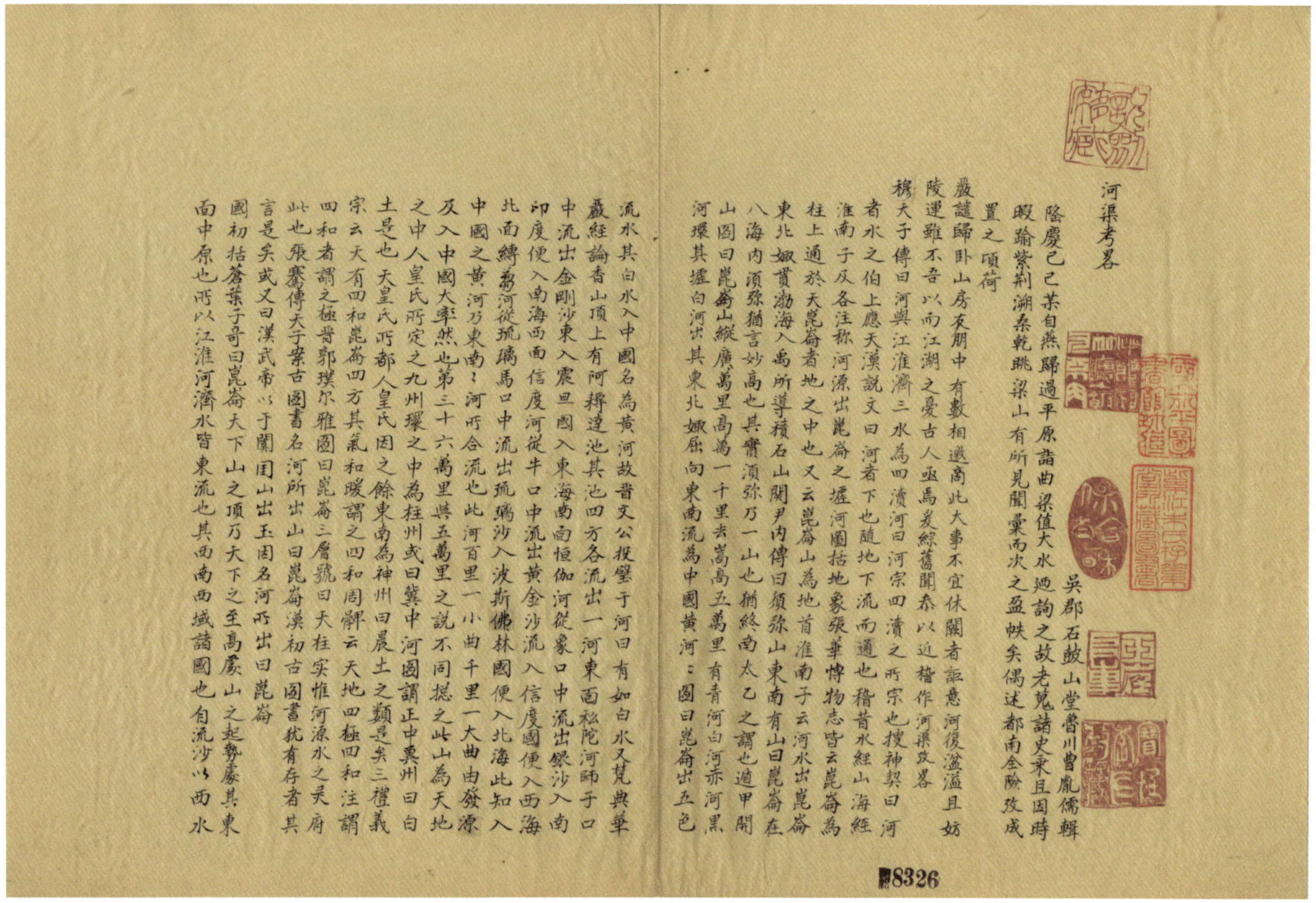

河渠考畧
吳郡石鼓山堂曹川曹胤儒輯
隆慶己巳桒自燕歸過平原諸曲梁值大水廼詢之故老蒐諸史乘且因時
暇踰紫荊湖桑乾眺梁山有所見聞彙而次之盈帙矣偶述都南金險攷成
置之頃荷
嚴譴歸卧山房友朋中有數相邀商此大事不宜休闕者証意河復濫溢且妨
陵運雖不吾以而江湖之憂古人亟焉爰綜舊聞恭以近稽作河渠攷畧
穆天子傳曰河與江淮濟三水為四瀆河曰河宗四瀆之所宗也搜神契曰河
者水之伯上應天漢說文曰河者下也隨地下流而通也稽昔水經山海經
淮南子及各注称河源出崑崙之墟河圖括地象張華博物志皆云崑崙為
柱上通於天崑崙者地之中也又云崑崙山為地首淮南子云河水出崑崙
東北陬貫渤海入禹所導積石山關尹內傳曰須弥山東南有山曰崑崙在
八海內須弥猶言妙高也其實須弥乃一山也猶終南太乙之謂也遁甲開
山圖曰崑崙山縱廣萬里高萬一千里去嵩高五萬里有青河白河赤河黑
河環其墟白河出其東北陬屈向東南流為中國黃河〻圖曰崑崙出五色
流水其白水入中國名為黃河故晋文公投璧于河曰有如白水又梵典華
嚴經論香山頂上有阿耨達池其池四方各流出一河東面私陀河師子口
中流出金剛沙東入震旦國入東海南面恒伽河從象口中流出銀沙入南
印度便入南海西面信度河從牛口中流出黃金沙流入信度國便入西海
北面縛芻河從琉璃馬口中流出琉璃沙入波斯佛林國便入北海此知入
中國之黃河乃東南〻河所合流也此河百里一小曲千里一大曲由發源
及入中國大率然也第三十六萬里與五萬里之說不同據之此山為天地
之中人皇氏所定之九州環之中為柱州或曰冀中河圖謂正中冀州曰白
土是也天皇氏所都人皇氏因之餘東南為神州曰晨土之類是矣三禮義
宗云天有四和崑崙四方其氣和暖謂之四和周髀云天地四極四和注謂
四和者謂之極晋郭璞尔雅圖曰崑崙三層號曰天柱实惟河源水之炅府
此也張騫傳天子案古圖書名河所出山曰崑崙漢初古圖書猶有存者其
言是矣或又曰漢武帝以于闐山出玉因名河所出曰崑崙
國初括蒼葉子奇曰崑崙天下山之頂乃天下之至高處山之起勢處其東
面中原也所以江淮河濟水皆東流也其西南西域諸國也自流沙以西水
8326

2

河渠考略

（明）曹胤儒辑

1 册

抄本

［民国年间（1912—1949）］

本书不分卷。隆庆三年（1569），曹胤儒自北而南，路过黄河，正值黄河水患，颇有感慨。于是沿途寻访故老，搜诸史乘，并将沿途见闻记成此书。曹胤儒，《四库全书总目》作允儒，字鲁川，太仓（今江苏太仓）人，生卒年未详。与唐顺之、戚继光相善。曾任太仓知县。为罗汝芳入室弟子。著有《罗近溪师行实》《盱坛直诠》《握机经纬》《海塘考》《东南水利议》《水利论》。